世界传世藏书

【图文珍藏版】

地理知识大博览

赵征 ⊙ 主编

第二册

线装书局

十二、陕西省

（一）行政区划

陕西省位于中国中部，东濒黄河。位于东经 105°29′~111°15′、北纬 31°42′~39°35′。与山西省、河南省、湖北省、重庆市、四川省、甘肃省、内蒙古、宁夏回族自治区等接壤，是中华民族的发祥地之一。战国时为秦之疆域。面积 20.56 万平方千米。下辖 10 个地级市（其中省会西安为副省级市）、31 个市辖区、7 个县级市、69 个县。因位于陕原（含河南陕县）之西而得名，简称陕或秦。

[省会——西安]　　西安位于关中平原中部，渭河之南，古称长安，有"秦中自古帝王州"之说，曾有十余个朝代相继在这里建都。面积 9983 平方千米，气候温和，属于半湿润气候。西安是华北、华东联系西北、西南陆空交通的重要枢纽。西安是"丝绸之路"的起点，自古以来是中国与世界各国进行经济、文化交流的重要城市，已有 1000 多年的历史，文物古迹荟萃，堪称"立体历史博物馆"。拥有骊山、华山、翠华天池等风景名胜。与埃及的开罗、希腊的雅典、意大利的罗马并称世界四大文明古都。新中国成立后，西安曾是直辖市，1954 年改为省辖市，现为副省级市。

[咸阳]　　陕西咸阳是一座有着悠久历史的文化名城，因秦最初在此建都，故有"华夏第一都"之称。成语"泾渭分明"所描述的地点就是咸阳。泾渭两条河在这里交汇，实际上泾河是渭河众多支流中的一条，咸阳还被称作渭城、渭阳，就是因为这条穿城而过的渭河。咸阳名称的得来也与渭河有关，司马迁作《史记》认为咸阳位于渭水之北、九宗山之南，山水俱阳，故名咸阳。独特的地理位置也奠定了咸阳在中国历史上的地位。从 2300 多年前秦孝公迁都咸阳开始，中华的历史便在咸阳这里留下了清晰的印记。商鞅变法"中南门立柱"的故事就发生在这里。秦末，项羽曾火焚咸阳城。隋唐时期咸阳是丝绸之路的第一驿站，当时这里"渭城朝雨浥轻尘，客舍青青柳色新"，是客商云集之处。记载咸阳辉煌的还有这里的帝王陵寝。汉武帝的茂陵、唐太宗的昭陵、女皇帝武则天及唐高宗李治的合墓乾陵最为著名。其中乾陵极富传奇色彩，与它有关的传说和谜团引人入胜。

[延安]　　延安位于省境北部，陕北高原、延河之滨。面积 36713 平方千米。旧称肤施。由于"东带黄河、西控灵夏"，为陕北重镇，素有"塞北咽喉""秦地要冲"之称，是世界闻名的中国革命圣地。延安曾为中共中央所在地和陕甘宁边区首府，存留着革命旧址 140 多处。以延安为中心的公路干线四通八达。延安不但革命旧址多，而

且还有轩辕黄帝陵、凤凰山等重点文物保护单位。民间艺术剪纸、腰鼓、刺绣等丰富多彩。

陕北空洞

　　陕北窑洞是当地人根据气候特点发明形成的民居形式。陕北窑洞随处可见，或傍山而律，或平地而箍，或沉入地下，构成黄土高原一种独特的风貌。陕北的窑洞主要有石窑、砖窑和土窑。土窑的工艺十分简单，就是在土崖上挖出窑洞，安上门窗即可入住。土窑有一种是在黄土断崖边，并列向里掘入，成为若干不相干的单窑；另一种自平地掘入，先成一大平底四方阱，然后从四壁各自向里挖成若干单窑。这里雨水稀少，地表干燥，土窑成为一种普遍的民居形式。

　　[宝鸡]　　宝鸡位于省境西部，关中平原西缘，渭河北岸。面积 18167 平方千米。素有"川陕甘咽喉"之称。周在此建都，秦统一中国后，属内史地，西汉时隶右扶风，三国晋时为扶风都。古称陈仓，楚汉之争时"暗度陈仓"的故事就发生在这里。1971年宝鸡市升为省辖市，是新兴的工业基地之一。石油设备和钛材产量居中国首位，而且还有丰富的金矿资源。凤翔县柳林镇生产的西凤酒已有 2400 多年的历史，有酸、甜、苦、辣、香"五味不出头"之说，是我国名酒之一。

　　[韩城]　　位于陕西省东部，东临黄河，黄河大峡谷南段经市区东北，谷口古称龙门，俗称禹门口。相传夏禹"导河积石，至于龙门"。因而历史上也以"龙门"代指韩城地域。韩城历史悠久，源远流长。西周时为周武王之子韩侯封地。秦、汉为夏阳县，西汉著名史学家、文学家司马迁就出生在这里。隋代称韩城市。韩城文物古迹荟萃，素有"关中文物最韩城"美誉。由唐至清，历朝古建筑保存完整，规模宏大。旧城内保存有大量具有传统风貌的街道及四合院民居，还有文庙、城隍庙等古建筑群，城郊有旧石器洞穴遗址、战国魏长城、司马迁祠墓、汉墓群、法王庙、普照寺、金代砖塔等名胜古迹。韩城自然资源也十分丰富，是我国著名花椒生产基地，所产"大红袍"花椒以色红、肉厚、香浓而闻名于世。

（二）人口、民族

　　截至 2022 年末，陕西省常住人口 3956 万人。关中平原最多、在东起渭南、西至武功、北抵铜川的三角地区达 500 人/平方千米以上，为全省人口最稠密地区。汉族人口约占总人口的 99.53%，少数民族人口约占 0.47%，主要有回、满、蒙古、壮、藏等民族。

（三）历史文化

陕西是中华文化的发源地之一。境内曾出土距今 80 万年的蓝田猿人头颅骨化石，距今 18 万年至 20 万年的大荔智人化石。仰韶文化、龙山文化遗址在这里分布非常丰富。中华民族的始祖炎帝、黄帝的族居地和陵寝都位于陕西，其中黄帝陵是中华民族敬仰的圣地。中国农业的发祥也是基于此地。陕西"文物古迹甲天下"，有 13 个王朝在陕西建都，古文化遗址、帝王陵墓、兵马俑等诉说着陕西久远的历史。近代，中国共产党曾在延安艰苦革命 13 年，领导中国人民进行抗日战争和解放战争。陕西有宝天福地之说，是世界文化研究关注的焦点之一。

［蓝田遗址］　蓝田遗址位于陕西省西安市 60 千米处，蓝田县公王岭一带。约 80 万年至 75 万年前，有一些低平的前额上隆起粗壮眉脊骨的原始人类生息活动。旧石器时代的早期，他们打制的石器外形又粗又大，但已经有不同类型石器分工的迹象。1963~1965 年考古学家在当地更新世早期地层中发现证实。考古研究表明，蓝田人比稍后的北京人大脑容量较小一些，大约 778 毫升。他们是已发现的亚洲北部最早的直立人。现建有遗址保存所，供游人和专家参观、研究。

［半坡遗址］　半坡遗址位于西安市城东 6 千米，是新石器时代"仰韶文化"一个典型的母系民族公社村落遗址。约在公元前 5000~公元前 4300 年，仰韶人在这里生活。现发现 40 余座建筑遗址。现建为博物馆，分为制陶、居住、墓葬三部分。半坡遗址的工具用石、骨、角、陶制成，有开垦耕地、砍劈用的石斧、石锛、石铲，收割禾穗的石刀、陶刀，加工谷物的石碾、磨盘、石磨棒等。还发现遗存的粟。饲养的主要家畜是猪、狗、鸡和黄牛。渔猎经济仍占重要地位，出土许多石、骨镞和石网坠，还有些带倒钩的鱼叉、鱼钩以及石矛。陶器以粗质和细泥的红色、红褐色陶为主，最常见的是粗砂陶罐、小口尖底瓶和钵所组成的一套生活常用器。在圆底钵口沿的宽带纹上，发现有 22 种不同的刻画符号，为研究新石器时代的生活提供了现实的佐证。

［秦始皇开创帝制］　始皇二十六年（前 221），秦统一了六国，建立了中国历史上第一个中央集权封建王朝。秦王嬴政仿"三皇五帝"而改称始皇帝，定都咸阳。秦始皇听取丞相李斯的建议，废分封制为郡县制，把全国分成 36 郡。在吏府的设置上，秦始皇以战国时期秦国官制为基础，确定了三公九卿制及郡县制。中央设丞相、太尉、御史大夫，丞相、太尉、御史大夫以下是分掌具体政务的诸卿；地方行政机构分郡、县两级，郡设守、尉、监，县、万户以上者设令，万户以下者设长。封建帝制在中国延续了 2100 多年的历史，为国家统一起到了很大的作用。

［三边剪纸］　剪纸在陕北农村十分普遍，而以三边的剪纸最为著名，艺术成就也最高。所谓三边是指靖边、定边及定边所辖的安边镇的合称。三边剪纸是陕北剪纸艺术的一个地方流派，剪纸内容丰富，题材广泛，大多取材于现实生活或民间传说，是

当地人民文化的一项重要活动，在表现手法上，大胆取舍，变形夸张，既纤细秀美，剜空透亮，又粗犷大方，浑厚古朴。现在三边剪纸已开发成为一种产业，产品行销国内外。

[孙思邈]　京兆华原（今陕西耀州区）人，唐代杰出的医学家。他一生不图名利，坚持在民间医伤治病，用毕生精力写成了两部医学巨著《急备千金方》和《千金翼方》。在这两部著作中，他第一个主张把妇科、儿科从医学中独立出来，并赋予了相应的内容。他最早重视采药的季节，并把各地所产的各种药材列出来，以供人们按时采集。鉴于他对医药学做出的巨大贡献，后人称他为"药王"。这两部书集当时和前代医学之大成，在我国医学史上具有极其重要的地位。

此外，孙思邈在化学领域也做出了很大贡献，他写的《丹经内伏硫磺法》最早记录了黑火药的配方。

[唐三彩]　唐三彩就是唐代陶器的代表。唐三彩的工艺复杂，因釉色有绿（铜）、赭（铁）、蓝（钴）三色，故称"唐三彩"，是低温铅釉陶器，用白色黏土作胎，用铜、铁、锰、钴等矿物作釉料着色剂，釉里还加入铅作助熔剂，最后经低温（800℃左右）烧制而成。唐三彩陶器主要用于明器和俑，表现建筑、家具、日用品、牲畜、人物等，式样繁多，是唐代社会生活风貌的真实写照，被誉为唐代社会的"百科全书"。其价值连城，是国内收藏中的珍品，也是中华文化源远流长的佐证。

[西安碑林]　西安碑林位于西安市三学街，是北宋元祐二年（1087）为保存唐开成年间镌刻的《十三经》而建立的碑石集中地。经过历代的保存、扩建，至今已收藏历代碑碣2300余方，荟萃了历代名家手笔。其中，有唐刻《周易》《尚书》《诗经》《春秋左氏传》等大型"石质书库"《开成石经》。"大秦景教流行中国碑""中尼合文之陀罗经幢"和"唐大智三藏碑"等是研究历史的重要文物。期间各种书法碑刻琳琅满目，特别是在唐代书法名家欧阳询、颜真卿、柳公权、虞世南、张阳、李隆基等手迹刻石最为珍贵。114石的《开成石经》还是大型的石质书库。

[汉长陵]　汉长陵位于咸阳东20千米的三义村北。长陵是汉高祖刘邦及皇后吕雉的合葬陵墓。刘邦陵在西，吕后陵在东，相距约250米。刘邦（前256~前195），字季，沛县（在今江苏）人，秦末率沛县子弟三千抗秦，后灭秦并击败楚霸王项羽而称帝建国，是中国第一个"以布衣提三尺（剑）有天下"的皇帝。汉长陵现在实物较少，据说其墓已被多次盗挖过，但也不失为凭吊历史的绝佳去处。

[司马迁]　司马迁（前145~约前87）字子长，夏阳（今陕西韩城南）人。西汉史学家、文学家。从19岁开始游历大江南北，后继承文职，任太史令。公元前99年因对李陵军败降匈奴事有所辩解，得罪了汉武帝，被治罪下狱，处以腐刑。出狱后任中书令，并发愤继续完成所著史书，终于完成了著名的传世之作《太史公书》，即后来的《史记》。全书共52万字，是我国第一部纪传体通史，后世赞为"史家的绝唱，无韵之离骚"。司马迁死后葬于故乡，司马迁的墓和祠位于韩城市区南10千米的芝川镇。

（四）气候

陕西省具有明显的季风气候特征，受季风气候和大陆性气候的影响都较大。由南至北可分为北亚热带湿润气候、暖温带半湿润气候和暖温带温带半干旱气候。秦岭山脉横亘省境中南部，是南北气流的天然屏障。年均温为 12~16℃。陕北黄土高原约为9℃，关中平原13℃，陕南汉江谷地则达15℃。年降水量由南向北递减，山区则由下而上递增。7~9 月降水量常占全年一半以上，且多暴雨，是造成黄河含沙量大的重要原因之一。

（五）自然资源

陕西省自然资源具有明显的过渡性和复杂性特点。省内的自然资源种类繁多，矿产中煤、钼、铜、重晶石、磷等储量在中国居于前列。动植物种类繁多。在太白山区还辟有保护朱鹮、黑鹳等珍稀鸟类的自然保护区。

[钼矿]　陕西省钼矿资源储量居全国第二位，主要分布在渭南和商州地区，有20多处。钼主要用于钢铁工业，制特种钢，也用于电器生产中。渭南地区有钼矿 5 处，产于华县及华阴市，其中华县金堆城和桃园两处属大型矿床，且伴生有铜、铼、铅、银、稀土元素及硫等矿产。金堆城钼矿驰名省内外，探明储量列中国钼矿之首，且矿石易选，浮选后钼精矿品位高，回收率也高。矿体大部分裸露地表，适于露天开采。安康地区有钼矿 8 处，为花岗岩与围岩接触带上的接触交代型钼矿，如月河坪和大西沟等地。

[太白红杉]　太白红杉属落叶乔木，高 15 米，胸径 60 厘米，是陕西省特产。太白红杉林面积不大，主要分布在秦岭的太白山、玉皇山等几座海拔较高的山峰上部。这类针叶林喜居高，性寒湿，一般与高山疏林灌木丛相连接。在涵养水源、保持水土方面的作用很大，并具有很高的观赏价值。

[朱鹮]　鸟纲，鹮科，又叫朱鹭。全身呈白色，翅膀和头部为粉红色，头顶、额、眼周和嘴基裸露，呈朱红色。头后枕部有冠羽，嘴长而向下弯曲。朱鹮体长近80厘米，雌鸟稍小。栖息在河滩、沼泽地和山溪等附近，以小鱼、软体动物、甲壳动物等为食，广泛分布于亚洲东部。在中国秦岭、东北、华北一带数量较多。现已被列为国家一级濒危保护动物。

[金丝猴]　金丝猴属猴科动物，又名仰鼻猴、金钱猴。主要分布在中国陕西、四川等地。金丝猴是中国特有的猴类。鼻孔向上翘，嘴唇显得宽厚，因而又称"仰鼻猴"。金丝猴头顶的毛呈深灰褐色，颈、颊侧及腹部的毛由红黄至黄褐色，尾呈灰白色。金丝猴喜群居，食物以野果、树叶、嫩枝芽为主。4 岁性成熟，每年夏季产 1 仔。

幼仔毛色乳黄，2 岁以后变成金黄色。在中国四川、云南、陕西都有分布，并建有生态保护区。

朱鹮

（六）经济

陕西省经济在 20 世纪 50 年代基本以自给自足的农业经济为主，现在工业、交通运输和旅游业在西北地区发展很快，形成了国防工业、航天工业、煤炭工业、纺织工业等为主的经济格局。在交通方面，以西安为中心，陆路和航空运输皆很方便。地上、地下的文物使富有特色的旅游业成为省内经济发展的重要部分。

[农业] 陕西全省现有耕地 6000 万亩左右，大致为陕北一年一熟、关中两年三熟、汉中一年两熟。水稻种植面积陕南最多，占全省 80%以上。秦巴山地以玉米为主，主要粮食作物以谷子、糜子为当地名产。渭河平原是人类文明发祥地之一，灌溉发达，是中国著名麦棉产区，耕作精细，占全省粮食产量的 40%，小麦、棉花产量占 90%。耕畜"秦川牛""关中驴"等优良畜种闻名全国，现成为中国最大的奶山羊基地。经济作物以胡麻最为重要，烟草、甜菜也有较大发展。

[工业] 陕西煤田开发以铜川、榆林为中心，铁、锰、铜、铝、钼、铅、锌、金、磷、石油、石灰石、石墨、石膏、天然碱、耐火碱、耐火黏土等储量也相当丰富，大部分得到了开发。新建和扩建了电力、石油、钢铁、机械、仪表、水泥、化肥、造纸、钟表、塑料、搪瓷、纺织、印染等工业，特别是机械、燃料、化工、纺织等在中国占重要地位。西安、宝鸡、咸阳、铜川为陕西主要的工业中心。近几年小型企业、乡镇企业得到了很快的发展。

[交通] 中华人民共和国成立后，陕西交通发展一日千里。在秦巴南部山地河谷间兴建了襄渝、宝成、阳安等铁路，天水—宝鸡、宝鸡—成都、阳平关—安康、安康—襄樊各段路线已实现电气化。公路网络遍布城乡，实现县县通公路的公路网，已达 9万余千米。水运仅以汉水为主，可通行木船。航空以西安为中心，通往北京、乌鲁木齐等。

（七）旅游

悠久的历史与名山大川构成了陕西丰富的旅游资源。巍峨的秦岭山脉横亘陕西中南部，滚滚黄河纵穿秦晋峡谷，造就了华山、骊山、太白山、天台山和黄河壶口等著名的风景名胜区。陕北的黄土高原沟壑纵横，陕西的岚山毓色可与江南媲美。"秦中自古帝王州"，宫阙遗址、名寺古刹在陕西随处可见。秦皇陵兵马俑、宋代碑林彰显着华夏文明的不朽。

[华山]　华山位于陕西省华阴市南，为中国五岳之一，号称"西岳"。海拔2154.9米。《山海经》称"远而望之，又若华伏"，远望之若花状，由此而得名，又名太华山。华山是一座由花岗岩组成的山体，但纵横节理发育，易风化侵蚀，加上南北两大断层错动和东西两侧流水下切，将华山分割成座座俊秀山峰，其中最著名的有东（朝阳）、西（落雁）、南（莲花）、北（云台）、中（玉女）五峰。自古华山就以雄奇险峻著称，有青柯坪、千尺幢、擦耳崖、苍龙岭、长空栈等景点。其中千尺幢有"一夫当关，万夫莫开"之势，长空栈道有"奇险天下第一山"之誉。华山崖陡路险，诸峰间仅南北一径，有"自古华山一条路"之说。从山麓至绝顶，庙宇古迹、天然奇景处处可见。南峰为华山最高峰。

[大小雁塔]　大小雁塔皆位于西安市东南面，相距3千米。一大一小，遥遥相望。古人曾把雄伟高大的楼阁式大雁塔称为"伟丈夫"，而将秀丽玲珑的密檐式小雁塔称作"娇夫人"。大雁塔位于西安市南郊大慈恩寺内，为保存高僧玄奘从天竺（今印度）取回的657部佛经而建。塔高64米，呈方形角锥状，共7层。塔身磨砖对缝，结构坚固，底层四面有砖券拱门，是我国楼阁式砖塔的典型。小雁塔为唐高宗献福所建。塔为密檐式方形砖建筑，高15层，现存完整的13层，高45米。雁塔晨钟为"长安八景"之一，是早期密檐式塔的代表作。底层有唐代书法家褚遂良书写的唐太宗、唐高宗撰文碑，至为珍贵。

[陕西历史博物馆]　陕西历史博物馆位于西安市城南，占地7万平方米，建筑面积4.2万平方米。馆藏文物11万多件，是中国第一座现代化的国家级博物馆。主体"陕西古代史陈列馆"，集周、秦、汉、唐等历史朝代在陕西出土文物的精华，有3000多件珍贵文物，以商周青铜器，秦汉瓦当，陶俑和盛唐的唐三彩、金银玉器、瓷器等为主。充分地反映了周、秦、汉、唐等10余个封建王朝建都西安的历史风貌，是研究古代文化的重要史料。

[秦始皇陵]　秦始皇陵位于陕西临潼城东5千米的下河村骊山北麓。始建于公元前246年，至公元前208年竣工，历时38年。总面积约56平方千米。有内城和外城两重，外城矩形，周长6210米，四角各有门址一处。内城周长3840米，地基呈方形。据《史记》载："穿三泉、下铜而致椁，宫观百官，奇器异怪徙藏满之。令匠作机弩矢，有所穿近者辄射之。以水银为百川江河大海，机相灌输，上具天文，下具地理。以人鱼膏为烛，度不灭者久之。"相传建有豪华宫殿，并设百官位次；以明月珠为日月，铸金银为雁凫，刻玉石为松柏。现挖掘的各类建筑主要有陪葬墓坑、兵马俑坑、珍禽异兽坑、石料加工场等遗址。陵墓工程浩大，气势雄伟，是世界上规模最大、结构最奇

特、内涵最丰富的帝王陵墓，实际上它是一座豪华的地下宫殿。秦始皇陵是一个巨大的文物宝库，现挖掘面积只有三千平方米，但出土文物就有四五万件，对研究中国秦朝政治、文化、军事和冶金技术等提供了实物资料。现陵墓封土堆47.6米，有石阶可攀登而上。

皇陵

　　陕西的皇陵可以说堪称全国之最。较为典型的有黄帝陵、昭陵、乾陵。黄帝陵在距西安以北约200多千米处，是中华民族的始祖——轩辕黄帝之陵。据史载，黄帝姓公孙，号轩辕，建国于有熊，亦称有熊氏，被誉为中华"人文之祖"。黄帝陵高36米，周长48米，墓前有"桥山龙驭"玉石碑。据说，黄帝乘龙升天后，人们将他的衣冠埋在这里。相传有汉武帝手植的古柏，约有古柏8万余株，是全国最大的古柏群之一。昭陵位于西安西北约70千米处的九峻山上。相传为唐太宗李世民的陵寝。李世民是唐朝第二个皇帝，开创了"贞观盛世"。昭陵始建于贞观十年（636），历时13年之久。它开创唐代帝王"以山为陵"的先例，是陪葬最多的一座皇陵，是初唐文物的集中代表。乾陵位于乾县城北6千米的山上，距西安80千米，是唐朝第三代皇帝李治和女皇武则天的合葬陵，是唐十八陵中最有代表性和迄今保存最好的一座陵墓。乾陵的地面设施，遗留到现在的主要是陵墓石刻。它是中国帝陵中唯一的皇帝夫妇合葬陵。

　　[秦兵马俑坑]　　秦兵马俑坑位于西安秦陵外城东侧1.5千米处。1974年和1976年发现挖掘1号坑，共出土武士俑、战车、马匹有6000余个，是个古代大型军事长方阵形，为中军；2号坑面积6000平方米，有兵马俑1600件，由骑兵、战车、步卒和射手混编而成，为右军；3号坑平面呈凹形，面积520平方米，内有战车一乘，卫士俑68个，配有大批武器，似为指挥部，为后军；4号坑为右军，有坑无俑，只有回填的泥土。4个坑有机地形成了一个军阵体系。陵旁还出土两组铜车马俑，每组配4匹马同时还有驭手。车、马、人雕镂精致，镏金镀银，金碧辉煌。兵马俑的发现展示了秦朝当年行军作战、统一六国的雄伟阵容，被誉为"世界第八奇迹"，现已开辟为地下博物馆。

　　秦陵彩绘铜车马秦陵彩绘铜车马出土于秦始皇陵西侧20米外，车、马和俑的大小约相当于真车、真马、真人的1/2。铜车马主体为青铜所铸，一些零部件为金银饰品。铜马车通体彩绘，马为白色，彩绘时所用颜料均为有胶调和的矿物颜料，利用胶的浓度塑造出立体线条。秦陵铜车马共有3000多个零件，秦代工匠巧妙地运用了铸造、焊接、镶嵌、活铰连接、子母扣连接、转轴连接等手段进行组装，比例合格，构图科学，体现了中华民族工艺的博大与精细。特别是一、二号车的伞盖，其厚度仅0.1～0.4厘米，而面积分别为1.12平方米和2.3平方米，整体用浑铸法一次铸出。秦陵彩绘铜车马是20世纪考古史上发现的结构最复杂、形态最大的古代青铜器，被誉为中国古代的

"青铜之冠"，具有极高的技术价值。

[黄帝陵]　黄帝陵位于陕西省黄陵县城北，碑陵高约 3.6米，周长 48 米。墓前碑亭内立有"桥陵龙驭"碑和"黄帝陵"碑。黄帝号轩辕氏，有熊氏，是少典之子，原为氏族部落首领，在阪泉战胜炎帝，统一黄河流域，他被视为中华民族的祖先。相传黄帝创文字、定算术、制衣

秦兵马俑坑

冠、造舟车、定音律，被誉为中华"人文之祖"。中华民族散布世界各地，每年都要举行祭祀活动。因《史记·五帝本纪》上有"黄帝崩，葬桥山"的记载，故历代均有桥山黄帝陵举行祭祀大典。在黄帝庙内有一株高 19 米的千年古柏，相传为汉武帝手植，每年都吸引世界各地华人来此寻根问祖。

[乾陵]　乾陵位于西安西北的乾县境内。是中国唯一的一座两个皇帝（唐高宗李治与女皇武则天）同时又是一对夫妻的合葬墓。

乾陵以山为陵，四周有阙门和巨型石刻，有象征帝王陵墓的华表 1 对。此外，还有翼马 1 对，朱雀 1 对，鞍镫饰马 5 对，戴冠、着长袍、握剑的将军石人 10 对，述圣记碑和无字碑。无字碑上面有保存比较完整（旁有译文）的女真文字，述圣记碑碑文计8000 字，为歌颂高宗的文治武功之辞，且陵前排列了 61 尊王宾石人像。

乾陵墓内情况现虽知之甚少，但可以肯定，乾陵是一座巨大的、灿烂的地下文物宝库。乾陵于 1961 年被公布为全国重点文物保护单位。

[大明宫遗址]　大明宫位于西安市北龙首塬上。唐是贞观十一年（634）初建，最初名永安宫，是太宗李世民为其父李渊修建的夏宫。大明宫是唐代著名宫殿之一。据史载，全宫占地 12 平方千米，有 33 个门，丹凤门为正门，含元殿为正殿，其北是宣政殿，中书、门下两省以及弘文、史馆分列左右，此外还有 30 余处宫殿、亭、观等毁于唐末战乱。现存遗迹有含元殿、麟德殿、翔鸾和栖凤两阁以及太液池、蓬莱亭等，尚可辨识。考古工作者于 1957～1959 年发掘了四座城门和含元、麟德两殿遗址，其中麟德殿遗址台基高 5.7 米，南北长 130 米，东西宽 70 米。大明宫于 1961 年被公布为全国重点文物保护单位。

[华清宫]　华清宫位于西安市区 30 千米的临潼山区。从骊山山麓直至山顶布满门楼殿宇。自古即以温泉和风光优美而著名，为唐代离宫。据载，唐贞观十八年（644），唐太宗派当时的建筑师阎立本负责设计，把骊山改建为汤泉宫。唐天宝六年（747），唐玄宗再次大规模扩建，改名华清宫。唐玄宗常带杨贵妃来此游乐，唐玄宗住

在这里的寝宫叫飞霞殿，殿南的御用浴池名莲花池，全用白石砌成，池中有两朵白石雕成的莲花，温泉从在花心隐藏的泉眼中流出。莲花池西面的芙蓉池，是杨贵妃专用的浴池。现有周幽王"烽火戏诸侯"的烽火台遗址和"西安事变"的"兵谏亭"等。

［党家大院］ 党家大院位于陕西韩城市东北 9 千米，是当地保存较好的北方传统民居建筑。始建于元至顺二年（1331），现仍保留明、清四合院 140 余座，祠堂 12 座，戏楼 2 座，贞节牌楼 1 座。村内巷道用条石铺砌，每户宅院全是青砖砌筑的高大门楼，门楼两侧墙上有传统治家格言、诗文及砖雕、木雕图案，是研究明清文化不可多得的实物。

十三、江苏省

（一）行政区划

江苏省地处东经 116°18′~121°57′、北纬 30°45′~35°20′。位于国境东部沿海，居长江、淮河下游，东濒黄海，西邻安徽，北接山东，南与浙江、上海毗邻，京杭运河纵贯全省南北。面积约 10.72 万多平方千米，截至 2021 年末，江苏省共有 13 个设区市，95 个县（市、区）。简称苏。

［省会——南京］ 南京市位于省境西南部，面积 6598 平方千米，为副省级市。全市辖 11 区 2 县。南京历史悠久，战国时期越王勾践灭吴后在今中华门西南建越城，这是南京历史上最早的城墙。解放后南京为中央直辖市，1953 年 1 月并入江苏省，为江苏省会。南京地处长江下游平原，境内山地、江河、平原交错。南京属北亚热带季风气候区，四季分明。南京是中国东部地区重要的综合性工业基地，电子、汽车、化工产品生产在全国有重要意义。南京是华东地区铁路、公路、空运、管道运输的枢纽，京沪、宁铜铁路在此交会，有 60 多条公路沟通境内外，南京港是中国最大的内河港。南京还是全国六大通信中心之一、长江流域四大中心城市之一。南京名胜古迹众多，有石头城遗址、六朝古墓、栖霞山石刻、划悉湖等景观多处。南京是中国七大古都之一，又是国务院首批公布的 24 座历史文化名城之一。南京市简称宁，是江苏省政治、经济、文化、交通中心。

［扬州］ 扬州市位于江苏省境中部，长江下游北岸，面积 6678 平方千米，辖 3 区 1 县，代管 3 个县级市。居民以汉族为多，还有回、土家、蒙古等 41 个少数民族。扬州为中国历史文化名城。春秋战国时期扬州为邗国地，称邗。市境内的主要河流有长江、京杭运河，并有白马湖、宝应湖、高邮湖、邵伯湖连通长江。扬州属北亚热带

湿润气候区，气候温和，四季分明。农业较发达，素有"鱼米之乡"的美称，主要农作物有水稻、棉花、油菜等。扬州工业以机电、纺织、轻工、化工为支柱，主要产品有汽车、船舶、内燃机等。扬州水陆交通便捷，境内河网密布，自古水运就十分发达。境内著名的风景名胜区有瘦西湖等，瘦西湖还被列为具有重要历史文化遗产和扬州园林特色的国家重点风景名胜区。

[徐州]　徐州市位于省境西北部，面积 11517 平方千米，是淮海经济区重要的中心城市。徐州市辖 5 区 4 县，代管 2 个县级市，居民以汉族为多，有回、满、蒙古等 48 个少数民族。徐州古称彭城，东汉末年始称徐州。历代或为诸侯王都城，或为路、州、道、府、郡、县治所。徐州地处黄泛冲积平原和沂沭河冲积平原，属暖温带湿润和半湿润季风气候。农业发达，是国家商品粮基地，农作物以种植水稻、小麦为主，其他农副产品如蚕桑、肉类、禽蛋、淡水鱼等，均畅销国内外。矿产主要有煤、铁、石灰石等，其中煤炭年产量高，徐州素有"江苏煤都"之称。工业已形成以煤炭、火电、建材为基础，机械、化学、轻工、电子相应发展的工业体系，徐州电厂规模居全国火力发电行业前列。徐州是全国交通枢纽，京沪、陇海两大铁路干线在此交会。徐州市现有很多文物古迹，两汉文化为徐州文化特色，徐州是国家历史文化名城之一。

[淮安]　位于江苏省北部，地处苏北腹地，因位于古淮河之南而得名。全境东靠盐城市，南连扬州市，西接安徽省，北邻连云港与徐州，京杭大运河贯穿全境，洪泽湖镶嵌其中，素有"壮丽东南第一州"美誉。淮安是江淮流域古文化发源地之一，历史可以追溯到新石器时代的"青莲岗文化"。汉武帝时建县，东晋初年开始营造城池，南齐时始称淮安。元、明以来，漕运、商业发达，成为运河要邑。淮安名人辈出，历史上先后出现了大军事家韩信、汉赋大家枚乘、巾帼英雄梁红玉、《西游记》作者吴承恩、爱国将领关天培、《老残游记》作者刘鹗，以及一代伟人周恩来等。淮安不仅人杰地灵，而且风景优美，勺湖园、碑园、潇湘园为淮安胜景。淮安麻油茶馓、文楼蟹黄汤包、蒲菜等享誉四方。

[常熟]　地处长江三角洲沿江开发带，东倚上海，南接苏州，西邻无锡，北临长江与南通隔江相望，扼长江黄金水道咽喉，区位优势得天独厚。境内地势平缓，气候温和，风调雨顺，因年年丰收而得名"常熟"，素有"江南鱼米之乡"的美誉，是全国"十大财神县"之一。常熟有着 5000 多年的文明史，物华天宝，人杰地灵。远有孔门"十哲"之一、兴东吴文教的先驱言偃，近有清代"两朝帝师"、史称"状元宰相"的翁同龢。自唐至清，共出了 9 名宰相，8 名状元，483 名进士。常熟不但人文荟萃，自然景观同样美不胜收。"七溪流水皆通海，十里青山半入城"，更有琴川河穿城而过，雅园巷点缀其间，山、水、城、园融为一体，吴中风情此地唯独。这里的"沙家浜"更是闻名中外。

[无锡]　无锡市位于省境南部，面积 4785 平方千米，是全国重要的经济中心城市、区域性交通枢纽和著名的风景旅游胜地。无锡地貌以平原为主，散布低山、丘陵。

中北部为太湖水网平原和沿江平原，西南部为宜溧山地。市内的主要河流湖泊有京杭大运河、太湖等。属亚热带湿润季风气候。市内的矿藏主要有陶土、石英石、大理石等。森林资源和水产资源较丰富。农作物有水稻、小麦、油菜等，是中国水稻主要产区和淡水鱼养殖基地，也是江苏省毛竹主产区和木材、茶叶的重要产区。工业以纺织、轻工、电子为支柱产业。无锡的惠山泥人、宜兴陶瓷、"长江三鲜"、太湖三宝、油面筋为名特产品。境内有多处名胜古迹，鼋头渚、蠡园、梅园等都很著名，寄畅园为全国重点文物保护单位。

[苏州]　苏州市位于省境东南部，面积 8488 平方千米。居民以汉族为多，还有蒙古、回、维吾尔、满等 23 个少数民族。苏州市历史悠久，吴王阖闾元年（公元前 514 年）建城。战国时先后属越、楚等国。秦置吴县。汉至六朝为吴郡治所。隋唐始名州。苏州地处以太湖为中心的浅碟形平原底部，地势低平。境内河流纵横，湖荡棋布，有长江、娄江、京杭运河、太湖、阳澄湖等，素有"水乡泽国"之称，属亚热带湿润性季风气候。农产品以稻谷、棉花、油菜籽等为主，有水产、果品、花木等多种经营。工业有冶金、机械、电子、纺织、丝绸、工艺品等，素有"丝绸之府""工艺之都"的美称。苏州交通四通八达，京杭运河纵贯南北，沪宁铁路和沪宁高速公路横穿东西。苏州是全国 10 个重点旅游城市之一，是国家历史文化名城之一，已成为中国经济发达的地区之一。

（二）人口、民族

江苏省是中国人口密度最大的省（区），2022 年末全省常住人口 8515 万人，城镇化率达 74.4%。其中汉族占大多数，达 99% 以上，此外还有 40 多个少数民族。少数民族中以回族人口最多，其余为满、蒙古、土、苗等族。由于自然条件的差异，开发历史的先后和经济发展水平的高低，造成江苏的人口分布地区差异显著。长江三角洲沿江各地水利条件好，交通便利，多种经营发展，人口密度大，而丘陵山地和滨海各地，尽管面积较广，但人口较少，人口密度不及沿江地区的一半。

（三）历史文化

江苏省具有悠久的历史，是中国文明的发源地之一。考古研究发现，人类较早就在江苏定居繁衍，新石器时代的湖熟文化、北阴阳营文化遗址是迄今为止在江苏发现的较早的文化遗存。这些文化的发源地——宁镇地区的地理位置与中原较为接近，因此江苏的古文化在一定程度上受到中原文化的影响。在上古的时候，江苏是九州中徐、扬二州的一部分。春秋时江苏一带分属吴、楚、宋、鲁等国，战国时分属越、楚、齐等国。江苏人民在如此厚重的历史积淀中创造了灿烂的吴文化、汉文化等。随着历史的进一步发展，江苏人民不断地将它们深化，形成了独特的文化形态。

[孙权称帝]　公元229年，孙权在武昌称帝，改元黄龙。自公元200年起，年仅19岁的孙权接替了其兄孙策的职位，成为江东最高统治者。孙权对外采取了联弱蜀抗强曹的正确策略。208年，孙刘联军在赤壁大败曹操，巩固了在江东的统治。221年，派将领陆逊火攻蜀军，取得大胜。229年，孙权称帝于武昌，国号吴，后迁都到建业，即今江苏省的南京市。为开发沿海，孙权于公元230年，派出万人船队，由将军卫温和诸葛直率领出海，到达夷洲，即今台湾。孙权的政治才能，曾得到他的劲敌曹操的赞扬，曹操说："生子当如孙仲谋"。公元252年，孙权去世，终年71岁。死后被追尊为吴大帝。

[郑和下西洋]　明代，中国的造船和航海事业有了很大的发展。为了加强同海外各国的联系，明成祖派遣郑和出使西洋。1405年，郑和率领2.7万多人，共200多艘海船，浩浩荡荡从苏州刘家港出发，第一次出使西洋。到1433年，郑和前后出使西洋7次，经历了亚、非30多个国家和地区，最远到非洲东海岸和红海沿岸，成为当时世界航海史上的壮举。郑和七次下西洋，不但扩大了东方这个古国的知名度，加深了各国对中国的了解，而且极大地推动了明朝海外贸易的发展。之后，亚洲许多国家都先后派使节访华。永乐二十一年，古里等16国的使节和商团随郑和船队到达南京。郑和七下西洋，促进了中外经济文化的交流，也推动了15、16世纪世界航海贸易的进步与发展。

[徐霞客游天下]　徐霞客（1586~1641）名弘祖，字振之，号霞客，明末南直隶江阴即今无锡江阴人，是明代也是中国古代杰出的旅行家、地理学家和文学家。徐霞客少时聪慧过人、博览群书，22岁摈弃仕途，开始漫游中国大地。30余年间，足迹遍及16个省区的名山大川，他对山脉、水道、地质、地貌等方面的研究取得了超越前人的成就，成为世界上考察研究岩溶（即喀斯特）地貌的先驱者。在游历期间，他每到一处，即按日记记事，将所见所闻写成日记体裁的游记。徐霞客留意考察各地名胜古迹、险壑陡崖、幽岩暗洞和风土民情，并作翔实记录与分析考证，对山形地貌、河川地质等的记述尤为翔实。崇祯十三年（1640）徐霞客在游历途中生病而返乡，著述《徐霞客游记》20万字。其中《粤西游记》专门记述他在广西的游历见闻和分析评论，是世界上最早的关于石灰岩溶蚀地貌的考察记录。

[唐寅]　初字伯虎，更字子畏，号桃花庵主，晚年信佛，有六如居士等别号，吴县（今江苏苏州地区）人，是我国杰出的画家、书法家、文学家。在绘画上，他是"吴门画派"的杰出代表，擅长山水，又工画人物，尤其是精于仕女画，画风既工整秀丽，又潇洒飘逸，被称为"唐画"，与沈周、文徵明、仇英齐名，合称"明四家"。他的书法取法赵孟頫，俊逸秀挺，韵味悠远。他还是明代有名的诗人，诗风清朗洒脱；又擅长采用民歌形式写曲，与祝允明、文徵明、徐祯卿切磋诗文，世称"吴中四才子"。传世作品有《春山伴侣图》《落霞孤鹜图》《葑田行犊图》《杏花仙馆图》《草堂

话旧图》等。

[郑板桥]　　名燮，字克柔，号板桥，清代杰出的艺术家、文学家。他的前半生在读书、授课、著文、卖画、出游中度过，40岁后曾中举人、进士，并任山东范县、潍县县令，后因在饥荒中赈济难民侵犯了豪商富贾的利益而被诬告，被撤职罢官，回到扬州卖画终老。郑板桥的书法在清代自成一家，他以真、草、隶、篆四体相参，创造出一种"六分半书"的新体，这种书体雄浑清劲，书法中还渗入画法，因而生气勃发，飘逸绝俗，甚得气韵生动之致。他还创造了一种叫"柳叶书"的书体，其特点是中锋放笔为之，给人以柳叶飘动之感。他一生最喜画兰、竹、石，构思巧妙，笔墨多变，形象生动，风格爽朗，确是艺术精品。郑板桥还是清代享有盛誉的现实主义文学家，他的诗、词、曲真挚风趣，为人民大众所喜诵。传世作品有《竹石图》《九畹兰花图》《修竹新篁图》等，后人辑有《郑板桥全集》《郑板桥先生印集》。

[吴承恩]　　字汝忠，号射阳山人，原籍江苏涟水，后徙居淮安府山阳（今江苏淮安），明代杰出的小说家。他早年便文名远扬，却屡试不中，直到嘉靖二十三年（1544）才补上岁贡生，曾担任浙江长兴县丞，不久辞官回乡，放浪诗酒，以贫老而终。他一生著作甚多，但大都已散佚，只有长篇小说《西游记》流传于世。这部小说是在民间流传的唐僧取经故事和有关话本、戏剧的基础上，经过加工、再创造而成，全书以浪漫主义的手法，描写了唐僧师徒四人历经艰难险阻，最终取经成功的过程。全书语言诙谐生动，想象丰富奇特，情节曲折动人，是一部影响深远的神魔小说，为我国白话长篇小说四大名著之一。

[施耐庵与《水浒传》]　　施耐庵（约1296~1370）生于元末，今江苏兴化人。自幼便博览群书。他一生著作甚多，但以《水浒传》名声最大。小说取材于北宋末年宋江起义的故事，揭示了中国封建社会农民起义的发生、发展和失败的过程中的一些本质问题，同时也揭露了封建社会的黑暗。小说最突出的艺术成就是塑造了许多个性鲜明的英雄形象。如，性情刚强的武松、莽撞却又机智的鲁智深、鲁莽而又讲义气的李逵等，都可称得上是中华文学宝库中的极富吸引力的人物形象。《水流传》在人物塑造方面的成就标志着中国的小说人物塑造已由典型化人物上升到个性化人物的阶段。著名批评家金圣叹据此将《水浒传》与《庄子》《左传》并列，给予极高的评价。《水浒传》继承和发扬中国古典文学的传统，奠定了中国长篇章回小说创作的基础，为后世文学创作提供了许多宝贵的经验。

[桃花坞木刻年画]　　苏州桃花坞木刻年画与天津杨柳青木刻版画是中国木刻年画的南北两大中心，素有"南桃北杨"之称。明清时期，随着苏州经济发展，阊门一带集中了许多手工艺作坊，以年画铺为最多。在此出品的民间木刻年画，使桃花坞名闻天下。苏州桃花木刻年画始于何时很难考评，但从中国刻版印刷发展史和已形成独特的风格判断，清雍正、乾隆时期是它的鼎盛时期。当时的画铺作坊分设于苏州阊门外的山唐街和阊门内的桃花坞一带，桃花坞木刻年画不仅规模和印刷数量达到了空前的

程度，而且年画内容、形式、风格、构图、雕版、套色等方面都达到相当的艺术高度。不仅畅销全国各地，还传入日本、东南亚等国家和地区。

[茅以升]　字唐臣，出生于江苏丹徒（今镇江），我国杰出的土木工程学家、桥梁专家、工程教育家。1937 年 11 月，他在水文地质条件极其复杂的情况下，克服重重困难，设计建成了钱塘江大桥，打破了外国人垄断中国近代大桥设计和建造的局面，这是中国桥梁史上一个伟大的里程碑，也是中国桥梁建设史上的一项重大成就。新中国成立后，他主持我国铁道科学研究院工作 30 余年，为铁道科学技术进步做出了卓越的贡献。是将土力学学科应用于工程中的开拓者。在工程教育中，始创启发式教育法，坚持理论联系实际，致力教育改革，为我国培养了一大批科学技术人才。茅以升是我国工程学术团体的创建人之一。著有《桥梁次应力》《钱塘江桥》《中国的古桥与新桥》，主编有《中国古桥技术史》。

[华罗庚]　江苏金坛人，我国杰出的数学家。初中毕业后刻苦自学，被著名数学家熊庆来发掘，破格调入清华大学任教。20 世纪 60 年代中期之后，在我国工业部门从事数学普及工作。长期担任中国科学院数学研究所和中国数学会的领导工作，为中国数学事业的发展做出了突出贡献。1985 年逝世于日本东京。华罗庚在矩阵几何学、偏微分方程、高维数值积分、解析数论、多复变函数论等诸多领域取得了突出成就。他解决了高斯完整三角和的估计这一历史难题，得到了最佳误差阶估计。他证明了历史长久遗留的一维射影几何的基本定理。他的名著《堆垒素数论》系统地总结、发展与改进了哈代与李特尔伍德圆法、维诺格拉多夫三角和估计方法及他本人的方法，其主要成果至今仍居世界领先地位。该书是 20 世纪经典数学理论著作之一。此外还著有《多个复变典型域上的调和分析》《统筹方法平话》《优选学》等多部学术著作。

[徐悲鸿]　江苏宜兴人，兼采中西艺术之长的现代绘画大师、美术教育家。他少年时代随父学画，20 岁时便在上海卖画。1918 年，他接受蔡元培聘请，任北京大学画法研究会导师。新中国成立后曾任中央美术学院院长，全国美术工作者协会主席，直至病逝。徐悲鸿擅长中国画、油画，尤精素描。他的绘画线条坚卓清爽，既像行云流水般畅达，又有力透纸背的沉雄劲健，满含激情而技巧极高。最能代表其艺术成就的是写马的画卷。他笔下的马筋强骨壮，气势磅礴，形神俱足，笔墨酣畅淋漓，精微处不琐屑，奔放处又不狂狷，是价值极高的艺术珍品。他的代表作有油画《溪我后》《田横五百士》，国画《九方皋》《愚公移山》《会师东京》等。

[梅兰芳]　梅兰芳（1894~1961），本名澜，艺名兰芳，祖籍江苏泰州。梅兰芳1894 年 10 月 22 日出生于北京李铁拐斜街的梨园世家。是中国杰出的京剧旦行表演艺术家、举世闻名的中国戏曲艺术大师。他是中国京剧史鼎盛期和新中国成立后繁荣时期承上启下最具有代表性的人物，以其精妙的艺术和高尚的品德赢得全国人民的高度赞赏。他在 50 余年的舞台生涯中，精心创造，善于革新，塑造了众多优美的古代妇女艺术形象，积累了大量优秀剧目，发展了京剧旦角的表演艺术，形成一个具有独特风

采的艺术流派，世称梅派。他与程砚秋、尚小云、荀慧生并称"四大名旦"，并居"四大名旦"之首。他不仅在京剧旦角艺术的发展中起到继往开来的重要作用，而且是最早将中国的京剧艺术推向世界舞台的先行者。他曾多次到国外演出，在国际舞台上的精湛表演使国外广大观众和戏剧专家为之倾倒。通过他的不懈努力，终使京剧艺术跻身于世界戏剧之林。梅兰芳于 1961 年 8 月 8 日病逝于北京，终年 68 岁。

[苏绣]　苏绣是流行在苏州地区传统的民间工艺。苏绣的历史悠久，在春秋时期就已经出现，主要用于服饰。宋代是苏绣发展的成熟阶段，除宫廷设有刺绣工艺的专门机构"丝绣作坊"外，许多妇女都学习刺绣。到明代，苏州的刺绣得到了更进一步的发展，苏绣成了群众性的家庭副业，并不断地进行变化、改进，形成自己独特的风格。苏绣以细腻活泼的针法创作出生动逼真的形象。苏绣的题材以花鸟、人物、楼阁为主。苏绣又分为单面绣、双面绣、双面异色绣等种类，其中双面绣是苏绣中独具风格的绣品。这种绣品可以从正反两面欣赏。苏绣在艺术上讲究"平、光、齐、匀、和、顺、细、密"。苏绣因其精美、细腻、雅致、生动而享誉中外，与湘绣、蜀绣、粤绣并称中国四大名绣。

（四）气候

江苏省地处暖温带季风气候和亚热带季风气候的过渡地带，作为暖温带和亚热带分界线的 0℃等温线大致沿淮河、苏北灌溉总渠一线通过。江苏气候温和，雨量适中，四季分明。年平均气温 13~16℃，由北而南递增。1 月均温-1.5~3.5℃，7 月均温在 26℃以上，由东北沿海的 26.5℃递增到西南内陆的 29.1℃；无霜期 210~240 天。10℃以上的持续期和活动积温值分别为 210~230 天和 4352~5045℃。年降水量 800~1200 毫米。淮河、苏北灌溉总渠一线以北的暖温带地区，雨季较短，年降水量在 1000 毫米以下；以南的亚热带地区由于深受梅雨和台风影响，雨季较长，降水较多，江淮间为 900~1100 毫米，沿江为 1100 毫米，宜溧山区为 1200 毫米左右。4~10 月降水量占全年降水量的 70%，以上，徐淮一带在 85%以上。

（五）自然资源

江苏省地理位置和气候条件使江苏的自然资源丰富。江苏的水资源丰富，土壤类型多样、土地质量高，气候条件也很适宜。江苏的生物资源很丰富，种类繁多，这里还存在许多世界著名的珍稀濒危动植物，如麋鹿、丹顶鹤、秤锤树等。但是重要的能源矿产和铁矿均较贫乏，铜铝土矿也很少。金属矿中的锶、锗、铅、锌和非金属矿中的蓝晶石，高岭土、陶土等矿产资源储量较丰，质量也较高，

[秤锤树]　秤锤树是安息香科植物，其果实形状似秤锤，故名。秤锤树系落叶小

乔木或灌木，高3~7米，胸径达10厘米。花、果均下垂，花白色，果卵圆形或卵圆状长圆形，顶端呈喙状。秤锤树多分布在南京及其附近地区，生长于海拔300~800米处的林缘、疏林中或丘陵山地。已濒于灭绝，为国家二级保护濒危种。

〔白穗花〕　白穗花是百合科的多年生草本植物。根状茎圆柱形。叶有4~8片，倒披针形。花葶高13~20厘米，花白色。浆果近圆形，直径约5毫米。白穗花为中国特有单种属植物，仅分布于江苏、浙江、安徽、江西、四川，生长于海拔630~900米处的山谷溪边和阔叶林下。

〔独兰花〕　独兰花属兰科植物，是国家二级保护稀有种。因花单生，故名。假鳞茎淡黄白色，顶端生1叶。叶阔卵形或阔椭圆形，下面带紫红色。花葶生于顶端叶腋，花较大，淡紫色或浅粉红色，单朵顶生，直径5.5~7厘米，唇瓣3裂，侧裂片斜卵形，中裂片肾形，边缘稍呈皱波状，具紫红色总疣和腺点，长约2厘米，稍弯。独兰花分布于江苏、浙江、安徽、江西、湖南、湖北、陕西、四川，生于海拔400~1500米处的阴坡常绿阔叶林和常绿、落叶阔叶混交林下潮湿的沟边和山谷岩壁下。

〔宝华玉兰〕　宝华玉兰属木兰科植物，落叶小乔木，高7~11米，胸径30厘米。花芳香，花被片上部白色，下部紫红色。宝华玉兰对于生长环境要求较高，故濒于灭绝，现仅于江苏宝华山残留18株，散生于海拔220米处的低山稀疏阔叶林中，为国家三级保护濒危种。

〔白腹海雕〕　白腹海雕属于鹰科大型鸟类。白腹海雕体长71~76厘米，头、颈和下体纯白色，上体灰色，尾黑色呈楔形，尾羽外缘1/3为白色。它栖息在海岸边，常单独活动，主要以海鱼为食。在国内，这种鸟分布于江苏、广东、海南、福建等地。白腹海雕在中国数量已相当稀少、现已将白腹海雕列为国家二级保护动物。

宝华玉兰

〔麋鹿〕　麋鹿属偶蹄目鹿科，是一种非常特殊的大型鹿类。它体长约2米，肩高可达1.3米。雄鹿较大，雌鹿较小。雌鹿无角，雄鹿有角，角枝形态十分特殊，没有眉叉。主干离头部一段距离后，分前后两枝，前枝再分两叉，后枝长而近于直。一般随年龄的增长，角枝次级的分叉更趋为复杂。麋鹿曾濒临灭绝，经过保护和精心管理后，现在麋鹿数量已经增多。中国已在江苏建立了大丰麋鹿保护区。

（六）经济

江苏省平原辽阔坦荡，河流湖泊众多，自然环境条件优越，交通运输发达，为工农业的全面发展创造了有利的基础条件。江苏省工业以机械、电子、纺织、石油化工等为支柱产业，并且形成了门类齐全、技术含量较高的工业体系。目前江苏已成为全国工业发达的省区之一。江苏还是中国重要的农业区，是粮、油、棉、薄荷生产基地。江苏境内的长江水道和京杭运河河段构成全省内河航线的主干线，航道总里程居中国第一，还有吞吐量 10 万吨以上的港口近 300 个。南京、徐州还是全国重要的铁路枢纽。便利的交通使江苏原料、产品输入输出方便快捷、加速了江苏省经济的发展。

［农业］ 江苏省平原辽阔坦荡，河网密布，湖荡众多，平原和水域面积约占全省总面积的 85%，加上良好的气候条件，十分有利于农、牧、渔业的发展。江苏土壤的垦殖指数高，种植业发达，是全国农业发达的省区之一，也是中国重要的粮油产区。粮食作物以水稻、麦类为主，经济作物以棉花，油料为主，林木以毛竹、松、杉为主。随着农业技术的发展，全省农业基本实现了耕作、植保、脱粒等机械化和半机械化。江苏省水域面积约占全省总面积的 18%，鱼类上百种，水产养殖捕捞技术先进，渔业发达。海洋水产资源也十分丰富，海洋渔场 15.4 万平方千米，经济鱼类 40 余种。

［工业］ 江苏的工业发达。江苏工业以加工业为主，已形成以机械、电子、电力、石油化工、纺织等为支柱产业的门类齐全、技术含量高的工业体系。江苏省的乡镇工业异军突起，产值居全国首位。省内现有大中型企业 2000 多家，各类企业集团也近 2000 家，此外还有很多外商在江苏创办外资企业，给江苏的经济发展增加了动力。江苏手工业也很发达，以苏州刺绣、无锡泥塑、宜兴陶器、南京云锦、扬州玉雕和漆器等最为著名。

［交通］ 江苏是华东地区交通枢纽。本省交通运输种类齐全；水运更是发达。全省已形成以长江，京杭运河为骨干、江河湖海相连、四通八达的水路运输网，95% 以上的县市可通机动船。南京、镇江、张家港、南通等是长江上的重要港口。内河航运里程居全国第一位。全省公路里程 13 万多千米，其中高等级公路占 22%，100 多条公路干线连接 1500 多条县乡支线，构成四通八达的公路网络。铁路有陇海线、京沪线和宁铜线，南京、徐州是两大交通枢纽。南京、常州、无锡、徐州、连云港建有飞机场，定期或不定期航班通往北京、上海、广州、深圳、香港、澳门等地。江苏还有一部分管道运输，而且运输量较大。发达的交通运输条件，使物资能在最短的时间内到位，给省内的经济发展提供便利。

（七）旅游

江苏名山秀水广布，历史悠久，经济发达，旅游资源极为丰富。这里是山水园林、名胜古迹和旅游城市高度集中的地区，如有"虎踞龙蟠"之称的南京，有"天堂"之称的苏州，有"淮左名都"之称的扬州及镇江、淮安、徐州、常熟等历史名城。这些城市中的文化古迹，南京的"石头城"、明孝陵、中山陵，徐州的刘邦"大风歌碑"，常州的"东南第一丛林"天宁禅寺，苏州的虎丘塔、寒山寺等堪称代表。江苏丘阜散布，水网密布，如钟山、云台山、惠山、金山、太湖、玄武湖等，这些自然景观不但风景秀丽，而且为构筑园林提供了良好的基础，所以江苏名园荟萃，形成诸多风景园林名城，苏州、扬州、镇江皆以此名闻世界。

[周庄]　　周庄位于昆山市西南，始建于北宋时期，为著名的江南水乡古镇。周庄北临急水港、南滨南湖、西邻蚬湖、东邻淀山湖，为一"四面环水、港汊分歧，咫尺往来，皆需舟楫"的水乡古镇。周庄面积36平方千米，镇区内保持着完好的宋代"水陆平行，河街相邻"和"小桥流水人家"的风貌。小镇内河汊纵横，四条水道将古镇分割成"井"字形，形成八条长街。满街房屋粉墙花窗，傍水而筑，素有"水中桃源"之称。全镇有近百座古宅大院，以江南民居之最的"七进五门楼"的沈厅和"轿从前门进，船从家中过"的张厅最为著名。水巷两岸，富有水乡特色的建筑过街骑楼、临河水阁、穿竹石栏比比皆是，河道上横跨着保存完好的元、明、清历代石桥14座。悠久的历史，给周庄造就了诸多独具特色的人文景观。

[苏州园林]　　苏州园林地处长江三角洲，风光秀丽，物产丰富，气候宜人，交通便利，旧时官宦名绅年老后多到苏州择地造园，颐养天年。苏州以园林美景享有盛名，有"江南园林甲天下，苏州园林甲江南"之称。明清时期，苏州封建经济文化发展达到鼎盛阶段，造园艺术也趋于成熟，出现了一批园林艺术家，造园活动达到高潮。这些园林可分为宅园林、市郊园林和寺庙园林三大类，这些园林反映出历代园林的不同风格，为中国园林艺术的代表作。古代的造园者都有很高的文化修养，能诗善画，造园时多以画为本，以诗为题。通过凿池堆山、栽花种树，创造出具有诗情画意的景观，被称为是"无声的诗，立体的画"。苏州园林中建筑、山水、花木、雕刻、书画的综合艺术品，集自然美和艺术美于一体，构成了曲折迂回、步移景换的画面。苏州的私家园林最多时达280余处，现存园林60多个，其中拙政园和留园与颐和园、承德避暑山庄并列为中国四大名园，并同网师园、环秀山庄一起于1997年12月被联合国教科文组织列入《世界遗产名录》。

[留园]　　留园位于江苏省苏州市阊门外，为苏州四大古名园之一。留园始建于明嘉靖年间，清嘉庆时归刘蓉峰所有，改名"寒碧山庄"，也称"刘园"。刘与留同音，后又叫留园。面积50余亩，园中分四个景区。中部以山池为中心，池居中央，四周环以假山、亭台、长廊，明净清幽；东部则以建筑为主，厅堂宏丽轩敞，重楼叠阁；西部是土山枫林，景色天然清秀；北部是桃杏紫藤，一派田园风光。全园建筑布局结构严谨，装饰别致多彩，建筑空间处理得当，为苏州园林之冠。

[狮子林]　　狮子林在江苏省苏州市园林路，与拙政园、留园、网师园并列为苏州

四大名园。狮子林至今已有 600 多年的历史。狮子林始建于元代至正二年（1342），名僧天如禅师维则的弟子"相率出资，买地结屋，以居其师"。因园内"林有竹万固，竹下多怪石，状如狻猊（狮子）者"，又因天如禅师维则得法于浙江天目山狮子岩，为纪念佛徒衣钵、师承关系，取佛经中"狮子座"之意，故名"狮子林"。狮子林素有"假山王国"之美誉。既有苏州古典园林亭、台楼、阁、厅、堂、轩、廊之人文景观，更以湖山奇石、洞壑深邃而盛名于世。

[拙政园]　拙政园在江苏省苏州市娄门内。唐代这里是诗人陆龟蒙的住宅，元时为大宏寺。明正德年间，御史王献臣弃官回乡，买下寺产改建成园林住宅。后经多次修建，成现在规模。拙政园面积约 4 万平方米，分东、中、西、住宅四部分。园内以水为主，建筑亦多临水。池广树茂，景色自然，台馆分峙，回廊起伏，装饰华丽，布局有序。

[盘门]　盘门位于苏州市古城南隅，为古苏州西城的水、陆门，是苏州最古老的城门，也是中国仅有的水陆并存的城门。盘门始建于公元前 514 年，即春秋吴王阖闾元年，古名蟠门，上刻有蟠龙，后因水陆萦回曲折，改称今名。现存盘门是元代至正十一年（1351）年重建，经明、清续修。盘门以古运河为护城河，水、陆两门比肩而立。内城河水经门洞流出城外，过水关桥注入运河，水门设水闸与栅门两道闸，均以青石为拱券。水门可调节水位，还是重要的防御工事，雉堞、女墙、绞关石一应俱全；陆门位于水门北侧，也有内外两重，两门之间构成瓮城。盘门是苏州最有江南特色的保存较完整的古城遗址。

[沧浪亭]　沧浪亭位于苏州市南人民路三元坊，原是五代吴越国广陵王钱元璙花园，是现存历史悠久的古园林之一。北宋诗人苏舜钦临水筑亭，有感于渔父歌《沧浪之水》和孟子"沧浪之水清兮，可以濯吾缨"，故为其所筑亭题名为沧浪亭。沧浪亭不同于一般公园的围墙高筑，沧浪亭疏朗开放，与周围景致连成一体。整个园子的造园风格独树一帜，以假山为中心，重岩复岭、翠竹丛生，巧妙地将园内、园外的远山近水融为一体，可以两面观景。水绕园而过，山山可以隔河相望。沧浪亭翼然山顶，掩映于古林怪石之间。山下有闻妙香室、瑶华境界等，还有镶嵌着 594 幅与苏州有关的历史名人石刻像的五百名贤祠。

[秦淮河]　长江下游支流。位于江苏省西南部。古称龙藏浦，后称淮水。秦以后始有秦淮之名，直到唐杜牧《泊秦淮》问世后，秦淮河一名才被普遍使用。秦淮河分内河和外河，南京城内的内河河段，便是著名的"十里秦淮""六朝金粉"之地。秦淮河是南京古老文明的摇篮。从六朝到明清，这里富贾云集，画舫凌波。秦淮风光最著名的是盛行于明代的灯船。凡游秦淮河的人，必以乘灯船观两岸风光为快。如今，秦淮河风光带，以夫子庙为中心，秦淮河为纽带，包括夫子庙古建筑群、瞻园、白鹭洲、中华门城堡、李香君故居、乌衣巷，以及水上游船和沿河景观。夫子庙是孔庙的俗称，为明代遗物。白鹭洲公园和瞻园相传为中山王徐达的王府花园。瞻园还是后来

太平天国东王杨秀清的王府。

[花果山]　位于江苏连云港市南云台山中麓。原名苍梧山，亦称青峰顶，因小说《西游记》取材于此，故名花果山。其绝顶玉女峰海拔 625 米，为江苏最高峰。在云台山诸脉共 157 峰中，花果山尤为有名。花果山风景区是国家级重点风景名胜区。主要景点 100 多处，如苏北香火盛地三元宫、苏北最高古塔海清寺塔、老君堂遗址、八戒石、沙僧石、唐僧崖、七十二洞、定海神针、水帘洞、娲遗石、玉女峰等。此外，全国四大观赏名竹之一"金镶玉竹"，名茶"云雾茶"和猕猴桃、人参果、银杏、板栗等也是花果山的特产。

[虎丘]　虎丘又名海涌山，位于苏州阊门外西北郊山塘街。山高仅 30 多米，面积约 20 公顷，但气势不凡，让人有绝岩纵壑之感。相传春秋时吴王曾在此建行宫，后来，吴王夫差葬其父阖闾于此。因丘如蹲虎，故名虎丘。虎丘山上建有虎丘塔，虎丘塔又称云岩寺塔，始建于隋文帝时。塔身为平面八角形，共有七层。1955 年重修塔顶时，在第三层夹层内发现有石函、经箱、铜佛、铜镜等珍贵文物。由于地基原因，虎丘塔自明代起就向西北倾斜，被称之为"东方比萨斜塔"，已成为苏州古城的象征。虎丘古木荫翳，名胜遍布，有历史名人雅士品题诗咏，加之神话传说之渲染，有"吴中第一名胜"之誉。

[栖霞山]　栖霞山位于南京市东北栖霞镇，距市区约 20 千米。南朝宋时，明僧绍来此隐居，后居宅为寺，取名"栖霞精舍"，遂有栖霞山之称。山有三峰。东峰势若卧龙，称龙山；西峰状如伏虎，称虎山；中峰风翔峰最高；位于中峰的栖霞寺，是中国佛教圣地之一。舍利塔是栖霞寺的主要古迹之一。现今寺院是 1908 年重建的，为南京地区最大的佛寺。

[燕子矶]　位于南京市北郊幕府山与巴斗山之间，是长江三大名矶之一。山石直立江上，三面临空，形似燕子展翅欲飞，因称燕子矶。燕子矶是古代南京南来北往的重要渡口。矶上还建有御碑亭，关于乾隆经过燕子矶的碑文就刻在上面，还有乾隆亲书的"燕子矶"三个大字。燕子矶附近有寺废阁、弘济寺、观音阁等古寺。燕子矶的岩山原有 12 个洞，比较有名的有头台洞、二台洞、三台洞。最为深广曲折的是三台洞。洞中有观音泉等名胜，通过洞右边的石梯可以到达一线天，再上去经过百级石阶可以到达凌空的飞阁。登上飞阁，放眼四望，给人一种心旷神怡的感觉。夜晚登上燕子矶，只见水月相映成趣，澄江如一条白练，此景为"金陵四十八景"之一。

[中华门]　中华门于明洪武二至八年（1369～1375）在南京建康府城南门的基础上扩建而成。因与聚宝山（今雨花台）相对，所以叫作聚宝门。1931 年，改名为中华门。中华门平面呈长方形，东西宽 90 米，南北长约 128 米，总面积 1.17 万平方米。城属瓮城，前后共有四重，每道墙的正中间都有一座拱门，各门还有上下启动的千斤闸（现仅存闸槽和石门臼）。瓮城一共有 27 个藏兵洞，一次性可藏 3000 个士兵。宽达 11 米的登城斜坡在瓮城的东南墙外都能见到，用砖斜铺砌的马道是供载重较大的车马上

下用的。中华门是我国古代防御性的建筑，在世界城垣建筑史上占有重要地位。中华门也是全国重点文物保护单位。

[大明寺]   位于扬州市西北蜀岗的中峰上。大明寺在南宋时是一座有规模的大寺，隋朝仁寿元年（601）建栖灵塔，原塔毁于唐代后期，现存的为后来重建的。塔呈方形，9层，塔身主体结构为钢筋混凝土、木质结构、楼阁式。登上塔可鸟瞰整个扬州城。

大雄宝殿位于大明寺的正北，内有一尊安坐在莲花宝座上的释迦牟尼佛像，背后塑有观音等群像，左右两壁分坐十八罗汉。大明寺曾是唐代高僧鉴真居住和讲学的地方。鉴真纪念堂位于大雄宝殿东侧，原为晴空阁。堂院占地 2540 平方米，门厅在前，碑亭在中，后为殿堂。殿堂照唐代寺庙殿堂的结构和形式建造，内有鉴真的楠木塑像，四壁绘有叙述鉴真东渡事迹的壁画。平山堂为北宋文学家欧阳修任扬州太守时建造。宋代著名诗人苏轼为纪念欧阳修，在平山堂后建起了谷林堂，欧阳修石刻像位于正中墙上。

[中山陵]   中山陵位于南京市东郊钟匕中部第二峰茅山南麓，系孙中山先生的陵墓。中山陵兴建于 1926 年 1 月，1929 年春落成，同年 6 月 1 日孙中山遗体由北京香山碧云寺停厝地移此安葬，陵墓呈木铎式，傍山而筑，由南往北渐次升高，依次为牌坊、墓道、陵门、碑亭、平台、祭堂和墓室等建筑。墓道入口至墓室的距离达 700 余米，共有花岗石台阶 392 级。祭堂为孙中山石雕全身坐像，四周浮雕表现孙中山革命事迹。祭堂后面是穹隆状墓室，中央是长方形大理石墓穴，棺上镌有孙中山卧像。附近有音乐台、光华亭、流徽榭、孙中山铜像、藏经楼等辅助建筑。

[三国城]   在无锡市西南郊太湖东岸。是为了拍摄电视剧《三国演义》而建的著名影视文化景区。三国城占地近 33.33 公顷。整个景区建筑气势恢宏，古朴粗犷。《三国演义》中的"刘备招亲""舌战群儒""横槊赋诗""火烧赤壁""草船借箭"等重场戏都是在三国城中拍摄的。后来，三国城又陆续建成"桃园""火烧赤壁特技场""九宫八卦阵""赤壁古栈道""竞技场"等景点，既丰富充实了景区文化内容，又弘扬了民族传统文化。

高大的三国城门楼上，有两尊汉代神兽雕像：天禄和辟邪。城内中心广场，一座世界最大的鼎——三国城汉鼎巍然耸立，滚滚浓烟从鼎内升腾而起，为古朴粗犷的三国城平添了硝烟弥漫的烽火气息。长约百米的古城墙下，是一座坞堡式样的竞技场馆，极具汉代特色，建筑面积达 1234 平方米，这里的"汉代斗士""马术杂技"和"驯兽表演"，惊险刺激，精彩绝伦。吴王宫是三国城景区最高的建筑物，依山而建的吴王宫，布局高低错落，互为依托。蜿蜒的灰色宫墙环绕四周，显得粗犷豪放，气势雄浑。

[寒山寺]   寒山寺原名妙利普明塔院，位于苏州市阊门外枫桥镇，始建于南朝梁天监年间。唐贞观年间，高僧寒山、拾得由天台山来此，故称寒山寺。唐张继在天宝年间赴京赶考落第，路经寒山寺作《枫桥夜泊》诗，寒山寺因此名扬天下。寒山寺屡

建屡毁，现存建筑为清末重建。清光绪三十一年即 1905 年，日本人仿铸唐钟一对，一留日本寒山寺，一送中国寒山寺。寒山寺重建时，按原样式铸了一口大钟，置于寺内供游人观赏。寒山寺的夜半钟声闻名于世，名刹听钟为其一大特色，不少人慕名专程前来聆听寒山寺的夜半钟声。

［天下第二泉］　天下第二泉又称惠山泉、陆子泉，在无锡市惠山山麓，因唐代陆羽品题而得名。陆羽，字鸿渐，嗜饮茶，著《茶经》三篇，对茶之源流、饮法以及茶具论述详尽，有"茶圣"之称。天下第二泉凿于唐大历年间即公元 766～779 年，泉水甜美，到了宋代身价倍增，宋徽宗列其水为贡品。池壁上有明弘治十四年杨理雕刻的螭首，形制苍劲古朴，泉水由螭口流入池中，叮咚有声，池分为上、中、下三池，上池水质最好。池北墙上有清王澍所书"天下第二泉"，苍劲雄伟。中国民间艺人瞎子阿炳（华彦钧）二胡独奏曲《二胡映月》，描绘的即是此处景色。

［鼋头渚公园］　鼋头渚位于无锡市西南太湖之滨的充山西端，其三面环水，形如突入湖中的鼋头，故名。1918 年开始建园，先后辟有横云小筑、郑园、退庐等。全园依山临水，四季景色异，阴晴雨雪意境各别。全园可分为四大区，从大门至"太湖佳绝处"牌坊的新建区、长春桥经湖山深处到万浪桥的游览区、从飞云阁至劲松楼的眺望区以及后山区。鼋头渚公园的特点是天然风景为主、人工修饰为辅，园林布局依山傍水，别具一格，是观赏太湖最佳之地。

［瘦西湖］　瘦西湖位于扬州新北门，原名保障河，又名炮山河，也叫长春湖。自六朝以来，即为风景胜地。与杭州西湖相比，瘦西湖湖身狭长曲折，自有一番清瘦秀丽的天韵，故名瘦西湖。瘦西湖原是纵横交错的河流水道，明清以来，巧妙运用园林艺术，沿湖造园、固水成景，成为精美的古典园林。人们在西湖湖畔相继建筑了小金山、白塔、五亭桥、月观、钓鱼台等建筑，组成若干小园，园中有园，景中有景，形成了山环水绕、楼阁掩映、游程曲折、具有"南方之秀，北方之雄"的独特园林风格。整个瘦西湖长 5 千米，犹如一幅山水画卷，既有天然景色，又有扬州独特的园林建筑艺术，是中国著名的风景区之一。

［周恩来故居］　周恩来故居位于全国历史文化名城江苏省淮安市楚州区驸马巷 7 号，故居大门门匾由邓小平题写。1898 年 3 月 5 日，周恩来就诞生在这里，并在故乡度过了 12 个春秋。周恩来故居为砖木结构的平房格局，分东、西两处院落，中间是一块狭长的空地，两边有隔墙和腰门。两院共有房屋 32 间，占地面积 1187.4 平方米。院内房屋建筑多为

瘦西湖

硬山式瓦顶，是当地典型的苏北民居形式。

周恩来故居包括卧室和前堂等。瞻仰大厅即锡养堂，厅内矗立着身着戎装的周恩来汉白玉雕像。北面三间正房为周恩来父母的住处，东面一间是周恩来诞生的房间。大门内两间东房是周恩来童年读书的地方。此外，院内还有周恩来与乳母蒋氏和过继母陈氏住过的房间。周恩来故居于1979年3月5日正式对外开放。在西宅院还有"周恩来同志纪念展览"，展示他一生的照片200多幅和实物91件。1988年，周恩来故居被国务院公布为全国重点文物保护单位；1996年被国家教委、民政部、文化部、国家文物局、共青团中央、解放军总政治部命名为"全国中小学爱国主义教育基地"；2005年被国家确定为全国百家红色旅游经典景区之一。

十四、浙江省

（一）行政区划

浙江省位于东海之滨，毗邻福建、江西、安徽、上海、江苏等省市，位于东经118°~123°、北纬27°12′~31°31′。全省陆域面积10.55万平方千米，海域面积26万平方公里。山地、丘陵较多，平原集中在沿海、河口。全省大陆海岸线长约2200多千米，沿海有大小岛屿3061个。其中舟山岛面积472平方千米，是中国的第四大岛。明代设浙江承宣布政使司。全省下辖11个地级市，37个市辖区、20个县级市、33个县（一个自治县）。因钱塘江旧称浙江，故名。简称浙。

［省会——杭州］　杭州市是浙江省省会，位于省境北部，钱塘江下游北岸，大运河南端终点，沪杭、浙章、杭甬、杭长等钱路线的交会处。面积16596平方千米，历史上曾为吴越、南宋都城，是我国历史文化名城和七大古都之一。杭州市地势由西南向东北缓缓倾斜，境东北为长江三角洲杭嘉湖平原南端，海拔2~10米，平川沃野，河港纵横，气候温和湿润，是江南鱼米之乡。杭州的丝绸业发达，素称"丝绸之府"，以丝绸工业为中心，相应发展了多种轻纺工业和重工业，形成了轻重工业相结合的产业结构。

传统手工艺品绸伞、檀香扇、张小泉剪刀、丝绸织锦等深受消费者欢迎。杭州农业是以种植业、养殖业与加工副业并举的城郊型农业，其中西湖龙井茶叶是杭州的特产。杭州诸山多泉水，尤以虎跑、玉泉、龙井称著。又因绮丽的西湖而誉满中外，一年四季适宜旅游，是世界闻名的风景旅游城市。

［宁波］　宁波市位于省境东部，是浙江省第二大城市。甬江是奉化江、姚江两大

源流汇合处。地处东海之滨，长江三角洲的东南角。面积9365平方千米。岛屿星罗棋布，沿海南部多滩涂，北部多沙岸，东部为岩岸，中部属宁绍冲积平原。"宁波"一名取意于"海定则波宁"。唐宋以来曾为我国著名对外通商口岸，宁波港口众多，是全国南北海运的中转枢纽。工业门类齐全，有石化、机械、丝绸、塑料、玻璃制品、食品加工等工业部门，传统手工艺品有宁波草席、金丝草帽、骨木镶嵌等，产品还远销欧、美、东南亚。农业多以产粮棉为主。名胜古迹有天一阁、保国寺、天封塔、河姆渡文化遗址等。

［温州］　温州市位于省境东南部，瓯江下游南岸，面积11784平方千米。市境内矿产丰富，其中苍南县矾山盛产明矾石矿，号称"世界矾都"。泰顺县龟湖的叶蜡石矿闻名全国。工业主要有电力、造船、机械、陶瓷等。农业以种植业为主，农产品主要有稻谷、甘薯、油菜籽、茶叶，还盛产柑橘。渔业以海洋捕捞为主，兼海涂与淡水养殖。传统手工艺品有瓯塑、草席、瓯绣等。温州机场辟有40条航线直通全国各主要城市。温州是浙南最大城市和海港，是瓯江流域货物集散地。有雁荡山、楠溪江、瑶溪、泽雅、仙岩等风景名胜。

［绍兴］　绍兴市位于浙江省中部偏北，杭州湾南岸，是宁绍平原西部经济重镇。全市地势南高北低，南部多山地，北部多平川，是典型的"江南水乡"。全市面积8256平方千米。绍兴有4000多年的历史，因大禹会诸侯于此而又名会稽。春秋时为越国都城，几经变更后，于南宋置绍兴府。1983年设地级市绍兴。绍兴的工业主要有冶炼、纺织、机械、酿酒、化纤等。农作物有稻谷、大麦、油菜籽、茶叶等。市境内交通较发达，有多条铁路和公路过境。绍兴是中国共产党创始人之一周恩来总理祖居和鲁迅先生的故乡，旧居皆开放供游人瞻仰。

（二）人口、民族

截至2022年，浙江省常住人口6577万人。浙江全省汉族人口占99%，少数民族人口为1%。少数民族中畲族人口有近20万，其他千人以上的少数民族有回、壮、苗、满、土家、布依等族，多居住在城市。

（三）历史文化

浙江地区自古地灵人杰，历史悠久。已考证有新石器时代的河姆渡、马家浜、良渚三个文化遗址，禹时曾于此大会诸侯，以后吴越争霸揭开江浙文化新的一页，是儒家文化的重要起源地之一。后世的王充、王阳明、黄宗羲、龚自珍、贺知章、骆宾王、孟郊、陆游、沈括、李渔、洪升等为这里积淀了丰富的文化内涵。明清时期，浙江又开"商文化"先河，形成了"义利并重""工商皆本"的文化传统。秋瑾、鲁迅、周

恩来更是浙江文化孕育成长起来的革命先驱。

　　[河姆渡文化]　　河姆渡文化遗址位于浙江省余姚市河姆渡镇。据科学测定其年代为公元前 5000～前 3300 年，处于中国新石器时代。从河姆渡文化遗址发掘出的 1000 余件文物中，发现骨器制作比较发达，有耜、镞、鱼镖、哨、锥、匕、锯形器等器物，磨制精细，一些有柄骨匕、骨笄上雕刻图案花纹或双头连体鸟纹。从实物看，当时农业以种植水稻为主，在其遗址第四层较大范围内发现了迄今中国最早的稻谷实物，也是世界上最古老的人工栽培水稻。河姆渡文化的农具除石斧等石质工具外，已开始使用骨耜。主要建筑形式是栽桩架板高于地面的干栏式建筑，这与当时所处的环境有很大关系。河姆遗址体现了"河姆文化"的多样性，揭示了当时人类的活动场景和范围。

　　[良渚文化]　　良渚文化的代表器物以玉器最为闻名，其遗址位于浙江余杭良渚镇。属新石器时代晚期文化。良渚文化的石器农具磨制已非常精细，农作物品种很多，养蚕和织布开始成为当时的主要经济活动。良渚文化的陶器有泥质灰胎磨光黑皮陶、黑陶和夹砂灰陶等，造型规整，少数有精细的刻画花纹和镂孔。玉器数量多，工艺精，是中国新石器时代所特有的。其中玉琮和玉蝉都是中国早期玉器中的珍品，印证了《周礼》上记载的"璧琮以敛史"的记载，反映了当时民族装饰和习俗。其挖掘出的玉器价值连城，为世人瞩目。

　　[卧薪尝胆]　　春秋末期吴越争霸。周敬王十四年（前 506），吴王阖闾破楚入郢，越军乘虚侵吴。周敬王二十四年（前 496），吴王阖闾为报此仇却失败致死，其子夫差继位后立志报仇。周敬王二十六年（前 494）春，吴王夫差在伍子胥辅助下率军攻越，在夫椒（今浙江绍兴北）打败越军。越王勾践退保会稽山（今浙江绍兴东南），卑事夫差。勾践在吴三年。周敬王二十九年（前 491），吴王夫差不顾伍子胥以死劝阻，放虎归山赦勾践归国。勾践回国为了磨砺志气，他把苦胆挂在室内，吃饭时先尝苦胆，睡觉时身下垫着柴草，以提醒自己不得丧失报仇雪恨的决心。他亲与百姓一起耕作，"食不加肉，衣不饰彩，与民同甘苦"。"十年生聚，十年教训"，越国终于重新崛起。并以煮熟的稻种充良种送吴，使吴连续三年绝收。周敬王三十八年（前 482）夏，越王勾践乘夫差远出，以大军破吴都。周元王三年（前 473），勾践再次大举攻吴，击败吴军，夫差自杀，吴国被越国吞并。从此，"卧薪尝胆"广为流传，为后世效仿。

　　[开凿大运河]　　开凿大运河劳民伤财，是隋炀帝政变人亡的主要因素之一，但对江浙文化的发展融合起到了积极作用。从大业元年（605）起，隋炀帝三次共征江南、淮北、河北 200 多万民工，在北方修通济渠，开永济渠，南接黄河，北通涿郡。前后用了不到 6 年的时间，大运河的全线工程告成，沟通了海河、黄河、淮河、长江、钱塘江五大河流。它以东都洛阳为中心，西通关中盆地，北抵华北平原，南达太湖流域，使货运成为当时的主要运输形式，促进了经济的发展。

　　[沈括]　　字存中，钱塘（今浙江杭州）人，宋代卓越的科学家、政治家和军事家。他曾经积极响应王安石变法，作为王安石的助手参与变法，出使过契丹。晚年退

居润州（今江苏镇江）梦溪园，专事写作。沈括的科技思想体现在他的笔记《梦溪笔谈》中，其内容包括数学、天文、地质、物理、化学、水利、建筑、生物等各个领域，非常富有创见性。这本书最早记载了石油的用途，并第一个提出了"石油"这个科学的命名，甚至还预言"此物后必大行于世"。《梦溪笔谈》反映了我国北宋时期自然科学所达到的高度，是世界科技史上的一本重要著作。为了纪念他，1979 年国际上曾以沈括的名字命名了一颗新星。

[竺可桢]　　浙江上虞人，杰出的气象学家、地理学家、教育家。1909 年毕业于唐山路矿学堂，之后赴法留学，1918 年获得博士学位回国。1936 年后任浙江大学校长。新中国成立后，曾任中国科学院副院长，中国气象学会名誉理事长、中国地理学会理事长等职。竺可桢是中国近代地理学和气象学的奠基者。他创建了中国第一个地学系，成为当时培养地学人才的摇篮。他最先在中国开设了地学通论、气象学、世界气候和世界地理等课程，为开拓中国现代地理学和气象学事业准备了条件。他还领导创建了中国第一个气象研究所和首批气象台站。竺可桢在气候变迁、物候、农业自然区划、气象学、地理学和科学发展史等领域都取得了卓越的成绩，为中国地理学和气象学界的一代宗师。

[鲁迅]　　鲁迅，原名周树人，现代文学家、思想家，浙江绍兴人。1904 年鲁迅赴日本学医，后改学文。1918 年 5 月，发表第一篇白话小说《狂人日记》。主要作品有短篇小说集《呐喊》《彷徨》《故事新编》，散文集《朝花夕拾》，散文诗集《野草》，杂文集《坟》《华盖集》《且介亭杂文》等。编著《中国小说史略》《汉文学史纲要》对中国古籍研究贡献很大。

[兰亭]　　兰亭位于绍兴西南约 15 千米的兰渚山。东晋永和九年（353），王羲之会友饮酒赋诗于兰亭，当场挥毫写就《兰亭集序》。兰亭旧址已迁移，现存建筑和园林是明嘉靖二十七年（1548）重建的。园内有溪，临溪有流觞亭、王右军祠、御碑亭等。有清康熙、乾隆二帝御碑和王羲之手书的"鹅池"碑。王右军祠旁边洗砚池相传为王羲之洗砚台的地方，因年久日深，池水尽黑，人称"墨池"。

[杭州老字号]　　"上有天堂，下有苏杭"的杭州，在法国记者马可·波罗笔下被誉为"世上最美丽华贵的天城"，早在唐朝时就已成为著名的大都市。历经千年不衰，长期的手工业、商业活动造就了众多的老牌名店，胡雪岩创建的胡庆余堂与同仁堂齐名，张小泉剪刀流传全国，王星记扇子是宋代贡品。杭州酒楼与名吃遥相辉映，楼外楼"西湖醋鱼""宋嫂鱼羹"等使食客如织；奎元馆的虾爆鳝面和小笼包，令人"知味停车，闻香下马"的回春堂、素春斋、高义泰、杭州酒家、老正兴、天香楼伴有动人的传说俱为名垂一方的老招牌。杭州老字号数不胜数，是中华文明古国文化的精华、人文历史的真实记载，伴随着杭州的兴衰，飘动着千载的文化情结。

[胡庆余堂]　　"胡庆余堂"由晚清红顶商人胡雪岩创办。胡雪岩在时任总督的左宗棠和浙江巡抚王有龄的支持下，为打败太平天国军队和对苏作战筹集资金，因而

受到慈禧太后的赏识，官至候补道政使。胡雪岩有经营头脑，开设钱庄，兼营丝业，成为杭州巨富。清同治十三年（1874），胡雪岩耗银30万两，在杭州清和坊创办了胡庆余堂国药号，将招牌定名为"胡庆余堂雪记国药号"。他广请名医，罗致人才，收集民间古方，精心配制各种中成药，很快在国内打出了名气。胡雪岩亲笔为胡庆余立下的"戒欺"匾，至今为药家供奉为座右铭："几百贸易均着不得欺字，药业关系性命，尤为万不可欺。余存心济世，誓不以劣品弋取厚利，唯愿诸君心余之心，采办务真，修制务精，不至欺余以欺世人，是则造福冥冥，谓诸君之善为余谋也可，谓诸君之善自为谋亦可。"胡庆余堂和同仁堂齐名，历百年不衰，与"不欺"有很大关系。

[胡庆余堂中药博物馆]　胡庆余堂中药博物馆位于浙江省杭州市大井巷，是在胡庆余堂古建筑的基础上建立起来的，在中国素有"南有庆余堂，北有同仁堂"的盛誉。整个博物馆由陈列展厅、中药兴趣作坊厅及兴趣室、中医保健门诊室、药膳厅和营业厅组成。博物馆中保存着胡雪岩留传下来的金铲银锅、戒欺匾和药局匾，还有《中国中药发展史》《胡庆余堂发展史》《中药材及成药标本》。其中湖南长沙马王堆、余姚河姆渡遗址等出土的珍贵文物200余种，是一座集商业实用型和艺术欣赏性为一体的博物馆。

[楼外楼]　楼外楼位于杭州孤山南麓，创建于清道光二十八年（1848），店名取南宋林升"山外青山楼外楼"之意，以供应具有杭州地方特色和西湖文化内涵的风味菜肴驰名海内外。其主要名菜有"宋嫂鱼羹""西湖醋鱼""蜜汁火方""龙井虾仁"等，烹调精巧、风味醇正、形质鲜嫩、口感细腻、情调典雅。楼外楼是各地游客到杭州的必游之地。

[秋瑾]　号竞雄，又号"鉴湖女侠"，浙江山阴人，我国近代著名的女性革命者。她自小立志要做一名巾帼英雄，19岁时嫁给湖南湘潭人王廷钧，可是她对这个胸无大志、思想保守、花钱买官做的丈夫相当鄙夷，夫妇感情一直都不和睦，她在生了一儿一女后，就变卖首饰，离家赴日留学。在日本期间，她参加了同盟会，成为同盟会的第一位女性党员，并组织了中国最早的妇女团体——共爱会。回国后，她先是在上海创办《中国女报》，提倡妇女解放。她在浙江办大通学校设立革命机关，与徐锡麟组织光复军。徐锡麟起义失败，秋瑾的秘密活动暴露，秋瑾被清廷逮捕，后被伪造罪名杀害。秋瑾是为革命而牺牲的第一位女性。

[钱三强]　原名钱秉穹，出生于浙江绍兴，他的父亲钱玄同是中国近代著名的语言文字学家。他年轻时就读于清华大学物理系，毕业后进入巴黎大学居里实验室做研究生，导师是居里的女儿、诺贝尔奖获得者伊莱娜·居里及其丈夫约里奥·居里。在法国学习和研究期间，钱三强在原子核物理学领域中取得了突出的成果。他首先从理论和实验上确定了5万电子伏特以下的中低能电子的（真）射程与能量的关系。他根据实验继续分析研究得出能量与角分布等关系，对三分裂现象从实验与理论两方面做出了全面的论述，得到了全世界的公认。1948年回国后，他培养了一批从事研究原子

核科学的人才，建立起中国研究原子核科学的基地。在原子弹的研究中，钱三强担任技术上的总负责人、总设计师，在"两弹一星"的领域创造了世界上最快的发展速度，为中国原子能科学事业的创立、发展和"两弹"研制做出了突出贡献。

[茅盾]　　原名沈德鸿，字雁冰，生于浙江桐乡，现代著名作家。1913年考入北京大学，毕业后进入商务印书馆工作。1921年成为中国共产党的第一批党员，参与了党的筹建工作。抗战爆发以后，茅盾辗转新疆、延安和重庆各地，进行讲学和创作，1942年前往香港，主编《笔谈》杂志。新中国成立后担任文化部长、中国作家协会主席等职，并以自己的名字设立"茅盾文学奖"。茅盾在中国现代小说史上具有开拓性的地位。他把"文学研究会"提出的"为人生而艺术"的现实主义精神，发展成一种全新的革命现实主义的文学模式——社会剖析小说。在小说中，他习惯于大规模地、全景式地反映刚刚逝去不久的甚至是正在发生着的社会现实，表现各种矛盾斗争中的阶级和人的特性，结构宏大而严谨，心理描写细致入微，标志着现代小说的一个高峰。代表作有长篇小说《子夜》《蚀》，短篇小说《林家铺子》、"农村三部曲"等。

（四）气候

浙江省属亚热带湿润气候。全省除山区外，各地年均温在 15～18℃，1月均温为2.5～7.5℃，7月为29.5～36.5℃。无霜期长243～276天。全省年降水量1100～1900毫米，最高可达2200毫米，省境西南部和山区的降水量高于沿海平原区。

（五）自然资源

浙江省境内矿产资源在种类、数量的分布较为贫乏，浙东为主要的矿产资源开发地，在金属矿产开发上具有一定的优势，明矾石、叶蜡石储量居全国首位。因浙江独特的地理环境，浙江成名世界保存古遗留植物最丰富的地区，有银杏、百山祖冷杉等活化石树种。还有许多珍稀动物。

[明矾矿]　　浙江明矾石储量在国内位居第一。现开发有明矾石矿点14处，其中大型矿床2处。明矾石产地主要在浙江东部沿海一带。明矾石矿存于酸性与中性火山岩中，目前已探明的储量占全国总储量的52%。

[银杏]　　野生状态的银杏，零星分布于浙江天目山，现仅存于中国。银杏又名公孙树、白果树，是国家二级保护稀有种。银杏科植物，属落叶大乔木，叶扇形，又状平行纵脉。雌雄异株。种子核果状，具长梗。银杏是中国特有种，与恐龙同时代，是著名的"活化石"。银杏种子为著名干果。种仁含组氨酸等微量因素，可供药用。

[百山祖冷杉]　　百山祖冷杉是松科植物，常绿乔木，高达17米左右。枝叶轮生，叶芽鳞、雄蕊、苞鳞都呈螺旋状排列，芽鳞、雄蕊、苞鳞都雌雄同株，是中国的特有

种。仅分布于浙江南部百山祖南坡海拔 1700 米的丛林中，属国家二级保护濒危种。

[黑麂] 黑麂又叫毛额黄麂、蓬头麂。体背毛棕黑色，体长约 120 厘米，高 50 厘米。仅雄兽有角，尾长约 20 厘米，尾背黑色，尾下白色。黑麂在麂属中体形，仅次于赤麂。黑麂数量稀少，仅产于中国，是中国珍稀特有种。浙江、安徽、

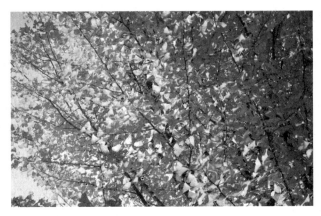

银杏

江西、福建等省的交界处有少量分布。一般以嫩树叶、蕨类为食。

[黄腹角雉] 黄腹角雉是雉科角雉属的种类，俗名呆鸡、角鸡、寿鸡等，也称喀伯角雉。体形较家鸡大。雄鸟头上的羽冠前黑后红，身上羽毛大多为栗红色，略有黄色镶黑边的小卵圆斑。雌鸟头上黑色较多。黄腹角雉生活于海拔 700~1600 米的高山，行动笨拙，喜潜伏。黄腹角雉仅分布于中国的浙江、江西、福建等地，是国家一级濒危种，《国际贸易公约》中的第一类禁贸动物，主要供观赏。

（六）经济

浙江省在明清时即有商品经济萌芽，特别是改革开放 30 多年来，全省经济产值稳步增长。由于靠海，便利的交通给浙江的经济发展带来很多机会。浙江农业生产水平较高，多种经营较发达，轻工业占优势。

龙井茶

杭州独特的优势适宜龙井的生长，从唐朝时龙井茶已经驰名全国，漂洋到日本、韩国等地，距今已有 1300 多年的历史，位列中国十大名茶之首。茶农每年从 3 月底开始采茶，一直采到 10 月。龙井茶以色翠、香郁、味醇，形美而著名。特级龙井茶，采于每年清明时节前几天。这种茶过去只进贡皇室，故又称"进贡"茶。龙井茶的炒制加工十分讲究，在采制中即分品质不同而加工手法不同，质量高的原茶炒制工艺也明显增多。

[农业] 浙江农林牧渔全面发展，农副产品的种类多、产量高，农业集约经营化和专业化水平、农业总产值都领先于全国。全省耕地面积 191.75 万公顷，占土地总面积的 18.8%，主要分布于浙北和东部沿海平原；林业用地面积 667.97 万公顷，占全省土地面积的 65.6%。浙江的西湖龙井茶、花雕酒是全国的优质产品。

[工业] 中华人民共和国成立后，浙江的水力资源得到充分开发。新安江等水电站的建成，为工业的发展提供了必要条件。原有的轻纺、食品工业迅速发展，并利用地利之便，产品大量出口海外。轻工业特别是丝绸工业、酿酒工业在全国享有盛名，浙江至今仍享有"丝绸之府"的美称。工业经济增长连续多年在全国排名靠前。

> **钱塘江大桥**
> 　　钱塘江大桥位于杭州市区南部的钱塘江上，是连接浙赣、沪杭等过境铁路的纽带。大桥建于1934年8月，历时三年，是由中国著名桥梁专家茅以升主持设计的，也是中国自行建造的第一座现代化铁路、公路两用桥。铁路桥长1322米，单线行车。公路桥长1453米，宽6.1米。南北引桥长643米，现为当地的风景名胜之一。

[交通] 浙江省内河航道网公路网，遍布全省，交通十分便利，宁波和温州是全省最大的海港，海上交通运输和吞吐能力都较大，是当地经济的支柱。民航以杭州为中心，辐射国内的许多大城市，为经济发展提供良好的外运条件。

（七）旅游

　　"天堂胜景出古城，自古俊秀多浙江"概括了浙江省丰富的旅游资源。浙江人杰地灵，有海天佛国普陀山，仙霞山关山重重；名城是人间天堂杭州城，天下师爷数绍兴景随人兴；江河有美景璞玉楠溪江，浓妆淡抹话西湖而诗情画意；古文化有河姆渡良渚玉器而开一代先河。历史知名人物，文物古迹比比皆是，人文荟萃，山水相依，铸成了灿烂的江浙文化。

　　[西湖] 西湖位于杭州市区西部，水域面积5.6平方千米，古称上湖，唐后称西湖。湖位于钱塘县故又称钱塘湖。西湖三面环山，湖水相映，经历代建修或浚湖成为一个具有东方艺术风格的"巨型山水盆景"，有"东方明珠"之称。西湖以白堤、苏堤为界，分为外西湖、北里湖、岳湖、西里湖和小南湖，各湖区水体有桥洞沟通。西湖6个景区，有湖中区、湖滨区、北山区、西山区、南山区和钱江区。主要景点有定名于南宋的西湖十景：断桥残雪、平湖秋月、三潭印月、双峰插云、曲院风荷、苏堤春晓、花港观鱼、南屏晚钟、雷峰夕照、柳浪闻莺等。西湖风景区有白居易、苏东坡为代表的吟咏西湖的名篇佳作，有济公、许仙、白娘子、李慧娘等神话传说。西湖风景随四季、晴雨而各不相同，变幻莫测，别有风姿。

　　湖随山转，山为湖绕，山水交融，岸线曲折，是西湖景色胜出的一大特色。

　　花港观鱼采取自然式布局，有红鱼池、牡丹园、大草坪、密林、花港等景区："花""港""鱼"突出了这一特色。

　　西湖断桥，民间故事《白蛇传》中的白娘子和许仙"断桥相会"即在此处。

三潭印月，即西湖中三个小石塔，它们鼎立于湖面，塔身中空，呈球形，塔顶为葫芦形，造型十分优美。

苏堤全长 2.8 千米，苏堤春晓是西湖十景之首。苏东坡曾于宋代熙宁四年、元祐四年先后两次到杭州上任，他看到西湖长年不治，决心治理西湖。他组织 20 万民工浚西湖，并利用淤泥葑草筑成了一条从南屏山下直通栖霞岭的长堤，又自南而北在堤上建造了"映波""锁澜""望山""压堤""东浦""跨虹"等六座石拱桥。

[雁荡山]　雁荡山位于浙江省乐清市、平阳县境内，以山水奇秀闻名，景区面积约为 450 平方千米，分为中、北、南三部分。最高处百岗尖海拔 1150 米，号称东南第一山。因次高峰雁湖岗岗顶有湖，秋雁南飞，栖宿于此，故名雁荡。奇峰怪石、古洞幽谷、层峦叠嶂、飞瀑流泉，为雁荡自然景观的四大特色，有"诸岳之精，名山之优，兼而有之"的美誉。雁荡胜景集中在北雁荡山"一龙二灵"的景色，即大龙湫、灵峰、灵岩，又称雁荡风景三绝。雁茗、香鱼、观音竹、金星草、山乐官鸟世称"雁荡金珍"。

[千岛湖]　千岛湖位于浙江省西部，也称新安江水库。千岛湖是新中国成立初期中国自行设计的第一座大功率水力发电站的"蓄水库"。湖区岛屿密布，林木繁盛，共有岛屿一千多个而得名。千岛湖风景名胜区分为富阳、桐庐、建德、千岛湖和梅城 5 个景区，分别以名胜古迹和自然风景吸引了大量游客。主要景点有海瑞祠、瑶林洞、葫芝三景等。

千岛湖

[六和塔]　六和塔位于杭州市区钱塘江北岸，"六和"又名六合，塔象征佛家的六种规约，"六合"就是"天地四方"之意。始建于北宋开宝三年（970），为了镇钱塘潮而建。宣和三年（1121）毁于兵火。现存塔身是南宋绍兴二十六年（1156）重修，外观十三层，塔内七层，高 59.89 米。清光绪年间重建。登塔，可观钱塘潮，可观铁路、公路双层的钱塘江大桥。

[天台山]　天台山位于浙江省东部天台县北 3.5 千米处，是曹娥江、奉化江、灵江的分水岭。主峰华顶山海拔 1094 米。名胜古迹有石梁飞瀑、华顶日出、国清寺、隋塔、智者塔院等，其中以国清寺最为著名。国清寺始建于隋开皇十八年（598），是中国佛教四大禅林之一，是日本佛教天台宗的祖庭，是我国保存完好的寺庙群之一。

[普陀山]　　普陀山位于舟山市莲花洋上的小岛，岛呈狭长形，环岛一周约 33 千米，面积为 12 平方千米。普陀山为典型的海岛风光和佛教圣地，是中国四大佛教名山之一，还以海天佛国著称。景区内佛教文物约有 1000 余件。寺院林立，有普济、法雨、慧济三大寺。《西游记》中的南海即指此处。相传在宋代时为"观音道场"。岛上另有八十八名庵，尤以紫竹林、鹤鸣、大泉、梅福诸庵为最。普陀山佛像雕塑，精美绝伦。普济寺的毗卢观音跌坐像、三十二石像、大乘庵的卧佛像、千佛楼的阿弥陀佛木雕像，最早的建于五代。这里奇石泾洞，皆与佛名有缘。如观音跳、朝阳洞、二龟听法石都极富有谐趣。

[天目山]　　天目山位于杭州临安区北，面积为 15 万亩，海拔 1507 米，古称浮玉山。分为东、西两峰，峰顶各有一池，故称天目。天目山在佛教史上与普陀山和天台山齐名，道教称为 34 洞天。天目山林木葱郁，有"植物王国"之称。有天目银杏和被誉为"大树王"的柳树等 41 种珍贵树种，仅鸟类有 148 种，蛇类 37 种。这里云海苍茫，岩石幽奇，胜景众多，是浙西的避暑胜地。

[钱塘江]　　钱塘江旧称浙江、浙水，源出安徽省休宁县怀玉山脉（六股尖海拔1629.8 米），长 605 千米，流域面积约 4.88 万平方千米。径流补给以雨水占绝对优势，地下水仅占少量。钱塘江流总量达 431 亿立方米，径流深 880 毫米。钱塘江潮是世界著名的大潮之一。20 世纪 50 年代以来，205 万千瓦的水力资源得以不断开发，兴建了新安江、富春江、黄坛口和湖南镇等水库和水电站。钱塘潮虽为壮观，但海水倒灌形成潮患，为此历代都很重视海塘工程，以避免河床提高，影响航运和水产业。

[楠溪江]　　楠溪江位于浙江永嘉县境内，全长 145 千米，沿江两岸有许多自然人文景观，共计 800 余处。以水秀、岩奇、瀑多、村古、林幽、滩美而著称，大量保持远古风貌。沿江划分为大楠溪、大若岩、石桅岩、北坑、陡门、水岩和四海山 7 个景区。大楠溪中心景区，水深林茂，千岩竞秀，江水清澈，滩林众多，潭水时急时缓，景色变幻莫测。芙蓉村、苍坡村，保存着"七星八斗""文房四宝"以及阴阳风水构思。龟蛇两山对峙在楠溪江的两侧，山巅各有一座七级浮屠，被称为罗浮双塔。泛舟江上，物我两忘，犹如人在画中。

[灵隐寺]　　灵隐寺位于杭州市，建于 326 年，民间广为流传的"济公活佛"曾长期居住于此。距今已有 1600 多年历史，殿宇雄伟壮观。寺内大雄宝殿高达 33.6 米，殿内正中有金装释迦牟尼佛像，以唐代禅宗著名雕塑为蓝本，高达 9.1 米。柱上有对联："古迹重湖山，历数名贤，最难忘白傅留诗，苏公判牍；胜缘结香火，来游初地，莫虚负荷花十里，桂子三秋。"这副对联点出了灵隐寺不平凡的历史和山水风光特点。岩洞崖壁上的石刻造像，是中国古代石刻艺术瑰宝。

[虎跑泉]　　位于距杭州市区 5 千米处，地处西湖和钱塘江之间的群山中。虎跑泉素有天下第三泉（第一泉为镇江金山泉、第二泉为无锡惠泉）的美称。宋代苏轼曾作有"道人不惜阶前水，借与匏尊自在尝"的诗句。虎跑泉附近风光秀丽，四周种有桂

花、七叶树、毛竹等。虎跑泉从山岩间流进方池，长流不止。泉水含有微量有机氧化物和相当数量的二氧化碳，清冽甘甜。沿虎跑泉左面不远处有一组梦虎石雕，一个面目慈祥的和尚闭目斜卧，旁边的二虎形象生动。整座雕像布局得体，线条刚柔相济。虎跑茶室边上是济祖塔院，是宋代济颠和尚（济公）埋葬骨灰之处，院后壁上有数幅壁雕石刻，都是有关济颠的传说。此外，虎跑泉附近还有虎跑寺、弘一法师之塔等古迹，虎跑寺于唐元和十四年兴建，内有叠翠轩、滴翠轩、虎跑亭等建筑。弘一法师之塔位于后山。这些都给虎跑泉带来了灵性。

［禹陵］ 位于绍兴市东南 6 千米处，紧挨禹庙，传说是夏禹的陵墓。禹陵景区由禹陵、禹祠、禹庙三大建筑组成。禹陵与亭山相对，背有会稽山，前临禹池。禹池岸上建有一座青石牌坊。重建于 1979 年的大禹陵碑亭在甬道一端矗立着，内立一块有明人南大吉书的"大禹陵"三字的巨碑。碑亭周围古槐葱郁，松竹郁翠，幽静清雅。禹穴辨碑和禹穴碑位于大禹陵碑亭南，是前人为考辨夏禹墓穴所在而立。在禹陵的左侧又重建了禹祠。禹祠相传始建于夏代少康之时，以后曾多次毁废又多次兴建。现存的禹祠是近年来重建的，共两进院落，中间以天井相隔，极富江南民间建筑特色。祠前一泓清池，曰"放生池"。"禹祠"匾由著名画家吴作人题写。前进的左右两侧有"大禹治水""计功封赏"砖雕，后进内立有大禹塑像。大禹陵为我国东南久负盛名的胜迹之一，进口牌坊镌刻的"大禹陵"为江泽民同志所题。大禹陵为国家重点文物保护单位和全国百家爱国主义教育示范基地。

［阿育王寺］ 阿育王寺位于鄞州宝幢镇，西距宁波 20 千米处，是中国禅宗五大名刹之一。唐代高僧鉴真曾长期居住在此而得名。始建于西晋太康三年（282），相传寺内藏有释迦真身舍利，并建舍利塔保护。寺始建于南朝宋代，占地 1.17 万平方米。阿育王寺的前面有一巨大的水池，长约 100 米，宽有 50 米，池水清澈。这些建筑依山而筑，逐层递高，现存古建筑群为清以后重建。寺前的"先松"、寺内的上下两塔等均为珍贵文物。寺内还有大量的明清代书刻。

［南湖］ 位于嘉兴市东南约 1 里处。中共第一次全国代表大会会址就位于南湖上。南湖的面积约为 35 公顷。湖水被湖中小岛分割为东、西两部分，岛南北长约 100多米，东西宽近百米。南湖革命纪念馆及烟雨楼位于湖心岛上。湖滨公园则位于湖的北岸。在湖心岛东南岸，现有一艘仿制的革命纪念船泊在那里。船长 16 米，宽 3 米。一方桌放于船的中舱，桌上还摆设着茶具；前舱搭有凉棚；后舱设有床榻；菜橱、炉灶等物则设在船尾。船后系一条当时用来进城购物的小船，均按"一大"召开时的模样仿制。烟雨楼建于五代时期，此楼因杜牧曾题诗"千里莺啼绿映红，水村山郭酒旗风。南朝四百八十寺，多少楼台烟雨中"而远近闻名。南湖以其朴素、醇厚的江南水乡风情为历代文人雅士所赞誉。

十五、湖南省

（一）行政区划

　　湖南省地处北纬24°34′~30°08′、东经108°47′~114°15′，东南宽约660千米，南北长约770千米，面积21.18万平方千米，因位于洞庭湖以南而得名。湖南省位于长江中游南岸，北邻湖北，东连江西，南接广东、广西，西邻重庆、贵州。辖长沙、岳阳、衡阳、邵阳等13个地级市和湘西土家族苗族自治州，还有34个市辖区、16个县级市、65个县、7个自治县。简称湘，省会长沙市。

　　[省会——长沙]　　长沙市位于省境东部，湘江下游长浏盆地西缘，是中国历史文化名城之一。长沙市面积11828平方千米。民族以汉族为多，有回、土家、苗、满、侗等24个少数民族。辖岳麓、芙蓉、天心、开福、雨花5区和望城、长沙、宁乡3县，代管县级市浏阳。市府驻岳麓大道。长沙市地势西南高东北低，湘江纵贯南北，是湘中丘陵和洞庭湖平原交接部。长沙市自然资源丰富，矿藏有铁、矾、铜、硫、磷、重晶石、花岗石、煤等40余种，非金属矿产储量也较大。工业形成以轻纺、机械、化工、冶金、食品工业为主的门类比较齐全的工业体系。湘绣为四大名绣之一，历史悠久，蜚声中外。农作物有水稻、油菜、茶叶、蔬菜等。所辖各县市均为国家商品粮基地和生猪生产基地。长沙还是中国四大米市之一，鲜鱼产量也位居全省前列。长沙市交通便利，京广铁路和长石铁路纵横境内，长沙站为京广、湘黔、浙赣三大干线中转枢纽。106国道、107国道、310国道和其他公路干线、高等级公路交织密布。湘江、浏阳河、捞刀河流经境内，可常年通航。民航以长沙为中心，可通往北京、上海、广州等大城市。长沙市历史悠久，名胜古迹有马王堆汉墓、麓山寺、开福寺等10余处。岳麓书院为中国古代四大书院之一。

　　[岳阳]　　岳阳市位于省境东北部，西濒洞庭湖，北临长江。面积14896平方千米。岳阳市为长江沿岸对外开放城市，是湖南省第一大港，素有"湘北门户"之称。岳阳市辖岳阳楼、云溪、君山3个区，岳阳、华容、湘阴、平江4县，代管汨罗、临湘2个县级市。市府驻岳阳楼区。岳阳市境地处洞庭湖平原区东部和湘东低山丘陵区北端，东部有连云山、幕阜山绵亘，最高处海拔1600米，西部平原区除桃花山等少数丘岗外，地形平坦。境内河流湖泊众多，东洞庭湖水域面积广，南有湘江注入，北与长江相连，是当今洞庭湖最大的通江水域盆体。境内主要河流湖泊有汨罗江、新墙河、华容河、南湖、芭蕉湖、白泥湖等。东部低山丘陵区森林资源丰富，主要为松、杉、

楠竹、油茶等。西部平原农业发达，是中国重要的商品粮、鱼、猪、茶生产基地。岳阳市的工业基础较好，是国家石油化工、轻纺基地之一，有石油、化工、轻纺、造纸、电力能源、机械、食品等支柱行业。"君山银针""洞庭春"属全国十一大名茶之列。岳阳市是中国历史文化名城，古迹有洞庭山、岳阳楼、湘妃墓等。

[衡阳]　　衡阳市位于省境东南部，距省会长沙市190千米，面积15279平方千米，是湖南第二大城市，为湘江中游水陆交通枢纽和物资集散中心。因位于南岳衡山之南，故名衡阳。衡阳市地处湖南连通粤、桂的要冲，历来为兵家必争之地。衡阳市除汉族外，有瑶、壮等少数民族。辖雁峰、珠晖、石鼓、蒸湘、南岳5区及衡南、衡阳、衡山、衡东、祁东5县，代管常宁、耒阳2个县级市。市府驻蒸湘区。市境处于衡阳红层盆地中部的残丘和阶地上，平均海拔约60米。湘江纵贯市区，城区分布于湘江东、西两岸。衡阳是湘南交通枢纽，京广与湘桂铁路在此交会，公路呈辐射状与四邻相通。工业以矿山机械制造业为主，此外有冶金、化工、煤炭、食品、建材等工业。郊区农业以产水稻、蔬菜、鲜鱼、水果等为主。衡阳是中国历史文化名城，纪念地和名胜古迹有衡阳抗战胜利纪念塔、南岳忠烈祠、南岳风景名胜区、江口鸟洲、蔡侯祠、杜甫墓、禹王碑、回雁峰、双蹲书院、培元塔等。

[湘潭]　　湘潭市位于湘江及其支流涟水汇合处，在省境的东部，是一座新兴的工业城市。湘潭市主要工业有冶金、电机、纺织、轻工、采矿、塑料等，湘黔铁路从湘潭经过，湘江等河流可四季通航。市西北45千米的韶山冲是毛泽东的故乡，现建有韶山毛泽东同志纪念馆。

[浏阳]　　浏阳市位于省境东部，东与江西省铜鼓、万载、宜春、萍乡等县市接壤，距长沙市84千米。面积5008平方千米。浏阳市是著名的金橘和鞭炮之乡，为县级市，由长沙市代管。浏阳市境地处幕阜—罗霄山脉北段，地势东北高西南低，山地、丘陵、盆地交错，河流纵横。浏阳市自然资源丰富，有煤、铁、锑、锰、磷及森林等。浏阳河、捞刀河、南川河可常年通航。有106国道和319国道过境。醴浏地方铁路纵贯东南。农业主产稻谷、油茶，盛产荷叶、水果、蔬菜。特产以烟花爆竹最为著名，已有300多年历史，畅销世界。文家市位于市境东南，为1927年毛泽东领导的秋收起义胜利会师地址，已列为国家重点文物保护单位。

（二）人口、民族

2022年末，湖南省常住人口6604万人，城镇化率60.31%。，全省市镇人口多集中分布于湘江、资水、沅江沿岸及铁路沿线城市。其中长沙、株洲、湘潭三市人口平均密度为465人/平方千米。省境西、南、东部人口较稀。湖南是多民族省份，有41个民族，其中世居的有汉、苗、土家、侗、瑶、回、维吾尔、壮、白族。少数民族大多聚居在湘西和湘南山区，2000年少数杂居在全省各地。少数民族人口共657.53万人，占全省总人口的 10% 左右，其中苗族和土家族人口最多，主要分布于湘西北，设立有湘西土家族苗族自治州。

［土家族］　土家族是一支历史悠久的少数民族，主要聚居于湖南省武陵山区，在湖北省西部、重庆市东南以及贵州东北部，还有少量分布。土家族以"毕兹卡"为族称，即自称"本地人"的意思，属氐羌族群。土家族先民秦汉时称为"板蛮""赛人"等，此后多以地域命族名，被称为"酉酉蛮""崦中蛮"等。宋代，出现了区别于武陵地区其他族别而专指土家的"土民""土兵"等。以后随着汉族居民大量迁入，"土家"作为族称开始出现。土家族语言属汉藏语系藏缅语族，是比较接近于彝语支的一支独立语言，无本民族文字。大部分土家族人民兼通汉语，一般用汉字记载自己的思想语言，承传本民族的历史文化。民族特征是"敬土王，信土老师，说土语，过土家族节日，跳土家族舞，织土花布，以及基于前'六土'的客观存在而形成的民族自觉意识"。土家族以农业生产为主。

（三）历史文化

湖南地域广阔，气候适宜。在距今 8000 多年前，就有先民栖息于这里，并转入定居的农耕生活。商中期后，在中原文化影响下，湖南进入青铜器时代。春秋战国之际，楚国势力越过长江、洞庭湖南下，融合原有土著文化，形成了具有独特风格的楚文化。湖南成为楚文化的腹地，也是楚文化发展和传播的重要地区。伟大的浪漫主义诗人屈原被楚王流放到湖南，留下了《离骚》《九歌》《天问》等不朽诗篇，后投湖南的汨罗江自尽。两宋时期，受战争影响，中原居民大量南迁，湖南人口增加，经济发展起来，文化教育也逐步发展起来，湖湘文化诞生。宋初中国的四大著名书院，湖南就有两所，即长沙的岳麓书院和衡阳的石鼓书院。在这种文化背景下，湖南相继涌现出许多著名的思想家和政治家。如宋代理学始祖、道州的周敦颐，明代的大学士、茶陵的李东阳，明末清初伟大的思想家和爱国者、衡阳的王夫之，中华人民共和国的缔造者之一、韶山的毛泽东等。

［蔡伦］　蔡伦（？~121）是东汉桂阳即现湖南耒阳人，和帝时，掌管宫廷御用手工作坊。当时文字都是在木简、竹简或丝帛上写的，很不方便，竹简和木简太笨重，丝帛太贵，不可能大量使用。于是，他开始研究造纸，带领工匠用廉价易得的树皮、麻头、破布和破渔网等原料来造纸、先把这些材料剪碎、切断，放在水里浸渍相当时间，再捣烂成浆状物，蒸煮后在席子上摊成薄片，放在太阳底下晒干，这样就造成了一种既轻又薄的纸。元兴元年即公元 105 年，蔡伦造的这种纸呈报朝廷，受到皇帝的称赞。从此造纸术得到推广，为以后书籍的印刷创造了物质条件。到了公元 3~4 世纪，纸取代了竹简、木简和丝帛，成了中国通行的书写材料。

［湖南花鼓戏］　花鼓戏是湖南各地民间小戏的总称。由当地花鼓、花灯发展而

来，是人们在劳动中创造的一种民间歌舞演唱形式。湖南花鼓戏形成于清乾隆年间。曲调朴素自然，语言清新活泼，是湖南花鼓戏的共同特色。由于地方语言、表演风格不尽相同，又可分为长沙花鼓戏、岳阳花鼓戏、邵阳花鼓戏、衡阳花鼓戏等。其中，长沙花鼓戏最负盛名，它以长沙官话为舞台语言，曲调多样，语言诙谐，生活气息浓郁。

[曾国藩] 字伯函，号涤生，湖南湘乡人。1853年，咸丰帝任命他为帮办团练大臣，在湖南督办地主武装团练。兵勇及其将领全用湖南人，被称为"湘军"或"湘勇"，为清王朝平定了太平天国运动。曾国藩被封为一等勇毅侯，成为清代以文人而封武侯的第一人，后历任两江总督、

蔡伦

直隶总督，官居一品，死后被谥"文正"。曾国藩所处的时代，是清王朝由乾嘉盛世转而为没落、衰败、内忧外患接踵而来的动荡年代，由于曾国藩等人的努力，一度出现"同治中兴"的局面。曾国藩在政治、军事、文化、经济等各个方面产生了令人瞩目的影响。这种影响不仅仅作用于当时，而且一直延至今日。曾国藩也成为近代中国最显赫和最有争议的历史人物。其所著《曾国藩家书》至今仍为人们所重视。

[齐白石] 原名纯芝，字渭清，后更名璜，字萍生，号白石，湖南湘潭人，我国20世纪国画大师和书法篆刻家。早年曾做雕花木匠，后师从陈少蕃、胡沁园学习绘画、书法等，并以卖画、刻印为生。新中国成立后曾任北京画院名誉院长、中国美术家协会主席等职。齐白石以文人画为根基，开掘民间传统，探讨雅俗结合，为传统花鸟画注入了蓬勃生机。他作画喜欢将阔笔大写的花卉与工细草虫合于一图，以求相反相成之韵趣，用笔雄浑健拔，用墨滋润淋漓，用色浓艳泼辣，极为大气。除了绘画，他在诗、书、印方面也取得了卓越成就，被授予"人民艺术家"的称号。传世作品有《虾趣图》《千帆过尽图》《鳞桥烟柳图》等，并著有《白石诗草》《白石印草》。

[魏源] 原名远达，字默深，一字墨生，又字汉士，晚年信佛教，法名承贯，湖南邵阳隆回人，晚清思想家、文学家，中国近代向西方寻求救国真理的先行者之一。魏源论学以"通经致用"为宗旨，提出"变古愈尽，便民愈甚"的变法主张，成为晚清学术的开风气者。道光初年，魏源曾先后任江苏布政使、巡抚幕僚，主持《皇朝经世文编》纂辑事宜，对海运、水利诸政多所建言。鸦片战争后，感愤时事，撰成《圣武记》14卷。又遵友人林则徐嘱，据《四洲志》，参以历代史志及两人记录，辑为

《海国图志》50 卷，后续增至 100 卷。《海国图志》率先介绍西方各国历史、地理状况，主张学习西方的先进科学技术，提出"师夷长技以制夷"。他有经学、史学、文学、佛学著作多种存世。1976 年，中华书局集魏源诗文杂著合为《魏源集》刊行。

[徐特立]　中国无产阶级革命家、教育家，湖南长沙入。徐特立生于贫寒之家，自幼酷爱读书，他的一生充满传奇色彩，在近代中国教育家中，是绝无仅有的一位。他曾断指于杏坛，以热血教育青年。他将大量精力投入师范教育，为当地教育界培养了大批教师。1919 年以前的长沙教育，差不多都是徐特立一手创办起来的。那时长沙共有 800 多所小学校，绝大部分教员都经他培训过，因此，他被誉为"教育界的长沙王"。在湖南师范学校，聚集了一大批有志青年，如毛泽东、蔡和森、向警予、李立三、田汉等，他们都曾是徐特立的学生。尤其是徐特立与毛泽东的师生情，更是被传为佳话。毛泽东曾对徐老说："你是我二十年前的先生，你现在仍然是我的先生，你将来必定还是我的先生。"这些都反映了人们对这位中国教育奠基者的尊敬。

[摆手舞]　每年正月新春（初三至十七）土家族村村寨寨都要举行"社巴"活动，这是土家族人纪念自己的祖先并且祈求神灵福佑的隆重的民族祀典，同时也是土家族广大群众最喜爱的大型文化娱乐活动。"社巴"即"摆手"的意思，"摆手"在土王祠的摆手堂进行。先由主持祭祀仪式的"梯玛"（巫师，俗称土老师）进行祭祀，然后大家行三跪九拜的大礼，接着"梯玛"作打扫仪式，祛灾祈福，最后大家一起跳摆手舞，唱摆手歌，玩"故事帕帕"。整个摆手活动，短则一个晚上，长则四天三夜，热闹非凡。土家族人的"摆手舞"和"摆手歌"，凝结了土家民族的历史、风俗、文艺和语言等领域的精华，为该民族长期以来生产和生活的"百科全书"。

[湘菜]　湘菜起源可追溯于 2000 多年前，源远流长。早在 2000 多年前，腊肉就出现了。湘菜地方特色浓厚，辣味菜和熏、腊制品是其主要特色，在菜肴的烹制上讲究原料入味，口味偏重辣酸，烹调方法以煨、蒸、煎、炒为擅长。湘菜主要由湘江流域、洞庭湖区和湘西山区三地风味组成，以湘江流域菜为主要代表。湘江流域菜又以长沙为代表，洞庭湖区菜以烹制河鲜和禽畜见长，讲究芡大油厚，咸辣香软，多用炖、烧、腊的技法。湘西菜常以柴炭做燃料，有浓厚的山乡风味，善制山珍野味、腊肉及腌肉，注重咸香辣口味。湘菜风味的主要名菜有东安鸡、腊味合蒸、麻辣仔鸡、红煨鱼翅、吉首酸肉、红烧全狗、炒腊野鸭条、冰糖湘莲等。

（四）气候

　　湖南省属中亚热带季风湿润气候，气候温和，热量丰富，降水充沛，无霜期长，利于农业生产。全省均温为 16~18℃，东南高于西北，东高于西，1 月均温 4~6℃，7 月均温多在 27~30℃，最高温大部分地区超过 39℃，长沙、益阳、零陵曾出现 43℃ 以上的高温。无霜期自北而南增多，为 270~300 天。大部地区能满足喜温作物特别是双

季稻对热量的要求。全省年降水量 1200~1700 毫米，是中国雨水较多的地区之一。

（五）自然资源

湖南省矿藏丰富，已探明储量的 80 多种矿藏中，锑的储量居世界首位，钨、铋、铷、锰、钒、铅、锌以及非金属雄黄、萤石、海泡石、独居石、金刚石等居全国前列，素以"有色金属之乡"和"非金属之乡"著称。植物类型多样，约有种子植物 5000 多种，主要树种有马尾松、杉、樟、檫、栲、青山栎、枫香、山毛榉和油茶、油桐、茶叶以及竹类。原始林有银杏、水杉、珙桐、黄杉、杜仲、伯乐树、鹅掌楸、巴东木莲等 60 多种珍稀树种。是中国植物资源丰富的省份之一。野生动物种群丰富，主要有华南虎、金钱豹、穿山甲、羚羊、白鳍豚、花面狸、刺猬等。

［斑竹］　斑竹又名湘妃竹，产于君山，集中生长在斑竹山上，是湖南省特产，也是一种极具观赏价值的珍奇植物。斑竹是刚竹的变形，君山的斑竹上有云纹紫色斑迹，宛如泪痕。若将斑竹移栽别处，第二年斑迹就消失得无影无踪，如果再将这株斑竹移回君山，下一年又是斑痕累累的了。原来斑竹的生长与土壤、气候条件密切相关，它们的花纹实质上是真菌寄生腐蚀幼竹而成的。竹竿刚脱去笋衣的时候，它们浑身油光并没有斑点，当长到九月时，才渐渐长出斑痕来。

［红花木莲］　红花木莲属木兰科，木莲属，为木莲属中比较原始的种类。为常绿乔木，高达 30 米，胸径 40~60 厘米。树皮灰色。叶革质，倒披针形或长圆状椭圆形。花单生于枝顶，花被 9~12 片，外轮黄绿色，腹面带红色，内轮黄白至淡红色。分布于湖南、贵州、广西、云南、西藏等省区，零星混生于海拔 900~1600 米处的常绿阔叶林或常绿、落叶阔叶混交林中。红花木莲是国家三级保护濒危种。

［金钱松］　金钱松属于松科，为落叶大乔木，可高达 40 米。短枝上叶片 20~30 枚簇生，呈金钱状，因此得名金钱松。金钱松在地质年代的白垩纪时期曾经在亚洲、欧洲、美洲都有分布，更新纪的冰河时代各地的金钱松都相继灭绝，唯有中国长江中下游残留少数。现广泛分布于湖南、湖北和华东地区海拔 1500 米以下的针叶林和常绿、落叶阔叶混交林中。是中国特有的单种属植物，为国家二级保护稀有种。

［白鳍豚］　白鳍豚属于哺乳纲鳍脚目喙豚科，仅分布于中国长江，是中国特有的珍稀水生哺乳动物。白鳍豚身体呈纺锤形，全身皮肤裸露无毛发。有长吻，上下颌左右侧各有 30~34 颗同型犬齿。背鳍呈低三角形，鳍肢和尾鳍均向水平方向平展。白鳍豚背部为青灰色，腹部为白色。头、颈部两侧、耳孔后及鳍肢上方的区域内，有一半圆形的白色宽纹。白鳍豚雌性一般大于同龄雄性个体。最大雄性个体体长为 216 厘米，体重 125 千克。

［穿山甲］　穿山甲属哺乳纲鳞甲目穿山甲科，生活在中国南方各省丘陵山区的森林、灌丛、荒山草坡之中。为中国二级重点保护动物。穿山甲体长 40~50 厘米，尾长

约 30 厘米，体重 1.5~3 千克。因身上长满坚硬的角质鳞片，挖洞迅速，好似有"穿山之术"，故得名穿山甲。它喜欢白天在洞中休息，夜间外出觅食，多单独活动。穿山甲动作迟缓，走起路来头部左右摇晃。当它遇到危险时，能快速行走。有时穿山甲还能用后肢和尾巴支撑地面，站立起来四处张望。穿山甲听觉和视觉较差，但嗅觉灵敏。以蚂蚁、白蚁、蜜蜂等昆虫为食。由于牙齿已经退化，主要靠胃中的砂石来帮助研磨食物。

[湘橘]　湖南气候和土壤特别适应柑橘类水果的生长，所以湘橘就成了湖南的名特产品。代表品种有雪峰蜜橘、黔阳冰糖橙、安江香柚和浏阳金橘等。雪峰蜜橘因为主产于雪峰山一带而得名，外形美观，色彩鲜红，酸甜可口，营养丰富，果肉无核，还含有多种维生素。黔阳冰糖橙主产于黔阳县（今洪江市），外形俏丽，味道甘美，被誉为"橙中之冠"。安江香柚主要产于洪江市安江一带，个儿大，渣少汁多，甜香爽口，不仅含有大量的糖分、脂肪、蛋白质和抗坏血酸等营养成分，还有一定的药用价值。浏阳金橘是湖南柑橘中的珍品，明朝时曾被列为贡品。其肉质脆嫩，汁甜味美，既有很高的营养价值，又有补脾健胃、化痰理气的功效。

[华南虎]　华南虎属哺乳纲食肉目猫科，主要分布于中国中南、华东、西南各省，但现在野生数量极少，1996 年被国际自然保护联盟列为极度濒危的十大物种之一，是唯一仅存于中国的虎的亚种，国家一级保护动物。华南虎体型比东北虎小，体长145~180 厘米，雄性体重达 150~225 千克，雌性体重 90~120 千克。体毛也比东北虎短，4~5 厘米，颜色橘黄略近赤，背部较深，全身具较宽的黑色纵纹，色深且较密。华南虎两眼上方有一块显著的白斑，所以通常又称为"白额虎"。华南虎生活在森林、丛林和野草丛生的地方，特别喜欢在针阔叶混交林中栖息。没有固定巢穴，活动区域特别大，属夜行性动物，白天休息，晨昏活动最频繁。善于游泳，但不会爬树，捕食勇猛，喜欢单独行动，视觉、听觉极为发达，脊柱关节灵活，行走时爪能收缩。主要以偶蹄动物为食。

（六）经济

湖南省矿产资源丰富，有色金属和稀有金属在国内占有重要地位，所在湖南的工业以采矿、冶金为主，其他还有电力、机械、建材、轻纺、化工、电子和食品等门类。传统工艺产品醴陵瓷器、长沙湘绣、浏阳花炮、邵阳竹雕、益阳竹器等在国内外享有盛誉。湖南的农业在中国居于重要地位，盛产稻谷、棉花、苎麻、油菜籽。淡水养殖和水产品捕捞业发达，素称"鱼米之乡"，是中国重要的商品粮、鱼基地和油菜、茶叶、柑橘产区。铁路有京广、枝柳两线纵贯南北，湘桂线斜贯西南，湘黔线横穿东西。长沙、株洲、衡阳、怀化是重要的铁路交通枢纽。湖南水运发达，全省水运航道 10051千米，乘船经城陵矶港口，可达重庆、武汉、南京、上海。全省公路里程 17 万多千米。长沙黄花国际机场和张家界国际机场都是国内较大的机场。

[农业]　湖南的自然地理条件特别适应农业生产的开发发展，湖南省的农业历来较为发达，是中国主要的农业生产基地之一。粮食作物在耕作业中居主导地位，产量大，用地多，分布广，商品率高。全省耕地约330万公顷，其中约有4/5为粮食生产用地，主要种植水稻，稻谷产量占省内粮食产量的93%，占中国稻谷总产量的13.1%，居中国首位。其中滨湖区水稻产量大，质量高，为中国著名产区。经济作物以油菜、棉、麻、茶为主，油菜发展快，是中国油菜籽的主产区之一。湖南森林资源丰富，森林覆盖率56.1%，以杉、松、楠竹为主，木材蓄积量4.02亿立方米，经济林木以油茶、油桐和果松为主。湖南是中国重要的木材生产基地之一。湖南淡水养殖和水产品捕捞业都比较发达，是中国的淡水鱼产区之一，主要经济鱼类有鲤、青、草、鲢、鳙、鲫等40余种。畜牧业以养猪为主，全省每年有数百万头肉猪销售国内外，是中国重要的商品肉猪基地之一。

[工业]　湖南为中国有色金属工业的重要基地之一。锑、铅、锌和钨的产量最多，已跃居中国前列，其次为锡、汞、金等。锑的生产主要集中在冷水江锡矿山，既是中国也是世界最大的锑产地，供应世界用锑的70%左右，有"锑都"之称。湖南为中国最大的铅、锌生产基地，也是中国最大的铅、锌冶炼基地。机械制造业以矿山冶金机械、机车车辆制造和电机制造为主。衡阳市是中国南方矿山冶金机械制造的重要基地。株洲为中国南方的最大机车车辆制造中心。湘潭为中国电机制造中心之一。轻工业中的纺织、造纸和陶瓷比较发达。湘潭是江南纺织工业基地之一。

[交通]　湖南水、陆、空交通极为便利，省内平均每百平方千米有1.38千米铁路，是江南铁路密度较大的省份。全省铁路纵横交错，南北向的京广铁路与东西向的浙赣、湘黔、湘桂等铁路在株洲、衡阳交会，构成湖南东部与省外往来的陆路主干。湘西南北向的枝柳铁路与东西向的汀黔铁路交会于怀化，成为西部陆路交通的"十"字形主干。省内的内河通航河流达110多条，里程约1.14万千米，湘、资、沅、澧四水和洞庭湖是联结长江和省内的重要航道。加上四通八达的公路，形成水陆交通网。湖南省交通运输的特点是长途运输以铁路较快，次为水运，公路主要以短途客货运输为主。交通运输枢纽有长沙、株洲、衡阳、湘潭、怀化、邵阳、常德、岳阳等。长沙还是江南航空运输来往的必经之地，有定期航班与全国各地联系。

（七）旅游

湖南省山清水秀，文物古迹、革命遗址多，少数民族风情独特，是旅游大省。衡山、九嶷山、岳麓山等自古就属名山之列，古寺、书院、瀑布、清溪闻名全国，万里长江滔滔过境，湘、资、沅、澧四水绵绵不断，洞庭湖碧波千里，水上岸边之景美不胜收，更有武陵源、桃花源神秘幽远。湖南战国时为楚地，汉代属荆州，境内有许多文物古迹。马王堆汉墓、岳阳楼、蔡侯祠、柳子庙等，都是古人留下的丰厚遗产。湖南还是中国民主革命发源地之一，有毛泽东、刘少奇等革命领袖故居，秋收起义、平江起义等旧址。湘西众多的少数民族风土人情各异，尤以土家族、苗族风情令人神往。

[洞庭湖]　　洞庭湖位于荆江南岸，跨湘、鄂两省。湖区面积 1.878 万平方千米，天然湖面 2740 平方千米，另有内湖 1200 平方千米。是中国第二大淡水湖，为长江中游重要的吞吐湖泊。洞庭湖北有分泄长江水流的松滋、太平、藕池、调弦（1958 年堵口）四口；东、南、西三面有湘、资、沅、澧等水直接灌注入湖，形成不对称的向心水系。洞庭湖水量充沛，年径流变幅大，年内径流分配不均，汛期长而洪涝频繁。汛期（5~10 月）径流量占年均径流量的 75%，洞庭湖水位始涨于 4 月，7~8 月最高，11 月至次年 3 月为枯水期。素有"洪水一大片，枯水几条线""霜落洞庭干"之说。百余年来，长江数次大水往南溃决，形成四口分流局面，江水挟带大量泥沙入湖，湖泊迅速淤塞萎缩，现有水域不及全盛时期的一半，由全国第一大淡水湖退居第二。洞庭湖区地势平坦、土壤肥沃，雨水充沛，湖内水产丰富，是中国主要的淡水鱼产区之一。

[岳阳楼]　　岳阳楼位于岳阳老城西门城台下、洞庭湖畔，楼下就是浩瀚的洞庭湖。岳阳楼与武昌黄鹤楼、南昌滕王阁齐名，并称江南三大名楼。有"洞庭天下水，岳阳天下楼"的盛誉。岳阳楼始建于三国，为吴国鲁肃的阅军楼。唐开元四年张说任岳州太守，修建南楼，正式定名为"岳阳楼"。北宋庆历五年（1045），知岳州军州事的滕子京重修岳阳楼，请范仲淹撰《岳阳楼记》，从此岳阳楼声名鹊起。后几经兴废，现存建筑为清同治六年（1867）重建。岳阳楼主楼通高 19.72 米，三层三檐，纯木结构。顶层为黄琉璃瓦盔顶，顶下有蜂窝斗拱。腰檐设平座，可凭栏远眺。楼内有清初书法家张照所书《岳阳楼记》的木雕屏和晚清书法家何绍基书刻的楹联。主楼左侧有"仙梅亭"，始建于明崇祯年间，当时有人在湖滨沙碛中拾得一块有枯梅花纹的石板，传为仙人所画，故名。右侧有"三醉亭"，建于清代，根据吕洞宾三醉岳阳的传说取名。主楼前有平台两座，沿洞庭湖岸建有石栏。南北各有一门，分别额书"南极潇湘""北通巫峡"。楼下洞庭湖边，有"怀甫亭"，为纪念杜甫而建。现附近地区已辟为公园。

[白沙井]　　白沙井位于沙市天心阁下白沙街东隅，明代已有此井。白沙井井口约二尺见方，原为一眼，后分为二眼，现扩为四眼。白沙井水经过地层的层层过滤，自沙石中涌出，水质纯清，泡茶色味殊绝，酿酒芳香醇厚，煎药、熬汤皆极佳，而且无论冬夏、泉眼不溢，泉井里经常保持同样多的水量，随舀随长，永不枯竭。毛泽东诗词"才饮长沙水，又食武昌鱼"中的"长沙水"指的就是白沙井水。明清时白沙井边有座龙王庙，庙中有一副名联：常德德山山有德，长沙沙水水无沙。联中的"沙水"也是指白沙井水。白沙井是中国四大名泉之一。

[炎帝陵]　　炎帝陵位于湖南省东部炎陵县塘田乡炎陵山。据史书记载，始建年代当不晚于五代。宋太祖于乾德五年（967）在陵前建庙，分前、后二殿，祭祀炎帝和赤

松子（炎帝的药师），并设置七户守陵。明、清两代多次重修。炎帝，也称神农氏，是华夏农耕文化的创始人之一，也是华夏中草药的第一位发现者和利用者。炎帝是中华民族的始祖之一，因而从古至今对炎帝陵的祭祀举办得都极为庄重、盛大。据史载，在唐朝时就已开始祭祀炎帝陵，宋朝自宋太祖建庙后定例为三年一大祭，清朝进行的祭典更加频繁。炎帝陵高6米，底径27

白沙井

米，陵前是道光年间镌刻的有"炎帝神农氏之墓"碑文的墓碑。炎陵庙位于炎帝陵之前，坐北朝南，分为三进，整个院落有红墙围绕。殿内神龛中供奉炎帝神农氏金身像，他左手拿稻穗，右手拿灵芝，像前有一个装有五谷和药材的竹篓，此外还有天池、永丰亭、味草亭、奉圣寺、天使馆、飞香亭、龙墀、行礼亭、午门、左右朝房和左右碑亭等建筑。以及鹿原洞、龙墩石、龙爪石、洗花池等景观。整个陵区处于群山环围之中，涞水在山下缓缓流淌，林荫浓郁，氛围静谧，景色幽中透雅。

　　[九疑山]　　九疑山，也叫九嶷山，又名苍梧山，位于宁远县城南30千米。传说舜帝南巡，病死在苍梧，葬于此。山有九峰，峰峰皆相似，故名九疑山。九峰的中心为舜源峰，娥皇、女英、桂林、杞林、石城、石楼、朱明、潇韶八峰簇拥周围。主要景点有舜庙、紫霞岩、玉琯岩、三分石。紫霞岩在舜源峰左侧500米处，又名紫霞洞，岩石呈紫红色，远望如霞。岩分外、内两层。外岩足有数丈高是紫色岩顶。内岩为石钟乳洞，洞内有唐代诗人元结书刻的"无为洞"三个篆字。三分石位于紫霞岩南面，北距宁远县城50千米，又名三峰石。山上三峰并峙，相距2.5千米，为九疑山最高峰，海拔1959米。据说舜帝就葬在这里。三峰石上，清泉垂崖，如白练悬空，其中一条为潇水之源。

　　[娥皇、女英]　　娥皇、女英是尧的两个女儿。舜的贤明闻名天下，尧将帝位让给舜后，把两个女儿同时嫁给舜为妻。舜勤于国事，日夜操劳，在南方巡狩时，不幸染病。娥皇、女英闻讯赶来，到君山时得知舜已经逝于苍梧之野，葬于江南九疑。她们溯潇水而上，沿大小紫荆河而下，四处寻找舜的坟墓。但由于九疑山九峰相似，没能找到。姐妹二人痛哭不已，泪水沾在竹子上，留下斑斑泪痕，最终双双投入湘水殉情。据说她俩死后，被天帝封为湘君，又称潇湘二妃，治理和守护着湘水流域。

　　[衡山]　　衡山位于湖南省中部，为五岳之一的南岳。南起衡阳市南回雁峰，北至

长沙市西岳麓山。山势雄伟，盘绵数百里，有大小山峰七十二座，其中，以祝融、天柱、芙蓉、紫盖、石禀五峰最为高大。主峰祝融峰，海拔 1300.2 米，登顶可俯瞰群山。在五岳之中，南岳衡山森林覆盖率最大，可达 67% 以上，处处古木参天，奇花异草，有"五岳独秀"之称。六朝以来，南岳就是宗教圣地。现存黄庭观为晋代魏夫人修道处。水帘洞上的九真观，是唐代道士司马桢修行的遗址。方广寺、福严寺、南台寺，为创建于南朝梁陈间的佛教名刹。唐高僧希迁在此创立了禅宗的南台宗。衡山在南宋时，还一度成为理学的渊源，理学家胡安国、胡寅、胡宏曾隐居衡山，朱熹曾当过监南岳庙的祠官，陈子昂、宋之问、张九龄、李白、杜甫、韩愈、柳宗元、黄庭坚、范成大等历代名人，都曾游览南岳，留下诗篇 3700 多首，摩崖石刻 375 处。

[武陵源]　武陵源位于张家界市境内，地处湖南省西北部的武陵山脉中，由张家界、天子山、索溪峪、杨家界四个各具特色的风景区组成，方圆 369 平方千米。武陵源以罕见的大峰林、壮观的大峡谷、浩瀚的大森林、多姿的湖泉瀑、变幻莫测的云雾和淳厚质朴的民族风情为特色，为世人所向往。大峰林是由石英砂岩构成的峰林地貌，峰林高耸，峡谷深幽，奇形怪状，千姿百态，岩柱多达 3103 座，有被誉为"武陵之魂"的天门山、金鞭岩等丹霞景观。武陵源属山原型湿润气候，云雾多，经常出现流动的云带、云烟和壮阔的云海、云湖、云涛、云瀑等，景象非常壮观。武陵源内水源丰富，沟谷遍布，溪涧纵横，流泉、飞瀑、石潭、绿池随处可见，素有"秀水八百"之称。这里的岩溶地貌发育也很好，溶洞、落水洞、天窗等岩溶景观遍布，既有黄龙洞、白羊洞等特大溶洞，又有多达 90 多个溶洞的虎穴洞群。景区内还有神秘莫测的神堂湾，一年一发光的石峰、红月亮等奇观。山峻、峰奇、水秀、峡幽、洞美是武陵源的五绝。武陵源森林覆盖率达 85%，植被覆盖率则达 99%，是一座巨大的天然生物宝库。景区有植物 3000 余种，其中 28 种属国家重点保护植物；有动物 116 种，其中 30 种为国家重点保护动物。神堂湾、黑枞脑两处，是至今仍人迹罕至的原始次生林，有"自然博物馆和天然植物园"之称。1992 年，联合国教科文组织确认武陵源为世界自然遗产，列入《世界遗产名录》。

[天下第一桥]　天下第一桥位于张家界国家森林公园内，是一条天然石桥，是张家界精华景点之一。大自然的鬼斧神工，将一块厚约 5 米的天然石板横空"架"在两座山峰之上，把东西两峰连接在一起。桥高 350 米，长 20 米，宽 1.5~3 米不等，其高度、跨度和惊险程度均为天下罕见，所以称为"天下第一桥"。桥上苍松挺拔，桥下云雾缭绕，渊深万丈。走在上面有飘飘欲仙的感觉。

[金鞭溪]　金鞭溪位于张家界国家森林公园内，是武陵源最美的一条溪流和山水景观最集中的一条溪谷，享有"山水画廊"的美誉。它全长 7.5 千米，因流经著名的金鞭岩而得名，全溪穿行在峰峦幽谷之间，幽静异常。溪水明净如镜，跌宕多姿，小鱼游弋其中，溪畔花草艳丽，鸟鸣莺啼。人沿清溪行，胜似画中游。沿线主要景点有观音送子、金鞭岩、文星岩、紫草潭、千里相会、跳鱼潭、水绕四门等。

[猛峒河]　猛峒河位于永顺县西部。河源在龙山县猛必村，水从一岩洞流出，全长 200 千米，流经永顺县城南的不二门，在古镇王村附近汇入酉水。景区总面积约 500 平方千米。猛峒河上游河道狭窄，岩高壁陡，浪急滩险，最适合漂流。下游河道渐宽至 80 米，可乘船游览沿途的天门峡、百鸟峡、鸡笼峡、磨盘峡等峡谷景点。其中猴儿跳峡最为有趣，水面只有十几米宽，两岸崖壁高达百丈，游艇需擦壁而过。崖壁深黑，不见天日，河谷光线暗淡，似断不断的崖壁叠嶂上，岩松虬枝搭成树桥，群猴攀跳其间。由此停船上岸，可观赏沿岸的溶洞瀑布。著名的有大龙洞、小龙洞、鸳鸯洞、阴阳洞等溶洞和哈尼宫瀑布、捏土瀑布、落水坑瀑布等瀑布。沿岸还有野生动物 190 余种，树木 500 余种。

猛峒河是一个集山势、水色、洞景和珍稀动植物于一地，汇古镇风貌、民族风俗、山野情趣于一体的水道旅游胜地，人称"张家界后花园"。

[毛泽东故居]　毛泽东故居位于距长沙市 104 千米的韶山市韶山冲内。1893 年 12 月 26 日，毛泽东在这里出生。后在上屋场，度过了他的童年和少年时代。毛泽东故居是一座普通农舍，土墙灰瓦，四周松苍竹翠。从故居堂屋到右厢房，在卧室、廊檐和碓屋之间，陈列有毛泽东的全家照，各种农具和日常器皿，如毛泽东少年时期用过的水桶、锄头、肩担等。在毛泽东曾住过的卧室里，桌上摆着一盏毛泽东少年时代曾经用过的油灯。

1964 年，"毛泽东故居陈列馆"在韶山冲建立，毛泽东革命实践活动的文物、照片被陈列于此。此外，1925 年毛泽东创办的农民夜校旧址及他少年时代读过书的私塾旧址等也在故居附近。

[石鼓山]　位于衡阳市北门外，昂然屹立在蒸水与湘江交汇处，素有"湖南第一胜地"之称。石鼓山海拔 69 米，面积约 4000 平方米，峻拔峭立，三面环水，景色秀丽。柳宗元、韩愈、范成大、朱熹、张载、文天祥、徐霞客、王夫之等都曾游览或讲学于此。宋代曾建起了当时为全国四大书院之一的"石鼓书院"，现只留有遗址。在石鼓山东北角有朱陵洞，"朱陵洞内诗千首，"来此游览题咏者众多。唐柳宗元赞石鼓山为"水碧无尘埃"，宋朱熹誉之为"江流环带，最为一郡佳处"，这些已足显石鼓山的唯美。

[浯溪]　浯溪位于祁阳县城西南 2.5 千米，是湘江西岸的一条小溪。溪水源自三泉岭双井，北流 1.5 千米，汇于湘江。浯溪胜景天成，一木一石无不雅趣。中唐诗人元结从道州刺史卸任，途经此地，因喜爱这里的风景，于是定居在溪畔。浯溪靠湘江处有几块巨石组成的高地，即悟台。台后有一高约 3 米的孤石，传为元结垂钓处。元结当年的住宅称为"浪漫宅"，历代修葺，保存至今。

浯溪与湘江汇合处的崖壁上有"浯溪"摩崖石刻。周围几千米内刻满了唐宋以来历代名家如皇甫湜、秦观、李清照、范成大、沈周、董其昌、顾炎武等 300 余人的书、画、诗、赋、词、文、铭、记等作品，具有宝贵的历史、文化、艺术价值。石刻大者

9.6平方米，小者0.9平方米，字径大者3米，小者5厘米，篆、隶、楷、行、草兼备，风格各异，是研究书法艺术的珍贵实物。最著名的是元结撰的《大唐中兴颂》，由颜真卿楷书，全文高3米，宽3.2米，共21行，每行20字，共332字，字径约14厘米。此碑书法磊落奇伟，雄闳刚劲，自古为学者、艺术家所重，誉为颜真卿"生平第一得意书"，因文、书、岩均奇绝，称为"摩崖三绝"。

十六、湖北省

（一）行政区划

湖北省地处东经108°21′~116°07′、北纬29°05′~33°20′，面积18万多平方千米，因位于长江中游洞庭湖以北而得名。湖北省北接河南省，东接安徽省，南邻江西、湖南两省，西靠重庆市，西北与陕西省为邻。截至2022年12月31日，湖北省辖12个地级市、1个自治州，39个市辖区、26个县级市、37个县（其中2个自治县）、1个林区。简称鄂，省会武汉市。

［省会——武汉］　武汉市位于湖北省东部，长江与汉水交汇处。武汉的汉口是我国古代四大名镇之一，今为国家历史文化名城。武汉又是中国东南部特大中心城市之一、长江沿岸著名港口、中国第二大河港、华中地区水陆交通枢纽。武汉由武昌、汉口和汉阳三地组成，俗称武汉三镇。现面积8483平方千米，以汉族为多，有回、苗、土家等42个少数民族。市府驻江岸区。辖江岸、江汉、青山、洪山、东西湖、汉南、蔡甸、江夏、黄陂、新洲13个区。

武汉过去为商业城市，现已形成以冶金、机械、纺织为主，有食品、化工、轻工、电子、汽车、船舶、建材等门类的工业体系，建有武汉、东湖、阳逻三个经济技术开发区，是中国重要工业基地。武汉农业主产稻谷、小麦、棉花、油菜籽，盛产鲜鱼、莲藕。武汉是国内重要的交通枢纽、长江航运中心和重要外贸口岸。京广、京九、汉丹、武九4条铁路干线纵横交织，公路干线有汉宜、汉沙、岱黄、武湘等线，水运以长江、汉水为主，武汉天河机场为国家一级机场，航空线直通全国各主要城市和香港特别行政区。武汉还是国内的商业贸易中心。科技力量仅次于北京、上海、南京，在全国居第四位。武汉大学等高等院校享誉中外。名胜有中国三大名楼之一的黄鹤楼和东湖风景区、归元禅寺、古琴台等。

［荆州］　荆州市位于省境中南部，距省会武汉市200多千米，面积14131平方千米。是湖北重要的河港，也是江汉平原的物资集散地。荆州市大部地处江汉平原，海

拔多为 20~30 米。属北亚热带湿润气候，年均温 15.9~16.6℃，年降水量 958~1325 毫米。工业有纺织、轻工、日用化工、冶金、机械、建材、农药、化肥、医药等门类。农业以粮、棉、油生产为主，水产品相当丰富，是中国重要的粮、棉、油及水产品生产基地。荆州市水陆交通有长江航道、汉江航道、汉宜一级公路、207 国道、318 国道、焦柳铁路等，城区还设有飞机场。荆州市是一座有着 2000 多年历史的文化古城，名胜古迹有楚都纪南城、郢城、八岭山古墓群、开元寺等。荆州古城墙与护城河构成了环城公园。

[十堰]　　十堰市位于省境西北部武当山西北麓，是中国新兴汽车工业城市、东风汽车制造厂所在地。十堰市北邻陕西省商州区和河南省南阳市，西界陕西省安康市和重庆市。面积 23720 平方千米。辖茅箭、张湾 2 区和郧阳区、郧西县、竹山县、竹溪县、房县 5 县，以及丹江口市。十堰市是个新兴的城市，由一个山村小镇发展起来。十堰市区多分布在神定河干支流两旁的山间小盆地和沟谷中，建筑群依山就势，各自形成独立的居住区，市区街道大都背山面河，具有单面街的特点。工业以机械、水电、建材、纺织、化工、卷烟、食品和木材加工等为主，大型企业有东风汽车集团公司、东风轮胎公司、丹江口大型水力发电厂，是中国汽车生产基地之一，素有"汽车城"之称。农业以种植水稻、小麦、油菜为主，有油桐、漆树、柑橘等经济林。十堰交通便利。襄渝铁路横穿中部，丹江口为汉丹铁路终点，318 国道、209 国道在境内房县交会，并和其他公路组成公路交通网，汉水、堵河均可通航。

[宜昌]　　宜昌市位于省境西南部，长江三峡出口，为长江上、中游的分界处，素有"川鄂咽喉"之称。面积 21033 平方千米，是中国最大的水电基地。宜昌市府驻西陵区。辖西陵、伍家岗、点军、猇亭、夷陵 5 区，秭归、远安、兴山 3 县，长阳、五峰 2 个土家族自治县和宜都、当阳、枝江 3 个县级市。宜昌境内丘岗起伏，仅中部长江北岸较平坦。长江出三峡后，折向南流，进入市区，江面展宽至 2200 米，为葛洲坝、西坝面小岛阻隔，自西而东分为大江、二江和三江，葛洲坝水利枢纽大坝即横跨此 3 水道。市区紧临长江北岸，沿长江呈带状分布，干道多与长江平行或垂直。宜昌市已成为著名的大水电城及华中的电网中心。宜昌市还有机械、化工、医药、食品、纺织、冶炼、卷烟、轻工、建材、煤炭、电子、印刷等工业。农业主产稻谷、玉米、薯类、棉花和油料。著名土特产有柑橘、茶叶、蚕茧、桐油、油茶等。除长江航道之外，境内有焦枝铁路、318 国道、209 国道、宜黄高速公路以及 1 个飞机场，形成了水陆空立体交通网络。

市区名胜古迹以三游洞最著名，并有陆游泉、天然塔、南津关、下牢溪、西陵公园、紫阳龙洞等胜迹及以葛洲坝水利枢纽大坝和库区为主体的平湖风景区。

（二）人口、民族

截至 2022 年末，湖北省常住人口 5844 万人。湖北地形复杂，地区发展不平衡，故人口分布不均。湖北为多民族省区之一，有汉、土家、苗、回、侗、满、壮、蒙古等50个民族，汉族占全省总人口的95.63%，少数民族以土家族最多，占全省少数民族人口的88%，苗族次之，占全省少数民族人口的10.3%。

（三）历史文化

湖北是古人类活动的主要地区，是中华民族的发祥地之一。先秦时期，湖北属楚国，也是国都所在地。湖北山川瑰丽壮美造就了古代楚人张扬浪漫的思想。在这片土地上古楚人创造了光辉灿烂的古代文明，即与中原文化并列为华夏文明两大源头的楚文化。与严肃深沉的中原文化不同的是，楚文化是张扬而绚烂的。中国浪漫主义文学的杰出领袖屈原、主动请嫁匈奴和亲的王昭君、唐代著名大诗人孟浩然等都是在这一文化氛围中孕育出来的湖北人。由于湖北位于中国腹地，地跨长江天险，所以历来是兵家必争之地。三国孙刘抗曹、宋末襄阳之围、清末武昌起义等这些重大的、改变历史进程的军事活动就发生在这里。

秭归的耕牛

秭归县乐平里是屈原的诞生地。这里有一种有趣的现象，就是耕牛不穿牛鼻绳照样听人使唤。传说，屈原挑书箱出山，半路捆书箱的绳子断了。农夫要回家取，屈原说把牛绳解下来就行了。农夫为难，牛没有鼻绳怎么行呢？屈原说牛通人性，你善待它它就善待你。不用穿鼻绳，也不用鞭子，只要吆喝几声就行。农夫将信将疑地解了牛鼻绳，耕牛果真像屈原所说。从此，乐平里一代的耕牛就再也不用鼻绳了。有的传说更奇：外地的牛牵进乐平里得到了灵气，只需三日，解了鼻绳照样听使唤。这是屈原故乡的一个有趣的谜。

[屈原]　屈原（前340～前278）名平，楚国人，生于公元前340年，卒年不详。大约是公元前278年左右。屈原出生于楚国贵族家庭，受过很好的文化教育，有很高的政治和文学才能，青壮年时期就有远大的政治抱负。屈原向往贤能政治，主张法度正直，从而达到国家富强。但屈原的时代正是楚国由强转弱的时代，君主无能，不恤其政，而群臣相妒以功，谄谀用事，良臣斥疏，百姓心离，城池不修。屈原多次力谏，不但被谗见疏，而且被多次流放，直至投汨罗江自尽。在流放期间，屈原面对政治的腐败、国家的衰弱写下许多悲惨沉痛、忧国忧民的诗歌，《离骚》《涉江》《哀郢》《九歌》等都是屈原这时期作品。其中《离骚》是屈原的代表作，最具影响。

[楚庄王称霸]　楚国疆域最初主要在湖北西部山区和江汉平原一带，后来逐步强大，与中原各诸侯国争霸。公元前613年，楚庄王即位。他似乎毫不把国家大事放在心上，整天打猎喝酒，纵情歌舞。大臣伍举含蓄地问楚庄王："有只大鸟在楚周山待了三年，不飞也不叫，这是什么鸟？"楚庄王回答："这不是普通的鸟，它三年不飞，一

飞冲天；三年不鸣，一鸣惊人。"原来楚庄王是在韬光养晦，暗中选拔人才。楚庄王重用那些敢于劝谏的贤臣，消除了政治弊端，并起用了平民出身的孙叔敖做宰相，极大发展了楚国的经济实力。同时，楚国积极向外扩张，没几年就征服了周边的小诸侯国。在一次庆功宴上，一阵大风吹灭了蜡烛。黑暗中有个叫唐狡的下级军官趁机调戏楚庄王的爱姬，被爱姬拔下了盔缨。爱姬悄悄把这件事告诉楚庄王，楚庄王却先命令所有人都把盔缨摘下，然后才重新点燃蜡烛。唐狡非常感激，在后来的晋楚争霸战争中，拼死把庄王从晋国将领的追杀中救了出来。其后，楚庄王开始向中原大举进军。公元前606年，楚庄王在周朝国都附近阅兵，向周王炫耀武力，还向周天子的使者询问九鼎的重量，有取而代之的意思。公元前594年，楚庄王会盟十四诸侯，确立了他称雄中原的霸主地位。

[诸葛亮出山]　诸葛亮（181~234），字孔明，是三国时期著名的政治家、军事家。东汉末年，天下大乱，诸葛亮隐居在南阳隆中，即今湖北襄阳附近，以种田为生。当时刘备投靠荆州的刘表，暂时屯驻新野。司马徽、徐庶等人都向他推荐有"卧龙"之称的诸葛亮，说他有管仲、乐毅的才能，于是刘备带着关羽、张飞前往隆中邀请葛亮出山。但前两次都没见到孔明的面。第三次去时天降大雪，恰好诸葛亮在家中睡觉。刘备就在门外大雪中等候他睡醒。诸葛亮非常感激刘备的知遇之恩，为他分析了时局，提出西据荆、益，南和夷、越，东联孙吴，北抗曹操，三分天下，待机进据中原的战略思想。这就是著名的"隆中对"。孔明出山后，通过火烧博望坡、火烧新野，遏制了曹操南下的势头。帮助刘备占据荆州这个战略要地，休养生息，为后来攻取益州，进而三分天下打下了坚实的基础。

隆中山脚下有一座四柱三楼的青石牌坊，牌坊背面刻为"三代下一人"五个大字，这是宋代文学家苏轼对诸葛亮的评语，意思是诸葛亮是夏、商、周三代以后最高尚最伟大的人，没有人可以与他相提并论。

[杜甫]　字子美，襄阳（今属湖北）人，生于河南巩义市，因曾居长安城南少陵，故自称少陵野老，世称杜少陵。我国历史上伟大的诗人之一。他是唐初著名诗人杜审言之孙，青年时代曾南游吴越、北游齐赵。天宝年间，他到长安应试，但仕进无门，困顿10年之后，才获得右卫率府胄曹参军的小职。安史之乱开始后，他曾定居成都，一度在剑南节度使严武幕中任检校工部员外郎，故又有杜工部之称。唐代宗大历三年（768）他乘舟出三峡，经湖北入湖南，却因贫病交加死于湘江舟中。杜甫生活在唐朝由盛转衰的历史时期，他的诗歌以深刻、真实的笔触广泛地再现了唐代由盛转衰时期社会的动荡、政治的黑暗和人民的疾苦，感情深挚而沉郁，笔法曲折而波澜起伏，风格沉雄而壮丽，具有"沉郁顿挫"的特点，被后世誉为"诗史"，也被尊称为"诗圣"。杜甫把古典诗歌的现实主义推向了高峰，与李白并称"李杜"，是中国古典诗歌最伟大的双子星座，对后世产生了不可估量的影响。代表作品有《望岳》《自京赴奉先县咏怀五百字》《茅屋为秋风所破歌》等，还有《杜工部集》传世。

[茶圣陆羽] 　　陆羽（733~804）字鸿渐，是复州竟陵郡即今湖北天门人。生于唐玄宗开元年间。3 岁时因相貌丑陋被父母遗弃。龙盖寺的积公禅师收养了他。积公禅师喜欢喝茶，茶艺水平很高。陆羽在他的熏陶下对茶艺有了初步的认识。安史之乱，他流亡到湖州。湖州是名茶产地，陆羽到各大茶区游历考察，学习茶农种茶的经验技术以及烹茶方法，分析茶叶质的优劣，并总结出一套规律。公元 760 年，陆羽开始编写《茶经》。公元 780 年，《茶经》正式刻印，这是世界上第一部茶叶专著，是唐代和唐以前有关茶叶生产和制作的科学知识和实践经验的系统总结。陆羽也因为这部书的卓越贡献，被后人誉为"茶仙""茶圣""茶神"。

[张居正] 　　字叔大，号太岳，明江陵人，我国古代杰出的政治家、改革家。他在明穆宗时入阁，明神宗时成为首辅大臣，对明代政治、经济进行了全方位的改革。他提出了著名的"考成法"以整顿官僚机构，抑制宦官势力，并采取整学政、清通欠、惩贪墨、汰冗官、省支出等项改革，使得明末腐败的政治局面得到了改善。他改革了赋役制度，在全国推行"一条鞭法"，并重用潘季驯，把黄河水患变成水利，使得国家财政状况有了很大好转，社会生产得到了恢复和发展。他还重用戚继光、李成梁等名将，平定外患，扭转了边防的败坏局面。他为相的 10 年期间，是明朝中叶最好的时期。有《太岳集》《帝鉴图说》等著作传世。

[李时珍] 　　字东壁，号濒湖，湖北蕲州（今湖北蕲县）人，明代卓越的医药学家，也是当时世界上伟大的科学巨匠之一。他出生在一个以医为业的家庭，青年时期考取过秀才，但此后就一直随父亲行医。他针对《神农本草经》分类不科学、名目混乱的问题，经过二三十年的钻研与实践，写成了医学巨著《本草纲目》。全书分为 16 部、62 类，共收药物 1892 种，收录药方 11096 个，并附有药物形态图 1160 幅。李时珍打破了药物的人为分类方法，对药物重新做了科学的分类。书中除了植物性药物外，还有动物性药物 445 种，矿物性药物 276 种。《本草纲目》系统地总结了我国 16 世纪以前医药学的经验和成就，极大丰富了我国的药物品种，对我国乃至世界医药学的发展都起了重大的推进作用。除了《本草纲目》外，李时珍还著有《濒湖脉学》和《奇经八脉考》，是现在中医学习诊脉的必读书籍。

[武昌起义] 　　1911 年，摇摇欲坠的清政府为了多敛钱财，限制民间经济活动，以铁路国有为名，将民办的川汉、粤汉铁路收归国有，并以铁路修筑权为抵押，与英、法、德、美四国银行团签订借款合同。此举激起众怒，四川、广东、湖北、湖南等省掀起轰轰烈烈的保路运动，并成为辛亥革命的导火线。这场运动迅速发展，革命党人受到鼓舞，在全国各省积极准备起义。湖北新军中的文学社和共进会等革命团体乘革命热潮发动武昌起义，揭开了辛亥革命轰轰烈烈的序幕。9 月下旬革命党人召开会议，决定 10 月 6 日起义。因计划未妥，改期 10 月 10 日发动。10 月 9 日共进会领导人孙武制作炸弹失事暴露行动，在汉口的机关被破坏，文学社领导人蒋翊武决定当夜行动，起义爆发。但由于太过仓促，未能全面行动。10 日晚 7 时左右，武昌城外的辎重营和

城内工程第八营几乎同时发动，各标营继起。经一夜苦战，革命军占领总督署，汉阳、汉口也先后被革命军占领，11 日宣布成立中华民国湖北军政府。军政府随即发布各种文电，号召各省为推翻清朝建立共和国而奋斗。武昌起义点燃了辛亥革命的烈火，最终将清政府推翻。

　　［李四光］　原名李仲揆，湖北黄冈人。早年加入同盟会，参加了辛亥革命。1919年毕业于英国伯明翰大学，获硕士学位。新中国成立后，担任过中国科学院副院长、地质部部长、中国科协主席等职务。李四光是中国地质力学的创立者。他创立了"构造体系"的基本理论，把各种构造形迹看作是地应力活动的结果，主张用力学研究地壳现象、探索地壳运动与矿产分布的规律。他用这一理论分析了中国东部地质构造特点，指出新华夏构造体系的三个沉降带具有大面积储油层，为我国的地质、石油勘探和建设事业做出了巨大贡献。在地震地质工作方面，他主张在研究地质构造活动性的基础上观测地应力的变化，为实现地震预报指明了方向。他对地热的利用也有着突出的贡献。有《中国地质学》《地质力学概论》《地震地质》《天文、地质、古生物》等著作传世。

　　［谭鑫培］　原名金福，原籍湖北江夏人，我国近代伟大的京剧表演艺术家。他的父亲是当时有名的旦角，有"叫天"之称，因而他被世人称作"小叫天"。他自小便进入金奎科班学武生，出科后搭入永胜班担任配角，变声期间改演武生，在京东一带流动演出，回北京后入三庆班。谭鑫培是一位善于革新的艺术家，一些传统的剧目如《珠帘寨》《连营寨》《空城计》等，经他的删减增益后，显得更为洗练精湛，成为后学所宗法的上演剧目。他创立了京剧的"谭派"唱法，在京剧表演艺术创造上取得了卓著的成就，为京剧老生表演艺术开拓了新的天地，有"伶界大王"的美誉，影响极其深远。

（四）气候

　　湖北省属于北亚热带季风性湿润气候，具有从亚热带向暖温带过渡的特征。全年光照充足，热量丰富，无霜期长，降水丰沛，雨热同季，利于农业生产。湖北四季变化明显，春季多雨，夏天湿热，秋高气爽，冬季干寒。年均温 15～17℃，鄂东沿江和三峡河谷在 17℃左右，鄂北低于 16℃，山区气温则随海拔的增加而降低。7 月平气温为 27～29℃，江汉平原最高温在 40℃以上，为中国酷热地区之一；1 月平均气温 3～4℃，三峡河谷高于 5℃，北部和山区 2℃左右。无霜期大体是南部长于北部，平原河谷盆地长于山区。全省降水充沛，年均降水量 800～1600 毫米，自东南向西北逐渐减少。由于受地形抬升作用影响，神农架南部和竹溪县光顶山东部年降水量达 1400～1600 毫米，为全省多雨中心。

夜宿街头绸伞凉

武汉地处江河谷地，上空受热带高气压控制，地面热量难以向外散发，气温显著增高，使武汉成为长江流域"三大火炉"城市之一。再加上武汉地区湖泊众多，水田密布，空气湿度大，高温加高湿，使得人体热量不易散失，尤其在夏日夜晚，城内闷热无风，根本无法在屋内安睡。每当夏日的骄阳刚刚退去，市民们就忙着向滚烫的地面泼水，随后纷纷从家里搬出竹床、铺板、躺椅等沿街铺排起来，街道为之堵塞。晚饭后，人们坐在床铺上摇着蒲扇边聊天边纳凉直至深夜，而后沉沉睡去。天刚亮时，人们又纷纷起身收铺，街道上很快恢复了往日的喧嚣。

（五）自然资源

湖北省矿产、水能、生物等资源都比较丰富。湖北省已发现矿产136种，其中已探明储量的88种。在已探明储量的矿产中，磷、金红石、硅灰石等矿产储量居全国首位。金属矿产中，黑色金属矿产资源主要有铁、锰、铬、钒、钛等；有色金属及贵金属主要有铜、铝、锌、铅、镍、钴、钨、钼、汞、金、银等，其中以铜矿资源为主。水能源尤为突出。湖北省是丰水区，有大小河流千余条，湖泊约300多个，水库6000多座，且具有完整的水系系统，可开发的水能装机容量3310万千瓦以上，居全国第四位。全省动物资源达700多种，约占全国动物种类的1/4。其中属国家规定的珍稀保护动物如白鳍豚、金丝猴、江豚（江猪）、大鲵、小灵猫、大灵猫等50多种。全省种子植物3700多种，森林覆盖率为31.14%，木材蓄积量2.31亿立方米。神农架为中国中部最大的原始森林，被誉为"华中林海""天然动植物园"。世界观赏名木金钱松、中国特有的"鸽子树"珙桐、名贵绿化树白皮松，活化石水杉等珍稀树种就生长在这里。

［珙桐］ 珙桐属蓝果树科，为落叶乔木，高15～20米。珙桐花形奇特，在头状花序基部有两个白色苞片，形如飞鸽的翅膀，故有鸽子树之名，为第三纪古热带植物区系孑遗种，是国家一级保护稀有种，也是闻名于世的观赏树种。珙桐分布于湖北、湖南、陕西，生于海拔1250～2200米处的常绿阔叶林或常绿、落叶阔叶混交林中，偶有小片纯林。

［水杉］ 水杉属于杉科，为落叶大乔木，高度可达35～42米，胸径为1.6～2.4米，生长在海拔1000～1200米的山谷潮湿的轻度积水的地方。水杉是中国特有种和世界著名的孑遗植物，有"植物界的大熊猫"之称，是国家一级保护稀有种。在1亿年以前，水杉曾广泛分布在亚、欧、北美各地。在200多万年前的第四纪冰川的影响下，世界各地的水杉相继毁灭。植物学家以为它已经绝迹，直到20世纪40年代才被发现于湖北、四川、湖南三省交界地区。现在经引种已经在世界各地广泛栽种。

［白冠长尾雉］ 白冠长尾雉别名长尾雉，属鸡形目雉科，为国家二级保护动物。

白冠长尾雉分布于中国北部、中部及西南部山区。雄鸟全长约 170 厘米，雌鸟 68 厘米左右。雄鸟上体大部金黄色，头、颈均白色，白色颈部的下方有一黑领，嘴角绿色，具黑缘。飞羽深栗色，具白斑。尾羽特长，具黑色和栗色并列横斑。下体栗色，具白色杂斑，腹部中央黑色。脚灰褐色。雌鸟体羽以棕褐色为主，有大型矢状斑。白冠长尾雉栖息于海拔 600~2000 米的山区，常见于长满树木的悬崖陡壁下的山谷中。以松、柏、橡树种子及野百合球茎为食，也食昆虫。3 月中旬进入繁殖期，筑巢于隐蔽的草丛中，用栎叶铺成浅盘状。每窝产卵 8~10 枚，油灰色或橄榄褐色。孵卵期约 28 天，雏鸟为早成鸟。

[大鲵]　大鲵别名娃娃鱼，属两栖纲有尾目隐鳃鲵科，为国家二级保护动物。分布于华中、华北、华南和西南各省。大鲵最长可超过 1 米。头部扁平、钝圆，口大，眼不发达，无眼睑。身体前部扁平，至尾部逐渐转为侧扁。体两侧有明显的肤褶，四肢短扁，指、趾前五后四，具微蹼。尾圆形，尾上下有鳍状物。体表光滑，布满粘液。身体背面为黑色和棕红色相杂，腹面颜色浅淡。大鲵生活在山区的清澈溪流中，一般都匿居在山溪的石隙间，洞穴位于水面以下。每年 7~8 月间产卵，每尾产卵 300 枚以上，雄鲵将卵带绕在背上，2~3 周后孵化。大鲵为中国特有物种，因其叫声似婴儿啼哭，所以俗称"娃娃鱼"。

[武昌鱼]　武昌鱼属鲤科鳊亚科，又名团光鲂，是名贵的淡水鱼。武昌鱼产于湖北鄂州梁子湖通江口处。梁子湖湖面辽阔，直通长江，春暖花开时江水会倒灌入湖。湖水水质良好，水深、水温、流速非常适合武昌鱼的生存。湖中盛产的"黑丝草"，是武昌鱼最喜爱的饲料。武昌鱼呈扁平状，重约二三斤，肉质嫩白，含有

大鲵

丰富的蛋白质和脂肪，对贫血、低血糖等有辅疗作用。用武昌鱼可以烹制出数十种不同风味的鱼菜，如清蒸武昌鱼、花酿武昌鱼、蝴蝶武昌鱼、茅台武昌鱼、鸡粥奶油武昌鱼、红烧武昌鱼、杨梅武昌鱼、白雪蜡梅武昌鱼等，其中清香扑鼻、肉嫩味鲜的清蒸武昌鱼最为有名，是驰名中外的上等好菜。

（六）经济

湖北省农业实行一年两熟耕作制，粮食作物以水稻、小麦为主，高粱、红薯次之，经济作物以棉花、油料为主，产量均居全国前列。江汉平原是中国重要的商品、粮棉基地，畜牧业以饲养猪、牛、羊为主，禽蛋产量居全国前列。湖北还是中国重要的淡

水鱼养殖基地，荆州以下长江段盛产鱼苗，供应全国。主要林副特产有苎麻、生漆、桐油、柑橘、茶叶、木耳、木梓、黄连、天麻等，在全国均占重要地位。湖北省是中国工业发展较早的地区之一，主要工业部门有钢铁、电力、机械、汽车、建材、纺织、食品等。武汉是全国大型钢铁基地之一。宜昌是中国最大的水电基地。湖北水陆空交通发达，京广、京九、焦柳、武九、襄渝5条铁路干线通过省境。8条国道与省级公路联成公路交通网。长江、汉江是两大水运干线。武汉素有"九省通衢"之称，是全国最大的内河港口，也是省内最大的航空中心。

　　[农业]　　湖北农业以耕作业为主，一年两熟，兼有南、北方农耕作业特点。粮食生产居首要地位，是中国重要的粮食产区之一，粮食商品率高。耕作业以水稻、小麦为主，又以水稻所占比重为大。江汉平原为重点的商品粮基地。杂粮主要产于鄂西山区。经济作物以棉花、油料为主，次为麻类、烟草、药材等。棉田集中于江汉平原、鄂东和鄂北三棉区。油料作物有芝麻、油菜、花生，以芝麻最重要，产量居全国第二位。畜牧业以饲养猪、牛、羊为主，生猪饲养量最大。渔业以湖泊、水库养殖为主，为国内著名的淡水渔业基地之一。全省可供养殖利用的水域面积居全国第二位。境内长江水系有经济鱼类50余种，著名的武昌鱼（团头鲂）即产于樊口附近梁子湖一带。荆江以下长江段是淡水鱼产卵场所，为鱼苗生产基地，盛产的鱼苗可大量供应全国。

　　[工业]　　湖北省工业起步较早，建立了以钢铁、机械、电力、纺织、食品为主体，门类齐全的综合性工业生产体系，是中国重要的工业生产基地之一。以十堰、武汉为中心的汽车等运输机械制造在工业体系中占有突出地位。动力机械以矿山所需的破碎设备和选矿设备为主，主要产于武汉。电力工业以水电为主，建有葛洲坝、汉江、丹江口、堵河、黄龙滩等水电站，三峡水电站也已完工。纺织工业包括棉、麻、毛丝、化纤等部门，以棉纺织工业为主，是省内轻工业中最重要的部门。武汉是省内最大的纺织工业基地，也是中国著名的棉纺织中心之一。

　　[交通]　　湖北地处中国腹地，历来为中国水陆交通运输枢纽。武汉自古就有"九省通衢"之称，长江、汉江和京广铁路相交于武汉市。京广线是中国运输繁忙的运输线之一，纵贯省境东部。焦枝、枝柳、汉丹、襄渝四线共同构成省内外陆路交通运输的主干线、主要公路干线有汉孟线、汉沙线、汉宜线；与邻省相通的公路干线有鄂赣线、鄂皖线以及老白线。内河运输在省内居重要地位，以长江与汉江为两大水运干线。武汉港为长江中游最大的内河港口，开辟有武汉至香港特别行政区、日本及东南亚诸国的江海货运航线。此外，黄石、宜昌、沙市、枝城等也是重要河港。汉江是沟通鄂西北和江汉平原的重要航道，襄樊和老河口为汉江的重要河港。武汉市是中国航空运输中心之一，有航线通往北京、上海、广州、成都等以及省内的沙市、宜昌和恩施。

（七）旅游

　　湖北省境内山水名胜与文物古迹兼备。境内河网密集，湖泊众多，又与山地峡谷相结合，故多山水风光，以长江三峡为代表，香溪河、下牢溪、洪湖、东湖、莫愁湖、龙泉瀑布、吊水岩瀑布、清江三峡等都是闻名遐迩的水景。此外还有众多的古泉、古井和地下温泉。湖北东、西、北三面环山，奇峰峻岭之中有名扬天下的道教圣地武当山和九宫山、当阳的玉泉山等。湖北历史悠久，文化古迹众多，秭归屈原故里、兴山昭君故里、纪南故城、黄鹤楼、东坡赤壁、三国赤壁等历史遗迹，也都是湖北的旅游胜地。

[武当山]　武当山又名太和山、玄岳。位于湖北省西北部丹江口市境内，在汉江南岸，是秦岭、大巴山的东延部分，为中国名山之一。武当山主峰天柱峰、海拔 1612 米，景区总面积约 240 平方千米，号称"八百里武当"。山中峰奇谷险，气势雄峻，洞壑深邃，风光秀美，被誉为"亘古无双胜境，天下第一仙山"。有七十二峰、三十六岩、二十四涧、十一洞、三潭、九泉、十池、九井、十石、九台等胜景，上、下十八盘险道，"七十二峰朝大顶""金殿叠影"等奇观。相传西周时，净乐国五太子真武来此修炼，后被道教尊奉为执掌北方天界的"玄天真武大帝"。山"非真武不能当之"，因名武当山。真武大帝也被认为是武当山的主神。历代道教名流如汉代阴长生、晋代谢允、唐代吕纯阳、宋代陈抟、元代张守清、元末明初张三丰等，均曾在此修炼，武当山因此成为道教名山。明成祖自命为真武转世，奉武当山为太岳太和山，列为天下名山之首，大兴土木，建成 33 处规模宏大的宫观群，计有八宫、二观、三十六庵堂、七十二岩庙、三古九桥梁、十二亭台，殿宇达 2 万多间，建筑面积 160 多万平方米。现存建筑基本上保留了明初的建筑格局。其中金殿和紫霄宫、玄岳门为全国重点文物保护单位。其他宫观如太和宫、南岩宫、五龙宫、遇真宫、玉虚宫、复真观、元和观等均保存完好，内有大量神像、法器、经籍等道教文物，具有较高的艺术和历史价值。

[九宫山]　九宫山位于湖北省通山县东南幕阜山脉中段。面积 68.64 平方千米。主峰老鸦尖，海拔 1656.7 米，为鄂南第一峰。相传南朝晋安王率兄弟 9 人来此建九宫，故名为九宫山。其后逐渐成为道教名山，北宋张君房称其为第二十一洞天。南宋淳熙十四年（1187），道士张道清至九宫山立坛传道，兴建宫观，九宫山于是名声大振，成为道教五大道场之一。后宫观屡毁屡建，至清乾隆时期，香火仍很兴盛。在咸丰年间遭到战乱毁坏，大部分建筑均已不存。今仅有九王庙、真君石殿、石城门、一天门等。山中多石刻、著名的有宋代的"万山"、明代的"曲曲入胜"、清代的"拔剑中行"等。九宫山人文景观虽遭毁坏，但九宫山自然景观却以其独特风格为世人所向往。九宫山由花岗岩构成，断崖高耸，峡谷深切，云雾、林涛、竹海、泉瀑为景区四大特色。尤以瀑布最胜，达 50 多处，著名的有大崖头瀑布、喷雪崖瀑布、龙潭瀑布、寺上三叠瀑布等。云中湖、桃花谷、蝴蝶谷、一线天等处风景清幽。山下牛迹岭有明末农民起义军领袖李自成墓。九宫山植被丰茂，山中"千峰苍翠、万壑荒幽"，大片原始森林，一派清凉世界，空气清新，盛夏气温仅 28℃，有"天下第一爽"之誉。山中盛产中华猕猴桃、九宫云雾茶以及竹荪、香菇等，还有属于国家级保护动物白颈长尾雉、蓝翅

八色鸫、红嘴相思鸟、白鹤等。

[东湖风景区]　东湖景区坐落在武汉市武昌东郊，是武汉市最大的风景游览地。面积约 87 平方千米，其中水域面积为 33 平方千米。东湖湖岸曲折，港汊交错，素有"九十九弯"之称。

秀丽的山水、丰富的植物、浓郁的楚风情和别致的园中园，是东湖风景区的四大特色。据统计，风景区内有雪松、水杉、樟树等各类树木 250 多种，梅花、荷花、樱花、菊花等各类木本花、草本花和水生花达 390 多种。其中梅花和荷花的品种为全国之最。东湖风景区反映楚风情的风景点显现出了八百年楚国经济文化的辉煌和博大，有纪念屈原的行吟阁、屈原纪念馆、屈原塑像，还有楚人进行贸易交易的楚市、楚之始祖祝融的塑像、楚天台和《离骚》碑刻等。东湖还建有全国第一座寓言雕塑园、全国四大梅园之一的磨山梅园，这些景点处于景区之内的"园中园"。东湖景区为全国 4A 级风景名胜区。

[大洪山]　位于随州市西南。这里曾爆发过西汉绿林起义、元末明玉珍农民起义，岳飞抗金、朱元璋的农民军以及捻军、白莲教首领王聪儿等人都在此鏖战过。大洪山将北方山脉的雄健和南方山脉的灵秀融合在了一起，有专家曾赞誉道："桂林的岩洞，庐山的凉爽，黄山的苍松，泰山的险峻等，大洪山兼而有之！"其主峰素有"楚北天空第一峰"的盛誉。大洪山属石灰岩地质，溶洞众多，如仙人洞、双门洞、黄岩洞、两王洞、小泉洞和娥皇洞等，曾有人题词："群洞奇异冠天下"。大洪山不仅自然风光秀美，人文景观也颇多，如屈家岭文化遗址、擂鼓墩曾侯乙墓、明显陵等著名景点，都给大洪山注入了人文色彩。此外，大洪山还有许多林木，其中以苦果、青檀、香果树、红茴香、白玉兰、灯台树等珍贵稀有树种最为出名。大洪山风景区是国家级风景名胜区。

[龟山]　位于武汉市汉阳城北，是武汉市名胜古迹较多的三山之一。晴川阁位于

龟山禹功矶上，修建于明嘉靖年间，得名于唐崔颢《黄鹤楼》中"晴川历历汉阳树"之句。禹王庙也位于禹功矶上，初建于南宋绍兴年间，禹王庙后阁已毁但庙宇犹存，现有庙门、大殿和左右庑廊等。古琴台相传是战国时晋国琴师俞伯牙在楚弹琴的地方，始建于北宋时期，琴台中央石碑上刻有俞伯牙半身像。北面大亭横额上题有"高山流水"字样，在它对面的石台上树有一块石碑，上镌"琴台"二字。向警予烈士墓、黄兴铜像等也位于龟山上。

[屈原故里]　屈原故里即乐平里，位于湖北省秭归县城东北30千米的屈坪。这里高山环抱，屈河流经此地。香炉坪在乐平里东面山梁下，据说屈原诞生于此。屈原庙位于香炉坪，据说这里是屈原旧宅。读书洞与香炉坪相距约1.5千米，据说屈原少年时曾在此读书。屈原故里建有屈原祠，正门高大雄伟，"屈原祠"三字为郭沫若先生手书。一尊屈原铜像立于院中，铜像两侧竖有90块青石碑，刻有屈原《离骚》《九歌》等22篇诗作，李白、杜甫等历代文人赞颂屈原的诗文，及历代修建屈原祠和屈原墓的碑记等。

[昭君故里]　昭君故里位于兴山县宝坪村，面临香溪水，背靠纱帽山。现遗有昭君宅、昭君台、望月楼、珍珠潭、梳妆台、妃台山等遗迹。昭君宅为砖木结构，屋内有昭君玉石雕刻像一尊，还陈列了许多纪念昭君的诗词书画和剧本。昭君台传说是昭君幼年拾柴劳作的地方，至今仍有台基遗址。汉时这里曾建有昭君祠。唐时又建有昭君院。清时立昭君故里碑，如今碑文尚存。望月楼传说是昭君望月的地方，现存有古色古香的石桌、石凳和一具汉代石兽。楼前有一口"楠花井"。珍珠潭在昭君故里附近，"珠潭秋月"是昭君故里的胜景。

[长坂坡]　长坂坡位于当阳市西南郊。三国古战场遗址之一。东汉建安十三年（208）秋，曹操率50万大军南征，刘备自新野沿沮水南下江陵，在当阳长坂坡一带为曹军包围。刘备在混战中脱逃，其妻小陷入曹军重围。相传刘备部将赵云（字子龙）单枪匹马，七次杀进重围，救出刘备的甘夫人和幼主刘禅。从此，赵子龙单骑救主的故事成为千古美谈。

现长坂坡已被辟为公园，占地6800平方米，内有子龙阁、忠烈堂等建筑。园内三层石座上竖有一座石碑，上有"长阪（坂）雄风"四个字，现碑为1945年仿制明万历十年（1582）所立之碑。"赵子龙单骑救主"塑像有8米高，外面镶嵌着彩色陶片，赵子龙身披盔甲战袍，手提红缨长枪，跨追风骏马，怀揣阿斗，极其英武悲壮，令人回味深长。《三国演义》有诗曰："血染征袍透甲红，当阳谁敢与争锋！古来冲阵扶危主，只有常山赵子龙。"

[黄鹤楼]　黄鹤楼位于武昌蛇山西端的黄鹤矶头。相传始建于三国吴黄武二年（公元223年），最初是用于军事的瞭望楼，后来成为人们登高览胜的地方。到唐朝时就已成为著名的游览胜地，与岳阳楼、滕王阁并称江南三大名楼。历史上不少名人如李白、白居易、苏轼、岳飞、陆游、袁宏道、袁枚等，都曾到此借景抒怀。唐人崔颢

写诗道："昔人已乘黄鹤去，此地空余黄鹤楼。黄鹤一去不复返，白云千载空悠悠。"此诗奠定了黄鹤楼的文化基调，也使黄鹤楼名闻千古。历史上黄鹤楼屡毁屡修，现在的黄鹤楼建成于 1985 年，是以清朝同治年间的黄鹤楼为原型设计建造的，为仿木结构建筑，整个屋面覆以黄色琉璃，崇楼五层，飞檐五舒，内外遍施彩绘，第五层以攒尖顶为核心，四方各有一座"歇山式"的小楼牌，宝顶为黄色琉璃的葫芦瓶，直径 2 米，高 5 米。在楼的正面有"黄鹤楼"三个大字，背面书"楚天极目"，整个建筑设计大气，布局别致，高低错落，上下交辉，望去俨如宫殿，宏伟壮丽。

[西山]　西山位于鄂州市西 2 千米处。西山又称樊冈，拔地而起，奇伟苍劲，泉幽林茂，溪回石怪，是古樊楚三名山之一。西山上保留至今的著名古迹有古灵泉寺、吴王即位坛、杯湖、退谷、吴大帝试剑石，及宋代大诗人苏轼、黄庭坚等修建的九曲亭、三贤亭、洗墨池等，还有四大名泉涵息

黄鹤楼

泉、滴滴泉、活水泉、菩萨泉。此外，举国闻名的"东坡饼"就是用这里的山泉水调面油炸而成，"武昌鱼"则产于山下湖水与江水的交汇处。

[神农架]　神农架位于湖北省西部，面积 3250 平方千米。相传炎帝神农氏曾在此搭架上山采药，因而得名。神农架处于大巴山东部，横卧于三峡以北的长江、汉水之间，为湖北省西部长江和汉江的分水岭。区内群峰林立，由石灰岩、砂岩构成脊岭高耸、屈岭盘结的雄伟山体，一般高度在千米以上，有六座山峰高达 3000 米以上，被誉为华中屋脊，分布有大面积的原始森林。林区西南部的大神农架海拔 3053 米，其北之神农顶则海拔 3105 米，为华中第一峰。第四纪冰川时期，中国中部陆地处于冰川活跃期，而神农架鲜受波及，成了当时动植物的避难所，使众多生物得以生存繁衍至今，故有"中国冰川时期'诺亚方舟'"之称。神农架地理条件得天独厚，地处中国东西、南北植被过渡地带，植物种类非常复杂，加上山地陡峭，植被垂直分布规律十分明显，呈现"山脚盛夏山岭春，山麓艳秋山顶冰；赤橙黄绿四时备，春夏秋冬最难分"的奇妙景象。神农架共有植物 2000 多种，其中药用植物近千种，珍贵树种 30 多种。动物有 500 多种，其中 20 多种为国家保护的珍贵动物。1978 年，在神农架西南部大小神农顶建立了以金丝猴、毛冠鹿、珙桐、双盾木为主要保护对象的国家级自然保护区，现已被联合国教科文组织组织列入"国际人与生物圈保护区网"。

十七、江西省

（一）行政区划

江西位于中国东南部，长江中下游南岸，地处北纬 24°29′～30°05′、东经 113°35′～118°29′。北与安徽、湖北省相邻，南依南岭与广东省交界，东与浙江、福建省接壤，西以罗霄山脉同湖南省为邻。面积 16.69 万多平方千米。辖 11 个地级市、27 个市辖区、12 个县级市、61 个县，合计 100 个县级区划。简称赣，别称豫章、江右，因唐代其境属江南西道，故得名江西。

[省会——南昌]　南昌市位于省境中部偏北，赣江鄱阳湖滨，面积 7402 平方千米。西汉高祖六年（前 201）立豫章郡置南昌县，古为"南方昌盛之地"而得名，别称洪都。南昌市境内地势东南平坦，西北丘陵起伏。属中亚热带湿润气候。市内工业主要有冶金、电力、航空、电子、化工、纺织等行业。农作物有水稻、棉花、油菜等。南昌水陆空交通便利，是江西的主要枢纽。1927 年 8 月 1 日，中国共产党在南昌领导武装起义，打响了武装反抗国民党反动派的第一枪。市内名胜有江南三大名楼之一的滕王阁和许多革命遗址，中国第一架飞机制造厂洪都机械厂即坐落于南昌。

[九江]　九江市位于江西省北部，处于湘、皖、赣交界。面积 18887 平方千米。九江市秦属九江郡（郡治安徽寿县），汉代灌婴筑城为建城之始，清代末期成为重要的开放港口。历史上曾与无锡、芜湖、沙市共称中国四大米市；与福州、武汉同称三大茶市。地势西高东低，属中亚热带湿润气候，市内水网交错，为农业发展创造了良好条件。农业主产稻谷。有铜、钨等 40 余种矿产，工业十分发达，工业是当地重要经济来源。九江的庐山是全国重点风景名胜区和著名避暑胜地。

[赣州]　赣州市位于省境南部，是江西省的南大门。面积 39380 平方千米。地势四周高、中间低，中部丘陵绵延，而且河流众多。属中亚热带湿润气候，矿产资源丰富，有钨、稀土等 80 余矿种，钨储量、产量占世界第一，素有"钨都"之誉。信丰脐橙驰名中外。赣州森林覆盖率达 65.5%，为全国重点林区之一。名胜古迹有通天岩、翠微峰、赣州古窑遗址、大宝光塔、大圣寺塔和西摩崖石刻等，手工业产品以竹器、皮枕、皮箱最为著名。

[萍乡]　萍乡市位于省境西部，湘江支流萍水上游。面积 3808 平方千米。三国吴时地置萍乡市。萍乡市属亚热带湿润气候。有煤、铁、锑、大理石等矿藏，其中煤储量丰富，有"江南煤都"之称。浙赣铁路穿境而过，境内的名胜古迹有杨歧禅宗发

祥地杨歧山普明禅寺，还有"地下艺术长廊"孽龙湖，险峻观奇，别有情趣。

[景德镇] 位于江西省东北部，素称瓷都。景德镇制瓷历史悠久，唐代制瓷业已比较成熟，宋代即已成为全国重要的产瓷区。元代，这里发展成为制瓷技艺最先进的窑场，元王朝在此设立了"浮梁瓷局"。明朝以来，一直是全国的瓷业中心，景德镇的历史可以追溯到东晋，古有新平、浮梁等名称。北宋景德年间，这里受命烧制御用器物，器质精良，为世人赞誉。因器物上书有"建年景德"字样，故得名"景德镇"。今天的景德镇以生产瓷器为主，同时汽车、制冷、食品等门类也迅速崛起，以昌河汽车、华意无氟制冷压缩机和景德板鸡等最为著名。景德镇还保存有很多古代窑址、明代民居以及宋塔等古建筑。

（二）人口、民族

2022 年末，江西省常住人口 4527.98 万人，比上年末增加 10.58 万人。江西民族构成较为单一，汉族占全省总人口 99% 以上，有畲、满、壮、苗、瑶、蒙古、侗等 51 个少数民族，少数民族总人口 10 多万人。少数民族多以务农为主，他们长期与汉族杂居，交往十分密切。

（三）历史文化

江西省由于地理环境因素，有史可记的文明史不过万余载。春秋战国时属越，后归楚。秦统一天下于此设九江郡。至元代，始立江西行省。江西文化与中华民族文化一脉相承，有"江南昌盛之地，文章节义之邦"之誉。省内龙虎山、庐山分别为道教和佛教净土宗的发源地。庐山五老峰下的白鹿洞书院是南宋理学泰斗朱熹的讲学书院。南昌市的滕王阁号称江南第一名楼。"瓷都"景德镇瓷器更是名垂天下，为中华一绝。江西还是革命摇篮，八一南昌起义旧址、井冈山革命根据地奠定了江西在中国近现代史上的不平凡地位。

[白鹿洞书院] 白鹿洞书院位于庐山五老峰下，是中国古代第一座完备的书院，建于宋代。唐贞元元年（785），洛阳人李渤、李涉兄弟隐居此地，因李渤喜养白鹿而得名。唐末兵乱，颜真卿之孙颜翠曾率弟子 30 余人授经洞中。与应天、石鼓、岳麓被称为中国四大书院。南宋淳熙六年（1179），理学家朱熹为南康军守，在此讲学，并奏请煦宗赐额及御书。书院现存石刻 100 余处，刻有朱熹手制书院学规、历次修建文记及名人书法等，这里环境清幽，是做学问的好地方。

[客家方形围屋] 客家人聚族而居，其赣南的客家方形围屋位于赣南九连山北麓，被人称为汉代"坞堡"活化石。现在赣南的围屋约有 450 多座，依山而建，面临小河。为便于观摩外部情况，四角都构筑有碉堡楼和监视孔，外墙坚实全封闭。建有

中国行政区划

围屋，两三层，最多不过四层，为悬挑外廊结构。围屋外墙多是由麻石、鹅卵石、青砖用糯米灌浆构筑，厚约 2 米。现已开辟为旅游景点，供中外游人观光。

[南昌采茶戏]　南昌采茶戏反映当地茶民生活，是农闲娱乐的主要剧种之一。起源于清代道光年间，由"茶灯"和"十二月采茶调"等融合而成。20 世纪 50 年代正式定名为"南昌采茶戏"。南昌采茶戏以喜剧和歌舞为主要形式。活泼生动的小丑和小旦，一般必不可少，是剧中渲染气氛的重要角色。其传统唱法讲究朴实、大方，感染力强，当地流传广泛的剧目有《鸣冤记》《辜记》《花轿记》《南瓜记》，合称"南昌四大记"。多取材于南昌民间故事，从不同层面反映了茶民的喜怒哀乐。

[陶渊明]　陶渊明（365~427）是中国田园诗人创始人，浔阳柴桑（今江西九江西南）人。他崇尚自然，"不为五斗米折腰"，甘愿躬耕于南山，老死于田间，以农耕生活为题材，留下许多名篇，为生活在东晋时期的伟大诗人、辞赋家、散文家。陶渊明少即聪颖，遍读《老子》《庄子》等书，颇具才名。先后任江州祭酒、镇州参军、彭泽令等官职，因不满官场黑暗，于 41 岁归隐田园。他的作品以五言诗为主，诗风朴实自然，代表作有《归去来辞》《桃花源记》等，终生寄情于诗酒之间。因门前植有 5 颗柳树，后人尊称为"五柳先生"。

[王安石]　字介甫，号半山，江西临川（今江西抚州）人，宋代著名的改革家、思想家和文学家。庆历二年（1042）进士及第，曾任地方官多年。为改变宋代长久以来积弱积贫的局面，王安石力主变法改革，获得了宋神宗的赏识，于 1069 年出任参知政事，次年拜相，在神宗的支持下开始大力推行包括青苗法、保甲法、免役法、农田水利法、均输法等在内的"熙宁新政"，从农业到手工业、商业，从军事到科举、教育，从乡村到城市，展开了广泛的社会改革。这是北宋历史上最为重要的一次政治改革实践。由于变法触犯了大地主、大官僚的利益，王安石两次被免职，晚年闲居江宁府。宋神宗去世后，新法被旧党全部废除，王安石不久便抱憾病逝。王安石也是北宋著名的文学家，他的诗歌、散文都卓有成就，是"唐宋八大家"之一。有《临川先生文集》传世。

[宋应星]　字长庚，江西奉新人，明代著名的科学家。万历四十三年（1615），他同哥哥宋应升同中举人。崇祯七年（1634），出任江西分宜县教谕，在此期间，他总结了长期积累的生产技术方面的经验，写成了《天工开物》。这本书分 3 卷，从豆麻的栽培和加工、蚕丝的纺织与染色技术，到陶瓷的制作，煤炭、石灰的开采冶炼，再到兵器的制造和颜料的生产，广泛而详细地记载了当时农业生产和手工业生产的具体操作方法。《天工开物》中的化学知识也是相当丰富的。书中叙述的连续鼓风的活塞木风箱比欧洲早 100 多年，锌的冶炼和铜锌技术是世界上的首次文献记载，发现磷的自燃现象也比德国的布朗特早。这部著作轰动了全欧洲，在日本甚至兴起了"开物之学"。即使是在科学技术突飞猛进的今天，仍有许多学者关注《天工开物》。

[欧阳修]　字永叔，号醉翁，晚号六一居士，吉州永丰（今属江西）人，宋代

著名的学者、文学家。他幼年丧父，由母亲教导成才，1030 年考中进士，次年为西京留守推官。庆历新政失败后贬知滁州、扬州等地，晚年官至参知政事，以太子少师致仕，谥号文忠。欧阳修是北宋初年文坛公认的领袖，"唐宋八大家"之一。他的文章各体兼备，风格平易近人，迂曲蕴藉，是宋文的代表文风。他致力于诗风革新，为矫正宋初西昆体诗风的华靡和晚唐诗风的卑弱做出了贡献。他主持撰写的《新五代史》，是我国古代史学中的优秀著作。他还利用主持贡举等有利条件改革文风、奖掖后进。有《欧阳文忠公集》传世。

［文天祥］　文天祥（1236～1283）南宋时抗元民族英雄，字天祥，号文山，今江西吉安人。20 岁时，文天祥进士及第，为宁海节度使判官。历任刑部郎官知瑞、赣等州，曾为右丞相兼枢密使。他受宦官排挤，崛起于危难之际，写下了"人生自古谁无死，留取丹心照汗青"的千古绝唱。1275 年，文天祥在赣州组织义军开赴临安，抗击元兵。次年，出任右丞相兼枢密使，至元营议和，他痛斥元朝统帅伯颜和南京降将。被扣压后逃脱，与陆秀夫等拥立益王赵昰于福州。1278 年 12 月，在五坡岭（今广东海丰北）被俘。后被押到元大都，关押 3 年。元世祖忽必烈劝降不成，遂于 1283 年 1 月杀害文天祥于大都。他在大都狱中所做的《正气歌》为世人传诵。文天祥的作品早期多应酬之作，在起兵抗元后，他把国家、个人的遭遇融入诗篇，悲壮刚劲，感人至深。

［朱熹］　字元晦，又字仲晦，号晦庵，别称紫阳，徽州婺源（今属江西）人，南宋诗人、哲学家。宋代理学的集大成者，继承了北宋程颢、程颐的理学，完善了客观唯心主义体系，认为理是世界的本质，"理在先，气在后"，提出"存天理，灭人欲"。注释《大学》《中庸》《论语》《孟子》，被后世奉为继孔孟之后的儒学正统，"四书"也成为明清学子的必读经典。他学识渊博，对经学、史学、文学、乐律乃至自然科学都有研究。其词作语言秀正，风格俊朗，无浓艳或典故堆砌之病。除词外，还善作诗，《春日》和《观书有感》是他最脍炙人口的诗作。其词集有《晦庵词》。

（四）气候

江西省气候温暖湿润，春秋短、夏冬长，年均温 16.3～19.5℃，气温自北向南递增。极端最高气温在 40℃以上，是长江中游炎热的地区之一。江西冬季较短，无霜期长达 300 多天。有利于双季稻和喜温的亚热带经济林木生长。年降雨量达 1341～1943毫米，一般是南多北少，东多西少，山区多，平地少，是我国雨量较丰富的省区。

（五）自然资源

江西省矿产资源十分丰富，全省已发现 135 种矿产资源，有 28 种矿产储量居全国前五位。其中铜、钨、钽、铀为全国之最。钨的开采量大，江西省有"钨都"之称。

江西是中亚热带植物王国，有珍稀树种150多种，其中有110多种是中国的特有种，有许多种类已濒临灭绝。如冷杉、连香树、白豆杉、野生杜仲、乐东拟单性木莲等，森林覆盖率达60.5%。金丝猴、梅花鹿、丹顶鹤、白鳍豚等20余种珍稀动物在江西广为分布。

[钨矿]　世界钨储量以中国为最，江西钨储量居全国第一，分布遍及全省。江西省钨矿床类型众多，主要有岩浆作用、沉积改造或叠加作用、风化作用三类钨矿床。主要分布在赣南大余、崇义、于都等地区。修水县香炉山钨矿床是江西省最大的钨矿床。

[穗花杉]　穗花杉属红豆杉科，为常绿小乔木或灌木，高7~10米。叶线状披针形，绿色边带，近等宽的粉白色气孔带。雌雄异株。雄球花交互对生，呈穗状。假种皮鲜红色。穗花杉分布于江西、湖北等8省，生于海拔500~1400米处的阴湿溪谷旁或林内，属国家三级保护濒危种，近几年人工种植，数量和种群明显扩大。

[鹅掌楸]　鹅掌楸属木兰科鹅掌楸科，为落叶大乔木，高可达40米，胸径1米以上。叶片古色典雅，马褂形，也叫马褂木。花被黄绿色，杯状，近基部处有6~8条黄色条纹。第四纪冰川期以后鹅掌楸属仅在中国和北美各存1种。分布在江西、湖北、湖南、安徽等地，喜于海拔900~1800米温凉湿润的山地阔叶林中生长，保存了木兰科的原始共同特征，在白垩纪的化石中多有发现。其花叶可入药。

[婺绿]　江西属江南茶区，茶园以上饶地区、景德镇市的修水流域最为驰名。婺源所产"婺绿"以"色碧天然，香味浓郁，叶清厚润"的特色而广为流传，在明清两朝被列为贡品。婺绿种类繁多，著名的有茗眉、奇峰、天香云翠等，有生津去火等特殊功效。

[白鹤]　白鹤属鹤科，又叫黑袖鹤、亚洲白鹤。白鹤全身羽色洁白，初级飞羽是黑色外，自嘴基、额至头顶及两颊皮肤裸露，呈砖红色。白鹤栖息于开阔浅水的泥沼、沙滩地带，中国白鹤是濒危种，仅在鄱阳湖越冬时可见，多集群活动。白鹤的寿命较长，一次产卵2枚，孵卵期为33天左右，雌雄轮流孵化，90天成长为成鸟。

（六）经济

江西省境内瓷器业很早就是当地重要的经济产业。从20世纪50年代开始，冶金、电力、煤炭、有色冶金工业发展很快，门类齐全。省内农、林、牧、副、渔立体式发展。

[农业]　江西省农业自然条件好，历史悠久，是全国的商品粮基地。以吉安盆地和鄱阳湖平原为主，是中国重要的农业生产基地之一。农业用地约占全省土地总面积的81.3%，其中耕地309.15万公顷，林地1032.77万公顷。江西还是华东地区木材和毛竹生产基地，林业生产是当地国民经济重要组成部分。中国淡水渔业重点省份之一。

经济作物种类多，有油菜籽、花生、芝麻、茶叶、油茶、甘蔗、棉花等。江西是中国著名的"鱼米之乡"，水产品产量 2008 年达到 209.5 万吨。畜牧业由于山地广阔，畜牧业发展很快，畜牧业产值逐年提高。

［工业］　江西省内矿产资源丰富，但江西最主要的工业是景德镇瓷器业。制瓷工业历史悠久，现已实现机械化，所出产的瓷器世界闻名。但随着矿产资源的不断开发，冶金、电力、煤炭、化工、皮革、造纸、有色冶金工业后来居上，生产规模逐渐扩大。这几年电子产品、机械产品发展很快，使工业结构偏重的情况得到根本改善。

［交通］　江西省的交通运输以铁路和内河航运为主，公路运输重次之，航空也得到较大发展。目前铁路线主要有浙赣线、鹰厦线、向九（南浔）线、皖赣线和京九线。公路主要有纵贯全省的 206 国道、105 国道等 6 条干线。南昌、鹰潭、萍乡、赣州、瑞金为公路交通枢纽，公路通车里程超过 13 万千米，90%，以上的乡村都已通车。内河航道有长江、赣江、鄱阳湖区等，航线长 5638 千米，主要港口为南昌、樟树、吉安、赣州、鄱阳、九江等。民用航空在南昌、景德镇、九江、赣州建有飞机场，从庐山可直达广州和北京等地。

（七）旅游

江西自然旅游资源和人文旅游资源遍布全省，以名山、名城、名楼、名台而驰名，庐山甲天下之秀，有龙虎山、三清山、井冈山等道教圣地和革命圣地。南昌的滕王阁集自然景观与人文名胜为一体，丹霞地貌、古溶岩洞各具特色，景德镇瓷都古窑等上古遗风犹在。中国五大淡水湖之首的鄱阳湖是中国著名的珍禽王国，湖畔还有含鄱口、石钟山等名胜。赣江纵贯南北，沿江有吉安青原山等胜地。赣粤交界处的大庾岭梅花遍山，龙虎山、圭峰则以丹霞地貌奇观而闻名。江西自古即有"文献之邦"的美誉。庐山白鹿洞书院是"海内第一书院"，儒、道、佛融为一体，孕育出无数的文人志士。

［庐山］　庐山位于江西省九江市南，南临长江，东傍鄱阳湖畔，交通遍利，古迹遍布，天下驰名。又称匡庐、匡山。面积为 250 平方千米，99 峰拔地而起，主峰大汉阳峰海拔 1473.4 米。山势雄奇，清泉飞瀑，云雾弥漫，自古就有"匡庐奇秀甲天下"之称，庐山是中国著名的避暑胜地。庐山名胜古迹有 200 多处，如龙首崖、含鄱口、五老峰、陶渊明故居、温泉楼等。庐山还是一座佛教名山，是中国佛教净土宗的发源地。早在东晋、南朝时期，庐山的佛教就有了很大的发展。寺院林立，最多时达百余座。庐山景区内森林荫郁，已建有庐山植物园和九江珍稀濒危植物种子资源库，庐山中心牯岭镇为"云中花园"。山上景点三叠泉与雁荡龙湫、黄山石并称为"天下三奇"。在庐山观云亭上，可欣赏到庐山云雾飘渺、云峰相衬的美景。庐山特产云雾茶为天下十大名茶之一。石鸡、石耳、石鱼、石砚并称"四石奇产"。

庐山名称的传说

　　庐山名称是由于殷末周初时，匡氏兄弟结庐而居于此而得名。当地民间传说对此却说法不一，流传较为广泛的是在周初有一位匡俗先生，在庐山学道求仙。后来匡俗在庐山寻道求仙的事迹为朝廷所获悉，周天子屡次请他出山相助，匡俗先生却回避潜入深山，后人把其隐居之地称为"神仙之庐"。还有的说法是周武王时期，有一位名叫方辅先生的人同道教的创始人老子李耳一道入山炼丹，二人"得道成仙"后，只留下一座空庐，"人去庐存"，称为庐山。也有一说，西汉的越庐君曾在此求仙学道，普度众生，做了不少好事，后人为纪念他而称此为庐山。

　　[鄱阳湖]　　鄱阳湖位于江西省北部，长江以南，面积3583平方千米，是中国最大的淡水湖，长江下游大型吞吐湖，水系完整，是中国第一大吞吐型季节性湖泊。主要支流以江西境内的赣江、抚河、信江、饶水和修水五条大河。鄱阳湖的水文年变化较大，4~9月为汛期，10月至次年3月为枯水期，故有"洪山一片，枯水一线"之说。由于喜马拉雅造山运动时，西侧断裂上升为庐山，东侧陷落为湖，形成鄱阳湖区。鄱阳湖及周围自然环境良好，捕鱼是周围居民收入来源之一。

　　[瓷都景德镇]　　景德镇位于赣东北昌江上游，皖赣铁路线上，在江西、安徽和浙江三省交界处，古有"昌江通衢广"之称。烧瓷已有2000多年历史，故称"瓷都"。东晋始设东平镇。制陶起于汉时，唐武德年间改为新平，别称陶旧镇。宋景德元年（1004）改称景德镇。景德镇有地域之便，适于制陶。拥有丰富瓷土，尤以质地优良的东港高岭瓷土负盛名。并产釉果、煤、钛、金、石灰石和耐火材料。唐、宋时景德镇陶瓷进入蓬勃发展时期。明、清时景德镇制瓷业进入鼎盛时期。与广东佛山镇、湖北汉口镇、河南朱仙镇齐名，合称中国四大名镇。年生产瓷器约占全国的20%，达千余种，产品远销世界百余个国家和地区。境内有陶瓷研究所、陶瓷学院和陶瓷历史博物馆，保存有中国历代陶瓷珍品。清代遗存的窑具、瓷片历千百年至今人物、花草仍清晰可见。景德镇的特产有"一瓷二茶"，瓷器中有青花、玲珑、粉彩和高温颜色釉四大传统名瓷，为此，景德镇世称"千年瓷都"。

　　瓷国明珠——青花瓷　景德镇四大名瓷以青花瓷为最。青花瓷工艺最早始于元代，根据记载可能到明代逐步成熟。有史载："宣德青'凝重'，成化青'雅致'，嘉靖青'幽青'。"青花瓷晶莹柔润，白中泛青，属釉下装饰品种。它无铅毒危害，不受酸碱腐蚀，具有永久不褪色的显著特点，因此被人们称为"瓷国明珠"。青花瓷大致可分为手绘、贴花、印花三大类，其中又以手绘青花梧桐画面的中西餐具为最佳。20世纪50年代以来，由于制瓷业现代化代替了手工业，青花瓷的瓷质更具稳定性。它在莱比锡国际博览会、布尔诺国际博览会、波茨坦国际博览会上连获三枚国际金质奖，是国内外收藏家收藏的珍品之一。

　　粉彩瓷　粉彩瓷工艺自清康熙晚期形成并得以稳定，有300多年的发展历史。粉彩瓷粉润柔和、色彩丰富、画工细腻，是景德镇四大传统名瓷之一，被称誉为"画比荆关字比苏"。粉彩瓷是中国瓷艺与中国传统文化的结合精品，许多彩瓷将优美的民间传说和名山秀水作画于其上。传统的画面如八仙过海、群仙会、红楼梦、桂林山水、西湖佳景等广为流传。大的粉彩瓷有花瓶、屏风、文具、餐具、酒具、咖啡具，高达数米。小至毫件的瓷瓶、鼻烟壶等。

颜色釉瓷　　颜色釉瓷工艺始创于宋代，到清代进入鼎盛时期。颜色釉瓷是以多种金属氧化物和天然矿石为着色剂，涂抹在胚胎上，经过高温或低温焙烧而成。明清时期，景德镇颜色釉风行海内外，烧造的颜色釉瓷五彩缤纷，晶莹夺目，有祭红、郎窑红、窑变花釉、乌金釉等名贵色釉。其中结晶釉最为珍贵，晶花爆发的花案，光芒四射，被誉为"人造宝石"。

[井冈山]　　井冈山位于江西、湖南两省边境的罗霄山脉中段，方圆 500 里，海拔 1000 米以上。以中国革命的摇篮而驰名中外。井冈山的风光以奇险著称，地势上易守难攻。现开辟的风景名胜区有茨坪、龙潭、黄洋界、主峰、笔架山、桐山岭、汀州、仙口八个景区，以中国共产党的革命遗址和革命纪念建筑物为主。当年中国共产党创始人之一的毛泽东曾率领秋收起义队伍挺进井冈山，创立中国第一个农村革命根据地。自然景观有峰峦、奇石、瀑布、溶洞、温泉和珍稀动植物。现有各类植物 3800 余种，为同纬度保存较为完好的植物区之一。1982 年开辟为国家自然保护区。

[茨坪]　　茨坪位于井冈山的中心，处于群山环抱之中，是一座以革命胜迹为主的美丽山城。曾为井冈山市政府的驻地。土地革命时期是井冈山革命根据地党政军最高领导机关所在地，党的湘赣边界特委、湘赣边界工农兵政府、红四军军部等机关都设在这里。中国共产党主要创始人毛泽东、朱德、彭德怀、陈毅等曾于此长期居住。1953 年在山北面建井冈山革命烈士纪念塔，塔前建有纪念亭，亭前是革命烈士纪念塔。1959 年又建井冈山革命博物馆，面积 3000 平方米，馆名为朱德所题，用大量珍贵的革命文物实例，生动、系统地介绍了井冈山的革命历史。毛泽东旧居现已对外开放，其《井冈山的斗争》一文即在这里写成。是井冈山地区革命遗迹最为集中之处。

[九江烟水亭]　　位于九江市南的甘棠湖内，建于湖心，三面临水，缥缈于碧波之间，远离世俗喧嚣。相传为三国时名将周瑜的点将台故址，吴主孙权的行宫就设在这里。唐代诗人白居易始建亭于湖中，取"别时茫茫江浸月"诗意，称"浸月亭"。直至北宋时，理学家周敦颐之子周寿，在甘棠湖中新建一亭，取"山头水色薄笼烟"诗句，称之为烟水亭。烟水亭地形平面呈圆角长方形，系砖木结构。亭内，纯阳殿供奉着曾任浔阳县令的吕洞宾；五贤阁供奉着晋代彭泽县令陶渊明、唐代江州司马白居易和江州刺史李渤、宋代理学家周敦颐及明代哲学家王阳明等。"四面湖山亭在水，半堤杨柳寺藏烟。"可谓烟水亭胜景的绝佳写照。

[浔阳楼]　　位于江西省九江市东北。据资料考证，浔阳楼始建于唐代，后遭毁，现存浔阳楼为 1987 年重建。唐代诗人白居易曾写下《题浔阳楼》诗。在古典小说《水

浒传》中，曾描写宋江被发配江州（今九江市）到浔阳楼饮酒醉后题反诗之事，浔阳楼因而闻名。浔阳楼占地总面积2000平方米，主楼占地300平方米，高21米，外三层内四层，四面回廊，古朴凝重。浔阳楼的设计充分利用了江畔、江面等自然条件，呈现出雄伟而又秀拔的风格，在庐山和长江的衬托之下，整座楼宇更显完美。

一楼正中悬挂着"逝者如斯"横匾。匾两侧的大红柱上，有著名作家杜宣撰写的长联，东西两面墙上分别镶嵌着一幅彩绘瓷拼成的大型瓷板壁画。二楼展厅内陈列着《水浒传》梁山108好汉的瓷癀像。厅中柱上挂抱式楹联，书有古今名人有关浔阳楼的诗词。三楼是仿古酒楼茶座，更显古典之美。

浔阳楼

［能仁寺］　位于九江市东郊。该寺于南朝梁武帝年间（502~549年）创建，后废。于清同治九年（1870年）复建。是九江市现有最大的古建筑群，也是全国一个最为有名的重点寺庙。能仁寺建筑面积约3000平方米。寺内现存除大雄宝殿外，还有金刚殿、铁佛殿、藏经楼、左右禅房等古建筑，双阳桥、大胜塔、雨穿石、雪洞、飞来石船、冰山、海尔泉等是寺内著名的七景。

大胜塔为砖石结构，七级六面楼阁式。塔门朝西，从第二层起，每层六面均有门，三实三虚。塔内有砖砌梯。此种塔梯结构在我国众多的古塔中，仅为一例。飞来石船呈槽状，侧面有铭记，飞来石船放在天王殿东侧的水池中，船上坐有一铁佛（原为铁佛，现为石佛）。能仁寺内的雨穿石长、宽二尺有余，高约三尺，正面雕有云头花饰，底部有铭文，这种雨滴石穿的奇物，是鼓励人们锲而不舍的一面镜子。

［文天祥墓］　文天祥墓位于吉安县文家村鹜湖大坑，文天祥纪念馆位于吉安文山公园内。墓地面积为100多平方米，墓前有石翁仲、石羊、石马等。墓门碑额刻"为国捐躯"四个字，墓联为"忠烈千秋志，芳名万古存"。墓前有新立石碑，上刻"宋丞相文信国公文天祥之墓"几个大字。文天祥纪念馆为一组仿宋建筑，雄跨松竹山岗之上，内有文信国公殿，殿为二层阁楼，底层中央为文天祥塑像。纪念馆为四合院结构，中间为天井，四周长廊联结四贤祠、文山阁、竹居、诗碑楼、状元楼等。馆内陈列物包括文天祥生平及其遗物、著作、手迹等，还有当今名人赞誉文天祥的书画作品。

［流坑古村］　位于江西省乐安县的西南，距县城38千米。五代开平初年兴建。

是中国古民居和古文化的缩影，被誉为"千古第一村"。流坑古村全村皆姓董，现有800 余户、4000 多人，历史上有 40 多名进士、200 多名举人出自这里。村里现存 500 余栋古建筑，其中 300 多栋为明清建筑，主要建筑有各种民居、住宅、民国厅堂、文馆、公祠等。此外，匾额楹联、木雕、石雕、砖雕等一应俱全，为全国罕见。许多历史名人如王安石、曾巩、梅圣俞、朱熹、曾国藩、左宗棠等都曾在流坑古村留有墨宝。

流坑古村是国家重点文物保护单位和国家首批历史文化名村之一。

[婺源县明清建筑]　　婺源县在江西省东北角，西距景德镇 80 千米。官宅、府第、祠堂、民居等明清建筑。为研究我国明清时代的建筑风格提供了宝贵的资料。在婺源，明清建筑主要集中在沱川、江湾、流头、浙源、思口、龙山、许村等乡镇所辖的某些村庄。有的村还遗有廊桥、路亭、门楼、店面、戏台等。这些村镇已发展为江西旅游的新景点。

沱川乡里坑村的官邸建筑群保存的比较完整，整体气势雄伟，金碧辉煌。官邸大门多为石库门，地面用水磨青砖铺成，梁上雕刻着花卉和戏剧人物。思口乡延村的清代民居古建筑群也很有特点，多为富商住宅，雕工精细。松柏花草、戏曲人物被雕刻在梁枋、斗拱、门楣、窗棂上，而且全村宅邸用游廊连通。古坦乡的黄村黄氏宗祠又名"百柱宗祠"，清康熙年间修建，全是砖木结构。大梁上雕刻精细，全装饰着中国传统吉祥图画，1982 年其照片曾在法国巴黎展出。

[三清山]　三清山位于江西省东北部上饶地区玉山县、德兴市交界处。景区面积220 多平方千米，主峰玉京峰海拔 1817 米。因玉京、玉华、玉虚三峰峻拔，犹如道教三位最高尊神玉清、上清、太清列坐其巅，故又称三清山，为"江西第一仙峰"。相传晋朝方士葛洪曾在此山修道炼丹，至今仍存有遗址。由三清宫和梯云岭两部分组成，奇峰、奇松、云温、幽潭、清泉，有"小黄山"之称。

[五龙潭]　　五龙潭位于茨坪北 8 千米，茨萍盆地的福河水在不到 2 千米的流程中，五次飞越悬崖而成。一级瀑布是青龙瀑，瀑布泻入深潭，潭水晶莹清澈，碧蓝如玉，又称碧玉潭。顺山谷而下，依次有黄龙瀑—锁龙潭、赤龙瀑—珍珠潭、黑龙瀑—击鼓潭、白龙瀑—珍珠潭、黑龙瀑—击鼓潭、白龙瀑—仙女潭。瀑布落差近 70 米，宽6 米，最为壮观。酷暑时来此最佳，清凉如世外桃源。

[滕王阁]　　滕王阁位于江西南昌市城西，西依梅岭，面对赣江，占地 3.3 公顷。始建于初唐永徽四年（653），系唐太祖李渊次子李世民之弟滕王李元婴所建，故名。唐代诗人王勃一篇《滕王阁序》使文章与阁楼名扬天下。滕王阁与黄鹤楼、岳阳楼合称为"江南三大名楼"。后楼有小篆韩愈记："愈少时，则闻江南多临观之美，而滕王阁独为第一，有瑰玮绝特之称。"历史上滕王阁曾多次毁于兵火，重修达28 次。现今的滕王阁是 1985 年重建。为仿宋建筑，共 9 层，高 57.5 米。台基 12 米以上取"明三暗七"格式。面积 1.3 万平方米。可观"落霞与孤鹜齐飞，秋水共长天一色"的奇景。

[石钟山]　　石钟山位于九江市东北 30 千米处，在湖口县城双钟镇，分为上石钟山、下石钟山。风浪击石有如钟声，故名。宋代大文豪苏轼曾于月夜泛舟，写下《古钟山记》。石钟山因扼江带湖，居高临下，号称"江湖锁阴"，为兵家必争之地。下石钟山屹立在鄱阳湖与长江汇合处，山势峻拔，为主要景观。主要景点有江天一览楼、大雄宝殿、锁江亭、听涛眺雨轩等 40 多个景点，唐代以来的亭阁建筑和名人题咏为最多。

十八、安徽省

（一）行政区划

安徽省位于中国东南部，地跨长江、淮河流域。位于东经 114°54′~119°37′、北纬 29°41′~34°38′。安徽虽然是一个内陆省份，但距海很近，四周同江苏、浙江、江西、湖北、河南、山东 6 省毗邻。面积 14.01 万平方千米。在 4000 年前安徽省就有人类居住，据《左传》记载，"禹会诸侯于涂山，在西周是曾建立封地皖国"。于清康熙六年（1667）正式建省。安徽省辖 16 个地级市，45 个市辖区、9 个县级市、50 个县，287 个街道、1011 个镇、224 个乡（含 7 个回族乡，1 个回族满族乡，1 个畲族乡）。简称皖。

[省会——合肥]　　合肥市位于省境中部，合肥盆地中部。面积 7029 平方千米，因东西淝河与此合流而得名。合肥为历史悠久的名城，古为淮夷地，商称虎方，秦统一中国后置合肥县，别称庐州。1952 年为安徽省省辖市。合肥属亚热带季风气候，兼有南北过渡特点。在交通方面，淮南、合（肥）九（江）两条铁路贯通市区，公路可达全省各地。水运经巢湖可达长江。合肥为全国重要的科教基地之一。工业以机械、电子、冶金、化工为主。农作物有水稻、小麦、油菜、大豆等。合肥市内比较著名的古迹有 14 处，还以茶酒、小吃驰名中外。

[安庆]　　安庆市位于省境西南部，长江北岸，与江西省相望，是长江流域至要河港。全市面积 15398 平方千米。历史上，三国时曾于此建山口城、吕蒙城，北宋时在此设德庆军，南宋改安庆军，后升安庆府，元改为安庆路。1949 年设安庆市，1979 由省直辖，1988 年安庆地区并入安庆市，别称"宜城"。长江自西南向东北流经市南界，纳华阳河、皖河等支流，区内湖泊众多，水运发达。安庆属于亚热带湿润性季风气候。农作物以水稻、棉花、油料为主。盛产茶叶、鱼虾。工业有石化、制造、有色、轻工四大种类。

［巢湖］　巢湖市位于省境中部，巢湖东岸，南倚长江。全市面积9433平方千米。巢湖市古称巢伯国，秦时为九江郡地，元属庐州路，明、清置庐州府。巢湖市地处江淮丘陵和沿江平原结合地带。巢湖市属亚热带湿润性季风气候，夏初梅雨显著。农业以生产稻米、油料、瓜菜和畜禽、水产品为主。绒蟹、银鱼、白米虾为巢湖"三珍"。巢湖市素称"鱼米之乡"。

［芜湖］　芜湖市位于省境东南部，长江与青弋江汇合处，面积3325平方千米。汉朝设县。1973年正式设为省辖市。芜湖市地处长江下游平原，长江流经市境，流程70余千米。芜湖市属于亚热带湿润性季风气候。地势低平，河湖密布，素有"鱼米之乡"之称。元明时期为全国四大米市之一，著名的港口商品集散地之一。境内矿藏有铁、铜、石灰岩等。工业以轻纺为主，还有机械、造船等门类。农业以种植水稻、油菜、棉花为主。城市名称素以"三画"（铁画、堆漆画、通草画）、"三刀"（剪刀、菜刀、剃刀）、"三鲜"（鲥鱼、刀鱼、金盾大毛蟹）而知名。

［亳州］　位于安徽省西北部，苏、鲁、豫、皖四省结合部，因地处商成汤国都之南亳而得名。亳州是中华民族较早的发祥地之一。自商成汤建都到今天，亳州已有3000多年历史。这里人文荟萃，是老子、曹操、华佗的故里。唐代著名诗人李绅、大画家曹霸也出生在这里。悠久的历史，灿烂的文化，为亳州留下了众多珍贵的文物古迹。花戏楼巧夺天工、遍施彩绘；尉迟寺遗址震动考古界，誉称"中国原始第一村"；曹操地下运兵道，被专家誉为我国最早最完整的"地下长城"；华祖庵八景乃郭沫若先生亲笔题写馆名。此外还有曹氏宗族墓群、天静宫、商成汤王衣冠冢、明清古街巷等。这里还是原始社会大汶口文化、龙山文化遗址所在地。亳州古井贡酒是全国著名的酒类产品。

（二）人口、民族

截至2022年底，全省常住人口6127万人。全省有少数民族36个，占全省人口的1%。其中以回族最多，占总人口的0.5%左右。此外，还有满、壮、苗、彝、畲、壮等少数民族。

（三）历史文化

安徽省有旧石器时代"和县猿人"遗址，以4000年前"龙山文化"为代表。安徽省南北民俗风情丰富多彩，省境内佛教广为传播，同时其他教也有分布。历史文化源远流长，孕育了徽派建筑、徽墨歙砚、徽戏等众多的文化瑰宝。

［管仲］　名夷吾，字仲，安徽颍上人，春秋初期齐国著名的政治家、哲学家。他早年曾经营商业，后辅佐齐桓公对内政、外交政策进行全面的改革，制定了一系列富

国强兵的方针策略。在政治上，他推行国、野分治的参国伍鄙之制，并在国中设立各级军事组织，规定士、农、工、商各行其业；在经济上，他实行租税改革，合理征收赋税，减轻农民负担，并运用国家力量发展盐铁事业，增加财政收入；在军事上，他发展了民间武装力量，并统一军政的领导；在外交上，他采取"尊王攘夷"的策略，获得了外交的主动权。他秉政的三年，齐国国力空前强盛，成为当之无愧的春秋五霸之首，他也因此而成为中国历史上著名的政治改革家之一。

[华佗]　字元化，沛国谯县（今安徽亳县）人，东汉末年的著名医学家。他精通内科、外科、儿科、妇科、针灸科等，曾游学徐州，行医足迹遍及现在的河南、江苏、安徽、山东等地。

华佗在医学史上首先采用了以麻沸散麻醉全身对患者进行手术治疗的方法，将外科手术的范围空前地扩大，同时也为医学的发展开辟了新的道路。他还是体育疗法的创始者，创造了"五禽戏"，通过模仿虎、熊、鹿、猿、鸟的动作而保证血脉通畅，使消化能力加强，从而达到锻炼身心的目的。华佗对后世的中国医学产生了深远的影响，不但在当时被称为"神医"，而且被历来的医家推崇为"外科鼻祖"。

[醉翁亭]　醉翁亭位于滁州琅琊山半山腰，始建于北宋仁宗庆历年间，为中国古代四大名亭之一。相传是琅琊寺主持智仙为贬谪至滁州的欧阳修所建，欧阳修为其作《醉翁亭记》。始建时仅一小亭，后多次扩建，多次遭毁。光绪七年（1881）重修。亭东有刻"醉翁亭"三字巨石，亭西建有宝宋斋，内藏高约2米、宽近1米的《醉翁亭记》石碑两块，石碑文字为苏东坡手书，号称"欧文苏字"。亭西并有古梅一株，传为欧阳修手植，古称"欧梅"。亭因人成千古传诵之佳地。醉翁亭布局严谨小巧，曲折幽深，富有诗情画意。

[徽商]　徽商起源于晋南北朝时期，兴盛于南宋时期，顶峰时期为明初，没落于民国时期。由于徽州盛产竹木和生漆等，南宋王朝建都临安大兴土木，徽州商人遂因此而富甲天下。

明初之际，徽州商人有皇家的支持开始经营盐业，徽商形成了以家族为单位的地方商业集团，并在全国产生了巨大的影响。清道光年间，徽商开始没落。到民国时期，徽商集团几乎完全退出了中国商业舞台。徽商的形成与其所在地理位置有一定的关系。由于当地山多地少，谷物自给不足，造成徽州人习惯外出经商谋生。徽商的出现有其时代特点。一是由于徽商具有强大的政治背景；二是徽商以儒家思想为正统，并不以从事商业为荣。绝大部分徽商以兴办教育、鼓励科举为己任，以儒家的"忠孝节义"道德理想为行为标准，因此徽商是历史上儒商的杰出代表。其坚持诚信、童叟不欺的经商理念也深深地影响着中国当代的商业文化。

[皖南古村落——宏村]　在黟县有一种别具一格的村舍，那就是牛状村落——宏村。环绕全村的山溪清泉流进各家庭院，被称为这个村落的牛肠；而与此相连的一个半月形池塘，被看作是牛胃；一渠清水由牛胃注入南湖，好像进入宏大的牛肚。村民

沿江河而聚居。这种引山泉之水入村舍、进庭院的精心设计，使湖光山色与人文景观融为一体，体现了古人改造自然、利用自然的博大胸怀。

[斗山古街]　斗山古街位于黄山市歙县，是明清时徽商的聚居区。徽商的住宅建筑极富特色，古楼高峻，马头墙高耸，天井庭院承接雨水，当地称之为"四水归堂"，象征财源广进的含义。斗山古街徽商的住宅成群连片，屋宇高大，层层递进，特别是门窗石壁屋檐下，遍饰木、砖、石三雕，显示了徽派建筑的灵巧精致。这样完整的明清民居保存得如此完好在全国极为少见。

[屯溪老街]　宋代商业长街屯溪老街位于黄山市西南隅，距今已有近千年历史，保存完整，规模宏大，为全国所罕见。沿街一般是前店后库，前通街，后通江。多为两层，间有三层，楼下开店，楼上为居室。街两侧有茶楼、酒店、书场、墨庄、商场等260多室，各类摊点200多个。门面多为单开门，宽3~5米不等。入内则深邃，连续多进，以华丽的天井相联结。整个建筑风格基本保持了宋代的特色。

[潜口古民宅]　潜口古民宅位于徽州区紫霞峰下，有民宅、祠堂七幢，山门一套，石桥路亭各一座。山庄依山而建，在住宅之间砌筑了坪、巷街、石阶、石板路。民宅大多是三间两进结构，以砖木为基础建筑材料，其中司谏第是江南现存明代建筑中历史最久的一座。在曹门厅、方文泰宅、苏雪痕宅等宅院中，进入天井，就是四面两层的砖墙木梁楼宇，还有方观田宅三间楼房，小青瓦，马头墙，引拱挑檐，体现了徽派建筑浓厚的古文化沉淀。徽州旧时的深宅大院，至今仍然颇具威严。

[包拯]　字希仁，庐州合肥人（今安徽合肥），宋代著名政治家。他于北宋天圣五年（1027）中进士，担任监察御史之职，向朝廷提出了练兵选将、充实边备的建议。曾经奉命出使契丹，后授龙图阁直学士、河北都转运使，开封府尹等职。包拯是我国历史上著名的"清官"之一，他每到一个地方，都以减轻民间负担、改革弊政、发展生产为己任，因而深受百姓爱戴。他还以断狱英明刚直而著称于世，并敢于惩治权贵们的不法行为，并能够及时惩办无赖刁民。

由于他刚正不阿的性格和果断英明的断案能力，后世把他当作清官的化身，千百年来一直受民众敬仰。

[毕昇]　徽州（今安徽歙县）人，我国古代伟大的发明家、活字印刷术的发明者。早期的印刷方法是把图文刻在木板上用水墨印刷的，统称为"刻版印刷术"，这种印刷术的刻版造价昂贵，而且使用起来不是很方便。宋代庆历（1041）年间，毕昇首创泥活字印刷术，彻底改变了印刷术的现状。他使用胶泥片刻字，一字一印，烧硬后便成为字模。排版前，先在置有铁框的铁板上敷一层掺和了纸灰的松脂蜡，活字依次排在上面，通过加热使蜡稍熔化，以平板压平字面，泥字便会附着在铁板上，可以像雕版一样印刷。这种活字版可以反复使用，而且造价低廉，比刻板印刷术的木板整版雕刻更加经济方便。活字印刷的发明使书籍印刷更为方便，大大促进了社会文化的发展和传播。

[凤阳花鼓]　　"凤阳花鼓"分为曲艺"双条鼓"、戏曲"花鼓戏"、民间歌舞"花鼓灯"，流传于江浙一带和北京等地，曾被昆剧、京剧等吸收为短剧节目。凤阳歌谣说："说凤阳，道凤阳，凤阳本是好地方；自从出了朱皇帝，十年倒有九年荒。大户人家卖骡马，小户人家卖儿郎；奴家没有儿郎卖，身背花鼓走四方。"

（四）气候

安徽省气候南北迥异，四季分明，具有明显的南北气候过渡特征。淮河以北为暖温带半湿润季风气候。气温南高北低。年均气温14~16℃，1月均温−1~4℃，7月均温27~29℃，无霜期为200~250天。年降水量750~1700毫米，南多北少，山地多于平原。各地历年最大和最小降水量可相差1~3倍。

（五）自然资源

安徽省拥有丰富的矿产资源，目前全省已发现金属和非金属矿产煤、铁等共100多种，石灰岩、岩盐居全国前十位，开采便利。安徽省处于江淮地区，境内的生物资源丰富、种类繁多，有扬子鳄、江豚等濒危动物59种。森林覆盖率达到30%。

[醉翁榆]　　醉翁榆属榆科植物，因仅见于安徽滁州醉翁亭附近，故称醉翁榆，又名毛榆。醉翁榆是落叶乔木，高可达25米，胸径80厘米，小枝具厚木栓翅，叶缘常具单锯齿，被柔毛，种子位于中央。为我国特有树种。

[华东黄杉]　　华东黄杉属松科，常绿大乔木，高达40米，胸径1米，叶长2~3厘米，下表面气孔带白色，有绿色边带。球果下垂，果形呈锥状卵圆形。树干通直，是优良的造林树种。

[短尾猴]　　短尾猴因为尾巴特别短，也称为"断尾猴"，属猴科。其脸面为红色，又名红面猴。肤色幼小时微红，年龄越大越鲜红，到老时又褪掉，变为紫色或肉色。因此在南方又有黑猴或泥猴之称。毛色由深棕、深褐而至棕黑。短尾猴喜欢群居，主要生活在树上，每群10~70只，由成年雄猴率领，喜食小鸟。

[扬子鳄]　　扬子鳄是鳄形目鳄科鼍属两栖动物，又称中华鳄、鼍。主要分布于长江中下游，是中国的特有动物，国家一级保护动物。成年扬子鳄雌性多于雄性，比例约为5：1。扬子鳄的性别是由卵外围的孵化温度决定的：30℃以下为雌性，34℃以上为雄性。扬子鳄将卵产于草丛中，并且在卵上覆盖杂草，母鳄还守在一旁。这些卵都靠自然温度孵化。扬子鳄栖息于河湖浅滩，白天常浮于水面曝晒于日光下，夜间出来觅食。现野外扬子鳄已经为数不多。国际野生动物保护协会确定扬子鳄为国际禁捕禁运物种，扬子鳄已成为被国际公约批准的第一种可进行商品化开发利用的动物。属古老子遗爬行动物，与恐龙近亲，又有"土龙"之称。

扬子鳄自然保护区位于安徽省长江以南的青弋江和水阳江流域，在湖北、江西、安徽等地都建设有自然保护区。在保护区中，野生鳄种群得到了有效保护。现在保护扬子鳄得到了世界各地环保爱好者的支持。扬子鳄自然保护区成为野生扬子鳄的种子科研基地。

扬子鳄

〔江豚〕 江豚属鼠海豚科，又名江猪、海猪。主要生活于咸淡水交界水域。其体长一般 1.5~1.9 米，肚肥，头圆，额部隆起，吻短阔，无背鳍，鳍肢大，为三角形，鳍肢长约占体长的 1/6。体重一般达 220 千克。春季繁殖，食鱼、虾、乌贼等，10 月份产仔，每胎一仔。清明前后至立夏，在长江上可见江豚成群活动。

（六）经济

安徽省是全国农业大省，是中国主要粮食产区之一，以水稻、小麦以主，农业兼具南、北方的生产特征。重工业以煤炭、机械、化工为主。是中国的煤炭和钢铁生产基地之一，形成了门类齐全的现代工业体系。安徽的古井贡酒、宣纸、徽墨、徽砚等闻名中外，是安徽省的经济支柱。

〔农业〕 安徽全省耕地面积占土地总面积的 30%；茶园、桑园、果园共占 1.7%；林业用地占 25.7%；宜农荒地占 0.7%，宜林荒地占 10.0%；淡水面积占 8.6%。土地资源的利用虽以耕地为主，水稻占有量达全省总量的 1/2，但粮食作物并不是当地的经济支柱，而是以经济作物如棉花、麻类、茶叶、烟草等为主。全省渔业发达。经济鱼类达 40 多种。

徽州名茶

徽州出产黄山毛峰、太平猴魁和老竹大方三种茶前两种为全国十大名茶之列。黄山毛峰茶主要产于云谷寺、慈光阁、松谷庵、吊桥庵和桃花峰等处，茶味香郁醇甜。太平猴魁产于猴坑、猴岗、颜家三个自然村，二叶包一芽茶种称为"两刀夹一枪"，主脉暗红，汤色清绿，味醇香鲜，有润喉、明目提神之效。"老竹大方"产于歙县老竹铺的老竹岭等地，以"顶谷大方"品质最佳，色泽深绿乌润似竹叶，汤色淡黄，香浓而纯。这三种茶为安徽经济创收的支柱。

〔工业〕 中华人民共和国成立前，安徽工业基础薄弱。新中国成立以后，安徽省的优势得到充分发挥，成为中国煤炭、冶金工业的重要省份之一，工业得到较快发展。电力、机械、化工、纺织、食品、建材、家电制造、石油、造纸等构建了安徽工业的框架，占到了工业经济产值的 80%。合肥市是全省最大的工业中心。

[交通]　安徽省铁路里程 2387 千米，淮南线、皖章赣线、宁铜线、合九线、京九线等穿过省境。在公路方面，有 104 国道、105 国道、205 国道、206 国道、310 国道、311 国道等多条干线，总长约 3500 千米。内河航运十分发达，万吨海轮沿长江可达芜湖、5000 吨货轮可达安庆。骆岗机场航班通往北京、上海、武汉、深圳、香港等地。立体交通布局已基本形成。

（七）旅游

安徽省的旅游以名山秀水和人文景观相映衬为特点，有举世闻名的黄山、四大佛教名山之一的九华山、历史上曾被封为南岳的天柱山，马鞍山采石矶为"长江三矶"之一，屯溪的宋代古城镇风貌别具一格。亳州、寿县文物古迹不胜枚举，有安丰塘、明中都皇城、花戏楼、许国石坊、潜口古民居等处。旅游业成为当地的重要产业之一。

[莲花佛国——九华山]　九华山位于安徽省青阳县城西南 32 千米处，是中国佛教四大名山之一，面积为 100 余平方千米。山中奇峰怪石、潭谷洞府、古树泉瀑、绿竹鲜花，独具清静秀逸风光，是国家首批重点风景名胜区之一。

山上有 99 座山峰，其中天柱、十王、莲花等九座主峰远远望去似并肩站立的 9 个兄弟，因而又叫九子山。其中十王峰为最高峰，海拔达 1344.4 米。九华山怪石古洞、丛林佳木、古刹民居风景极佳。唐末九华山被辟为地藏王菩萨道场，香火盛甲天下，素有"莲花佛国"之誉。崇山峻岭中现有寺庙 78 座，其中 9 座为全国重点寺院。九华山的景色主要有五溪山色、九子泉声、天柱仙踪、天台晓日等十三景。唐代诗人刘禹锡在《九华山歌》序言中曾高度评价九华山，九峰竞秀，神彩异石。咏之为"奇峰一见惊魂魄，意想洪炉始开辟。疑是九龙天矫欲攀天，忽逢霹雳一声化为石。"九华山上"娃娃鱼""金钱树""叮当鸟"被誉为九华三宝，是全国著名游览避暑胜地。

[桐城文庙]　桐城文庙位于桐城市龙眠路西端，是古代祭祀文圣人孔子的场所，旧称圣庙、学宫。文庙占地面积 3200 平方米，始建于元延祐初年，原址在东门外，元末毁于兵火，明洪武（元年 1368）移建今址。明清两代曾经多达 19 次修葺，现存建筑为 1987 年仿明清图式重修。主要建筑有泮池、状元桥、大成殿、东西廊庑等，今仍保持旧观。大成殿是文庙的主体建筑，尤具当时风格，为重檐歇山顶，是一座以斗拱为梁柱结点的木构架抬梁大木殿式建筑，具有辽金风格。著名的桐城派散文作家多出于桐城，桐城派是徽州文化的集大成者。

[许国石坊]　歙县山城中，明代民居、牌坊、祠堂合称为歙县古建筑"三绝"。

许国石坊是一座跨街矗立、奇异独特的古牌坊，为中国古代石牌坊建筑中的罕见实例。牌坊大多四脚，而许国石坊是八脚，也称"八脚牌楼"。石坊建于明万历十二年（1584），平面呈"口"字形，三层四面八柱。主楼分为三层，最上层由斗拱承歇山顶屋檐，山面附楼各出两层挑檐。石坊通体为坚硬青石雕琢而成的仿木建筑。石坊四面雕为双龙盘边，镌刻着董其昌所书"恩荣""先学后臣""大学士""少保兼太子太保礼部尚书武英殿大学士许国"等题款。所刻飞龙走兽、彩凤飞禽，神态逼真。

[祗园寺]　祗园寺位于九华山东崖西麓，是九华山上规模最大、唯一的一座宫殿式建筑，与东岩、石年、甘露寺并称为九华山四大丛林。相传释迦牟尼在印度祗园弘扬佛法20余年，九华山祗园寺因此而得名。祗园依山就势，始建于明代嘉靖年间。层层叠叠，飞檐翘角，画栋雕梁，琉璃覆顶。由大雄宝殿、万丈寮、衣钵寮、光明讲学堂等组成。清嘉庆年间，隆山禅师任主持，香火旺盛，至今不衰。

[棠樾村牌坊]　牌坊在中国古代用来彰显功成名就之士，或旌表贞烈妇女。棠樾村牌坊位于安徽歙县棠樾村村首，由7座石牌坊组成了棠樾牌坊群，是明代以来鲍氏家庭为旌表本族功成名就之士的建筑。其中明代2座、清代5座，是徽派石雕建筑的代表作。牌坊群的兴建与历史上徽商发迹有关。是歙县古建筑"三绝"之一。

[杏花村]　杏花村位于贵池市西郊。这里老杏万株，连村十里，有"杏花自古艳池阳，美酒名花十里香"之誉。相传杏花村中有黄公酒垆，凿有古井"香泉似酒，汲之不竭"。后人在井栏上刻"黄公清泉"字样。时人争饮，被誉为"黄公广润玉泉"。唐会昌四至六年（844—846），杜牧任池州刺史，写下了名篇"清明时节雨纷纷，路上行人欲断魂。借问酒家何处有？牧童遥指杏花村"而驰名中外。这里几经焚掠，后经修葺，仍以优美古朴的田园美景而吸引国内外游客。

[黄山]　黄山位于安徽省南部、黄山市北部，古称黟山，因峰岩青黑，遥望苍黛而得名，面积约有1200平方千米。相传黄帝曾于此修身炼丹，故名。黄山素以"奇松、怪石、云海、温泉"四绝著称于世。明代地理学家、旅行家徐霞客曾有"五岳归来不看山，黄山归来不看岳"之说。黄山胜景著名的有36大峰、36小峰。莲花峰、光明顶、天都峰三大主峰，海拔均在1800米以上，另有千米以上高峰77座。黄山松破石而生，盘结于危崖峭壁之中，挺立于峰岩绝壁之上，百龄以上的古松，数以万计。著名的有迎客松、黑虎松、卧龙松等。黄山云海，浩瀚无际，瞬息万变，故黄山又有"黄海"之称。著名的景点有飞来石、猴子观海、仙人指路等120余处。黄山四季景色各异，日出、晚霞、华彩、佛光和雾景等时令景观各有奇趣，现已开辟为温尔、玉屏、北海、云谷和松谷五大景区。黄山特产以"黄山毛峰"和"灵芝"等久负盛名。

西海在黄山西部，因云雾似海故名。相传为仙人居住之居，是黄山风景的代表。这里峰奇水秀，景点诸多。著名的山峰有双笋、尖刀和石床诸峰，还有仙人晒靴、仙女绣花、武松打虎等奇观，悬崖峭壁间还建有排云亭，是欣赏云海、晚霞和奇峰幽谷的绝妙之处。

[中都皇陵]　中都皇陵位于滁州市西北凤阳县凤凰山。当初朱元璋在此营建父母兄嫂、侄儿的皇陵，中都分为三城，有土城、砖城、皇城。皇陵正殿为祭祀场所。内城北门内神道自南向北，东西对列，有文臣、武将、内侍、石羊、石狮等，华表、石像皆以整块石料精雕而成。现存遗址仅为西华门、午门

黄山

和一堵城墙，有石刻72件，艺术价值极高。中都皇陵中的武将石像，为石雕艺术的精品。

[龙泉洞]　龙泉洞位于宣城市宣州区永东镇，又称窑头洞。为石灰岩溶洞，洞厅总面积1.2万平方米，分4层8厅，内有一条地下河。现形成银河、龙宫、彩兽、瑶池、地下宫殿5个大厅，共约150余景，游程2.5千米。怪石林立，洞中有洞，石乳、石笋、石柱各具形态。银河厅以苍鹰、天龙布雨、锦上添花、桂林山水、平田奇观等尤为叫绝。彩兽厅内有金龟、彩狮、骏马、孔雀，松鼠等景，还有观音菩萨像，有击之能发声的异石等。有梅老臣、徐霞客、施润章等名人题诗词20余处，人文景观与天然景观融为一体。

[包公祠]　位于合肥市包河中的一座小岛上。祠堂原为一座古庙，明代时改为包公书院，后改为祠。清光绪年间（1825～1908）重建，并保存至今。包公祠占地约200平方米，是一座四合院。祠内正殿的包公塑像威武严峻，一身浩然正气。王朝、马汉、张龙、赵虎侍立两旁，并有龙头、虎头、狗头三铡。祠内两边厢房陈列着包公墓内的出土文物，包括《家训》及包氏家谱等展品。祠室内外，有许多匾额楹联，用以歌颂包拯的清廉无私。出产于祠周围的包河中的红花藕，据说无丝，借以比喻包公铁面无私。祠旁有亭，亭内有"廉泉"井。包河东南的松柏丛中是包公及其夫人、子孙的墓园。河东岸的水榭长廊、楼台亭阁多为明清徽派建筑结构，古色古香，令人回味。

[桃花潭]　桃花潭位于泾县城西南40千米处的桃花潭镇，原名玉境潭。因李白赋诗而改名。这里悬崖密林，怪石参差，有小家碧玉式的秀丽。据说泾县豪士汪伦想认识李白，但又无缘。就修书迎请李白，他知李白喜桃花，信中说这里桃花盛开，香飘十里。李白来后虽说没发现桃花，但为汪沦的真诚所感动，尽欢而散，李白临别时作《桃花潭绝句》："李白乘舟将欲行，忽闻岸上踏歌声。桃花潭水深千尺，不及汪伦送我情。"后人为纪念这段佳话，在岸上建踏歌岸阁、酌酒楼和文昌阁。

十九、福建省

（一）行政区划

　　福建省位于中国大陆东南沿海，面临东海，地处北纬 23°31′~28°22′、东经 115°50′~120°40′。东与台湾省隔海峡相望，与浙江省、江西省广东省相邻。全省大陆海岸线长 3752 千米，沿海岛屿 1546 个，全省陆地面积 12.4 万平方公里，海域面积 13.6 万平方公里。从南宋起就以"涨潮声中万国商"驰名海内外。秦代置郡，唐代始称福建，辖 1 个副省级市厦门市及 8 个地级市、26 个市辖区、45 个县和 14 个县级市。取其境内福州、建瓯而得名，省会福州市。简称闽。

　　[省会——福州]　　福州市位于福建省东部、闽江下游，东濒东海，别名"三山"，"左海""榕城"。面积 12154 平方千米。晋太康三年（282）置晋安郡，为郡治。唐开元十三年（725）始称福州。市内森林、水产、电力资源较为丰富。矿产资源有叶蜡石、石英砂、明矾石等，其中叶蜡石储量居全省首位，寿山田黄石举世闻名。农业主要生产稻谷、红薯、甘蔗等。福州市的海、河、陆运都相当便利。旅游资源以温泉"泉脉广、温度高、泉质优"著名。

　　[厦门]　　厦门市位于福建省东南部沿海，面积 1638 平方千米。明清时期，厦门作为民族英雄郑成功收复台湾的基地而闻名于世。厦门原为小岛，建成铁路后遂与大陆连成一体，属亚热带湿润气候区。改革开放后，厦门作为特区，经济飞速发展。工业主要涉及电子、机械、化学、仪器等行业。农业以生产稻谷、花生、甘蔗等为主，盛产龙眼。旅游名胜有鼓浪屿万石山国家重点风景名胜区、鳌园陈嘉庚墓等。

> **厦门鼓浪屿**
> 　　鼓浪屿位于厦门市西部，是一个近似椭圆形的小岛，面积仅 1.84 平方千米。在岛西南海边，有一岩石，因长期被海水浸蚀，中间成一竖洞，每遇涨期，海浪敲击岩石，发出如雷鼓般巨响，故名鼓浪屿。素有"海上花园"和"音乐岛"的美誉。龙头上的日光岩为郑成功收复台湾时的练兵之地。

　　[泉州]　　泉州市位于省境东南部，晋江下游北岸，别称鲤城、刺桐城。南临台湾海峡。面积 11245 平方千米，属亚热带湿润气候。境内国家重点文物保护单位较多，有郑成功墓、天后宫、开元寺、九日山、摩崖石刻等丰富旅游资源。

　　[漳州]　　位于福建省东南部，九龙江下游。鹰厦铁路连通中国各地，公路四通八

达，为闽粤交通枢纽。漳州是一座有着数千年历史的古城，战国时属越国，晋代在此设县，唐建州制，宋末就已有漳州人去台湾，是台湾同胞及海外侨胞的祖居地之一。漳州明代以盛产漳缎和蔗糖闻名，与菲律宾贸易往来频繁，历史上曾是福建沿海的商港和对外贸易城市。清初厦门兴起后，漳州成为重要商业城市。漳州文物古迹丰富，有唐代咸通经幢、南山寺、文庙、陈元光墓，明代铜山古城，宋代石桥，芝山红楼革命纪念地等。漳州依山傍海，自然风光旖旎迷人，市西郊芝山为著名风景区。怪石林立，洞壑绵密，素称"丹霞第一洞天"。漳州还是著名的"鱼米花果之乡"。

水仙花、片仔癀、八宝印泥是"漳州三宝"，驰名海内外。

（二）人口、民族

福建全省 2022 年末常住人口 4188 万人，是全国人口密度较大的省份。少数民族有畲、满、回、苗、高山、蒙古等 31 个民族，约占总人口的 2%，其余为汉族。少数民族中，畲族人口最多。畲族也是最早进入当地的民族。有闽南语、福州话、客家话等多种方言。福建省是中国主要侨乡之一，旅居世界各地的华人有 1000 多万人，福建籍的约占海外华侨、华人总数的 1/3，主要以东南亚各国为主。

[畲族]　畲族自称"山哈"。"哈"畲语意为"客"，"山哈"即指居住在山里的客户，史称"畲民"。中华人民共和国成立后，统一称为"畲族"。畲族人口主要分布在福建、浙江两省，畲族无本民族文字。由于长期的民族融合，畲族使用客家方言，通用汉文。据史载，畲族人最早居于湖南，在 7 世纪初畲族就已居住在闽、粤、赣三省交界的山区。自宋代才陆续南迁，约于明、清时始定居于闽东、浙南等地。主要从事农业为生，以种植水稻、红薯、麦子、茶叶、油茶为主。

畲族"三月三"歌会，每年约有 5 万名歌手角逐，是其主要的娱乐节目。

[华侨]　中国华侨之多以广东省为最，福建次之。东南沿海在历史上就是人多地少的地区，不少农民为了谋生，背井离乡，远渡重洋。唐代以后福建省沿海居民就有人出洋经商。明朝郑和七次下西洋后，福建漂洋过海的人就逐渐多了起来。清朝后期出现过三次成批华工出国谋生的高潮：第一次是在 1840~1870 年，中国太平天国失败之后，福建一部分人因参加起义失败被迫出洋，还有一部分因清政府实行海禁、迁海而出洋；第二次是 1870~1910 年，殖民主义者在南洋进行掠夺，需要劳力，而中国国内正是 1894 年中日甲午战争失败后人民不堪负担，很多人被卖到南洋当奴隶；第三次是从 1911 年到抗日战争爆发，殖民主义者加紧对东南亚的掠夺，需要大批的劳动力，而中国国内军阀混战，民不聊生、生活艰难，这一段时间福建省每年外出谋生的数以万计。据记载，1900~1926 年，中国每年进入印尼的华侨约 3 万人，其中福建华侨占一半。此期间从厦门到菲律宾的华侨有万人以上。福建旅居海外的华侨，他们受雇于资本家、种植园艺或者从事小本经营，靠自己劳动谋生。福建的侨眷遍布全省 64 个

县、市，尤以晋江、南安、泉州、福青、福州、厦门、莆田、仙游等县市最多。福建以陈嘉庚先生为代表的爱国华侨，热爱祖国、支持家乡的建设事业，或者捐款，或者投资，创建学校，办厂经商，兴办公益事业。特别是从 1979 年起实行改革开放以来，回福建寻根祭祖、观光、探亲的外籍华人越来越多，成名当地经济发展、对外开放的重要促进者。

　　[神奇的民居——南靖土楼]　在福建南靖有成千上万民居像"地上长出的蘑菇"，似"天上掉下的飞碟"，这种古堡式建筑形成了独特的人文景观。联合国教科文组织顾问史蒂汶斯·安德烈考察后称赞说："这是世界上独一无二的神话般的山村建筑模式。"受到世界各地学者的青睐。

南靖土楼

　　南靖土楼可以追溯到元代中期，年代最久远的已有 600 余年的历史，现存 200 年以上的土楼就有 130 多座，它们以方形"四角楼""圆寨"和靠背形"交椅楼"居多，还有伞形、扇形、曲尺形等三角形等，造型各异、变幻多端。土楼主要建筑材料是生土，掺上细红糖、竹片、木条，经反复揉、压及采用中国传统"大墙板"技术，夯筑成一两米厚的楼墙，是外土内木结构的建筑。土楼的造型格局，不管是圆是方，均是封闭式的，只有一个大门可以出入。土楼的大门古老而沉重，外观是城堡，里面是廊式，底层不开窗，作为厨房，二层为贮仓，三层以上是卧室，楼内天井宽畅，设有可聚会的大厅、水井、米碓和"望台"。这种建筑主要是防御外敌入侵，全楼男丁只要守住大门，土楼就可以长时间坚守。其最大特点在于造型大，属于集体住宅区。大型住宅有二至三圈，环环相套。土楼有着一般民宅所没有的优点，因为土楼墙壁较厚，不易倒塌，既可防震、防潮、防盗，还能起到保温隔热作用，冬暖夏凉。

　　历史悠久的南靖土楼作为世界建筑瑰宝，它积淀了浓厚的地方文化色彩，无论建筑艺术学还是风土民情都值得专家学者深入研究。1986 年，在美国洛杉矶举办的民居建筑模型博览会上，土楼模型轰动一时。最大的圆楼是永定区大竹乡高头村的"承启楼"，直径达 73 米，全楼三圈四层，共 400 个房间，住 60 余户，400 余人。永定区的"如升楼"可能是圆楼中最小的了，共 12 层 12 间房，住 6 户人家。最古老的圆楼要数华安县沙建镇的"齐天楼"，有六百多年的历史，此楼大门朝南，日"生门"，嫁娶由此进，西门日"死门"，殡葬由此出，是一大奇特风俗。云霄县深土乡东平村，当地人称之为"八卦堡"，整个村子由五圈环构成，中心是完整的圆楼，外围四圈断断续续按

八卦阵布局，环绕四周，体现了传统文化中向心力与凝聚力在客家人中潜移默化的影响。

（三）历史文化

福建省俗称八闽，原是古越族的居住地。晋唐以后，由于征战不断，中原的汉族为避战乱，纷纷迁入福建。中原文化、荆楚文化，随着汉人的迁移而传入了福建，福建人又漂洋过海到达东南亚，这种杂合文化与福建古越族的文化相结合，慢慢地形成了福建特有的文化——闽文化。

[客家首府——长汀] 长汀最早的先民原本是古越族人。长汀置县始于东汉，东晋以后，中原土民陆续南迁入闽，客居汀江一带，这些外来人口就成为早期的汀州客家先民。自宋末始，长汀客家先民就漂洋过海到台湾、南洋乃至世界各地谋生创业。1994 年初长汀被列为国家历史文化名城。众多的古迹和旧址至今保存完好，其中有新石器时代遗址 13 处、商周遗址 119 处、秦汉遗址 9 处、国家重点文物保护单位 6 处。由于长汀是当地人漂洋过海和归国省亲的必经之道，因此这里作为中转站自古不衰，奠定了其历史文化名城的深厚底蕴。

[妈祖文化] 妈祖相传是林默娘的神化。福建湄洲是她的故乡和升天之地，故为妈祖文化的起源地。她察看渔民病情，深通天文地理，预报天气变化。相传她多次在海上搭救遇难的船工，人们非常感激她，都把她当作神女、龙女来崇拜。相传她后来仙化而去。老百姓亲切称她为"妈祖"，历代皇帝也多次予以褒封，从夫人到妃、天妃、天后，直到天上圣母。在妈祖庙中，一般是"前殿妈祖，后殿观音"，可见妈祖在福建沿海人民心中的神圣地位。

[林则徐] 字元抚，又字少穆，福建侯官（今福建福州）人，清末伟大的爱国主义者。他是嘉庆年间的进士，早年担任过清政府道台、巡抚等，为官清廉而正直，颇有政绩。1837 年初，他出任湖广总督，此后坚持在海关查禁鸦片，鸦片战争爆发后他曾上书道光皇帝禁烟，并受命为钦差大臣赴粤禁烟，于 1839 年 6 月 3 日主持了著名的"虎门销烟"。此外，联合水师提督关天培筹划海防，多次挫败英军的武装挑衅。他还设立译馆，将大量外国书报、律例、军事著作等介绍到中国，并编成《四洲志》，成为近代中国向西方学习的先驱。晚年因遭谗害而被流放新疆，后病死于广东普宁市。有《林文忠公政书》《信及录》《林则徐日记》等著作传世。

"八闽"的由来

　　福建亦称"八闽"。关于"八闽"有两种说法。一是说，福建在秦，汉以前，遍地覆盖着茂密森林，仅在沿江河的平原散居着闽越族。秦代末年，闽越族首领无诸率领族人帮刘邦灭秦二世，击溃西楚霸王项羽有功，被封于闽中，成为闽越王，以东冶（今福州）为都。汉武帝时，闽越人大批迁往江淮之间的庐江郡。到了晋代，中原汉族大批入闽，闽越和汉族逐渐融合。据《福州府志》记载，永嘉二年（308），"中川板荡，衣冠始入闽者八族、林、黄、陈、郑、詹、邱、何、胡是也"，这就是历史上所称的"衣冠南渡、八姓入闽"。二是说，八闽最早是福建土著民族的称呼，后来也指福建。秦以前的福建，一般称"七闽"，因为有7个土著部落。到北宋时，福建有8个相当于府（郡）的行政单位，且历经元，明，清几个朝代基本以此为传，所以八闽之称一直沿用下来。

　　[严复]　初名体乾、传初，改名宗光，字又陵，后又易名复，字几道，晚号愈野老人，别号尊疑，又署天演哲学家。福建福州人，中国近代资产阶级启蒙思想家、翻译家、教育家，是中国近代史上向西方寻找真理的"先进的中国人"之一。1877年他作为首批海军留学生入英国皇家海军学院学习，学成归国后极力倡导维新变法，并翻译达尔文的《天演论》、亚当·斯密的《原富》、斯宾塞的《群学肄言》、约翰·穆勒的《群己权界论》和《穆勒名学》、甄克斯的《社会通诠》、孟德斯鸠的《法意》等西方名著，达160多万字。他是近代中国系统翻译介绍西方资产阶级学术思想的第一人。他将科学进化论等带到中国，对中国近代思想界产生了极大影响。除译著外，他还倾心于教育事业。但辛亥革命后，严复的思想日趋保守。他的著述有《严几道文集》《愈懋堂诗集》及《严译名著丛刊》等。

　　[林语堂]　原名乐和，福建龙溪人，现当代著名作家、学者。他于1912年进入上海圣约翰大学学习，后赴美留学，1922年回国任教，先后创办过《论语》《人间世》等刊物。1936年起长期居留美国，专职从事教学和写作。林语堂在中西文化的鸿沟之上，架起了一座沟通的桥梁，他系统地向西方介绍中国文化，所著的《生活的艺术》《孔子的智慧》《庄子的智慧》《苏东坡传》等二十多种著作，风行一时。他提倡"以自我为中心，以闲适为格调"的小品文，是论语派的代表人物。他的小说《京华烟云》《风声鹤唳》等也享有盛名。

　　[惠安女服饰]　在泉州，惠安女子的纯朴善良、贤惠勤劳是闻名于世的。她们除在家里负责全部家务外，还在农业生产劳动中担任主力军。素以吃苦、耐劳、俭朴、持家而著称，更以其奇异的服饰蜚声海内外。惠安女子虽属汉族，但其服饰却与汉族传统服饰截然不同。惠安女们喜欢披花头巾、戴金色竹笠，上穿湖蓝色斜襟短衫，下着宽大黑裤。花头巾的花是小朵的蓝色花，衬以白底，显得活泼、亮丽；头巾紧捂双颊，只露眉眼和嘴鼻，衬出惠安女的含蓄和恬静；最奇特的是惠女的着装，湖蓝色的

斜襟短衫短仅及肚，黑色裤则宽大飘逸，裤头只到脐下，肚皮外露，显示腰条的曲线，有称之"封建头，民主肚；节约衫，浪费裤"。惠安女服饰虽历千年略有衍化，但风格依旧，盛行不衰，伴随着她们勤劳健美的身影形成一道独特的风景。

[畲族凤凰装]　畲族妇女的"凤凰装"在少数民族的服饰中最具特色。凤凰装的服饰和围裙上刺绣着各种彩色花边，有大红、桃红夹着黄色的花纹，镶金丝银线，象征着凤凰的颈、腰和美丽的羽毛；红头绳扎的头髻，高高盘在头上，象征着凤髻；全身悬挂着叮当响的银器，象征着凤凰的鸣啭。畲族妇女服饰多用红、黄、蓝、绿、黑等颜色，有层次、有顺序地排列成条纹图案，在衣领上绣一些水红、黄色的花纹。其服饰面料多为棉布，这与畲族人崇拜图腾凤凰有极大的关系。

（四）气候

福建省地处南亚热带，东濒海洋，属亚热带海洋性季风气候。年均温 17～21℃，最低温度为 3～6℃。年降水量 1100～2000 毫米，降水分布内陆多于沿海，山地多于平原。降水季节分配不均，以春夏季最多，冬季较少，可达 160～240 毫米。风向的季节性明显，冬季多偏北风，夏季盛行偏南风。

> **风能**
> 福建是全国风能资源丰富的地区之一。其中台山、平潭、崇武、东山等线以东沿海一带及德化九仙山，全年有效风能在 2000 千瓦·小时/平方米以上，有效风速出现几率大于 80%，有效风能密度大于 200 瓦/平方米，这里是全省的风能丰富区。三沙、三都、长乐、前沁、厦门等一线以东及内陆的七仙山、筹岭顶、南山顶等地为风能可利用地。福建海岛风能密度分布存在季节性差异，秋冬季大于春夏季。半岛及沿海平原的季节差异不明显，最大值均出现在 8 月份，具有一定的有效性和稳定性。

（五）自然资源

福建省森林资源、海洋资源、水资源、以非金属矿为代表的矿产资源十分丰富。其中叶蜡石、石英砂、建筑砂、高岭土、萤石、花岗石材等 6 种矿产资源保有储量居全国前列。福建因地处亚热带气候区，水分条件好，动植物资源十分丰富。

[福建柏]　福建柏是柏科植物，常绿乔木，高 17～30 米，胸径 1 米。树皮紫褐色，平滑。鳞叶，叶背具明显的白色凹陷气孔带。雌雄同株。球果近球形，隔年成熟，单种属植物。生于海拔 100～1800 米处的温湿山地林中。为国家二级保护稀有种。

[武夷山自然保护区]　武夷山自然保护区位于福建省西北部武夷山市光泽、建阳

三县（市）交界之处。主岭和主谷多呈北北东向，支岭和支谷则多呈北西向。山谷高低悬殊，一般达 200 米左右，大可达 500 米以上。复杂的地貌和气候差异使武夷山形成了多种生态环境，给许多生物提供了栖息繁衍的场所。区内有植物 1800 种，高等野生动物兽类近 100 种。山上春夏少雾多雨，气候湿润，素有"鸟的王国""蛇的世界"之称。

［梅花山自然保护区］　梅花山自然保护区位于闽西南地区武夷山脉南段与博平岭之间的玳瑁山，是闽江、九龙江和汀江等河流发源地，即三江流经之地。梅花山海拔1777 米，其中最高峰石门山海拔 1823 米。保护区以多珍稀动植物著称。地带性植被是常绿阔叶林，以壳斗科、樟科为主。保护区内的长苞铁杉、柳杉等针叶树生长高大，并与阔叶树混交，成为针阔叶混交林。保护区内珍稀树种有红豆杉、三尖杉、钟萼木等，还有野生动物红面猴、苏门羚、灵猫、豪猪、穿山甲等。

［凹叶厚朴］　凹叶厚朴是木兰科植物，落叶乔木，高过 15 米，胸径 40 厘米。它是厚朴的亚种。树皮较薄，叶小而狭窄，尖端有明显凹缺。常见于海拔 300~1200 米处的阔叶林中。树皮可作药用。为国家三级保护濒危种。

［水松］　水松是世界孑遗植物，杉科，中国特有种、国家二级保护稀有种。在福建、广西等地多有分布。杉科本属的大部分种类在第四纪冰川期灭绝。水松高可达 25米，胸径 0.6~1.2 米。树皮褐灰白色，浅裂成长条片脱落。小枝有两型：其中一型为多年生而少宿存，另一型为一年生而脱落。叶异形，有的线状而扁平，有的针状而稍弯，呈鳞片状。花单性同株，或雌雄花同生于一枝。球果直立、顶生，呈卵形或长椭圆形，种子椭圆形稍扁，褐色，有翅。

［白鹳］　白鹳是鹳科鸟类，喜欢生活在开阔的浅水沼泽地区，通常在沼泽水域中觅食鱼、昆虫、蛙等。体羽洁白，头与上颈皮肤裸露，呈黑色。背及颈的下部有灰色饰羽。嘴和脚都很长，都为黑色，嘴长而下弯。以小鱼等水生动物为食。白鹳一般在东北的北部繁殖，到广东、福建一带越冬，是国家重点保护的动物种类。

（六）经济

福建省地处沿海，充分利用本地的资源发展经济，以轻工业、手工业、加工业、农业构成框架迅速发展，跃居中国前列。福建气候条件良好，利于木材和毛竹的生长，现已成为全国木材、毛竹的生产基地。发达的交通事业是其经济发展的重要原因。

［农业］　福建全省耕地有 133.31 万公顷，其中 80% 为水田。沿海平原地区水稻多为一年三熟或两年五熟，山区则以一年两熟为主。水稻产量占粮食总产量的 80% 以上。甘蔗、花生、油菜、黄红麻、烤烟、茶叶等经济作物面积约占作物播种面积的8.5%。植茶历史悠久，所产的"武夷岩茶""乌龙茶""白琳工夫茶"和"茉莉花茶"等为国内外市场上的畅销珍品。省内沿海地区森林资源丰富，海产资源和沿海渔业较

发达，手工业品也是农业的重要收入来源之一。

[工业]　福建重工业主要分布于内地县市，利用农渔林矿资源发展起来的轻工业，如制糖、制茶、罐头食品、造纸、塑料等工业，在全国领先。重工业经过50多年的发展，机械、电力、冶金、建材等已初具规模，机械、钢铁冶金工业产值居福建重工业之首。

[交通]　福建省内的交通运输从20世纪50年代后得到迅速改善。鹰厦铁路和来福铁路是福建省的运输大动脉，跨越全省22县市，并与浙赣铁路相连，沟通了福州、厦门以省内与省际的联系。公路运输以福州为中心，厦门、漳州、泉州、南平、永安、龙岩为枢纽，已形成市、县、乡、村相连四通八达的公路运输网。全省航运能力较低，但沿海海上运输便利。航空运输已开辟福州、厦门二市机场及国际航班。"闽道更比蜀道难"的说法已成历史。

（七）旅游

福建省自然风景以怪洞奇石而闻名世界。东山风动石以巨石临海、风吹人推摇摇欲坠，而又稳立海滨，被誉为"天下第一奇石"。福建还是中国文化发达的地区之一，素有"海滨邹鲁"之称。古港城堡、古塔长桥、寺庙观堂、古建民居、摩崖碑刻、名人祠陵等与海岛花木融为一体，加之台侨众多，旅游业成为当地重要的经济支柱之一。

[寿山石雕]　寿山石雕为福州"三宝"之一，有1500多年的历史。寿山石雕艺术技法主要有雕钮、薄意、圆雕、浮雕、镂雕五大类，以山水风景、鸟兽、人物等为内容，产品有印章、文具、花瓶等。从隋末唐初即开始风行日本，手工艺品以远销海外为主。

[万石岩]　万石岩位于厦门市区东部的狮山北麓，由满山遍布的奇岩怪石而著称。由燕山早期黑云母花岗岩组成。主要的景点有"万石朝天""中岩玉笏""太平石笑""天界醉仙""紫云得路"和唐代古建筑万石禅寺等。山崖建有全国著名的厦门园林植物园，有亚热带植物4000余种。

[南普陀寺]　南普陀寺位于厦门市五老峰下，始建于唐代，因其在佛教四大名山之一的浙江普陀山之南，故称南普陀寺。五代时称泗洲寺，宋代改为普照寺，明初毁于大火中，由清康熙年间靖海将军施琅重建，改称南普陀寺。现存主要建筑有大雄宝殿、大悲殿、藏经阁等，内珍藏有缅甸玉佛、宋代古钟、香炉、明代铜铸八首二十四臂观音、清代瓷制济公活佛以及大量的佛典经书。南普陀寺的素筵在东南沿海竹林古刹中久负盛名。南普陀寺背山面水，景色秀丽，它在佛教界中享有盛誉，甚至在东南亚一带也有较大的影响。

[南山寺]　南山寺位于福建省漳州市区南郊的丹霞山下，初建于唐开元年间，原名"延福禅寺"，明代后改名南山寺。主要景致为"五绝""八胜"。五绝为大钟、血书《牟严经》《大藏经》《贝叶经》和茶花树。八胜为大雄宝殿、玉佛殿、石佛阁、陈

太傅祠、梅花、粟园、金花小姐的修真净室和埋葬金花骨灰的姑娘墓。其中，石佛阁内有一座唐代的花岗岩大石柱雕琢而成的大石佛。藏经殿又称玉佛殿，内奉有一尊白玉佛，高 2 米，重 2000 千克，是清末妙莲法师从缅甸带回来的，为中国仅有的三尊玉佛之一。南山寺为闽南著名古刹。

南普陀寺

[崇蛇遗风]　在福建漳州至今还流传着古老的崇蛇习俗。平和县三平村一带生长着一种黑色无毒蛇，大的长 1 米余，小的仅 1 尺多长。当地人把蛇当作保佑家人平安的神物，尊称蛇为"侍者公"。他们认为家里有蛇是吉祥的象征，越多越吉利，因此蛇历来备受保护。人不怕蛇，蛇不怕人，人蛇共处，习以为常。有时蛇会钻进被窝，卷曲在主人的脚旁，若夜间行路不小心踩到蛇尾，被蛇咬一口，也一笑了之。这种崇蛇习俗的由来，说法不一。据说 1000 多年前，这里的深山密林中，常有蛇妖出现，危害民众。到了唐代会昌年间，僧人杨义中用法刀制服了蛇妖，从此蛇妖改邪归正，成为义中和尚的随从侍者。古代福建居住的闽越族，是以蛇为图腾的。现在南平一带仍有"蛇王庙"、蛇至庙、蛇郎君的传说。这里年年都要举行游蛇灯和人蛇同游活动。人蛇同游一般选择在农历七月初七，数百人的游行队伍中，前为仪仗队，人手分执斧钺刀戟模型，还有乐队，吹吹打打，队伍中间有人抬着蛇神塑像和神龛，神龛中置一大盆，装有活的大蛇，还有数人各执一蛇，或执于手，或缠于肩上。当人蛇游行队经过时，各家都要烧香燃鞭炮，以示恭迎。

[护鱼遗风]　护鱼遗俗始于宋代，在闽东周宁县城西 5 千米的浦源村，有一条小溪穿村而过，溪长不足半千米，宽仅 3.4 米，但却栖息着六七千尾五颜六色的鲤鱼，人称鲤鱼溪。这里居住着宋代从河南迁徙来的郑氏后代。千百年来，他们在溪中饲养鲤鱼，从不捕食。淳朴的民风，使鲤鱼习性与众不同，它们与人相亲，闻人影而聚，出现了溪中彩鳞翻飞、溪畔笑声朗朗的人鱼同乐的动人情景。若投以食物，鱼则欢腾跳跃，争相逐食，还会亲热地行吻手礼。每当山洪暴发，鲤鱼就会咬住溪边的蒲草，不愿随波逐流而去。每有死鱼，村民必捞起，将其安葬在鱼冢之中。人鱼同乐的奇俗吸引了众多的海内游客。现在鲤鱼溪下游兴建了一个具有江南园林景致的鲤鱼溪公园，园中有一鱼池，池中有观鱼亭、九曲桥、荷叶桥、拱月桥及游廊等。

[太姥山]　太姥山位于福建省福鼎市城南 45 千米处，溪临东海，方圆 60 平方千米。太姥山高约 1000 米，最高峰东山顶位于柘荣东部，海拔 1479 米。其主体为摩霄峰，是观海上日出绝佳之处。有二佛谈经，仙人锯板、九鲤朝天、金猫扑鼠、和尚讲

经等 240 多处景色。至今尚存唐人碑刻以及宋、元、明摩崖石刻。太姥山景观当数怪石，拟人似物，无石不奇，极尽妍态，又因三面环海，因此有"海上仙都"之誉。

[清源山]　清源山位于泉州北郊 3 千米处，又名北山、泉山、齐云山。面积 62 平方千米。清源山层峦叠嶂，壑深洞幽，有老君岩、千手岩、弥陀岩等 36 处景致，从唐代即驰名。山上有奇岩怪石，洞水清泉，有历代所建寺宇宫观和名人摩崖题刻 300 余处。有"闽海蓬莱第一山"之誉。

[龙头山]　龙头山为鼓浪屿的最高峰，海拔 92.6 米，又名日光岩、晃岩。日光岩的巨石上镌有"天风海涛"四字，其下有明代丁中一"鼓浪洞天"和清代林缄"鹭江第一"的题刻，是观海潮的最佳处。近山顶有深约四五丈、由一巨石覆盖的大洞，石上刻有清末施士法题写的"古避暑洞"。明末清初，民族英雄郑成功在此屯兵，操练水师，至今山寨遗迹尚存，山崖上刻有"日月俱悬""与日争光"等石刻。

[东山风动石]　东山风动石位于东山岛关帝庙风景区滨海的悬崖壁之上，被人誉为"天下第一奇石"。由两块大石组成。下石呈柱形，为一石盘，起了坚实的垫底作用；上石似鲜桃，底部略呈弧形，上尖下大，其底如斗，与石盘相接处仅有方寸之地。全石半坐半悬，似乎摇摇欲坠，飓风袭来，左右摇晃却稳立海湾。明末永历戊子年秋，黄道周先生在南京慷慨就义后，有人在风动石上题刻黄道周、陈宾、陈士奇三位明末忠臣的名字，故"东山风动石"也名"三忠石"。

[泉州风动石]　泉州风动石位于福建省泉州东郊，它虽重达 50 吨，但阵风吹来或用力推它，会微微摇动，故名。据史料记载，泉州历史上曾有过两次 7 级以上的大地震，"风动石"却安之若素。现为泉州八景之一，有"玉球风动"的美誉。

[双帆石]　双帆石位于海坛岛西北距澳村西侧 500 多米的海面，旧称石碑洋，又称"半洋石帆"。整个礁石像一般大船，两块巨石像两面鼓起的双帆，似乎正在乘风破浪前进。礁石底部是一组平坦完整的岩石。两个石柱均由粗粒灰白色的花岗岩组成。东侧的一个高达 33 米，长 9 米，宽 8 米；西侧的一个高 17 米，胸宽 15 米，8 米。两个石柱的底部都是近似四方形，直立在礁石上。据地质学家考证这是世界最大的花岗岩球状风化海蚀柱。明代旅行家陈第曾誉之为"天下奇观"。清朝女诗人林淑贞诗赞："共说前朝帝子舟，双帆偶趁此旬留。料因浊世风波险，一泊于今缆不收。"建设部与中国科学院的专家称之为"垄断性的世界级旅游资源"。

[鼓山]　鼓山位于福州市东 12 千米外，闽江北崖。因山巅巨石形如鼓，风雨冲击，声似鼓鸣，故名。南北长 6 千米，东西长 4 千米，面积约 24 平方千米。一般海拔 700~800 米，最高峰海拔 919.1 米。山上有千年古刹涌泉寺，珍藏佛经 3 万册，明清经版万余件，人称"闽刹之冠"。

[开元寺]　开元寺位于泉州城内西街，占地约 50 亩，规模宏大，为全国"开元寺"之冠，为福建省最大的寺院。始建于 686 年，初名桑莲寺，后改为龙兴寺。唐开元年间玄宗诏改为开元寺。开元寺主要有大雄宝殿、天王殿、甘露戒台、藏红阁等。

其中大雄宝殿是全寺的主体建筑，全殿立有又粗又高的石柱 100 根，都是完整的巨石，故又称百柱殿。殿内有 24 尊"飞天""乐仔"浮雕，是罕见的艺术珍品。寺前矗立两座石塔，称紫云双塔或东西塔，也被誉为"泉州双塔"。它是石构造建筑佳作之一。甘露戒台、北京戒台和杭州昭庆寺戒台并称全国三大戒台。

[洛阳桥] 洛阳桥位于泉州市区北郊的洛阳江入海处，又名万安桥。始建于北宋皇祐五年（1053），原长 1200 米，宽 5 米，桥墩 46 座，桥栏柱 500 根，石狮 28 只，石亭 7 座，石塔 5 座，是我国第一座海港大石桥。施工时采用筏型桥墩及养殖大量牡蛎固基，经过历代修葺，现长为 834 米，宽 7 米，尚存船线桥墩 40 座。洛阳桥下江海交汇，水深浪高，足见当时修建的艰难。

[安平桥] 安平桥位于泉州城南晋江安海镇西畔，横跨晋江、南安二市界的海湾。桥长 2251 米，当地俗称"理桥"，至今仍发挥着重要的作用。始建于南宋绍兴八年（1138），于绍兴二十一年（1151）建成，历时 13 年。安平桥是当时世界上最长的一座花岗岩构筑的连梁式石板桥，桥有 336 座桥墩，古时曾有"天下无桥长此桥"之称。桥墩采用三种形式：一为长方形墩；二为一头尖一头平的半船形墩；三为双头尖的船形墩。桥头白塔、憩亭、桥亭、武士石雕仍保持历史原貌。

[冠豸山] 冠豸山位于连城县城东 3 千米处。远望形似古代执法官吏所戴的豸冠，故名。冠豸山海拔 661 米，方圆 20 千米，属丹霞地貌。冠豸山有五老峰、灵芝峰等。其中以万寿星最为奇特，从侧面望去，俨然一个背依青山的慈祥老人。冠豸山雄奇，石笋林立，形

安平桥

态各异。冠豸山外亦有不少巨石如竹笋般直冲云天，内有一石，高数十丈，如巨烛照天，称"照天烛"。

二十、广东省

（一）行政区划

广东省地处北纬 20°19′~25°31′、东经 109°45′~117′20′，北回归线横贯境内。广东

省位于中国大陆南部，毗邻港澳，与福建省、江西省、湖南省、广西壮族自治区接壤，南临南海，西南端隔琼州海峡与海南省相望。全省海岛共有 759 个，海礁 1631 个。全省陆地部分东西长，南北窄，面积 17.98 万平方千米。因宋朝时其辖境属南东路而得名广东。下辖 21 个地级市、65 个市辖区、20 个县级市、34 个县、3 个自治县。省会广州市。简称粤。

[省会——广州]　广州市位于省境中部珠江三角洲腹地，简称穗，又称羊城，是广东省省会。濒临南海，北回归线从市境通过。东连惠州市，西邻佛山市，北靠韶关市、清远市，南临东莞市、中山市，隔海与香港、澳门相望。面积 7435 平方千米，据 2009 年末统计，全市人口 1035 万人。广州是国家历史文化名城，也是古代海上"丝绸之路"的发源地。现在是中国南方交通枢纽和对外开放的门户，以中国"南大门"著称。广州地势东北高西南低，东北部是山区，中部是丘陵、台地，南部是珠江三角洲冲积平原，珠江穿城而过。自然条件优越，物产丰富，是全国果树资源丰富的地区之一，有荔枝、香蕉、菠萝、柑橘等 400 多个品种。工业以轻纺工业为中心，门类齐全，设备技术先进，是华南地区工业中心。有汽车制造、医药、日用化工、家用电器、服装等行业。农业以种植水稻、蔬菜为主，养殖淡水鱼和家禽。广州有华南地区最大的国际贸易港，还有四通八达的高速公路网、铁路网连接全国各地。每年春秋两季都要举行中国出口商品交易会。

[深圳]　深圳市位于省境东南部，珠江口东侧，北与东莞市、惠州市接壤，南接香港新界，东临大亚湾，西临珠江口、伶仃洋。海岸线曲折蜿蜒，总长 230 千米，面积 2050 平方千米，深圳 2022 年常住人口为 1766.18 万，非户籍人口占 67%。深圳原是一个边陲小镇，作为中国第一个经济特区，现已形成了蛇口、福田、沙河、八卦岭、文锦渡等工业区。广九铁路纵贯市境，直抵九龙。市境地势东北高西南低，单向倾斜入海。河流短小浅窄，以深圳河为最大。海岸由泥质和沙质组成，利于垦殖。农产原以水稻、花生、甘蔗为主，现开始向商品生产和现代化农业转化，建立了蔬菜、水果、牛奶、家禽等农副产品生产基地，所产牡蛎、荔枝、金龟橘子、油鸭、龙岗鸡等畅销港澳。捕鱼以浅渔作业为主。海运和公路运输也较方便。市东南沙头角镇以商业为主，是直通香港新界的口岸。此外，还辟有文锦渡和皇岗两个通香港的口岸。风景秀丽的深圳水库、大小梅沙、西丽湖、笔架山、银湖等地是旅游和疗养的好地方。目前，深圳已建设成为一个以工业为主，工贸结合、旅游和农林牧渔并举的外向型综合性港口城市。

[佛山]　佛山市位于省境中部，又名禅城，珠江三角洲腹地，邻近省会广州，毗邻港澳。面积 3886 平方千米。是中国历史文化名城，在明代就是四大名镇之一。市境以冲积平原为主，中间有小山丘，地势低洼，大致自西北向东南倾斜。市西南石湾区为红岩台地，盛产陶土，为陶瓷业发展提供了原料。佛山以轻纺工业为主。除了历史上久负盛名的纺织铸铁、炼铜、陶瓷等工业外，还有电子、机械、五金、电器、化工

和塑料等新兴工业。佛山的传统手工业和民间工艺业非常发达，产品蜚声各地。对外贸易发展迅速，有很多来料加工和装配生产企业。佛山古建筑众多，其中妈祖庙最为有名。此外，还有中山公园、博物馆、民间艺术社等。石湾区是综合性陶瓷业基地，有"南国陶都"之称。

[珠海]　珠海市位于珠江三角洲西南角，珠江口西侧，东临伶仃洋，南端毗邻澳门，是珠海经济特区所在地，也是中国著名的现代海滨旅游城市。珠海市面积7653平方千米，其中陆地面积1653平方千米，海域面积6000平方千米，大小岛屿146个。2022年末，珠海常住人口达247.72万人，人口中以汉族最多，另有壮、瑶、土家、回、满等28个少数民族。市府驻香洲区人民路。市境三面临海，港湾众多，大小岛屿散布在珠江口外广大海域中，有三灶岛、横琴岛、高栏岛及万山群岛、担杆列岛等。境内地形分散复杂，兼有低丘、孤山、平原、滩涂和红树林海岸。平原上河网渠道密布，灌溉方便，海岛多为海拔400~500米的山丘。珠海市多台风、雷雨。珠海是一个以渔业为主的小镇发展起来的以工业为主，农、牧、渔、旅游、商业、外贸综合发展的对外开放城市。工业主要有电子、电力、机械、纺织、轻工、化学、塑料、玻陶、医药及医疗器械、建筑材料等门类。农产品有稻谷、甘蔗、蔬菜、鲜花等，还有荔枝、菠萝、香蕉、大蕉、柑橘等水果。水产资源丰富，品种繁多，有著名的万山渔场。境内有珠海机场、珠海深水港，并有广珠公路、广珠铁路等。

[肇庆]　位于广东省中部，是远古岭南土著文化的发祥地之一，考古发现表明，约14万年前，肇庆已有人类活动。境内出土的青铜器表明，到春秋晚期，肇庆的岭南土著文化已开始与中原商周文化和长江流域楚越文化融合。汉时设县，隋置端州，宋始称肇庆，意为"开始带来吉祥喜庆"。唐代文学家李邕、日本入唐留学僧荣睿、佛教禅宗六祖惠能、北宋名臣包拯、意大利传教士利玛窦、革命先行者孙中山以及北伐名将叶挺等众多历史名人都曾在肇庆留下足迹。肇庆文物古迹众多，包括宋城墙、披云楼、梅庵、阅江楼、崇禧塔、丽谯楼、叶挺独立团旧址、七星岩摩崖石刻等，还有佛教禅宗六祖的遗迹等。星湖、鼎湖是肇庆著名的风光景点。星湖被誉为"岭南第一奇观"。鼎湖山居广东四大名山之首，有"活的自然博物馆"之称。

（二）人口、民族

广东省是常住人口全国第一，户籍人口全国第四。2022年末，广东省常住人口12656.80万人，常住人口城镇化率74.79%。广东省有55个少数民族，少数民族人口占全省总数的1.49%，主要有壮、瑶、畲、回、满族等。广东是著名侨乡，海外华侨、华人有2200万人，归侨、侨眷2000万人。全省侨乡集中于珠江三角洲的台山、新会、开平、恩平、中山、东莞、宝安等悬（市、区），粤东北的梅县、大埔、蕉岭、丰顺等县。

[客家] "客家"并不是一个少数民族，而是汉民族的一个支系。先秦以来，中原地区的汉人因逃避战乱、饥荒、迫害或因政府迁调而大量南迁。相对于迁入地区的原居民而言，他们是客，因而称为"客家人"。中国古代大致发生过六次大规模中原人南迁事件，促使"客家人"这一汉族支系的生成。第一次是秦始皇时期派兵 50 万驻扎南岭地区；第二次是东汉末年黄巾起义至三国两晋时期；第三次是唐朝中期至五代十国的动荡时期；第四次是南宋时期金兵南下、汉人南渡；第五次是清兵南下客家人抗清失败而迁移；第六次是清代雍正年间"移湖广、填四川"，大量客家人向广西、四川等地迁移。近一两个世纪，客家人开始向海外迁移。在客家人的迁移历史中，广东梅州是最主要的集散中心。现代客家人还保留着许多古代中原汉族的传统习俗、宗教信仰，客家话也保留有许多古汉语的特点。在南迁和开发中国南方山区的过程中，客家人形成了刻苦勤俭、开拓进取、重教崇文、念祖思亲等客家精神。

（三）历史文化

珠江流域自然条件优越，故早在 10 万年前，就有"曲江马坝人"在珠江流域活动生息。先秦时期广东为百越民族的居住地。秦始皇统一中国后，在今广东境内设置南海郡，治所在番禺即今广州。到了三国时代，广州始得名。出于外交和财政的需要，历代广东一直是中国通过海路进行对外文化、经济交流的重要地区，因此广东的文化中也有许多外来文化的色彩。比起中国其他地区来，广东文化具有更广泛的包容性。由于历史原因，广东开发较晚，但到了明代，广东后来居上，成为中国经济发达的地区之一。在清朝末年，广东更成为中国反帝国主义、反封建主义的革命主要策源地。近代史上许多重大历史事件都发生在这里，涌现出许多改变中国命运的历史人物，留下了无数可歌可泣的英雄事迹。

[六祖创南宗] 禅宗六祖慧能是岭南新州即今广东新兴人，听金刚经而有所感悟，辗转投入禅宗五世祖弘忍门下。弘忍认为岭南人无佛性，只让慧能做一个舂米行者带发修行。弘忍想选一个徒弟继承他的衣钵，有一天便让大家各做一个偈，700 多个徒弟中有一个叫神秀的地位最高，他做的偈是："身是菩提树，心如明镜台。时时勤拂拭，莫使有尘埃。"大家看后都大加赞赏，争相传诵。慧能听到后，不以为然，因为不识字，就请人代笔在神秀的偈旁另写一个，内容是："菩提本无树，明镜亦无台。本来无一物，何处惹尘埃？"弘忍看后大为惊奇，于是给慧能秘密讲授了金刚经，并将祖传袈裟传授给他。由于慧能在寺中的地位卑下，得了祖传袈裟就会遭来不测，所以弘忍让他急速返回原籍。慧能离开三天后，弘忍才向大家宣布禅宗继承人已经到南方去了。慧能隐姓埋名，在山中隐藏了 16 年。后来他到广州法性寺（现在的光孝寺）听高僧印宗法师讲经。一次，几个僧人聚在一起辩论寺庙门前旗杆上的旗帜动的道理。一个和尚说是旗子自己动，另一个僧人说旗子动是因为风在动，慧能听后大声说："不是旗

子在动，也不是风在动，而是你们的心在动。"印宗法师听后十分惊异，经询问得知慧能竟是禅宗第六代传人，于是拜慧能为师。慧能就在法性寺正式剃度出家，开创了南派禅宗。他主张"顿悟"，与神秀创立的主张"渐悟"的北派禅宗对立。

[海上丝绸之路]　早在新石器晚期，岭南的百越民族与东南亚及太平洋岛国就有海上贸易往来。到了秦汉时期，广州已经成为中国海上丝绸之路的主要起始港口。此后2000多年中，无论是国内战乱，还是朝廷实行"海禁"，广州与世界的贸易往来始终没有中断过。在7、8世纪，广州成为世界贸易圈，范围遍及东亚、南亚、西亚、阿拉伯地区和非洲地区，甚至包括欧洲各国。直到现在，广州仍然是中国重要的对外贸易港口之一。与以长安（今西安）为起始点的陆上丝绸之路相比，海上运输有运费低廉，方便快捷，不受地区变乱、封锁影响以及涉及面广的优势。随着中国造船工业的发达和航海技术的提高，从广州起始的丝绸之路不断向西方延伸。秦汉时期就可达印度半岛南端，南北朝时期能通往西亚，隋唐时期已经能够直达东非沿岸。中国的丝绸、陶瓷、茶叶等商品，火药、印刷术、指南针等发明，以及哲学思想等沿着海上丝绸之路传入西方，加快了世界文明的发展历程。同时，国外的水稻、玉米、番茄、菠萝、水仙、甘蔗、烟草等物种，印度、阿拉伯、欧洲各国的宗教、自然科学、艺术等也源源不断地沿着海上丝绸之路输入到中国。

[潮州功夫茶]　潮州功夫茶不但历史久远，而且有其独特之处。潮州功夫茶对茶具、水质、茶叶、冲法、饮用礼节都十分讲究。茶具要小巧，茶壶直径只有7～10厘米，而且要用绯绛色陶土特制。茶杯小而晶莹，洁白透明。烧水的炉子须是小泥炉；烧水的锅得是陶制的"薄锅仔"；烧水的炭以乌榄核为上乘；水质是潮州西湖的"处女泉"为上品，湘子桥西第三墩附近的韩水为中品，义井为下品；茶叶以"蓬莱茗"为第一，其余依次是福建、武夷小种、栋焙、功夫等名茶。功夫茶的冲法更为讲究，分为十道工序：活火、虾须水、拣茶、装茶、烫盅、热罐（茶壶）、高冲、低筛、盖沫、淋顶等。潮汕人认为饮茶最好是三个人，有"茶三酒四游玩二"的说法。茶汤要浓，以示对客人的尊重。巡茶要请老人或贵客先喝，依次轮流。客人喝茶时，不能用盅脚刮茶池，而且要趁热一饮而尽，然后轻轻把盅放下并品咂茶味，赞赏一番，否则就算失礼。

[客家七样菜]　中国古人按照道家天地生万物的顺序，将正月初一说成是鸡日，初二狗日、初三猪日、初四羊日、初五牛日、初六马日、初七人日、初八谷日。初七是人类诞生之日，现在客家民间对此还非常讲究。在客家地区，每到正月初七这天清晨，都要依照习俗吃七样菜，将芹菜、青蒜、大葱、芥菜、韭菜、芫菜以及鱼肉等，一起下锅烹炒，然后全家一起食用，民间认为，在人日这天吃七样菜，借其谐音，希望家人勤劳工作（芹菜）、会划善算（青蒜）、聪明敏捷（大葱）、计多谋深（芥菜）、幸福久远（韭菜）、广有人缘（芫菜）、富足有余（鱼肉）。

[冼夫人]　冼夫人是南朝、隋初岭南地区少数民族首领，高凉（今广东阳江）

人。她出身于岭南俚族首领世家，诚实守信，有勇有谋。南朝梁大宝元年（550），冼夫人支持陈霸先平定了侯景之乱，使梁朝在海南岛俚人地区重新恢复了郡县制度，加强了中原地区与海南岛的联系。陈朝建立后，冼夫人又支持陈朝消灭了割据岭南地区的豪强势力。由于她协助破敌有功，陈朝册封她为中郎将、石龙（郡）太

潮州功夫茶

夫人，并给她刺史待遇。之后她还革除了俚族相互攻掠的恶习，岭南各部相继依附，人民过了上安居乐业的生活。隋开皇九年（589），隋文帝进军岭南，遭到陈朝旧臣和部分少数民族的抵抗，冼夫人获悉后立即派她的孙子前往迎接隋军，并把自己所管辖的 8 个州归附于隋朝，使隋军能够顺利进至广州，最后完成岭南地区的统一。冼夫人也因此受封为谯国夫人。在她去世后，她的孙子受她影响，又主动归附唐朝，为唐朝统一岭南地区做出巨大贡献。冼夫人是岭南少数民族首领，但她在全国处于混乱分裂的时候，识大体、顾大局，抛开自家荣辱，为当地百姓着想，积极维护祖国的统一，成为支持南朝梁、陈两代和隋、唐初稳定珠江流域政治局面的主要支柱，为促进当地政治和社会经济的发展做出了重要贡献。后人为了纪念她，在两广为她建造了很多庙宇。

[孙中山]　孙中山（1866~1925）广东香山（今广东中山）人，我国伟大的革命先行者。他原名孙文，字逸仙，因旅居日本时曾化名中山樵，大家常称之为孙中山。他出生于一个普通的农民家庭，12 岁时到檀香山留学，17 岁回国。先后在广州、香港学医。毕业后，在澳门、广州行医，并致力于救国的政治活动。1894 年上书李鸿章，提出革新政治的主张，遭到拒绝。于是再次回到檀香山，创立了兴中会，提出"驱除鞑虏、恢复中华、建立民国、平均地权"的资产阶级革命政治纲领，并首次系统地提出了三民主义思想。1895~1911 年，孙中山组织了多次反清武装起义，他被公认为是中国资产阶级革命运动中最伟大的旗手。1911 年 10 月 10 日革命党人在武昌发动起义，得到各省响应。十七省代表联合推举孙中山为中华民国临时大总统，创立了中国历史上第一个共和政体。1912 年 4 月孙中山以国家、民族和广大劳苦大众为重，将大总统职位让于袁世凯后，他一度致力于经济建设的宣传。后来袁世凯复辟帝制，孙中山于1913 年发动"二次革命"反对袁世凯。1914 年他在日本组织成立了中华革命党。1917年将中华革命党改组为中国国民党，担任总理。1921 年就任非常大总统，再举护法旗帜。1923 年，孙中山第三次在广州建立政权，成立陆海军大元帅大本营，复任大元帅。

同年接受苏俄和中国共产党的建议，决定实行国共两党合作，以推进国民革命。1924年1月召开中国国民党史第一次全国代表大会，改组了国民党，提出"联俄、联共、扶助农工"的新三民主义。同年秋，冯玉祥发动"北京政变"，孙中山应邀北上共商国是，提出"召开国民会议和废除不平等条约"两大号召。1925年3月12日，因患肝癌，医治无效于北京逝世。

[詹天佑]　字达朝，号眷诚，生于广东省广州府南海县（现广东南海区）。我国近代科学技术的先驱、伟大的爱国主义者、杰出的铁路工程师。他是清政府派出的第一批出洋学习的幼童之一，学成归国后，曾修建和主持修建京奉、京张、张绥、津浦、川汉、粤汉、汉粤川等铁路，历任工程师、总工程师、督办和交通部技监。其中，京张铁路是克服了国内外强大的政治、经济压力和艰巨的工程难度而自行设计修建的，体现了独特的技术创新，是中华民族智慧的结晶和中外铁路的典范之作。他主持制定了铁路建设技术标准和规范，坚持采用标准轨距，研究并建议全国使用自动车钩，这些措施为中国铁路的统一和通畅创造了有利条件。詹天佑对我国铁路网的规划，干线的勘测设计，线路、桥梁、隧道的设计和施工，都有开创性的重大贡献。

[梁思成]　出生于日本东京，原籍广东新会，我国近代杰出的建筑学家和建筑教育家，是著名学者梁启超之子。他11岁由日本回到北京，14岁进清华学校（清华大学前身）学习，1924年赴美国入宾夕法尼亚大学学习建筑，获得建筑硕士学位。回国后应东北大学之邀去沈阳创办了建筑系。1946年创设清华大学建筑系。他毕生都从事中国古代建筑的研究和建筑教育事业，系统地调查、整理、研究了中国古代建筑的历史和理论，是这一学科的开拓者和奠基者。他曾经参加主持中华人民共和国国徽、人民英雄纪念碑以及扬州"鉴真和尚纪念堂"的设计，还提出文物建筑保护的理论和方法。他的《中国建筑史》《中国雕塑史》《营造法式注释》都是典范之作。

[冼星海]　原籍广东番禺，生于澳门一个贫苦船工家庭，中国近现代著名的音乐家。他少年时代曾在岭南大学附中学小提琴，后来入北大音乐传习所、国立艺专音乐系学习，1940年去苏联学习、工作，不幸于1945年病逝于莫斯科。在他短暂的一生中，创作出了不少不朽名作，如脍炙人口的《黄河大合唱》和《生产大合唱》等作品，并写有交响曲《民族解放》《神圣之战》，管弦乐组曲《满江红》，管弦乐《中国狂想曲》以及小提琴曲《郭治尔—比戴》等。此外还写了《论中国音乐的民族形式》《聂耳——中国新兴音乐的创造者》等大量音乐论文。冼星海对我国的革命音乐做出了巨大的贡献，赢得了"人民音乐家"的光荣称号。

[舞狮]　舞狮也叫"耍狮子""狮子舞"，是中国传统的民间娱乐活动。舞狮的形式大致可分为北方舞狮和南方舞狮两种。南方舞狮又称"醒狮"，大约兴盛于明末清初，主要流行于广东。每逢节日或喜庆事，广东各地都有舞狮游行以示庆贺。南狮造型极度夸张，威武雄壮，形神兼备。狮头用彩纸扎成，狮身则由五彩布条制作。它额高而窄，眼大而能转动，口阔带笑，背宽、鼻塌、面颊饱满，牙齿能隐能露。分文狮、

武狮和少狮三大类。文狮以刘备、关公作脸谱，武狮以张飞作脸谱。文狮表现温驯而和善，武狮表现勇猛而刚烈，少狮即幼狮，憨态可掬，一般跟随文、武狮同场表演。舞狮者穿各种灯笼裤，上穿密纽扣的唐装灯笼袖或背心，舞动时能够看到舞狮者全身，这与舞北狮者的穿戴大相径庭。舞南狮时，每头狮子由两个人合作表演，舞狮时一个举狮头在前，另一人操狮尾在后，前有大头佛逗引，随着象征狮吼和风雷之声的大鼓、厚锣、响钹等乐器的乐声起舞。在表演过程中，舞狮者还以各种招式来表现南派武功，非常富有阳刚之气。南狮舞注重写意，抽象传神，有醉睡、出洞、起势、过三山、上楼台、发狮威、迎宾舞、跳龙门、叠彩、瑞狮采青等形式。舞狮步法则有碎步、马步、弓步、虚步、行步、操步、插步、麒麟步、内外转身摆脚等。

（四）气候

广东省地处热带、亚热带地区，深受季风和海洋暖湿气流影响，气候温和，雨量充沛，日照时间长，是中国光、热、水资源特别丰富的地区。省境年太阳总辐量达 422～563 千焦耳/平方厘米，日照时数长达 1700～2200 小时，但南北相差几近一倍。年均温除粤西北的连山外，均在 19℃ 以上。温度的纬向分布较明显，大致北低南高。广东是中国降水丰沛的地区之一。大部分地区年降水量 1500～2000 毫米，但分布不均，逐年差异也很大。南岭南侧、云浮山、莲花山东南坡等迎风面的山坡地带，年降水量都超过 2200 毫米。在背风面的谷地和内陆盆地，年降水量仅 1400 毫米。广东是中国受台风侵袭最频繁的省份，影响省境的台风年均约 10 次，其中以 7～9 月居多。

　　[台风]　　台风是发生在热带海洋上的强热带气旋，是影响广东的主要气象灾害。由于受地球自转偏向力的影响，北半球热带气旋做逆时针方向旋转，南半球的热带气旋作顺时针方向旋转。联合国世界气象组织为热带气旋制定了统一的国际分类标准，即：中心附近最大风力在 7 级以下（<17.1 米/秒）的热带气旋叫作热带低压；中心附近最大风力达 8～9 级（17.2～24.4 米/秒）的称作热带风暴；中心附近最大风力在 10 级以上（>24.5 米/秒）的称为台风或飓风。在台风中心平均直径约为 40 千米的面积内，通称为台风眼。由于台风眼外围的空气旋转得太厉害，在离心力的作用下，外面的空气不易进入到台风的中心区内，因此台风眼区的风很微弱。中国对每年在东经 180°西、赤道以北的西北太平洋和南海海面上出现的、中心附近最大风力 8 级以上的各种热带气旋都统称为"台风"。5～11 月是广东的台风季节，其中盛夏的 7、8、9 三个月是台风活动的盛期。强台风通常伴有狂风暴雨，掀起巨浪，会引发风暴潮。随着它的移动和登陆，会给所经洋面上的船只和陆地上的农田、房屋等造成极大的破坏。汕头至珠江口、雷州半岛东岸是台风登陆的主要地区。初夏，影响和侵袭广东的台风多数来自南海，盛夏季节多数来自太平洋。

（五）自然资源

广东矿产资源已探明储量的有 85 种，其中以有色金属居多。金红石、磷钇矿、钽铌矿、锆英石、钛铁矿的矿藏量居全国之首。铅、锌、铜、钨、锡、铋、钼等有色金属和铁、锰、硫等矿藏在中国也占有重要地位。南海的石油和天然资源也很丰富。植物种群丰富，超过 5000 种，北部南岭地区植物种类总数超过中国中部和北部植物种类的总和，有"绿色宝库"之称。重要的野生植物资源有 1000 余种，其中古老植物有 30 余种，如被称为"活化石"的水杉、苏铁、树蕨等。树木种类繁多，主要有松、杉、樟、桉等。水果品种有 270 多种。珠江口沿海的滩涂还生长有成片的红树林。广东是中国动物繁盛的省份之一。野生陆生动物有 700 种，其中哺乳类百余种，鸟类 500 多种，两栖类 80 多种。珍稀动物则有苏门羚、华南虎等。南海约有鱼类 860 多种。其中有属于中国四大鱼类的黄鱼、带鱼、鲷鱼和墨鱼，并有大量金枪鱼、马鲛鱼、红鱼、石斑鱼、斑节对鱼、梅花参、海龟、玳瑁、海贝和海藻等。全省淡水面积 27.3 万多公顷，主要淡水鱼类有鲩、鳙、鲢、鲮、鲤等。

广州花市

广东各地均有花市、花店，其中广州除夕前三天的花市最具有浓郁的岭南地方特色。约在明代时，广州花市已经具备了一定的规模和影响。现在广州花市更加兴盛繁荣，花市主要位于广州市教育路，西湖路，浆栏路，东川路一带，除夕前三天启市，除夕之夜达到高潮。开市时街道上彩楼高搭，花架成排，华灯如昼，四面八方的花农都聚集在这里，出售桃、菊、吊钟、金橘、剑兰、芍药、牡丹、玫瑰、水仙等各种鲜花，香飘十里。广州市民如潮水般拥塞在街道上，竞相选花购花，花市上笑语喧声，非常热闹，直至初一。

[增城挂绿荔枝]　广东增城挂绿荔枝与一般荔枝的最明显不同是，它的每个荔枝果都有一条绿色的"丝带"缠绕。相传八仙之一的何仙姑是唐朝时广东增城人，她在荔枝树下绣花时，曾将翠绿绸带挂在荔枝树上。树沾仙气，枝荣叶茂，所结的果实就有一条绿丝缠绕其间，所以叫"挂绿"。增城挂绿荔枝的特点是肉厚汁多，营养丰富，果肉晶莹，清甜爽口。这种荔枝剥壳后放在吸水纸上，汁不外溢纸不湿。荔枝壳红中带绿，有"四分微绿六分红"的说法。增城荔枝镇挂绿园有一株挂绿荔枝树，是增城荔枝的"老祖宗"，树高 5 米多，树龄 400 多年。

[观光木]　观光木分布广东、云南、贵州、广西、湖南、福建和海南等热带、亚热带南部地区的海拔 400~1000 米处的常绿阔叶林中。属于常绿乔木，是国家二级保护植物。观光木高达 30 米，胸径 2 米。树皮灰褐色，具有深皱纹。叶互生，椭圆形，长 7~17 厘米，上面中脉凹，被有柔毛，下面被黄棕色糙毛。花单生叶腋，芳香，淡黄白

色，具有红色斑点。花被 9~10 片，狭倒卵状椭圆形，外轮较大，长 17~20 毫米，向内较小。聚合果长椭圆形，长 10~14 厘米，直径 8~9 厘米，成熟时为暗紫色，具黄色皮孔。

[南方红豆杉]　南方红豆杉属红豆杉科，零星分布于华东、华南、华中、西南地区，多生于海拔 1200 米以下。为常绿乔木。南方红豆杉叶排成两列，条形，常呈镰刀状，较大。树皮为红褐色，心为淡红褐色，富弹性，少割裂，不反张，可作建筑及家具用材，芯材的色素可提取利用。木材含油，久经水湿，不易腐烂。种子含油，可制肥皂及润滑油。

[端砚]　端砚产于广东省肇庆市东郊、高要区东南的烂柯山（斧柯山）西麓端溪一带，所以得名端砚。它与歙砚、洮砚、鲁砚并称中国四大名砚。端溪的端石长年浸于水中，温润如玉，《端溪砚史》评价它是"体重而轻，质刚而柔，摩之寂寂无纤响，按之如小儿肌肤，温软嫩而不滑"。端石做成的砚台，具有发墨而不损笔毫的特点。端砚石不仅质地好，还具有各种天然的绮丽纹理。著名品种有鱼脑冻、蕉叶白、青花、石眼、冰纹、火捺等。端砚在唐朝的时候就很著名，唐太宗曾将褚遂良临摹《兰亭序》所用端砚赐予魏征。武则天也曾把题为"日月合璧"的端砚赐给狄仁杰。传说当年包公从端州离任时，曾有士绅用黄布包着一方端砚要赠送给包公，包公拒不接受。那个士绅趁他不注意，悄悄把端砚放进船舱里。当船到到西江羚羊峡口时，风浪骤起，包公发现舱中有一方端砚，便命人投入江中，于是风平浪静。现在江中还有掷砚洲。

[金钱豹]　金钱豹属食肉目猫科，是国家一级保护动物。产于亚洲和非洲，在广东主要分布于山地森林地区。金钱豹体型与虎相似，但较小。体长在 2 米左右，尾长超过体长的一半。头圆，耳短，四肢强健有力，爪锐利伸缩性强，体能极好，视觉和嗅觉灵敏异常，性情机警，既会游泳，又善于爬树。金钱豹全身颜色鲜亮，毛色棕黄，遍布黑色斑点和环纹，形成古钱状斑纹，因此得名"金钱豹"。金钱豹食性广泛，胆大凶猛，以中小型草食动物、啮齿动物为食。栖息环境多种多样。

[眼镜蛇]　眼镜蛇属爬行纲，有鳞目，为蛇亚目眼镜蛇科，眼镜蛇属。分布于中国广东、广西、台湾、福建等地，也产于东南亚、印度等国家。雄蛇颈部腹面有一道较宽的灰黑色横纹，有的个体体色为灰黑，或为灰黄色，横纹明显或隐约可见。独居，昼夜均有活动，在冬季冬眠。遇到异常情况时，昂起身体前部，颈部两侧膨胀，同时背部的眼镜圈纹愈加明显，发出"呼呼"声，以此来恐吓敌人，有时还会喷射出多达250 毫克的毒液。眼镜蛇生活在丘陵地带及平原，以鱼、蛙、鼠、鸟及鸟卵等为食。卵生，6~8 月产卵，每次产卵 10~18 枚，自然孵化，孵化期约 50 天。

[水鹿]　水鹿也称黑鹿，属偶蹄目鹿科。水鹿产于中南和西南地区，是国家二级保护动物。以广东、海南、台湾及印度、缅甸分布较多。一般栖息于海拔 3000 米以下热带、亚热带阔叶密林或针阔混交林，它是热带、亚热带地区体型最大的鹿类，身长

140~260 厘米，肩高 120~140 厘米，体重 100~200 千克。雄鹿长着粗长的三叉角，最长者可达 1 米。毛色呈浅棕色或黑褐色，雌鹿略带红色。从额至尾沿背脊有一条宽窄不等的深棕色背纹，臀周毛呈锈棕色，颈具深褐色鬃毛，体侧栗棕色，尾毛黑色。喜欢在水边觅食，也常到水中浸泡，善游泳，所以叫"水鹿"。水鹿有群居的习性，活动范围较大，没有固定的窝。它们昼伏夜出，白天隐蔽在浓密覆盖物中，黄昏开始活动，以青草、树皮、竹笋、嫩叶为主食。繁殖季节不固定，孕期约 8 个月，每胎 1 仔，幼仔身上有白斑。

（六）经济

广东省是商品性农业发展较早、轻工业基础较好、商业繁荣的省份。工农业生产发展速度，高于全国平均水平。1979 年以来，深圳、珠海、汕头设立了经济特区，广州、湛江和珠江被列为开放城市或地区，使广东的经济发展更加迅速。广东的工业主要有食品、家用电器、塑料制品、服装、卷烟、陶瓷、纺织、丝绸、机械、电子、电力、煤炭、石油、造船、汽车、化工、医药、建材、冶金等，已形成门类齐全的工业体系。电子工业的门类及产值居全国前列。农业向外向型发展，是全国的水稻、蔬菜和水果生产基地。茂名是最大的水果产地，湛江是最大的剑麻基地。珠江三角洲是粮食、水果和甘蔗生产基地，雷州半岛是热带作物生产基地。广东交通发达，已构成以广州为中心的陆海空交通运输网。有港口 100 多个，民航机场 8 个，有京九、京广、广梅汕、三茂等铁路干线，还有广深准高速客车直通九龙。公路四通八达，等级较高。

[农业]　广东的农业以种植业为主，粮食、经济作物和热带作物生产并重。大部分地区实行一年三熟耕作制，粮食生产以水稻为主，一年两熟，南部可三熟，水稻产量占粮食总产量的 90% 左右，是全国重要的双季稻种植区。水稻种植遍及全省，珠江三角洲、潮汕平原是主要高产稳产区，为全国重要的商品粮基地之一。漠阳江、鉴江及各河流沿岸平原和谷地也是水稻的重要产区，耕作多实行水稻连作和双季稻加冬薯的一年三熟制。经济作物以甘蔗、花生、蚕桑、黄红麻、水果为主。广东是中国最大的商品化甘蔗产区，也是中国以橡胶生产为主的热带作物重要生产基地之一，主要出产橡胶、剑麻、香茅和胡椒等。广东素有"水果王国"之称，全省热带和亚热带水果达 400 多种，经济栽培水果有 40 多种，四季不绝。柑橘、香蕉、菠萝、荔枝为四大名果。潮州蜜柑、新会及罗岗甜橙、新会大红柑、增城挂绿荔枝、东莞和高州香蕉等驰名中外。经济林主要是竹，其次为油茶、油桐、板栗和紫胶。重要山林特产有松香、香菇、药材和笋干。畜牧业以养猪、鸡、鸭、鹅等家禽为主。禽肉产量居全国首位。广东渔业生产基础好，海洋捕捞和淡水养殖并重，海水养殖业发达。珠江三角洲为全国著名淡水渔业基地。

基塘农业生态系统

珠江三角洲基塘农业的特色是合理高效利用自然资源，形成农、牧、副、渔相互结合、相互作用的良性循环人工生态系统。农民筑堤取土挖坑修鱼塘，池塘养鱼，塘泥培基肥地，基上种植作物，搞饲养业，畜、禽粪便喂鱼，循环往复、合理利用，以期达到最大效益。基塘历史悠久，始于14世纪中后期元末明初，早期以果基为主，17世纪盛行桑基，种桑养蚕。蚕沙作鱼饵，蚕茧缫丝。20世纪又称为蔗基，现部分改为菜基、花基，不断适应市场需求，成为纺织、制糖工业和外贸产品基地。基塘农业生态系统适应珠江三角洲热带季风气候光热，雨量资源丰富的特点。现该生态系统已被联合国粮农组织推广到北欧和南美的一些低涝地区。

[工业]　广东省工业以轻工业为主，轻重工业协调，门类比较齐全。它的轻工业历史悠久，主要有制糖、造纸、制盐、罐头、自行车、钟表、服装和制茶等部门。甘蔗制糖业是广东最重要的轻工业部门，制糖生产居全国第二位。水果食品罐头是广东罐头工业的特色，广州、汕头、湛江、惠州、珠海是主要的罐头生产基地，产量在全国占绝对优势。纺织、造纸和制盐也是广东重要轻工业部门。广州拥有中国设备最好、规模最大的新闻纸厂。丝、棉纺织工业集中于广州、佛山、汕头等市。麻纺织工业集中于广州，有设备先进的大型麻袋厂和苎麻纺织厂。广东手工业历史悠久，"京广杂货"久负盛名。著名传统产品有佛山陶瓷、汕头抽纱、潮绣、新会葵扇、东莞烟花和爆竹、广州三雕（牙雕、玉雕、贝雕）和粤绣、肇庆端砚等。此外，广东金属矿藏和石油也很丰富，石油化工是广东的重要工业部门。茂名、广州是主要的石油化工和炼油中心，拥有大型石油企业，并带动尿素、成品油、合成纤维、塑料、橡胶、农药等多种产品生产。广东硫酸和水泥生产在中国也占有突出地位，分别居全国第三位和第一位。机械工业以造船、制糖机械、汽车制造、矿山机械和农业机械为主。广州、湛江为广东省造船工业中心。广州造船厂可生产万吨轮和中型内河轮船，是中国南方最大的造船中心。

[交通]　广东交通运输业中水运占主要地位，全省3/4的市镇可依赖内河航道与海洋沟通。内河通航里程达1.1万多千米，其中枯水航道水深1米以上，可通驳船的近5000千米。广东水运以珠江为主干，通过西江、北江、东江这一扇形水河网沟通了全省半数以上地区。珠江干流西江为联系广东、广西的交通动脉。广州、湛江、汕头是海运中心和对外贸易港口。黄埔、湛江、赤湾、蛇口、盐田、澳头、水东、新沙等港口均建有万吨级码头。沿海各市县物资交流主要靠海运完成。全省公路总通车里程居全国前列，每百平方千米有公路101千米市。全省以广州为中心的公路干线有广汕（头）、广湛（江）、广梅（州）、广怀（集）、广罗（定）、广海（安）线6条，共长8000多千米。105国道、107国道南北纵贯，沟通了省内各地和邻近的闽、桂、赣的联

系。京广铁路纵贯，为南北交通大动脉。黎湛铁路是沟通粤桂和西南地区的要道，有利于进出口物资的运输。广九铁路是广州和香港间的重要交通线。航空运输以广州为中心，与北京、上海、南京等大中城市及省内的汕头、湛江、珠海等地均有航班通航。广州白云机场是中国三大机场之一，也是若干国际航线的中继站，开辟有通往新加坡、雅加达等国外城市的国际航线。

（七）旅游

广东省以地貌形态复杂、亚热带风光、温泉瀑布以及众多的历史文化胜景为其旅游特点。丹霞山为典型的丹霞地貌，肇庆七星岩为喀斯特地貌，西樵山为熔岩地貌，汕头还有海蚀地貌，形态多样的地貌鬼斧神工。北回归线贯穿省境，亚热带迷人风光使人流连忘返。鼎湖山自然保护区更是回归线上世界唯一的亚热带植物宝库。广东还有众多的温泉、瀑布和川峡险滩。拥有历史文化名城广州、潮州、肇庆、梅州。古迹有南华寺，别传寺、元山寺和岭南四大名园等。广东还是近代革命摇篮，历次革命斗争中的名人故居、重要遗址等不胜枚举。

[丹霞山]　　丹霞山位于仁化县城南 9 千米处，面积 2.5 平方千米，主峰宝珠峰海拔 408.7 米，属于五岭余脉。山体由富含氧化铁的第三纪厚层红砂岩、砾岩组成。因为颜色丹红如同彩霞，所以得名为丹霞山。是目前中国已发现的 350 多处丹霞地貌中面积最大、发育最典型，类型最齐全、造型最丰富、风景最优美的典型代表。山中到处可见赤紫色的悬崖峭壁、岩洞、峰林、石柱等自然奇观。该山在 2010 年第 34 届世界遗产大会上被正式列入《世界遗产名录》。

[从化温泉]　　从化温泉位于广东从化区温泉镇，又名"流溪河温泉"。面积 14.5 平方千米。从化温泉发现较早，自古有"从化温汤好，岭南第一泉"的盛名。从化温泉的泉水附存于燕山期花岗岩裂隙中，沿流溪河河岸及谷底呈带状分布，集中出露于温泉镇的温泉疗养院、良口镇的料塘和街口镇的向阳等处，多呈上升出露。从化温泉现有泉眼十余处，水温最高为 71℃，最低为 30℃，泉水含钙、镁、钠、氡等多种元素，具有无色、无味的特点，对各种关节炎和皮肤、消化器官、神经系统等疾病有辅助疗效，还可以饮用。从化温泉及周边气候宜人，环境幽静，景观有"温泉锦绿""兰苑清幽""百丈飞瀑"等。

[斑石]　　斑石，土名岚冈山，坐落于封开县的杏花镇斑石村。整体石块由燕山第二期中粒花岗岩组成，相对高度为 191.3 米，长 1350 米，横断面宽 600 米，占地面积 0.8 平方千米，是亚洲最大的巨石，仅次于澳洲巨石，列世界第二位。斑石十分雄伟庞大，一石成山，神奇独特。它形成于 2 亿多万年前的中生代，经过亿万年日晒雨淋还是完整无缝。大自然的造化使石块西坡光秃陡峭，东坡及顶巅有土层覆盖，松木苍翠，芳草葱绿。暴雨之后，由石巅漂泻而下的无数条流水，使石面呈现斑斓五彩，景象更

为壮观。斑石山上有歌仙台，据说是歌仙刘三妹（广西称刘三姐）为鼓励老百姓战胜旱魔而唱歌的地方。

[肇庆星湖]　　肇庆星湖坐落在广东省肇庆市北部。风景区包括七星岩、鼎湖山两大景区，两景区虽距不远，但景色各异，是国家重点风景名胜区。七星岩景区由散落在广阔湖区的七座陡峭的石灰岩组成，布列似北斗七星故名。由七岩、八洞、五湖、六岗组成，以山奇水秀、湖山相映、洞穴幽奇著称。它分南北两列，由东而西为阆风岩、玉屏岩、石室岩、天柱岩、仙掌岩、蟾蜍岩、阿坡岩。五湖为东湖、青莲、中心、红莲、波海等湖，总称星湖。石室岩早在几百年前就以风景幽奇而闻名全国，为七星岩景区名胜古迹较集中的地方。岩顶名嵩台，相传是天帝宴请百神的地方。岩下有一个特大的石室洞，洞口高仅 2 余米，洞内穹隆宽广，顶高达 30 米左右，石乳、石柱、石幔遍布其间。洞中有地下河，可泛舟游览。洞内摩崖石刻林立，共有 270 余处，上自唐宋，下至明清，多出自名家之手，有"千年诗廊"之称。湖区北部的阿坡岩东麓下有双源洞，长 270 多米，内有两源合一的地下河，曲折幽深，奇岩怪石，瑰丽奇特。鼎湖山景区包括鼎湖、三宝风来、优虎等十多座山峰，主峰鸡笼山海拔 1004 米，为岭南四大名山之一。因山顶有湖，故名顶湖山，相传黄帝在此铸鼎，又名鼎湖山。鼎湖山林壑幽深，泉溪淙淙，以天然森林、溪流飞瀑、深山古寺见长。山中有鸟类 100 多种，兽类 30 多种，爬行类 20 多种。海拔 700 米以下遍布典型的南亚热带季风性常绿阔叶林，具有一定原始风貌，有 2000 多种高等植物，其中不少是珍稀植物。西南坡西溪龙泉坑有水帘洞天、白鹅潭、葫芦潭等 8 处瀑布。山南麓有庆云寺，西南有白云寺，受大气环流下沉气流的影响，世界上其余回归线附近几乎全是沙漠或干旱草原，而纬度相当的鼎湖山景区，由于有东亚季风的作用，却分布有一片生机盎然的亚热带、热带雨林，是世界少有的特殊森林类型，1980 年正式加入世界自然保护区网。

[虎门炮台]　　虎门炮台位于广东珠江出海水道咽喉，又称虎门要塞。因珠江口有大小虎山，形似两只下山猛虎雄踞江面而得名。南通大海，北抵广州黄埔港，是广州的出海门户，为历代兵家固守之地。清代林则徐、关天培在此共布局修筑炮台 11 座，设置大炮 300 多门。第一重门户为大角、沙角等炮台。第二重门户为威远、镇远、靖远等炮台。威远炮台筑在南山炮台前的岩石中，与镇远、靖远两炮台呈品字形。第三重门户为大虎炮台。炮台间系有铁链、木桩、排链没于水中，组成坚固阵地，阻拦外来船只的入侵，被誉为"金锁铜关"。敌船来到这里，进则为排链所阻，退则为风向水流所碍，而诸炮台火力交织，控制洋面，使敌船成为瓮中之鳖。鸦片战争期间虎门炮台屡挫英军进犯。当年，驻守虎门要塞的广东水师提督关天培就在此处率部抗击侵略者并壮烈殉国。位于虎门东南面的沙角炮台遗存有 3000 千克大炮一门，是道光十五年（1835）佛山铸造的。

[黄花岗七十二烈士墓]　　位于广州市先烈路。1911 年 4 月 27 日，孙中山领导下的同盟会在广州举行推翻清政府统治的武装起义，遭到镇压，起义失败，骨干会员 100

多人壮烈牺牲。同盟会会员潘达微冒着生命危险，收殓72具烈士遗骸，将其葬于黄花岗。1918年，为了纪念黄花岗起义的死难烈士，海外华侨和爱国人士捐资兴建了烈士陵园。陵园墓门是一座高大牌坊，横排3个拱门，孙中山先生所题"浩气长存"几个大字刻在墓门正中央。墓道宽阔，碑石林立。方形碑亭上树"七十二烈士之墓"石碑，后面是"纪功坊"，72块石砌叠成金字塔形坊顶，一个高举火炬的自

虎门炮台

由神像矗立于顶上。章太炎为此坊额题了"缔造民国七十二烈士纪功坊"古篆。坊后的石碑详记了起义经过。陵园中一年四季黄花不断，用以象征永垂不朽的烈士精神。

[罗浮山] 罗浮山位于广州东约100千米的博罗县境内。又名东樵山，与西樵山齐名，并称为"南粤名山数二樵"。山势险峻，由罗山、浮山相连而成，方圆120多千米，自东到西12奇峰依次排列，有"连峰去天不盈尺"之誉。罗浮山飞云顶是罗山主峰，海拔1282米。上界三峰是浮山主峰，与飞云顶遥遥相对。锦屏12峰下有古羌王城遗址和古刹"飞鸣禅院"。汶江石林则是由砾状石灰岩形成的千姿百态、风动欲坠的石林奇观。七贤柏为一柏七株，是全国第二大古柏。

罗浮山既是广东四大名山之首，也是一座道教名山，被道教称为"第七洞天"。曾修有华首、明月、龙华、延祥、宝积5个佛寺。飞来峰是罗浮绝顶，因其山上多梅花而闻名，苏东坡曾有诗赞道"罗浮山下梅花林，玉雪为骨冰为魂"，指的就是这个。

[白云山] 白云山与广州市北郊相距约15千米，自古有"羊城第一秀"之称。白云山由30多座山峰组成，占地28平方千米。摩星岭海拔380多米，是白云山的主峰。山上有麓湖风景区、山顶公园、山北公园、双溪和山庄旅舍等景点。九龙泉位于摩星岭下。白云山多泉水，其中九龙泉最为出名。附近原有九龙庵、龙王神祠等，今已不存。九龙泉口装设有六角形花岗石栏，上有一块上刻行书"九龙泉"三字的石碑。黄婆洞是一条三面环山的深谷，近年来石锛、石斧等石器时代遗物先后在这里被发掘出来，现在这里修建了黄婆洞水库，周围林深树密，花草遍地，山烟云影，雾霭氤氲，是白云山风景最美的一个地方。

[越秀公园] 越秀公园位于广州市北面，是广州城市中心公园，是新世纪羊城八景之一。它与白云山联成广州城北的屏障，海拔70余米，历史上又称粤秀山、越王山。越秀山早在西汉时期便是登临胜地。越秀公园占地92.8万平方米，园中有东秀

湖、北秀湖、南秀湖三个人工湖，湖水面积共达约 56000 平方米。

越秀公园未建园之前叫作观音山。这里历来就是游览胜地，山上保留着许多文物古迹。越王井和越王台是 2000 年前的南越王赵佗的遗迹，此外还有晋代的越岗院（遗址即今之三元宫）、南汉的呼峦道、明代的镇海楼和城墙、清代的王兴将军墓、绍武君臣冢，近代的有越秀炮台、四方炮台等古迹。越秀山被辟建为公园后，又先后建了海员亭、光复纪念亭、中山纪念堂、中山纪念碑、"孙先生读书治事处"碑等纪念革命的建筑。

越秀公园历史悠久，自然景观与人文景观非常丰富，是一个环境优美的市级综合性文化休憩公园。公园内林木苍翠，绿化覆盖率达 83.5%。它不仅保存了镇海楼、明代古城墙、四方炮台遗址、中山纪念碑等历史时期的遗迹和众多的古树名木，还建设了五羊仙庭、成语寓言园、竹林休闲区等。历史古迹与现代文明齐辉，自然造化与人工巧设共舞，相映成趣。

［六榕寺］　位于广州市六榕路。修建于南朝梁大同三年（537）。六榕寺原叫宝庄严寺，北宋重修时改名为净慧寺。后北宋大文学家苏轼来此游览，见这里有六株古榕，便题书"六榕"二字，故又名"六榕寺"。六榕寺是广州市著名的佛教古寺。寺内主要建筑有大雄宝殿、观音殿、六祖堂和花塔等。

六祖堂内保存的唐代僧人慧能的铜像，铸于北宋端拱二年（989），距今已有 1000 多年历史。寺内还有铸于清康熙二年（1663）的 3 尊巨型铜佛像。花塔原名舍利塔，此塔初建于南朝梁大同三年（537），北宋绍圣四年（1097）重建。塔内从最高层到顶端，有一刻满铜像的大铜柱，连同上面的九霄盘、宝珠及下垂的铁链共重 5000 千克，此柱为元至正十八年（1358）重修花塔时所铸。花塔是观赏全市风景的好地方。

［"中英街"］　坐落在深圳沙头角镇内。是 1898 年中英不平等条约的产物。甲午中日战争后，中英街中心被划定为粤港界线，一半由中方管辖，一半由港英当局管辖。20 世纪 30 年代，伴随地界两边商品活动的增多，中英街取代了中英地界。"中英街"具有世界独一无二的"一街两制"特色，街心有八块界碑石，界石的两面分别用中、英文刻上界石顺序号、立石时间。以此为界，部分属深圳，部分属香港。这条小街长250 米，宽约 3 米。两边商店林立，各种商品琳琅满目，如今的中英街已是旅游热点和一个繁华的商品贸易地点。1997 年 7 月 1 日香港回归后，中英街失去了原有的意义，成为历史遗迹。"中英街"是深圳八景之一，是集旅游、观光、爱国主义教育于一体的特殊城市生活区。

［锦绣中华］　锦绣中华坐落在风光绮丽的深圳湾畔，是一座反映中国历史、文化、艺术、古代建筑和民族风情最丰富、最生动、最全面的实景微缩景区。锦绣中华占地 45 万平方米，部分景点比例接近实物，有些为 1∶4，甚至还有 1∶1 的，是世界上最大的微缩景区。锦绣中华中近百处景点大致按照中国区域版图分布建成。万里长城、秦陵兵马俑、赵州桥、故宫、圆明园、敦煌莫高窟、云南石林、安徽黄山、黄果

树瀑布、乐山大佛、应县木塔、曲阜孔庙、长江三峡、桂林山水、杭州西湖、天山牧场、布达拉宫、成吉思汗陵、中山陵、明十三陵等全国各处景点无不应有尽有。

[宝晶宫]　宝晶宫位于广东清远城北燕子岩的东坡，是一个经历了2亿多年地壳运动而形成的大溶洞，有"岭南第一洞天"之称。宝晶洞冬暖夏凉，常年气温保持在18~21℃。溶洞共四层，底层为冲积层，有地下河连通北江。上洞为构造性溶洞，长约300米，面积约5000平方米，石柱、石笋、石幔、边石坝等随处可见。尤其在凌霄殿中有一大灰华坡，长60米，宽30多米，倾角20°，为国内罕见。因洞口在下方，洞体在上方，夏天暖空气由洞外进入，浮于洞内，到冬季天冷，气暖轻浮，不能从下口流出，所以冬天洞内仍保持夏天气温。中洞是过渡性的溶洞，位于上、下两洞之间，东、西端各有落水洞（竖井）与上、下洞相通。下洞是宝晶宫最为壮观的地方，总长1200米，面积达9000平方米，由三个大厅和一条长廊组成。洞内石笋、石柱林立，石花、石幔千姿百态，石钟乳绚丽多姿，有的像花鸟虫鱼，有的像飞禽走兽，有的像佛祖，有的像天池飞瀑。有"蓬莱仙境""玉皇宝殿""富士山""宝宫琼蕾"等1000多个多姿多彩的石景，宛如一座富丽堂皇的地下宫殿。其中有30米高的大型石幔和石柱溶成的"龙骨塔"，是十分罕见的景观。

二十一、广西壮族自治区

（一）行政区划

广西壮族自治区位于北纬20°54′~26°23′、东经104°29′~112°04′。陆界国境长637千米，海岸线东起粤桂交界处的英罗港，西至中越边境的北仑河口，长1595千米，岛岸线605千米。全自治区土地面积23.76万多平方千米，北部湾海域面积近13万平方千米。因宋时其辖境属广南西路，故得名广西。广西地处中国南疆，南与越南毗邻，北归线横贯中部，是中国四个北回归线贯穿的省份之一，属中国纬度较低省份。截至2021年，广西壮族自治区行政区划为14个设区市，10个县级市，60个县（含12个民族自治县），41个市辖区，806个镇，312个乡（含59个民族乡），133个街道。简称桂。首府为南宁市。

[首府——南宁]　南宁市位于自治区境中南部，地跨邕江，简称邕。是广西壮族自治区首府驻地，广西政治、经济、文化、科技、信息中心。面积22189平方千米，以壮族为多，有壮、汉、瑶、回、满、苗、侗等35个民族。辖兴宁、青秀、西乡塘、良庆、江南、邕宁6区及武鸣、隆安、马山、上林、宾阳、横县6县。市境位于南宁

盆地中心，湘桂铁路线横跨邕江两岸。北部横亘着东北—西南走向的天然屏障高峰岭，其中大明山主峰龙头山为南宁市最高峰，海拔 1760 米。邕江南岸是海拔 200 多米的丘陵。东南为近郊风景区青秀山，西郊主要为海拔百余米的岗地，中部为平原。南宁盆地是构造盆地，外围为寒武系、泥盆系砂页岩山丘，岗地由第三系红色岩系组成，平原是第四纪冲积物。邕江横贯盆地南部，有 10 多条小支流汇入。矿藏有煤、铁、铜、钨、锰、石油和天然气等。南宁是一座以轻工业为主的新兴工业城市，主要工业有食品、制粮、机械、纺织、电力、冶金、建材等行业。农业主产稻谷、甘蔗、玉米、木薯、花生，盛产香蕉、菠萝、柑橙、荔枝、龙眼。南宁交通便利，湘桂、黔桂、黎湛、南防、南昆铁路纵横境内，210 国道、322 国道、324 国道于境内交会，右江、左江和郁江通航，建有呈圩机场，为广西交通枢纽和西南出海大通道。南宁有各类学校上千所，广西大学、广西医科大学等高校设于境内。南宁是一座富有南国风光的城市，市区内种有大量果树和香花，而且有许多街心花园，被誉为"花果之城"。

[桂林]　桂林市位于广西壮族自治区境内的东北部，距首府南宁市 431 千米。面积 27797 平方千米。人口以汉族为多，有壮、瑶、回、苗、侗、满、仫佬、土家等 26 个少数民族，是中国历史文化名城和世界著名的风景旅游城市。市境位于五岭之南，漓江西岸，地处亚热带，气候温和，雨量充沛，自然景观奇特，素以溶洞多、山峰奇、地下河发育、地上江流清澈、山水相依的喀斯特地貌景观著称于世，有"桂林山水甲天下"之称。工业有橡胶、医药、食品、电子、美术工艺品等门类，特产有三花酒、腐乳、辣椒酱、西瓜霜等，风味小吃有胡辣、素面和米粉等。农业主产稻谷、芝麻、薯类、花生、黄豆等，兼产荸荠、沙田柚、金橘、板栗、罗汉果、桐油、油茶、棕榈等。桂林交通便利，干线公路、高速公路纵横境内。民航班机通北京、上海、广州等 20 多个城市和港澳地区。两江国际机场，是桂林的国际航空港。

[北海]　北海市位于广西壮族自治区境内东南端，南临北部湾，有南流江、丹竹江、三合口江、乌家河过境。面积 3337 平方千米。人口以汉族为多，有壮、瑶、京等 9 个少数民族。是中国第一批对外开放的 14 个沿海城市之一，也是广西对外海运的港口城市。市境地势低平，海拔多在 50 米以上，最高点为冠头岭，海拔 120 米。此外，涠洲岛和斜阳岛有玄武岩火山锥，附近分布有珊瑚礁。市区原为海湾泽国，后为泥沙淤积，形成西狭东宽的半岛。矿藏有石油、石英、陶土、钛铁等。工业有电力、机械、电机、化工、陶瓷、贝雕、烟花爆竹、造纸、建材等门类。农业主产稻谷、薯类、花生、豆类、甘蔗、玉米，兼产珍珠、鱿鱼、虾米等。北海是"海上丝绸之路"的始发港之一。境内铁路、公路纵横，有飞机场、万吨级码头连通国内外。名胜古迹和游览地有白龙珍珠城遗址、海角岛、斜阳岛、星岛湖、红树林。白虎头海滩是亚洲十大海滨浴场之一。

[柳州]　柳州市位于自治区境中北部，面积 18677 平方千米。市境地势低平，柳江流经市区，形成著名的"江流曲似九回肠"的大湾。沿江两岸为海拔百米以下的平

原台地，间或有喀斯特孤峰零星分布。柳州是广西最大的工业基地和货运中心，湘桂、黎湛、黔桂、枝柳四大铁路干线及屯秋、河茂两条支线纵横贯境。工业有制粮、化肥、煤炭、电力、化工、冶金、建材、食品加工、森工等类。农业主产稻谷，兼产甘蔗、林果。柳州沙塘、鹧鸪江一带盛产国内外驰名的柑橘、沙田柚等水果。市境柳侯公园有纪念唐代文学家柳宗元的柳侯祠和柳侯衣冠墓及罗池等名胜；柳江南岸鱼峰山相传为唐代壮族刘三姐传歌处，有刘三姐塑像；市南郊都乐村有都乐岩，都为重要的旅游胜地。还有"柳江人"和"白莲洞"遗址，并建有白莲洞洞穴科学博物馆。

（二）人口、民族

广西壮族自治区是中国以壮族聚居区为主的自治区，也是中国5个自治区中人口最多的一个。至2022年，广西壮族自治区常住人口5047万人，以汉族人口居多，约占全区总人口的62%。人口分布以东部为多，中部次之，西部较少。壮族约占自治区总人口的33%，是中国少数民族中人口较多的一个民族。此外，还有瑶、苗、侗、仫佬、毛南、回、京、彝、水、仡佬等民族。全区人口平均密度210人/平方千米，由东南向西北递减。自治区东南的浔江、郁江、南流江流域人口稠密，在300人/平方千米以上，玉林市则达400人/平方千米以上。桂西以及桂北的田林、西林、乐业、天峨等县地广人稀，在50人/平方千米以下。

［瑶族］　瑶族是中国南方少数民族之一，也是中国历史上迁徙最频繁的少数民族。广西的瑶族大约从隋唐时代起从湖南、广东迁来，元明时大量南迁，明末清初向云贵迁移。广西有瑶族人口132万左右，占全国瑶族人口一半以上。全自治区80%的县市都有瑶族人口居住，主要聚居在都安、巴马、金秀、富川、大化、恭城等6个瑶族自治县。瑶族有本民族的语言，没有本民族的文字，瑶族语言属汉藏语系苗瑶语族瑶语支，由于地域差异，方言区别明显，各地瑶族一般以自己的语言作为交际工具，但都会说汉语。瑶山还保存着原始的瑶老制和石牌制，大瑶山的石牌制组织及其习惯法——石牌律，对于维护社会秩序、保证人民生命财产安全起了一定作用。瑶族风俗习惯很有民族特点，但因各支系的居住地区不同而有着服饰、饮食、居住的差别。瑶族主要从事农业，少数从事林业。瑶族是能歌善舞的民族，不论男女老幼，都喜欢唱歌，长鼓舞和铜鼓舞是瑶族的传统舞蹈。民间工艺美术有挑花、刺绣、织锦、蜡染等，工艺精巧，历史悠久，颇负盛名。瑶族民间文学十分丰富，《盘瓠传说》《密洛陀》等具有鲜明的民族特色和浓厚的生活气息。

［京族］　京族是广西壮族自治区独有的少数民族之一。京族主要聚居在广西壮族自治区东兴市的"京族三岛"上。其先民是"骆越"人的一支，公元16世纪初陆续由越涂山等地迁来。京族有本民族的语言，汉字是京族一直使用的书面工具。京族主要从事渔业，是中国主要从事沿海渔业生产的少数民族。京族渔业发达，已从浅海捕捞

发展到深海作业。近年来又大力贯彻"捕养并举"的方针，发展了海水养殖业。唱哈节是京族人民最隆重的节日，主要内容是祭神唱歌。唱哈主要在供奉着镇海大王和各姓祖先的牌位的"哈亭"里举行。节日时，京族男女老幼身着盛装，通宵达旦地欢宴歌舞，一般要持续三天之久。

[壮族]　壮族是中国少数民族中人口最多的民族，主要分布在广西、云南、广东、湖南和四川等省区。广西是壮族人口分布最多的省区。广西壮族主要分布在南宁、崇左、百色、河池、柳州、来宾等地区，还有一部分散居住于区内的 66 个县市，分布面积约占广西总面积的 60%，人口占全区总人口的 33%，仅次于汉族。壮族的居住形式独特，称

京族

屋为"干栏"，住房的主要形式有全栏式、半栏式和平房三种。全干栏房属全楼居式，上层住人，下层养牲畜和存放农具，是传统的住房形式。半栏房以一开间为楼房，楼上住人，楼下放牛羊、农具等，另一间为平房。平房多为三开间，是当今壮族住房的主要形式。壮族的传统服饰，男子下穿宽腿裤，上身着对襟无领短衣，头扎绣花巾。壮族的文化艺术形式多样，内容丰富。壮族的文学丰富多彩，有神话故事、民间传说、山歌等。壮族的舞蹈具有鲜明的民族特点和浓厚的生活气息，有"春堂舞""绣球舞""扁担舞"等。戏剧有壮剧、师公戏等。壮族的重大节日有"三月三""中元节""牛魂节"。

[毛南族]　毛南族历史悠久，是广西土著民族之一。毛南族是从古"百越"中的"僚"支分化、发展而来的。毛南族人口较少，环江毛南族自治县有 7 万人左右，其余分散在附近各县、市。聚居区内层峦叠嶂，地形比较复杂。毛南族有自己的语言，毛南语属汉藏语系壮侗语族侗水语支，但无本民族文字，通用汉字。毛南族人说毛南话，又通汉语和壮语。在历史上，由于地理环境的影响，毛南族的文化水平比较高，文学艺术丰富多彩，富有民族特色。此外，还有古朴的舞蹈、精美的石雕、刺绣和织锦艺术。由于毛南族居住区层峦叠嶂，再加以聚族而居，所以保留至今的古朴婚俗、形式多样的自然崇拜都有浓郁的民族特点。

[仫佬族]　仫佬族是广西土著民族，源于中国古代南方的百越族群，历史悠久。仫佬族主要居住在罗城仫佬族自治县境内，其余散布在宜州、融水、柳城、都安、柳江、环江、河池等市县（自治县）及柳州市郊。仫佬族自称伶或谨，别称布谨、姆佬。中华人民共和国成立后改称仫佬族。仫佬族有自己民族的语言，没有自己民族的文字。仫佬族多住在山区或半山区，依山傍水建村落。仫佬族经济以农业为主，有自己独特

的生产生活习俗。传统服饰较为简朴。男子着唐装衣裤，老年穿琵琶襟上衣，妇女穿大补救衣、长裤。在家跣足，外出穿草鞋。他们有自己独特的民族节日—做依饭。在仫佬地区，以同姓共村者为多，一般盛行小家庭制。住房以泥墙瓦顶的平房为多，楼房和茅草房甚少。正房门边挖砌地炉，燃煤烧水煮食、烘物、取暖。牲畜栏圈一般都与住房分开，因而室内比较整洁。仫佬族是个喜爱唱歌的民族，男女老少都会对歌，凡过年和"走坡"时节，随处都可以听到歌声。

（三）历史文化

广西境内有着非常优越的地理环境，所以早在距今20万年以前，就有原始人类在这里生活。旧石器时代，这里生活有以"麒麟山人"为代表的古人类，发展了较为简单的石器文化，学会制造和使用简单的石器。桂林甑皮岩有新石器时代早期原始人类的文化遗址。秦始皇统一岭南时，命人开凿了灵渠，把长江与珠江两条水系连接起来，促进了地处边陲的广西与中国其他地区的经济、文化交流。广西人自古就以不屈不挠、英勇善战而著称。最著名的"金田起义""镇南关起义""百色起义""龙州起义"等都发生在这片土地上。广西的文化独具特色。春秋战国时期广西先民在左江沿岸创作的花山崖壁画，汉代前制造的大铜鼓以及古朴典雅、可避湿热、防蛇兽侵害的壮族干栏式建筑等，成为广西古代文化的杰出代表。广西还是著名的"歌乡"，有"歌海"之称，壮族人民的歌唱聚会独具一格，是广西民间文化的主旋律。

[史禄开凿灵渠]　秦始皇统一了中国北方六国之后，又雄心勃勃地对浙江、福建、广东、广西地区的百越，发动了大规模的军事征服，史称"秦戍五岭"。秦军在各地战场上节节胜利，唯独在两广苦战三年毫无建树，原来是五岭阻碍了交通，军需运输等供给问题极为不便，严重影响了秦军的进攻。为了解决运粮等供给问题，秦始皇命令史禄劈山凿渠开通水路运输。通过精确计算，史禄在兴安开凿了灵渠。灵渠从南陡口到大溶江，共长34千米，其中人工开凿的约5千米，其余由原来的小河道联结而成。灵渠奇迹般地把湘江和漓江沟通连接了起来，使援兵和补给物资源源不断地运往前线，从而迅速推进战局，将岭南广大地区正式划入了秦王朝的版图。灵渠的开凿沟通了长江水系和珠江水系，使南江北国连成一体，促进了汉民族与岭南各少数民族的经济、政治、文化交流。它的运输功能从秦到清末民初历时2000多年，直到湘桂铁路、桂黄公路通车才渐渐被取代，这在中国运输史上，以至世界航运史上都是罕见的。

[柳宗元]　柳宗元（773—819）是唐代著名的文学家和政治家，是"唐宋八大家"之一。柳宗元祖籍在河东（今山西永济）地区，世称柳河东。又因为最后的官职为柳州刺史，后人也称他为柳柳州。唐宪宗元和十年（815），柳宗元第二次被贬，来到了在当时还是属于蛮荒之地的柳州当刺史。上任不久，他就写下慷慨悲壮的七言律诗《登柳州城楼寄漳汀封连四州》。那时的柳州地区荒蛮落后，还有着严重的奴隶制残

余，而且盗匪横行、疫病蔓延、民不聊生。柳宗元调查民情后，大胆采取了"以佣除本"的措施，使一批卖身为奴的农民归田生产。他努力革除当地的陈规陋习，兴办了一批文化教育场所。他还大力发展农、林、牧生产，组织百姓挖井、开荒、植树、造船、修整城墙、街道等。在短短4年内基本上改变了柳州原来落后凋敝的景象。柳宗元的山水游记在中国文学史上有独特的地位，这些游记均写于谪永州后，著名的有《永州八记》。819年柳宗元逝于任上。两年后人们为了纪念他，在罗池边为他修建了罗池庙，也就是现在的柳侯祠。

[歌圩]　壮族人民喜爱唱歌，歌圩是壮族人民经常举行的传统歌唱聚会活动。歌圩以对山歌为主，但也加入传统的文体活动，如打扁担、舞龙、舞狮、舞春牛等。农历三月初三、四月初八和八月十五的歌圩规模最为盛大，对歌节兴趣最浓的是精力充沛的青年男女。他们在歌圩上，往往以选择配偶为主要目的，对歌中如果发现有情投意合者，女方便用绣球的带子绑上礼物向男方抛去。

[壮锦]　壮锦的工艺风格独特，富有浓郁的民族特色，是壮族杰出的工艺美术品。壮锦一般由棉纱与五色丝线织成，内容取材广泛，结构严谨，构图造型新颖别致，色彩艳丽。传统的花纹图案有水纹、云纹、菊花纹、蝴蝶朝花、凤穿牡丹、双龙抢珠、狮子滚球、鲤跃龙门等20余种，充分显示了壮族人民的心灵手巧，是壮族文化的奇葩。壮锦生产历史悠久，唐宋时期的书籍中已经有所记载，明朝时更是流行于民间。明神宗万历年间（1573～1620），带有龙、凤图案的壮锦被列为朝廷贡品。清朝初年，壮锦的织造遍布广西各地，成为壮族妇女必修的"女红"。

[瓦氏夫人]　瓦氏夫人本姓岑，壮族，归顺直隶州（今广西靖西市旧府村）土官岑璋之女。因嫁与田州今广西田阳县土官岑猛为妻，改姓为"瓦氏"，是明朝嘉靖年间的抗倭英雄。她自幼聪慧好学、性情豪爽，懂兵法、有谋略。明嘉靖六年（1527）其夫死后，由她代理掌管州内一切政务，政绩卓著。嘉靖三十三年（1554），倭寇侵扰中国东南沿海，严重威胁沿海地区人民的生命财产安全，明朝征调"俍兵"（广西壮族土官兵）、"土兵"（湘西土家族土司兵）前往东南沿海抗倭。瓦氏夫人请命应征，被授予"女官参将总兵"的职务。她率领壮族士兵6800余人，于嘉靖三十四年（1555）3月13日到达前线金山卫。同年4月，倭寇出动3000余人突然侵犯金山卫，瓦氏夫人率部迎击，杀得倭寇四散逃命。4月20日，倭寇4000多人进犯嘉兴，瓦氏夫人一马当先，在友军的配合下，把倭寇包围在五江泾一带，一举歼灭倭寇3000余人，给予倭寇毁灭性的打击。6月，瓦氏夫人在陆泾坝战役中，又消灭倭寇300余人，烧毁倭寇船只30余艘。瓦氏夫人在抗倭战场上"十出九胜"，屡建奇功，凭借军功被册封为"二品夫人"，百姓则称她为"石柱将军"。瓦氏夫人病逝后，被追封为"淑人"，葬于州城东婆地即今田阳县田州乡那兰村。墓碑保存至今，上面刻有"明赐淑人岑门瓦氏之墓"的字样。

[金田起义]　清朝道光二十三年（1843）洪秀全创立了拜上帝会，并与冯云山一

起开始在广西桂平紫荆山区的贫苦农民和烧炭工人中广泛发展会员。广大贫苦民众不堪饥寒困苦和贪官污吏的压榨，纷纷响应。经过5年的努力，以紫荆、金田为中心的拜上帝会势力已经扩展到10个州县。1850年，洪秀全发布团营令，要求各地会员变卖家产到金田集中，计2万人左右。他们携带的钱粮全部交给"圣库"，衣食全部由"圣库"供给。清政府曾两次出兵镇压，都被太平军击败。1851年1月11日，洪秀全、杨秀清、萧朝贵、冯云山、韦昌辉、石达开等带领拜上帝会会众，在韦氏大宗祠举行全体拜上帝仪式，宣布国号为太平天国，正式起义。1月13日，太平军从金田出大湟江口，开始了震撼中外的太平天国革命。金田起义是中国历史上规模最大、影响最深远的农民起义。现在金田还留有古营盘、韦昌辉故居、三界庙、演武场、拜旗石、犀牛潭等多处遗址。

[镇南关——谅山大捷] 1883年12月，法国挑起了中法战争。当时帮办广西关外军务的老将冯子材率部迎敌。他联络边民，团结友军，在镇南关（今广西友谊关）隘口抢筑了一条长墙，抵御外侵。3月23日，中法战争中的著名战役"镇南关战役"开始。法军2000余人从谅山出发，分三路向镇南关发起攻击，两路进攻东岭炮台，一路直扑关前隘长墙。老将冯子材率清军迎战来犯之敌，顽强抵抗一昼夜。24日，冯子材手持长矛，率先越出长墙，带领部下向法军发动反击，1000余名越南义勇军也奋勇投入激战。中越军民并肩作战，把法军杀得大败而逃，取得了震惊中外的镇南关大捷。3月26日，冯子材乘机追击法军，攻克文渊城。29日，又成功夺取了法国侵略军盘踞在越南北部的军事基地谅山，获得谅山大捷。镇南关——谅山大捷是鸦片战争以来中国所取得的一次重大胜利，也是法国发动侵越和侵华战争以来所遭受到的最大一次惨败。

（四）气候

广西属亚热带季风湿润气候，夏季长而炎热，冬季温暖干燥，以气温较高、热量丰富、雨量充沛、夏湿冬干为特点。年均温由北往南从17℃递增到23℃，1月均温6～15℃，7月份温25～29℃。10℃以上活动积温5000～8000℃。北、中部无霜期10～11个月，南部基本无霜。自治区年降水量达1200～2000毫米，多集中在4～8月或5～9月。雨热同期，大部分地区可种植双季稻，而且利于热带、亚热带作物和经济林木的发展。但是较为常见的旱、涝、寒潮、霜冻、台风、冰雹等灾害对农业生产有一定的影响，尤以旱灾影响最大。

（五）自然资源

广西矿产资源丰富，分布比较集中。已探明储量居国内前10位的有锡、锰、锑、银、铝土、钽、锌、钛、铅、汞、铌、膨润土、石灰石、滑石、重晶石、石英砂等 54 种。其中锡矿储量居全国第一，约占全国锡矿储量的 1/3。锰矿是广西最重要的黑色金属，储量约占全国总储量的 1/3。广西的生物资源种类繁多，动植物资源也很丰富，植物计有 280 多科、1670 属、6000 多种，乔木树种达千种以上，居全国第四位。桂西南是金花茶、蚬木、金丝李、擎天树、絮檀、蝴蝶果、广西青梅等多种热带、亚热带特有珍稀植物的分布中心。野生动物中有灵长类、兽类 120 多种，鸟类 400 多种。列为国家重点保护的珍稀动物达 38 种。桂西南的白头叶猴、大瑶山的鳄蜥为广西独有的世界级珍稀动物。此外，海洋生物资源种类也较丰富。

[金花茶]　金花茶属山茶科，为常绿灌木或小乔木，高 2.5～5 米，花径 3.5～6 厘米，花瓣金黄色，具蜡质光泽。国家一级保护稀有种，有"茶族皇后"的美称。金花茶 11 月开花，花期很长，可延续到次年 3 月。仅分布于广西南部，生于海拔 50～500 米处的山地或丘陵下部阴湿的沟谷及溪旁林下。

[花坪自然保护区]　花坪自然保护区位于龙胜县西南与临桂区交界处，距桂林约 60 千米，是中国距离城市最近的原始森林区。花坪自然保护区总面积 174 平方千米，以峰险、瀑美、泉胜、物奇为特色。保护区平每拔 1200 米，最高峰为蔚青岭，海拔 1895 米。地势中间高、四周低，河流比降大，急流飞瀑多，还有享誉中外的矮岭温泉。花坪自然保护区独特的地理环境和气候条件使保护区内动植物资源极其丰富，区内植物种类达 1114 种，有冠若亭云、俊秀挺拔的"活化石"——银杉，有马尾千金草、鸡爪莲、独角莲、灵香草等名贵药材，以及广东五针松、福建柏、红豆杉、鹅掌楸、四方竹等。野生动物达 500 余种，有头上长角的"角雉"、有头尾难辨的"两头蛇"、有雌雄合身"半边鱼"以及黑熊、青猴、角鹿、四川太阳鸟、钩嘴眉等异兽珍禽。

[瑶山鳄蜥]　瑶山鳄蜥又名雷蜥、大睡蛇、雷公蛇、落水狗，属爬行纲蜥蜴目鳄蜥科。产于中国广西瑶山，是广西特有的国家一级保护动物，为世界级珍稀动物。瑶山鳄蜥体形介于鳄鱼与蜥蜴之间，全长 30～40 厘米。头部粗短，颈不明显，吻及嘴短。背部棕黑色，有粒状鳞及棱鳞。体侧棕黄色，杂有黑纹。腹面橙红色，有黑斑。尾比体长，有黑褐色环纹，尾背有两排棱鳞。脚短，趾端有利爪。瑶山鳄蜥喜静不喜动，常栖息于山涧溪旁，在常绿阔叶林中伏在树上假睡，一旦受惊便立即落水潜逃。一般以昆虫、蠕虫及青蛙小鱼等为食。卵胎生。

[黑叶猴]　黑叶猴别名乌猿，属于哺乳纲灵长目猴科。主要分布于广西，贵州的热带、亚热带丛林中，是珍贵稀有的灵长类动物之一，为国家一级保护动物。黑叶猴体形纤瘦，四肢细长，头小尾巴长，体长 50～60 厘米，尾长 79～86 厘米。头顶有黑色直立的毛冠。两颊至耳基部有白毛。成体全身乌黑色。体背毛长而厚密，有光泽。手、足具乌黑扁平指（趾）甲。尾尖端白色。刚出生的黑叶猴全身乳黄色，头部则为金黄色，尾为黑色，30 天左右全身变黑，但头部还是金黄色。黑叶猴群栖于树上，每群六七只，很少下地活动。黑叶猴跳跃能力很强，一次可跃出 10 多米，黑叶猴主食野果、

花、嫩叶芽，多饮露水和叶子上的积水。

[白头叶猴] 白头叶猴又名白头乌猿，属哺乳纲灵长目疣猴科。它躯体纤瘦，四肢细长，尾长超过体长。头颈、上肩、四肢下部及后半段尾毛呈白色，头顶毛冠呈白色上竖，上体毛黑色、有光泽。体重6~8千克，雄性稍大于雌性。常以小家族形式在树上栖息，很少下到地面。白头叶猴性情机敏，善于攀援。主要以野果为食，兼食花、树叶、嫩芽等。为国家一级保护动物。

（六）经济

广西的主要工业有食品、电力、有色金属、建材、纺织、机械、冶金、造纸等门类。是中国主要制糖工业基地之一，现已初步形成了一批有一定规模、具有广西特色的支柱产业。广西的农业开发较早，是中国水稻、甘蔗、麻类、水果、水产品、亚热带土特产品的生产基地。热带海洋资源达149种。各种鱼类500多种，持续资源藏量达70多万吨。广西交通发达，已形成以铁路为骨干，港口为门户，公路四通八达，民航和海上、内河航运相配套的综合交通网，是中国西南的出海大通道。

[农业] 广西农业的特点是山地丘陵多、平原少和人多耕地少。全区耕地约占土地总面积的11%，广西农业以粮食生产为主，生产水稻、玉米、小麦和红薯，为中国重要水稻产区之一。东南以水田为主，西北则多旱地。除北部少数山区外，作物一般一年两熟或三熟。经济作物以甘蔗为主，是中国重要的甘蔗产区和蔗糖生产基地。郁江、右江、柳江流域是广西重要的蔗区。其他经济作物有花生、黄红麻、芒麻、烟叶、茶叶、木薯等。自治区南部及东南部部分地区有橡胶、剑麻等热带、亚热带经济作物，以及柑橘、橙、柚、香蕉、菠萝、芒果、荔枝、龙眼等热带、亚热带水果。自治区森林资源较丰富。盛产杉、松、竹等用材林木，以及油茶、油桐、八角、肉桂、栓皮栎等经济林木。畜牧业以养猪为主。渔业以海洋捕捞为主，北部湾为主要渔场，水产品主要有二长棘鲷、蓝园参、金线鱼、鱿鱼、对虾、海参等。北海、合浦一带所产的"南珠"驰名中外。

[工业] 广西轻工业是工业中最先发展的部门，轻工业中以蔗糖为主的食品工业占优势，罐头食品工业有一定规模，主要有南宁、玉林、北海、桂林等罐头厂，产品以菠萝、橘子、青刀豆、蘑菇为大宗。南宁建有中国规模最大的南宁赖氨酸厂。纺织工业主要分布在南宁、柳州、桂林、宜州等地。造纸工业主要在柳州、南宁、贵港和浦北。其他还有自行车、手表、缝纫机、电视机、收录机、洗衣机、电扇生产等工业。重工业以机械工业为主，门类较齐全，主要有南宁机械厂及手扶拖拉机厂等。机械工业产值在广西工业总产值中居首位。其中，锡、锑、钨是广西传统的出口商品。冶金工业以柳州钢铁厂为最大。有色金属采冶则以锡、铝、铅为主。化学工业有化肥、农药、有机化工、橡胶加工等部门。柳州水泥厂是广西建成最早也是中国目前最大的水

泥厂。广西电力工业发展迅速，其中水电占全区总发电量的一半以上。

[交通]　　广西交通以铁路为主，公路、内河航运、海运、航空为辅，形成了较为完整的交通运输网络。铁路运输以柳州为枢纽，有湘桂、黔桂、黎湛、枝柳等干线，从南宁可直达北京、北海、广州、贵阳等地。南（宁）防（城）铁路是中国西南地区出口物资的重要通道。公路运输以南宁、柳州、桂林、梧州、钦州、玉林、河池、百色等为中心。全区96%的乡镇均有公路联系。内河航运主要有西江及其支流郁江、柳江、桂江、右江，年吞吐量100万吨以上的内河港口有梧州、贵港和南宁。梧州港是广西进出口商品的主要中转站和主要通道，每天有客轮直航广州、香港，上溯可达南宁、百色、柳州。海上运输主要有北海港、防城港。北海港有航线通湛江、海口、广州、汕头、香港、澳门，与60多个国家和地区的130多个港口有贸易往来。防城港是中国大西南最便捷的出海口岸。航空运输以南宁、桂林为中心，有定期航班飞往广州、昆明、北京、上海、长沙、贵阳、西安、成都以及港澳地区。

（七）旅游

广西以喀斯特地貌发育、亚热带自然风光、名山大川以及壮族为主体的民俗风情为特点，形成独特的旅游资源。广西的喀斯特地貌分布最广，这里的喀斯特风光也是中国乃至世界上最为秀丽的。"山青、水秀、洞奇、石美"的自然景观使人叹为观止。除了喀斯特风光外，广西的德天、通灵、爱布等瀑布，大瑶山、猫儿山、都峤山等山，红水河、资江等大川也很著名。龙胜花坪、弄岗、山口等自然保护区散落在广西境内，保护着这里独特的珍稀物种和瑰丽地貌。

广西不但有迷人的自然风光，还有浓郁的民族风情、文物古迹等，如壮族的三月三歌圩、瑶族的达努节、苗族的踩花山，以及花山崖岩画、灵渠、真武阁、柳侯祠、程阳永济桥、马胖鼓楼、太平天国起义遗址等。

[花山崖壁画]　　花山崖壁画位于广西宁明县明江两岸的花山、珠山、龙峡等地临江石灰岩峭壁上。壁画以花山屯为代表，画面临江，长221.05米，高约40米，是战国至东汉时期绘制在天然崖壁上的图画。古人把赭红色的铁矿粉用动物脂肪稀释调匀，在天然崖壁上直接刷绘出这些神奇的壁画，只表现所画对象的外部轮廓，风格古朴，笔调粗犷，场面壮观。现存图像1800多个。图像包括人物、鸟兽和器物3类，以人物为主。人物只画出头、颈、躯体和四肢，不见五官和其他细部。鸟兽图像主要是狗，皆侧身，作向前小跑状。器物图像主要有刀、剑、铜鼓、羊角纽钟。这些图像在峭壁上交错并存，组合成一个个单元。其中典型的组合是以一个高大魁梧、身佩刀剑的正身人为中心，脚下有一狗，胯下或身旁置一面或数面铜鼓，四周或左右两侧有众多形体短小的侧身人。最大的人像高3米，最小的30厘米，规模之大，为国内少见。

[桂林山水]　　桂林山水在广西东北部，北起兴安，南到阳朔，总长约100余千

米，风光秀丽，景色独特。由于石灰岩广布，地下水和地表水潜蚀，形成桂林青山如平地拔起，形态万千，有独秀峰、象鼻山、南溪山、芦笛岩、七星岩等胜景。山多岩洞，洞内石钟乳、石笋、石柱、石幔、石花形状奇异。漓江是桂林山水的重要组成部分，漓江流水清澈，游鱼可数，像玉带一样，围绕沿江群山。青山绿水，景色清幽，构成长达百里的美丽画卷。桂林山水是中国著名的风景游览区。自古就有"桂林山水甲天下"的美誉。

[象鼻山]　位于桂林市漓江和阳江交汇处。象鼻山是桂林的象征、桂林城的城徽。象鼻山的山形酷似一头站在漓江边伸长鼻子饮水的大象。山上有象眼岩，左右对称，极像一对象眼。山下的水月洞刚好分开象鼻和象身。象鼻山北端有明代的普贤塔，此塔为三层喇嘛式实心砖塔，塔身嵌有普贤菩

桂林山水

萨像，远看似宝瓶，又似插在象背上的一柄剑，所以又被称为瓶塔或剑柄塔。水月洞内外和临江崖壁上，历代石刻很多，约有 50 余件，其中宋人题刻居多，如张孝祥的《朝阳亭诗并序》、范成大的《复水月洞铭并序》，以及陆游的《诗札》等，都是非常珍贵的历史遗迹。

[阳朔风光]　阳朔位于广西桂林市南的漓江江畔，从汉代起置县，隋代开始用现在的名称，是一座历史悠久的古城。阳朔石灰岩地形发育，漓江自北向南流贯，风光秀丽独特。唐诗云，"城廓并无二里大，人家都在万山中。"阳朔的山峰，以多、奇、秀取胜。连绵数十里的山峰，如笋拔地，中间穿绕着一条蜿蜒而下的百里漓江，犹如"江作青罗带，山如碧玉簪"。阳朔的山峰千姿百态，石壁嶙峋峭拔，洞穴奇特，石钟乳千姿百态，江水清澈回，可谓"阳川百里尽是画，碧莲峰里住人家"。有近看像古代书童的书童山，有远望如色彩缤纷壁画的画山、潇洒挺拔的西郎山，还有月亮山、冠岩、碧莲峰、榕荫古渡、屏风山等。北面的兴坪古镇可说是漓江山水的荟萃中心，有"三岩、五井、十三山"等美景。镇东北有莲花岩，古莲百余米蔚为奇观。

[芦笛岩]　桂林山水不仅以山清水秀著称，地下景观也令人叹为观止。芦笛岩是一个雄奇瑰丽的地下溶洞，深 240 米，萦回曲折，洞内由天然石钟乳组成各种景物，极富诗意，妙不可言。"狮岭朝霞"如一雄狮站在山前，领着一大群"小狮子"迎着朝阳在尽情嬉戏。"石乳罗帐"洁白如雪，细密晶亮。还有长满"青松""蘑菇""人参""灵芝"的"原始森林"，云铺深堑、絮卷危岩、彩霞飞动、关山千重的"帘外云

山"，如梦如幻的"水晶宫"等，多彩多姿，玲珑剔透，壮丽神奇，充分显示了大自然的鬼斧神工。

[乐业天坑]　乐业天坑群位于广西乐业县，是一组喀斯特溶洞群，当地人叫作"大石围"。它形成于6500万年前，形状犹如一个个巨大漏斗，隐藏在群山峻岭之中。乐业天坑群是世界上最大的天坑群，它由23个天坑组成，最深的达600多米，浅的也有300多米。其中大石围天坑垂直高度为世界第二，底部分布的原始森林面积为世界第一。溶洞地下大厅，长300米，宽200米，最高处达260米，是中国最大的地下大厅，也是世界第二大地下大厅，完全可以放得下北京工人体育场。地下大厅顶部距离外界地面只有20米，是一个正在发育的天坑。乐业天坑群几乎囊括了各种类型的天坑和溶洞景观，具有极高的科考、探险价值，称为"天坑博物馆"和"世界岩溶圣地"。

[经略台真武阁]　经略台真武阁位于广西容县城东文化公园内。始建于唐大历三年（768），为诗人元结任容管经略使时所建。台长约39.5米，宽37.5米，高4米左右，中间夯土，四周砌砖石，坚实稳固。原用于操练军士，朝会习仪和游观风景用。后来台废。明洪武十年（1377），台上建玄武宫，奉祀真武大帝为镇火神。万历元年（1573）进行扩建，主体建筑为三层木质方塔形楼阁，即真武阁。通高13.2米，面宽13.8米；进深11.2米。全阁近3000大小铁木构件以杠杆原理串联吻合，相互牵制，彼此支撑，组成一个统一的建筑。构造巧妙，造型优美。二层有四内柱，上承楼板、梁架、配柱、屋瓦、脊饰等荷载，柱脚悬空，离楼板2~3厘米，为全阁最奇特精巧的部分。真武阁以"杠杆结构"平衡建筑，不用一钉一铆，400多年来，岿然不动，被誉为天然杰作，是中国建筑史上的奇迹。

[大士阁]　大士阁俗称四牌楼，位于广西合浦县城东南80千米北部湾畔永安古城遗址内。大士阁建于明万历四年（1576），历代都有修缮，因供奉观音大士而得名。大士阁为木质构造，由两座相连的重檐歇山顶、敞开式亭阁组成，以后座的三进四柱厅为中心，面阔三间，进深六间。立面分上、下层。上层设门窗，作阁楼式，楼面铺设木板；下层围护，四面敞开。其总体建筑特点是两亭相连，以四柱厅为中心，中门无天井相隔。大士阁建筑结构精密巧妙。阁内以穿斗式、抬梁式相结合的大木构架为骨架，榫卯连接，柱头斜上做三跳华拱，层层出挑，承托外檐，若凌飞状，檐角、柱梁雕游龙戏鸟、花卉草树等图饰。柱头有的分成梭形柱，柱础雕古朴宝相莲花，角柱侧脚升起，梁架留两瓣驼峰，有托脚与攀间，具有浓重的宋元建筑风格，是中国古代著名的佛教建筑。

[花桥]　花桥位于桂林市小东江和灵剑江汇合处，全长126.5米，宽6米。花桥始建于宋代，名嘉熙桥。明景泰年间重建，为木桥。嘉靖十九年（1540）改建成四孔石桥，并在西端增旱桥七孔始名为花桥。水桥长60米，宽6.3米，旱桥长65.2米。旱桥在洪水暴发时可起排洪的作用。清时在桥上盖大屋顶式蓝琉璃长亭，具备了现在的规模。两岸修竹繁花，站在月牙上麓北望花桥，桥孔和倒影通圆明亮，仿佛四轮明月，

横出江面，非常壮观。

[程阳永济桥]　程阳永济桥又名程阳风雨桥。位于广西三江侗族自治县县城北的林溪河上，为二楼三亭四廊的木结构风雨桥。1912 年，程阳八寨老人募资聚财，由侗族工匠设计施工兴修，1916 年建成。桥长 76 米，宽 3.7 米，高 10.6 米。桥墩为青石砌就，其五座，桥两端的楼为三檐歇山顶，高 6.5 米，上施青瓦，戗脊端作弯月状起翘，形似金凤展翅。桥中央的亭子为三檐八角攒尖顶，高 7.8 米，如宝塔凝重浑厚。侧亭二座，四角攒尖顶，高 7 米，似宫殿妍丽端庄。亭中设神龛。楼亭之间各以屋廊相连，廊内设长凳，供行人避风躲雨或途中休息之用。花桥的结构颇具匠心，整桥以大木凿榫接合，大小木条斜穿直套，纵横交错，毫厘不差。花桥不但结构精密，而且造型优美，新颖别致，雄伟壮观，楼阁廊檐尽绘精美图案，颇具民族特色，是侗族文化在建筑艺术上结晶。

[七星公园]　位于桂林市区、漓江东岸。七星公园是桂林市最大的综合性公园和著名的游览胜地。因园中分布着月牙山、普陀山等七峰，形似北斗七星，故名七星公园。七星岩又叫栖霞洞、碧虚岩，岩洞由上、中、下三层组成，其中中层保存得最完整。这里有百余万年以来形成的石钟乳、石笋、石柱等，如大象卷鼻、狮子戏球、银河鹊桥、孔雀开屏、白兔守门等，惟妙惟肖。岩洞中还有题刻诗文 100 多件。花桥是一具有桂林特色的古建筑，始建于宋，为柴排式基座结构，比例匀称。桥东侧有一芙蓉石，又名天柱石。石北半腰刻有两则水文资料，对桂林水情的研究有参考价值。龙隐岩据传是老龙居住的地方，岩中摩崖石刻多达 100 多块，被人们称为"桂海碑林"。

[柳侯祠]　位于柳州市柳侯公园内，为纪念唐代著名文学家柳宗元于唐长庆元年（821）建，柳宗元于唐元和十年（815）被贬为柳州刺史。柳侯祠中厅有一座约 2 米高的柳宗元石刻像，雕刻于元代至元三十年（1293），石人像旁边有许多石刻碑。其中以"荔子碑"最为著名，碑文摘自韩愈赞颂柳宗元德行的文章，是按照苏东坡手书刻成的，所以有人称其为"韩诗苏书柳事碑"。石人像附近还有一座柳氏衣冠冢，花岗岩墓碑上刻有"唐刺史柳宗元墓"几个大字。此外，柳侯祠内还有柑香亭和罗池等建筑，据说当年柳宗元就是在这里和朋友吟咏作诗的。祠内还陈列着介绍柳宗元生平及其在柳州的政绩的图表、文字、绘画等资料。

[桂平西山]　位于桂平市境内。有"桂林山水甲天下，更有浔城半边山"之誉。西山又名思灵山，海拔 678.9 米，素以"石奇、树秀、泉甘、茶香"著名。龙华寺是西山最宏伟的建筑，于清乾隆二十四年（1759）创建，"龙华晚眺"是西山八景之一。洗石庵于清顺治三年（1646）刘建，是广西一座著名古刹。现保存下来的有弥勒佛大殿、门楼、大雄宝殿，庵内还有众多的妙联石刻。洗石庵是全国佛教重点寺庙之一。李公祠始建于唐末，是用来纪念御史李明远的。西山共有云台曲水、宫桥秋柳、碧云石径、飞阁明月、古洞仙踪、忠勇松涛、侯王试剑、龙华晚眺八景。

[金田起义遗址]　位于桂平市金田村。是清咸丰年（1851）洪秀全发动农民起义

的地方。古营盘是位于金田村后犀牛岭上的一个长方形土城。城的中央筑有一个高台，台前有一块名叫旗杆石的大石。洪秀全曾于 1851 年 1 月 11 日亲手在旗杆石上升起杏黄大旗，揭竿誓师。营盘出口有作为搬运武器之用的壕沟暗道。营盘前方的平坡是当时太平军的练兵场。犀牛潭是太平军起义前秘密收藏兵器之处。三界庙是一座坐北向南的砖木结构建筑。金田起义后，洪秀全曾在这里指挥了新圩突围之战。庙内门厅内墙嵌有 23 方碑刻，约刻于清康熙至道光年间，为研究当时社会、政治、经济状况提供了宝贵的实物资料。现三界庙已被辟为"太平天国金田起义陈列馆"，展示许多文物史料。

二十二、海南省

（一）行政区划

海南省地处北纬 3°51′ ~ 20°18′、东经 107°50′ ~ 119°10′，位于中国南端的南海海域。省境包括海南岛和西沙、南沙、中沙群岛礁及其海域。海南省北隔琼州海峡与广东雷州半岛相望，西临北部湾与越南为邻，东南为南海及西太平洋。陆地总面积 3.54 万平方公里，管辖海域总面积约 200 万平方公里。截至 2022 年，海南省辖 4 个地级市，5 个县级市、4 个县、6 个自治县。简称琼。

［省会——海口］　海口市位于海南岛北岸的南渡江口。地处河流入海之口，故名。为热带风光的滨海港口城市。市境地势南高北低。北部地面低洼，平均海拔 4 米左右。南面系丘陵台地，市区最高点金牛岭海拔仅 36 米。郊区最高点海拔也仅有 69 米。海口市地处热带，属海洋性气候，常年无霜，夏长冬短，昼热夜凉，春夏多雷雨，夏秋两季常受台风袭击。海口市工业从 20 世纪 80 年代起发展迅速。工业有橡胶、纺织、电子、化工、制药、制鞋、制糖、食品、饮料、印刷、服装、制造、机械、工艺、建材、木材加工等行业。天然椰子汁和果汁系列饮料畅销岛内外。海口地理条件优越，农业生产稻谷，兼产蔬菜、甘薯、花生、芝麻、甘蔗等。渔业以近海捕捞为主，兼有淡水养殖。海口交通便利，有 223、224 和 225 国道及环岛高速公路自海口纵贯岛内市县直达三亚。海口市是重要的港口城市，也是对外贸易重要口岸。海口港与海口新港是对外开放港口，与大陆沿海和长江沿岸港口通航，并与日本、新加坡、马来西亚、香港等地的港口有贸易往来。

［三亚］　三亚市位于海南岛最南端，面积 1919 平方千米，是海南省新兴的热带滨海旅游港口城市，也是中国重要的育种基地。市境北倚高山，南临大海，地势自北

向南倾斜。北部为五指山余脉，峰峦绵亘，占地广大。南部则为冲积平原，山地丘陵略多于平原台地。河流短浅，海岸曲折，多湾岬角，近海有海岛分布。工业有食品加工、轻纺、服装、建材、造船、化工、电子、机械、电力、制盐、饮料、印刷、饲料加工等门类，还有商贸、房地产、旅游、餐饮等行业。椰雕、珊瑚花，藤竹器编织的工艺品等是三亚著名的手工艺品。三亚国际大酒店、阳光假日酒店、麒麟大酒店、南中国大酒店、东方花园酒店世界知名。农业主产稻谷，盛产荔枝、龙眼、菠萝、波罗蜜、芒果、腰果、香蕉、槟榔等热带水果。三亚有 223、224 和 225 国道和东线高速公路与海口相通。铁路可通八所、昌江。凤凰国际机场是海南两大航空港之一，已开通多条国际、国内航线。三亚港、榆林港均为天然良港，其中三亚港可停泊 8000 吨级远洋轮。

（二）人口、民族

2007 年海南省总人口 845 万，人口超过 50 万人的城市有海口市、儋州市、三亚市、文昌市、万宁市，人口最少的是五指山市。此外，有 300 多万琼籍华侨、华人旅居海外，分布在 50 多个国家和地区，主要聚居在东南亚各国，尤以泰国为最多。截至 2021 年，海南省常住人口 1020.46 万人，比上年增加 12.34 万。海南省共有 37 个民族，其中汉、黎、苗、回族是世居民族。黎族是海南岛上最早的居民，黎、苗、回族大多数聚居在中部、南部，汉族人口主要聚集在东北部、北部和沿海地区。海南省人口密度 180 多人/平方千米，省内人口疏密不均，北部人口集中，海口市达 512 人/平方千米，高于北京、天津等大城市。

［黎族］ 黎族是海南省人口最多的少数民族，现有人口有 120 多万，90% 聚居在海南省的保亭、乐东、琼中、白沙、陵水、昌江等自治县和三亚、东方、五指山三市。黎族有本民族语言。1957 年黎族使用拉丁字母创制了文字。唱民歌是黎族人民在劳动、恋爱、婚丧、祭祀、迎宾等各种场合表达思想感情的重要方式。民间乐器以鼻箫最有特色。黎族男子穿无领对襟上衣，妇女一般着对襟无扣上衣和筒裙。有的地方女子穿套头式上衣，在脑后束发，披绣花头巾，戴耳环、项圈和手镯。黎族传统的文化体育活动有"穿藤圈"等。黎族的节日有"春节""年仔节""三月三""端午节""军坡节""敬祖节"等，很多节日与汉族相同，在黎族的节日中，以"三月三"最负盛名。每年农历三月初三是黎族青年男女追求爱情和幸福的传统佳节，男女青年都穿上民族服装，到旷野上聚会，对歌传情。黎族的住房大多是以树干做支架的金字形茅屋，用泥糊竹料做墙。合亩地区以船形房为主。船形房是传统的竹木结构建筑，外形像船篷。黎族人民擅长植棉和纺织，具有较高的纺织技术。

（三）历史文化

海南省历史悠久，远在新石器时代的早期，就有黎族先民跨海进入海南岛，开始了海南的文明历程。三亚市和陵水县遗址表明，至少在六千至一万年前海南省就有了人类的足迹。西汉、东汉两位伏波将军路博德、马援先后平定海南，在此设立了郡县，海南岛正式纳入中国版图。南朝和隋朝时期，岭南俚人首领冼夫人收服海南各峒，此举加速了海南文化的发展。在古代，海南是一个荒凉僻远的地方。历代王朝都把海南作为贬谪官吏的流放地。有唐宰相李德裕、宋词人苏轼、宋名将李纲等。这些被贬官吏带来了中原先进的文化，尤其是苏轼开办学校的举动对海南的教育产生了深远影响。中国历史上赫赫有名的清官海瑞就是海南人。

[海瑞]　海瑞（1514~1587），海南琼山人，回族。明嘉靖二十八年（1549），以《治黎策》中举人。嘉靖三十六年（1557）任浙江淳安县知县，在任期间著有《淳安政事》。嘉靖四十三年（1564）任户部云南司主事。当时的明世宗嘉靖皇帝迷恋道教，为寻求长生不老之术，长年不理朝政。海瑞于嘉靖四十五年（1566），在《直言天下第一事疏》中批评嘉靖是"家家皆净"，结果皇帝大怒，把他免去官职投入监狱。嘉靖死后，穆宗即位，恢复了海瑞官职，后又屡次升迁。万历十五年（1587）海瑞因病逝世于南京右佥都御史任上。海瑞不仅以"直言敢谏"称著于世，还是中国历史上著名的清官。当时人称"南包公""海青天"。据说，海瑞死后归葬原籍，送葬的队伍长达100多里。当把海瑞的灵柩运到琼山区滨涯村现址时，抬棺的绳子突然断裂，人们认为这是海瑞自己选定的墓地，遂下葬于此。

[军坡节]　"军坡节"俗称"发军坡"，是海南民间为纪念冼夫人在每年农历二月初五至十九日举行的一种盛大的庙会活动。冼夫人，是今广东阳城人，岭南地区少数民族首领，是我国古代著名的女政治家、军事家。据说在隋朝初期，冼夫人从高原凉郡挥师南下海南岛，分兵三路剿匪平叛。在她领导下，海南人民很快就过上了安定生活。为了纪念她，每年农历二月初九至十二日（各地根据冼夫人当年的实际到达时间而定纪念日），各地纷纷祭祀。有的地方还模仿冼夫人当年壮观的出军程序和仪式，组织队伍举着刀枪举行阅兵仪式，谓之"装军"，"游军"，很是壮观，俗称"军坡节"。

[椰雕]　海南岛椰林密布，椰雕就是用坚硬椰子壳雕刻的工艺品，造型别致多样，色调古朴雅致。椰雕具有悠久的历史。唐宋时就有人将椰子壳简单加工，制成酒杯、茶具和墨具等。明清两代曾以之作为"天南贡品"，向朝廷进贡。现在的海南椰雕，在恰当保持传统工艺手法的基础上，不断有新创造新发展，或适当上漆，或贴金镶银，或嵌以贝壳之类，或配上锡胎、陶胎，既保持椰壳的天然趣韵，又充分体现艺术匠心。图案以人物、鸟兽、花卉、山水为主，集装饰性、艺术性和实用性为一体，

工艺讲究。现有产品千余种，如茶具、酒具、花瓶、茶叶盒、牙签筒、糖果盒等。

[红色娘子军] 1931 年 5 月，100 多位各族农家妇女为反抗封建压迫，争取男女平等，在海南岛的万泉河畔拿起枪杆组成了"中国工农红军第二独立师女子特务连"。这就是闻名中外的"红色娘子军"。"红色娘子军"成立后不久，当地反动政府聚集了 200 多人的民团部队进行围剿。在随后一年多时间里，红色娘子军与当地民团作战 8 次，取得了伏击沙帽岭、火烧文市炮楼、炮轰白石岭等战斗的胜利，威名远扬。其中，在沙帽岭 1 个小时的战斗中，红色娘子军共击毙敌人 100 多人，俘虏了 70 多人，还缴获一大批枪支弹药。但是当时海南红军处于敌强我弱的不利形势，这支娘子军部队转战琼岛。后来在国民党正规军的"围剿"下，喋血马鞍岭。战斗中，二班的 8 名姐妹留下断后，直至弹尽粮绝、全部牺牲。不久，海南红军主力作战失利，娘子军被迫解散。她们的故事被改编成电影、芭蕾舞等艺术形式，广为流传。琼海市还修建了"红色娘子军纪念园"来纪念她们的英雄事迹。

（四）气候

海南岛及其南海诸岛四面环海，地处热带季风气候区，故其气候具有热带季风和热带海洋性气候特色。本地区日照时长，热量丰富。年日照时数 2000~2750 小时，年太阳总辐射量 50 万~60 万焦耳/平方厘米。由于纬度低日照时数多，所以海南省全年气温高，积温多。年平均气温 22.5~26℃，1~2 月平均气温 16~26℃，7~8 月平均气温 25~29℃。海南省雨量充沛，有干湿季之别。年平均降水量 1500~2600 毫米，雨量最多的五指山东南坡可达 5500 毫米以上，是世界同一纬度地区降雨量丰富的地方之一。但受季风和台风影响，夏秋多雨，冬春少雨。11 月至次年 4 月为干季，5~10 月为雨季，常有春旱或冬春连旱。海南省常年风大，台风频繁。除南沙群岛靠近赤道无风带外，其余各地都是大风区。

（五）自然资源

海南省矿产资源已发现有 50 多种。西北部矿产主要有铁、铜、钴、铅、锌、钨、锡、水泥灰岩、重晶石等，东北部火山岩区有铝土矿、钴土矿、蓝刚玉、红锆石、沸石、膨石、膨润土、硅藻土等，东海岸有砂钛矿、锆英石、独居石、金红石等。其中富铁矿、钛、钴、水晶、宝石、锆英石、玻璃砂等储量最多，居全国首位。能源矿有石油、天然气、褐煤、油页岩等，石油、天然气储量丰富。海南岛为热带雨林、热带季雨林植被。植物种类繁多，资源极为丰富。全省拥有各种植物 4200 多种，其中特有种 630 多种，被列为国家重点保护的珍稀树木有 20 多种。海南省的野生动物有 561 种，兽类 70 多种，鸟类有 340 多种，被列为国家一级保护的野生动物有 13 种。海南坡鹿、黑冠长臂猿、云豹、白腹军舰鸟、白鹳、白肩雕、黄腹角雉、白颈长尾雉、孔雀等都是珍稀动物。

[见血封喉]　见血封喉也叫箭毒木，属于桑科，主要分布在海南岛、云南的西双版纳及广西南部和广东西部的热带森林中，是国家三级保护稀有种。见血封喉为常绿大乔木，高达 40 米，通常具有板根，花单性同株，果实为肉质，梨形，成熟时呈鲜红色或紫红色。见血封喉是本属四种中唯一在中国有分布的种，生于海拔 1000 米以下的山地或石灰岩谷地的季雨林中。树液剧毒，含有弩箭子甙、见血封喉甙、铃兰毒甙、铃兰毒醇甙、伊夫草甙、马来欧甙等多种有毒物质，会引起肌肉松弛、血液凝固、心脏跳动减缓，最后导致心跳停止。

[石斑鱼]　石斑鱼又名海鸡鱼，分布于海南、浙江、福建和广东等省的海域。常见品种有红点石斑鱼、青石斑鱼和凤纹石斑鱼等。生长于热带海区的个体较大，可达 4 千克，温带地区常见的多在 2 千克以下。石斑鱼是海洋底层定居鱼类，喜欢栖息在海岛礁洞中，出没于岩礁丛生的沙砾性水底，畏风浪，喜清水，能随水暖变化作深浅垂直移动。它是肉食性的凶猛鱼类，经常用突袭方式捕食。

[孔雀雉]　孔雀雉属于鸡形目雉科，别名孔雀鸡、金钱鸡。主要分布于海南岛和云南省南部，是国家一级保护动物。孔雀雉雄鸟全长 65 厘米左右，雌鸟约 50 厘米。雄鸟体羽为乌褐色，密布近白色细点和横斑。头顶有蓬松而延长的发状冠羽，颈后还披有翎领。背、两翅及尾均具有金属蓝带紫色在大型眼状斑。嘴黑色，脚黑褐色，脚具二短距。雌鸟羽色较暗，尾巴短，眼状斑不很明显。孔雀雉栖息于海拔 150～1500 米的常绿阔叶林及竹丛中，常单独或成对活动，晚上在树上过夜，白天到地下觅食。性情机警，如果受到干扰便立即离去，往往只闻其声不见其鸟。孔雀雉食性较杂，以昆虫、蠕虫、果实、种子为食，特别喜欢昆虫和蠕虫。多筑巢于密林的沟谷地及山区耕地附近的次生林，巢在自然下凹的地面。每窝产卵 2～5 枚，偶见 6 枚，孵卵期 21 天。雏鸟为早成鸟。

[海南坡鹿]　海南坡鹿属于偶蹄目鹿科，别名泽鹿，仅分布于海南岛，是国家一级保护动物。海南坡鹿体型与梅花鹿相似而稍小，但颈、躯体和四肢更为细长。雄鹿有角，第一眉叉自基部向前侧平伸出，与主干几乎成弯弓形。毛被黄棕、红棕或棕褐色，背中线黑褐色。背脊两侧各有一列白色斑点，仔鹿的斑点尤为明显，成年鹿冬毛斑点不明显。海南坡鹿一般栖息在海拔 200 米以下的低丘、平原地区，喜欢群居，但长角雄鹿多单独行动。海南坡鹿喜欢集聚于小河谷活动，多在早晚觅食，雨过天晴时活动更为频繁。主要食物为青草和嫩枝叶，并喜欢舔食盐碱土。海南坡鹿善于疾走狂奔，几米宽的沟壑可以一跃而过。

[珊瑚]　珊瑚属腔肠动物门珊瑚纲，是一种热带海洋动物。玲珑剔透、色彩缤纷，海南当地的渔民称它们为"海石花"。珊瑚身体分内外两层，外层是骨骼，内层是软肉。成千上万的珊瑚聚集在一起，从海中猎取浮游动物、吸收营养、生长繁殖，并

从身上分泌出一种石灰质，构成保护身体的骨骼。珊瑚死亡后它们的石灰质外骨骼却不会消失。这样，这些细小的珊瑚经过几百年、几千年的沉积便形成了美丽的珊瑚礁，珊瑚礁逐渐扩展，可形成大的岛屿。如中国的西沙群岛、南太平洋的斐济群岛等。

（六）经济

海南省有着得天独厚的自然资源，是其经济发展的基础。目前，海南省以热带高效农业、海洋资源加工业、旅游业为基础的外向型经济正在形成。农作物以水稻为主，经济作物有甘蔗、花生、芝麻、茶叶等，以及各种热带和亚热带水果。海南岛南部为中国热带作物的育种繁殖基地。海南岛四面环海，近海大陆架渔场面积 65 万平方千米，海产品丰富。白马井是海南最大的渔港，莺歌海盐场为全国大型盐场之一。海南省工业有橡胶、纺织、电子、化工、制药、造船、汽车制造和装配、机械、建材、水产品加工、食品等部门。海南省交通运输的特点是岛内以公路为主，对外主要依靠海运。公路网纵横交错，有海口、八所，三亚、洋浦四大港口和海口、三亚两大国际机场。

[农业] 独特优越的气候条件使海南省的农业得到长足发展，热带高效农业模式正在形成。海南省是中国最大的热带作物生产基地，橡胶、椰子、腰果、胡椒、咖啡等热带作物产量丰富。橡胶种植已有近百年历史，胶园遍布各市县，其中以琼南胶区产量最高。椰子种植已有 2000 多年历史，主要分布于文昌到三亚的琼东沿海，尤以文昌市最多。热带水果种类繁多，有"百果园"之誉。水果种植以菠萝、香蕉、芒果最为主要。海南省是中国的糖蔗主要产区之一，粮食生产以水稻为主，畜牧业以养牛较多。兴隆牛是中国水牛良种之一。文昌猪、临高猪、万宁东山羊、琼山雍羊、文昌鸡、琼海加积鸭、定安四季鹅等优良畜禽在国内外享有盛誉。海南省是中国热带林区之一，森林主要分布在五指山、坝王岭、尖峰岭、吊罗山、黎母岭等地。热带珍贵树木有 200 余种，坡垒、花梨、野荔枝、母生、子京为五大特类材树种。海南省渔业资源丰富，水产以海洋捕捞为主。环岛 200 米水深的大陆架渔场面积较广，盛产鱼、虾、贝、参、藻、蟹等。北部湾、昌化、清澜为海南三大渔场。

[工业] 海南省的工业近年来发展较快，制糖、罐头食品、铁矿石、木材、原盐、橡胶轮胎等产品在中国有优势。制糖业是海南省经济的主要支柱，全省糖厂主要分布于琼北。橡胶制品工业主要集中于海口市，少量分布在农垦系统。工矿业主要集中于海口和昌江黎族自治县。前者以橡胶、食品和电子工业为主，后者以铁矿采掘为主。海南省是中国最大的热带海盐生产基地，莺歌海为最著名的盐场。海南是亚洲八大铁矿石开采基地之一，石碌铁矿为大型机械化露天矿。海南省纺织工业发展较快，电子工业正在兴起。海南省的沿海大陆架蕴藏着丰富的石油、天然气资源，近年来已和多个国家合作开发了多处海洋天然气田、海洋油田。

[交通]　　海南省交通受地理限制有其独特之处，对外运输主要依靠海运。海口为全省重要港口。海口秀英港是人工港口。八所港位于琼西，是石碌铁矿输出的专业港，有万吨级泊位。三亚港是琼南要港，有万吨级泊位2个。儋州洋浦港是深水良港。西沙群岛的永兴岛也有良好港口，为南海渔业活动的中心。省内还有海口和三亚两大国际机场，与国内和世界多个城市通航。岛内运输以公路为主。从海口至榆林有东、中、西3条干线公路相通，简称"三纵线"。从澄迈经屯昌至黄竹、那大经琼中至万宁、邦溪经五指山市至陵水、东方经乐东至天涯有东西向公路相连，简称"四横线"。环岛高速公路已全线通车。铁路运输也有相当大的规模，西线铁路连通三亚、八所、石碌、儋州、海口（同大陆有轮渡）。

（七）旅游

海南省四面环海，又地处热带，旅游资源得天独厚。适宜的气候和优良的沙滩使漫长的海岸线上遍布理想的海滨浴场和避暑佳处，如鹿回头、大东海、天涯海角、秀英海滩、东郊椰林、高隆湾、亚龙湾、日月湾等。沿海还有世界上保存最完好的死火山口——马鞍岭火山口和中国面积最大的海涂林——东寨港红树林。尖峰岭、五指山、东山岭、南渡江、万泉河、南清河，百花岭瀑布、太平山瀑布构成海南旖旎的热带山水风光。如官塘、兴隆、蓝洋的温泉，陵水的猴岛。此外，海南省还有众多的人文景观，五公祠、琼台书院、东坡书院等都是海南的旅游胜地。

[五指山]　　五指山位于海南岛中部偏东，包括母瑞山、白马岭、五指山、七指山、马咀岭。其中最高峰五指山海拔1867米，坐落在琼中县境内，为海南岛第一高峰。五指山脉呈东北—西南走向，上覆厚层花岗岩，东北段破碎低矮，西南段完整高耸。主峰在西南端，山峰起伏如锯齿，多悬崖峭壁。山间盆地、丘陵错落分布于山脊两侧，呈多级。五指山为万泉河、陵水河和昌化江等河流的分水岭。山脉东南麓位于迎风坡上，又为台风途经之地，年降水量2866毫米，是海南著名的暴雨中心，也是全岛雨量最多的地区。五指山森林成片，生长茂密，群落层次多而复杂，垂直地带性差异明显，有"绿色宝库"之称，森林里栖息着许多种珍贵的野生动物。五指山还是海南岛的革命根据地，曾为琼崖纵队长期活动的地方。

[万泉河]　　万泉河又名万全河，为海南省第三大河。万泉河上游分南北两条支流，北支流源出于鹦哥岭东麓，南支流源于五指山北麓。南支流向东流经万宁市境内与北支流会合，后经琼海市的博鳌港流入南海。主流全长163千米，总流域面积3693平方千米。万泉河上游两岸高峰耸立，河道滩多水急，水力资源丰富。下游地势平坦，河道宽阔，水中盛产鲤鱼。

[天涯海角]　　天涯海角位于海南省三亚市境内，北靠下马岭，是一处自然景观和人文景观集于一体的旅游胜地。唐宋时代，朝廷一直把这里当成贬谪罪臣、充军发配

的南荒极境。这里交通闭塞，人迹罕至，十分荒凉，所以人们慨叹此地为"天涯海角"。现在天涯海角已成为海内外游客游览海南的必到之地。这里海畔沙滩银白，上面奇石参差错落，或卧、或立、或踞、或蹲，形状各异。其中有一略呈圆柱状的巨石，周长60米，高约10米，上刻"天涯"二字，是清雍正十一年（1733）岩州知州程哲的手迹。它的西侧有一巨石镌须"海角"二字，是清宣统元年（1909）崖州知州范云梯题刻的。另有一圆锥形大石刻，有"南天一柱"四字，也为清代文人题刻。

[亚龙湾]　亚龙湾位于海南省三亚市东南面25千米处，面积141平方千米，其中陆地面积78平方千米，海域面积63平方千米。亚龙湾风景自然天成，三面青山相拥，南面呈月牙形向大海敞开。泳场沙滩长度为7千米，滩长、湾阔，湾内终年风平浪静，沙自如玉，细致柔软。浅海区水深50～60米，海水清澈分层，能见度8米。年平均温度25.5℃，平均年日照时间2760小时。海水温

天涯海角

度22～25℃，终年可游泳、潜水，是绝佳的海水浴场，被誉为"天下第一湾"，有"东方夏威夷"之称誉。海湾内有5个大小岛屿，以野猪岛为中心，南有东洲岛、西洲岛，西有东排岛、西排岛，可开展多种水上运动。海底生物资源丰富，有珊瑚礁、石灰岩礁、花岗岩礁、热带鱼、野生贝类等，是海底观光胜地。这里因受海洋气候影响，夏凉冬暖，且空气清新，有利于身心健康。

[热带海底世界]　得天独厚的气候环境和丰富的浅海资源使海南省具有非常优越的潜水条件。海南岛沿海海湾和西沙群岛海水常年温度宜人，海水清流，透明度6～10米，被国际潜水专家认为是南太平洋最适宜潜水的游泳胜地。西沙群岛、亚龙湾、大东海等宁静的海面下四五米深处的礁石是各色纷呈的珊瑚，似鸡冠花、芙蓉、仙人掌、菊花，多姿多彩，鲜艳夺目。还有蝴蝶鱼、珊瑚鱼、闪电鱼、喇叭鱼、天使鱼、石头鱼、鸡泡鱼、小丑鱼、大水母、海葵、龙虾等海底动物。蝴蝶鱼、闪电鱼游动的时候，在水中闪现悦目的光彩，惹人注目。红色的小丑鱼悠闲地在珊瑚丛中游来游去，一旦遇到危险就躲在珊瑚枝丫中，依托这个天然屏障保护自己。珊瑚环礁中还生活着五光十色的贝类，如虎斑贝、鹦鹉螺、万宝螺、大法螺、唐冠螺等，潜游于珊瑚环礁。有时还会遇到有趣的龟，它挥动着四肢，笨拙地游着，有时左顾右盼，有时在珊瑚丛间转来转去。潜水者和各类鱼、虾、水母等动物共同潜游在美丽的珊瑚世界里，别有

情趣。

[鹦鹉螺——海底第一螺]　鹦鹉螺外观很像鹦鹉的头，因此得名。鹦鹉螺的进化始于二亿五千万年前的古生代，同时代的很多生物历经沧海桑田后都灭绝了，而鹦鹉螺却顽强地生存了下来。它强大的生命力得益于它对环境的适应能力。它可以在含氧很低的水中生存好几天，甚至可以在无氧的情况下生存几个小时。这种调节缺氧的特殊本领加上生长缓慢、能耗低的生存方式使鹦鹉螺成为海洋动物中的活化石，被称为海底第一螺，是一种珍贵的贝类。

[东郊椰林]　东郊椰林位于海南省文昌市东郊镇的建华山椰林湾，东与铜鼓岭毗邻，西依清澜港，南临太平洋，北靠八门湾，占地 26.5 平方千米，海岸线长 20.5 千米。东郊椰林以绿椰林、白沙滩、蓝海湾的独特景观构成自己迷人的热带自然风光。东郊椰林面积占文昌市椰林覆盖面积的 50% 以上，有红椰、青椰、黄椰，还有良种高椰、矮椰、水椰等不同品种，共 50 多万株。"椰子王"树的树顶头分三叉，结果累累。"椰子文化"最吸引人，大到桌、椅、门、窗，小到勺子、茶罐，无一不是椰木椰壳制成。这里的居民娶妻要栽"新娘椰"，生子要种"满月椰"，待客要吃"椰子饭"。有"文昌椰子半海南，东郊椰林最风光"之说。

[红树林]　红树林坐落在海口市东南的东寨港红树林保护区内。是我国最密集、面积最大的红树林区域。面积约 4000 公顷，海南岛红树林的 1/3 集中在此。这里的红树树冠硕大无比，树干奇形怪状，这些红树终年生长在海水之中，游客划小船进入红树林曲折的"走廊"，仿佛置身于幻境之中。这里拥有的红树林品种占全国红树林品种的 70%，有 12 科、16 属、20 个品种，是中国最大的红树林资源基地。红树林是热带海岸的重要标志之一，能防浪护岸，又是鱼虾繁衍栖息的理想场所，具有重要的经济价值、药用价值和观赏价值。此外，这里还拥有丰富的鸟类资源，种类达 300 余种，其中白鹭、白鹤、海鸥、天鹅、鹦鹉、鹭鸶、猫头鹰、叫时鸟等均属于珍稀鸟种。红树林除了以游览胜地闻名遐迩外，还是国内外学者科学考察的重要基地。

[东山岭]　坐落在万宁市城东 2 千米处，被称为"海南第一山"。东山岭周长 10 千米，怪岩奇石是这里的一大特色。岭上巨石撑持，形成洞窟，气势恢宏。从山顶上可遥望中国南海。相传东山岭早在唐宋时期就有"东山八景"，如七峡巢、瑶台望海、蓬莱香窟、碧水环龙等，现仍能找到一些足迹。历代名人来此山游览，留下了很多摩崖石刻，多为书法珍宝，其中有"东山耸翠""海南第一山""南天斗宿"等石刻。东山岭上有著名的佛教寺庙，最为有名的为潮音寺，此寺为纪念南宋抗金名将李纲而修建的。景点有弥勒宫、李纲塑像、龙洞迷宫。现在东山岭成为"海外桃源"游览区，为东山公园的一部分。

[崖州古城]　崖州古城位于三亚市西 40 千米的宁远河畔崖城镇。南北朝时起置崖州，北宋开宝五年（972）并入琼州。自宋至 1953 年，历代的州、郡、县治都设于这里。为海南岛两大文化古城之一。城墙 7 米高，3 米厚，周长 2000 米左右，有东、

南、西3门。外有沟堑相围，其上有吊桥。城端有御敌楼、醮楼等建筑。今仅存文明门，门内有崇圣殿及学宫。门上有门庭和垛口。崖州古城内现尚存孔庙遗址。崖城孔庙建于明朝，庙中建有大成殿、崇圣寺、文明门、尊经阁。

崖城又被称为"幽人处士家"。各个朝代都有许多政治家、文学家被流放到此地，如宋朝的胡铨、赵鼎，元朝的王仕熙，明朝的赵歉等。唐代著名高僧鉴真和尚第五次东渡日本时曾在宁远河口停泊并帮助当地人修整大云寺，他留下的一批准备带去日本的佛教经典是崖州文化史上带有神奇色彩的宝物。宋末元初的纺织专家黄道婆也曾在崖城南村住了40多年，向当地的黎族人民学习纺织技术。

〔白石岭〕 白石岭位于海南省琼海市加积镇万泉河畔。白石岭状如卧龙，巍巍挺拔，悬崖峭壁，险峻异常，每当云雾遮掩，山峰忽隐忽现、变化万千。山上树木郁秀，佳景云集，自古以来就享有盛名。白石岭诸峰中以东峰最为高峻，海拔328米，是自古以来登高的佳境，故又叫登高峰。在东峰上可以俯瞰岭下星罗棋布的水库，玉带般的万泉河从山下蜿蜒而过。白石岭有"崆峒筛风""花岗蔚彩""石柱擎天""翠屏拥月""金钟驾天""青狮眺目""苍牛喷雾""碧沼储云"八景。"崆峒筛风"是由三块巨石组成的奇观，其中一块呈蛋形的巨石，一半夹在两块巨石之间，一半倒悬在半空中，看上去摇摇欲坠。从不同角度看这块巨石，其形状各异。从高处俯视，如蹒跚之龟，从岭下仰望，似奔腾之马，自然天成，栩栩如生。巨石旁边有一个石洞，疾风吹来，石洞里不时发出瑟瑟的声音，好似天籁。"石柱擎天"是八景中最佳景观，高耸入云，环境幽静。"翠屏拥月"在东峰顶端东侧，是两面高耸的石壁，中间衔着一块大石。大石头卡吊在空中，堪称险绝。此外岭上还有佛教临济宗的青云寺、仙女洞、观音庙、碧水崖、福寿山、笑佛、飞来石、天门洞、青云路等多处景点。

〔南湾猴岛〕 南湾猴岛位于陵水新村港对面的南湾半岛，面积1000公顷，四面环海，属热带亚热带气候，生长着茂密的长绿阔叶乔木和灌木丛林，为中国唯一的猕猴保护区。猕猴又叫"恒河猴"。保护区始建于1965年。保护区内有12个大小不一的山头，上面岩洞无数，是猕猴生长、繁衍的天堂。猕猴一般体长55~60厘米，尾长25~32厘米，体重5千克左右。毛色灰黄，臀部有红色臀疣。岛上有猴群30多个，各由"猴王"率领，常与游人嬉闹，索食。

二十三、台湾省

（一）行政区划

台湾省位于中国东南沿海的大陆架上。位于北纬20°45′~25°56′、东经119°18′~

124°34′。东濒太平洋，西隔台湾海峡与福建省相望，东北临近琉球群岛，南界巴士海峡，与菲律宾相隔 300 千米。全省陆地总面积 3.6 平方千米。台湾省行政区划包括：台北、新北、桃园、台中、台南、高雄 6 个台湾当局"直辖市"，基隆、新竹、嘉义 3 个市，新竹、苗栗、彰化、南投、云林、嘉义、屏东、台东、花莲、宜兰、澎湖、金门、连江（马祖）13 个县。台湾古称夷洲，在明代和清代曾被荷兰与日本侵占。1945 年抗战胜利后，台湾重回祖国怀抱。1949 年国民党政府退守台湾使其至今仍孤悬海外。台湾是中国大陆东南的海上屏障，也是与太平洋地区各国联系的交通枢纽。简称台。因其置省前为福建省台湾府而得名。

［台北］　台北市位于台湾省北部，台北盆地中央。面积 271.8 平方千米。，截止到 2020 年，台北市人口为 263.11 万人。是台湾省第一大城市，辖 12 区。明代以前是高山族人居地。清康熙二十二年（1683）后硫磺采矿业在此兴起，经济日趋繁荣。1895 年为日本占领。光绪元年（1875）开设台北府，台北之名始此。台北多低山、丘陵环绕，淡水河将市区分为东西部，台北市的农业以水稻、蔬菜、瓜果、花卉等为主，耕地面积占市境总面积的 18%。工业以电机及电器制造为主，还有化工、印刷、纺织等工业。台北交通便利，是台湾大学等高等院校和科研机构集中区，以众多名胜古迹而著称。

［高雄］　高雄市位于台湾岛西南岸，是台湾省最大的海港城市。面积约有 153.6 平方千米。原名打狗或打鼓，为高山族西拉雅平埔人打狗社名音译。也称西港，1920 年以汉语"打狗"的日语音译作"高雄"。1924 年始设高雄市。是我国台湾省最大的电力中心和重工业中心，有以钢铁、造船、炼油、重化工和水泥等为主的综合工业基地。市内海洋渔业发达，高雄港曾是世界四大集装箱港之一，货物吞吐量居世界前列。高雄是台湾省南部重要的海军基地。市内海陆空交通皆成体系，十分便利。

（二）人口、民族

截至 2023 年 1 月，中国台湾省人口总数 2330.1968 万人，自然增加为负 6822 人、社会增加 44150 人，整体比去年 12 月增加 37328 人。人口分布很不平衡。超过 70% 集中在西部 5 大都会区，其中台北都会区最大。台湾本岛聚集了全省 99% 以上的人口，而离岛和山区却地广人稀，人口密度在 20 人/平方千米以下。台湾居民以汉族和高山族为主，其中少数民族占总人口的 2%，高山族主要包括阿美、平埔、泰雅、排湾、布农、卑南、邹族、赛夏和雅美等族群，他们的风俗和语言各不相同。

［高山族］　高山族的房屋多为茅草屋顶的木板房。饮食以大米、小米、芋头为主。喜食黏小米饼，嗜酒、烟，好嚼槟榔。男子一般穿披肩、背心、短褂，包头巾；妇女穿短上衣、围裙和自肩向腋下斜披的偏衫、裤子或裙子，喜欢在衣服上面刺绣。男女婚前社交自由。女子当婚，父母就让她另室独居，男青年夜间在居室的外边，用

鼻萧或口琴吹奏乐曲以打动姑娘之心，如果姑娘用口琴与对方相和就表明同意结婚。高山族的节日有春节、丰收节。每年立秋之后，家家宰猪羊，开怀畅饮，载歌载舞，以欢度丰收和辞旧迎新。

（三）历史文化

"台湾"之名始于明万历年间，最早对台湾的记载见之于《禹贡》，谓之"岛夷"。《汉书》称之为"东鳀"。隋以前称"夷洲"。隋、唐以后至宋、元，以"流求""小流求"或"溜求"称台湾。明天启年间，荷兰和西班牙殖民者分别侵入台湾。清初郑成功（1662）驱逐侵略者，收复了台湾。康熙二十二年（1683）清政府统一台湾。台湾省作为一个移民社会，却一直保持着中华民族的传统习俗，历经数次殖民统治也没有改变，充分体现了中国传统文化的巨大凝聚力。

[郑成功收复台湾]　17世纪，荷兰侵略者霸占了台湾。明末清初，民族英雄郑成功（1624—1662）决定收复台湾。顺治十八年（1661）四月三十日郑成功大军抵达台湾海面，利用涨潮的有利时机，由鹿耳门顺利登陆。康熙元年（1662）一月，大军从海陆两方面向荷兰侵略者发动了猛烈攻击。在强大攻势下，被荷兰侵略者非法占据38年之久的台湾回归祖国，郑成功收复台湾维护了中华民族的尊严。

[安平古堡]　安平古堡位于台南市安平区国胜路。原为明末崇祯年间荷兰人修建的用于贸易的据点，名为"红毛城"或"番仔城"。康熙元年（1662），郑成功改名为"安平"，并将指挥部从赤嵌楼移至此城。因此该地又名"王城"。1662年6月，郑成功病逝于城内。同治年间该古城被英舰大炮所摧。古堡中，有一片红砖砌成的残壁城垒，就是300多年前古城仅存的遗迹。城堡脚下，树立着郑成功铜像。这里建有郑成功纪念馆，保存了荷兰侵略者占据时所建的热兰遮城的原始模型、郑成功的墨宝和有关史迹资料。它是台湾最早的一座古城。

[安平大炮台]　安平大炮台位于台南市安平区，建于清光绪元年（1875）。由时任两江总督的沈葆桢修建。炮台为方形，四角凸出，中部呈凹形。由法国一名技术人员设计。炮台内有大粮房、兵房、火药库等，设有大炮5尊、小炮台6尊，整个炮台可容纳1500人。为鼓动台湾人民抵抗入侵，沈葆桢亲笔题写了内额"万流砥柱"4字，外额"亿载金城"4字。光绪二十三年（1897），清政府被迫将台湾无条件地割让给日本。在抗击日军的战火中炮台遭到严重破坏。现城门正前方的城垣上，耸立着沈葆桢的纪念铜像。安平大炮台是清后期同治中兴时的历史见证，因沈葆桢曾题名，故也称"亿载金城"。

[台南四大名刹]　台南"三步一小庙，五步一大庙"，台南四大名刹是指开元寺、弥陀寺、竹溪寺、法华寺。开元寺、弥陀寺原是郑成功之子郑经所建"天府行台"。法华寺由1664年台湾知府蒋毓英创建。竹溪寺创建于1664年，因其竹林茂密，

前有小溪而命名，以殿门是西式地窗而区别于其他庙宇。

[三义木雕] 三义木雕，是台湾省驰名海内外的手工艺品。三义木雕之所以声名远扬，一是选料精良。雕制小品时，一般选用高级的桧木，或木质坚硬、纹理细腻的檀香木和九骨木。较大型的作品则采用当地的樟木。木材选好后，要经过严格的干燥处理。二是雕琢精巧。雕刻师傅们使用几十种雕刻刀，以艺术的眼光和丰富的想象力，赋予一块块的木头以生命。如果是大型的作品，完成则一般要 90 多天。三是工艺复杂。刻完后喷上亮光漆，后用砂纸磨，磨完后再喷漆，重复多次，经特殊处理后方可参与交易。三义木雕有上百个品种，以人物、鸟兽、山水为主。

[美农油纸伞] 美农油纸伞做工十分细致。在台湾，以客家人制作油伞工艺为最好。在客家习俗里，嫁女儿和男子 16 岁成年时，父母都需备两把伞做嫁妆。对女儿有"早生贵子"的含义，而且伞字是一个伞形撑着四个人，又可代表"多子多孙"之意。男子则表示已经成年了。美农油纸伞做工十分细致，伞骨是用台中的"孟宗竹"经浸水后削成，竹身硬而富有弹性，不会惹虫遭蛀。将成扇形的棉纸，用棉籽油一片片粘在骨架上，曝晒之后，就可以涂上桐油。上过桐油的伞纸，不仅有防水的功能，也使棉纸变得亮丽透明。

（四）气候

台湾省气候属热带与亚热带过渡型。年均温 20~25℃，为海岛型湿润气候。冬季大陆寒潮稍长，因地势高峻，气温垂直变化大。台湾是中国多雨地区之一。岛上年均降水可达 2400 多毫米，北部全年雨量和雨日较多，台湾山地高寒，且多雨雪。众多山脉以深冬积雪著名。台风对台湾的影响很大。

台风是产生于西太平洋上的强烈发展的热带气旋，除有暴风外，也常带来大量暴雨。台湾位于台风路径的要冲，每年都要受到台风的侵袭，台风对经济和社会造成极大的负面影响，是台湾最严重的自然灾害。侵袭台湾的台风，最早开始于 4 月下旬，最晚则在 11 月下旬，以 5~11 月的频率最高。台风侵袭台湾时，各地出现的大风风力除与台风的强度有关外，还与当地的地形及台风的路径有很大关系。

（五）自然资源

台湾省因矿藏极其丰富，有"宝岛"之称。矿产资源中以煤为最多，硫磺、金、铜、天然气、石灰石、大理石等储量也较高。台湾省生物资源种类繁多，达 4000 多种，被称为"绿色宝岛"。森林面积占全岛 1/2 以上，世界上很多濒危的物种如台湾杉、台湾猕猴等都有分布。是世界名贵树木红桧林分布地区之一，并有"蝴蝶王国"之称。

　　[蓝鹇]　　蓝鹇又称晓腹鹇、山鸡，属雉科，因胸部及身体两侧有蓝色辉光而得名，为我国台湾所独有。全长约 80 厘米。全身深蓝黑色，头与颈部黑色，头顶上长有白色羽冠，脸面部红色，额上有肉冠，脸部还有肉垂（耳垂），亦呈红色。蓝鹇的后颈、上背及一对中央尾羽白色。肩部羽毛红褐色。腰部、尾上覆羽及下体黑色。蓝鹇主要栖息于海拔 200~2300 米的山地原始阔叶林内。蓝鹇生殖能力较强，繁殖时间在 3 月份。

　　[千年古树——红桧]　　红桧是台湾高山地区的名贵树木，树高可达 60 米，是裸子植物，与大陆常见的侧柏同属于柏科。红桧树皮条片状纵裂，淡红褐色。鳞片状叶交互对生，排在同一平面上，鳞叶长 1~2 毫米。花单性，雌雄同株，雌球花生侧枝顶，有 5~7 对球果鳞片，是中国特有植物。红桧是制造船舰、高级家具的最佳原料。

　　[洋地黄]　　洋地黄又名毛地黄，玄参科植物。分布在台湾阿里山海拔 2000~2800 米的山地，是阿里山的特有植物。原产欧洲西部而得名。洋地黄喜温暖、干燥和阳光充足环境。较耐寒，耐干旱、半阴，怕水涝，宜肥沃、疏松和排水良好的砂质壤土生长。洋地黄花茎挺拔，花冠别致，花大色艳，有毒。

　　[台湾杉]　　台湾杉主要分布于台湾、云南、湖北等省，在 500~2300 米的山地密林中。为杉科植物常绿乔木，叶四棱状钻形。雌雄同株。果实为球果，形状为椭圆形，成熟时为褐色，而且种子的两侧有膜质翅。是中国的孑遗种，现存数量很少，是研究生物进化的重要物种。

　　[槟榔]　　台湾省的少数民族嗜好嚼槟榔，他们认为嚼槟榔所染红的口液，唾出去能驱除恶魔，保护身体，而且祛病延年。槟榔主要产在台湾中南部，恒春是我国台湾最大的槟榔集散地，那里有一条"血迹斑斑"的槟榔街。槟榔的吃法，用带有胡椒香气的荖叶，再搅匀石灰，用小刀涂少许在叶上，将之卷起，然后切开槟榔，将已卷好的叶夹放在中间，反复咀嚼，香味奇特，可染红口液。

（六）经济

　　对外贸易是我国台湾省经济的生命线，主要以加工业和制造业为主。1950 年后，台湾经济在国外资本扶植下逐步发展，电力、交通运输、石油化工、钢铁、造船等支柱产业发展较快。20 世纪 80 年代，台湾省成为"亚洲四小龙"之一。台湾省是海岛型经济区，主要工业产品中以化纤、制糖、电子、半成品加工等。台湾经济为进口—加工—出口型的经济。

　　[工业]　　台湾工业以制造业、矿业、公用事业、房屋建筑为重要支柱。其中，制造业居核心地位。纺织品、电子、机械制品、塑料制品、胶合板及家具、食品制造业是我国台湾的六大外销工业，而钢铁、造船和石油化工等重工业以深加工为主。其电子产品 50% 外销，电子产业是台湾省的高利润产业之一。

　　[交通]　　台湾省除高山地区外，铁、海、航、公等运输十分畅通，为经济发展创

造了条件。铁路是台湾省交通运输网的骨干。环岛公路总长上千千米，成为台湾省贯穿南北的陆路交通大动脉。台湾山地主要以环岛公路和东西横贯公路为主。台湾省的海运较发达，港口多集中于台湾本岛。有高雄、基隆、花莲等港。民用航空运输较发达，可通往美国、日本、东南亚等国家和地区。

（七）旅游

台湾省旅游资源以热带森林、温泉、文物而著称，四季如春的气候使台湾成为著名世界的旅游胜地。众多风景区景色绮丽，驰名世界的特产和小吃更令游人乐而忘返。

[台湾故宫博物院]　台湾故宫博物院位于台北市郊的士林游览区。建于1955年，占地面积达2.2万平方米。原名中山博物院。中间的博物院大厦是博物院的主体建筑，楼高四层，第一层为办公室、演讲厅和图书馆，二至四层为展览厅。大厦两旁是两座三层殿式建筑。院内珍藏有运自大陆明清故宫文物精品64万件，物品有商周的青铜器，晋唐以来的书法，唐宋以来的名画，宋元时期的瓷器、善本书籍，清代档案及雕刻、玉器、漆器等，品种繁多，号称世界四大博物馆之一，是研究中国文化历史物证最多的地方。故宫博物院以国宝闻名，是中外人士到我国台湾旅游的重要参观景点。

西周宗周钟现藏于台湾故宫博物院。高65.5厘米、宽35.2厘米、重34.04千克，为古乐器。此钟为合瓦形，下身略大于上身，口部做弧形，上部有一长圆柱状甬把，钟体有铭文17行122字。

[台南孔庙]　台南孔庙位于台南市区文庙路，始建于明永乐十九年（1421），由郑成功之子郑经和部将陈永华倡建，于永乐二十年落成，时名"文庙明伦堂"。大成殿内供奉孔子及颜回、曾参等儒家十二哲。殿后有祭祀孔子五代祖先神位的崇圣祠，是我国台湾最古老的文庙。庙内庄严肃穆，是历代祭祀场所和学府。

[阳明山风景区]　阳明山风景区，位于台北市北16千米处，原名草山。海拔443米，群峰四合，翠谷如秀，山景如画，林泉岩瀑现已成为台湾北部地区规模最大、景色最美的郊野公园。阳明山有前山、后山之分。前山公园园内亭台花榭、小桥流水，在阳明湖的映衬下的景致，犹如风光秀美的江南。后山公园草地如茵，百花烂漫，著名的"阳明瀑"甚为壮观。每年2~4月山上樱花、杜鹃开放，是游人最多的季节。阳明山温泉为我国台湾四大温泉之一。温泉自七星山麓涌出，属乳白色与暗绿色两种单纯硫化氢泉。泉水流量大而溢成溪流，长年不绝。阳明山丰富的硫磺矿资源是温泉浴驱病健身的主要原因。

[阿里山]　阿里山位于嘉义县东北，有"森林宝库"之称。风景区中以大塔山断崖、塔山云海和祝山日出等最为有名。以云海壮丽、林涛神木、遍野樱花、祝山日出为四大胜景而驰誉全球。游览阿里山由嘉义乘坐的铁道长72千米，由海拔30米逐渐上升到2450米，是世界铁路建筑史上的奇迹。在乘火车上山，就可经春夏秋冬四季的

景色，是我国台湾最佳的避暑胜地。

祝山日出　阿里山上的祝山顶上，是观看日出的最佳处，专门建有观日楼。每当清晨太阳升起，天空亦随着太阳的高度变化而变化。时而墨蓝，时而淡青，时而灰白，时而殷红。太阳升起时始为椭圆形，沉下后再跃起，则为圆形，美不胜收。

阿里山

阿里"神木"　阿里山天然森林区中有一株3000年历史的老红桧，高约53米，被称为"神木"。另有一棵红桧"眠月大神木"，高48米，有4100多年的树龄。最为罕见的"三代木"，树中有树，三代同堂。这三类历史不同的"神木"记载了阿里山的千年历史。

[日月潭]　日月潭位于台湾中部南投县渔池乡水社村，是台湾最大的天然湖泊。它是玉山和阿里山间的断裂盆地，面积7.73平方千米，平均水深30米。潭中有一小岛，原名"珠屿岛"，现名"光华岛"。以此岛为界，北半湖形日轮，南半湖细长，形似上弦之月，故称日潭、月潭。日月潭风景极为秀美，一年四季及晨暮景色各不相同，为台湾八景中的绝胜。

日月夕照每当红日西沉或新月东升之际，日光月影映照潭中，水色潋滟，山色翠穆，使"日月夕照"被誉为台湾第一美景。日月潭夏季凉爽，是优良的避暑胜地。潭北山腰有文武庙，从山脚到庙门，有笔陡石阶365级，俗称"登天路"，还有涵碧楼、文武庙、孔雀园、玄光寺、玄奘舍利等历史名胜。

[鹿场胜景]　鹿场位于南庄东河村，海拔850米，是百年前的原始森林，野兽众多，其中以鹿的数量最多，故名鹿场。鹿场方圆3千米，多瀑布危石、悬崖峭壁，鹿场十景即三角湖、石壁峡谷、石门拦砂坝、比林瀑布、峭壁雄风、神仙谷、风美瀑布、象鼻岩、爱情谷、加里山。现已成为当地知名的休闲、避暑胜地。

[野柳怪石]　野柳位于台北县万里乡野柳村，其形似海龟，故又被称为野柳龟。野柳海滩上奇岩怪石密布，种类繁多，人物、巨兽、器物惟妙惟肖、逼真传神，最为人们称道和熟悉的是突起于斜缓石坡上高达2米的"女王头"。她髻发高耸、微微仰着、端庄优雅，是野柳怪石的代表作。还有仙女鞋、梅花石、卧牛石等各种形态，野柳怪石成为台湾十景之一。

女王头　台湾岛濒临海洋，长年累月的风蚀、海蚀作用形成各种奇特的造型。女王头就是一个典型的海侵和风化砂岩地貌。

[大禹岭]　大禹岭位于台湾北合欢东侧，海拔2565米，是中央山脉北段交通的

要冲。大禹岭四周高山对峙。原始森林密布，群峰环抱，地貌多峡谷、峭壁、断崖、深沟、瀑布。大禹岭云海是其胜景之一，公路干线交会于此，其胜景逐步被开发，以云雾弥漫而著称。

[鹿港龙山寺]　鹿港龙山寺位于省台北市西南隅龙山区广州街，建于清乾隆四十年（1775）。龙山寺格局规模完全模仿泉州开元寺，其建筑之砖石、福杉都来自泉州，并以巨金聘请闽奥名匠修建。现存的大雄宝殿的戏台，基结构精巧，飞檐如翼，造型雄浑。尤其是屋顶下的八角藻井，以16组斗拱层叠起，并绘团龙，嵌以明镜，体现了清朝建筑水平和特色。是台湾省440多座寺庙中最负盛名的大寺，与保安宫、祖师庙共称为台北三大古刹。

[大安溪谷]　大安溪谷位于大安溪下游，长20千米，溪谷宽广，两旁散布8个泰雅族部落和一个社区。由于这里景色宜人，民风淳朴，保留了原始社会遗留的种种古风，又糅合了现代化的新工艺，山花烂漫，犹如桃花源的世界。

[锥鹿大断崖]　锥鹿大断崖海拔1660米。锥鹿大断崖下插深谷，上接云天，断崖凿悬壁，惊险万分。与之相对的是塔山北麓大峭壁，山势雄奇。两崖对峙，天空几乎为山势所遮，有"虎口一线天"之誉。

[太鲁阁峡]　太鲁阁峡位于台湾东部花莲县，是云雾溪峡谷的总称，是台湾东部山地最著名的风景区。"太鲁阁"是土著泰雅族语"山岭连续"之意。从太鲁阁到天祥之间有一条奇冠天下、长约20千米的大理石峡谷，被称为"天下绝景"。其中大断崖山南侧的新崖高达千米，绝壁千仞，怪石嶙峋。峡谷中仰视云天一线，峭壁入云，飞瀑似串，胜似三峡风光。

[佛光山]　佛光山位于高雄市东北大树乡境内，以寺庙建筑规模宏伟和巨雕塑像而著称。1967年由星云法师创建，是台湾最著名的佛教圣地。寺内的露天接引大佛，高32.2米，是岛内最高的佛像。大佛四周环有480尊小佛，故有"台南佛都"之称，是台湾佛教徒必到之地。

[宜兰风景区]　宜兰风景区位于台湾岛东北端。南北两侧都是高山，东临太平洋，形状是等边三角形，地面平坦，最适宜种水稻，是我国台湾东部的"粮仓"。这里风光秀美，山青水蓝，风景区内还建有宜兰公园，公园依地势而建，有叠山石、凉亭和荷花池等。园内树木苍郁，环境清幽，是一处消夏胜地。宜兰县北的礁溪温泉则是我国台湾著名的温泉之一。宜兰公园是宜兰风景区内风光最秀美的区域。

[东亚之光——鹅銮鼻]　鹅銮鼻位于台湾岛的最南端，处于中央山脉尽头，是太平洋、巴士海峡和台湾海海峡的必经之处。因这里北接恒春丘陵，衔山环海，突出如鼻，故得名"鹅銮鼻"。鹅銮鼻岬角长5千米，宽1.5~2.5千米不等，最高点海拔122米，属珊瑚礁台地，旧称南岬。"鹅銮鼻"是当地土语的音译，原意为"帆"。附近的海域为珊瑚礁石灰岩地形，巨礁林立，怪石嶙峋，有好汉石、擎天石、猪石、草海洞、古洞等天然奇石怪洞，令人浮想联翩。这里四季如春，旖旎多彩，素有蕉风椰雨、碧

海白浪的热带海滨情调，又称"台湾的夏威夷"。鹅銮鼻灯塔是清政府为避免外国人航海时，在台湾南部触礁引发事端而建的。灯塔之光可照亮20海里，是远东最大的海上灯塔，被誉为"东亚之光"。

[天后宫]　　天后宫位于台湾省中部云林县北港镇。天后即妈祖，相传是宋时福建省莆田市湄洲地方的林姓女子，曾多次在海上救人，28岁化仙而去。人们认她为航海保护人，普遍立庙供奉。天后宫在清康熙三十三年（1694），有一个姓傅的福建人创建。后几经修整，于1908~1921年建成现庙。庙中正殿中供奉妈祖像，前为毓麟宫，后为双公庙，左有聚奎阁，右有凌霄殿，庙西是文昌庙，东为三界公祠，是全省300多所妈祖庙中规模最大、香火最旺的妈祖庙，每年有近万香客前来朝圣。

[赤嵌楼]　　位于台南市中区赤嵌街。始建于清顺治七年（1650），由当时占据台湾的荷兰人创建。1661年，郑成功攻入台湾，以此楼为指挥部，收复台湾后，把这里作为承天府。赤嵌楼原楼毁于地震，现仅剩城堡大门和文昌阁旁的炮座遗迹。清代重建时曾包括文昌阁、五子祠、海神庙、蓬壶书院、大士殿五栋建物。楼周长共151米，楼高12米，建筑特殊，坚固美观，极为宏伟。楼共分三层，雕栏凌空，轩豁四达。此外，原为蓬壶书院一部分的文昌阁，还奉祀着一尊魁星爷。城楼下有9座乾隆亲题的御碑。楼前广场中心还建有郑成功接受荷军献降书的雕塑群像，显示了中华民族的雄风。现这里被辟为台南市历史馆。郑成功像和许多明代文物都被保存在内，是台湾省著名的古迹之一。

二十四、香港特别行政区

（一）行政区划

香港特别行政区地处珠江三角洲南部，与澳门隔海相望，处于北纬22°09′~22°37′东经113°52′~114°30′，距广州市大约140千米，陆地面积1113.76平方千米，海域面积1641.21平方千米。。香港有近6000年的历史，春秋时为楚之属地，后来历代均对此地进行了管辖。包括香港岛、九龙、新界等大小岛屿200多个。香港是世界著名的自由港，也是重要的贸易、金融、轻纺产品制造，航运、旅游和信息中心。简称港。

（二）人口、民族

截至2022年末，总人口733.32万人，是世界上人口密度最高的地区之一，人均寿命全球第一，人类发展指数全球第四。香港98%居民为中国血统，外籍人口中以英国为最多，此外菲律宾、美国等外国籍居民也很多。使用语言主要是汉语和英语，汉语以广东话、客家话、普通话为主。

（三）历史文化

香港早在公元前4000年就有使用新石器和陶器的中国人居住，在春秋战国时属楚国领地，唐代曾驻军，宋明时迁入者居多。1842年和1860年，英国先后强迫清政府签订《南京条约》和《北京条约》，强行割让香港岛和九龙。1898年又强行租借了新界，租期99年。1997年7月1日中国政府顺利恢复对香港行使主权。通俗文化是香港文化的代表。香港传媒业在中西文化的冲突中具有自己的特色。香港信息业发达。这里每年都举办香港艺术节，吸引了国内外的游客。

[英国侵占香港]　　香港交通十分便利。鸦片战争后，1842年，英国殖民者强迫清政府签订了《南京条约》，侵占香港岛。1860年再次迫使清政府签订了《北京条约》，割去九龙半岛。1898年又迫使清政府签订《展拓香港界址专条》，"新界"（内九龙城管权仍属中国）租期99年。新中国成立后，中国政府曾多次阐明中国对香港问题的立场：香港是中国的领土，中国不承认帝国主义强加给中国的三个不平等条约。1984年，中英经过多次谈判，正式签署了关于香港问题联合声明。1997年7月1日香港回归祖国。

[省港大罢工]　　省港大罢工历时2年零5个月，是世界工运史上坚持时间最长的一次罢工。1925年5月，五卅惨案发生后，香港成立了全港工团联合会。6月19日，香港工人罢工开始。这期间全港有25万人参加，其中10万余人离开香港回到广州。为响应香港工人，广州的英、美、日商洋行和沙面的工人也宣布罢工。6月23日，香港罢工工人与广州各界群众10万人举行示威游行。后遭到英、法帝国主义军队的开枪射击，造成"沙基惨案"。惨案发生后，中华全国总工会在广州成立省港罢工委员会，苏兆征、李启龙、邓中夏分别担任委员长、总干事和党团书记。广东革命政府宣布与英国经济绝交，香港威了死港。1927年10月，国民党右翼分子武力强行解散省港罢工委员会后，罢工结束。

[香港回归]　　中国政府在1997年7月1日对香港恢复行使主权，设立中华人民共和国香港特别行政区。1996年时任国务院总理李鹏签署国务院第207号令，任命董建华为中华人民共和国香港特别行政区第一任行政长官。英国政府在同日将香港交还中国。1997年7月1日上午10时香港特别行政区举行了盛大的成立庆典。会上时任中共中央总书记、国家主席江泽民同志向香港特区政府致送题词"香港明天更好"，并出席了交接仪式。

区 旗

香港特别行政区的区旗是以五星花蕊为主的紫荆花作为图案。底色红旗代表祖国，白色紫荆花代表香港，紫荆花红旗寓意香港是祖国不可分离的一部分，并将在祖国怀抱更加兴旺发达。花蕊上的五星是中国红五星的传统象征，表示香港同胞热爱祖国，旗、花分别采用红、白不同颜色，象征"一国两制"。

（四）地貌

香港岛群原为大陆山脉的延伸部分，因山体沉降和海水入侵形成。香港岛东西长，南北短，多起伏山丘，平地窄小。地质上主要是由燕山期入侵的花岗岩，在香港岛北侧也可见喜马拉雅山期入侵的花岗岩体。周围的小岛在香港都被称作"离岛"，海拔最高为552米。

[大濠岛]　大濠岛位于港岛以西、"新界"西南，面积153平方千米，它的面积比香港岛大近一倍，是香港第一大岛，又称大屿山岛，古称大奚山、大鱼山。岛上的地势西南高东北低，主峰凤凰山海拔935米，是香港第二高峰。该岛建有禅林、宝莲寺和天坛大佛，还有"香港成尼斯"的水乡大澳，东部有清代古城遗址，全岛风景秀丽，繁花似锦。以铜铸的如来佛像为镇岛之宝。

[九龙半岛]　九龙半岛位于珠江口东侧，隔海与香港岛相对。总面积约47平方千米。半岛上多丘陵。主要城镇九龙位于半岛南端，有铁路通往广州，港口可停泊远洋巨轮。西南平原已成为一个工商业中心，其中油麻地、尖沙咀、旺角等地店铺林立，十分热闹。

[香港岛]　香港岛位于维多利亚湾南面，是香港地区的行政和金融中心，但其面积则居全港第二位，面积81平方千米。全岛由丘陵山地构成，呈东西走向，海岸线长达800千米。西北部的太平山海拔552米，为全岛最高点。沿维多利亚港岸线是由移山填海而建成的闹市区，包括两营盘、上环、中环、湾仔、北角和鱼涌等地。拥有香港仔湾、涤水湾、浅水湾、石澳等10多处海湾，建有万吨以上的码头20多个，占尽地利之势。

[青马大桥]　青马大桥横跨青衣岛和马湾的海面上，是香港新机场的重要配套工程之一。大桥全程2.2千米，主桥跨度达1377米，两座吊桥，每座高206米，离海面62米，是全球最长的一条兼备行车道及铁路行车的两用吊桥。

（五）气候

香港属南亚热带海洋性季风气候，每年10月至次年4月多东北风，干燥寒冷；5~

9月多西南风，炎热潮湿。年均温 22℃。年均降水量 2225 毫米，多雨年份可超过 3000 毫米。常遭受台风侵袭，地震频繁。

（六）经济

香港原为海滨渔村，因地理位置具备深水港条件，英国把其作为侵略中国的基地，强行割让后开埠为自由港。香港经济发展迅速，20世纪80年代被誉为亚洲"四小龙"之一。香港现以加工业为基础，以对外贸易为主导，多种经营为特点，成为国际金融中心（地位仅次于纽约和伦敦）。贸易、工业、航运、旅游和信息产业领先于世界，对外贸易、制造业、建筑业、旅游业为四大经济支柱。

国际金融中心

香港是在纽约、伦敦之后的世界第三大国际金融中心和黄金市场。由于香港特殊的地理位置和自由港的地位，世界各大资本集团、银行等为香港金融业发展提供了良好的条件。金融业为香港经济之首，香港联交所吸引了全世界的上市公司来港上市。香港回归后，恒生指教不断攀升，成功地抵御了世纪初的亚洲金融危机继续保持国际金融中心的地位。香港金融业的特点有：第一，香港金融业的发展，与工业、贸易多元化经济发展相辅相成，有力地带动了整个香港经济的发展。第二，香港金融国际体系不断增强，在香港开业的国际银行和吸纳存款的公司达 400 多家。近 20 年来，香港采用了国际金融业主要创新技术的八成以上，其中包括电子、光纤、电信设备等新技术，其应用范围扩大到国际金融交易的信息传递等方面。第三，国际金融创新方面的进展也很大，融资方式有外币与利率掉期、票据发行融资、银行贷款、远期利率合约等。这都为香港金融业注入了新的活力。

[农业] 香港耕地不到全港的 10%。由于土地严重缺少，加上淡水资源缺乏，香港的农业经济比例逐步缩小，目前主要在新界和大屿山等郊区还有经营。农作物品种也仅有蔬菜、水果和花卉。香港所消费的农产品多是从大陆过境。这几年海洋捕捞业也有明显发展。

[工业] 制造业是香港的基础，工业产品 90% 依靠外销。从资源条件上来看，香港本区原材料匮乏，只能发展轻工业，形成了制衣、电子、纺织、钟表、塑料玩具等六大产业。香港轻工制造业以生产价格低廉、质量较好的日用消费品而闻名于全世界。在世界轻工业产品中，香港有很多产品被列为出口"世界第一"，如玩具、手表等。香港同时也是经济流通中心，被誉为"万国商场"和"购物天堂"。

[发达的信息业] 香港的信息业以现代的科学技术和先进的设施遥遥领先，电脑技术被广泛应用在金融业、贸易业、制造业、运输业和旅游业等行业，在通信联络和

财务会计、库存计算、生产管理及资料处理上以快速、准确、高效而闻名世界。卫星通信、光纤通信、电缆通信和微波通信等先进通信技术也全面推广。香港全球移动电话人均使用率最高，传真机的人均拥有率排名世界第二。信息产业是香港发展中的三大产业之一。

> **恒生指数**
>
> 　　恒生指数，由香港恒生银行全资附属的恒生指数服务有限公司编制，是以香港股票市场中的 33 家上市股票为成分股样本，以其发行量为权数的加权平均股价指数，是反映香港股市价格趋势股价指数。该指数于 1969 年 11 月 24 日首次公开发布，基期为 1964 年 7 月 31 日，基期指数定为 1000。恒生指数的成分股具有广泛的市场代表性，其总市值占香港联合交易所市场资本额总和的 90% 左右。1985 年开始公布 4 个分类指数，把 33 种成分股分别纳入商业、金融、地产和公共事业四个分类指数中，是亚洲经济发展的晴雨表。

　　［交通］　　香港的岛屿之间有海底隧道或渡轮连接，公路四通八达。香港已有京九铁路，从香港乘火车可直达北京。海运发达，可通往世界各国，是亚洲的一个重要航运枢纽。

（七）旅游

　　购物、美食和无限的商机成为香港之旅的三大特色，人称"购物天堂""食在香港"。香港主要旅游景点有港督府、宋城、太空馆、海洋公园、太平山等处，体现了中西文化的交融。

　　［太平山］　　太平山位于香港岛西部，是香港岛的标志。它海拔 552 米，是岛上最高的山峰。古称香炉峰，又称扯旗山、维多利亚峰。太平山顶是香港八景之一，登山远眺，香江秀色，尽收眼底。山顶上辟有公园，游览景点有凌霄阁、山顶广场。山顶广场景致迷人，集休闲、购物、娱乐于一体。从中环花园道乘坐山顶缆车，约 10 分钟便能登上太平山顶，是游览的重点。

　　［海洋公园］　　海洋公园位于香港岛南部的南朗山上，是世界上较大的海洋公园之一。公园分为山顶公园、山下花园。山顶和山下有世界上最长的登山电梯。海洋公园始建于 1977 年。山顶公园内设有三大场馆。海洋剧场里每天都有海洋动物的精彩表演。海洋馆建有人工海洋和岩石海岸，造浪机飞扬超浪，惊涛拍岸，如亲临其境。山下花园中有水上乐园，有世界上最快的过山车。公园可适应各个年龄层次的游人游玩，被誉为儿童的梦园、老人的憩园、情侣的爱园、游客的乐园。

　　［香港会议展览中心］　　香港会议展览中心位于港岛湾仔海旁，建于 1988 年，是香港举行大型表演、展览、会议的最大场地，是亚洲第二大会议展览中心。会展中心

面积达 6.6 万平方米。香港会议展览中心可租用面积达 7 万多平方米，拥有世界上最先进的会议设施。有同时容纳 3800 人、面积达 3800 平方米的大会堂，可供各类会议及大型宴会使用。还拥有可容纳 900~1800 人的大型会议厅。设有视频会议设备、卫星接收系统、演讲所需的录音及投影设备、八种语言的即时传译装置等，代表了香港自动化技术应用的最高水平。

[浅水湾]　　浅水湾位于香港岛的南部海滨，是一个新月式海湾。在众多的香港海水浴场中，浅水湾是最美的海滨。这里滩平水清，沙白林翠，是香港自然景色最大的海滨游泳场，沙滩上建有中国古典色彩的镇海楼公园，有妈祖塑像、观音神像等胜景。这里也是香港高收入阶层的定居点。

[维多利亚港]　　维多利亚港位于九龙半岛和香港岛之间，世界三大天然深水港之一。这个海港宽 1.6~9.6 千米，水域面积有 60 平方千米，可同时停泊 150 多艘万吨巨轮。这里有 74 个巨轮泊位，可供世界最大的 6 万吨集装箱船停泊，每年抵港的远洋轮船超过六七万航次。港内还有 3 个避风塘。维多利亚海港的优越条件和香港自由贸易政策使香港逐渐发展成了世界航运中心之一。它是世界上颇为繁忙、效率颇高的港口之一。

[太空馆]　　太空馆位于九龙尖沙咀，占地约 8 万平方米，主体建筑呈新月形。馆内设有展览厅、太阳科学厅和天象馆，还附设有"天文书店"。展览厅与太阳科学厅展出了银河系各种恒星和太阳图表、资料与太空科学仪器、最新天象信息等。天象馆是太空馆的主体，设有全天候放映系统，内有三四百个软躺椅座位，可自由调节。圆拱形的铝质天幕直径

维多利亚港

达 23 米，下有一架重达 2.5 吨的天象投影仪，装有 20 多个渔网式镜头，采用特殊胶片，以 360°向天幕投射太空奇景。太空馆内播放火山爆发前的模拟片十分逼真，是普及天文知识的有效手段。

[宋王台]　　宋王台位于九龙城，为纪念南宋最后一位投海自尽的皇帝。原台高 43 余米，周长约 90 米。相传南宋末年，临安失守，当时宰相陆秀夫与张世杰携幼主南逃，曾来香港一带躲避。但元军随后追杀，陆秀夫和幼主最后投海自尽。后人为此筑台纪念。英国占领九龙后尚存，后被日军摧毁，现仅存有一块石碑，这块巨石上镌有"宋王台"三字。

[黄大仙祠]　　黄大仙祠位于九龙竹园区，为道教祠院，供奉黄大仙。黄大仙祠始

建于1921年，祠门内题额"第一洞天"。进入牌坊后，左转坡上有一石牌，刻有"清灵宝洞"字样。广场中央置有香炉。广场前的台阶上立有一石牌坊，题额"金华分迹"。体现了佛教、道教、儒家文化在香港的交融。

[青山禅院] 坐落在香港九龙城屯门青山山麓。杯渡禅师曾于刘宋元嘉五年（428）在屯门山居住，为了纪念杯渡禅师，后人在屯门山建此禅院。后被毁，到了1928年，在原址重建杯渡庵，改名为青山禅院。青山禅院是香港著名古刹，是香港古寺中历史最悠久的一座。寺宇齐整，殿堂庄严，青松环护四周，云气长横山间，显示了佛门深幽的境界。院内的主要建筑包括大雄宝殿、青云观、观音阁、居士林、护法殿、五祛观、方丈室、诸天宝殿、望月亭、地藏菩萨殿、牌坊及山门等殿宇。山上有一门联：十里松杉围古寺，百重云水绕青山。寺内也有一联，内容为：白云白鸟飞来去，青史青山自古今。附近还有一块刻有"高山第一"四字的石碑，相传为唐文学家韩愈所书。

[九龙寨城] 坐落在香港九龙半岛原启德机场北侧。1847年九龙寨城建成。是清王朝为管理广东沿海盐团而修建的城堡，后因管理不善，"黄、赌、毒"日益泛滥，被称为"魔窟"。原城墙高近2丈，周长约180丈，东、南、西、北四个方向均有城门。南门面海而立，"九龙寨城"四个大字刻于南门上方。后山筑有一道粗石围墙，长170丈，高8尺。城门前有一座石桥，叫龙津桥，是城寨的主要出海通道。城内除九龙巡检司衙署及驻军所在地，还有龙津义学及天后庙等建筑。抗日战争时期，日军拆毁了绝大部分的城墙，只遗有寨城城墙残存的墙基、东南两门的墙基、一条沿寨城内墙走的排水沟及旁边的石板街。九龙寨城历史遗迹被保存下来的还有三座炮、石梁、对联及柱础等。1993年寨城被拆除，1996年在原地建了"九龙寨城公园"。

[中环] 中环是香港金融业的心脏，是香港的一大标志性地区。这里高耸入云的高档写字楼云集，中环路边荟萃着许多中高级名店。置地广场是拥有许多顶尖级名牌的商厦名店，室内装潢以休闲为主，十分优美。这里有名牌荟萃的两家豪华店面——The World Joyce和名牌世界。是香港"购物天堂"的真实写照。

二十五、澳门特别行政区

（一）行政区划

澳门特别行政区位于东经113°34′~113°35′、北纬22°06′~22°13′。别名濠江、濠镜、马交、濠镜澳、香山澳等。地处珠江口西南岸毗连珠海市，距离广东省广州市145

公里，距香港 56 千米，南北长约 4 千米，东西最宽约 2 千米。由澳门半岛和凼仔、路环二岛以及路凼城（路凼填海区）组成，陆地面积 32.9 平方公里。澳门秦时属番禺县，明时称为濠镜，1553 年葡萄牙人贿赂地方官吏，以晒货为名取得暂时居住权，1840 年鸦片战争后强行霸占，1987 年中葡两国签订关于澳门问题的联合声明。1999 年 12 月 20 日我国正式对澳门恢复行使主权。简称澳。

（二）人口、民族

截至 2022 年底，总人口为 672800 人。在澳门居住的外籍人士主要为葡萄牙、英国、菲律宾、泰国及美国人。澳门的人口分布极不均匀。澳门半岛居住的人口占总人口的 90% 左右，中国居民占到了 97%。

（三）历史文化

澳门被葡萄牙占领了 100 多年，作为一个自由港和巨大的国际市场，当地的文化具有浓重的外埠色彩，兼容中西方的特色。澳门的宗教信仰，以佛教、天主教、基督教信徒居多。

[英军强驻澳门炮台] 嘉庆十三年（1808）八月二日，英国商船带 300 余人公然登岸，抢居澳门三巴寺、龙嵩庙、东西炮台。二十三日，英军又驾坐舢板艇驶进虎门，要求在澳门寓居，两广总督吴熊光令英军撤出澳门，英军迟迟不动，直到十月间才开始撤离。后驻地政府在此加高隔离墙，以防英军。

[强占澳门] 明朝时，葡萄牙就侵入澳门，并设官管辖外国商人和侨居澳门的外国人，但当时主权仍属中国。道光二十九年（1849）四月三日，澳门葡萄牙官员亚马勒以清两广总督拒绝其请裁澳门海关，在广州设立领事馆的要求为借口，驱逐清政府官员，封闭海关，劫掠华人财物，并停止交纳从 16 世纪葡萄牙向明政府"借居"澳门以来按年缴纳的地租。当时，澳门华人被激怒。七月五日，澳门发生亚马勒事件，英国兵舰以此为借口开到澳门，英、法、美三国驻华公使联合向清政府抗议，公开支持葡萄牙的侵略行径。迫于压力，清政府承认了既成事实。

[澳门回归] 鸦片战争后葡萄牙强行占领澳门 100 多年之久，中华人民共和国成立后，对于澳门问题确立了"长期打算，充分利用"的外交方针，等待条件成熟时予以解决。1979 年中葡建交，葡萄牙承认澳门是中国领土。1986 年 6 月 30 日至 7 月 1 日首轮谈判在北京举行。经过四轮谈判后，中葡政府在 1987 年 4 月 13 日签署了《中葡联合声明》，议定中华人民共和国于 1999 年 12 月 20 日恢复对澳门行使主权。1999 年 12 月 19 日 24 时中国正式对澳门恢复行使主权，首任行政长官为何厚铧。

[郑家大屋] 郑家大屋位于澳门半岛下街龙头左巷，原名荣禄第，是中国近代思

想家、实业家郑观应（1824~1921）的住宅。建筑风格具有中国传统格局，亦受西方建筑影响。大屋现占地 3997 平方米，是澳门现存的清末最大型民居群落。这对研究清代建筑很有现实意义。郑观应曾在这里完成了对近代中国影响极大的著述《盛世危言》。

（四）地貌

澳门地区地域窄小，丘陵起伏。其中澳门半岛与凼仔、路环两个离岛组成。澳门半岛 9.3 平方千米，凼仔、路环两岛则分别为 6.5 平方千米、8.07 平方千米。通过澳凼桥、路凼连贯公路联系在一起，路环岛地势最高，全岛是一个花岗岩造成的山体，主峰塔石塘山海拔 174 米。凼仔岛上，大凼山（159 米）和小凼山（111 米）分立于东、西。澳门半岛地势最低，而地势最高的东望洋山（又名松山），海拔也只有 91 米。

［澳门半岛］ 澳门半岛位于广东省南海岸珠江口西南部，三面环海，南北长约 4 千米，东西宽 1.8 千米。半岛由花岗岩丘陵和小面积平原组成，平地所占面积大约为 80%，其余为丘陵，很适宜城市开发。西部与湾仔之间为狭窄的澳门河口，建有渔业水运码头和港澳之间的轮渡码头。工业以玩具、丝绢花、电子、成衣为主。为澳门主要的人口居住地。

［凼仔岛］ 凼仔岛位于澳门之南，是澳门的新发展地区。凼仔岛原为凼仔岛群，是因淤积和人工填海而形成的。岛上后陵基岩为花岗岩，地表植被覆盖良好。地表水和地下水均缺乏，仅有少数泉水源。建有赛马车场、凼仔游乐场、住宅区和酒楼等。旅游业是其支柱产业。

［路环岛］ 路环岛位于凼仔岛之南，与横琴岛相对，面积约为 8 平方千米。全岛基本上由花岗岩丘陵构成，岛中部的塔石塘山为最高峰，海拔 174 米。岛上丘陵起伏，平地甚少，地势为全澳最高。岛西北和东北有人工填海而成的平地、周围也有小片狭窄平地，沙滩和海滩。这里是澳门的工业区，建有澳门永泥厂、货柜码头、住宅工业综合发展区、旅游发展区等。岛上建有路凼连贯公路与凼仔岛连接。

［填海造陆］ 澳门地区地域窄小，而且地形起伏，平地甚少，供城市发展的土地资源比较缺乏。20 世纪 20 年代至 30 年代，澳门进行了大规模的填海拓地工程，先后造出了台山、筷子基、马场、黑沙环、新口岸、南湾等大片土地。但是由于外部及内部多种因素的影响，大片新造地得不到合理使用。20 世纪 60 年代开始，随着澳门经济迅速发展，新造地逐步得到开发，大部分建起了屋宇。到 1994 年，填海所得的土地已超过原有陆地，占陆地总面积的 56% 左右。填海造地为澳门发展提供了重要的土地资源。

（五）气候

澳门属南亚热带海洋性季风气候，夏长冬短，炎热多雨，常受台风和暴雨危害。年平均气温 22.3℃，最冷月 1 月份平均气温 14.5℃，最热月 7 月份平均气温 28.6℃，年平均雨量 2031.4 毫米。每年 4~9 月降水集中，其降水量占全年降水量的 83% 左右。6~9 月份是这里的台风季节。

（六）经济

澳门曾是中西方重要商港，后因泥沙淤积而日渐势微。20 世纪 70 年代以来，澳门经济发展迅速，形成以工业、旅游博彩业、建筑业为三大支柱的经济结构。工业以外向型出口加工工业为主，主要有服装、纺织品、电子、玩具等产品，以博彩业带动的旅游收入在澳门的年总收入中占 50% 左右。

[工业] 澳门工业缺乏资源，全部依靠技术进行，进口原料加工，出口产品。其工业实际上多属贸易加工工业。澳门工业以制衣业和毛纺织业、玩具、电子产品为主，有较完整的工业体系，近十几年有很大的发展。

[交通] 澳门半岛北端关闸与珠海拱北相连，是澳门通往中国内地唯一的陆路通道。澳门国际机场与 7 个国家及地区通航，航班抵达的城市有 18 个。水运以短途转运为主。

（七）旅游

澳门是个南欧风情的东方城市，被誉为南海之滨的"海上花园"，名胜古迹甚多。如东望洋山的灯塔、西望洋山的教堂、松山灯塔、妈祖阁、大三巴、白鸽巢花园以及螺丝山等，每年都吸引着世界各地的游客来此观光。澳门旅游业主要由酒店业、博彩业和娱乐业等行业组成。这里有亚洲最大的赛马场。博彩业长期以来成为澳门旅游业的龙头行业，促进了其他相关行业的发展，在澳门经济中占有举足轻重的地位，素有"博彩天堂"之称。澳门是一个东西文化荟萃之地。现代化的高楼大厦、富有东方色彩的寺院庙宇、文艺复兴时期建筑风格的天主教堂、欧洲中世纪古堡式的炮台，融东西方文明于一体，吸引了世界各地游客前来观光。

[大炮台山] 位于澳门半岛中部，原名柿山。葡萄牙人于 1617 年在此修建炮台，成为军事禁区。1998 年在此建成澳门博物馆。

[妈祖阁] 妈祖阁位于澳门半岛西南端。妈祖是澳门人最崇拜的海神，其阁始建于明弘治元年（1488），距今已有 500 多年历史。整个庙宇依山临海，古木婆娑，为澳

门三大中国古刹中历史最为悠久的一座。在农历三月二十三日妈祖诞辰及每年除夕夜，人们有赶赴妈祖阁敬香祈福之俗，以保护出海人平安归来。

[关闸]　关闸位于澳门最北面，建于 1870 年，是澳门半岛与陆地唯一相连之处。关闸为一座"凯旋门"式的拱形建筑门楼。距珠海拱北海关，不过百余米。

[大三巴牌坊]　大三巴牌坊位于大三巴街附近，为圣保禄教堂遗址，因发生火灾，现只留前壁遗存。教堂属巴洛克式建筑风格，由花岗岩砌成，为四层叠柱式。顶端立有一十字架，下嵌有一圣婴雕像，其旁则围以十字形

妈祖阁

石刻。第三层中央凹面供奉着圣母玛利亚的铜像，其旁有天使陪侍，并饰以百合花和东方菊花的浮雕。圣母的左方是雕塑，有小圣母像"生命之树"石刻。第四层有 4 个壁龛，分别供奉耶稣 4 名圣徒的塑像，是天主教在澳门占主要地位的历史见证。

[澳督府]　澳督府位于澳门南湾，这座建于 19 世纪中叶的古老建筑，占地 4.6 万多平方米，属南欧风格，是前澳督日常办公所在地。过去这里是澳门政治权利的中心。现已辟为历史博物馆，每年 6 月份第一个星期天对游客开放。

[望厦]　望厦位于澳门半岛北部，又名旺厦。背靠望厦山而得名。望厦，故名意义为遥望厦门之意；旺厦，兴旺厦门之意，均与厦门有关。望厦村历史悠久，其开村年代，据考证为 1 386 年。旧居有赵、何、沈、黄、许诸姓 500 余户，村内里巷 20 余条，属香山县管辖。望厦古迹较多，澳门三大古刹中的莲峰庙和普济禅院就坐落在这里，还有观音古庙、先峰庙，山上有古炮台。望厦山是昔日"濠镜十景"之一的"莲峰夕照"，这里较为完整地保存了历史原貌。

[东方拉斯维加斯]　澳门向有"赌埠"之称，被誉为"东方拉斯维加斯"，又称东方"蒙特卡洛"（东方赌城）。现为世界三大赌城之一。

19 世纪 50 年代，澳门的经济陷入严重的困境，博彩业开始勃兴，与当时苦力贸易的繁荣分不开，那些人贩子、地痞、流氓嗜赌成癖，并把赌博作为诱惑华工入毂，最后强迫他们卖身。博彩的方式有"殿宝""山票""铺票""字花""字胆""白鸽票"等多种，最为风行的是"番摊"。在贸易急剧衰落的形势下，澳葡当局在 19 世纪 60 年代公开招商开赌，向赌场征收"赌饷"。清同治十一年（1872），香港开始严厉禁赌，以后大批赌客从香港转至澳门，澳门的博彩业更加兴隆。20 世纪 30 年代以后，澳门实行专利经营，依约经营，收取博彩税。1937 年，泰兴娱乐公司开始实行赌博专营制度，

从此澳门赌业发展初具规模。但泰兴公司经营不善,澳门政府于是在 20 世纪 50 年代重新订定赌业管理办法,并公开竞标赌业管理权。1961 年 2 月,葡萄牙海外部根据澳门当局的建议,批准在澳门正式开设博彩旅游业。1962 年,由香港何鸿燊、叶汉合组的何氏澳门旅游娱乐公司竞标成功,获得赌业管理权。此后,澳门的博彩业一直由何氏澳门旅游娱乐公司实行高度垄断经营。目前,澳门博彩业仍属专利经营性质,由政府开设。

[博彩税] 博彩税根据博彩专营合约向承批公司征收,主要收入来自澳门旅游娱乐有限公司,有白鸽票彩票、狗场、马会、奖券。其中以旅游娱乐有限公司所占的份额最大,在 95% 以上。博彩税的计算是按不同的专营项目所订立的专营合约条款来进行。博彩业收入占全澳生产总值 20%,博彩税占到了整个税收的 50%。

[葡京酒店] 葡京酒店为圆柱形建筑,高 10 层,酒店设有十多种博彩,是澳门最具规模的赌博场所,并为澳门带来了"东方拉斯维加斯"的称号,是澳门最大的五星级酒店。

[赛狗] 赛狗习称跑狗,就是由一组格力狗去追逐一个围绕着椭圆形跑道上奔驰的机械诱饵(电兔),赌注可以押在一只狗或一组狗上。跑狗始于 1932 年,曾停办。1961 年初,印度尼西亚华侨郑君豹向澳门政府申请恢复赛狗,得到允许,并于同年 8 月签订专营赛狗合约。9 月 26 日,澳门跑狗有限公司在香港注册成立,并得到政府认可。不到半年,该公司将专营合约转让给澳门逸园赛狗有限公司,现时每周在逸园跑狗场跑狗 4 晚,每晚设 12~14 场赛事,参赛者日众,是仅次于赛马的主要宠物赛事。

[松山灯塔] 松山灯塔位于澳门半岛东部东望洋山山顶,又称东望洋山灯塔。灯塔始建于清同治三年(1864),1865 年 9 月 24 日晚建成启用。灯塔高 13 米,可向澳门四周海域循环照射达 25 海里,通宵不停。最初用火水灯发光,用木轮、绳、锤等物使灯光循环旋转,由澳门土生葡人加路士·维森特·罗扎设计而成。1874 年的甲戌风灾将灯塔毁坏,使之停止运作 30 余年,后经长时间修理,改用新机器,配上法国反射镜,于清宣统二年(1910)6 月 29 日晚重新投入使用。松山灯塔与旁边的小教堂、炮台称为松山三古迹,是澳门著名的城市标志。松山与灯塔组成"灯塔松涛",成为"澳门八景"之一,是过往船只的重要航标之一。

[黑沙湾海滨浴场] 黑沙湾海滨浴场位于路环岛南面,由于海湾呈半月形,这里古称"大环"。浴场坡度平缓,滩面广阔,沙滩细腻柔滑,是全澳门著名的天然浴场,也是进行日光浴的好地方。沙滩烧烤极富特色。

[圣多明各大教堂] 圣多明各大教堂位于板障堂前地、营地大街之侧。又名玫瑰堂。始建于 1587 年,具有 400 多年的悠久历史,是澳门最美丽典雅的巴洛克教堂。圣堂建筑考究,装饰极具西方特色,里面有个小博物馆,内藏圣保禄大教堂所遗下的早期教堂雕刻及遗物。也是当地人进行宗教活动的主要场所。

二十六、四川省

（一）行政区划

四川省位于北纬 26°03′~34°19′、东经 92°02′~108°31′。地处中国西南部长江上游，与重庆、云南、贵州、西藏、甘肃、陕西、青海接壤，总面积 48.6 万平方千米。四川省历史悠久，因地势雄险，自古即为兵家必争之地，从我国战国时期就开始以蜀为根据地称雄一方。在宋朝时，因境内川峡路简化而来。辖 21 个地级行政区，其中 18 个地级市、3 个自治州。共 55 个市辖区、19 个县级市，105 个县，4 个自治县，合计 183 个县级区划。街道 459 个、镇 2016 个、乡 626 个，合计 3101 个乡级区划。简称蜀或川。

　　[省会——成都]　　成都位于省境中部、成都平原东南部。是西南重要的交通、通信枢纽，是成渝、宝成铁路的交会点。截至 2017 年底，成都全市土地面积为 14335 平方公里，占全省总面积（48.5 万平方公里）的 2.95%；成都市区面积为 3639.81 平方公里，2021 年其中市辖区建成区面积 1421.6 平方公里；2022 年末，成都中心城区建成区面积 1063.7 平方公里。2021 年 5 月 27 日第七次人口普查数据成都中心主城区常住人口 1541.94 万人。全市辖九区六县，代管 4 个县级市。古为蜀国地，公元前 500~前 400 年蜀王在此建都，具有 2300 多年的历史。从战国时期秦国置蜀郡起，成都一直是各朝代的州、郡、县治所。西汉公孙述、三国刘备、西晋李雄、五代前蜀王建、后蜀孟知祥先后建立封建王朝时，都以成都为都城。邛崃、崇州 4 个县。境内地势西北高东南低，以丘陵和山地为主，海拔最高 5364 米，最低 387 米。属亚热带湿润性季风气候，四季分明，年平均降水量 947 毫米，年均温 16.9℃。蜀锦自古就有名，因是"锦缎之乡"，故为锦城。因五代时沿城遍植芙蓉而又称蓉城。

　　[广元]　　广元市位于省境北部，嘉陵江上游，东北与陕西省交界，西北与甘肃省接壤。面积 16319 平方千米。境内地势北高南低，嘉陵江、白龙江、东河等河流由北向南过境，呈树枝状分布。属北亚热带季风气候，年均降水量 1080 毫米，年均温 16.1℃。这里自然资源丰富，是四川省的林业和珍稀动物保护基地之一，国家重点开辟剑门蜀道旅游线纵贯全境，风光秀丽，古迹众多。主要矿藏为煤、沙金、铁、石灰石、大理石、铝土。

　　[自贡]　　以"恐龙之城""南国灯城"享誉中外的自贡市位于省境南部，面积 4372 平方千米。从东汉时即开始凿井熬盐，以盛产井盐闻名，素有"盐都"之称，这

已有近 2000 年的历史，设有盐业历史博物馆。境内多低山丘陵和谷地，地势西北高东南低。气候温暖湿润，四季分明，属亚热带湿润性季风气候。矿藏资源主要有天然气、盐卤、煤等。竹丝扇、剪纸和扎染制品传统名特产品远销海内外。"龙都香茗"茶叶、"香辣酱"、春节灯会最负盛名。境内水陆交通便利。

[攀枝花]　攀枝花市位于省境西南部，原名渡口市，地处攀西裂谷中南部，距省会成都 512 千米，面积 7434 平方千米。境内山脉连绵，河谷深切。海拔最高 4195.5 米，最低 928 米。属南亚热带高原季风型立体气候，年均温 20.3℃，年均降水量 960 毫米，雨量集中，干雨季分明。年日照时数 2743 小时，无霜期长达 300 天。矿产资源、水利资源和森林资源十分丰富，钒钛磁铁矿储量 98.5 亿吨，钒和钛的储量居全国第一，列世界前茅。境内生长的 2.7 亿年前遗留下来的"植物活化石"攀枝花苏铁，被誉为"巴蜀三宝"之一。攀枝花素有"富甲天下的聚宝盆"之称。

（二）人口、民族

四川省是中国少数民族多、人口多、人口密度较大的省区之一。2022 年末，四川省常住人口 8374 万人，常住人口城镇化率 58.35%。人口分布极不平衡。西部高原山地面积超过全省的 1/2，人口却不足全省总人口的 10%，四川盆地为 500 人/平方千米，是山地的 25 倍以上。成都平原地区达 700~900 人/平方千米。四川有汉、彝、藏、土家、苗、羌、回、蒙古、满、傈僳等 52 个少数民族。其中，彝族 87% 的人口集中在凉山彝族自治州，是全国最大的彝族自治区域，有中国唯一的羌族聚居区。多年来少数民族和睦相处，互通有无，民族大融合逐步加强。

[羌族]　羌族自称"尔玛"，意为"本地人"。主要分布在四川省阿坝州茂县及邻近县。羌人的祖先为古羌人，约在春秋、战国时迁居于四川，与当地居民融合形成。羌族语属汉藏语系藏缅语族羌语支，一说为藏语支。分南、北两个方言，每个方言又分 5 个土语。但无本民族文字。羌族主要经营农业，被称为"雪山大豆"的一种白豆和当地优良品种"铜羊"颇有名气，为羌族地区的著名特产。羌族传统刺绣挑花是蜀绣的一部分，图案新颖，古朴大方。羌族妇女挑花不用草图信手即兴绘制而成。多为日常生活中使用，珍品一般在婚嫁中交换。

> **火把节**
>
> 火把节盛行于彝族和白族。一般在每年农历六月二十四日举行。火把节内容很多，如，节日前一天，各村寨首先要"打牛"。节日当天，人们身着盛装，举行摔跤、斗牛、射箭、赛马等比赛。夜晚人们燃起火把，彝族姑娘小伙子借此谈情说爱、定终身。他们吹起笛子，弹起月琴和大三弦，边弹边舞，表达了人们祈求幸福、丰收的美好心愿。

（三）历史文化

四川省历史文化悠久，文物古迹众多。200 万年前的巫山人是最早的中国古人类。从传说中的蚕丛、鱼凫开创古蜀国算起，已有 4500 余年的灿烂文化。在唐代，浪漫主义诗人李白、现代主义诗人杜甫两颗灿烂的诗星光耀中华。丰都的"鬼文化"从另一个角度折射了蜀文化的奇异光泽。

[三星堆]　　三星堆古文化的发现证实了民间传说中蚕丛是四川人的始祖的说法，后面的柏灌、鱼凫、杜宇、开明等都成为有据可查的真实姓名。在此之前蚕丛及鱼凫这段历时数千年的历史，一直被视为神话。唐代大诗人李白的"蚕丛及鱼凫，开国何茫然"就是对此的慨叹和思索。1929 年在四川省广汉市三星堆出土了大量的文物，除了 400 多件古玉器外，还有庞大的城墙遗址、房屋遗址以及精美的金器和数量惊人的青铜制品。出土的青铜制品具有独特的造型和风格，而且青铜铸造工艺也达到了很高的水平。这完全证实了鱼凫族的存在，将古蜀文化发展史至少向前再推 1000 年。

[都江堰]　　都江堰主要工程由鱼嘴、飞沙堰和宝瓶口组成，为战国秦昭襄王时期蜀太守李冰及其子率众修建。战国时还没有发明火药，他用火烧石头的方法凿穿玉垒山引水。最后在玉垒山凿出了一个 20 米、高 40 米、长 80 米的山口，即"宝瓶口"。这样就使岷江能够向东流，避免了水害。他还用装满鹅卵石的竹笼在江心填筑了鱼嘴分水堤，把岷江分作两支，一支灌溉成都平原，一支流向下游。为了进一步控制流入宝瓶口的水量，在鱼嘴分水堤的尾部，又修建了分洪用的平水槽和"飞沙堰"溢洪道。都江堰建成后，成都平原的农业经济逐渐发达起来，造福农桑、哺育不畏旱涝的"天府之国"达 2000 余年，被誉为"中华民族勤劳智慧的结晶"。它设计科学，不仅是中国水利工程技术的伟大奇迹，也是世界水利工程的璀璨明珠。2000 年 11 月被联合国教科文组织遗产委员会列入《世界遗产名录》。

[苏轼]　　字子瞻，号东坡居士，眉州眉山（今属四川）人，北宋最杰出的文学家、艺术家。他是宋初著名文学家苏洵之子，神宗时曾任礼部员外郎，因反对王安石新法而求外职，任杭州通判，密州、徐州、湖州知州，因作诗"谤讪朝廷"罪贬黄州，哲宗时任翰林学士，官至礼部尚书。后又贬谪惠州、儋州，北还后第二年病死常州。苏轼是宋代最伟大的文学家，他与父亲苏洵、弟弟苏辙合称"三苏"。他的文章汪洋恣肆，明白畅达，为"唐宋八大家"之一。他的诗歌清新豪健，任情挥洒，风格多样，把宋诗艺术推上了最高峰。他的词突出表现了士大夫丰富的感情世界，自创豪放一派，对后代产生了深远影响，并促使词成为真正独立的抒情诗题。他的书法用笔丰腴跌宕，有天真烂漫之趣，与蔡襄、黄庭坚、米芾并称"宋四家"。他多方面的才华和成就已臻于宋代文人不可攀越的艺术巅峰。有诗文集《东坡七集》，书迹《答谢民师论文帖》《祭黄几道文》《前赤壁赋》《黄州寒食诗帖》，画迹《枯木怪石图》《竹石图》等

传世。

[张大千]　名爰，又名季、季菱，字大千，别号大千居士，四川内江人，我国近代国画大师、杰出的艺术家。他幼年时受到母亲和兄长的熏陶指引，并师从曾农髯、李梅庵，年轻时便与以画虎著称、自号"虎痴"的二哥张善子齐名。早年，张大千主要从事临古仿古，从临摹到仿作，进而到伪作，几能以假乱真。57岁时，他在继承唐代王洽的泼墨画法的基础上，糅入西欧绘画的色光关系，自创出一种新的山水画笔墨技法——泼彩画法。这种技法的变化始终能保持中国画的传统特色，创造出一种半抽象墨彩交辉的意境，是他最可贵之处。他的创作集文人画、作家画、宫廷画和民间艺术为一体于中国画人物、山水、花鸟、鱼虫、走兽，无所不能，无一不精，是一位著名艺术家。代表作品有《巫峡清秋》《山雨欲来》《秋水清空》等。

移民四川

四川人口众多，文化繁荣，经济发达，是兵家必争的富庶之地。南宋末年，四川是南宋王朝抵御蒙古入侵的主要战场，历时半个世纪之久。到了元朝初年，四川的人口仅为南宋时的1/20。元朝末年红巾军将领明玉珍率领主要由湖广地区农民组成的十几万军队攻入四川，并融入当地。明初大将汤和率军从湖北攻入四川，并留下部分官兵驻守。由于四川地广人稀，明政府开始将湖广居民迁入四川，当时四川的人口数量没有超过南宋时期的1/2。明朝末年，四川又经历了长约80年的战乱和饥荒，人口再次锐减。清顺治年间以湖广地区为主的外省居民进入四川垦荒，并进行了大规模的移民。雍正初年率先在四川推行"摊丁入亩"政策。经过100多年的发展，乾隆四十九年（1784）四川人口达到700多万。到咸丰元年（1851），四川人口大约4400万人，成为中国第一人口大省。这与政府移民是分不开的。

（四）气候

四川省气候冬暖、春早、夏长，年均温16～20℃，日温差大，极端最高温大于40℃。因受东南太平洋季风和西南印度洋季风影响，降水量大，年降水量600～1000毫米，以多夜雨为特色。

[大渡河]　大渡河又名铜河、沫水，发源于川、青交界的果洛山，自北向南汇入岷江。全长1062千米，流域面积9.2万平方千米。上源为多柯河、阿柯河、梭磨河等，可尔因汇合后称大金川，在丹巴接纳小金川后始称大渡河，于乐山城南注入岷江。大渡河的峡谷河段占全河70%以上，水流湍急。全河落差3600米。大渡河流域是四川重要林区和石棉、云母的最大产地，森林蓄积量约占全省的19%。大渡河是四川木材水运的主要河道。

（五）自然资源

四川省境有五大自然地理区，气候跨热、温、寒三带，有极其丰富的资源蕴藏量。河川径流量及水力资源分别占全国的17%和22%，居全国首位。植物总数逾万种，居全国第二位。裸子植物总数则名列全国第一。资源植物超过4000种。2007年森林覆盖率达31.27%，森林蓄积量居全国第二。其中脊椎动物1100多种，占全国总数的40%左右。鸟类和兽类均占全国的一半，两栖类则占38%。四川矿种多，储量大，已发现的矿种有125种，其中已探明储量的有81种，名列全国前三位的有钛、钒、锶、硫铁矿、芒硝、天然气、碘、镉、水泥石灰岩、熔剂石灰岩、光学萤石、熔炼水晶及铁、铍、锂、云母、石棉等24种。但是四川省人口众多，人均资源占有量较少。

> ### 杜鹃
> 传说在古代，"从天而降"的杜宇在蜀地称帝，号为望帝。当时的蜀国人烟稀少，土地荒芜，洪水经常泛滥。于是杜宇亲自带领人民进行耕种，但始终未能根治洪水，后来从楚国漂来一具死尸，到纹山下复活，自称为鳖灵。杜宇便请他治水。鳖灵果然成功地制服了洪水，杜宇封他为宰相。谁知鳖灵很有野心，他把杜宇赶到西山里去，自己夺取了王位。杜宇死后化为布谷鸟，每到春天来临便催促人民及早进行耕种。以至于啼出血来。当代人怀念杜宇，便把布谷鸟叫作杜鹃鸟或直接叫作杜鹃，李商隐有诗"望帝春心托杜鹃"即由此而来。

[皱皮杜鹃]　皱皮杜鹃属杜鹃花科，生长在四川西部海拔2200~3300米处的灌丛之中，是中国特有植物。为常绿灌木、高2~3米。叶厚革质，倒披针形，上面叶脉深陷，呈泡状粗皱，下面叶脉隆起且密，被淡棕色星状毛。花冠白色至红色，内侧有红色斑点。

[小熊猫]　小熊猫又名小猫熊、九节狼、金狗，属浣熊科，为国家二级保护动物。主要分布于四川、陕西、青海、甘肃、云南以及西藏的部分地区。小熊猫一般体重5千克左右，体长40~65厘米。体背红棕色，嘴周围及胡须是白色的。蓬松而长长的尾巴有棕色与白色相间的九节环纹，故得名九节狼。喜欢栖息于海拔2000~3000米有竹子分布的森林，晨昏外出，白天则隐匿休息。有较固定的活动区域。小熊猫善于攀援，喜食箭竹笋、嫩叶、竹叶及各种鲜果和苔藓，还捕食小鸟、鸟卵和昆虫等。

[大熊猫]　大熊猫又名竹熊、花熊，属于哺乳纲食肉目熊猫科，为国家一级保护动物。仅分布于四川、陕西、甘肃的局部地区。数量极为稀少，野生的大熊猫大概只有1000只左右，并在逐年减少。大熊猫体长120~180厘米，尾长10~20厘米，体重60~110千克。头圆颈短，前掌除了5个带爪的趾外，还有第六趾。躯干和尾巴为白

色，两耳、眼周、四肢和肩胛部全是黑色，腹部为淡棕色或灰黑色。大熊猫主要栖息在海拔2000~3000米的落叶阔叶林、针阔混交林和亚高山针叶林带的山地竹林内。它没有固定巢穴，喜欢单独活动。视觉较差，行动缓慢，但能快速而灵活地爬上高大的树木，并能泅渡湍急的河流。主要以竹类的竹笋、竹叶为食，偶尔也捕食小动物。几十万年前是大熊猫的极盛时期。古代大熊猫以食肉为主，它曾广泛分布于中国东部，后来同期的动物相继灭绝，大熊猫却孑遗至今，并保持了原有的古老特征，因而有"活化石"之称。因受利益驱使，现代大熊猫仍是捕杀对象，这也是造成大熊猫数量减少的原因之一。

（六）经济

四川省工业部门较齐全，其中钢铁、机械、电子、天然气、化工、森林、丝纺织、造纸、食品等部门在中国占据重要地位。四川农业比较发达，农副业产品丰富多样，居全国前列。四川交通现在已初步形成与全国交通网相连的铁路、公路、水运、航空综合发展的立体交通体系，成为中国西南地区经济发展水平较高的地区之一。

　　[农业]　四川省耕、林、草、水面积均居全国前列。耕地面积637.09万公顷，是中国主要农区之一。种植业是四川农业的主业，平均复种植数达197%。粮食作物以水稻、小麦、玉米、薯类为主。其中，水稻总产量居全国第二位，小麦居全国第五位。全省粮食总量居全国前列。经济作物以油、棉、蔗、麻、烟为主。四川盆地为中国最大的油菜籽生产基地，但油菜籽产量仅占全省农作物的12%。四川是我国甘蔗、苎麻、晒烟主要产区之一。园艺作物中，桑蚕、茶叶具有全国意义，素称"蚕茧之国"。茶叶生产仅次于浙、湘两省，是当地农民的主要收入来源。四川是中国三大林区和主要木材生产基地之一。四川畜牧业发达，有广阔草场，全省大牲畜以牛为主，马、驴、骡很少。小牲畜以猪为主，羊为次。其中，猪的存栏数居全国首位，黄牛、水牛拥有量居全国第二位。生猪、猪鬃、皮张、肠衣、羊毛等则是四川传统的输出商品。四川还盛产电草、贝母、大黄等名贵药材。

　　[工业]　四川工业以成都市最为集中。冶金工业产量占全国的8%。机械工业是省内发展最快、种类最多的工业部门，其中机械制造、军事机械、电子仪表、动力设备等部门在中国占有重要地位。化学工业以基本化工、化肥、化学药品为主体。炭黑占到了全国1/4。此外还有棉纺工业、造纸工业、食品工业，以天然气为主的能源工业等。手工业以竹艺、皮革、刺绣等在全国很有名气。

　　[交通]　因为四川特殊的地理环境，交通一直是困扰四川发展的重大问题。目前铁路运输是四川省内外交通主干，达3000千米，已形成以成都为中心枢纽的铁路运输网，有成渝、成昆、宝成等铁路干线。宝成铁路全长668千米，北起陕西宝鸡，南至四川成都，是中国第一条电气化铁路。四川的内河航运主要有岷江、沱江、嘉陵江等

航道，构成全程达 1.07 万千米的内河航运网。四川的公路全长 19 万千米，重要的交通干线有川藏、成阿、东巴、成万等 40 多条。航空运输发展很快，成都通往北京、上海、武汉、广州、西安、昆明、贵阳、拉萨、香港等地均有直达定期航班。地方航空线、管道运输也有较大发展。所谓"蜀道难，难于上青天"已成为历史。

（七）旅游

四川省具有丰富的人文历史景观，尤以乐山大佛、九寨沟驰名，三星堆、王建墓、武侯祠、杜甫草堂、三苏祠、望江楼等名胜古迹众多。山峦之中多佛教、道教的寺观，摩崖石刻遍布，还有山佛合一的大佛。沟谷之中有九寨沟、黄龙等著名的风景区。凿壁攀岩的剑门蜀道把有"天府之国"美称的成都平原与外界沟通起来。憨厚可爱的卧龙熊猫、古老神奇的自贡恐龙化石为四川增添了几分神秘而迷人的色彩。

［九寨沟］　九寨沟位于四川省南坪县城 40 千米外，因周围有九个藏族村寨而得名，为全国重要风景名胜区和自然保护区。它地处岷山山脉，海拔 2000～4300 米，面积为 620 平方千米。景区内有 3 沟、108 个翠海（高山湖泊）和 5 滩 12 瀑 10 流，并有多处大面积钙华滩流。由日则沟、树正群海沟和则查洼沟三条沟组成。集翠海、叠瀑彩池、雪峰及高山为一体，因原始自然风光，被誉为"人间仙境""童话世界"。1992年 12 月 14 日九寨沟被联合国教科文组织批准列入《世界遗产名录》。著名的景点有剑悬泉、天鹅湖、剑竹海、熊猫海、高瀑布、五花海、珍珠滩瀑布、诺日朗瀑布、犀牛海、树正瀑布、树正群海、卧龙海、火花海、芦苇海、留景滩、长海、五彩池等。主要植物种有红松、云杉、冷杉、赤桦等。在这里的原始森林中，有大熊猫、金丝猴、白唇鹿、苏门羚、毛冠鹿等动物在此栖息。

［峨眉山］　峨眉山距成都 150 千米，又称大光明山，是大峨山、二峨山、三峨山和四峨山的总称，现在的游览地即为大峨山。因四山逶迤连绵如长眉，故称峨眉山。万佛顶海拔最高，约为 3079.3 米，山势最雄伟。峨眉山平地而起，峰峦险峻，青山秀丽，自古有"峨眉天下秀"之称。峨眉山是中国四大佛教名山之一，是普贤菩萨的道场，以报国寺、万年寺、清音阁、洗象池、洪椿坪、金顶等最为著名。峨眉山金顶可观"日出""看云海""赏佛光"三大奇观。万年寺中有北京铸造的普贤菩萨骑六牙白象铜像，甚为珍贵。山中还有 3000 多种植物，包括世界上稀有的珙桐、冷杉、水青树和 1160 多种杜鹃（为世界三大名花之一）等，有 100 多种动物，被誉为自然博物馆。

由于山地具有特殊温凉湿润的气候条件，如杉林可下降至海拔 1900 米左右而与常绿阔叶林相混交，成为峨眉山垂直带谱的特色。

佛光　据佛经中讲，佛光是佛祖释迦牟尼眉宇中放射出来的光芒。实际上是由于水滴折射及反射太阳光而形成的，当人背向阳光、面向云雾时，阳光不但会将人的影子投映到正前方，还在水滴的表面和内部产生折射及反射，使水滴有如棱镜将阳光分散成七彩光，又因各种色光的偏折角都不同，在人影周围形成呈同心环状排列的光环。且水滴越大，光环越小。经科学家观察，最容易产生佛光的时间通常在日出之后到 9 点，以及下午 3 点到日落前 1 小时。佛光之说是古代人对自然现象的主观诠释。

[乐山大佛] 乐山大佛位于四川省乐山东 1 千米处，在岷江、大渡河青衣江、三江汇合处，依凌云山栖霞峰的临江峭壁凿造而成，因此又名凌云大佛，为中国最大的弥勒坐像，也是世界最高的大佛，有道是"佛是一座山，山是一尊佛"。佛像高 71 米，头高 14.7 米，头宽 10 米，肩宽 24 米，发髻 1021 个，眼长 3.3 米，鼻长 5.33 米，耳长 7 米，耳内可并立二人，手的中指长 8.3 米，脚背可坐百余人。乐山大佛的脚背宽为 8.5 米，一个脚背上就可以横放三辆卡车，单是一个大拇指的趾甲也有 1.6 米长。大佛的造型具有浓厚的中国色彩，是中原佛教艺术的扩展和发扬。其面部眉清目秀，温文尔雅，将男性的庄严与女性的祥和融为一体，呈现出慈悲为怀、普度众生的博大胸怀。唐玄宗开元初年，凌云寺的名僧海通为普度众生，想借助神力消除水患而开凿了乐山大佛。在善男信女和朝廷的资助下，历时 90 年乐山大佛才完工。乐山大佛头齐山峰之巅，脚踏大江之滨，比例匀称，庄严雄伟，更为令人惊叹的是它具有一套设计巧妙、隐而不见的排水系统。在大佛头部 18 层发髻中，第 4、9 层和第 18 层各有一条横向排水沟，分别用锤灰垒砌修饰而成，远望看不出来。衣领和衣纹褶皱处也有排水沟，水沟相连，左右相通。胸部背侧两端各有一洞，便于通风。这是乐山大佛抵抗侵蚀的关键所在。

[蜀南竹海] 竹海又名万岭箐。位于长宁县竹海镇，方圆约 120 平方千米。主峰九龙山，海拔 980 米。许多大景区有峰峦 28 座，大小山丘数百个，山山皆竹，郁郁葱葱，故名。林中以楠竹为主，有人面竹、花竹、算盘竹、绵竹、黄竹、罗汉竹、香妃竹等 30 余种，四季葱绿。竹海内小溪清澈见底，空气格外清新宜人。数十条山泉、飞瀑，流泻于幽箐深处，其中三叠飞瀑高达 200 米，宽约 15

乐山大佛

米，喷珠泻玉，十分壮丽。蜀南竹海是中川南竹簧镶嵌、竹筋皮制品、竹器雕刻等工艺品原料的主要产地，也是中国主要的竹簧产地之一，行销全国各地。

[黄龙风景区] 黄龙位于四川省松潘县境东北 35 千米的黄龙乡，距成都 390 千米，在岷山山脉南段。享有"世界奇观""人间瑶池"之誉，被称为"中国一绝"。风景区面积 700 平方千米，外围保护地带面积为 640 平方千米。黄龙风景区的巨型地表钙华坡谷如一条金色巨龙蜿蜒于原始林海和石山冰峰之间，构成奇异、峻峭、雄伟、野

朴的环境特色，这也是黄龙得名的原因。钙华边石坝彩池、钙华滩、钙华扇、钙华湖、钙华隐塌陷湖、钙华塌陷坑、钙华瀑布、钙华洞穴、钙华泉、钙华台、钙华盆景繁多齐全，是一座世所罕见的天然钙华博物馆。黄龙钙华段长达 3600 米，最长的钙华滩长 1300 米，最宽的为 170 米。黄龙还是中国最东部的现代冰川保存区。这里发育着雪宝顶（5588 米）、雪栏山（5440 米）和门洞峰（5058 米）三条现代冰川。黄龙风景区内有大熊猫和扭角羚等珍奇动物，是中国重点风景名胜自然保护区。

彩色海子　彩色海子是由钙华埂反射光线所致。它由 400 多个形态、水色各异的彩池连缀组成。彩池中的水深不盈寸，大都来自高山的雪水和涌出地表的岩溶水。据科学研究论证，水中富含的碳酸钙沉积时，生成固体的钙华埂，使流水形成层叠相连的大片彩池群。碳酸钙沉积过程中，与各种物质发生化学反应，而形成各种质地的钙华体，钙华体在阳光和雪山冰川的辉映下，光彩四射，从而形成了"彩色海子"的天然景观。

千层碧水走黄龙　彩池、雪山、峡谷、森林是黄龙区的大自然景观，然而由钙华流形成的金色黄龙更令人叫绝。在彩色海子下方，有条长约 750 米，最宽处 122 米，最窄处 40 米，相对高差 116 米的大型钙华流。当流水顺山而下，经过这里的脊状坡地时形成钙化沉积，火山如黄金，状如巨龙，整个沟谷远看上去恰似一条巨龙身披金色鳞甲从雪山上飞腾而下，壮观异常，撼人心魄。阳光照射滩水浮光耀金，所以又称"金沙铺地"。曾有古人联句评价此景为"玉障参天，一径苍松迎白雪；金沙铺地，千层碧水走黄龙"，高度概括了这一天然胜景。

［青城山］　青城山位于都江堰市南东距成都 66 千米，以赵公山为主峰，海拔千余米。山上林木青翠，环绕诸峰，状若城廓，故称青城山。以幽深、幽雅、幽静而得名，故有"青城天下幽"之称。青城山是中国道教发祥地之一。青城山因东汉末年张陵（张天师）得道于此而名传天下。全山共 36 峰、8 大洞、72 小洞、108 景，有建福宫、上清宫、天师洞、朝阳洞、祖师殿等 38 处。天师洞是青城山的主庙，建于隋代，是一组规模宏大、结构精美的建筑群。正殿内有唐雕三皇石像，历时 1200 多年。山中还有唐玄宗手诏碑、唐铸飞龙铁鼎和南宋岳飞手书诸葛亮的《出师表》等石刻较为知名。早晨观日出、白天看云海、入夜看圣灯是青城山的三大奇景。现已被列入《世界遗产目录》。

［武侯祠］　武侯祠位于成都市南门外。最早由西晋末年十六国成王（汉）李雄为纪念三国蜀汉丞相、武乡侯诸葛亮所建。全祠占地面积 3.7 万平方米。明初，并入昭烈庙。现在的规模为清康熙十一年重建。主体建筑坐北朝南，排列在一条中轴线上。殿宇高大宽敞，布局严谨。刘备殿和诸葛亮殿，均是四合院式的殿宇建筑。诸葛亮殿内有蜀汉君臣塑像 47 尊，令人惊奇的是，这里有刘备的孙子刘谌陪祀，却没有后主刘禅。据说当时刘禅投降时，刘谌苦谏无效，于祖庙中举家自杀殉国，后人为此专门塑像祭祀。并且古今文人骚客多有题咏，驰名中外。武侯祠中碑有 300 余石，"三绝碑"

最为著名，是由唐朝裴度撰文，书法家柳云绰书写，名匠鲁建刻石而成，因文章、书法、石刻三技精湛，世称"三绝碑"。

[太白故里]　位于江油市区西南15千米的青莲镇，为唐著名诗人李白的故乡。在太白故里，今仅有陇西院、粉竹楼、大白祠、李白衣冠墓、洗墨池、月园坟等遗存。陇西院由四重殿宇组成，两副石刻对联悬于前山上，院内有石碑一座，正面刻字，其文为"唐李先生彰明旧宅碑"，这座碑约立于宋淳化五年（994）。太白祠现存三殿两院的祠字是清乾隆四十二年（1777）重修时的遗物。原有太白塑像立于正殿，但现已不存。殿之东、西各有石碑一通，太白故里碑立于殿前庭院中。

[杜甫草堂]　位于四川成都西郊浣花溪畔，为唐代诗人杜甫成都故宅旧址。杜甫是中国历史上著名的现实主义诗人，后世尊称他为"诗圣"。杜甫在颠沛流离中到了成都，靠友人的帮助在城西浣花溪畔营建了草堂。他在这里居住将近4年，写下了240多首诗篇。为了纪念这位伟大的诗人，从北宋开始，人们便在诗人故居建园立祠，以后历代都有修葺扩建。明、清进行过两次大修，大体奠定了现在草堂的规模。草堂主要建筑由前至后是大廨、诗史堂、柴门、工部祠等。其中大廨、柴门是杜诗中提到的草堂原有建筑。诗史堂正中是杜甫立像，堂内陈列有历代名人题写的楹联、匾额，堂外两侧为陈列室，环以回廊与大廨相连，结构精巧。草堂内楠木参天，梅竹成林，溪水蜿蜒，桥亭相间，花径柴门，曲径通幽，格局典雅而幽美。

[青羊宫]　位于四川省成都市西隅文化公园内。其始建年代不详，到唐时改称为青羊宫，清代时重建，并保存至今。是成都最大的道观，也是成都历史最悠久的道观。青羊宫内的主要建筑有三清殿、混元殿、斗姥殿、灵祖楼、八卦亭、紫金台等。八卦亭是青羊宫壮观的主体建筑之一，呈八角形，以琉璃圆盎盖顶，亭基为方形，双层亭身，底层由八面龟纹门窗围合而成，环廊有八根浮雕盘龙抱柱，天花板上彩绘藻井和八卦符号。青羊宫的道教文物有木刻《道藏辑要》，现存的石刻吕祖像相传为唐代大画家吴道子所绘。三清殿里最引人注目的是香案前的两只铜羊，其中一只铜羊底座上有铭文记其事："京师市上得铜羊，移往成都古道场，出关尹喜似相识，寻到华阳乐未央。信阳子（张鹏翮别号）题"。

[三苏祠]　位于四川省眉山县城内西南角。为宋文学家苏洵、苏轼、苏辙父子三人故居。明洪武元年（1368）改建为三苏祠。苏洵，字明允，号老泉，唐宋八大家之一，著有《嘉祐集》等。苏辙，字子由，号颖滨遗老，唐宋八大家之一，著有《栾城集》《诗集传》等。苏洵、苏轼、苏辙合称为三苏。三苏祠现占地面积56800平方米，是一座富有四川特色的古典建筑。祠内主要建筑有正门、殿堂、木假山堂、启贤堂、济美堂等。清康熙四年（1665）时又增建了抱月亭、碑亭、云屿楼、披风楼等。正殿里有苏洵、苏轼、苏辙的塑像。东侧由池水将绿洲亭、抱月亭、云屿楼连成一组园林。祠内建有陈列室，宋、元以来三苏著作的历代版本，以及苏轼的书法、绘画拓本都被收藏于此。如"丰乐亭记""醉翁亭记""罗池庙碑"等。三苏祠成为人们摄取中国古

代文化遗产精华的胜地。

[剑门蜀道] 蜀道是指从陕西、甘肃等地进入四川的道路，唐代大诗人李白有"蜀道难，难于上青天"的诗句。剑门蜀道则是指剑门关一带的蜀道。剑门蜀道纵贯成都以北的德阳、绵阳、广元三市，沿线峰峦叠嶂，峭壁摩云，雄奇险峻，壮丽多姿。沿蜀道还分布着众多的名胜古迹，主要有古栈道、三国古战场遗迹、武则天庙皇泽寺、唐宋石刻千佛岩、剑门关、古驿道翠云廊、七曲山大庙、李白故里江油等。剑门关是蜀道上最重要的关隘。这里山峰形若利剑，直插霄汉，素有"剑门天下雄"之说。三国时，蜀将姜维据守此关，魏国10万精锐之师被阻挡在剑门关外，一筹莫展。剑门蜀道上两侧浓阴蔽日的行道树被人称为翠云廊，是古蜀道上从剑门关到剑阁县城一段的美称。皇泽寺是唐代女皇武则天的祀庙。蜀道上的绵阳，是三国时刘璋迎接刘备入蜀之地。

[卧龙自然保护区] 位于四川省汶川县，主要保护西南高山林区自然生态系统及大熊猫等珍稀动物。保护区横跨卧龙、耿达两乡，东西长52千米、南北宽62千米，总面积20万公顷。这里生长着大量箭竹和桦桔竹，是动物"活化石"大熊猫生存和繁衍后代的理想地区，已被列为联合国国际生物圈保护区，设有大熊猫研究中心和大熊猫野外生态观察站。保护区属邛崃山脉东麓、青藏高原向四川盆地过渡地带的高山峡谷区，其温暖潮湿的自然环境为众多的珍稀动物提供了良好的生存条件，是一处恬淡、幽静、秀美的自然风景游览地。核桃坪是观赏、了解大熊猫的好地方。此外，还有英雄沟、银厂沟等游览点，景色秀丽。除大熊猫外，这里还有金丝猴、雪豹、白唇鹿等珍稀动物。因此，卧龙自然保护区又被誉为"动植物基因宝库"。

二十七、贵州省

（一）行政区划

贵州省位于中国西南部，云贵高原东部，处于东经 103°36′～109°35′、北纬 24°37′～29°13′。与湖南省、广西壮族自治区、云南省、四川省、重庆市接壤。总面积 17.62 万平方千米。贵州在战国时为夜郎城，后为西汉所灭，设州县，"夜郎自大"之成语即产生于此截至 2021 年 3 月，贵州省辖贵阳、遵义、六盘水、安顺、毕节、铜仁 6 个地级市，黔东南、黔南、黔西南 3 个民族自治州；10 个县级市、50 县、11 自治县、1 特区、16 个区，共 88 个县级政区；832 镇、122 乡、193 民族乡、362 街道。总计 1509 个。省政府驻地贵阳市云岩区。简称"黔"或"贵"，因境内有贵山而得名。

[省会——贵阳]　　贵阳市位于贵州省中部，面积 8034 平方千米，有汉、苗、布依、彝、侗、水、黎、回等 38 个民族。贵阳有 2000 多年的历史，因位于贵山之南而称为"贵阳"。地处黔中山原丘陵中部，是长江水系和珠江水系分水岭地带，地势西南高东北低。这里气候温和，山川秀丽，夏无酷暑，冬无严寒，被誉为"第二春城"。矿藏有煤、铅、磷等。贵阳是中国四大铝工业基地之一。农业以种植水稻、油菜、烟叶、蔬菜为主。淡水鱼养殖颇具规模。贵阳是西南地区最大的交通枢纽，渝黔、湘黔、黔桂、贵昆 4 条铁路交会于此。

[遵义]　　中国革命历史名城遵义市位于贵州省北部，赤水河以东，乌江以北，西北与四川省和重庆市毗邻。面积 30763 平方千米，地处贵州高原北部，跨黔北山地和黔中山原丘陵，大娄山蜿蜒境内，以低山丘陵和宽谷盆地为主。主要河流有乌江、赤水河、湘江、偏岩河、余床河、六池河、洪渡河、芙蓉江、桐梓河，乌江干流自西向东流经南缘。遵义是驰名世界的"酒乡"，生产国酒茅台。农产品有稻谷、小麦、油菜籽、烤烟、蚕桑、茶叶、林果等。

[六盘水]　　六盘水市位于贵州省西部，与云南省接壤，面积 9913 平方千米，有汉、彝、苗、布依、仡佬、回等民族，少数民族人口占总人口的 25%。地处黔西高原山地南部，地势由西向东倾斜，地貌多洞穴、伏流、暗河。境内河流属长江水系和珠江水系，主要河流有三岔河、北盘江。工业以煤炭、电力、钢铁、煤化工、铅工业、建材等为主。煤储量大、分布广，有"江南煤海"之称，是全国重要的煤炭基地和钢铁基地。农作物有水稻、玉米、小麦、马铃薯、荞麦等。

[安顺]　　安顺市位于省境中部，距省会贵阳市 98 千米。面积 9268 平方千米，有汉、布依、苗、仡佬、彝、回等民族，市府驻西秀区。地处黔中山原丘陵西部，苗岭横亘中部，喀斯特地貌发育，有溶洞、天生桥、伏流、暗河。境内河流分属长江水系和珠江水系。矿藏有煤、铝、磷，是贵州省的重要工业基地。民族工艺品有安顺蜡染和布依地毯。农业以种植玉米、小麦、油菜、烤烟、茶叶为主。境内的黄果树瀑布是国家级风景名胜区，为世界著名的瀑布之一。

（二）人口、民族

截至 2021 年，全省常住人口 3856 万人。人口地区分布极不平衡，以黔南、黔东南山区人口密度最低。除汉族外，贵州的少数民族主要有苗、布依、侗、彝、水、回、仡佬、壮、瑶、满、白、土家等。少数民族人口约占全省总人口的 39%。省内少数民族主要分布于乌江以南地区，居住分散，分布面广，多杂居或小聚居。苗族占少数民族人口的近 33%，布依族占 22% 左右，侗族占 13% 左右。

[苗族]　　苗族共有 900 多万人，主要聚居贵州省的南部。其他聚居在云南和湖南、湖北等省。远古时代的"盘瓠"部落，或称"五溪蛮""武陵蛮"，就是苗族的先

民。苗族的文字不完备，苗文苗语属汉藏语系苗瑶语族苗语支。古歌、诗歌、情歌在苗族十分流行。苗族人也善舞蹈，有丰富的民间口头文学，芦笙为著名民族乐器，男子多用布包头，身穿短衣裤，妇女的大襟上衣绣有花饰图案，下身穿百褶裙。苗族的传统节日是一年一度的花山节（农历正月初五举行，又名"踩花山"），这是苗族人民最盛大的节日。崇信多神。

苗族银饰

　　宋代就记载有关于苗族妇女最为喜好的银饰品与刺绣、织锦、蜡染是苗族民间四大工艺。贵州苗族银饰以黔东南、黔东北的制作水平为最高。制品分为粗细两类。粗件如扣环项链、项圈手镯等，用银量多，非精工打造，佩戴以示富有。细件费银少而制作精，工艺复杂，有围腰链、项链、银花、银雀及银披肩、耳环、银针、牙签等，有的拉成细如马尾的银丝编织。其银冠、银衣更是集银饰工艺之精华，配件达200种，是不可多得的传世精品。

　　[布依族]　　布依族的服饰洁净淡雅、庄重大方，妇女大都穿右大襟上衣和长裤，或套花边短裙。布依族共有300多万人，大部分居住在贵州省的黔南、关岭地区，布依族的先民骆越公元前居住在广东、广西，无本民族语言，无文字，通用汉文。布依族男女都头戴青布或花格布头帕，男的身穿对襟或大襟短上衣，大裤腿长裤。妇女通常梳长辫，上装多为大领衣或大襟衣，镶有花边服饰，下穿蜡染百褶长裙。崇信多神。

　　[侗族]　　侗族共有300多万人，主要分布在贵州省，湖南、广西、湖北也有少量侗族人。侗族的祖先为僚，先祖可能是骆越。他们有自己的语言，但没有文字。中华人民共和国成立后确立了侗文，一般通用汉文。侗族还有自己独特的戏曲侗戏，有《珠郎娘美》等优秀剧目。侗家聘女有个"十八年杉"的习俗，每当女孩出生就种若干株杉木，到女儿出嫁时杉木也就成材了。侗族文化艺术丰富多彩，有"诗的家乡、歌的海洋"之称。

　　[水族]　　水族主要聚居在贵州省三都水族自治县，其余散居在贵州各县。水族有本民族语言，曾有一种古老文字。以种植水稻、玉米等粮食作物为主，兼营林业。

（三）历史文化

　　贵州文化以发源早、起步慢、融合快为特点。在旧石器时期，贵州就有桐梓人、水城人、兴义人等古人类的踪迹。西汉建立了郡县制。唐代开始在贵州推行设经制州、羁縻州并行的制度。明朝水西的女土司奢香在明政府的支持下修筑贵州至云南、四川的驿道，促进了当地经济文化的发展。贵州的文化是汉民族和地方少数民族文化相互交融的结果。众多的文物古迹充分展现了民族大融合的气息。

　　[傩文化]　　傩原是迎神驱鬼的仪式，后逐渐发展为娱乐性的文化方式，如"傩

戏"。傩的发源地在贵州东部的乌江流域（包括石阡、思南、印江、德江、沿河等县），在这里聚居着 27 个民族，傩班子有 400 多个。内容包含有祛灾、避难、镇邪、占卜、治病、求子、求寿、祈财、纳吉等世俗生活的一切方面，学术界称之为"乌江傩"，也称"铜仁傩文化"。近几年专门出现了傩文化研究傩事活动。傩事大多在秋收以后至次年春耕的农闲季节举行，长则七天七夜，短则三天三夜。分为"开坛""开洞"和"息坛"三个阶段。演出内容包括傩仪、傩戏、傩舞、傩技等。演员们头戴面具，用唱、白、跳、翻、滚、跃、打等表现手段演绎驱邪祈福的内容。由此派生的副产品铜仁傩戏面具也是驰名中外的工艺美术品。

[顺德夫人——奢香]　奢香，彝族人，洪武十四年（1381）明朝贵州宣慰使蔼翠去世，其夫人奢香继承了丈夫的职务。当时贵州都督马晔想扩大地盘，他故意制造事端，抓捕奢香并用鞭笞等刑侮辱折磨奢香，想以此激发少数民族叛乱。果然，奢香统辖的四十八部土司纷纷要求起兵去杀掉马晔。但是奢香聪明地制止了叛乱，摆脱险境。亲往京师拜见明太祖朱元璋，请求安抚，朱元璋把马晔关进牢房。奢香回到贵州集中全力开辟了一条从东到西横贯全省的交通要道，并设立了 9 个驿站，促进了贵州经济文化的发展。

洪武二十九（1396）奢香去世，按传统风俗实行火葬，安葬在大方县雾笼坡。朱元璋特别赐"顺德夫人"的封号，奢香开辟了贵州历史的新纪元。

[王阳明龙场悟道]　王阳明，名守仁，字伯安，浙江余姚人。曾任明朝兵部主事，因得罪了当朝宠臣权贵，他被谪到贵州龙场（今贵州修文）。当驿丞的 3 年时间里，他创立了"心即理"和"知行合一"学说，于此创办了龙冈书院。阳明心学是中国儒学的最后一座高峰，而"龙场悟道"就是王阳明学说的起点。对此后世学者称之为"龙场悟道"。中外学者都认为龙场是"阳明圣地"。《古文观止》收录有他的三篇散文，其中两篇就是在贵州作的，一篇是《瘗旅文》，另一篇是《象祠记》。修文阳明洞的玩易窝、阳明小洞天、何陋轩、君子亭、龙冈书院等王阳明当年活动的胜迹保存至今，还有王文成公祠、阳明祠等。

[苗族蜡染]　天下蜡染数贵州，贵州蜡染数苗族。蜡染工艺始于秦汉，明清以后传入西南，成为贵州传统的民间工艺。制作蜡染时先用蜡刀从温热的碗里沾上蜡液，作画毕将蜡布放进蓝靛缸里浸染，待煮沸蜡脱和漂洗晾干后便形成了蓝底白花的各种图案。苗族蜡染位居首位，图案丰富，文化内涵更是极其蕴厚，从远古精灵到生活风情，极富魅力。常见的蜡染图案有鱼鸟纹、铜鼓纹、蝴蝶纹、龙纹、蜈蚣纹等，有不少传世珍品。

（四）气候

贵州省冬无严寒，夏无酷暑，大部分地区年均温为 14℃～16℃。年降水量一般在

1100~1400 毫米。热量较充足，10℃ 以上的活动积温达 4000~5500℃，无霜期长达 270 天以上，而且雨热同季，利于植物生长。因地形和纬度等因素的影响，省内气候从东到西、从南到北、从低到高变化明显，形成了多种气候类型。但因雨日多达 160 天，相对湿度常达 80%，日照仅 1200~1500 小时，日照率不足 25%~30%，有"天无三日晴"之谚，这也是农业"立体式"布局的主要原因。

（五）自然资源

贵州省矿产资源种类繁多，发现矿产 110 多种，其中已探明储量的 74 种矿产中，有 38 种储量居全国前十位，有磷、铝土、重晶石等 21 种列第一至三位。汞、锑、煤炭、锰、硫铁矿和水泥原料等矿产都具有优势。金矿储量居全国第 12 位，有中国黄金"金三角"之称。全省森林覆盖率 39.93%，其中银杉、珙桐、秃杉、桫椤等被列为国家一级保护植物。还有杜仲、天麻等名贵药材和药用植物 3700 多种，占全国中草药品种的 80%，是中国四大中药材产区之一。有野生动物 1000 余种，黔金丝猴、黑叶猴、黑颈鹤、华南虎等 14 种动物被列为国家一级保护动物。丰富的资源为全省工农业的发展奠定了基础。

［长苞铁杉］　长苞铁杉为常绿乔木，属于松科，高达 30 米，胸径 120 厘米。叶辐射排列，线形，叶背有明显的灰白色气孔带。雌球花苞鳞大于珠鳞。球果圆柱形，直立，苞鳞稍外露。分布于贵州、湖南、广东、广西、福建，生于海拔 300~2300 米处的山脊或向阳山坡。现已濒临灭绝，属国家三级保护濒危种，是研究松科植物起源的重要物种。

［马尾树］　马尾树为落叶乔木，因形似马尾而得名。高约 17 米，胸径 40 厘米。奇数羽状复叶互生，下垂长达 32 厘米。小坚果卵圆形，微扁。是第三纪孑遗单种产植物。分布于贵州、广西、云南，生于海拔 700~1600 米处。

［黔金丝猴］　国家二级保护动物，黔金丝猴别名灰仰鼻猴、白肩仰鼻猴、牛尾猴等，为中国海拔 1700 米上贵州梵净山所独有。形状近似金丝猴。脸部灰白或浅蓝。头顶前部毛基金黄色，至后部逐渐变为灰白，毛尖黑色。耳缘白色，背部灰褐色。两肩之间有一白色块斑，毛长达 16 厘米。上下肢的戾部外侧至手背，由浅灰褐色逐渐变为黑色。黔金丝猴主要在树上活动，结群生活，以植物的叶、芽、花果及树皮为食。与金丝猴同源同属猴科。

［百里杜鹃］　全世界共有杜鹃花 850 种，贵州就有 70 多种，居中国第 4 位。百里杜鹃则是贵州杜鹃花区的代表。百里杜鹃位于大方、黔西两县交界处，面积约 200 多千米，是中国面积最大的原生杜鹃林，这里分布着马樱、鹅黄、百合、青莲、紫玉等 4 个亚属 23 个品种的杜鹃花，是一个品种齐全的天然花园。百里杜鹃不仅花色灿烂，最为珍贵的是"一树不同花"，可达 7 种之多，被誉为"杜鹃之王"。

[灰鹤]　　灰鹤属于鹤科，繁殖于北方，越冬于南方，贵州的草海就是灰鹤迁徙时主要栖息地之一。灰鹤全长约110厘米，体羽为灰色。头顶裸皮为朱红色，长有稀疏的黑色短羽。两颊至颈侧为灰白色。喉及前、后颈呈灰黑色。初级、次级飞羽枝和羽端，分离成毛发状，内侧飞羽延长弯成弓状。嘴呈青灰色，前端呈乳黄色。脚为灰黑色。以水草、野草种子，昆虫及水生动物为食。繁殖期在每年的4~5月，每窝产卵只有2枚，为淡棕色或红褐色。雌雄亲鸟轮流孵卵，孵卵期为1个月。幼鸟长大后南迁过冬。每年都有成百上千的灰鹤被草海的银鱼细虾和丰茂的水生动物吸引，不远千里来此越冬。灰鹤繁殖能力不强，近几年种群明显减少。

[黑颈鹤]　　国家一级保护动物，黑颈鹤全长约120厘米，属于鹤科，在青藏高原繁殖，在贵州高原越冬。体羽银灰色至近白色，羽缘淡棕色。头顶暗红色，生有黑色发状羽。头、颈约2/3为黑色，眼下有一白斑。飞羽黑褐色，三级飞羽黑色，延长而弯曲呈弓形，羽端分枝成丝状，尾羽灰黑色。嘴淡绿色，脚黑色。雌鸟上背有淡棕褐色的蓑羽。主要栖息在海拔2500~5000米的高原，是世界上唯一生长、繁衍在高原的鹤。以绿色植物的根、芽、昆虫、蛙类、鱼类等为食，繁殖方式与灰鹤相同。

（六）经济

贵州省传统经济以农业为主，中华人民共和国成立以来，工业得到了飞速发展。全省耕地面积448.74万公顷。省境东南部为稻作区，西北部为旱作区，以玉米最多，中部为水旱兼作区。全省大部分地区实行一年两熟或两年三熟制。冶金工业以钢铁、铝、锌、锑、汞等采炼铝工业和磷化工生产在全国占有重要地位。轻工业以烟、酒、纺织为主。交通运输便利。

[农业]　　贵州省农作物以水稻、玉米居多，冬小麦、甘薯、马铃薯次之。水稻、玉米种植面积占粮食播种面积的1/3以上。玉米主要分布在省境西部山区，多与豆类套种。经济作物中油菜、烟草最为重要。烤烟产地遍布全省，是中国四大烤烟产区之一。经济林种类多，以产生漆、杜仲、五倍子、桐油、乌柏油、棕片等林产品和药材著称，产量多居全国前列。此外，还盛产亚热带、温带水果，是贵州农业发展的支柱产业。这里还是中国柞蚕四大养殖基地之一。

[工业]　　贵州的工业总产值占到了全省总产值的70%，主要以煤炭、电力、有色冶金、化学、机械制造等为主。六盘水市是中国南方地区的煤炭基地。黔西南地区是中国黄金生产的"金三角"之一。铝土矿集中分布于遵义、贵阳一带，贵阳市郊白云镇建有大型炼铝工业。开阳、瓮安、福泉是中国磷矿石生产基地之一。机械工业发展以仪表为代表。轻工业以卷烟、酿酒、纺织、造纸为主，制糖、日用化工、小五金、皮革、塑料等工业也相应建立。酿酒工业分布普遍，茅台酒历史悠久，驰名中外。传统的手工艺品以玉屏的箫笛、大方的漆器、安顺的蜡染、威宁和安顺的地毯、贵阳的

木刻极为著名，这也是少数民族人民重要的收入来源。

> ### 茅台酒
>
> 茅台酒是我国的国酒，为典型的酱香型白酒，产于贵州仁怀市茅台镇，有2000多年的酿制历史。酿制茅台酒的用水主要是赤水河的水，赤水河的水质好，入口微甜，无溶解杂质。茅台酒的酿造方法独特，采高温大曲，并且用曲量很大，原料高粱，在酿造过程中，2次投料，8次高温堆集发酵，8次下窖，7次蒸馏取酒，由于每次取的酒质量不同，香味有别，最后要互相掺兑起来，调入陈酒，使之达到标准适口的要求。茅台酒在调配时，从不加一滴水，都是以酒勾酒。酒度低而不淡，一般为53°，纯洁、微黄、晶莹、柔绵醇厚、酒味温醇，不上头，且有舒筋活血，益寿延年的功效。与法国白兰地酒、英国苏格兰威士忌并称为世界三大名酒。

［交通］　贵州省交通以铁路为主，目前铁路渐成网络。公路运输辐射全省所有的县、区和90%以上的乡镇。航空运输以贵阳为中心，可飞往全国各大城市。内河航运里程有3425千米。

（七）旅游

喀斯特、高原峡谷景观造就贵州省诡秘、神奇的自然风光。石林风景、织金洞、白龙洞、安顺龙宫等鬼斧神工，妙手天成。号称中国第一瀑的黄果树瀑布声闻十里，壮观无比。阳河三峡、马岭河峡谷、思南乌江峡、花江大峡谷等曲径通幽，俨如世外桃源。名山与珍禽异兽齐名，融人文景观、风景胜地为一体，是天然的旅游区。

［文昌阁］　文昌阁位于贵阳东门城台上，是祭祀文昌、魁星、武安王的建筑。始建于明代万历二十四年（1596），毁于战火，清康熙八年（1669）重建。阁高约20米，九角三层宝塔形木楼，攒尖顶，各层出檐不起翘，底层正南插出两拱以承托檐桁，构造简洁，为中国较古老的斗拱形式。此种平面构图法和九角阁楼式样，国内极为罕见。另外，阁楼柱架用材都与"9"有关，如层顶9角；梁81根，是9的9倍；柱54根，是9的6倍；楼楞木二三层各用9根等。这在古建筑中也较少见。古时以"9"为大吉，象征最高权力。

［织金洞］　织金洞位于织金县城东北27千米处，又名打鸡洞，是世界上发现的保留有最原始面貌、最完备景观的巨型石灰岩溶洞。长12.1千米，总面积70多万平方米，相对高差达150多米，一般高宽均为60~100米。洞内堆积物平均高度40米左右，最高堆积物达70米，比"世界之最"的古巴马丁山溶洞石笋还高7米多。堆积物结晶形态类别多达50多种。有"溶洞之王""天下第一洞""岩溶博物馆""地下艺术宫殿"等美誉。现有迎宾厅、讲经堂、寿星宫、望山湖、广寒宫、灵霄殿、水晶宫、塔

林洞、十万大山、漫谷长廊、水乡泽国、金鼠宫等 12 大景区共 47 个厅堂。其中以广寒宫景区最为壮观，总面积 5 万多平方米，有群山、平川、湖泊、石笋和形态逼真的神秘大佛、嫦娥奔月、霸王盔、桫椤树等钟乳石。"银雨树"，是一株极其罕见的塔树形开花状透明结晶体，高 17 米，底部直径 0.42 米，中部为 0.7 米，树上花朵盛开，一朵有 50 多层花瓣，造型优美独特，玲珑剔透，晶莹玉润。此洞不仅是旅游胜地，还具有很高的科学价值。

[梵净山] 梵净山位于江口县、印江土家族苗族自治县、松桃苗族自治县三县交界处。东西宽约 21 千米，南北长约 27 千米，总面积 567 平方千米。主峰凤凰山，海拔 2572 米，是武陵山脉的最高峰。山体为穹隆状变质岩和火山岩地层。悬瀑飞泻，林海茫茫，名胜古迹有老金顶、金顶、九龙池、白云寺、护烟寺、坝海寺、梵净古迹、九皇洞、天仙桥和古茶殿遗址素有"黔中第一山"。金顶以其在阳光下金光灿灿而得名，又因旭日夕阳将朝云暮霭染成红色，而有"红云金顶"之称。九皇洞、金顶和蘑菇岩一带可见"佛光"奇景，多出现于晨光暮色中。山中亚热带原始森林、动物等资源丰富，为金丝猴、珙桐等珍稀生物生存之地。现已被联合国教科文组织列入"国际人与生物圈保护区网"，对研究人类起源、生态发展有极其主要的意义。

[黔灵山] 黔灵山位于贵阳市西北郊，号称"黔南第一山"。由大罗岭、象王岭、白象岭、檀山、杖钵峰、狮子岩、关刀岩、宝塔峰和北峰等崇山峻岭组成。其中最高峰为大罗峰，海拔 1500 米。黔灵山由山脚到山顶有一条蜿蜒的石板小路，有 380 多级石阶，称为"九曲径"，俗称"二十四道拐"。山中古木参天，绿草丛生，抬头看不到天，低头看不到泥。山上有"宏福寺"，寺后象王峰顶建有瞰筑亭，可览贵阳全景。另有"海窍亭"，口吹石壁孔穴可以发出和吹海螺一样的声音。山顶有"一泉亭"，亭上悬"洗钵池"横匾，亭后有洗钵池。黔灵山麓有黔灵湖，距湖 500 米左右的地方，有一泓"圣泉"。圣泉属潮泉，一般潮泉只有三潮或两潮，而圣泉却约 9 分钟涨缩一次，颇为奇特。张学良、杨虎城二将军曾被囚禁在洞旁的水月庵里。弘福寺坐西朝东，布局如同一个巨大的"甲"字。寺院分南、中、北三轴，又各分前、中、后三进。在中轴主建筑的左侧有"曲尺亭""月池"、画廊等建筑物，整个建筑群构图布局严谨，建筑工艺精巧，从明代起这里一直是贵州著名游览胜地。

[天下第一瀑——黄果树瀑布] 黄果树瀑布位于贵州省安顺市西南 45 千米的，坐落于北盘江支流打帮河上源白水河上。瀑布原名白水河瀑布，因右侧有古榕一株，当地称为黄桷树，因谐音故名。明代地理学家徐霞客在 1600 多年前来此考察，并在书中做了认真细致的记录，使这里更加有名。这里的石灰岩地层长期受到白水河溶蚀，河床在此陡然下降，河流下切，几次跌落，从而形成九级瀑布，总落差达 100 余米。黄果树大瀑布主瀑落差 67 米，宽 83.3 米，流速 17 立方米/秒，最大流量为 100 立方米/秒，是中国最大的瀑布。黄果树大瀑布一泻千尺，声震十里。除了瀑布本身以外，黄果树瀑布还有两奇。第一是瀑上瀑和瀑上潭，主瀑之上有一高约 4.5 米的小瀑布，其

下有一个深达 11 米的瀑上潭，造型十分优美。第二是主瀑之后的喀斯特洞穴，名为水帘洞。水帘洞由六洞窗、五洞厅、三股洞泉和六段通道组成，长达 134 米。在一洞口有摸瀑台，可以伸手触及瀑水。现已发现较大的地表瀑 18 个，地下瀑 4 个，以及一些具有很高观赏价值的奇特景观，著名的有大瀑布上游的布依族石头寨、陡坡塘瀑布、红岩碑、红岩古榕等。这里以瀑布、溶洞、石林为主体的黄果树风景区，奇峰异洞、怪石丽水构成撼人心魄的瑰丽景观。

[龙岩山多级瀑布] 龙岩山多级瀑布位于坝陵河上游，距黄果树瀑布以西 1 千米，距关岭城东约 5 千米，为黄果树瀑布群中落差最大的瀑布。它是坝陵河上的一条支流，在 1 千米的河道上逐级跌落而成的，共有 7 级，总落差达 410 米，是黄果树瀑布的 6 倍。其中以鸡窝田瀑布、冲坑瀑布、滴水滩瀑布最为著名。特别是冲坑瀑布，怒流狂跌，水势甚猛，落差达 140 米，为黄果

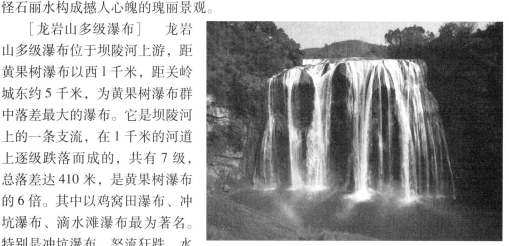

黄果树瀑布

树风景区最长的瀑布。龙岩山瀑布宽 63 米，高达 130 米，是瀑布群内最高的瀑布。瀑水沿梯田状河床逐级喷洒而下，呈倒扇形，层层叠叠，在水雾之中恍如仙境，别有情趣。

[天星风景区] 天星风景区位于黄果树瀑布下游 6 千米处。它由天星盆景区、天星洞景区、水上石林区组成，总面积 5.76 平方千米。星桥盆景区石林遍布，石笋密集，植被茂密，景色秀美。主要景观有空灵石、天星照影、侧身岩、歪梳石、寻根岩、鸳鸯藤、盘龙图、美女榕、象鼻石、天星楼、雏鹰出山等。水上石林景区主要景观有银练坠潭瀑布、星峡飞瀑布、群榕聚会，根墙屏障、盘根壁画等。天星洞景区以喀斯特地貌为主。

[红枫湖] 位于贵阳西郊 33 千米处。红枫湖被称为"高原明珠"，为贵阳最大的人工湖。红枫湖蓄水面积达 57.2 平方千米。湖面碧波万顷，四周青山环绕，70 多个大小岛屿星罗棋布地点缀在湖中。北湖很小，有西汉的古墓群，有明代的"苗王营垒"；南湖是由峡谷、石林、溶洞浑然一体，形成"山里有湖、湖中有岛、岛上有洞、洞中又是湖"的奇观；后湖则以田园风光而著称。在红枫湖周围有风情各异的苗寨、侗寨、布依石板屋等建筑，为其增添了人文色彩。在红枫湖可欣赏到当地的民族歌舞，接受侗族敬酒歌、苗家拦路酒等少数民族待客礼仪，逢周六这里还举行的"土风狂欢晚会"。

[花溪风景名胜区]　　位于贵阳市南郊 17 千米处。花溪是国内闻名的风景胜地，在抗日战争初期这里就建了公园。园内有麟山，山上小径曲折，碧藓层岩。山半有洞，洞穴密布。"飞云阁"位于洞外缘岩上，可凭栏俯瞰，阁旁还有放鹤桥。龟山在麟山隔壁，位于花溪中心。"坝上桥"在龟山山麓，桥下瀑布直泻，河水奔流。"坝上桥"的附近有一棋亭，1959 年陈毅为棋亭题诗："花溪棋亭位山腰，多人聚此费推敲。劝君让他先一着，后发制人棋最高。"蛇山与龟山相对，中隔一水。百步桥置于河坝上，放鹤洲位于江渚间。花溪素有"高原明珠"的美誉。

[红岩碑]　　红崖古迹位于贵州省关岭布依族苗族自治县的晒甲山上，距黄果树大瀑布约 7 千米，被称为"南中第一奇迹"。"红崖"与"飞瀑"交相辉映，"人文"与"自然"相映成趣，成为举世闻名的黔中两大奇观。红岩碑是一块红色天然石壁，长百米，高 30 多米。碑上有几十个非镌非刻、非篆非隶的斗般大字，字不成行，排列不整齐，错落参差，大小也不一，共有 19 字。大者有一米见方，小者只有十几厘米，笔锋古朴浑厚，虽经风雨剥蚀，但其色历久不褪，被当地人称为"红岩天书"。咏"红岩碑"的诗在明清两代均有。清诗曰："红岩碑篆阅人多，代远年湮永不灭。谁从岩畔真迹，非篆非隶恐传讹。"

[飞云崖景区]　　飞云崖坐落在凯里北部的黄平县东坡山上，景区内的主要建筑于明正统八年（1443）创建。飞云崖又名飞云洞，是贵州东南部著名的风景胜地。这里古树参天，楼阁飞翼，长廊滴翠。高大牌坊上有"飞云崖"三个隶体大字。崖壁之左是青狮，之右则是白象，均由岩浆天然构成，形象生动而逼真。洞顶层层叠叠的钟乳如漫天白云。洞内崖壁上留有文人名士题刻的遗迹，可见"黔南第一洞天"等字样。明代时，著名学者王阳明曾赞飞云崖道"云贵之秀萃于斯崖。"飞云崖的古建筑既是寺庙建筑，又有园林韵致。

[龙宫风景区]　　龙宫风景区位于安顺市区西南 27 千米的龙潭寨，总面积 60 余平方千米，是一个暗湖溶洞。全长 4000 多米，穿越 20 多座山头，串联着 90 多个溶洞，分为 5 段，因此又称"五进龙宫"。一进龙宫由宫门到蚌壳岩，全长 800 余米，水深 17 ～33 米，有迎客厅、水晶宫、珊瑚宫等 6 个溶洞。二进龙宫由蚌壳岩到花鱼塘，三进龙宫由花鱼塘到青鱼洞，皆穹隆低垂，曲折深幽，水道纵横。四进龙宫由青鱼洞到枫树洞，由清水湖、双坑洞两个暗湖溶洞组成，高大宽敞，造物奇巧。五进龙宫由旋塘经观音洞到小菜花湖，景观最为壮丽，有高大陡峭的钟乳石峰、石笋矗立两侧，仿佛高山峡谷一般。有学者考证陶渊明《桃花源记》即受此启发。

二十八、云南省

（一）行政区划

云南省位于中国西南边陲，地处北纬 21°8′~29°15′，东经 97°31′~106°11′。面积 39.41 万平方千米，全境东西最大横距 864.9 千米，南北最大纵距 900 千米，边界线总长 4060 千米。与缅甸、老挝、越南接壤，国内与广西壮族自治区、贵州省比邻，西北隅倚西藏自治区，北邻四川省。截至 2022 年，云南省下辖 16 个地级行政区，其中 8 个地级市，8 个自治州，合计 129 个县级区划。

［省会——昆明］ 昆明市位于云南省中部，是全省的交通枢纽，面积 21688 平方千米。历史悠久，为元、明、清三代云南省省府。大部分地区以起伏和缓的中山、丘陵和相对陷落的盆地（俗称坝子）为主，面积在 1 平方千米以上的坝子多达 70 个。昆明有西南第一湖——滇池，高原石灰岩广布，喀斯特地貌发育良好，以石林景区驰名世界，最具代表性。工业以冶金、煤炭等为主，优质磷矿高达 200 亿吨，居全国第一，故云南省有"磷都"之称。昆明因四季如春，有"春城""花城"之誉。

［个旧］ 个旧市位于红河州中部，面积 1597 平方千米，地处滇东高原地区的滇东南岩溶盆地东缘。又名古臼，喀斯特地貌发育良好。矿藏有锡、铅、锌、铜、钨、铝土等。个旧市锡储量居全国前列，锡制工艺品久负盛名，号称中国的"锡都"，特别是用水力采矿法开采锡矿，有省力、成本低、见效快的优点。工业以多种冶炼为主。

［大理］ 大理市位于苍山之西麓，洱海之滨，面积 1468 平方千米。大理市有"文献之邦"之称。公元 8~15 世纪是唐时南诏国、宋时大理国的都城，有"东方瑞士"的美称。工业以纺织、造纸、卷烟、机械、食品等为重点。农业生产以稻谷、玉米、小麦、蚕豆、烤烟、蔬菜为主，还养殖猪、菜牛、禽、蛋、淡水鱼等。特产以大理雪梨、苍山绿茶、下关沱茶为代表品牌。"上关花、下关风、苍山雪、洱海月"为大理市"四绝"美景。

［楚雄］ 楚雄市位于云南省中部、云南高原中西部，处于元江与金沙江的分水岭地带，面积 4482 平方千米。西部山峦重叠，东部多丘陵平坝，一般海拔 1800 米，以西南部小越坟山最高，海拔 2916 米，是昆明到西藏、缅甸的必经之路。工业有冶金、煤炭、电力、卷烟等。农业以水稻、玉米、小麦、烤烟种植为主。该市交通便利，成昆铁路和昆畹公路穿境而过，因市府驻鹿城镇，故又名鹿城。

［建水］ 建水位于云南红河哈尼族彝族自治州西北部。建水很早就有人类活动，

在东山坝和城东燕子洞都发现了新石器时代古人类遗址。明、清时，建水已发展成为滇南重镇。建水古城建设历经 12 个世纪，最初为唐南诏时所筑的土城，明洪武时扩建为砖城，至今古城保存有 50 多座古建筑，被誉为"古建筑博物馆"和"民居博物馆"。古城中仍保留的著名建筑有始建于元代的全国最大的文庙、始建于明代的朝阳楼、民居的典型代表朱家花园、云南古桥中最大的双龙桥、明清两代的学政考棚等。建水民居从哈尼族的草顶房、竹顶房，彝族、傣族的土平房到汉族的平瓦房，风格各异。建水还是明、清时代滇南教育中心。建水设临安府学，当时科考有"临半榜"之称，即云南科举考试中榜者中，有一半是临安府生员。

[巍山] 位于云南西部的哀牢山和无量山上段。曾是南诏国的故都。唐初，洱海地区"六诏"兴起，其中蒙舍诏就在今巍山境内，因蒙舍诏在五诏之南，故称南诏。巍山从唐代以来，就在其境内修建了大批寺庙，这些寺庙大都得以保存，比如玄珠观、圆觉寺、云隐寺、圭峰寺等。巍山历史文化悠久，文物古迹众多，风景名胜荟萃。巍山闻名起始于新石器时代，到明代以后人文蔚起，进士、举人众多，乾隆年间，被御封为"文献名邦"。巍山是少数民族聚居地，民族民间艺术古朴深厚。彝族聚会时的集体舞蹈"打歌"，非常优美。火把节更是丰收后的欢乐节日。本地的"洞经古乐"历史悠久，音韵悠扬。巍山文物古迹众多、景观别致。巍山古城保持着明清时的棋盘式格局，还有文献楼、文庙、书院等文物古迹。

（二）人口、民族

2022 年末，云南省常住人口 4693 万人，是中国民族种类最多的省份，世居少数民族有 25 个。云南省是中国世居少数民族最多的省份，包括汉族在内共有彝族、白族等 26 个世居民族，是全国民族自治地方最多的一个省。少数民族的居住形式是大分散、小聚居，以边疆和山区居多。少数民族所在地区经济发展很快，生活水平显著提高，特别是旅游景点的开发，使旅游业成为少数民族的重要经济来源。

[基诺族] 基诺族有近 2 万人左右，人口较少。主要居住在云南西双版纳傣族自治州景洪县和勐腊县。传说基诺族是从普洱、墨江甚至更远的北方迁来的。基诺族有自己的语言，基诺语属汉藏语系藏缅语族彝语支，无本民族文字，过去结绳记事，现在通用汉字。基诺族以农业为主。基诺山盛产香蕉、木瓜等亚热带水果，也是盛产普洱茶的六大茶山之一，所以许多村寨以种茶、制茶为重要副业。文化活动以太阳舞最具代表性。

[彝族] 彝族有 700 多万人，是云南人口最多的少数民族，彝族还分布在云南省、四川省、贵州省各地，以楚雄彝族自治州、红河哈尼族彝族自治州，红河哈尼彝族自治州哀牢山区一带比较集中。彝族有自己的文字和语言，信仰多神教。彝族支系繁多，主要有诺苏泼、纳苏泼、聂苏泼、改苏泼、撒尼泼、阿细泼、濮拉泼等。彝族

人民多流行"跳乐",称"打歌""跳歌""打跳""叠脚"等。彝族最盛大的节日是每年农历六月二十四日举行的"火把节"。每年农历二月初八是彝族的插花节。他们的住房以石块压顶,故又称"石板屋"。

［白族］ 白族人口有近200万人,世代聚居在大理白族自治州。白族有自己的语言和文字,信仰佛教,属汉藏语系藏缅语族白语支,习汉文。白族人因偏爱白色而著称。他们的传统服装的色调是偏重白色。姑娘的名字大部分都带有花字。白族传统的节日"三月街"富有民族特色。

［独龙族］ 独龙族人数不到万人,世代居住在云南省西北部贡山独龙族怒族自治县独龙河谷,史称"俅人"。独龙族有自己的语言,独龙语属汉藏语系缅语族,无本民族文字,通用汉文,信仰多神。独龙族主要从事农业,以种植玉米、荞麦、豆类为主。现在仍是刀耕火种。独龙族在传统的"卡雀哇"年节中常举行"剽牛祭天"活动。

［哈尼族］ 哈尼族有150多万人,分布在云南省南部红河与澜沧江的中间地带。其中哀牢山区是哈尼族人口最集中的地区。哈尼族有本民族语言,无本民族文字。新中国成立后创建了哈尼文,信仰多神。哈尼族以农耕为主。哈尼族人民的住房有土木结构草顶楼房、干栏或竹木结构楼房等几种。哈尼族妇女喜戴有小银泡的圆帽,戴耳环、耳坠和大手镯,其先民称为"和夷",可能是古羌人族。

［傈僳族］ 傈僳族近70万人,主要聚居在云南省怒江州和四川省盐源等地。傈僳族先民是乌蛮的一部分,早在8世纪以前便居住于金沙江两岸。16世纪迁住怒江地区。傈僳族有自己的语言和文字。傈僳语属汉藏语系藏缅语族彝语支。傈僳族主要从事农业,以种植玉米为主,还有水稻、小麦、荞麦等,出产名贵的毛皮和山货。傈僳人喜爱唱歌对唱,打官司也采用唱歌的形式。

［德昂族］ 德昂族近2万人,主要聚居在云南省芒市和镇康县,其余分散于附近各地。德昂族有自己的语言,德昂语属南亚语系孟高棉语族佤德昂语支,无本民族文字,通用汉字。德昂族主要从事农业,以种植水稻、旱稻、谷子及薯类为主,尤善种菜。民俗节日以泼水节最盛。

［傣族］ 傣族有120万人左右,主要分布于云南省的南部西双版纳和西部德宏傣族景颇族自治州。傣族先民为古百越中的一支,称为"滇越"或"鸠僚"。远在公元1世纪,汉文史籍已有关于傣族的记载。在傣语中"傣"意为"热爱和平、勤劳、勇敢的民族",有水傣、旱傣和花腰傣之分。傣族人有自己的语言和拼音文字,有嚼槟榔的习惯。泼水节是傣族每年中最盛大的节日,他们信仰佛教。

［怒族］ 怒族有3万人左右,主要分布在云南省怒江傈僳族自治州等地。他们的先民为庐鹿的一部分。怒族有自己的语言,各地语言差别很大,互不相通,没有本民族文字,现用汉文。怒族以山地农业为主,以种植玉米、荞麦、青稞为主。怒族妇女服饰多喜欢镶缀花边,戴头饰和胸饰,头饰多用细藤环盘于头上。

［景颇族］ 景颇族现有13万多人,聚居于云南省的潞西和邻近地区。景颇族有

"景颇""载瓦""浪莪"等自称。景颇族先民"寻传""寻传蛮"最早居住在康藏高原南部名为木转省腊崩（意为"天然平顶山"）的山区，20世纪进入德宏地区。景颇族有自己的语言文字。景颇族主要以种植玉米为主，经济作物兼营林木，种植咖啡等。他们住在竹楼里，上住人，下养畜。目脑节是景颇族传统的盛大节日，目脑意为大伙跳舞。

[佤族]　佤族有40万多人，主要分布在云南省西南部等县区。一部分散居于西双版纳和德宏地区。佤族人有自己的语言，佤语属南亚语系孟高棉语族，具有不完备的文字。佤族人民创造了许多口头流传的故事，用来歌颂善良和正义。佤族主要从事农业，以种植旱稻、水稻、玉米等农作物为主，喜嚼槟榔。

[纳西族]　纳西族约有30万多人，主要聚居在云南丽江地区。纳西族历史悠久，可能是古羌人中的牦牛羌，公元3世纪起源于此。纳西族语言属汉藏语系藏缅语族彝语支，使用过东巴文，有大约千年的历史。纳西族能歌善舞，每逢喜庆节日，都要举行歌舞活动。纳西族妇女传统民族服饰为过膝的大褂，宽腰大袖，外加坎肩，腰系百褶围腰，下着长裤，披羊皮披肩。

[普米族]　普米族有3.5万人左右，主要分布在云南省的兰坪县和四川省木里等地。普米族史称"西番"或"巴苴"。公元前游牧于青藏高原。13世纪后，迁入到现在的定居地。普米族有自己的语言和用藏文拼写的文字。普米族有自己独特的文化艺术，文化较为发达。普米族主要从事农业生产，兼营畜牧业。

[阿昌族]　阿昌族有3.5万人左右，主要分布在云南省德宏傣族景颇族自治州和周边各地。阿昌族先民公元前就生活在这里，阿昌族有自己的语言，无文字，通用汉文。阿昌人善于唱山歌，善种水稻，打制的"户撒刀"以经久耐用著称于世。因喜食口嚼槟榔，牙齿皆为黑色。阿昌族视青龙、白象为吉祥、幸福的象征。在传统节日会街节中，小伙子们便身背户撒长刀，挎着象脚鼓，姑娘们则身着娇艳的民族服装，在鼓乐和鞭炮声中簇拥着披红挂绿的青龙、白象进入会街节广场。

[拉祜族]　拉祜族近50万人，聚居于云南省西南边境各县。拉祜族自称"拉祜""拉祜纳"（黑拉祜）、"拉祜西"（黄拉祜）、"拉祜普"（白拉祜），也称"倮黑""哥搓""缅""苦聪"等。拉祜族与彝族、纳西族等同源于古代氐、羌族系。先民称为"望人"，居于滇西。拉祜族有自己的语言和文字。拉祜族主要从事农业，以种植水稻、玉米为主，兼营茶叶、烟草、剑麻等经济作物为生。拉祜族善于歌咏、舞蹈。每逢节日，几乎人人都要参加唱歌跳舞的庆祝活动。

[布朗族]　布朗族有10万人左右，主要分布在云南省的勐海、景洪。布朗族有自己的语言，布朗语属南亚语系孟高棉语族佤德昂语支，没有文字，信仰南传佛教。其先民已无法考证。布朗族主要从事农业，以种植旱稻为主，善种茶。布朗族妇女喜欢缠一丈多长的青布包头。

（三）历史文化

目前已发现距今约 170 万年的最早的人类——元谋人就生活在云南，最早见于史载的是公元前 3 世纪，楚国将军庄蹻统一了滇池地区，并自立为王。后来秦始皇统一了云南，诸葛亮平定南中，大大加强了云南与中原的联系。云南的文化主要有被誉为"活着的象形文字"的东巴文、世界最古老的音乐纳西古乐、世界最古老的铜万家坝铜鼓、丽江古城、大理古城等真实地记载了云南少数民族创造的灿烂文化。

[元谋人]　元谋人已经能够使用火，距今至少有 170 万年的历史。1965 年 5 月，考古学者在云南元谋上那蚌村的地层中发现了早期猿人的两枚上中门齿，并在周围地区发现了少量石制品和大量炭屑，并先后出土了 7 件石制品，大约是新石器时代的文物。元谋人比北京猿人的历史早 100 多万年，证明了云南是人类起源和早期人类演化的重要地区之一，元谋人是中国发现的较早的原始人类之一。现云南元谋县设有元谋人陈列馆。

[南诏德化碑]　南诏德化碑位于昭通市区，记载了一段抗争不公的历史故事。唐天宝九年即公元 750 年，南诏王阁逻凤在谒见太守张虔陀时，其妻子遭到张虔陀的侮辱。阁逻凤由此接连上表进行控告，得不到朝廷重视，遂起兵杀了张虔陀，并夺取了姚州及附近州县。次年，剑南节度使鲜于仲通率兵马前来问罪。阁逻凤再三辩白，并表示愿意修复归还城府，释放俘虏，赔偿损失。但是鲜于仲通扬言要血洗南诏，并派兵绕过苍山，企图腹背夹击南诏。阁逻凤被逼无奈，向吐蕃国求援，双方合力在西洱河大败 8 万唐军。公元 754 年，李宓率领 10 余万人再次攻打南诏，结果全军覆灭。为表示对唐王朝的忠心，阁逻凤收殓唐军阵亡将士的遗体，同时在都城太和城（今大理太和）立下"南诏德化碑"，详细记录了战争的起因，表述自己不得已而叛唐的原因。

[郑和]　本姓马，小字三保，明云南昆阳（今晋宁）人，我国历史上著名的航海家。他在朱元璋征云南时被俘，后来进入燕王朱棣藩邸为宦官，"靖难"之役中因为监军从征有功，赐姓郑，擢内官监太监，人称三保（宝）太监。郑和开辟了我国乃至整个世界的航海新纪元，在 1405～1433 年，他率领宝船船队先后 7 次通使西洋诸国，足迹从中国海到印度洋，从台湾到波斯湾，远及非洲，开创了中外交通史上最远的航路，使得海外诸国争相来明朝朝贡，时人称为"三保太监下西洋"。后病卒于南京。

[熊庆来]　字迪之，云南弥勒人，我国近代杰出的数学家、教育家。他 18 岁考入云南省高等学堂，20 岁赴比利时学采矿，后到法国留学，获博士学位。他是公认的中国近代数学的先驱，亲手创建了国立东南大学、清华大学、西北大学、云南大学等中国近代四所大学的数学系，是我国高等学校中数学教育的奠基人之一，对中国近现代科学发展做出了十分罕见的功绩。在他手中，先后培养出钱三强、赵九章、彭恒武、赵忠尧、陈省身等著名科学家，华罗庚也是熊庆来慧眼识珠发掘的。熊庆来主要从事

函数论方面的研究，他定义的无穷级被国际上称为"熊氏无穷级"，载入世界数学史册。

[中国国歌作者——聂耳] 聂耳，原名聂守信，云南玉溪人，生在昆明。他自幼喜爱音乐，擅长演奏多种乐器。聂耳的耳朵非常灵敏，而且能动，曾有人称他为"耳朵先生"，于是他便改名为"聂耳"（"聂"的繁体字"聶"）。他在明月歌剧社受中国左翼联盟的影响，积极从事音乐、戏剧、电影工作。1934 年任上海百代唱片音乐部主任，与田汉等人一起录制了大批进步歌曲唱片，创作了《卖报歌》《大路歌》《开路先锋》《毕业歌》等 30 多首歌曲，以歌曲为武器号召全国人民起来抗日。他给电影《风云儿女》配的主题歌《义勇军进行曲》在当时引起轰动。《义勇军进行曲》这支歌带来的影响远远超过了《风云儿女》电影本身，歌曲极大地鼓舞了中国人民的抗日斗志。中华人民共和国成立前夕，1949 年 9 月 27 日，经中国人民政治协商会议第一届全体会议决定，《义勇军进行曲》被定为代国歌。第五届全国人民代表大会第五次会议上又正式把《义勇军进行曲》定为中华人民共和国国歌。

（四）气候

云南省属亚热带高原型季风气候，最热月均温 19~22℃，最冷月 5~7℃，年温差10~14℃。干湿季分明，年均降水量约 1100 毫米。省内 8 个纬距内呈现寒、温、热三带，境内自然景观多样，东部高原长夏无冬，西部"岭谷十里不同天"，有"动植物王国"之称。

（五）自然资源

云南省位于泛北极植物区系和热带交会地带，动植物品种位居全国之冠，矿产资源丰富。高等植物有 274 科 2076 属 1.8 万种（包括蕨类植物），约占中国的一半。云南森林资源丰富，木材总蓄积量居全国前列。树种以思茅松、云杉、冷杉等针叶林为主。还有众多被称为"活化石"的第三纪古老树种。如木兰科的木莲，龙脑香科的东京龙脑香，属裸子植物的苏铁、倪藤、树蕨等。云南中药、花卉资源共达 5050 种，以茶花为最，素有"云南山茶甲天下"之说。动物种类多珍贵稀有种，列为国家保护的动物种类几乎占了半数。其中滇金丝猴、亚洲象、野牛、白颊长臂猿、白眉长臂猿、平顶猴、扭角羚、灰头鹦鹉、大绯胸鹦鹉等，在中国均仅见于云南。云南有矿种 155种，其中有 92 种已探明储量。有 50 多个矿种的保有储量居全国前 10 名。铅、锌、锗为全国之冠，锡、铟、铂、锆、岩盐、钾盐居第二位，铜、镍、磷、芒硝、砷、蓝石棉居第三位。

[茈碧莲] 茈碧莲属睡莲科，为多年生水生植物，是新生代上新世保存至今的古

老种。叶为心状卵形或卵状椭圆形。花瓣白色。萼片宿存。茈碧莲是国内仅有的野生原种。

[望天树]　　望天树属龙脑香科，为国家一级保护稀有种。一般常绿大乔木，高40~80米，胸径1.5~3米。树干通直，光树枝下高度就有30多米。叶椭圆形，近平行侧脉14~19对，在叶背面凸起。花黄白色。坚果密被白色绢毛，具有等长或三长两短的由萼片增大而成的翅。喜欢在海拔350~1100米处的热带季风区河谷地带生长。

[红河橙]　　红河橙属芸香科，为常绿乔木，高10米。单身复叶，叶身卵状披针形，翼叶（具翅叶柄）比叶身长1~3倍，狭长圆形。总状花序，花白色。果椭圆形、圆球形或扁球形。分布于云南南部红河流域，生长于海拔800~1200米处的山坡。属国家一级濒危种。

[铁树]　　铁树为裸子植物亚门、苏铁纲、苏铁目植物，又名苏铁、凤尾蕉、避火蕉等。木质沉重如铁，入水即沉，因而得名"沉香"。它是世界上最古老的种子植物，与恐龙同时代，被地质学家誉为"植物活化石"。苏铁科植物幸存的原因尚无定论，现在苏铁科植物共保存约10属110种，主要分布在南北半球的热带及亚热带地区，中国野生的有1属（苏铁属）约10种，分布于云南、广东等地。铁树树干髓心含淀粉，可食用，又可作酿酒的原料，能提高出酒率；叶为羽毛状，向四周伸展，如孔雀开屏，极富观赏性；种子大小如鸽卵，略呈扁圆形，金黄色，有光泽，少则几十粒，多则上百粒，圆环形簇生于树顶，十分美观。在热带地区，20年以上的铁树几乎年年都可以开花。铁树雌雄异株，花形各异，花期6~8月，雄球花长椭圆形，黄褐色，雌球花扁圆形，浅黄色。中国有"铁树开花"为吉兆的传统风俗。云南西双版纳热带植物园中的铁树王，是迄今发现的最古老铁树，树龄近千年，学名为篦齿苏铁，为国家二级保护植物。

[蜂猴]　　国家一级保护动物，蜂猴别名懒猴，属灵长目原猴亚目灵懒猴科，蜂猴属种。分布于云南和广西南部。蜂猴体长32~35厘米，眼圆大而距窄，四肢短粗而等长，耳尾短而隐于毛丛中。体背棕灰色或橙黄色，正中有一棕褐色脊纹自顶部延伸至尾基部，腹面棕色，眼、耳均有黑褐色环斑。蜂猴极少下地，喜食鸟蛋，行动特别缓慢，一般冬季产仔，哺乳期4个月，每胎产1仔。

[绿孔雀]　　绿孔雀属于雉科，生长在云南的西、南部。雄鸟全长约140厘米，雌鸟约100厘米，为中国野生鸡体形最大的一种。雄鸟体羽翠蓝绿色，下背闪紫铜色光泽。头顶有一簇直立的羽冠。尾上覆有铜紫、青蓝、金黄、红色羽，能展开如扇，俗称孔雀"开屏"。雌鸟无尾屏，羽色以褐色为主。生活方式为一雄伴数雌活动，以蕈类、浆果、谷物种子、草籽、昆虫、蛙类、蜥蜴等为食。在山脊和阴坡草丛灌木之间的低凹处筑巢，每窝产卵4~8枚，雌鸟孵卵，孵卵期为27~30天。出窝后一般结群生活。

[亚洲象]　　亚洲象属于哺乳纲长鼻目象科，俗称野象、老象、大象，为国家濒危

种，一级重点保护动物。雄象一般高达 2.5 米，体重 3~4 吨。喜群居，常成群在水塘戏耍。以野芭蕉叶、竹叶、竹笋、董棕叶、马鹿草等嫩枝叶为食，一头成年象每天可食 150 公斤左右植物。一般 7~8 月发情交配，孕期 18~22 个月，每胎 1 仔，30 岁以上性成熟，寿命可达 100 年。分布云南南部和西部的江城、西双版纳、沧源（南滚河地区）和盈江等边境地区。

[滇金丝猴]　滇金丝猴因鼻骨极度退化而形成上鼻孔，故又称黑仰鼻猴、翘鼻猴。为国家一级重点保护动物，属哺乳纲灵长目猴科疣猴亚科。体长 50~80 厘米，成年雄猴体重约 20 余千克，雌猴约 10 千克。毛被主要为黑色，臀部和后腿内侧有一显著的白色圆斑，耳部和会阴部也都为白色，头圆耳短。头顶具有一撮尖长黑色冠毛，体背披有浓密长毛，雄性的形若披风。每胎产 1 仔，孕期为 3 个月。栖息于海拔 3300~4100 米高山暗针叶林带。主食针叶树的嫩枝叶、花芽等。滇金丝猴是中国特有种，数量极少，仅分布在云南西北部和四川、湖北神农架等地。

[钟情鸟]　犀鸟夫妇是典型的"不求同年同日生，但愿同年同日死"的情侣，如有一只死去，另一只会在忧伤中绝食而亡，所以犀鸟被人称为"钟情鸟"。它们生育后代也不同于其他鸟类，一般是选择天然的大树洞营巢产卵，当雌鸟产完卵后，雄鸟衔泥将洞口封闭，只留一个投食的小孔，让雌鸟孵卵，在一个月左右的孵卵期时间内，雄鸟独力承担食物供应。到了夜晚，雄鸟在洞外树枝上站岗放哨，等到幼鸟羽毛丰满，雌鸟才破洞而出与雄鸟团聚。

（六）经济

云南省全境为"九分山和原，一分坝和水"。农业生产以种植业占主要地位，兼有农区和林牧区的畜牧业特色。随着资源的不断开发，冶金、机械、煤炭、电力、化工等工业发展迅速，资源优势得到了进一步发挥，但旅游仍然为经济的龙头。全省交通以公路和铁路为主。

[农业]　云南种植业以水稻、玉米、小麦和豆类、薯类等粮食作物为主，其中水稻最多，集中于中、南部热带和亚热带坝区。经济作物主要有甘蔗、烤烟、茶叶等。甘蔗和蔗糖产量在中国均名列前茅。烤烟主要集中于滇中高原的曲靖、玉溪、昭通、楚雄等地，种植面积和产量，居中国第 2 位，是中国"云烟"的重要产区。省内有著名的宝珠梨、雪梨、象牙芒果、石榴等。林牧区分布海拔较高，畜牧业比重高于农区，以定居放牧为特点。牦牛和犏牛则为滇西北高寒山区所特有。省内根据地方特产形成七大作业区，复种面积达到了 150%。

[工业]　云南省的卷烟、制糖、茶叶等在全国占有十分重要的地位，是工业的支柱产业。其中玉溪卷烟质量居全省之冠，有"云烟之乡"之称。云南的"滇红""普洱茶"等名茶，主要出口。蔗糖总产量居全国第 4 位。云南还是中国有色金属的重要

生产基地。其中，个旧锡矿驰名世界，产量居全国第一位，享有"锡都"之称，东川铜矿所产的铜色泽如银，称"云铜"。手工业是云南悠久历史的传统工业部门，主要有大理石制品、建水陶器、永胜瓷器、腾冲玉雕等，现在煤炭、水电等都得到了较好开发。

　　[交通]　　云南铁路运输与全国铁路网相通。省内的昆（明）河（口）、蒙（自）宝（秀）铁路及东川、个旧、盘西、羊场等自成体系。公路运输是云南主要的运输方式，公路干线以昆明、下关为中心，辐射到全省各地。民用航空运输以昆明为中心，可通北京、上海、广州、成都、重庆、西安、武汉、贵阳、南宁、桂林、香港和省内的芒市、景洪等地，并辟有昆明到仰光、曼谷、万象的国际航线，内河通航也较为通畅。

（七）旅游

　　"香格里拉"的传说，为云南平添了几分梦幻般的浪漫色彩，世界文化遗产之一的丽江古城，北回归线上的绿宝石——西双版纳，悠久的历史与纯天然的景色是吸引国内外游客的重要因素。令人神往的路南石林、元谋土林、腾冲火山热海和诸多少数民族的歌舞习俗更增添了云南的绮丽与诡秘。

　　[大理三塔]　　大理三塔位于大理古城（今中和镇）西北约1千米处的苍山应乐峰下，始建于公元5世纪南诏国时期。又名崇圣寺三塔。现寺庙已毁，仅有三塔，主塔又名千寻塔，高69.13米，16层密檐，平面呈方形。塔基为上下两台四方形双基座，用石垒砌四壁，四周装有带石勾栏的青石板栏杆。塔刹总高2.8米，由中心柱、仰莲、相轮、宝瓶、宝盖、宝珠等组成。塔顶檐部由13层砖叠砌而成，四角置有"迦楼罗"，俗称"金鸡"。塔下有明代黔国公沐世阶楷书的"山海大观"四个大字。南、北二小塔，建于五代时期，在主塔之后，相距97.5米，与主塔相距70米，呈鼎足之势，两塔均为八角形10级密檐式实心砖塔，各高42米。

　　[滇池]　　滇池位于云南省昆明市城区西南方，又名昆明湖。南北最长处36.5千米，东西最宽处12.8千米，面积294.5平方千米。平均湖深4.4米，最大深度约10.2米。1938年至今，湖面几乎每年缩小1平方千米。汇入滇池的河流约20余条，主要为盘龙江、东白沙河、西白沙河、宝象河、梁王河等，构成滇池水系，流域面积约2700多平方千米。滇池为天然蓄水池，蓄水量约15亿立方米，不仅有供水、防洪、航运、养鱼之利，而且风景秀丽，多处为全国知名的风景区，被称为西南地区的"高原明珠"。

　　[虎跳峡]　　虎跳峡位于滇西北丽江市玉龙纳西族自治县石鼓镇东北50千米处。金沙江是切断哈巴雪山和玉龙雪山而形成的大峡谷。虎跳峡又称"金沙劈流"，谷底狭窄，最窄处只有30米，据说老虎可一跃而过，故名。峡谷两岸雪山对峙，峭壁千仞，

自谷底到山顶高差达 3000 多米。虎跳峡全长约 16 千米，始于金沙江及其支流硕多岗河汇合处，止于玉龙纳西族自治县大具乡大坝子一带，两侧岩石为片岩和大理岩，山坡崩塌，形成江内多处险滩。临渊可见水流湍急，气势磅礴，奔腾咆哮如龙吟虎啸。

[蝴蝶泉]　蝴蝶泉位于苍山北段云弄峰下，距大理古城 20 千米。蝴蝶泉面积 50 平方米左右，泉池周围有大理石围栏，上方三块大理石上有郭沫若手书的"蝴蝶泉"三字。泉旁有一棵古老的双香树，因为树叶形状也似蝴蝶，又称为蝴蝶树。每值夏天，这棵蝴蝶树开花，发出淡淡的清香，无数五彩缤纷的蝴蝶便齐集泉边，每年农历四月十五日，白族青年男女都要在泉边举行盛大的"蝴蝶会"。泉畔现建有蝴蝶馆，展出 11 科 400 余种 4.5 万余只单体蝴蝶，是专家学者研究蝴蝶习性的好去处。

[石林景区]　石林景区位于云南省石林彝族自治县境内，大约 2.8 亿年前才开始形成。在地理学上，这里石林属喀斯特地貌，素有"造型地貌天然博物馆"之称，是中国的四大自然景观之一。石林总面积达 2.6 万多公顷，是由岩石组成的"森林"。

大石林景区"林"密峰高，景观奇特，主要有石屏风、且住为佳、石林胜景、莲花峰、极狭通人、剑峰池、双鸟渡食、望峰亭、象踞石台、凤凰梳翅等景点。小石林景区与大石林景区紧密相连又自成一体。这里最令人神往的是阿诗玛石峰，另还有石簇擎天、咏梅石等景点。外石林景区在大、小石林之外，主要景点有望夫石、骆驼骑象、观音石、母子偕游等，是一座造型生动的天然雕塑博物馆。

民族风情堪称石林一绝。"阿诗玛"的美丽传说、古老神奇的"火把节"、绚丽多彩的萨尼刺绣、热烈欢快的萨尼歌舞是石林的自然景观与人文景观交相辉映，令人陶醉其间，难以忘怀。

阿诗玛

从前，在一个叫阿着底的地方，聪颖美丽，能歌善舞的阿诗玛和青梅竹马的孤儿阿黑哥两小无猜，热恋情深。财主热布巴拉的儿子阿支看中了阿诗玛，要娶阿诗玛做媳妇。但阿诗玛不管阿支怎样威胁利诱，就是不愿嫁给他。热布巴拉乘阿黑到远方牧羊之机，抢走了阿诗玛并强迫她与儿子成亲，阿诗玛誓死不从。阿黑回来后，和阿支比赛对歌、砍树、接树、撒种，最后取胜救出了阿诗玛。热布巴拉指使家丁放出三只猛虎扑向阿黑，都被阿黑射死。狠毒的热布巴拉父子不肯罢休，勾结崖神，乘阿诗玛和阿黑过河时，放开洪水，阿诗玛被卷进了漩涡。十二崖子上的应山歌姑娘救了阿诗玛，她们一同在十二崖子住下。但阿诗玛因长期思念阿黑哥而不得相见，最后化成山峰，变成了抽牌神（回声神）。从此，你怎样喊她，她就怎样回答。

[燕子洞]　燕子洞位于云南省建水县城东，以春夏间有百万雨燕巢居其中而得名。燕子洞有上、下之分。上为旱洞形，有大厅、绝壁游廊和明清石刻、观音像等，为佛教、道教圣地。下为泸江河 4 千米伏流的地下通道，高 50 余米，宽 30 余米，有千

层莲台、小乔初稼、少女晨浴、双象戏水、金毛吼狮、犀牛望月、天鹅戏蟾等钟乳石景，胜似瑶池仙境。每年 8 月 8 日至 10 日，这里都要举行燕窝节，进行徒手攀登绝壁采集燕窝的表演。

[西双版纳]　西双版纳位于云南省南部，西双版纳傣族自治州境内。是中国保存的唯一一个原始热带森林区。"西双版纳"是傣语，意为"十二行政区域"，是傣、汉、哈尼等多民族聚居地区。

在印度洋西南季风和太平洋东南季风的影响下，西双版纳的气候特点是高温多雨、终年无雪，全年平均气温在 21℃ 左右，无四季之分，每年三、四月间是旅游的黄金季节。这里蕴藏着丰富的森林资源和繁多的植物种类。原始森林中有高等植物 5000 多种，大约占全国的 1/6。有高达 80 米的望天树、独木成林的高山榕树、"活化石"之称的树蕨、云南苏铁、野茶树等多种国家重点保护的珍稀植物。这里的动物种有亚洲象、蜂猴、鼷鹿、绿孔雀和太阳鸟等 250 多种珍稀动物。有"孔雀之乡""动物王国""植物王国""植物王冠上的绿宝石"等美誉。除众多少数民族的文物外，还有傣族"泼水节""赛龙舟"等少数民族的传统活动也颇为著名。

[苍山洱海]　苍山洱海位于云南省大理白族自治州中部。苍山南北长 42 千米，东西宽 20 千米，由 19 座海拔都在 3500 米以上的山峰组成。又名点苍山、鹫山，因山色苍翠而得名。云、雪、峰、溪为苍山四大奇观。苍山的云景中最神奇的是"望夫云"和"玉带云"。传说阿凤公主要吹干洱海，与被压在海底的情人见面，每当冬春时节，苍山顶出现一朵白云时，点苍山便狂风大作，洱海也随之波涛汹涌，所以人们称此云为"望夫云"。到了夏末秋初，雨后初晴，苍山十九峰半山腰间往往会出现绵延数十里的白云，因为形似玉带，所以称为"玉带云"。苍山顶上 18 条溪水缓缓东流，注入洱海。洱海古称叶榆泽，因湖形似人耳而得名。面积 246 平方千米。湖岸曲折有沙洲，水中有岛，人称"三岛四洲五湖九曲"。云鱼为洱海特产，有"鱼魁"之称，现已濒临灭绝。湖水清澈碧绿，与"苍山雪"构成"银苍玉耳"的美景。

[丽江古城]　丽江古城位于丽江坝中央，始建于宋末元初，至今已有 800 多年的历史。古城青山环绕，形似一块碧玉大砚，故又称大研镇。面积约 14 平方千米，海拔 2410 米，居民多为纳西族。四方街为古城中心，四通八达，周围小巷通幽，据说是明代木氏土司按其印玺形状而建。从四方街四角延伸出四大主街，其他街巷以此为中心，出四大主街道用五彩石铺砌，平坦洁净，晴不扬尘，雨不积水。每条街道一侧都伴有潺潺流水，随街绕巷，穿墙过屋。丽江古城不筑城墙，据说因为古代丽江世袭的统治者均姓木，若筑城墙，则"木"字成了"困"字，因而古城不筑城墙。丽江古城布局之科学，巧如天成，清清的玉泉水，南流至古城双头石桥下，分成三条穿街过巷，入院过墙，淌进千家万户。

[茶马古道]　云南本是茶树的原产地，产茶极多。茶叶素有助消化、解油腻的特殊功能，是食肉饮乳的藏民生活中的必需品。于是，一地产茶，一地需茶，联系两地

之间的茶马古道便应运而生了。古道大体上是由云南的普洱出发，经大理、丽江、中甸、德钦到西藏的察隅或昌都、林芝、拉萨，再经由江孜、亚东到缅甸、尼泊尔、印度。这条路穿行于横断山脉的险山恶水之间，是世界上地势高而险峻的文明传播古道之一。由于地形的原因，只适合马帮徒步运输。数百年来，无数的神奇传说诞生于古道。古道石板上二寸多深的马蹄印、道旁被火烟熏得黝黑的巨石等，都仿佛在向人倾诉着数代的沧桑和如歌的传奇。

[三江并流] 　三江是指金沙江、澜沧江和怒江，三条江均发源于青藏高原，在云南境内自北向南并行奔流 170 多千米，穿行于担当力卡山、高黎贡山、怒山和云岭等崇山峻岭之间，形成世所罕见的"江水并流而不交汇"——三江并流这一奇特自然景观。"三江并流"景观区由三江及流域内的山脉组成，包括位于云南省丽江市、迪庆藏族自治州、怒江傈僳族自治州的 9 个自然保护区和 10 个风景名胜区。其中，迪庆藏族自治州处于"三江并流"的腹心地带。迪庆是"三江并流"中的瑰宝，香格里拉在整个景观中占重要地位。

梅里雪山是云南著名的林区，四周保存着茂密的原始森林。此外，这里也是云南著名的高原药库。峰下还有飞来寺、太子庙等吸引中外游人的名胜古迹。"三江并流"区生物种、地质地貌蕴藏都极为丰富。长期以来，"三江并流"区域一直是科学家、探险家和旅游者向往的地方。

"三江并流"自然景观已于 2003 年 7 月 2 日被列入《世界遗产名录》。

[玉龙雪山] 　玉龙雪山位于云南省丽江市境西部，山上终年积雪，山形逶迤，如同银色蛟龙横卧山巅，因而得名玉龙雪山。玉龙雪山十三峰南北绵亘 35 千米，东西宽 12 千米，主峰扇子陡海拔 5596 米。玉龙雪山高差悬殊很大，立体气候突出，属现代海洋性冰川。山上经济林木、药用植物和观赏花卉分布广泛，多为珍品极品，是杜鹃花的著名产地。景点虎跳峡位于玉龙雪山与哈巴雪山之间，峡谷迂回曲折，长约 20 千米，江面最窄处仅 30 米，是世界上较深的峡谷之一，谷深达 3000 米，形成了"万仞绝壁万马奔，一线天盖一线江"的世界奇观。玉龙雪山景色千变万化，四季雪景色各不相同。著名的有"玉湖倒影""三春笼烟""云霞五色""绿雪奇峰"等 12 景。

[西山] 　位于昆明市滇池西岸。西山是滇中第一佳景。西山原名碧鸡山，海拔 2500 米，山脉连绵 40 多千米，峰峦起伏而雄伟壮观。西山是一个丛林覆密的森林公园。山中古道盘曲，林深蓊郁，在古老寺庙等人文景点的衬托之下更显气势恢宏。华亭寺元代（1332）创建，是当时云南省规模最大的佛寺。大雄宝殿、天王殿、钟楼等是寺内的主要建筑。大殿内塑有一尊巨大佛像，两侧壁上塑有罗汉共 500 余尊。太华寺距离华亭寺约 500 米，寺内遗有元、明时期的天王殿、大雄殿、缥缈楼、一碧万顷楼等建筑。最高处的山崖凹处是达天阁。达天阁是一个石室，依着峭壁，阁内精雕细刻有魁星神像、人物、石案、云彩花鸟等图案。

[曼龙飞塔]　位于景洪市大勐龙乡曼飞龙村后山上，于傣历五六五年（1203）兴建。曼龙飞塔群由大小 9 座塔组成，塔身洁白，塔尖金色，宛如玉笋破土而出，因而有"笋塔"之称。塔为砖石结构，是南传上座部佛教建筑。塔群建在 3.2 米高的圆形基座上。主塔居中，8 个小塔分列八角，座下开有佛龛，里供有佛像。每座塔的塔身均作覆钵式，建在三层莲花须弥座上，莲花座托上的相轮、宝瓶组成塔刹。

关于这座佛教的建筑还有一段传说，相传佛教创始人释迦牟尼曾到大勐龙传经，并在一块大青石上留下一只长 80 厘米、宽 58 厘米的巨大脚印，并在脚印旁用杖戳出一口泉井。为了纪念他，人们就在大青石上建造了这座塔。

曼龙飞塔

[金殿]　位于昆明市东北的鸣凤山上。始建于明万历三十年（1602），后于崇祯十年（1637）被移往宾川鸡足山。此殿是清初（1671）由吴三桂仿造。金殿坐落在太和宫中，置于两层正方形的石砌高台上。金殿为青铜铸造，呈方形，高 6.5 米，边长 6.2 米。殿旁有小铜亭，前面塑有一根约 10 米高的铜铸七星旗。殿中有鎏金神像五尊。中间的一尊为真武帝君，两旁塑金童持卷，玉女捧印，两旁有水火二将。金殿中的供桌、桌围和帏幔也均用铜制。殿宇四角高挑的四根金龙盘柱，托举着八方形金龙藻井，壮丽无比。鸣凤山巅还有一名钟楼，里面悬挂着一口铸于明永乐二十一年（1423）的大钟，净重 700 千克，与金殿交相辉映，煞是壮观。

[腾冲]　腾冲地热火山风景名胜区位于腾冲市境内。由腾冲火山群和腾冲地热泉两大景观组成。分布在腾冲市城周围的腾冲火山群是我国保存完好的新生代死火山群之一。腾冲山川秀丽，自明代大旅行家徐霞客考察记述以来，逐渐被世人视为旅游胜地而声誉斐然，国内唯一的火山地热并存奇观就在这里，数十处的新生代火山和热泉珠溅玉，吸引了天下游人。

腾冲火山群中的打鹰山是一个多次喷发的复式火山，海拔 2614 米，与其相连的是青海、北海湖泊，这两个由火山口形成的湖泊构成了九嵕山南麓；两排十多个呈南北向的新月形火山锥位于山之北麓。城西有马鞍山，西南还有陵岗和火山绳，城南的左所营又称为火山蛇。

腾冲市境内分布着汽泉、热泉和温泉 70 余处。其中以硫磺塘大滚锅、黄瓜箐热气沟和澡塘河热泉最为有名。硫磺塘是一个热气、热泉遍地喷涌的地方，所以又被称为"一泓热海"。黄瓜箐的蒸气温度高达 94℃，经人工降温后的蒸气是供人疗养的最佳选择，现这里建有黄瓜箐温泉疗养所。

[圆通山] 在昆明市青年路的北端。1320 年元朝在城外开始建造圆通寺，此山由此得名圆通山。明初改建昆明城时，圆通山被划入城内。圆通山上巨石盘旋，林木苍翠，四周花木分春、夏、秋、冬四大花区。春花区包括数千株云南樱花（又称垂丝海棠）和日本樱花。其他花区有山茶、桂花、玉兰、梅花等。圆通山上设有昆明市动物园，其中有珍稀动物大熊猫和产自西双版纳的野牛等。圆通寺，原名补陀罗寺，在圆通山的南边，寺内有圆通胜境坊、八角亭、圆通宝殿、水榭曲廊等建筑。寺内圆通宝殿中供奉有阿弥陀佛、如来佛和药师佛等，四壁塑有衣纹线条优美的五百罗汉。殿内还有一对高达 10 米的龙柱，上雕舞爪裂须、作欲斗状的青黄二龙。殿后的石壁上有很多前人的题刻。"螺峰叠翠"便是"昆明八景"之一。

[泸沽湖风景区] 位于宁蒗彝族自治县城北 69 千米的落水村以东。包括泸沽湖自然保护区狮子山和永宁坝三处景点。泸沽湖有"高原明珠""滇西北的一片净土""东方第一奇景"等美称。这里居住着云南纳西族的一个支系——摩梭人，至今仍保留着母系氏族社会的遗风。泸沽湖被摩梭人称作"谢纳米"，其意为"母海"。面积为48.45 平方千米，海拔 2685 米。湖水清澈，青山环抱，具有丰富的自然资源，盛产鲤鱼、细鳞鱼等鱼类以及奇花异草（含有多种药材）。湖中有三岛，最大的为阿侯岛，其次为木候岛、左所岛。狮子山位于泸沽湖北岸。永宁坝在狮子山的西隅，永宁坝非常平整，盛产水稻和苞谷，被称为"世界水稻屋脊"。

[建水风景名胜区] 建水风景名胜区位于云南省建水县境内。景区分成古城景区、燕子洞喀斯特景区和焕文山红河民族风情景区。这里保存下来的古建筑具有较高的艺术、历史和科学价值，展现了中国传统的园林、古城、殿宇、寺观、拱桥的布局方式和修造规制。古城景区的古迹众多，主要建筑包括建水文庙、指林寺、朝阳楼、双龙桥、朱家花园等。燕子洞喀斯特景区是一溶洞群，这里栖居着成千上万的燕子。焕文山红河民族风景区坐落在县境南部，这里森林茂密，珍禽异兽数目繁多，这里分布着彝族和哈尼族村寨、红河大峡谷、纳楼长官司署等古迹。建水文庙是云南省最大的文庙，元朝至元二十二年（1285）创建，经历代五十多次扩建增修，全庙规模已达114 亩。文庙整体布局采用中轴对称的宫殿式，仿效曲阜孔庙的风格建造，规制严谨，宏伟壮丽，庄严肃穆。庙内有椭圆形学海，主要建筑有一殿、二庑、二堂、二阁、三祠、八坊，疏密相间，高低错落，庙内外古木扶疏，名花溢彩。建水为国家级风景名胜区，建水古城为国家级历史文化名城。

[世博园] 昆明世界园艺博览园位于昆明市北郊金殿风景区。1999 年世界园艺博览会闭幕后，世博园这里被辟为永久性游览区，占地 218 公顷，植被覆盖占 76.7%，水域面积占 10% ~ 15%。园内布局将山、水、林有机融合在了一体，突出了"人与自然"的主题。园内各个功能区相对集中，主要包括室内展馆、室外展场和公共服务设施三部分。

室内展馆主要有中国馆、国际馆、科技馆、人与自然馆和大温室，室外展场有国内展区、国外展区和企业展区，其室外展场中的国内展区又包括14个专业园区，如传统花木园区、蔬菜瓜果区、茶文化区、四季花卉区、药草区、竹园区、盆景园区、兰花园区等。公共服务设施集现代化设计和多种功能于一体。

世博园的主要形式为室内外庭院和植物花卉展坛、室内园艺品展示，同时也吸纳与园林艺术、自然环境有关的文化展示活动。

二十九、内蒙古自治区

（一）行政区划

内蒙古自治区简称内蒙古，位于中国北部边疆，地处北纬 37°24′~53°23′、东经 97°12′~126°04′。内蒙古自治区北部与蒙古国接壤，东北部与俄罗斯交界，东、南、西分别和黑、吉、辽、冀、晋、陕、宁、甘 8 个省区为邻。国境线长 4200 多千米。自治区境南北最宽处 1700 多千米，东西长达 2400 多千米，面积 118.3 万平方千米，占全国总面积近 1/8，居第三位。截至 2021 年，内蒙古自治区共辖 12 个地级行政区，包括 9 个地级市、3 个盟，分别是呼和浩特市、包头市、乌海市、赤峰市、通辽市、鄂尔多斯市、呼伦贝尔市、巴彦淖尔市、乌兰察布市、兴安盟、锡林郭勒盟、阿拉善盟；有 23 个市辖区、11 个县级市、17 个县、49 个旗、3 个自治旗（合计 103 个县级行政区划单位）。首府呼和浩特市。

［首府——呼和浩特］　呼和浩特市，简称呼市，为内蒙古自治区首府。"呼和浩特"是蒙古语，意为"青色城市"，位于自治区境中部，京包铁路线上，南以长城为界与山西省的大同市接壤，截至 2021 年末，呼和浩特市下辖 4 个市辖区、4 个县和 1 个旗，总面积 1.72 万平方千米，常住人口 349.56 万，城镇人口 278.53 万人，城镇化率为 79.68%。汉族占多数，有蒙古、回、满、藏、达斡尔等 33 个少数民族。是内蒙古自治区政治、经济、文化、交通中心。呼和浩特市辖新城区、土默特左旗、托克托县等 4 区 4 县 1 旗。工业以毛纺、食品、电子、化工、建材为支柱产业。呼和浩特是中国重要毛纺织工业中心之一，毛纺织品、民族特需用品为传统的名特产品。农业主产小麦、玉米、高粱、谷子、莜麦、马铃薯。名胜古迹有五塔寺、白塔、昭君墓等。

［包头］　包头市为中国钢铁基地，是内蒙古自治区最大的工业城市。"包头"是蒙古语，意为"有鹿的地方"。包头市位于自治区中部，距呼和浩特市 180 千米，总面积 27768 平方千米，人口 274 万。市府驻昆都仑区，辖昆都仑、青山、东河等 7 区以及

土默特右旗、达尔罕茂明安联合旗和固阳县。包头市矿藏品种繁多，储量丰富，有铁、稀土、铌、黄金、煤等。工业有钢铁、机械制造、制糖、纺织、电力、皮革加工，白云鄂博矿区以产铁著称，包钢是重要的钢铁生产基地。包头还是中国西北重要的农牧产品集散地。

[满洲里]　满洲里市位于内蒙古自治区境东北部，西、北与俄罗斯相邻。是呼伦贝尔市所辖的县级市，是中国重要的陆运口岸，素有欧亚大陆桥桥头堡之称。满洲里市辖 1 个矿区 7 个街道，市府驻满洲里。面积 732.44 平方千米，截至 2022 年末，满洲里市户籍人口为 170783 人。"满洲里"蒙古语为布努金宝拉奇，意即"泉水旺盛之地"。海拉尔河、额尔古纳河、达兰鄂罗木河三河于此交汇，水草丰美，市境南面是中国第五大湖呼伦湖，水域有鱼 30 余种。市内有煤、石灰石、麦饭石、珍珠岩、膨润土等矿产资源，褐煤储量为 101 亿吨。满洲里工业以食品加工、机械、建材、化工、煤、电等行业为主。（哈尔）滨（满）洲（里）铁路和 301 国道横贯市境与俄罗斯相通，有国际列车经满洲里通往欧洲各个国家。

[赤峰]　赤峰市，内蒙古自治区辖地级市，区域中心城市，Ⅱ型大城市，原称昭乌达盟、乌兰哈达，位于内蒙古东南部，蒙冀辽三省区交汇处，东南与朝阳接壤，西南与承德毗邻，东部与通辽相连，西北与锡林郭勒盟交界；地处内陆，属温带半干旱大陆性季风气候区，全市总面积 90021 平方千米。截至 2023 年 4 月，全市下辖 3 个区、7 个旗、2 个县。"赤峰"蒙古语名"乌兰哈达"，意即红山。因市东北 3 千米处海拔 665 米的乌兰哈达山而得名。清乾隆四十三年（1778）设赤峰县，始有赤峰之称。1983 年 10 月 10 日，撤销昭乌达盟行政公署，建立赤峰市。是内蒙古距离出海口最近的城市。有国家级文物保护单位多处，因红山文化"国宝"碧玉龙的发现，又被称为"玉龙之乡"。赤峰地区曾是辽政治、经济文化的中心，辽上京和辽中京分别坐落在巴林左旗和宁城县境内。2018 年 12 月，赤峰被确定为第二批中国特色农产品优势区。2019 年 8 月 13 日，入选全国城市医疗联合体建设试点城市。2020 年 10 月，被评为全国双拥模范城（县）。

（二）人口、民族

内蒙古自治区有蒙古、汉、满、达斡尔、朝鲜、鄂温克、鄂伦春等 49 个民族，截至 2022 年底，全市常住人口 400.1 万。各地区人口密度与民族构成极不平衡，自治区人口平均密度约 20 人/平方千米，广大高原地区 1~2 人/平方千米，而呼包三角地带及后套陕坝地区、赤峰、海拉尔等工农业中心，平均 100~150 人/平方千米。区内各民族除汉族外，以蒙古族最多，约占全区人口的 17.6%，其中 4/5 聚居东部，中部土默特农区的蒙古族多从事种植业，生活习俗近似山西，多讲汉语。回族占全区人口的 0.87%，多居住在呼包一带的城镇及工矿区，主要从事工商饮食服务业。达斡尔族占全区人口的 0.31%，绝大部分聚居在呼伦贝尔的莫力达瓦达斡尔族自治旗，其余分散在区内东部一些地区，多从事种植业和畜牧业，民俗与内蒙古族极为相近。

[蒙古族]　　蒙古族主要聚居在内蒙古自治区和新疆、青海、甘肃等省区，别称"马背民族"。"蒙古"意为永恒之火，可见这一民族的古老和坚强。蒙古族起源于古代望建河（今额尔古纳河）流域的一个游牧部落，以后大举西迁，与蒙古高原突厥族后代融合。1206 年，蒙古部族首领铁木真统一蒙古各部落，建立蒙古汗国，从此蒙古地区各部族逐渐融合为一个新的民族共同体——蒙古族。蒙古族有自己的语言和文字，语言属阿尔泰语系蒙古语，文字则起源于 13 世纪，现已规范固定。在相当长的一个时期中，蒙古族人以游牧生活为主。在长期的历史发展过程中，蒙古族人不断总结生产生活中的各种实践经验，同时学习、吸收和借鉴国内外其他民族的优秀成果，经济由单一的牧业转入农牧业结合生产，改革开放以来，蒙古族人民的生活水平有了大幅度的提高。

蒙古包

　　"蒙古包"原是满族对蒙古族牧民住房的称呼。"包"、满语是"家""屋"的意思。蒙古包呈圆形，大者可纳 20 多人休息，小者也能容 10 余人。蒙古包的架设很简单，一般是在水草适宜的地方，根据包的大小先画一个圆圈，然后沿着画好的圆圈将柳条交叉编结而成的"哈纳"架好，然后搭上毛毡，用毛绳系牢。蒙古包搭好后，在里面铺上厚厚的地毯，摆上家具，四周挂上镜框和贴画，便可住下了。蒙古包内空气流通，采光条件好，冬暖夏凉，不怕风吹雨打，非常适合于经常转场放牧的牧民居住和使用。随着时代的发展，在内蒙古大草原上，除了偏远地区仍有牧民使用蒙古包外，大多数牧民都已定居下来，住上了永久房屋。但蒙古包作为一种特有的住宅形式，在内蒙古自治区城乡仍随处可见展示着个性鲜明的蒙古族文化。

[鄂温克族]　　鄂温克族主要分布于内蒙古自治区呼伦贝尔市鄂温克族自治旗及黑龙江省讷河市等地，共有人口 3 万多。"鄂温克"意为"住在大森林中的人们"。他们以游猎生活为主。鄂温克族有自己的语言，鄂温克语属阿尔泰语系满通古斯语族通古斯语支，但没有本民族文字。鄂温克族妇女擅长刺绣、雕刻、剪纸等工艺，多取材于日常生产、生活，具有独特的民族风格。鄂温克族喜欢唱歌、舞蹈，民歌曲调豪放，舞步生动活泼。每年 5 月下旬，牧区的鄂温克族要欢度"米阔勒节"，这是牧民统计当年增加了多少牲畜的日子。

[达斡尔族]　　达斡尔族主要分布于内蒙古自治区呼伦贝尔市莫力达瓦达斡尔族自治旗、鄂温克族自治旗，少数居住在新疆塔城市。人口 13 万多。达斡尔族起源有土著说和契丹后裔说两种。最初，达斡尔人分布在外兴安岭以南精奇里江河谷与东塔牛满江、西至石勒喀河的黑龙江北岸河谷地带。17 世纪中叶以后，为躲避沙俄侵扰，被迫

内迁，后因清政府征调戍边，形成现在的分布状况。达斡尔族有自己的语言，达斡尔语属阿尔泰语系蒙古语族，无本民族文字。

> **那达慕大会**
>
> 那达慕大会是内蒙古，甘肃、青海、新疆的蒙古族人民一年一度的传统节日，在每年七八月这一水草丰茂、牲畜肥壮，秋高气爽的黄金季节举行。"那达慕"蒙古语是"娱乐"或"游戏"的意思。它在蒙古族人民生活中占有重要的地位，有着悠久的历史。传统的那达慕大会期间要进行大规模祭祀活动，喇嘛们要焚香点灯，念经诵佛，祈求神灵保佑，消灾消难。那达慕大会的主要内容有摔跤、赛马、射箭、赛布鲁、套马、下蒙古棋等民族传统项目，现在那达慕大会又增加了田径、拔河、排球、篮球等体育竞赛项目，以及武术、骑马射箭、乘马技巧运动、摩托车等精彩表演。夜幕降临时，草原上还会飘荡起悠扬激昂的马头琴声，男女青年围着篝火载歌载舞，到处都洋溢着节日的欢快气氛。

[鄂伦春族]　鄂伦春族主要分布于内蒙古自治区呼伦贝尔市鄂伦春自治旗、扎兰屯市、莫力达瓦达斡尔族自治旗，以及黑龙江省呼玛、逊克、黑河、嘉荫等县市。人口8000多人左右。"鄂伦春"一词有两种含义，一为"使用驯鹿的人"，一为"山岭上的人"。族名与其长期从事的生产活动有关。鄂伦春人明末清初时游猎于黑龙江以北地区。17世纪中叶以后，因沙俄入侵，为躲避战乱，逐渐迁移到现在的分布地区。鄂伦春族有自己的语言，鄂伦春语属泰语系满通古斯语族通古斯语支，无本民族文字。鄂伦春族是一个能歌善舞的民族，民歌都是自编自唱的，节奏明快、曲调悠扬。鄂伦春族是以狩猎为主的民族。鄂伦春族妇女对兽皮加工有特殊的技能，他们崇拜祖先和各种自然物，相信万物有灵。每年正月初一、十五还分别举行朝拜太阳神和月亮神的祭祀活动。

（三）历史文化

内蒙古自治区历史悠久，文化灿烂，是中华民族的一个重要组成部分。著名的"河套文化""大窑文化""红山文化"等遗迹，证实了从旧石器时代起，内蒙古就出现了早期人类。内蒙古也是古代中国北方少数民族生息繁衍的地方，从公元前8世纪到公元13世纪，先后有匈奴、东胡、鲜卑、突厥、契丹、女真等10多个游牧部族在此建立政权。这些政权或雄踞北疆、或问鼎中原、或统一中国，与汉族文明长期不断地冲突、交流、融合，对汉族文明的影响很大。公元1206年，铁木真统一了蒙古高原上的部落，建立了蒙古汗国。忽必烈在此基础上向南扩张，最终建立元朝，将草原文化和汉文化融为一体。

[河套文化]　黄河之水从宁夏到内蒙古后东折，然后在陕西和山西之间南下，形

成一个大套，俗称"河套"。河套人及其创始的"萨拉乌苏文化"，分布在河套中部支流无定河流域，距今已有5万多年的历史。河套人化石发现于无定河支流的萨拉乌苏河岸边的嘀哨沟，有人类顶骨、门齿、股骨等20余件化石。石器多采集于大沟湾，偏于细小，制作技术进步，主要有尖状器、雕刻器。在大沟湾村还发现一处长宽近两米的灰烬遗迹，推测是当时人们架火烤肉的地点，说明此时的人类已学会用火。周围散落有晚更新世时期典型的动物遗骸。

[好来宝]　好来宝是蒙古族人民喜闻乐见的一种民间文艺形式，以说唱为主，四胡伴奏，千百年来在大草原广泛流行。好来宝是一种押头韵或兼押复尾韵的民间即兴诗，多以四行为节，节节联韵或交叉换韵，篇幅长短不拘，其风格轻松幽默、节奏明快、变幻奇巧，语言形象生动，韵律比较自由。好来宝是辩才和诗意的结合，富于知识性、娱乐性。说起来口若悬河、滔滔不绝，唱起来你来我往、推波助澜。它和音乐融为一体，根据不同的唱词配以相应的曲调，有的轻松舒缓如泉水叮咚；有的激烈急促似紧锣密鼓。在节日仪式和"那达慕"大会上，带有竞赛性的好来宝对唱很能吸引观众，气氛极为热烈。

[王昭君]　王昭君（约前52~?），名嫱，西汉南郡人（今湖北省兴山县）。王昭君17岁那年，汉元帝诏示天下普选美女，昭君以"良家子"被选入后宫待诏。竟宁元年（公元前33年），匈奴首领呼韩邪单于前往长安朝汉称臣，自言愿"婿汉氏以自亲"，主动提出与汉和亲。元帝于是以王昭君配他为妻，而昭君也自愿前往边塞和亲。

[成吉思汗]　成吉思汗（1162~1227）名铁木真，蒙古族人。成吉思汗1162年生于蒙古贵族世家。铁木真英勇善战，1204年，消灭了乃蛮太阳汗的斡耳朵，成为蒙古高原最大的统治者。1206年，铁木真继蒙古国大汗位，号成吉思汗。蒙古汗国建立后，原来部落大批的人口被分编在不同千户中，许多部落的界线从而消失，开始形成统一的蒙古民族。蒙古族从此强大起来。

[忽必烈]　忽必烈（1215~1294）是元朝的创建者。忽必烈为藩王时，便热心于学习汉文化。1251年，长兄蒙哥继蒙古大汗位，忽必烈以皇弟之亲，受任总领漠南汉地军国庶事。他先后任汉人整饬州吏治，立经略司于汴梁，整顿河南军政，并兴立屯田，兴复吏治，恢复农业，建立学校，进一步取得北方汉族地主阶级对他的拥护，为元王朝的建立提供了社会基础。1260年3月，忽必烈在部分诸王的拥护下，即蒙古大汗位。他加强对边疆的管理，巩固发展了统一多民族国家。1264年定都燕京，1271年定国号为元。元朝是中国历史上第一个少数民族统治全国的王朝，它初步奠定了中国疆域的规模。

（四）气候

内蒙古地区地处东部季风气候与大陆性气候的过渡带，因季风仅影响东南部边缘的狭长地带，所以全区主要为温带大陆性气候。地貌为海拔 1000 米以上的高原，因而水文和温度条件比同纬度的东部地区差。这里是寒流进入中国最先影响之地，冬季严寒，夏季温暖，全年降水量 70%集中在夏季，春天的干旱和冬天的暴风雪是影响农牧业生产的主要自然灾害。

斜人柱

　　"斜人柱"是鄂伦春语，意为"木杆屋子"。它是一种用二三十根五六米长的木杆和兽皮或桦树皮搭盖而成的很简陋的圆锥形建筑。斜人柱的搭建十分简单，先用几根顶端带枝杈、能够相互咬合的木杆支成一倾斜度约 60°的圆锥形架子，然后在支架之间加搭木杆，形成一个伞状的骨架，上面再覆盖上孢皮或桦树皮，一架夏可防雨、冬能御寒的"斜人柱"就建成了。斜人柱的顶端要留有空隙，以便里面生火时通风出烟，又可采光。南侧或东南侧还要留出一个让人出进的门。斜人柱结构简单，拆盖容易，所用原料几乎俯首即得。它是鄂伦春族游猎生活的产物，也是鄂伦春人生活的写照。目前，这种原始的活动性窝棚只有在秋冬季外出狩猎时才偶尔搭建，用以栖身或暂避风寒。

（五）自然资源

　　内蒙古自治区的草原牧场、森林以及稀土、铁、煤等资源均在国内占重要地位。煤炭已探明储量居全国第二位，铁矿及一些有色金属矿藏储量也很丰富。草原牧场面积 87 万平方千米，居全国各省区第一位。大兴安岭北部植被以兴安落叶松为主，是中国重要的林区，也是内蒙古森林面积最大，动植物资源最丰富的地区。典型草原主要分布在大兴安岭以西至集二线以东和鄂尔多斯东部高原地带；荒漠草原分布在鄂尔多斯东部及乌兰察布市、巴彦淖尔市高原地区。额济纳河两岸有大片天然胡杨林。

　　[胡杨林]　　胡杨树是干旱荒漠地区唯一能生存的乔木树种。它耐高温又耐寒，可在-39~39℃的气温条件下生存；耐干旱，可在 50 毫米以下缺水条件下生长；耐盐碱，抗风沙，可抵御每秒 26 米的大风。胡杨树具有极强的生命力，号称"沙漠三千岁"，既而千年不死，死而千年不倒，倒而千年不腐。为了适应恶劣的环境，胡杨树的枝干呈变形发育。胡杨林中伴生着梭梭、柽柳、骆驼刺等沙生植物，生存着为数不多的哺乳爬行动物和鸟类、节肢动物等，与这些野生动物共同组成一个特殊的生态系统。胡杨林带是保护沙区农业和畜牧业的天然屏障，是野生动物的主要栖息地，是维护这一地区生态平衡的主体。中国的胡杨林主要分布在内蒙古、新疆、青海、甘肃、宁夏等 5 个省区。

　　[驯鹿]　　驯鹿属偶蹄目鹿科驯鹿属的唯一种，又名角鹿。体长 100~125 厘米，尾长 7~21 厘米，肩高 100~120 厘米，体重 91~272 千克。属国家一级保护动物。驯鹿

是一种很美丽的动物，无论雌雄都长着一对像珊瑚一样的大角。驯鹿体背毛色一般为灰棕、栗棕色。驯鹿性格温和、机敏、胆小，一般远离居民区，主要栖息于寒带、亚寒带针叶林和冻土地带中。主要以苔藓、地衣等低等植物为食。冬天啃食桦、柳的细枝条，春夏则吃各种草类和蘑菇。由于食物缺乏，常远距离迁徙。驯鹿的毛分内、外两层。内层是又密又厚的绒毛，保温性很强。外层是又粗又长的针毛，是一件理想的"风雨衣"。再加上它的皮下脂肪很厚，所以能生存在北风呼啸、大雪纷飞的恶劣环境中。现仅分布在大兴安岭西北坡，在内蒙古自治区根河市有少量饲养。

〔大鸨〕 大鸨属鹤形目鸨科，是大型鸟类，全长约 100 厘米，国家一级保护动物。雄鸟头、颈和前胸青灰色，喉部近白色，细长的纤羽在喉侧向外凸出如须。雌鸟喉部无须，上体大部淡棕色，满布黑色横斑和虫蠹状细斑，两翅大部灰白而飞翅黑褐色，羽端淡棕，羽干乳白，中央尾羽和尾上覆羽栗棕色，黑斑稀疏，羽端白，下体自胸部以下灰白色，嘴铅灰色，脚褐色。大鸨栖息于广阔的草原、半荒漠地带及农田草地，多在远离人家的河滩活动、觅食。大鸨不善飞行，遇人时常急速奔驰。大鸨主要以嫩绿的野草为食，兼食昆虫、鱼类等。春末夏初繁殖，筑巢于草原坡地或岗地，每窝产卵 2~3 枚，暗绿或暗褐色，具有不规则块斑。雌雄轮流孵卵，一鸟在巢内孵卵，另一鸟做警卫，以防敌害侵袭。孵卵期 28~31 天。孵出后 35 天左右的幼鸟具飞行能力，秋季结群南迁越冬。在内蒙古、吉林、黑龙江繁殖，黄河中下游越冬。

（六）经济

内蒙古自治区的钢铁、机械等工业发展迅速，毛纺、乳制品及制糖业发达。区内草原面积广阔，天然草场 13.2 亿亩，占全国的 1/4，畜牧业以牧养三河牛、三河马、内蒙古细毛羊、乌珠穆沁马、乌珠穆沁牛、乌珠穆沁肥羊、双峰骆驼为主。河套、土默川、西辽河和嫩江西岩平原及丘陵地区为粮食主产区。粮食主产小麦、玉米、马铃薯、大豆，部分地区种植莜麦、水稻。经济作物有甜菜、亚麻、向日葵、蓖麻、油采。其中河套为黄河自流灌区，土地肥沃，物产丰富。交通以铁路为骨干，已形成以呼和浩特市为中心的铁路、公路、航空综合交通运输网，14 个城市通火车，7 个盟市通飞机，100% 的旗县，90% 的乡镇通公路。

〔农业〕 内蒙古自治区耕地面积 1.07 亿亩。天然草场 13.2 亿亩，森林面积 3.11 亿亩，湖泊水面面积 1000 多万亩。农业资源十分丰富。根据各地自然条件不同，区内可分为农业区、牧业区、半农半牧业区三种类型。平原和滩川地区主要发展种植业，其他地区主要发展林业和畜牧业。农作物主要有小麦、玉米、水稻、大豆、马铃薯、谷子、高粱、莜麦、荞麦、甜菜、葵花、胡麻、蓖麻、瓜果、蔬菜等。牧业区分布在面积广大的草原，以绵羊、山羊、牛马等为主。半农半牧区是农业区和牧业区的过渡地带，基本上以牧业为主，适当发展农业。

牧草刈割

　　牧草刈割，是牧区生产的一个重要环节。牧民的天然割草地按其利用情况可分为三种：固定割草地，每年进行割草，刈割比较彻底，常采用大片"剃光头"的打草方法，这类草地自然及经济性比较优越，但由于连年打草及管理不当，或多或少都会有些退化。不固定割草地，不连年割草，有的隔一年割一次，有的隔一年割两至三次，情况不一。这类草地由于有停割休闲年份，牧草有恢复机会，一般退化现象不明显。临时割草地，一般是非正式割草地，在降雨充足时可进行割草。这类草地不稳定，面积也不大。

　　[工业]　　内蒙古自治区矿产资源丰富，是中国钢铁、煤炭的重要生产基地。机械工业是全区第一的重工业部门。大型机械厂主要分布于呼和浩特、包头两市，主要是工业设备制造、农业机械制造以及交通设备制造。毛纺厂主要分布在呼和浩特、海拉尔、赤峰等地，呢绒、毛毯、地毯产量也较多。鄂尔多斯的山羊绒加工企业达到国际先进水平。乳制品厂主要分布在呼和浩特、海拉尔、赤峰、锡林浩特等地。糖厂主要集中于西部的呼包沿线及东部的赤峰、宁城一带，为中国北方重点产糖省（区）之一。集宁大型肉类联合加工厂生产的各种肉类罐头，畅销欧美及阿拉伯各地。此外，皮革、化纤、塑料、酿酒等均有较大发展。

　　[交通]　　内蒙古自治区地势比较平坦，便于交通业的发展。交通以铁路为骨干，京包、京兰、滨洲、集通、京通、集二线等铁路干线联通全国各地及俄罗斯、蒙古等国。公路运输已形成以城市为依托，以国道、自治区干线公路为骨架的交通运输网，有高级、次高级路面1.5万多千米，100%的旗县市和90%的乡镇通上了汽车。自治区内有多个民用机场，已开辟了40余条航空干线通往北京、沈阳、石家庄、南京、上海、武汉、广州等城市。沙漠地区有畜力车和骆驼等，还在发挥着重要作用。

（七）旅游

　　草原风光和民族风情是内蒙古自治区的两大特色。内蒙古北部草原从大兴安岭西麓一直延续到阿拉善盟居延海。夏秋季节绿草如海，牛羊如云，极为辽阔旷远，"天苍苍，野茫茫，风吹草低见牛羊"的情景正是牧区的真实写照。座座银色的蒙古包与树林、沙丘、草原以及辽远开阔的地平线组合在一起，将蒙古粗犷豪放的气概表现得淋漓尽致。蒙古、鄂伦春等少数民族的服饰、起居、饮食、歌舞、礼仪等都令人耳目一新，其盛情更使人难以忘怀。被称为"绿色宝库"的大兴安岭林海气势磅礴，是中国面积最大、保存较好的原始森林，也是野生动植物的王国，其中列入国家保护的珍稀品种达40多种。人文景观是内蒙古自治区的另一大特色。河套文化将本区人类活动的历史界定在距今5万年左右。昭君墓、美岱召、元上都遗址、席力图召、成吉思汗陵、辽上京遗址等，见证着内蒙古悠久的历史。

［成吉思汗陵园］　成吉思汗陵园位于鄂尔多斯市伊金霍洛旗甘德利草原上，距东胜区 70 千米。"伊金霍洛"为蒙古语，意思为"主人的陵园"。陵园长宽各 1.5 千米，建筑面积 1500 多平方米，周围是坦荡的牧场。主体建筑为 3 个蒙古包式的宫殿，分正殿、寝宫、东殿、西殿以及成吉思汗行宫等几个部分。正殿高 26 米，为八角形，蒙古包式穹隆顶，双层屋檐，蓝色琉璃瓦覆盖，置金黄色琉璃太宝顶。向外远望，金碧辉煌，与广阔的草原、葱郁的丛林相辉映，光彩夺目。正厅有一尊成吉思汗塑像，高 5 米，披甲按剑，端坐在椅子上。东西殿高 23 米。寝宫内，排列着黄缎子覆盖的 3 个蒙古包，中间包内为成吉思汗和他的三个夫人的灵柩，两侧包内是成吉思汗两个胞弟的灵柩。东殿有成吉思汗的四子拖雷及夫人的灵柩。西殿则挂有象征成吉思汗 9 员大将的 9 个尖角旗帜，还有成吉思汗的战刀和马鞭。两侧殿内墙壁上绘有成吉思汗出生和统一各部建立丰功伟绩的壁画。成吉思汗灵柩曾于抗日战争期间移至甘肃和青海，解放后移回原处。在陵园的东南角，是成吉思汗行宫，于 1986 年兴建，由金顶大帐、侧殿、选汗高台、文物陈列馆、射猎场、赛马场、摔跤场等部分组成。

［昭君墓］　昭君墓在内蒙古呼和浩特市南 9 千米外的大黑河之滨。这一带地势平坦，古木参天，墓身巍然矗立，墓草青青，远望墓表，黛色蒙蒙"若泼浓墨"。又因每次秋后各地草黄，独昭君墓青草不衰，因而又有"青冢"一名。"青冢拥黛"为呼和浩特八景之一。墓地朝南，高约 33 米，全部由人工夯筑而成。顶部平坦，上建琉璃瓦凉亭。墓前有两层平台，第一层正中立有一通巨大的石碑，碑上用蒙古文、汉文铭刻着董必武游览昭君墓时的题词：昭君自有千秋在，胡汉和亲识见高，词客各抒胸臆懑，舞文弄墨总徒劳。墓的两侧建有历史文物陈列室，分别陈列着呼和浩特地区的历史文物和有关昭君的文物，以及各代碑刻和颂扬昭君的诗文。内蒙古西部传为昭君墓的地方尚有多处，反映了各民族间和平友好的共同意愿。

［呼伦贝尔草原］　呼伦贝尔草原位于内蒙古自治区东北部，北邻俄罗斯，西南与蒙古国接壤，东止于大兴安岭。东西长约 350 千米，南北宽约 300 千米，总面积约 9.3 万平方千米。呼伦贝尔草原海拔多在 650~700 米，大部分为第四纪风成沙及砾石层掩盖。呼伦贝尔草原自东向西为森林草原、干草原等地带性植被，还有草甸、沼泽、沙生、盐生植被。天然草场以干草原为主体，包括林缘草甸、草甸草原、河滩与沙地草场等多种类型。呼伦贝尔草原共有野生种子植物 603 种，其中饲用价值高、蓄积比重大者约 120 种，草质、草量地区分布不均，草量的年际与季节变化大。呼伦贝尔草原牧草丰茂，河流湖泊众多，地形和缓，是一个美丽而富饶的好地方。

［呼伦湖］　呼伦湖是中国第五大湖，也是内蒙古第一大湖，位于内蒙古呼伦贝尔草原西部。湖长 93 千米，最大宽度为 41 千米，平均宽度为 32 千米，周长 447 千米，面积为 2339 平方千米，平均水深 5.7 米，最深处 8 米左右，蓄水量为 138.5 亿立方米。呼伦湖湖盆是由地壳相对上升或陷落而形成的构造湖。西岸为起伏的山峦和峻峭的悬

崖陡壁，北岸为砾石阶地，东岸和南岸地势平坦开阔。呼伦湖绿野千里，湖天一色，湖中盛产多种鱼类。呼伦贝尔草原就因它和贝尔湖得名。呼伦湖水的补给除降水和地下水外，主要来自发源于蒙古国东部的克鲁伦河，以及连接贝尔湖和呼伦湖的乌尔逊河。

[五塔寺]　五塔寺位于内蒙古呼和浩特市，本名慈灯寺，因寺内有五塔而得此名。五塔寺的塔身全部由琉璃砖砌成，下层为须弥座，砖雕的狮、象、法轮、金翅鸟和金刚杵等各式花纹图案镌刻于束腰部分。蒙、藏、梵三种文字所书的金刚经文按照下、中、上的顺序镶嵌在塔身下半部；塔身上半部为千佛龛，每龛中有一座佛像，共有1500余个小佛像，千佛龛两旁为宝瓶柱。塔身南面正中开券门，门旁为四大天王像，门上正中嵌蒙、藏、汉三种文字书写的"金刚宝座舍利塔"石刻匾额，门内有无梁殿。一幅石刻的圆形蒙古文天文图镶嵌在五塔寺内金刚舍利宝塔塔座的后墙上，刻有1500多颗星。组成270个星座，还有太阳运行的轨道和农历24个节气等，具有很高的科研价值。以高大须弥座之上另建五座塔，此形制为"金刚宝座"，北京的五塔寺、黄山寺以及玉泉山均有此类型塔。

[辽上京遗址]　辽上京遗址位于内蒙古巴林左旗林东镇南。辽太祖神册三年（918）兴建，天显元年（926）扩建。辽上京初名皇都，天显十三年改称上京，为北方游牧民族在草原上兴建的第一座京城，标志着草原社会文明的新发展。上京分为南、北二城，由汉城、皇城、大内三部分组成。北为皇城，是契丹族的居住区。城垣南北长1600米，东西宽1720米，周长约6400米，垣高6～10米，黄土夯筑。东南一带有府邸、官署、寺院等建筑遗址，道路交错。现有石刻观音像一座。皇城正中岗丘上为大内遗址，即宫廷所在地，有低垣，南北600米，东西300米，有开皇、安德、五銮等宫殿遗址，气势恢宏。大内东部、东南部有官署、佛寺、作坊遗址。南城即汉城，为汉族、渤海族、回鹘族聚居地。除少数官署、庙宇外，多为民宅、作坊、店铺。出土文物中有中原地区白定瓷器，还有辽三彩、牛腿瓶和篦纹陶器等。辽上京遗址对研究辽代城市建筑、文化特征具有重要价值。

[万部华严经塔]　万部华严经塔俗称白塔。位于呼市东郊白塔村西南方、丰州故城西北角。约建于辽圣宗时（983～1031）。该塔是我国现存辽塔中最精美的一座。塔为楼阁式，采用常见的砖木结构，高七层，每层分八角，通高55.6米。基座为束腰须弥座，上部砌有仰莲瓣。塔身外表第一、二层用许多砖雕来装饰。每个转角柱都配有缠龙。金刚、力士位于正门两侧，菩萨位于侧门两旁，造型生动，衣纹流畅，体态丰满，是不可多得的古代雕塑艺术珍品。塔下还建有寺庙和城池，以为方便古时出使西方诸国的大使停留歇息之用。塔内遗留了历代游人用各国语言写下的题字，其中包括汉文、蒙古文、契丹文、女真文、古叙利亚文和古波斯文等等，具有重要的研究价值。"白塔耸光"为呼和浩特八景之一。

[元上都遗址]　元上都遗址位于内蒙古宁城县南30千米老哈河上游的北岸，

为汉代古城遗址。古城遗址分内、外两城。外城东西长 1800 米，南北宽 800 米，大部分城墙轮廓尚清晰可见，当地人称为外罗城。城内有丰富的汉代遗物。城南部成排的柱石，是房舍的建筑遗迹。外城南中部有王莽时期制造钱币的作坊和窑址。在这里还出土了有纪年文字的"钟官"字样的"大泉五十"和"小泉直一"的陶范母。内城为长方形，东西长 750 米，南北宽 500 米，现存城墙残高 8~9 米。城墙四面各有一座城门，门外均设瓮城，当地人称之为黑城。内城西北部还有一夯筑小城，当地人称为花城。

[美岱召]　美岱召位于内蒙古土默特右旗美岱召乡的大青山南麓，呼和浩特至包头公路北侧，东距包头市 504 千米。美岱召始建于明万历年间，明隆庆年间，土默特蒙古部首领阿勒坦汗受封顺义王。万历三年（1575）与其妻三娘子主持修建城寺，明廷赐名福化城，清康熙年间改名寿灵寺。因正殿供奉美岱尔佛（即如来佛），故传名美岱召。美岱召是兼具城堡、寺庙和邸宅功能的特殊召庙，围墙高 5.3 米，长约 681 米，内夯黄土，外包石块，四隅筑有墩台与角楼，主要建筑有四大天王殿、经堂、大雄宝殿、十八罗汉殿、观音殿、琉璃殿，以及顺义王家族世代居住的楼院等众多建筑。大雄宝殿供奉的美岱尔佛高约 4 米，用纯银铸成，举世罕见。纪念三娘子的"太后殿"在大院东侧广场上，殿内无塑像，唯有一座约高 3 米的檀香木塔，内储三娘子的骨灰。美岱召是土默特部从草原游牧过渡到定点生活之后建筑的第一座城寺，在内蒙古地区仅此一处，具有很高的研究价值。

[席力图召]　席力图召位于呼和浩特市旧城石头巷内，庙主希休图噶精通蒙古、藏、汉三种文字及佛教经典，受到顺义王阿勒坦汗的推崇，召内香火日盛，规模也日渐扩大。明万历三十年（1602），改庙名为席力图召。"席力图"是藏语"法座、首席"的意思。席力图召规模宏大，外观华丽。席力图召的主体建筑由前廊、大经堂、佛殿三

美岱召

部分组成，为藏式结构。前廊装饰华丽。大经堂高两层，面宽和进深都是 9 间，是喇嘛集体诵经之地。大殿采用藏式结构，四壁用彩色琉璃砖包镶，殿顶有铜铸鎏金宝瓶、法轮、飞龙、祥鹿等饰物，大门涂以朱红重彩，是古建筑中不可多得的艺术杰作。前侧立有清康熙御制平噶尔丹纪功碑。东南建有白石雕砌的覆钵式喇嘛塔，塔高约 15 米，上绘彩色图案并写佛教六字真言，庄严宏丽，精致完美，在内蒙古现存喇嘛塔中堪称第一。席力图召内的壁画也是远近闻名。

[金刚座舍利宝塔]　　金刚座舍利宝塔位于呼和浩特市旧城五塔寺街。因金刚座上的五座宝塔，亦称五塔。宝塔始建于清雍正五年（1727），建成于雍正十年。由塔基平台、金刚宝座和顶部五座方形玲珑宝塔组成，通高 16.5 米，为比较典型的金刚宝座式塔。金刚宝座平面高 6.8 米，南面有拱门，上嵌汉白玉塔名匾额，以汉、蒙古、藏文刻成。宝塔共 7 层，每层均有窄檐短出。塔身表面满刻佛、菩萨、菩提树、天王、经文和 119 尊鎏金小佛像，镂刻十分精美。须弥座又以彩色琉璃砖贴面，更显华丽。由拱门登阶梯可达金刚宝座顶部，座上筑有五座宝塔，中间一座 7 层，高 8.7 米，四角之塔各五级，略低，均为绿色琉璃挑檐的密檐式建筑，各塔的第一层嵌有佛像、菩萨及菩提树等砖雕，第二层以上设千佛龛。塔座后山墙上嵌有三幅圆形石刻：蒙古文天文图、须弥山分布图、六道轮回图。其中蒙古文天文图尤为珍贵，是研究元文学史的重要资料。

[五当召]　　位于包头市东北五当沟。大约建于清康熙年间，今日的规模基本上是在乾隆十四年（1749）重修形成的。本名叫巴达嘎尔庙，最初为鄂尔多斯左翼前旗（今鄂尔多斯市格尔旗）王公所建造，乾隆皇帝赐"广觉寺"为其汉名。与西藏布达拉宫、青海塔尔寺齐名，为我国喇嘛教的三大名寺之一。

五当召呈喇嘛教格鲁派的建筑风格，以西藏的扎什伦布寺为蓝本，是典型的藏式建筑。全庙占地面积约 20 公顷，有 2500 多间屋宇，鼎盛时期喇嘛达 1200 多人。庙内主体建筑群由八大经堂（现存六座）、三处活佛府、一幢塔陵、94 栋喇嘛住宿土楼组成。佛殿全呈梯形，白墙平顶，十分壮观。庙内最主要建筑应属苏古沁独宫，凡属全庙性的集会都在这里举行。五当召的其他主要建筑还有神学院、洞阔尔独宫（广觉寺）、当坜希独宫大殿、却伊林独宫等。庙内除存有大量的藏语经文和众多艺术珍品外，还有各种金、银、铜、木、泥等质料的壁画和佛像，是研究喇嘛教的珍贵实物。

三十、甘肃省

（一）行政区划

甘肃省位于中国西北地区，黄河上游。地处北纬 32°31′~42°57′、东经 92°13′~108°46′。与陕西、青海、四川、宁夏、新疆、内蒙古接壤，部分与蒙古国交界。辖 12 个地级市、17 个市辖区、2 个自治州、4 个县级市、58 个县、7 个自治县。省境地域狭长，面积 42.58 万平方千米，居中国第七位。省境早属禹域雍、梁之地，春秋地属诸戎和匈奴等国，秦代置郡，元代置省，是中国丝绸之路的必经之地。旧时取其境内的甘州、肃州两地的名字而得名。简称甘或陇。

[省会——兰州]　兰州市位于陇中黄土高原西北部，是甘肃省省会，是中国西北地区最大的重工业城市。也称"金城"，因其建在形如大龟的石岩上，故别称"龟城"。面积13604平方千米。自古为西北地区军事重镇，古代"丝绸之路"的要冲。清康熙五年（1666）兰州始为甘肃省会。1941年设兰州市。现建有刘家峡、盐锅峡及八盘峡三座水电站。兰州还是中国重要的新兴工业城市，重工业以石油、化工、机械制造、有色金属冶炼为主，轻工业以棉、毛纺织等工业为主。兰州小烟、枸杞等土特产驰名中外，是西北地区铁路、公路的交通枢纽，是中国科学文化中心之一。

[天水]　古称秦州，位于甘肃省东南部，"东抱陇坻，西倚天门，南控巴蜀，北指金城"，历代为兵家必争之地。丝绸之路开辟以后，天水又成为沿途要邑，驼铃叮当，商贾辐辏，极尽一时繁华。天水是中华民族的发祥地之一，传说上古时期的"人文始祖"伏羲、女娲都降生在这里，享有"羲皇故里"殊荣。天水保存有完整伏羲庙，成为海内外"龙的传人"寻根祭祖的圣地。天水文物古迹众多，有众多的新石器时代文化遗址，有闻名全国的麦积山石窟，有明代四合院如南宅子、北宅子等。此外还有六出祁山的祁山堡、千虑一失之街亭、木门道、天水关、姜维墓等。天水历代人文荟萃，西汉"飞将军"李广、蜀国大将姜维，均诞生于此；开创大唐王朝的李渊、李世民父子，祖籍也是天水。

[张掖]　别称甘州，位于甘肃省河西走廊中部，水草丰茂，物产富饶，故有"金张掖"之称。张掖历史源远流长，东邻武威地区和金昌市，西连酒泉地区，古为河西四郡之一，是历代中原王朝在西北地区的政治、经济、文化和外交活动中心。汉武帝时，大将霍去病西征匈奴，取得巨大胜利，"断匈奴之臂，张中国之掖（腋）"，故在此地设张掖郡。其后以来，张掖一直为通往西域欧亚各国的"丝绸之路"上的重要城市。张骞、班超、法显、唐玄奘等都曾途经这里前往西域，隋炀帝也曾在此地召集西域诸国使臣，举行"万国博览会"。张掖文物古迹丰富，史志记载这里"半城塔影""遍地古刹"，现今仍可见到的有大佛寺、木塔、西来寺、鼓楼、大土塔、黑水国汉墓群等。大佛寺有中国最大的室内卧佛。

[敦煌]　敦煌市位于党河和疏勒河下游最大的绿洲上，市域面积2万多平方千米。是河西走廊西端交通枢纽，进入新疆、西藏的门户。敦煌是一座历史悠久的名城，丰富的人文旅游资源和戈壁绿洲特色使敦煌有"塞外明珠"之称。城南有鸣沙山、月牙泉等名胜古迹。中国最著名的石窟——莫高窟就位于此，还有"西出阳关无故人"的阳关旧址等。

[玉门]　玉门市位于甘肃省西部，是古代中国通往中亚、东欧的必经之地。1959年以后成为中国第一石油城而驰名。现已成为亚欧大陆桥上新的交通枢纽。玉门市地域广阔，资源丰富。矿产资源除石油已被大量开采利用，还有煤、铁、铜、铬、铅、

锌、金、硫磺、芒硝等 30 多种。玉门市药材资源丰富，有 240 多种，其中已开发利用的有甘草、红花、锁阳、麻黄、苁蓉等 50 余种中草药。文物古迹和风景名胜遍布城乡，被列为省、市级保护点的共 104 处。玉门作为中国的石油基地，培养出鼓舞中国一代产业工人的"铁人"王进喜，创造了著名的"玉门精神"。现在这里开发出众多夏季旅游项目，是西北知名的疗养避暑胜地。

[嘉峪关]　　嘉峪关市位于河西走廊酒泉城西 25 千米，因地处明长城终点嘉峪关下而得名。1971 年设立嘉峪关市。市域面积 2935 平方千米，市内的主要工业产品为生铁、焦炭、硫铵等，是中国西北的钢铁生产基地。市西 3 千米处有明建嘉峪关城楼及近南北走向的几条长城墩台，是明长城最西端的关隘，建于明洪武五年（1372）。

（二）人口、民族

甘肃省人口由于受环境和战争影响，是全国人口较少的省份之一。从 20 世纪 40 年代至中华人民共和国成立以后人口猛增，截至 2022 年末，甘肃省常住人口 2492.42 万人。甘肃省内多民族聚居，省内 11 个世居民族中，汉族占 91%，回、藏、东乡、裕固、保安、蒙古、哈萨克、土、撒拉等少数民族占 8.69%，其中以回族人口最多，占全省人口的 7%。甘肃回族人口居全国各省之首，回族人有着独特的民族文化，生活方式以临夏为代表。

[保安族]　　保安族主要分布在甘肃省积石山自治县内。保安族有自己的语言，保安语属阿尔泰语系蒙古语族，无本民族文字，通用汉字。保安族的族源可能是 13～15 世纪居住于此的蒙古人。明初，朝廷在其地置"保安站""保安操守所"，招募士兵成边，并筑"保安城"，现有人口 1 万多人。保安族以农业生产为主。传统手工艺品"保安刀"制作工艺精湛，著名的"双刀"和"双垒刀"的刀把多用黄铜或红铜、牛角、牛骨垒叠而成，刻有各种美丽的图案，有"十样锦"之美称。

[裕固族]　　裕固族是中国仅居于甘肃的少数民族之一，主要分布于甘肃肃南裕固族自治县和酒泉市。裕固族有自己的语言，分西部裕固语和东部裕固语，无本民族文字。裕固族自称"尧呼儿"。1953 年，经本民族代表协商，确定以同"尧呼儿"音相近的"裕固"为族名。裕固族之族源可溯至公元前 3 世纪的丁零、4 世纪的铁勒和回纥，唐朝相互融合，成为今裕固族前身。现有人口 1 万多人。以农耕为主。

[东乡族]　　东乡族主要分布在甘肃省临夏地区，少数散居在兰州市和新疆等地。东乡族有自己的语言，但大多会汉语，无本民族文字。东乡族因居住在河州（今临夏地区）东乡地区而得名。其族源已无从考证，约在 14 世纪由当地许多民族融合而成。现有人口 50 余万人。东乡族以农业生产为主，经济以养羊为主。东乡民歌"花儿"歌风淳朴、诚挚，是当地主要的娱乐方式。

（三）历史文化

甘肃是中华民族发祥地与华夏文化摇篮之一，早在旧石器时代甘肃就有人类活动的踪迹，是新石器时代的见证。最早属禹域雍、河之地，春秋战国时为诸戎所据。汉武帝元狩二年（前121），于河西置武威、酒泉、张掖、敦煌四郡，河西成为当时经济发展的重点。隋唐以前，兰州曾是中国通向中亚、西亚的交通要地。历史上的"丝绸之路"促进了当地经济文化的发展。

〔齐家文化〕　齐家文化早期年代约为公元前2000年，属于新石器时代晚期至青铜时代早期文化，它集中地反映了父系氏族社会的特点。从挖掘出土的实物看，齐家文化的经济生活以原始农业为主，主要种植粟等农作物，畜牧业以饲养猪、羊、狗、牛、马等为主，手工业中制陶、纺织及冶铜业等取得了很大进步。陶器主要有泥制红陶和夹砂红褐陶，还有少量的灰陶和泥制彩陶。纺织品以麻织布料为主。冶铜业也很发达，晚期进入青铜器时代。当时出现了贫富分化、阶级和军事民主制，已初步形成奴隶制社会的雏形。

〔李白〕　李白（701—762）字太白，号青莲居士，又号谪仙人，中国唐代浪漫主义诗人。祖籍甘肃，生于西域碎叶城，天宝年初入长安，任翰林供奉，他向往自由生活，蔑视封建权贵，同情人民的疾苦。他从民歌、神话中汲取营养和素材，不拘一格，打破各种诗律常规，形成朴素、自由的表现风格。他的诗作以气势雄浑、联想瑰奇而为当时所传颂，有"天子呼来不止船，自称臣是酒中仙"之誉。是盛唐时期诗歌的最杰出代表，被后人尊为"诗仙"，影响了中国后世的文学创作，在世界文化中享有一席之地。

〔敦煌莫高窟〕　莫高窟位于敦煌市东南25千米处，鸣沙山东南麓断崖上，南北长约1600多米，排列五层，经过十多个朝代的扩建而成。据传，前秦苻坚建元二年（366）有沙门乐尊者行至此外，忽见鸣沙山上金光万道，似有千佛，于是开始组织人进行开凿。莫高窟至今仍保留有十六国、北魏、西魏、北周、隋、唐、五代、宋、西夏、元等十个朝代的洞窟500个，壁画4.5万平方米，彩塑像2000多尊，是名副其实的千佛洞。莫高窟的艺术成就在于古建筑、雕塑、壁画三者相结合的艺术宫殿，尤以丰富多彩的壁画著称于世。敦煌莫高窟壁画、古建筑、佛像雕塑，反映了不同朝代的审美情趣和风俗习惯，成为反映当时生产生活状况的重要依据。它是世界现存佛教艺术最伟大的宝库。1987年12月，敦煌莫高窟被联合国教科文组织列为世界文化遗产，是中国著名的三大石窟之一。

敦煌菩萨　敦煌石窟中的佛像千姿百态，尤以菩萨的容貌姿态真实丰满。菩萨像糅合了东西方女性美的特点，她的塑像被称为"东方维纳斯"，她的画像被称为"东方圣母"。数以万计的各种菩萨彩塑和画像，真实地反映了各个石窟时期的审美追求。兼有印度、东南亚、西域和中原菩萨的特征，形成了自身独特的艺术风格。因此，研究者们把敦煌菩萨塑像和画像称作"敦煌菩萨"。敦煌石窟中的说法图、经变图，都绘有各式各样的菩萨，是世界上保存菩萨画像最多的佛教石窟，比较完整地记载了佛教的发展历程。

敦煌艺术

敦煌艺术的研究取得了巨大的成果，壁画、彩塑和佛经是国内外学者研究的重点。敦煌建筑艺术主要是诸石窟中的建筑以及有关建筑的记载，窟前建筑遗址和敦煌莫高窟附近遗存的古建筑；敦煌乐舞则包括乐舞的文字记载和敦煌彩塑、壁画、绢画的艺术成就。敦煌艺术将建筑、塑像和壁画三者有机结合，敦煌石窟艺术中数量最大、内容最丰富的是壁画。各个时代的壁画真实地反映了当时的一些生产劳动场面、社会生活场景、衣冠服饰等，为研究4世纪到14世纪的中国古代社会发展提供了较为可靠的依据。

[唐高祖]　名渊，字叔德，祖籍陇西成纪（今甘肃秦安西北），唐代开国皇帝。他原本是隋朝的太原留守，617年，他在晋阳举兵反隋，同年11月攻占长安，立代王杨侑为帝，遥尊隋炀帝为太上皇，号召天下。次年3月，隋炀帝在扬州被宇文化及所杀，李渊于同年5月废杨侑，自立为帝，建国号为唐，建年号为"武德"，定都长安。在此后的10年期间，李渊父子消灭了各地的割据势力，统一了全国。626年8月，次子李世民即位，李渊被尊为太上皇。635年10月，李渊病死，庙号高祖。

[玉门关故址]　玉门关故址位于甘肃省敦煌市约80千米外的戈壁滩上。现存的城垣完整，呈方形，东西长24米，南北宽26.4米，高9.7米，全为黄胶土筑成，面积633平方米。它与酒泉的玉门关是两个地方。相传"和田玉"经此进入中原，因而得名。它是古代"丝绸之路"必经的关隘。西墙、北墙各开一门，城北坡下有东西大车道，也是当时中原和西域诸国的邮驿之路。

[酒泉]　酒泉位于敦煌市东郊酒泉公园。古酒泉本名叫金泉，相传西汉时汉武帝派遣骠骑大将军霍去病抗击匈奴，在此大获全胜。霍去病把皇上所赐酒倾入金泉与下属共享，后人为纪念霍去病大将军与士兵同甘共苦的精神，就把金泉改名酒泉。古酒泉泉眼均为巨石砌成的方形泉池，其水清冽，碧澄如酒，冬天不结冰，夏天清凉可口。1911年（清宣统三年），当地政府在泉旁立石碑一块，上面题刻有"西汉酒泉胜迹"。

卓尼洮砚与酒泉夜光杯　甘肃以洮砚和夜光杯而驰名。洮砚历史悠久，石质坚硬而细腻，莹润如玉，叩之无声，呵之出露。历寒不冰，贮水不耗，涩不留笔，滑不拒墨，具有发墨快、研墨细、不损毫等特点，是古代读书人求之难得的精品。其中尤以"黄标绿漪石"最为名贵。洮砚的雕技经历代发展堪为一绝，因色构图，雕琢成各种精致文雅的图案，远销日本、东南亚等地。酒泉夜光杯有一段美好的传说。据传，穆王曾至瑶池会西王母，路过大月氏的昭武城（今甘肃临泽县板桥），西戎献夜光常满杯。

"杯容三升，是白玉之精，光明照彻。夜以杯于庭中以向天，比旦而水汁满中，汁甘而香美，斯实灵器"。夜光杯主要产地在酒泉，用祁连山老山玉、新山玉等精工雕琢而成，杯壁薄如纸、光如镜。其中尤以"一触欲滴"（翠绿）、"鹅黄羽绒""藕满池塘"等最为珍贵。

[武威文庙]　　武威文庙位于甘肃中部武威城区东南，始建于明正统二年（1437），后经重修扩建。古代武威是河西四郡之一，是"丝绸之路"的必经之地。文庙由东西两组建筑群构成。西以大成殿为中心，前有泮池、状元桥，后有尊经阁，中为棂星门、乾门，左右有名臣乡贤祠和东西二庑；东以文昌祠为中心，前有三门，后有崇圣祠，中为二门戏楼，左右有牛公祠、刘公祠和东西二庑。气势雄传，结构完整。大成殿是文庙的正殿，面宽3间，进深3间，重檐歇山顶，顶置9脊，鸱吻瞰兽俱全。脊皆以缠枝莲纹砖砌筑，正9脊中设桥形火球。屋面尽覆琉璃板瓦。棂格隔扇、腰华板、裙板等皆有简单雕饰。周围绕经回廊、高台基，体现了中国古代宫殿建设的文雅之风。庙堂外松柏参天，碑石林立，具有中国古代建筑庄严雄伟肃穆文雅之风韵，是目前甘肃省规模最大、保存完整的一处古建筑，文物共计3.3万多件，有"陇右学宫之冠"之美誉。

[马三立]　　祖籍甘肃永昌，回族，生于北京，我国现当代的相声艺术泰斗。他出身相声世家，3岁时随父母来津定居，15岁拜"相声八德"之一的周德山为师，此后在天津茶社和梨园场所说相声。抗战胜利后，继续在京津两地表演相声。马三立是我国杰出的相声表演艺术家，他的表演风格轻松自然，看似随意，但每句台词都精心雕琢，寓意深刻，具有启迪人心灵的幽默力量。晚年时，他又别开生面地创造了"一人说笑话"的单口相声形式，把单口相声发展到了极致。他一生演出的传统相声有两百多个，代表作有《吃元宵》《黄鹤楼》《相面》《对对联》《三字经》等。他创作、改编并演出新的相声节目六七十个，代表作有《买猴》《十点钟开始》《偏方治病》《猜戏名》《似曾相识的人》等。

（四）气候

甘肃省气候为明显的温带大陆性季风气候，显著特点是晴天多，日照时间长，大风多，年降水量很少。冬春干旱而酷寒，夏季多暴雨而冷暖变化大，年降水量从东南的805.6毫米到西北减为36.8毫米。除陇中南外，年日照时数达2400小时以上，河西大部分逾3200小时。但不同地区受灾害性天气影响不同。

（五）自然资源

甘肃不仅水力资源丰富，而且矿产资源也有23个矿种分列全国第一至五位，但分布复杂，多在山地地带。是中国著名的有色金属、石油化七工、电力机械、毛纺织和核工业基地之一。甘肃属半湿润半干旱区，植物多以耐旱、耐碱为主，如贺兰女蒿、瓣鳞花等。而动物多是植食性的并且能生存于干旱的草原，如黄羊，还有生活在绿洲的如大熊猫、金丝猴等。

[镍、钴矿]　甘肃省镍矿储量居全国第一，是中国的镍工业基地。累计探明镍金属储量 554 万吨，约占中国的 70%。工业矿床集中产于龙首山地区，永昌白家嘴子有全省最大的钢镍矿。钴是甘肃省的优势有色金属，已知产地 15 处，保有储量 14.77 万吨。其中金川钴矿床储量约占全省总量的 99%。现在，镍、钴经济已在全省经济收入中占到了 10% 左右。

[贺兰女蒿]　贺兰女蒿属菊科，半灌木，较耐旱、耐高温。枝高干 25~50 厘米。叶片灰绿色，花浅黄色。中国特有种，分布于宁夏、甘肃、内蒙古，生于海拔 1900~2250 米处的山坡或荒漠草原，是沙漠地带寿命较为长久的绿色植物。

[瓣鳞花]瓣鳞花属瓣鳞花科，一年生矮小草本植物，高 5~16 厘米。叶小，常 4 枚轮生。花小，粉红色。分布于新疆、内蒙古、甘肃，多生于海拔 1200~1450 米处的盐化草甸中。

[藏原羚]　藏原羚属牛科，国家二级保护动物，别名原羚、西藏黄羊，小羚羊体长小于 100 厘米，尾长 6~10 厘米，体重不超过 20 千克。雄性羚角向后弯曲呈镰刀状。耳狭而尖短，臀斑甚大，四肢纤细，蹄狭窄。背为红棕色，臀斑和腹部为白色。藏原羚栖息在青藏高原附近地区，过群居生活，2~6 只或 10 余只结成小群，冬季甚至出现百只以上的大群。藏原羚机警，听觉和视觉发达，食物以禾本科和莎草科植物为主。每年繁殖一次，孕期 6 个月左右，每胎 1 仔，有时产 2 仔。羚羊仔产后 3 天就可以跟着羊群奔跑。近几年野生藏原羚因当地人的围猎数目明显下降。

[白唇鹿]　国家一级保护动物，白唇鹿只产于中国青藏高原、甘肃祁连山和四川西部等海拔较高处的开阔林地，现已濒临灭绝。因下唇和吻端两边呈纯白色，故名白唇鹿。身体长度超过 2 米，灰褐色，两角伸开，尾奇短。白唇鹿生活在海拔 3500~5000 米的高原山地上，以树叶、草等为食。脚蹄宽大，善于奔跑，群居，每群有 2~8 只。

[白水江自然保护区]　白水江自然保护区位于省境最南部文县境内，主要包括文县白水江以南至岷山东段北坡和摩天岭北坡。保护区主要山峰有黄土梁、摩天岭等。区内自然植被垂直分布明显，大致有 4 个景观带：1000~1700 米多次生落叶阔叶林，1700~3000 米为针阔叶混交林，高处以冷杉、云杉为主，林下植被以华橘竹、冷箭竹、卫桑等为主，是大熊猫、金丝猴、大灵猫等的分布带，它是中国保护大熊猫三个重要生存区域之一。

（六）经济

甘肃省在 20 世纪 50 年代以后，随着境内石油、煤、铁和多种金属的开采利用，甘肃的经济发展加快，交通条件也得到明显改善，甘肃一跃成为以石油化工和有色金属冶炼为主的新兴工业基地和中国西北工业较发达的省区，实现了以重工业为主的产业结构调整。兰州是西北地区铁路干线的枢纽。

〔农业〕　甘肃农业一直以种植业为主，干旱是农业生产的主要威胁，全省约有耕地 462.47 万公顷，占土地总面积的 10.96%。耕地中约有 3/4 为旱地，水浇地及水田约占 25%。农作物以小麦、玉米、马铃薯为主。其中小麦分布最广，东南部以冬小麦为主，西北部则以春小麦居多。秦岭以北多为耐旱的糜子和谷子，陇南则以玉米和薯类为主，甘南高原多青稞。中南部河谷川塬、河西走廊、陇西高原北部、陇东高原等，为全省粮食重点产区。经济作物以胡麻和油菜籽为主。甘肃草原面积居中国第五位。全省约有草原面积 1366 万公顷，占土地总面积近 1/3。农区还有宜牧的草山和草坡466.7 万公顷。以牦牛、黄牛、马、羊等为主。草原是少数民族聚居地，或以牧为主，或半农半牧。

〔工业〕　甘肃省工业以重工业为主，有石油、化工、电力、有色金属和煤炭等工业。甘肃石油开采较早，玉门（老君庙）油田是中国最早的石油工业基地。炼油工业以兰州为主，主要生产多品种、高档的石油产品。其他石油派生的机械化产业发展也很快。钢铁工业主要有酒泉钢铁联合企业，生产钢铁、焦炭等产品。其中氯化稀土元素综合生产能力居世界第三位，形成了白银（铜、铅、锌、铝）、金川（镍、钴及铂族元素）、靖远（稀土）、西成（矿产品）四大有色金属生产基地。采煤工业发展很快。电力工业以水电为主。兰州西固热电站与刘家峡、盐锅峡、八盘峡水电站组成了兰州电力网。食品工业中以粮油加工分布最为普遍。纺织工业有毛纺、棉和化学纤维纺织等，所产毛毯、地毯等产品远销国外。甘肃有的重工业比重已经明显超过了东北等地，在中国工业体系中占有重要地位。

〔交通〕　20 世纪 50 年代以来，甘肃的铁路、公路及航空运输发展迅速，逐步形成以兰州为中心的现代化陆空交通网。铁路运输主要有陇海、兰新、包兰、兰青等 4 条干线和甘（塘）武（威）线、宝（鸡）成（都）线，组成甘肃省交通运输网的骨干。兰州已成为中国西北地区铁路交通的枢纽。甘肃省已形成了遍布城乡的公路网，主要公路有西（安）兰（州）、甘（肃）新（疆）、兰（州）青（海）、华（家岭）双（石铺）等干线，分别与邻近全省区相连。航空运输以兰州为中心，可通往北京、成都、上海等全国各大城市。

> **丝绸之路**
>
> 　　古代贯通中西方的商路。其上下跨越历史 2000 多年，涉及陆路与海路，按历史划分为先秦、汉唐、宋元、明清 4 个时期，按线路有陆上丝路与海上丝路之别。陆上丝路因地理走向不一，又分为"北方丝路"与"南方丝路"。汉代张骞通西域，所开辟的从长安经甘肃、新疆到中亚、西亚并联结地中海各国的陆上通道，便是举世闻名的北方丝绸之路。敦煌、武威等都是北方丝绸之路上的重要城镇。南方丝绸之路是指出长安，越成都，过保山，到达印度并至欧洲。海上丝绸之路是指从扬州、泉州、珠海等出发经马六甲海峡至欧洲。丝绸之路对古代中西方文化、经济的沟通交流起了巨大的作用。

（七）旅游

　　悠久的历史和丝绸之路是甘肃省旅游的热门话题。随着丝绸之路的延伸，带来了中西文化的大交流，亚洲文化的大融合。武威雷台汉墓出土的富有浪漫主义色彩的艺术珍品马踏飞燕，被作为中国旅游的标志。甘肃又被称为"石窟艺术之乡"，敦煌莫高窟世界无可与其媲美。

　　[鸣沙山—月牙泉]　　绝妙的鸣沙山与月牙泉位于敦煌市城 7 千米处。鸣沙山连绵起伏，古称神山。东西长约 40 千米。鸣沙山怀抱一泓月牙形的清泉。鸣沙山曾被称为"沙角山"。当天气晴朗时，沙砾鸣声如雷轰响，由此而得名。对于月牙泉在沙丘中经百年烈风但并不被沙掩盖的不解之谜，至今仍无科学的说法。月牙泉南北长 100 多米，东西宽约 25 米，水清见底，颇为神奇，有"沙漠第一泉"之称。

　　[麦积山]　　麦积山位于天水市麦积区中南部，海拔 1400~2200 米，总面积 130 余平方千米。相传为秦人发迹地。麦积山是西秦岭山脉小陇山中的一座孤峰，高 142 米，形如农家麦垛而得名。举世闻名的麦积山石窟就开凿在这座奇峰的崖壁上，两崖绝壁上，分布着 194 个洞窟。始建于两晋十六国时代，现保存着十几个朝代 7200 余尊塑像和 1300 平方米壁画，反映了各个时代的历史风采和画风，有"东方雕塑之宫"之美誉。

　　牛儿堂是东崖最高洞窟，离地面有 60 多米，龛外天王脚踩一个牛犊儿；天堂洞是西崖最高洞窟，离地面约七八十米。散花楼高 16 米，深 11 米，宽 31 米，是麦积山最大洞窟。麦积山石窟是全国重点文物保护单位。

　　麦积山周围还有莲花山、僧帽山、香积山、罗汉崖、雕巢峪等奇山异景，恍如仙境。相传这里常有神仙出没，故名仙人崖。三国时期有名的六出祁山，失街亭斩马谡的故事就发生在这里。

　　[崆峒山]　　崆峒山位于平凉市城 15 千米处。崆峒山背负关山，面临泾河，面积

1500 余千米。最高峰翠屏山，海拔 2123 米。崆峒山是道家教名山，古代典籍早有记述。《史记》记载，黄帝曾"东至于海，登丸山及岱宗；西至于崆，登鸡头"。秦始皇曾巡视过崆峒山，汉武帝也曾登临过。据说此地为道宗广成子修炼得道之处。《庄子》记述："黄帝立为天子十九年，令行天下，闻广成子在崆峒山之上，故往见之。"崆峒山现存名胜古迹有 120 多处，主要有合天台、插香台、灵免台等"八台"，凤凰岭、狮子岭、苍松岭与棋盘岭等"四岭"，还有秦汉时期修建的"五院""十二宫"等规模宏大的建筑群，甚为壮观。主要景区面积约 8 平方千米，享有"山川雄秀甲于关塞"之美誉。

[炳灵寺石窟]　炳灵寺石窟位于甘肃省永靖县黄河山岸的积石山峭壁上，由上、下寺组成。下寺建于北魏延昌二年（513），上寺建于唐代。洞窟开凿于西秦建弘元年（420），距今已有 1500 多年的历史。"炳灵"藏语即为千佛之意，为甘肃四大石窟之一。第 169 窟中有西秦建弘元年墨书题记和精美的西秦造像与壁画，为中国石窟中最早的纪年。历代重修，现存窟龛 183 个，造像 776 尊，壁画约 900 多平方米，大型摩崖石刻 4 方，是古丝绸之路上著名的佛教圣地之一。

[锁阳城遗址]　锁阳城位于甘肃瓜州县城东南 40 千米处。据传说，此城原名"若峪城"，后因唐代名将薛仁贵征西时缺粮以当地盛产的药用植物锁阳充饥而更名。除主城外，还有 4 个瓮城。现在虽已废弃，但城垣仍然存在，高约 9 米，宽约 5 米，全为黄土夯筑而成。西城内有一口深约 1.56 米的水井。据说是唐代名将薛仁贵征西途中被困在此城时挖的，井旁有两棵老柳树，传为唐人所栽。近年来，从城中挖掘出的开元通宝等唐代器物断定，该城建于中唐至晚唐年间。

[明长城遗址]　明长城遗址位于甘肃境内，西起嘉峪关，经酒泉、高台、临泽、张掖等地，从山峡口进入宁夏，是甘肃境内存留最长、最完整、最宏伟的长城遗迹。全长约 1000 千米，城墙高 10 米，底厚 5～6 米，顶宽 2 米。五里一燧，十里一墩，三十里一堡，一百里一城，构成了长城的防御体系。遇隘口、山口、河口均在长成外筑有瞭望台。明长城用黄土夯筑，有的地段夯土层间夹藏木桩、杂草或沙石夯实。由于沙漠广布，人烟稀少，明长城保存得较为完好。

[嘉峪关关城]　嘉峪关关城位于嘉峪关市区西南 6 千米处，处于嘉峪关最狭窄的山谷中部，是明长城最西端的关口，也是万里长城的西部终点。关城始建于明洪武五年（1372），因其地势险要，建筑雄伟，故有"天下第一雄关""边陲锁钥"之称。它由内城、外城、城壕三道防线组成重叠并守之势。西侧罗城向南有"明墙"延伸至祁连山下，向北"暗壁"隐伏至黑山半山腰，有"一夫当关，万夫莫开"之势。内城有东、西两门。东为"光化门"，意为紫气东升，光华普照；西为"柔远门"，意为以怀柔而致远，安定西陲。嘉峪关内还建有箭楼、敌楼、角楼、阁楼、闸门楼共 14 座。现保存完整，公路绕关城而过。

[五泉山金刚殿]　五泉山位于甘肃兰州市泉兰山北部，因山上有惠泉、掬月泉、

摸子泉、甘露泉和蒙泉共五泉而得名，海拔 1600 余米。崇庆寺的金刚殿是山上现存最古老的建筑，建于明洪武五年（1372）。寺内有金代的泰和铁钟和接引佛铜像，铜佛高 5 米多，身围 2.7 米，重约 6 吨，甚为珍贵，为兰州游览圣地。1989 年初建成开馆的嘉峪关长城博物馆是中国第一座长城博物馆。

嘉峪关关城

　　［拉卜楞寺］　　拉卜楞寺位于甘肃夏河县城西 1 千米处的大夏河畔，始建于清康熙四十八年（1709），是中国喇嘛教格鲁派（黄教）六大寺之一。寺院建筑面积 1000 余亩，曾为当地的政治、经济、文化中心。现存有经堂 6 座、佛殿 84 座、藏式楼 31 座、佛宫 30 处、经轮房 500 间以及各种寺塔和僧舍等。其中寿禧寺为六层宫殿式建筑，为全寺最高处，内供铜佛像 1 尊。藏经楼是经文荟萃之地，现藏书 6.5 万多卷。其以民族建筑、绚丽秀逸的酥油花、丰富而珍贵的文物而驰名。

三十一、宁夏回族自治区

（一）行政区划

　　宁夏回族自治区位于西北地区东部、黄河上游，地理位置介于东经 104°17′～107°39′、北纬 35°14′～39°23′。与内蒙古自治区、甘肃省、陕西省毗邻。总面积 6.64 万平方千米，是中国最小的自治区。宁夏古为雍州之地，西夏王李元昊在此建立了大夏国，因此而得名。宁夏有近千年的历史，早有"天下黄河富宁夏"的美誉。辖 5 个地级市、8 个市辖区、2 个县级市、11 个县。简称宁，首府银川。

　　［首府——银川］　　中国历史文化名城银川市位于自治区境北部，面积 9025.38 平方千米。在夏、商、西周时期，银川称"雍州"。1038 年，李元昊在这里建立大夏国，史称"西夏"，改称兴庆府。1929 年定名银川。银川坡地平缓，得贡河之利，素称"塞上江南"。工业有机械、化工等，农作物有小麦、水稻及蔬菜、瓜果等。宁夏有号称"红黄蓝白黑"的五宝土特产，即枸杞、甘草、贺兰石、滩羊裘、发菜，驰名中外。

其国家级风景名胜区西夏王陵气势壮观、宏伟。

[石嘴山]　　石嘴山市位于自治区最北端，市政府驻大武口区，与内蒙古自治区阿拉善左旗相邻。面积 5310 平方千米。工业以煤炭为主，有"塞上煤都"之称。这里是农耕区与牧区的过渡地带，属温带大陆性干旱气候。工业主要有电力、机械、陶瓷、化工等。农业生产以稻谷、小麦、玉米等为主，兼产油料作物、甜菜、红黑瓜子等。文物古迹以贺兰山岩画、古长城遗址等景观较为著名。

（二）人口、民族

宁夏回族自治区是中国唯一的一个省级回族自治区。截至 2022 年末，常住人口728 万人。人口地区分布极不平衡，平原灌区人口约占全自治区人口的 60% 以上，约为300 人/平方千米；南部丘陵山区，人口主要分布在沿河谷地和山间盆地，其中清水河、葫芦河等谷地在 150 人/平方千米。民族以回、汉为主，分布遍及全区各地。回族人口占全区总人口的 30% 以上，占全国回族人口的近 1/5。汉族占 65% 左右。此外，还有满、蒙古、东乡等 20 多个少数民族。

[回族]　　散居于中国各地，尤其在宁夏、甘肃等省区人数较多。其先民以 13 世纪迁入的中亚西亚人、波斯人和阿拉伯人为主，长期与汉、蒙古、维吾尔等族融合逐渐形成。自元代始，宁夏即成为中国回族的主要聚居地区。泾源县回族人口占该县总人口的比例高达 96.6%，同心、海原、吴忠、西吉等市县则均达 50% 以上。回族人以头脑灵活、善于经营著称，他们多经营珠宝玉石、运输业、牛羊屠宰和加工业。回族工匠在制香、制药、制革、制炮以及矿产的采冶上有独到之处。在文化上曾受阿拉伯、波斯等西亚传统文化的影响。回族通用汉语、汉文，习惯在住地修建"礼拜寺"，多围寺而居。根据各地的风俗习惯，节日庆祝形式不尽相同。回族男子喜戴白色小帽，穿白衬衫、黑坎肩，他们的生活方式极为统一，颇具民族特色。

（三）历史文化

宁夏境内约在 3 万年前的旧石器时代就有了人类的踪迹。春秋战国时期，羌、戎和匈奴等少数民族在此繁衍生息。汉代，大批移民来此，带来了中原的科技、文化等知识，与少数民族一起大规模开发引黄灌区，使这里成为谷稼充实、民众富裕的绿洲。11 世纪初，党项族李元昊在此建立大夏国（史称西夏），创造了灿烂的西夏文化。1227 年西夏被蒙古所灭，西夏丰富的文化内涵从此逐渐融入了中华民族丰富、庞大的文化之中。19 世纪出土了西夏文字与大量西夏文物。

[水洞沟遗址]　　水洞沟位于宁夏灵武市境内东北 35 千米，水洞沟西南的崖壁上。水洞沟遗址是中国华北地区旧石器时代晚期文化遗址，它的发现，向人们展示了 3 万

年前的"宁夏人"生存活动的历史画卷。考古学家在这里发掘出 2 万件打制石器和丰富的古生物化石。水洞沟的石器，是用坚硬的硅质灰岩锤击打制而成的。他们制造的石器以尖状器、端刮器和新月形削器最具特色。在水洞沟遗址中，还有稍加磨制穿孔的鸵鸟蛋皮饰物和骨锥等装饰品，体现了原始人类的审美意识。

　　[贺兰山岩画]　　贺兰山岩画题材广泛，大到日月星辰宇宙现象，小至牛羊足蹄、人手口脚趾图形，最多的是类似人头像和虎、豹、狗、鹿、羊、骆驼等动物图像，画法粗犷、图像生动，具有浓厚的生活气息，保存完好的有 300 多幅。可能是用石头、骨、金属等工具在石头上或岩壁上磨、刻、凿而成的。从描绘的内容和刻画的笔法分析，这些岩画大部分为春秋战国前游牧民族的艺术创作，但现在还没有确凿的证据。

　　[三关口明长城]　　明代的长城，修筑规模很大，修筑技术也发展至顶峰。宁夏有许多构筑精美的长城遗址，三关口明长城就是其中之一。它距银川城区 40 余千米，是明嘉靖十年（1531）宁夏金事齐之鸾修筑的，颇有一夫当关、万夫莫开之势。长达 80 余千米。明嘉靖十九年（1540）宁夏巡抚杨礼重新修葺，并增筑了三关口以北的长城。三关口是宁夏与内蒙古阿拉善左旗的交界地，自古以来就是银川城防的咽喉要道。古代时，三关口从外向里设头道卡、二道卡和三道卡，也称"三卡关"。山口北侧，长城沿山脊向北延伸，墙体用石块垒砌，现墙体和墩台已残损；而山口南侧，向东南延伸的黄土长城保存较为完好，墙顶两侧筑有女墙。在宁夏明长城中还有灵武市横城的河东墙用土夯筑，十分雄伟，保存完好。

　　[花儿]　　花儿是西部地区流传久远的山歌。花儿一般结构分两段，前段比兴，后段是歌唱的主题内容，具有高亢嘹亮、激越动听的特色。早在 200 多年前，根据其结构、格调、唱法的不同，形成诸多分支流派，分为临夏"花儿"和洮岷"花儿"两大派，大多表述西部风情，多粗犷豪放，却不失婉约多情，是西部歌曲的代表，有浓郁的地方气息。

　　[西夏王——李元昊]　　李元昊（1003～1048），党项族人，自幼好学、好佛，通蕃、汉文字和兵法，善绘画。李元昊为李继迁之孙、李德明之子，1032 年嗣位，改宋所赐姓为嵬名氏。他将兴州升为兴庆府。1038 年，元昊正式称帝，建西夏国，国号大夏，定都兴庆府（今银川）。他简化礼仪、创文字，疆土最大时东据黄河、西至玉门关、南临萧关、北抵大漠。1044 年，元昊与宋订立和约。同年又在贺兰山大败辽军，最终形成了宋、辽、西夏鼎立的局面。他在位期间，整修水利，发展冶金和采盐、手工业，使宁夏地区的生产有很大的发展。

　　[西夏文化]　　西夏文化凝聚着党项族人顽强的团结和战斗精神。从公元 1038 年党项拓跋氏首领李元昊称帝建国起，西夏文化随着党项族的势力不断发展。畜牧业、农业、制盐业、建筑业、手工业和商业发展很快。其统治制度为蕃、汉分而治之，设有蕃官和汉官。国家还制订有成文法典。实行科举制度，并且建立了强大的骑兵和步兵。西夏于公元 1037 年仿汉字创制西夏文，并汇编字书 12 卷，定为"国书"。上至佛

经诏令，下至民间书信，均用西夏文书写。为方便人们学习西夏文，还印行了字典。二百年的时间形成了西夏文化。由于党项族人民笃信佛教，因此其佛教文化艺术颇著名。鄂托克旗的百眼窑石窟寺，是西夏壁画艺术的宝库和集大成者。在额济纳旗黑城、绿城子发现有西夏文佛经、释迦佛塔、彩塑菩萨等，成为多种文化相互交融的结晶。因此，中原的汉族文化、北方的草原文化以及西方的文化都影响了西夏文化，并能在其中找到相似的印迹。

佛教对西夏文化产生了重要影响。由于西夏王李元昊信佛，西夏将佛教尊为国教，先后百余次向宋朝求赐佛经，并筹资翻译和刊印浩繁的佛经经典供人们学习。为了弘扬佛法，李元昊还专门请回鹘僧人演绎经文。举世闻名的敦煌莫高窟和榆林窟中，其中经西夏重修、扩建的石窟便有近百座。佛教在各地有不同的教派和特色，广受各地影响的西夏佛教，极大地丰富了西夏文化。

〔西夏文〕　西夏文是西夏文化的重要标志。它由通晓汉、藏两种文字的党项人野利仁荣创造，并在李元昊的支持下于1037年向全西夏颁行。西夏文字中有不少受到邻近文化影响的痕迹。在6000多西夏文字中，跟汉字有许多相似之处。两者基本笔画相同，但比汉字有更多撇、捺；也有草、篆、隶和楷体；文字构造多采用汉字"六书"中的会意字和形声字；文字结构和汉字一样，由偏旁部首组成。当时李元昊命人将其整理为十二卷，称为"国书"，还发行了字典。当蒙古人灭掉西夏后，西夏文继续使用，元代称河西字，随着党项族逐渐融合于其他民族，西夏文以后失传。

〔西夏王陵〕　西夏王陵有9座帝王陵和253座陪葬墓，每座王陵都是独立完整的建筑群体。它们坐北朝南，呈长方形，庄严肃穆、高大雄伟，每座陵占地面积约10万平方米以上，筑有角台、角楼、神墙等，被外国游客誉为"东方的金字塔"。

（四）气候

宁夏属温带大陆性半湿润半干旱气候，大多干旱少雨，风大沙多，夏热而短，冬寒且长，日照充足，昼夜温差很大。年均温6~10℃，气温年较差24~33℃，日较差7~18℃，无霜期130~162天，年降水量180~680毫米。气温与降水由南向北递减。山地降水显著。降水多集中于6~9月。

老龙潭水电站

老龙潭水电站位于六盘山东麓，潭水是泾河的发源地之一。老龙潭由头潭、二潭、三潭组成。瀑水自悬崖泻入头潭，分成两条瀑布注入二潭，再沿崖壁漫流至三潭。头潭由四五个小潭衔接而成。二潭由两个葫芦形水潭组成。因三潭形似"龙下巴"，因此得名老龙潭。这里悬崖峭壁，谷深崖高，蕴有丰富的水力资源，现已筑坝蓄水并发电。

（五）自然资源

宁夏能源矿产和非金属矿产成矿条件得天独厚。区内煤炭资源丰富，无烟煤质量为全国最好。石油、天然气也已得到初步开发。在自然资源方面，境内有多种珍贵生物并且设立了四个国家级自然保护区，以保护青海云杉、蓝马鸡、金钱豹、天鹅等，并设有干旱区、高原温带、干旱沙漠植被等生态系统保护区。

［骆驼刺］　骆驼刺，豆科，半灌木植物，一般高 30~60 厘米。总状花序腋生，花红色或紫红色。花期 4~8 月，花内可分泌刺糖，有一定的保健作用。生长于海拔 150~1500 米的沙荒地、盐渍化低湿地和覆沙戈壁上，主要分布在宁夏、新疆、甘肃。

［蓝马鸡］　蓝马鸡因羽翅似马尾、体羽多蓝灰色而得名，头侧绯红色，耳羽镟白色，灰蓝、红、白三色相映，色彩斑斓、鲜艳夺目，在阳光下，颜色多变。中央尾羽特长而且翘起，羽支大都披散下垂如马尾，它的外侧尾羽基部白色闪光，飞翔时十分美观。蓝马鸡主要分布于中国宁夏、青海和四川等高山地区的云杉林、橡树林或桧柏林中。以植物性食物和昆虫为食。4~6 月间繁殖，此期间成对生活。将卵产于荫蔽树丛下，每窝产卵 6~12 枚。孵卵期 26~27 天，为国家珍稀保护动物，民间俗称角鸡、松鸡。

［岩羊］　岩羊又叫崖羊、石羊，因体色与裸露的岩石极其相似而得名，兼有绵羊和山羊的特征。喜群居，主要分布在宁夏、青海、甘肃等地。栖息在高山裸岩地带，以青草和灌木枝等植物为食，善奔跑、跳跃，是高原环境中的重要动物。

（六）经济

在中国古代，宁夏区内灌溉农业就较发达，是中国西部的粮田之一。解放以来，由于交通迅速发展，先后建成了煤炭、电力、冶金、机械、医药、化工、建材、纺织、化纤、塑料、日用硅酸盐、制糖、电子、仪表、皮革、造纸、卷烟、食品等行业体系，目前已成为以能源为主的经济体系。

［农业］　宁夏农业是种植业、养殖业并存，全区耕地面积达 140 万公顷，约占宁夏回族自治区土地总面积的 21%。草地面积 284 万公顷，占自治区土地总面积的 42.8%。种植业以北部为主，不到 20% 的土地却占了全区 70% 的粮食产量。可利用土地资源丰富、光照时间充足的优势和得天独厚的引黄系统，使农业生产条件集约化程度居中国前列。粮食作物占作物总播种面积的 80%。畜牧业以养羊业居重要地位，盛产裘皮，尤以滩羊皮与中卫山羊皮享有盛誉。自治区现已有 1/3 水面用于渔业生产。境内有鲤鱼、鸽子鱼等天然鱼类 27 种，引入鱼类 10 余种。许多农牧民兼营手工业和商业服务业，生活水平在西部中比较富裕。

青铜峡

青铜峡位于黄河上游，它的成功开发为宁夏北部的工农业发展带来了活力。这里建有青铜峡水利枢纽工程和大型水库，是宁夏北部重要的电力生产基地。水电站利用青铜峡峡谷的有利地形建造而成，坝高42.7米，总库容6亿余立方米。由于青铜峡枢纽工程的建成，灌溉面积扩大了20万公顷，为宁夏农业的发展发挥了巨大的作用。

［工业］　宁夏能源工业以煤炭、电力、石油为主，传统手工业以制革、地毯等为主。目前已经形成银川、石嘴山、青铜峡等工业中心。其中能源工业是宁夏重要的工业部门，贺兰山矿夏是宁夏最大的煤炭基地，其中石炭井矿区成为西北地区已开发的冶金用焦煤基地，也是其创收的主要行业，同时经加工的"宁夏五宝"等远销国外，并形成了产业链。

（七）旅游

宁夏文物大多保存较好，从战国、隋、明长城与宋代壕堑。加之西夏地区辽阔荒凉，为宁夏平原添了几分神秘。贺兰山远望形若骏马，小滚钟口天然避暑胜地，六盘山苍茫透迤……这里有古老的水车、雪白的羊群，可以乘羊皮筏漂流黄河、骑骆驼跋涉沙漠，这些都为这块神秘的土地增色添彩。

［须弥山石窟］　须弥山位于宁夏固原市区西北50千米处，海拔1700多米。"须弥"是梵文音译，意为"宝山"。石窟始凿于北魏时期，现存多为隋、唐以至宋、明各代时的文物。石窟现保存完整的有22个，分布在大佛楼、小孙宫、圆光寺、相国寺、桃花洞5处，蜿蜒2千米。第二窟中的释迦坐像最为高大，建于唐代大中三年（849），高达26米。石窟中宋、西夏、金、明等各个时代的多处题记、碑刻，也是中国石窟艺术的珍贵文化遗存，对考证历史、弘扬书法艺术有极高的价值。

［拜寺口双塔］　拜寺口双塔位于贺兰山东麓的金山乡（已并入洪广镇），始建于西夏后期，西塔早于东塔。两塔东西相对，相距近百米。双塔为正八角形建筑，东塔塔基每边长2.5米，共13层，通高45米。塔身高度随层次递增而逐步缩小距离，层层加密。底座是一座莲花瓣向上仰起莲花形，塔刹由几层相轮组成。每层塔檐下刻有各种兽头的浮雕，栩栩如生。塔室呈圆形，内设木楼梯，可以直登塔顶，登高望远。

［海宝塔］　海宝塔俗称北塔，因大夏王赫连勃勃重修，位于银川市北郊宝塔寺内，又名黑宝塔、赫宝塔、赫连塔。宝塔建造年代无法考证。相传公元5世纪初，大夏国王赫连勃勃曾斥巨资进行重修。全塔为砖砌楼阁式结构，塔楼九层，每层12龛，共108龛，各层四角系有铁铎，遇风作响，悠扬悦耳。塔身通高54米。塔基呈方形，正面有台阶可上。塔座立于台基中央，正中辟券门，内设暗道，可登塔顶。登塔远望

可见贺兰山，一睹黄河塞上风光，是银川市的标志。

[高庙]　高庙位于宁夏中卫市区北面，始建于明代正统年间，经历代增建重修，至清代已成为规模较大、风格独特的古代建筑群，是一座佛、道、儒三教合一的寺庙。高庙主要建筑由保安寺、高庙、南天门、中楼五岳组成。在面积不大的高台上，建有近百间九脊歇山、四角攒尖、十字歇山、将军盔顶等各种类型的庙宇。在主体建筑和辅助建筑之间，多用飞桥相连接，布局紧凑。庙内还有"鹤翔凤鸣""麟吐玉书"等许多精美的墙壁砖雕。高庙尤以"地狱宫"给人印象最深，逼真的图案令人不寒而栗，是劝人行善积德的地方。

[小滚钟口]　小滚钟口位于银川市区西北 25 千米处，在贺兰山山口有一座孤耸的小山峰，像一口中间悬挂钟锤的古钟而得名。这里岩峻石峭，奇峰林立，怪石奇特多样，形似笔架山峰，高耸于景区南侧，自古即为有名的避暑胜地，山上文物古迹甚多，除自然景观外，较为著名的有"贺兰佛光""贺兰晴雪"。"贺兰晴雪"是宁夏八景之首。在 6 月，这里的山峰依然白雪盖顶，晴空下，白雪蓝天，一派塞外风光。

[一百零八塔]　一百零八塔位于青铜峡市区西南，黄河西岸峡口的削山陡坡上，距银川 80 千米。因塔数总计为一百零八座故名。它始建于西夏，具体时间不详。塔的单个造型与元代的北京妙应塔极为相似。一百零八塔坐西朝东，背山面水，随山势凿石分阶而建，由上而下，错落有序，塔群林立，呈一、三、五、七、九……奇数排列，构成一个等边三角形的大型塔群。它是佛教的纪念塔，因为佛教认为人有 108 种烦恼，遂以塔的形式作为引记，这是我国造型最为独特的大型古塔群。

三十二、青海省

（一）行政区划

青海位于中国西北，青藏高原东部。地处东经 89°35′~103°04′、北纬 31°19′~39°19′，是长江、黄河的发源地。与甘肃、新疆、西藏、四川相毗邻，面积 72.23 万平方千米，居全国第四位。少数民族有汉、藏、回、土、撒拉等 38 个民族。辖 2 个地级市，6 个自治州。因有全国最大的咸水湖青海湖，故简称"青"。

[省会——西宁]　西宁市位于青海省境东部，面积 7660 平方千米，2021 年常住人口为 247.56 万人，城镇人口 196.39 万人，城镇化率 79.33%。汉、回族为人数最多的民族。这里物产丰富，有煤、石英石、石灰石、石膏等。

青海大型的工业有钢厂、铝厂、毛纺厂和电厂等。农牧业发达，以小麦、蚕豆、马铃薯等为主，牧业以放牧牛羊为主。西宁毛是当地一大品牌。西宁有铁路过境、航班开通，交通十分便利。市区古迹众多。还有马家窑卡约文化等古遗址多处。

[格尔木]　格尔木市位于青海省海西蒙古族自治州，"格尔木"原称"噶尔穆"，蒙古语是"河流众多"之意。面积约为 12.3 万平方千米，由于铁路公路在此纵横交会，故格尔木成为南至西藏、北达河西走廊，西接新疆、东至西宁的交通枢纽。路基路石均为盐土，稀世罕见的"万丈盐桥"现已成为城市的象征。

（二）人口、民族

青海省虽为多民族聚居地，但地广人稀，分布极不平衡。截至 2022 年底，全省常住人口 595 万人。牧区为全国第四大牧区。牧区面积虽占全省的 90%以上，但平均人口密度仅有 2.6 人/平方千米。主要的少数民族有藏族、回族、土族、撒拉族、满族等。

[土族]　土族有多种自然称呼，1949 年中华人民共和国成立后，依本民族意愿，统称为土族。土族主要聚居在青海省互助土族自治县和民和、大通、同仁等地。其族源至今尚未定论，主要的说法有鲜卑人后裔、沙陀突厥后裔和蒙古族后裔。其有语言无文字，语言分为互助与民和两种方言，属阿尔泰语系蒙古语族。土族人精于养牛，也种植小麦、土豆等作物，擅长歌舞，以安昭舞和婚礼舞为主。

[撒拉族]　撒拉族自称"撒拉尔""撒啦""撒喇回"，为不同的音译。他们主要聚居在青海省循化撒拉族自治县等黄河沿岸。据载，撒拉族是循化一带的中亚撒马罕人与周边民族互相融合、逐渐发展形成的。撒拉族语言属阿尔泰语系突厥语族西匈语支，无本民族文字。从事农业生产，种植小麦、青稞、荞麦、土豆等经济作物以小米为主，盛产梨、杏、葡萄、苹果、杏仁等。

（三）历史文化

青海高原虽多为不毛之地，但在远古时代，就有了人类的足迹。根据考古发掘，在旧石器时代晚期到新时代晚期，这里就出现了辉煌灿烂的彩陶文化。大通县上孙家寨和乐都区高庙发掘的氏族公墓群，出土了大量绘制生动、图案丰富的彩陶器。这充分证明了世代居住在青海的各族人民相互交融，形成了浓郁的民族特色、独特的地域风情。

[柳湾彩陶]　柳湾彩陶的出土是青海高原文化研究的突破点。在青海乐都区东 17千米的柳湾，考古专家发现了新石器时代的彩陶和墓地。彩陶的花纹多种多样，最有代表性的花纹是左右连作的大圆圈纹和不同姿态的简笔蛙纹。出土文物有马家窑文化的半山类型、马厂类型，也有齐家文化和辛店文化的类型，其中以马厂类型的数量居

多。在挖掘的彩陶中，"阴阳合体壶"为研究人类文化中的性别崇拜提供了佐证。

　　[黄教]　黄教由宗喀巴（1357~1419）创立，他是藏传佛教善规派开创者，当时杰出的佛学家、哲学家、思想家和宗教改革家。17岁开始在藏卫各地学习传经20余年。他立志改革喇嘛教，对原先各派重视口传"密宗"、不习"显宗"、生活腐化等现象彻底改变，在大封建主的支持下，他严格戒律，禁止喇嘛娶妻，形成了格鲁派。因信徒多戴黄幅，又称黄教。黄教实行灵童转世制度。黄教在16世纪时，蒙古俺答汗率部进入青海，在青海湖西修建仰华寺。"达赖"为蒙语，意为"大海"，这是"达赖喇嘛"名号的开始。在俺答汗的大力支持下，青海的蒙古族、藏族，广泛信奉黄教。

　　[石刻艺术——玛尼石城]　玛尼石城位于青海南部玉树结古镇的新寨村，全是玛尼石堆，从"门巷"走进"城"中，除几条人行道外，石堆垒得非常整齐，经文佛像一律朝人行道。石头上刻的字迹杂多，显然出自千千万万不同信徒的手。刻的大多是"吨、嘛、呢、叭、咪、畔"六字真言。佛教徒们用刀刻在石上，送到玛尼堆，算是完成了一件功德。无数玛尼石摆在一起，就成了一堵石经长城。面积足有三个足球场大，大约共有25亿块石经，凿刻垒叠成这座城前后用了200年时间。这是一座算得上创世界纪录的玛尼石城。藏族群众络绎不绝地来这里焚香膜拜，玛尼石上到处是他们敬涂的酥油，张挂经布彩绸至今仍是当地民众敬奉神灵的形式之一。

　　[高原竞技——牦牛大赛]　牦牛赛历时千年，是青藏高原特有的传统体育竞赛活动，每年一次。参赛时，牦牛角裹绫绸，背背褥子，尾扎布花，并套上了精致的笼头，骑手身着氆氇褐衫或水獭皮镶边的皮袄，头戴狐皮帽，脚蹬高腰靴，胸前佩宝刀，手提短鞭，袒露右臂。比赛分组进行，由两名指挥调度比赛。前三名会被献予哈达、长红。获胜者将哈达横挂牛角上，长红搭在牛背上，成为部族中的勇士和高明的骑手。

（四）气候

　　青海高原和祁连山地海拔高，气温低，不宜农耕，但降水多，草原面积大，为国内第五大牧区。青海省由于深居内陆，气候寒冷而干燥。全省温差较小，日较温差大，积温低。年均温为-5.0~8.6℃，适合农业发展的东部黄河和湟水谷地年均温3~9℃，生长期140~230天，年均降水量250~550毫米，主要集中于6~9月。以柴达木盆地为代表，是全省主要农业和商品粮基地。柴达木盆地年均温2~5℃，生长期长150~200天，日照长达3000小时。盆地北部和南部边缘为新垦区和小麦高产区，是青海省的"肥沃之乡"。

（五）自然资源

　　由于地形、气候、土壤等自然条件的差异造成了青海省独有的资源。除盐类、有色金属、石油等矿产资源和水力资源均相当丰富外，在柴达木盆地诸盐湖中，富集着巨量的钠、钾、镁、硼、溴、磺等盐类，其储量居全国前列。全国储量最大的长纤维石棉矿茫崖石棉矿即位于此。森林植被较少，青海植被类型中，以高寒灌丛、高寒草甸及高寒草原为主，其次为荒漠和山地草原。珍稀动物有数百种，如野骆驼、野牦牛、野驴、藏羚羊、鬣羚、雪豹、白唇鹿、黑颈鹤、斑头雁、天鹅、血雉、雪鸡等。

青海省已探明的矿产资源近 130 种，其中锂、钾、湖盐、镁盐、云母等 11 种储量居中国第一位。盐类蕴藏量十分丰富，柴达木盆地地表盐化学沉积面积达 1.6 万平方千米。全省工业发展迅速，形成了以水电、电气和煤炭开采为主的能源工业，以湖盐为主的盐化工业，以有色金属和石棉为主的采掘业和原材料工业，以农牧产品为主的加工业和机械工业五大支柱产业。但由于青海交通运输发展缓慢，制约了资源的开发利用。

［全国最大的铅锌矿］ 青海省铅锌矿以锡铁山铅锌矿为最大，目前省内探明铅锌矿产地 98 处，铅金属储量有 172.4 万吨，锌金属储量有 235.9 万吨，铅、锌储量都位居中国前列。主要分布在北祁连、柴北缘、东昆仑北坡及鄂拉山同仁一带。尤以海西州的锡铁山铅锌矿为最，集中了全省铅锌矿储量的 70.68% 和 67.13%，为全国著名的大型铅锌矿床。但由于自然条件和经济限制，明显不适合大规模开采开发，因此北祁连地区和鄂拉山一带虽有几个中型矿床，但只能依赖技术水平的不断提高而得到利用。

［龙头水电站］ 龙头水电站就建在龙羊峡中，是黄河上游第一个梯级电站，也称"龙羊峡"电站，是中国大型坝式水电站，于 1989 年全部投产发电。龙头水电站仅次于长江葛洲坝水电站，但就它的库容量、单机容量、大坝的高度，在中国都堪称"三最"电站。电站所在地龙羊峡是黄河上游的峡谷之一，在青海省东部共和、贵南两县间。峡谷长 38.6 千米，上下口落差 235 米，下口距河源 1724.3 千米。在龙羊峡至寺沟峡之间修建 7 座梯级水电站。龙羊峡的混凝重力拱坝高 178 米，相当于 60 层楼房高水电站单机容量为 32 万千瓦，4 台机组总装机容量为 128 万千瓦，可以给西北地区提供能源。水电站的水库总量库容 276 亿立方米，是中国目前建成的大水库之一，其泄洪设施有右岸溢洪道以及坝身表孔、中孔、深孔和底孔，是中国水电站建设史上的典范。

［盐湖之王——察尔汗盐湖］ 察尔汗盐湖位于青海柴达木盆地南部格尔木市与都兰县境内，是中国最大盐湖，号称盐湖之王。察尔汗盐湖由东达布逊湖与南北霍鲁逊湖组成，面积约 5800 平方千米，盐层最厚可达 60 米，储量 30 亿吨。晶间卤水属氯化物型，有丰富的钾镁光卤石伴生，也是中国最大的钾镁盐液体矿床。1958 年曾在察尔汗建有小型钾肥厂。新建的青海钾肥厂，一期工程年产 20 万吨钾肥，最终年产氯化钾将达 100 万吨。伴随盐湖的许多产业正在进一步开发，这里是我国最大的钾盐生产基地。

［紫罗兰报春］ 紫罗兰报春是报春花科植物，多年生草本。叶呈披针形、长圆状披针形或倒披针形，叶柄具阔翅。花葶高 8~20 厘米，伞形花序 1 轮，花 8~18 朵，花

冠蓝紫色至近白色，具粗短的根状茎和肉质长根。主要分布于青海、甘肃、四川，一般生长于海拔 3300~4100 米处，生长条件极为恶劣。

[羚牛] 羚牛喜欢群居于高山之上，别名牛羚、野牛、扭角羚。西藏和云南西部的羚牛毛色深褐；青海、四川的羚牛体毛大部呈橙色，脸部和身体后部黑灰色；秦岭的羚牛则呈淡棕黄色，略带金色光泽，有"金毛羚牛之称"。兽群由雌兽、幼兽和未成年兽组成。平时成年雄兽喜欢过孤独生活，故有"独牛"之称。羚牛没有什么天敌，它凭借强壮的躯体和强大力气，可随时赶走前来争食的毛冠鹿、麝、鬣羚和其他动物。生活在海拔 2000~4000 米高山森林或草甸上。分布在中国青海、西藏、四川、云南、陕西、甘肃等地。

[雪豹] 雪豹属猫科动物，是高原地区的一种岩栖动物。体形似金钱豹，个头略小于金钱豹，浑身灰白或乳白色，全身布满不规则斑点和环纹，颇像植物叶子，故又有"艾叶豹"之称。雪豹常栖居在海拔 2500~5000 米处，它耐寒性极强，夜晚出外觅食，生活在峭壁断岩之间，一般在晨昏时活动。雪豹生性凶猛，敏捷机警，善于跳跃。时借助于隐蔽物在岩石后、小路旁等待猎物走过，当猎物离埋伏处只有数十米时，它便突然跃起，扑向猎物。主要分布在中国青海、西藏、新疆、甘肃、四川等地的高山上，是高原肉食动物的"兽中霸王"。属国家一级保护动物。

[白鹈鹕] 白鹈鹕属鹈鹕科鹈鹕属。体形粗短肥胖，颈部细长。体长 140~175 厘米，色彩艳丽，生存力极强，主要栖息于湖泊、江河、沿海和沼泽地带。常成群生活，善于飞行，也善于游泳。嘴长而粗直，呈铅蓝色，嘴下生有橙黄色的皮囊。脚为肉红色。尾羽为 24 枚。体羽白色，偶有一些橙色。头的后部生有长而狭的悬垂式冠羽。胸部有一束淡黄色的羽毛。翼下的飞羽为黑色。以鱼类为食，营巢于芦苇丛中或树上。繁殖期为 4~6 月，每窝产卵 2~3 枚。但近年来野外数量已经十分稀少，属国家二级保护动物。生长在中国青海湖、新疆西部、河南、福建，以及欧洲南部、非洲、亚洲中部和南部等沿海地区。

（六）经济

[农业] 从青海出土的古文化遗址中，可见青海省畜牧业历史悠久，主要分布于青南高原、祁连山地和柴达木盆地。95% 以上的地区是畜牧区，天然草场面积约占全省土地总面积的 46%。在广袤的天然草场上，牛羊成群。青海现有耕地 54.22 万公顷，主要分布在省境东部。青海土地垦殖利用程度低，耕地分布不均，一年仅一熟，复种指数不高。所有农作物中均以耐寒生长期短为特点。青海省的经济作物以油菜居多，油料播种面积占部经济作物的 99% 以上。

[工业] 青海境内自然资源、矿产资源和水力资源极其丰富。近几年青海工业发展很快，在西部大开发中众多资源为投资者看好，青海现已建立起具有自己特色的现

代工业，农牧业经济共同发展。工业项目主要有皮革、造纸、盐化工、电力、机械、冶金、煤炭、石油、建材、森林采伐和加工等。

［交通］　青海交通运输以陆运为主，主要有青藏、甘青、敦格、茶茫、青新、青川等公路干线，青藏公路横贯全省，是内地通往西藏的要道。铁路有兰青、青藏两条干线。水运现有龙羊峡至沙沟、曲沟、拉干 3 条内流航线。民航从西宁至北京、西安、太原、兰州的航线已运行多年。

（七）旅游

浓郁的民族特色和民俗风情使青海省充满了神秘感。雪山和冰川景色壮丽，青海湖鸟岛天下罕见，盐碱世界白茫茫一片，高原牧场绿草如茵，阿尼玛卿峰冰封雪锁规模宏伟，这些驰名中外的名胜古迹是观赏旅游、探险考察的好地方，是高原风情的典型代表。

［塔尔寺］　塔尔寺位于青海省西宁市 28 千米处的湟中县鲁沙尔镇莲华山山坳，相传是中国藏传佛教格鲁派（黄教）六大寺院之一，全称"衮本绎巴林"，意为十万金身慈氏州。该寺建于明嘉靖三十九年（1560），占地面积 6000 余亩，寺内有大金瓦寺、小金瓦寺、小花寺、大经堂、九间殿、大拉浪、如意塔、太平塔、菩提塔、过门塔等大小建筑，共 1000 多个院落，4500 多间殿宇。收藏有云冈的法物、圣器。尤以堆绣、壁画和酥油花著名，被称为塔尔寺"三绝"。是藏族宗教文化艺术的宝库，每年正月、四月、六月、九月各举行一次大型法会，信徒众多。

塔尔寺堆秀　堆秀艺术是蒙古族的传统手工艺技术之一。其中"堆秀"是塔尔寺艺术三绝之一。其制法是将各色绸缎制成许多形状，再用羊毛、棉花等物充实，最后绣于布幔之上。"堆秀"与其他刺绣的区别是由"剪堆"和"刺绣"而成的，用针的地方极少。

小金瓦寺　小金瓦寺因供奉有许多护法神像，故又称护法神殿。建于明崇祯四年（1631）。琉璃瓦顶，清嘉庆七年（1802）改成鎏金铜瓦。殿内供有一匹白马标本，传说九世班禅曾骑此马从西藏出发，一日内即赶至塔尔寺。青海白马寺山崖下现有一尊石雕佛像，藏语称"弥勒望河"，雕佛古朴浑厚，左手托钵，右手做推移状，这一佛像寄托古代劳动人民消除水患的愿望，也成为记载当地人民与水患斗争的历史见证。

［小故宫——瞿昙寺］　瞿昙寺位于青海省乐都区城南 20 千米处，是保存最完整的明代建筑群，距今已有 600 多年的历史。瞿昙寺的殿堂建筑是仿照故宫修建的，所以又有"小故宫"之称。瞿昙寺依偎在雪岭翠山之中，以其辉煌的建筑、精美的壁画和珍贵的文物而成为青海省第二大名胜古迹。瞿昙寺价值较高的还有壁画，场面宏大，形象生动，线条流畅，极其珍贵。周围群山围绕，林木葱郁。

［唐蕃古道］　即是今天从青海省玉树州境内通达西藏拉萨的青藏公路所经过的路

线。唐朝初年，位于西藏的吐蕃国逐渐强大。唐将薛仁贵在一塔拉（古称大非川）地区与吐蕃交兵，结果损兵10万，大败而回。唐王朝后与吐蕃签订和约，送文成公主入藏与年轻有为的吐蕃赞普松赞干布成婚。唐蕃古道便是当年文成公主入藏所走过的路。其后，这条路便成了使臣、商贾、僧侣来往的通道，从此，汉藏得以连通，经济、文化得以交融。昔年唐蕃古道上的重镇结古镇，曾是文成公主与松赞干布欢度蜜月的地方，这

瞿昙寺

里的文成公主庙是当地藏民为纪念文成公主传授农耕、酿酒等技术而建。唐蕃古道连通汉藏，同时也是中国联系古印度、尼泊尔等国的纽带，悠远而独特的历史，使古道透出浓浓的历史气息，展现着别样的风情。

[文成公主庙]　在青海省玉树市结古镇南约50千米处。为纪念唐朝时期文成公主进藏传播唐文化在玉树而建。相传文成公主于唐贞观十五年（641年）进藏时，曾在此处教当地藏族群众耕种、编织。当地人们为了纪念她，便在石壁上造像，后人修建了对雕像加以保护的庙宇。庙宇建筑精美，在庙内紧靠山脚的石灰岩峭壁上，刻凿有一个塑像群，共有九尊造像。庙宇正中设一尊端坐于狮子莲花座上的文成公主坐像，坐像两旁分别立有佛像8尊，分上、下两层排列，全为唐代的绘雕艺术风格。据史载，庙内两旁墙壁上的两位活佛画像是当年建庙有功者。坐北向南的庙宇背山面水，是一个风景幽静、山水宜人的宗教圣地，西藏佛教信徒和中外游人，常跋山涉水，来此瞻仰朝拜。

[青海湖]　青海湖位于青海省腹地，距西宁150千米，面积4500平方千米，海拔3200米。湖水冰冷且盐分很高，青海湖蒙语叫"库库诺尔"，藏语叫"错温布"，即"青色的湖"之意。青海湖是我国最大的咸水湖，是青藏高原不断隆起后幸存下来的。

[鸟岛]　鸟岛位于布哈河口北4千米处，在青海湖的西北部居西宁市100多千米。岛形好似蝌蚪，面积仅0.8平方千米。每年4～7月是观光鸟儿王国的最好时期。有来自东南亚等地的斑雁、棕头鸥、鱼鸥、赤麻鸭、棕头鸥、鸬鹚和黑颈鹤等10多种候鸟，春天后成群结队返回这里，营巢产卵，孵幼育雏，最多可达20万只以上。岛上遍地都是各式各样的鸟巢和五颜六色的鸟蛋，几乎没有游人插足之地，因此又称为"蛋岛"。湖内的岛屿，都是鸟类的天堂，万鸟齐飞，遮天蔽日。

[西海屏风——日月山]　日月山位于青海湖20千米处，景色壮观，是青藏高原上的一道牧区风景线。民谚中有"过了日月山，两眼汗不干"和"过了日月山，又是

一重天"之说，这是日月山特殊的地理位置造成的，因为它是青海湖和湟水的分水岭，气候地势划一为二，故史称"草原门户"。日月山口，海拔约 3470 米，是内地赴西藏的咽喉大道，青藏公路即通过这里，也是古今兵家必争之地。现今山口上书"日月山"三个大字的石碑，山顶上日亭和月亭古香古色，倚肩并立。立于山顶，万里江山尽收眼底，让人浮想联翩。

［青海奇景——倒淌河］　倒淌河位于青海湖 20 千米处，在日月山西边脚下。因文成公主进藏而得名。因为天下水往东流，偏此河的流向却相反，所以人们称此河为"倒淌河"。民间传说文成公主前往吐蕃与松赞干布成婚，在赴西藏途中，到达日月山时，回首不见长安，悲叹自己命运，泪流不止，据说公主的泪汇成了这条倒淌的河，代表着她的思乡之情。而据科学研究证明，这是由于地壳运动，高原隆起，青海湖完全闭塞而造成的。

［鄂陵湖］　鄂陵湖位于青海省果洛藏族自治州玛多县，古称柏海。藏语意为蓝色长湖，与扎灵湖同为黄河上游最大的一对淡水湖。鄂陵湖西距扎陵湖 15 千米，中间有黄河峡谷，全长 300 余米。湖中产冷水性无鳞鱼类，其中以黄河裸鲤、花斑裸鲤、扁咽齿鱼、三眼鱼等为主。湖心鸟岛栖息着大雁、青麻鸭等多种候鸟。湖滨亚高山草甸为青海重要牧场。湖面海拔 4272 米，东西宽处约 31.6 千米，面积 610 平方千米。平均水深 17.6 米，蓄水量 107 亿立方米。

［扎陵湖］　扎陵湖位于青海省果洛藏族自治州和玉树藏族自治州曲麻莱境内，藏语意为白色长湖。居鄂陵湖西侧。这里纳卡日曲与玛曲汇成黄河，湖心偏南为黄河主流线。黄河携带大量泥沙入湖，风浪泛起时湖面呈灰白色，故有"白色长湖"之称。湖中，盛产裸鲤，俗称湟鱼，是黄河一大特产。湖滨多为牧场。鄂陵湖和扎陵湖海拔 4200 米，比青海湖高出 1000 多米，是黄河源头美丽的姐妹湖。

［神山——阿尼玛卿山］　阿尼玛卿山属昆仑山脉东段，在藏语中"阿尼"是先祖的意思，兼有美丽幸福、广阔博大之意。"玛卿"意为黄河源头最大的山。坡度多在 35°~50°，最大可达 75°以上。山势最高部分位于青海玛沁县西部，有海拔超过 5000 米以上的高峰 18 座，现代冰川 30 条。其主峰玛卿岗日山海拔 6282 米，终年积雪不化。原始森林中生活着雪豹、雪鸡、白唇鹿、猞猁、熊、鹿、狐狸等动物，盛产冬虫夏草、贝母、党参等名贵药材。

三十三、西藏自治区

（一）行政区划

西藏位于中国西南部，地处北纬 26°52′～36°32′、东经 78°24′～99°06′之间。东北与四川、云南、青海、新疆等省区接壤，西接克什米尔地区，南与印度、尼泊尔、不丹、缅甸毗邻，国境线长 3842 千米。面积 120.28 万平方千米，占国土面积 1/8，居全国第 2 位。西藏历史悠久，远在公元 7 世纪初期，松赞干布就统一了西藏，建立了吐蕃王国，并与唐朝通婚结盟。1965 年成立了自治区。辖拉萨市、1 个市辖区和日喀则、山南、昌都、林芝、那曲、阿里 6 个地区，以及 1 个县级市、71 个县。首府拉萨市。简称藏。

［首府——拉萨］ 拉萨市位于西藏自治区东南部、雅鲁藏布江支流拉萨河的北岸，海拔 3650 米。年日照时数 3000 小时以上，素有"日光城"之称。拉萨市城区面积约 59 平方千米。辖区面积 29518 平方千米，藏族占 87%。拉萨市从吐蕃建国时即为西藏的政治、经济、文化中心，是藏传佛教的"圣地"，是西藏文化的集中代表地。悠久的历史产生了丰富的文化旅游资源，布达拉宫、大昭寺、小昭寺等构成"拉萨八景"，民族文化源远流长。拉萨无大气污染，空气清新，夏无酷夏，冬无严寒；国内外游客来此观光旅游的逐年增多。自然资源有羚羊、盘羊、鹿、獐等，产虫草、麝香、贝母等中药材。拉萨也是自治区内农业比较发达的地区，雅鲁藏布江和拉萨河宽谷地是自治区的商品粮基地。畜牧业较为发达，拉萨市区公路四通八达，形成西藏的交通枢纽。

［日喀则］ 日喀则市位于西藏自治区南部，拉萨西南 250 多千米处。年楚河和雅鲁藏布江汇合于此，海拔 3800 米，面积 3700 平方千米，是西藏第二大城市，至今已有 500 多年的历史。日喀则市曾是历代班禅的驻锡地，是噶玛王朝的政治、经济、文化的"首城"。最早称"年麦曲"，后改为"溪卡桑主牧"。古老的日喀则历史悠久、文化发达，这里有著名的江孜自居寺、萨迦寺、平措林寺、觉囊寺和展佛节、跳神节、夏鲁寺的西姆钦波节独具一格。南部为产粮区，北面是牧区，也是当地主要的交易地。

（二）人口、民族

2022 年末，西藏自治区常住人口总数为 364 万人。是中国人口最少的地区，人口平均密度为 2.3 人/平方千米，主要集中在南部和东部。其中拉萨平原、年楚河中下游平原、泽当平原等为 50 人/平方千米。在拉孜、萨迦平原、林芝附近的尼洋河河谷、昌都附近的澜沧江河谷，居民也较多。藏族是西藏的主要民族，此外还有汉族、回族、门巴族、珞巴族、怒族、纳西族等。

[藏族]　藏族主要聚居在西藏自治区及青海省的海北、黄南、海南、果洛、玉树，甘肃的甘南等藏族自治州等地。藏族的先民在公元前就居住在雅鲁藏布江流域中游地区，自称为"博巴族"。公元 7 世纪初期，松赞干布统辖整个西藏地区，建立起自称为"博"的奴隶制王朝。元朝把西藏地区置于中央王朝的统治之下，并在中央设宣政院，管理藏区事务。

藏族人从事农牧业，有自己的语言文字。藏语属于汉藏语系藏缅语族藏语支，分为卫藏、康、安多三种主要方言。藏文是参照梵文于公元 7 世纪前创制的，为自左至右横写的拼音文字。藏族有悠久灿烂的文化，著名的文学巨著《格萨尔王传》是世界上最长的一部英雄史诗。藏族的绘画、医药等具有很高的成就。藏族人民在中华人民共和国成立之初尚处于封建农奴制社会，自治区成立后废除了农奴制，迈入了社会主义康庄大道。

[珞巴族]　珞巴族主要分布在西藏东南部的洛渝地区及察隅、墨脱等县。"珞巴"一词为藏语，意为南方人。他们自古就在西藏的塔布、工布和喜马拉雅山南坡的广大地域生息。珞巴族有自己的语言。珞巴语属汉藏语系藏缅语族，无本民族文字，部分人使用藏文。珞巴人主要从事农业生产，以种植青稞、小麦为主。珞巴族猎手喜欢身背长弓，腰系箭囊，头戴藤编盔帽，帽后系一块兽皮搭肩背。

[门巴族]　门巴族主要分布在西藏自治区东南部的门隅、墨脱等县，近 1 万人。"门巴"藏语意为"居住在门隅的人"。最早的记载见于公元 823 年，设立于西藏拉萨大昭寺前的甥舅和盟碑中提到的"孟族"即包括门巴族。门巴族有自己的语言，属汉藏语系藏缅语族藏语支，无本民族文字。从事农业，以耕种水稻为主、狩猎为辅。

（三）历史文化

西藏的文化发展史是藏文化与汉文化和其他少数民族文化融合的发展史。西藏人民多姿多彩的社会生活和风俗习惯，使西藏传统文化和艺术带有明丽的雪域色彩和浓厚的乡土特质。西藏人文景观独具一格，有巍巍的布达拉宫、金碧辉煌的大昭寺等，有风景如画的罗布卡林、佛教经典、雕塑壁画、戏曲说唱等，都达到相当的水准。

[松赞干布]　松赞干布（？—649）是西藏发展的重要人物，第 33 代赞普。公元 7 世纪初，松赞干布统一了各原始部落，建立了西藏历史上第一王朝——吐蕃王朝。他大力发展农牧业生产，命吞弥·桑布扎等制定文字，颁行治理吐蕃的"大法令"，创设行政制度和军事制度，统一度量衡和课税制度，是西藏的极盛时期。松赞干布多次向

唐请婚，并于公元 641 年迎娶文成公主。文成公主入藏时，携带了许多汉族的医方和著作，随行队伍还有各种工匠，为吐蕃带来了先进的文化和技术。

松赞干布还遣贵族子弟到长安学习诗文，请中原文士掌管其表疏，后又请蚕种及造酒、碾硙、纸墨工匠入藏传授工艺，奠定了吐蕃与唐朝"同为一家"的关系。

[唐蕃和亲]　7 世纪初，松赞干布统一吐蕃后，就与唐建立了良好关系。唐与吐蕃的和亲是在吐蕃建国之初开始的。公元 634 年，松赞干布遣使入贡并请婚。唐太宗婉言拒绝，派冯德遐前往抚慰。松赞干布为引起唐政府的重视，发兵直指松州（今四川松潘），但为唐军所败。退兵后马上"遣使谢罪，因复请婚"。公元 640 年，唐太宗许婚宗女文成公主。公元 641 年初，文成公主在唐送亲使江夏王李道宗和吐蕃迎亲专使禄东赞伴随下，出长安前往吐蕃。

文成公主在吐蕃生活了近 40 年，她爱护藏民，亲自教藏民纺织、耕种等技术，一直备受礼遇并深得吐蕃人民的爱戴，公元 680 年病故，成为中原文化与西藏文化交流史上的重要人物。

[唐蕃会盟]　松赞干布死后，唐朝因"安史之乱"，边疆大片土地被吐蕃占领，以后国势日渐衰微。长庆元年（821），吐蕃派专使要求会盟，表示和好的诚意，穆宗于是派大臣与吐蕃使者在长安西郊王会寺前会盟，约定双方各守现有边界，不相侵犯。会盟以后，穆宗派大理卿刘元鼎和论纳罗一同前往吐蕃。第二年（822）四月，唐朝使者刘元鼎到达吐蕃逻些城（今拉萨），五月六日与吐蕃宰相笨阐布等大臣在逻些东哲堆园会盟。唐蕃会盟以后，边疆稳定 320 余年。为了纪念这一活动，表达双方和平的决心，长庆三年（823），吐蕃在拉萨刻成《唐蕃会盟碑》，成为唐与吐蕃和好团结的象征。

[喇嘛教]　喇嘛教也称藏语系佛教，或曰藏传佛教。从发展阶段看可分为前弘期和后弘期以及僧侣制度。前弘期在 7 世纪初，松赞干布先后与尼泊尔尺尊公主、唐朝文成公主联姻。尺尊公主和文成公主所带佛像，供在拉萨著名的大、小昭寺，随同前来的佛教僧人使佛教开始从尼泊尔和汉地传入西藏。在几百年的形成过程中，崇佛与灭佛在历代王中反复不定，后终于与当地风俗融为一体，成为中国藏族人民广泛信仰的宗教。后弘期为前弘期遭到禁佛百年后，从外地重新传入的时期。后来确立了佛教的僧侣制度，并形成政教统一的传统。藏传佛教又传入中国蒙古族、土族、裕固族、珞巴族、门巴族、纳西族、普米族等人民中，并在西藏邻近省市广泛流传。到 11 世纪中叶以后，相继出现了宁玛派、噶当派、萨迦派、噶举派、格鲁派 5 个教派。格鲁派是藏传佛教各大教派中最后兴起的一个，于公元 15 世纪时兴起，之后迅速取代了其他各教派的地位，成为后期藏传佛教的主角，在西藏历史上，它具有任何教派都无法达到的地位。1793 年清朝颁布《钦定藏内善后章程二十九条》时，创建金瓶掣签制度，并特制两个掣签金瓶，一个用于达赖、班禅转世灵童的认定，现存放于拉萨布达拉宫；另一个用于确认蒙藏大活佛、呼图克图的转世灵童，现存放于北京雍和宫。

喇嘛教后来逐步形成一套严格的佛事制度，"喇嘛"藏语词意为"上师"，可见当时的尊崇程度。

［晒佛节］晒佛节是藏传佛教的重大佛事节日，又称瞻佛节和浴佛节，流行于青藏高原等地。所谓"晒佛"，就是把寺院里珍藏的巨幅布画中的锦缎织绣佛像抬出来，让善男信女观瞻膜拜。寺院的画布质量是寺院等级高低的象征。布达拉宫在每年的藏历四月中旬都要将长约100米的五色锦缎堆绣佛像从室内抬出，悬挂在第五层的楼壁南面，每年悬挂一至数幅，僧人面佛诵经，顶礼膜拜。扎什伦布寺在四月十五日晒佛，塔尔寺在正月十五于山前晒佛，晒佛的日期由各寺院根据自己的历史传说等确定。

［经幡］"经幡"藏语称为隆达。由黄、蓝、红、绿、白五种颜色组成，黄色代表地、蓝色代表水、红色代表火、绿色代表风、白色代表空。经幡源于图腾崇拜。经幡印有佛像、经文和宗教符号。藏传佛教认为，喜庆时张挂经幡是祈求天、地、人、畜吉祥谐和；起帐建房时张挂是驱灾避凶祈平安；山河路口张挂是希望舟车无碍；天葬台附近张挂则是超度亡灵，寄托哀思，是藏传佛教佛事中不可缺少的形式。

［哈达］在西藏，婚丧节庆、迎来送往、拜会尊长、觐见佛像、送别远行等，都有献"哈达"的习惯。"哈达"一般织有莲花、宝瓶、伞盖、海螺等表示吉祥如意的各种隐花图案。藏族认为白色象征纯洁、吉利，所以，哈达一般是白色的。此外，还有颜色为蓝、白、黄、绿、红的哈达。五彩哈达，蓝色表示蓝天，白色是白云，绿色是江河水，红色是空间护法神，黄色象征大地。五彩哈达是献给菩萨和近亲时做彩箭用的，是最珍贵的礼物。佛教教义解释五彩哈达是菩萨的服装。所以，五彩哈达只在特定的情况下用。献"哈达"的动作因人而异，一般来说，要用双手捧哈达，高举与肩平，然后再平伸向前，弯腰给对方，这时，哈达正与头顶平，这表示对对方的尊敬和最大的祝福——吉祥如意。对方以恭敬的姿态用双手平接。对尊者、长辈献哈达时要双手举过头，身体略向前倾，将哈达捧到座前或足下。对平辈上属，则可以系在他们的颈上。这一仪式后来也为其他民族所使用。

［唐卡］唐卡是藏族绘画的一种特殊形式。唐卡的画形象逼真，色彩绝丽，常用于宣传宗教教义和装饰寺庙佛堂，多悬挂于寺庙或经堂内。唐卡的题材多为佛像画、高僧与大师的传记画，也有少数反映民间生活的风俗画。其中佛像唐卡是最为著名的。每逢晒佛节，各寺院都会将珍藏的巨幅唐卡抬出来展示于众，以弘扬佛教。

（四）气候

西藏气候特点是气温低，空气稀薄，大气干燥洁净，含氧量少，太阳辐射强，日照时间长。年平均气温南部高、北部低。全区谷地气温日较差大、年较差小。由于西藏高原海拔高，气温比同纬度的长江流域地区低得多，且日较差大，一般每年10月至次年4月为干季，5～9月为雨季。由于地势西北高东南低，海拔由5000米左右下降到几百米，气候类型自东向西北依次有热带、亚热带、高原温带、高原亚寒带、高原寒带等。此外随着地势逐渐升高，气温逐渐下降，可谓"一山有四季，十里不同天"。

太阳能

西藏高原太阳能资源丰富。日照长，是中国太阳辐射最多的地方，太阳能资源居世界第二位。这是由于高原海拔高，纬度较低造成的。西藏太阳年总辐射较少的昌都市，年总辐射量也大于同纬度地区，与内蒙古中部地区相等。太阳总辐射量随季节的变化同其他地区一样，以夏天最大，春秋次之，冬季最小。青藏高原是中国日照时数的高值中心之一。太阳能成为西藏的重要资源之一，现已得到了充分开发。全年平均日照时数为 1500~3400 小时。

（五）自然资源

西藏自然资源十分丰富。在目前已探明储量的矿产中，铬矿、刚玉、工艺水晶居中国首位。其余的铜矿、锂矿、硼矿、硫、芒硝等也居中国前列。西藏的地热和日光资源尤其丰富。西藏森林资源居全国第二，木材蓄积量达 14.3 亿立方米。动植物种类繁多，而独特的如牦牛、藏羚羊、雪莲花则为世界稀有。

[铬铁矿]　西藏铬铁矿保有储量位居全国第一。西藏铬铁矿多在超基性岩中，有两条岩带：雅鲁藏布江岩带长约 1600 千米，中国 1/3 的铬矿集中在这里，现仅有少数得以开发；班公湖—江岩带长达 1800 千米，已发现东七、依拉山、切里湖、江措、丁青等工业矿床（体），并探明两个小型矿床。铬铁矿石类型以致密块状为主，主要矿物成分为铬尖晶石。

[羊八井"地热博物馆"]　羊八井位于拉萨当雄县，海拔 4200 米。这里蕴藏着丰富的地热资源，被誉为"地热博物馆"。在羊八井地热区，有星罗棋布的温泉、热泉以及水温超过当地沸点的沸泉。湖面面积为 7350 平方米。热水塘、热水湖的面积从数百平方米到数千平方米不等，此外，还有水热爆炸穴、热水上冲几米高至十几米高的间歇喷气井和盐泉、硫质气孔。该地现为重点的水力发电区域，发电量占到了拉萨电网的 40%。

[黄花杓兰]　黄花杓兰属兰科植物，高 30~50 厘米。花常单生，黄色花瓣上具有紫色条纹和斑点。花期 5~7 月。黄花杓兰产于西藏、云南、四川、湖北、甘肃、宁夏和青海。生于海拔 1800~3450 米的流石、滩石缝中。花期短。

[墨脱自然保护区]　墨脱自然保护区位于西藏林芝地区，地处喜马拉雅山南麓的墨脱县，是中国面积最大、原始状况保持最好的天然林区。这里冬无霜冻，夏无酷暑，雨水充沛，是中国雨量较多的地区之一。森林覆盖率达到 90% 以上，除高山雪线外全部天然绿化。保护区内现有高等植物 3000 多种，其中特有的珍稀植物 17 种。墨脱自然

保护区被植物学家誉为"天然的自然博物馆"和"自然的绿色基因库",这里被称为"西藏江南"。

[苞叶雪莲] 苞叶雪莲属菊科植物,多年生草木,高 20~35 厘米。根状茎粗,颈部被纤维状残叶柄。花冠紫色。花期 7~8 月。苞叶雪莲分布在西藏、云南西北部、四川和青海,生于海拔 4300~5100 米的高山草地,是珍贵的中药材。

[高原之舟——牦牛] 牦牛特别适应于高原生存。牦牛的毛很有特点,夏天,牛毛竖起,呈放射状,容易散热;冬天,粗毛间长出绒毛,腹部、臀部等部位也长出大量粗毛,把臀部、胸部、腹部及前肢裹得严严实实,这样可以保证身体的热量。在 20 世纪 50 年代前,西藏家养牦牛不仅是常用的运输工具,还是农民的耕地、踩场的主力。野牦牛是高原动物中的"巨人"。公野牦牛喜欢独居,不喜合群;母野牦牛为了保护牛犊,则爱合群,有时遇到恶狼攻击,母野牦牛一律头朝外围成圆圈来保护圈内的一群小牦牛。野牦牛性情凶猛,很难驯养。混入野牦牛群中的家牦牛躯体虽小得多,但由于对人类敏感,常被野牦牛群拥戴为头牛。当地人为提高家养牦牛的能力,常使家养牦牛与野生牦牛交配来繁殖牦牛。

[羚羊] 羚羊是青藏高原草原主要的羊类。羚羊一年有两次大的往返迁徙,每年藏历四月间是羚羊产羔的季节,母羚羊从草原四面八方奔赴遥远的产羔地。在整个产羔育幼期间,公羚在草场四周高度警戒,保护母羚和幼子。每年藏历九月底至十月初,是羚羊的交配季节。这期间羚羊们都会聚到"足措塘",即羚羊集聚地。公羚们来到这里之后,首先会有一场竞争角逐,胜利的那只公羚领着数十只母羚浩浩荡荡而去,担任起繁衍种群的重任。

[藏獒] 藏獒,俗称"藏狗",是西藏高原特有的巨型猛犬。藏獒头大口阔,形体壮实,遍体黄褐色毛,听觉敏锐,视觉锐利,前肢五趾尖利,后肢四趾钩状。牙齿锋利无比,耳小且下垂,四肢健壮。藏獒力大,可打败一只金钱豹或三只恶狼,有"神犬"美誉。藏獒是藏族家庭中的主要成员,在渺无人烟的高原上,常有藏獒救助牧主的故事发生。

(六)经济

交通直接制约着西藏的发展。20 世纪 70 年代前,当地经济基础薄弱,生产水平低,长期以牧为主,农牧并重,而且农业具有高寒农业特色,畜牧业是自治区的主体经济。20 世纪 80 年代后,"一江两河"的综合开发使西藏经济发生了明显变化。现已建立了电力、纺织、皮革、化工等工业。西藏的民族手工业历史悠久,如纺织地毯、围裙,制作首饰等。川藏、青藏、新藏三条公路大干线和部分通往国外的公路开通后,旅游业成为当地第一产业。拉萨是全区国际航空枢纽,开辟了多条航线。2006 年青藏铁路通车,结束了西藏没有铁路的历史。

［农业］ 西藏农业生产主要集中于水、热、土条件较好的河谷地区和局部高原湖盆，有"河谷农业"和"高寒农业"之称。农作物以青稞、豆豉、元根和油菜等为主，占农作物总播种面积的92%以上。畜牧业是西藏农业经济的主体，生产历史悠久，发展潜力大。全区的天然牧场是中国五大牧区之一。牲畜以牦牛、藏绵羊、藏山羊、黄牛为主，又以藏绵羊、牦牛数量最多。畜牧业是当地农民的支柱产业。

［工业］ 西藏过去没有现代工业。中华人民共和国成立后，西藏的工业得到迅速发展，现已建立了动力、机械、纺织、皮革等部分小型工业，主要分布在拉萨、林芝、日喀则、江孜、昌都等地区。较著名的有羊八井电站、拉萨啤酒股份有限公司、拉萨皮革厂、拉萨水泥厂等。西藏毛纺织工业发展很快，主要产品有呢绒、毛线、氆氇、毛毯等，远销其他省区和国外。农业加工业也初具规模。自治区手工业历史悠久，主要产品有卡垫（地毯）、围裙、氆氇、藏鞋、藏帽、藏被、木碗、藏刀、金银首饰等。其中江孜地毯以织法独特、色泽鲜艳、图案多样享誉国内外，是当地居民的重要经济来源之一。

［交通］ 1951年以前西藏没有公路，主要依靠牦牛作为运输工具。1951年开始在西藏陆续修建了青藏、川藏、新藏3条干线公路，后又修建了中尼、滇藏、黑阿、川藏南线等主要公路，现在全区公路里程达近5万千米，形成了以拉萨为中心的公路运输网。青藏公路县城，承担了大部分进藏物资的运输任务，有"世界屋脊"上的"苏伊士运河"之称。除墨脱县外其他县城均通上了公路。2006年青藏铁路通车，结束了西藏无铁路的历史。1956年中国民航突破"云中禁区"，现在民用航空运输已开辟有拉萨到成都、西安、北京等地航线。1987年又开辟了拉萨至尼泊尔加德满都的国际航线。贡嘎机场可起降大型客机，有长4000米、宽60米的跑道，为中国目前最长的飞机跑道。

（七）旅游

西藏人文旅游资源异常丰富，历史文物、文化遗迹与自然（风光）旅游资源融为一体，使西藏成为国内外的旅游胜地。西藏的城镇是综合性的旅游基地，对国内外游人开放，主要有自治区首府拉萨、西藏第二大城市日喀则、泽当以及藏南中尼通商口岸的樟木等。但交通上的相对不便，对西藏旅游有一定的制约。

［布达拉宫］ 布达拉宫位于拉萨市区的韶布日山上（即红山），始建于7世纪中叶，为松赞干布为迎娶文成公主而修建的。布达拉宫是拉萨的标志性建筑，"布达拉"梵文意为"佛教圣地"。布达拉宫依山而建，由山上的宫殿群、山前的方城和山后的龙王潭花园三部分组成，占地约41公顷。主要殿堂有达赖灵塔殿、东大殿、西大殿、日光殿、坛城殿、极乐宫等数十座，融合了藏式古建筑艺术与汉式造型的技巧，是汉藏文化融合的结晶和象征。

［大昭寺］ 大昭寺位于拉萨市最繁华的商业街——八廓街的中心，建于公元中叶 647 年松赞干布时代，相传由文成公主择址，尼泊尔尺尊公主主持修建的，距今已有 1300 多年的历史。大昭寺经历代修建，建筑面积为 2.5 万平方米。主殿 4 层，上覆金顶，辉煌壮观，是唐代建筑风格与尼泊尔、印度建筑风格的结合，形成了独特的建筑风貌。大

布达拉宫

殿内正中供奉着文成公主由长安带来的唐太宗所赠的释迦牟尼佛像，工艺精致，造型生动，两侧配殿供奉着松赞干布和文成公主、尼泊尔尺尊公主等人的塑像。四周走廊和殿堂绘满藏式壁画，有历史人物事迹和神话故事，长近千米。寺内还保存有自 7 世纪以来西藏的各种经典、档案等珍贵文物。寺前立有公元 823 年的唐蕃会盟碑，建筑装饰上由唐式斗拱结合尼泊尔和印度的风格特点，有伏兽和狮身人面木雕，保持了历史原貌。

［萨迦寺］ 萨迦寺位于西藏萨迦县城西奔波山附近。创建于北宋熙宁六年（1073），由藏传佛教萨迦派（花教）创始人衮都杰布创建。现存建筑为元代宫殿式风格。由于萨迦寺曾为西藏地方政权，萨迦王朝的驻地所在，故保存文物众多，有"第二敦煌"之美称。藏经库中现存经数十万卷，是西藏少有的藏书和写经中心，寺内的刺绣供器等至为珍贵。

［甘丹寺］ 甘丹寺位于拉萨以东 40 千米的拉萨河南岸。"甘丹"为佛教用语，即指佛教学说中欲界六天之中的第四天。甘丹寺拥有庞大的建筑群，建筑规模之大相当于三个布达拉宫。相传是藏传佛教格鲁派（黄派）的创始人宗喀巴在阐化王的支持下，于 1409 年创建的。这是格鲁派（黄教）建造的第一座寺院，并且由宗喀巴担任第一任池巴（寺主）。因此又有格鲁派（黄教）首寺之称。殿中供奉着铸造精美高大壮观的弥勒佛、宗喀巴铜像，文物甚多。

［哲蚌寺］ 哲蚌寺位于拉萨西北 5 千米处，是拉萨三大寺之一。它是西藏地区规模最大、喇嘛最多的寺院，占地达 25 公顷。此寺曾是达赖二世和五世的居住之地，黄教视之为母寺。哲蚌寺建于明永乐十四年（1416），从外观上看，其整体布局就像米堆一样，藏语中"哲蚌"就是指"米堆"，因此命名为哲蚌寺，即积米的意思。哲蚌寺寺内最大的建筑为措钦大殿，大经堂的面积十分庞大，可同容纳 9000 多喇嘛诵经礼佛，是藏传佛教寺院中最大的大经堂。大殿的二楼藏满了甘珠尔经，是远近驰名的佛教典籍宝库。大殿的三楼供有巨型的弥勒佛像，这尊佛像是由绛央却杰亲自监造，并

由宗喀巴亲手开光的，是哲蚌寺内最为珍贵的文物。佛像既有西方风格，又有尼泊尔和印度风格，体现了藏传佛教受到外来各方面的影响。

[扎什伦布寺]　　扎什伦布寺位于西藏日喀则城西，"扎什伦布"藏文意思是吉祥须弥山，即吉祥汇聚之意。扎什伦布寺始建时名字是"雪域兴佛"，1448 年主庙落成后方改为今名。是西藏自治区有名的四大寺庙之一，建于明正统十二年（1447），为四世班禅以后历代班禅驻锡及安置肉身灵塔之所。占地 4 万余平方米，有殿堂 56 座。措钦大殿位于扎寺正中央，为全寺喇嘛诵经礼佛的集会场所，殿内供有四至十世班禅的灵塔。其中最大最早的灵塔为四世班禅的，高 11 米，耗黄金 3000 两、白银 50 万两。而十世班禅的灵塔是最新落成的一座，打破了历代灵塔用白银包裹的惯例，而用黄金包皮，是新中国成立以来国家投资及建筑规模最大的一座寺院灵塔祀殿。殿内还供有乾隆皇帝的巨幅画像。

[夏鲁寺]　　夏鲁寺位于日喀则市，这是一座藏、汉合璧的建筑体。寺内主要建筑为夏鲁拉康和四个扎仓（卡瓦扎仓、热巴扎仓、康青扎仓和安宁扎仓）。大殿底层为西藏内院式措钦大殿，供奉释迦牟尼像。殿内有各种木塑、泥塑造像，其中四壁为在其他寺中少见的壁塑千佛。大殿二层有前后两座汉式殿堂，前殿有布顿大师像，后殿有一座银塔。夏鲁寺内还保存着多张八思巴文文告。文告是当年萨迦法王在接受元朝皇帝的敕书以后，转发给西藏各地的命令和通知，具有珍贵的史料价值。

[色拉寺]　　色拉寺位于拉萨市北郊，是拉萨三大寺之一。色拉就是酸枣林的藏语意。据说当年黄教的创始人宗喀巴途经色拉乌孜山酸枣林时，其坐下的宝马无缘无故地嘶鸣了三声，宗喀巴由此断定 5 年之后，此处必有马头金刚降临，遂命其弟子绛钦却杰在此建寺立院，所建的寺院就以酸枣林命名。此寺的正名应为"秦清林"，意即"大乘洲"。色拉寺依山而建，整个建筑皆为木石结构，平屋顶覆以阿嘎土，外部墙上砌有褐红色的饰带。主要建筑有措钦大殿、麦把扎仓、结把扎仓（二者属显宗）、阿巴扎仓（属密宗。扎仓意为经学院）和 32 个康村等。色拉寺内金刚像万余尊，还有许多从印度带来的铜佛像，因为绛钦却杰曾被明朝封为"大法王"，所以寺内的许多佛像文物都是明朝时期的。明代时期织成的大慈法王身像十分精美。

[八廓街]　　八廓街位于拉萨市中心，为西藏最为繁华的商业街，又称"八角街"。它集宗教、文化、民俗、观光、购物为一体，街道两侧店铺林立。八廓街的两旁是两三层的藏式居民楼，上层为住宅，下层为店铺。八廓街的旅游商品，有很多是特产，如木碗、银碗、竹碗、"嘎乌"、编织精细的"氆氇""那布""帮典"（均系藏族的手工传统编织品）以及各种用途的法器（鼓、钹、碰铃、锣）等。也有许多东西是尼泊尔、印度、不丹等国商人加工的仿制品，如各种骨雕动物，仿真珠宝首饰、经过仿旧处理的各色"古董"等。这里不仅是当地人生活中的重要场所，更是来此旅游者必到的市井之一。

[藏王墓]　　藏王墓位于西藏自治区琼结县丕惹山上，是 7~9 世纪历代吐蕃赞普

的墓葬群，又称吐蕃历代赞普墓。现有墓 9 座，方圆 3 千米，尚未发掘。大多墓主已无从考证。墓的形制大多相似，均为方形平顶。大小不一，排列也很整齐。松赞干布和文成公主合葬于此。

[古格王国遗址]　　古格王国遗址位于西藏西部阿里地区。10 世纪中叶至 17 世纪初，古格王国雄踞西藏西部。在 1630 年向古格同宗的西部临族拉达克人发动了入侵战争，古格王国就此灭亡。令人不解的是后来古格文明突然消失。现存的遗址中有一座白色的佛殿，藏语称其为"拉康嘎波"，意即"白殿"，殿堂内布满了精美的壁画和彩塑。在第 13 号塑像背后，绘有一排排吐蕃和古格赞普的画像。古格赞普身穿艳丽的长袍，头缠头巾，神色庄重。从中依稀可见古格文明当日的辉煌，是研究西藏吐蕃王朝的重要史料。

[白居寺壁画]　　白居寺拉于江孜县城内，是西藏佛教萨迦、布孜和格鲁三个教派共有的寺院。为一世班禅主持修建，有"十万佛塔"之称。寺内的壁画为建筑史上的珍品。壁画构图丰满充实，采用俯瞰式的散点布局。其所用的颜料也极具民族特色，是不透明、覆盖力强的矿物质，而且还调入生胆汁、骨胶、蛋清等，使得颜色更加艳丽饱满。还将大量的贵重原料，诸如黄金、珍珠、绿松耳石等直接研磨入料，因而藏式壁画的价值明显较高。藏式壁画常在大幅佛教主尊像的背后，描绘各时代的生活场景，如征伐射猎、草原放牧、毡帐生活等，极具历史和艺术价值。是西藏名寺之一。

三十四、新疆维吾尔自治区

（一）行政区划

新疆维吾尔自治区位于中国西北边陲，地处东经 $73°40'$~$96°18'$、北纬 $34°25'$~$48°10'$。与甘肃省、青海省、西藏自治区相毗邻，与蒙古、俄罗斯、哈萨克斯坦、吉尔吉斯斯坦、塔吉克斯坦、阿富汗、巴基斯坦、印度等国接壤。面积 166.49 万平方千米，约占中国土地面积的 1/6，国界线长 5000 多千米，约占全国陆地国界线总长的 1/4。新疆是古代"西域"的一部分，在公元 7 世纪秦穆公曾任西方戎族的由余辅政。汉宣帝时设西域都护府，隋、唐、元一直是我国疆土，清朝统一时从封建割剧中解脱出来。"新疆"的维吾尔语的意思就有"重新归来"的含义。至 2023 年 1 月，新疆维吾尔自治区辖 4 个地级市、5 个地区、5 个自治州、12 个自治区直辖县级市，自治区人民政府驻乌鲁木齐市。简称新。

[首府——乌鲁木齐]　　乌鲁木齐位于新疆中部天山中段北麓，准噶尔盆地南缘。

西、北与昌吉回族自治州相邻，东南与吐鲁番市毗连，是世界上离海洋最远的城市。截至 2021 年，全市辖 7 个区、1 个县，总面积 1.38 万平方千米，其中建成区 536.2 平方公里；常住人口 408.24 万人，城镇人口 391.13 万人，城镇化率 96.1%。主要山脉有博格达峰、天格尔峰等，主要河流有乌鲁木齐河、头屯河等。乌鲁木齐历史悠久，古迹众多。新石器时代这里就有人类的足迹。公元 1 世纪，开辟了"丝绸之路"新北道，历史上即为天山南北交通要道和重镇。唐贞观二十一年（647）乌拉泊修筑轮台城，清中期时发展成市，当时乾隆皇帝赐名为"迪化"。乌鲁木齐自然环境十分独特，市郊 30 千米处为亚洲大陆地理中心地带。乌鲁木齐水土肥沃，矿藏丰富。主要矿藏有石膏、煤、油页岩盐等，煤炭储量有 20 万亿吨。主要农作物有小麦、水稻、玉米、油菜、大蒜等，同时有雪莲、枸杞、贝母等 300 多种野生植物。还是哈密瓜、啤酒花和新疆细羊毛的重要产地。

[克拉玛依]　克拉玛依市位于自治区西北部，准噶尔盆地西北缘，面积约 9500 平方千米。地貌大部分为戈壁滩。是我国重要的石油生产基地。境内最高山峰独山子山海拔 1283 米，市内的主要矿藏有石油、煤、天然沥青、芒硝、水晶等。工业以石油开采、石油加工最为著名。主要农作物有棉花、玉米、小麦。

[火洲——吐鲁番]　位于天山东端，吐鲁番盆地中心。吐鲁番是古代新疆地区的政治、经济、文化中心，突厥语的意思是"富庶丰饶之地"。面积 13690 平方千米，吐鲁番历史上曾为西域政治中心和交通枢纽。在 2200 年前，这里建有"姑师"或"车师"国。东晋时置高昌郡，唐设西州，宋为吐蕃地，元、明称吐鲁番。吐鲁番日照长，气温高，降水量少，蒸发量大，这里宜种植无核白葡萄、甜瓜等作物。是全国气温最高的地方。全市葡萄种植面积现达 8 万亩，种植的葡萄量大质量高，这里成为驰名中外的"葡萄城"。这里还举行一年一度的"葡萄节"。吐鲁番的文物古迹众多，有苏公塔、阿斯塔那古墓群、保存完好的高昌古城遗址、交河古城遗址及始凿于南北朝时期的柏孜克里克千佛洞等。这里寂静的沙漠与茂密的森林共存，火焰山同天山同在，古城、烽燧、石窟寺群、远古岩画、神秘墓葬遍布，丝绸古道、恐龙石山、硅化木群、木乃伊把游览者的思想带回遥远的上古时代。最令人流连忘返的是这里的葡萄美酒夜光杯和载歌载舞的少数民族风情，集古代与现代于一身。吐鲁番市尤以"最热、最低、最早、最甜"而著称，现为中外著名的游览胜地。

[石河子]　石河子市位于自治区西北部，准噶尔盆地南缘。面积约 460 平方千米。新中国成立前，石河子是只有几户人家的小村庄，村里有一条布满鹅卵石的干河沟，石河子之名即由此而来。如今，石河子已成为国家级经济技术开发区，被誉为"戈壁明珠"。石河子市为大陆性干旱气候，光热资源充足，是以农业为依托、以轻纺工业为主体的新型城市，是自治区轻纺工业基地。石河子市曾有"花园城""生态城"之称。境内还建有周恩来总理纪念碑、艾青诗歌纪念馆。

葡萄之乡

　　吐鲁番是中国最著名的葡萄城。古代有诗人云："巷藤蔓架覆檐前，满缀明珠络索图。"这里葡萄品种达 600 多个，其中以无核白、马奶子、木纳格和索索葡萄最为著名。吐鲁番种植葡萄的历史相当悠久，最早的记载见于唐代"葡萄美酒夜光杯"，就是对西域景色的概述。到南北朝时，高昌王派使者到金陵向南朝梁武帝萧衍进贡葡萄干和葡萄酒。《西域见闻录》有描述，"吐鲁番品质优良，……葡萄种类甚多，无不佳妙，甲于西域"。清朝乾隆时纪晓岚的《阅微草堂记》中称，"西域之果，葡萄莫盛于吐鲁番"。这里的葡萄以"最甜"而著称。这里每年还有"葡萄节"，规模盛大。

　　[喀什]　　位于新疆西部，东临塔克拉玛干大沙漠，南依喀喇昆仑山，与西藏阿里地区为邻，西靠帕米尔高原，与巴基斯坦、阿富汗、印度、吉尔吉斯斯坦、塔吉克斯坦等五国相邻。喀什古称疏勒、喀什噶尔，汉为疏勒属国都城，元代以来一直为该地区政治、经济、文化中心和交通枢纽。喀什是丝绸之路上的重镇，素有"丝路明珠"美称，历史悠久，人文景观众多。闻名遐迩的香妃墓、玉素甫·哈斯·哈吉甫陵墓等，集中体现了维吾尔建筑艺术特色。喀什是塔里木盆地西缘古老的绿洲之一，盛产小麦、玉米、棉花、水稻等，被誉为"塞外江南"；还盛产杏、梨、核桃、苹果、葡萄等，被称作"瓜果之乡"。喀什传统手工业产品有小花帽、小刀、乐器、地毯等。

（二）人口、民族

　　新疆地广人稀，少数民族共有 47 个，多民族杂居。2007 年人口 2095 万。截至 2022 年末，自治区常住人口为 2587 万人。新疆是中国人口密度较低的省（区）之一。随着自然环境、资源分布和经济发展状况的变化，人口分布也由南疆居多变为北疆增多的趋势。在乌鲁木齐等城镇主要有土、哈萨克、回、蒙古、柯尔克孜、锡伯、塔吉克等民族，还有塔塔尔、达斡尔、满、乌孜别克、藏、俄罗斯等其他民族。全区人口平均密度为 12.6 人/平方千米，但分布极不均匀。

　　[维吾尔族]　　维吾尔族大部分聚居在天山以南。维吾尔族语言属阿尔泰语系突厥语族，文字是以阿拉伯字母为基础的拼音字母。"维吾尔"意为"团结""联合"。其先民丁零于公元前 3 世纪游牧于贝加尔湖以南。维吾尔族人不畏外侮，先后与清朝一起抗击沙俄等侵略者，取得了显著的战绩。维吾尔族主要从事农业生产，擅长植棉、园艺。未婚少女以长发多辫为美，能歌善舞。

　　[哈萨克族]　　哈萨克族在中国主要分布于新疆伊犁哈萨克自治州、木垒哈萨克自治县、巴里坤哈萨克自治县和甘肃阿克塞哈萨克自治县。哈萨克族语言属阿尔泰语系突厥语族，文字是以阿拉伯字母为基础的拼音文字。"哈萨克"意为"避难者"或

"脱离者"。其先民乌孙于公元前居住在伊犁河谷。5世纪迁至葱岭以北。15世纪，建立了萨克汗国，形成了萨克族。18世纪迁至阿尔泰山以南。1842年，哈萨克斯坦被沙俄兼并。鸦片战争后，沙俄通过签订一系列不平等条约，割占了中国大片土地，一部分哈萨克族人便分布于俄国领土上。哈萨克族大部分从事畜牧业，过着逐水草而居的游牧生活。

哈萨克歌手阿肯

每年盛夏，哈萨克民族都要举行阿肯弹唱会。所谓"阿肯"是哈萨克人对民间歌手的称谓。阿肯们居无定所，感情丰富，文思敏捷，即兴弹唱，每逢节日和喜事都要举行赛歌、对歌和赠歌。他们除了能弹会唱外，还会背诵许多民间传说、诗歌、故事，并能创作。冬不拉是哈萨克族最流行的弹拨乐器，也是阿肯谋生的工具。它有两根弦，演奏者左手按弦，右手弹拨。这种乐器音质优美，式样很多。"阿巴依式冬不拉"是铲子状，"江布里冬不拉"是马勺状的，现在还有将两种式样的冬不拉结合起来，制作了一种新式"冬不拉"。

[乌孜别克族]　乌孜别克族主要分布在新疆伊宁、霍城等地。乌孜别克语属阿尔泰语系突厥语族，与维吾尔族相近，无本民族文字。乌孜别克族族源可追溯到粟特人、花剌子模人、费尔干人以及萨哈一马萨盖特人等，居住在中亚地区，6世纪后半期，随着中亚并入突厥汗国，大批突厥部落迁入。15世纪时，钦察汗国瓦解，部分居民迁到楚河流域。16世纪建立布哈拉汗国和希瓦汗国等。19世纪下半叶被沙皇俄国兼并。乌孜别克族人以商业、手工业为主。

[塔塔尔族]　塔塔尔族主要分布在新疆维吾尔自治区的伊宁、塔城、乌鲁木齐等地。塔塔尔族史称"达怛""鞑靼""达达"。在中国史籍中，"塔塔尔"为"鞑靼"别称之一。19世纪该族部分人由俄国喀山陆续迁入中国新疆。塔塔尔族语言属阿尔泰语系突厥语族，文字是以阿拉伯字母为基础的拼音文字。由于长期与维吾尔族、哈萨克族共处，现已通用维吾尔语和哈萨克语。塔塔尔族以经商为主。

[柯尔克孜族]　柯尔克孜族主要分布在新疆维吾尔自治区的克孜勒苏柯尔克孜自治州及其他各县。柯尔克孜族语方言属阿尔泰语系突厥语族，文字是以阿拉伯字母为基础的拼音文字。柯尔克孜先民"坚昆"，公元前游牧于吐尼塞河上游。魏晋时称"纥骨""契骨"，隋唐时称"黠戛斯"，元明时称"乞儿吉思""吉利吉思"，清时称"布鲁特"。7世纪中，正式纳入唐朝版图。公元840年，击溃回鹘汗国，建黠戛斯汗国。10~18世纪，迁于天山地区，先后处于喀喇汗国（黑汗王朝）、辽、西辽、察合台汗国及其后王统治下。清初，协助清朝平定准噶尔、大小和卓之乱。习俗以骑马叼羊为乐。其民间乐器相当丰富，其中三弦琴是他们特有的弹拨乐器。

[俄罗斯族]　中国的俄罗斯族主要散居在新疆维吾尔自治区的伊犁、塔城、阿勒泰和乌鲁木齐等地，现有1万多人。"俄罗斯"一词来源于古代斯拉夫部落名。主要是

19 世纪以及俄国十月革命前后从俄国迁来的。清代他们被称为"归化族"，聚居的村落也被称为"归化村"。俄罗斯族语言属印欧语系斯拉夫语族，文字为俄文。俄罗斯族能歌善舞，手风琴是他们的主要乐器。

（三）历史文化

新疆古称西域，意为西部疆域。从汉朝起历朝历代都行使着对西域的有效管理。明朝时称为"别失八里"。清统一新疆地区后，改称新疆，意思是"故土新归"。新疆由于多为游牧民族居住，多民族杂居在此留下了丰富的地域文化，民俗风情历代相传，自成一体，独具风格。

［高昌古城］　高昌古城位于吐鲁番市城东 46 千米处。始建于公元前 1 世纪，汉代是屯垦戍士兵居住之地，后为高昌国王城。现在的高昌古城总面积约 2 平方千米，分为外城、内城和宫城三个部分。街道、市井、寺庙神龛保存得相当完整。布局与隋唐时期长安城相似。

［交河古城］　交河古城位于吐鲁番市西北面 13 千米的亚尔乃孜沟中，又称雅尔湖古城。始建于公元 2 世纪前。公元 6 世纪时，高昌在这里建立交河郡城。现在的遗迹，主要是唐代及其后的建筑。大部分建筑物，包括宽大的街道，都是从原生土中掏挖出来的。交河古城的房屋都用泥土建造，只有少数的木料。城中大街两旁尽是高厚的围墙，临街不见一个门窗，纵横连接的街巷将其分割为若干小区，其建筑形式颇似唐代内地城市的坊、曲。到元代明初时逐步荒废。这里地扼天山南北，为古丝绸之路北道必经之地。可能是由于风沙湮没而造成衰落。

［楼兰遗址］　楼兰遗址位于新疆若羌县境内罗布泊。1900 年，当地维吾尔族青年为瑞典探险家做向导时，在此发现了高大佛塔和密集的废墟。因发现文字中有读音"kroram"而确定为楼兰。楼兰在东西文化交流中起过重要作用，后被沙漠湮没，有"沙漠中的庞贝"之称，是中国通往波斯、印度、叙利亚和罗马帝国的中转贸易站。约公元 4 世纪前后，由于塔里木河改道南流而沦为荒漠。据发掘材料分析，这里开始是楼兰都城，后来成为魏晋时西域长史驻地。

（四）气候

新疆高山环绕，气候以干冷为特色，降水稀少，蒸发量强，年温差、日温差极大，具有强烈的大陆性气候，降水和气温的地区差异和垂直差异显著。冬寒夏热，7 月均温在 22~26℃ 左右，但海拔低、地形封闭的吐鲁番盆地气温偏高，7 月均温可达 32.8℃。全自治区的气温分布一般随纬度增加和海拔上升而降低。天山以北属中温带，天山以南则属暖温带。植物生长期短，生长期内阳光充足。

［坎儿井］ 有一种特殊的井——坎儿井，是利用盆地倾斜地形引水的特殊灌溉系统。它由竖井、地下暗渠和灌坎三部分组成。坎儿井已有2000多年的悠久历史。新疆大约有坎儿井1600多条，其中以吐鲁番盆地最多，共有158条，总长超3000千米。坎儿井由地下暗渠输水，减少水蒸发，水温水量稳定，是吐鲁番盆地重要的灌溉工程，也是古代著名的水利工程。

（五）自然资源

新疆矿产资源种类齐全，蕴藏量大，现已探明矿种138种，已探明储量的矿产有117种，其中储量占全国首位的有8种，特别是石油预测储量达200多亿吨，天然气预测储量13万亿立方米。煤炭、有色金属、水力资源都有待于开发。新疆气候条件特殊，有许多珍贵的动植物，以高山雪莲、胡杨、兔狲等为代表。

［雪莲］ 雪莲也称雪莲花，是菊科多年生草本植物。茎直立，下部有宿存的褐色残叶。叶多数，密集，长圆状倒卵形，具锯齿，基部渐狭成柄。头状花序多数密生茎端，花蓝紫色，外围有多数白色半透明膜质苞叶。有紫红色的花蕊和白中带黄的花瓣。在中国多分布于新疆、甘肃、青海等地。用晒干的雪莲浸酒服用，对腰酸背痛、风湿和关节炎有一定的疗效。雪莲已被列为国家三级保护植物。高山雪莲有许多美丽传说，愈增添了它的神奇色彩。

［胡杨］ 胡杨是沙漠、盐碱地中的主要树种，在天山以北的准噶尔盆地也分布有大面积的胡杨林。胡杨树有"三个一千年"之说，它能在荒漠上生活一千年不死，死后立在荒漠上一千年不倒，倒后在荒漠上一千年不烂，生命力极其顽强，是青藏高原人民精神的象征和风范。

［兔狲］ 兔狲属猫科动物，耳短毛长，尾毛蓬松。栖息于中国新疆、内蒙古、青海、西藏及四川西北的荒漠草原地带。别名羊猞猁。兔狲是鼠类的天敌，以鼠为食，早春发情，夏初产仔，一般每胎产仔四只，具有夜行性，喜独行。

［雪兔］ 雪兔属兔科动物。在中国主要分布于新疆、内蒙古、黑龙江等省区北部。雪兔浅褐色。一到冬季全身就换成雪白的素装，只剩耳朵尖、眼圈及四足残留一点黑色，因此而得名。雪兔以树苗、树皮、嫩芽、草类为主食。春季繁殖，每胎三至五仔。

（六）经济

新疆经济古代以农牧业为主。由于这里资源丰富，吸引了众多投资商，这几年工业总产值占到了全区总产值的60%，特别是交通运输和城市基础建设。

［农业］ 近几十年来，新疆以开发水利建设为主带动了农业发展。全区有耕地

6100多万亩，80%为水浇地。以小麦、玉米为主，小麦分布广泛，玉米大部分在南疆，还有稻米、高粱。经济作物有瓜果、棉花、油菜、胡麻、芝麻、甜菜等。棉田主要在南疆和吐鲁番、玛纳斯河流域。是中国长绒棉生产基地。蚕业自古闻名。新疆有"南疆的瓜果，北疆的马羊"之说。南疆作为粮棉基地，还盛产多种瓜果。吐鲁番、鄯善的无核葡萄和哈密瓜、库尔勒香梨，都是全国出名的特产。北疆自古为名马产地。全区有许多优良品种，如伊犁马、巴里坤马、塔城牛、福海大尾羊、三北羔皮羊、新疆细毛羊等。

[工业]　新疆矿产资源达百余种，1949年以前工业生产很落后，但随着油田的开采、矿产的挖掘，已经建立起钢铁、煤炭、石油、电力、有色冶金、机械、化工、皮革、纺织、制糖等十几种现代工业，形成乌鲁木齐、克拉玛依、石河子、喀什等新兴工业城市。传统的民族工业品如维吾尔族铜器、铜雕、伊宁皮革、喀什小花帽和民族乐器、和田地毯和丝绸等也都得到了很快的发展。

[交通]　新疆已建成公路14万多千米，交通十分便利。公路以乌鲁木齐为中心，联系全区各市县，沟通各绿洲。甘新、青新、新藏等省际公路通过全区。铁路运输以兰新线为主干，与包兰、陇海线相接，省内外联系十分紧密。航空以乌鲁木齐为中心，通达兰州、西安、北京、上海等大城市，国际航线可达俄罗斯、巴基斯坦等国。新疆是全国航空线最长、航站最多的省区。

> **世界最长的沙漠公路**
> 　　在沙漠中修筑公路是个巨大的难题。在塔克拉玛干沙漠，我国修建了世界上第一条长距离，高等级的沙漠公路。20世纪70年代末，探明塔里木盆地油气资源十分丰富。于1889年11月中国组织筑路大军在专家的指导下修建沙漠公路。到1995年9月6日，长522千米的塔克拉玛干沙漠公路全线贯通。它的开通对于缓解中国油气紧缺起着积极作用。

（七）旅游

　　奇特的自然景观、横跨上亿年的文物古迹和独特的民族风情，优美的历史传统，使新疆成为国内外游客心中的"圣地"。高昌古城、交河古城、楼兰、尼雅等遗址是沧海桑田的实证，丝绸之路将它们串联了起来。境内多高山，有乔戈里峰等8座海拔在7500米以上山峰。天山天池为著名的高山湖泊，艾丁湖是中国海拔最低的湖泊，火焰山与将军崖的雅丹地貌等绝世奇观记载了地质构造的巨大变化。因此，旅游业成为新疆地区的支柱产业。

[尼雅遗址]　尼雅遗址位于和田地区民丰县城东北130余千米处的大漠深处，东西长约10千米，南北宽约4千米。在20世纪初由瑞典人斯文·赫定首先发现。遗址中

数百间房屋中有寺院、官署、冶作坊和墓地等。还有一座东汉时期的夫妻合葬墓，尸体保存完好。由于沙漠侵袭，西域许多文明古国神秘失踪。

[天山]　天山山脉为东西走向，古称雪山、白山，全长约2500千米。西段伸入中亚境内，中、东段在新疆境内，长约1700千米。宽250～350千米，面积41万平方千米，海拔多在4000米以上。托木尔山峰是天山山脉的最高峰，海拔7443米。天山山脉可分为北天山、中天山和南天山三列。天山山脉主要由喀拉铁克山、汗腾格里、托木尔山结、哈尔克山、霍拉山、库鲁克塔格组成。天山山脉有中国最大的现代冰川区，雪峰连绵，共有冰川6896条，面积达9548平方千米，是开都河、孔雀湖、玛纳斯河和乌鲁木齐河的发源地，形成了无数冰井、冰洞、冰下河、冰塔林、冰蘑菇等奇特景观。天山山地气候湿润，水源充足，山地中森林面积约占新疆全区的50%。草地面积约占47%，是我国天然牧区之一。

[伊犁河]　位于天山山脉西段，是跨越中国和哈萨克斯坦的国际河流，也是我国水量最大的内陆河。古称亦列水、伊丽水，是关系西北农田灌溉的著名河流。新疆境内的伊犁河流域为上游部分。下游流经哈萨克斯坦境内，至博勒库依干归宿于巴尔喀什湖。河流由三大支流组成，主源特克斯河

天山

为西源河流，东源为巩纳斯河和喀什河。河水由冰雪融水和雨水补给，春汛连夏汛，汛期长，径流量年际变化较小，有利于农业灌溉。河流两岸地域平旷，土壤肥沃，河谷青山绿水，阡陌相连，果园众多，素有"塞外江南"美称。该河渔业资源丰盛，青黄鱼为名贵特产。中、下游水流平缓，河床宽阔，伊宁附近流域风景秀丽，是休闲度假、领略塞外野趣的好去处。

[天山天池]　天山天池位于昌吉回族自治州阜康市境内，天池就是相传为西王母宴请西周时周穆王的昆仑仙境——"瑶池"。它是王母娘娘梳妆的镜子。天池位于博格达峰上的雪海之中，海拔1980米，面积4.9平方千米。湖面呈半月形，长3400米，最宽处约1500米，湖深数米到上百米不等。池水清澈，碧绿如玉。因四周高山上的冰雪融化后注入天池，因而即使是盛夏，天池的池水仍很寒冷。西北山后有铁瓦寺、南天门寺寺院，东山有王母娘娘庙及山洞。动植物有党参、黄芪、雪莲、贝母等药材和鱼群、水鸟等。天池雪峰林立，湖水碧如翡翠，苍松参天，风景如画，享有"天山明珠"之称。

千百年来，一提到天池，人们就会与西王母联系在一起。不少文人墨客以此神话

为题材，赋诗作文，这一美丽的神话故事流传至今，也为天池增添了神话色彩。

[奇台石树林]　奇台石树林位于新疆奇台县，在一片溶蚀洼地，地表上散布着几百根大树化石——硅化木，这就是"奇台石树林"。这些化石树，远看与活树无异。远在1亿年以前，这里气候温暖，植被茂密，后来由于地壳变迁，森林被埋入地下，在密封和高温条件下，经含硅的地下水长期的硅化形成化石。

[火焰山]　位于新疆维吾尔自治区吐鲁番市的吐鲁番盆地中部。山上寸草不生，在日光照射下，颜色如火，酷似火焰喷燃，故名火焰山。明人吴承恩著名神话小说《西游记》中写道"西方路上有个斯哈哩国……这里有座火焰山，无春无秋，四季皆热。火焰山，有八百里火焰，四周围寸草不生……"

火焰山原名叫克孜勒格塔山，意即"火山"，或"红色的山"。山地处盆地中，前后蔓延百余里。这里是我国最炎热的特殊自然地区，最高气温可达47℃。若是受到太阳直射，则地面温度可达70℃，甚至可将鸡蛋烤熟。

山东面自古就是北魏、隋唐以来的佛事圣地。凿在山崖上的千佛洞驰名中外，显赫一时的交河故城遗址则位于山的西面，山南是环抱在绿洲中心极为壮观的高昌古城，山北则是享有盛名的种棉基地。葡萄沟横贯火焰山的林荫峡谷，是一条花果长廊，以其特产无核葡萄干誉满中外。

[克孜尔千佛洞]　坐落在新疆拜城县东约50千米克孜尔镇东南7千米处的戈壁悬崖上。约在东汉末期，这里便开始开凿窟群，成为著名的石窟。至唐末，这些石窟被废弃。克孜尔千佛洞是我国早期的大型千佛洞之一，也是古代龟兹国的一处石窟寺群。克孜尔千佛洞又叫赫色尔石窟。迄今只有236个洞窟、约1万平方米的壁画被保存下来。这些壁画的题材多样，故事离奇。

第38窟左右两壁上，有20个乐师。洞附近有一块岩石长年滴水，称千泪泉或千滴泉。第17号窟由被誉为"故事画之冠"，窟顶绘有本生故事画38种之多。这是一个"支提窟"，色彩鲜艳的壁画遍布于四壁之上。特别是窟顶上的一个个菱形格内，绘有许多佛教故事。这些故事以各种不同动作的人物、动物为主，衬以山水树石花鸟，绘制得生动逼真。

[古城遗址石头城]　石头城位于塔什库尔干塔吉克县城北侧，城堡建在一处高丘上，城外石头沟建有多层石头城垣，隔墙之间石丘重叠，结构奇特，造型古朴，是著名的旅游胜地。相传汉代时，这里建有西域三十六国之一的蒲犁国王城。唐朝统一西域后，这里设有葱岭守护城。元朝初期进行了城廓扩建。光绪二十八年，清政府在此设蒲犁厅，对旧城堡进行了维修和增补。这里是古丝绸之路上的一处要塞。

[白杨沟]　白杨沟位于乌鲁木齐市南郊约60千米的天山山谷中，泉多且水清，树木茂密，花草遍地，具有泉、林、草、花之美。此处有哈萨克风格的山间别墅和疗养院。这里是优美的牧场，也是著名的避暑胜地。

[五彩湾]　五彩湾位于准噶尔盆地东南部。在古尔班通古特沙漠，有一处色彩斑

澜的岩石山而得名，又名五彩山。据地质科学家考证，中远古时代这里是湖泊。早在侏罗纪时代，这里沉积着很厚的煤层，燃尽后，烧结岩堆积，加之各地质时期矿物质含量不同，这一带山丘便呈现赭红为主，还夹杂其他多种色彩，状如城廓，五彩城由此得名。地貌变迁，色彩鲜艳的湖相岩层却永久留存下来。岩石有紫红、褐红、姜黄、土黄、浅黑、灰绿多种色彩，又名五彩湾。五彩湾由五彩城、火烧山、化古沟组成。火烧山是由烧结岩构成的。在朝阳或晚霞映照下，仿佛一团烈火在熊熊燃烧，呈赭红色。五彩湾储藏着丰富的石油资源，还有黄金、珍珠等。文物古迹以恐龙沟等最为著名。

第四章 中国地理之最

一、中国面积最大的省级行政区

新疆维吾尔自治区面积约为 166.49 万平方千米，约占中国土地面积的 1/6，是中国面积最大的省级行政区，简称新疆或新。位于我国西北部，地处欧亚大陆中心。除东南连接甘肃、青海，南部连接西藏外，其余与 8 个国家为邻，即东北部与蒙古毗邻，北部同俄罗斯联邦接壤，西北部及西部分别与哈萨克斯坦、吉尔吉斯斯坦和塔吉克斯坦接壤，西南部与阿富汗、巴基斯坦、印度接界，边境线长达 5400 多千米，是我国边境线最长、对外口岸最多的一个省区，这使新疆对外开放具有得天厚的地缘优势。

二、中国最大的城市广场

星海湾广场，中心广场面积 4.5 万平方公，总占地面积 172 万平方米，是大连建市以来，修建的最大的广场。于 1997 年为纪念香港回归而建的，广场中央设有全国最大的汉白玉华表，高 19.97 米，直径 1.997 米，以此纪念香港回归祖国整个广场由 999 块四川红色大理石铺设而成，红色理石的外围是黄色大五角星，红、黄两色象征着炎黄子孙，大理石上雕刻着天干地支，二十四节气及 12 生肖，广场周边还设有 5 盏大型宫灯，由汉白玉石柱托起，高度为 12.34 米，光华灿灿，与华表交相辉映。广场四周，按照东周、西周以来的图谱，雕刻了造型各异的 9 只大鼎，每只鼎上以魏碑体书有一个大字，共同组成"中华民族大团结万岁"，象征着中华民族的团结与昌盛，一言九鼎，重于泰山。巨大的星形广场又与大海相呼应，有星有海、恰为星海湾的象征。

三、中国面积最大的平原

东北平原位于大、小兴安岭和长白山地之间，南北长 1000 多千米，东西宽约 400 千米，面积达 35 万平方千米，是中国最大的平原。

东北平原可分为 3 个部分，东北部主要是由黑龙江、松花江和乌苏里江冲积而成的三江平原；南部主要是由辽河冲积而成的辽河平原；中部则为松花江和嫩江冲积而成的松嫩平原。

新中国成立后，大批转业军人、知识青年和干部响应国家的号召，怀着保卫边疆、建设边疆的豪情壮志奔向"北大荒"，开垦了成千上万亩的荒地，建立了数以万计的农场。如今这里已发展成为中国主要的粮食基地之一，盛产玉米、大豆、高粱和小麦。

四、中国最大的渔场

舟山渔场，是与纽芬兰渔场、秘鲁渔场和千岛渔场齐名的世界四大著名渔场之一，也是中国最大渔场。而嵊山渔场则是历史上舟山渔场的中心捕捞基地，与黄海的石岛渔场、南海的万山渔场，同为中国三大主要渔场。

舟山渔场位于东海北部、长江口东南，外海位于钱塘江口外、长江口渔场之南，面积约为 14350 平方海里。由于地理、水文、生物等优越自然条件，使舟山渔场及其附近海域成为适宜多种鱼类繁殖、生长、索饵、越冬的生活栖息地。其中，大黄鱼、小黄鱼、带鱼和乌贼为舟山渔场捕捞量最多的资源群体，被称为"四大渔场"。

五、中国最大的岛群

舟山群岛是我国沿海最大的群岛，位于长江口以南、杭州湾以东的浙江省北部海域，古称海中洲。群岛总面积 22000 公顷，其中陆地面积 12410 公顷，大小岛屿有 1339 个。其中舟山本岛面积为 4720 公顷，占陆地总面积的 38%，为我国第四大岛。

舟山群岛是浙东天台山脉向海延伸的余脉。在 1 万至 8 千年前，由于海平面上升将山体淹没才形成今天的岛群。群岛的最高峰在桃花岛的对峙山，海拔 544.4 米。

舟山群岛风光秀丽，拥有两个国家海上一级风景区。著名岛景有海天佛国普陀山、海上雁荡朱家尖、海上蓬莱岱山等。东海观音山峰峦叠翠，山上山下美景相连，人称东海第二佛教名山。岛上奇岩异洞处处，山峰终年云雾笼罩。枸记山岛巨石耸立，摩崖石刻处处可见。黄龙岛上有两块奇石，如同两块元宝落在山崖。大洋山岛溪流穿洞而过，水声潺潺，美丽的景点数不胜数。

六、中国最大的丘陵区

习惯上，把长江以南，云贵高原以东，直达于海的广大地区，统称为东南丘陵。因此，东南丘陵可称我国最大的丘陵区。东南丘陵又可细分为江南丘陵（西起武陵，东至武夷，含湖南、江西两省及安徽南部的丘陵）、华南丘陵（南岭以南，广东、广西）和闽浙丘陵（浙江和福建境内的丘陵）。

东南丘陵是中国红壤分布最为集中的地区，赤红壤主要分布于华南丘陵。耕作土壤为水稻土。丘陵山间盆地和河谷平原多辟为农田，是中国重要的粮油产区；也适宜栽培亚热带经济林木和作物，如柑橘、樟树、茶叶、油茶、甘蔗等。华南丘陵还可因地制宜发展龙眼、菠萝、荔枝、芒果。整个区域森林覆盖率比较高，林木尤以杉木、马尾松、毛竹为多，是我国重要林特产品生产基地。

丘陵区内许多中山和低山均为东北—南西向排列，新华夏构造体系清晰。山岭海拔多在1000米左右，局部达1500~2000米。主要山脉有：湘赣交界的幕阜山脉、九岭山、武功山、万洋山和诸广山，浙西的天目山、仙霞岭，闽赣界上的武夷山脉和皖南的黄山等。其中庐山、衡山、黄山、九华山、天目山和井冈山等均为著名旅游胜地。

七、中国最大的咸水湖

青海湖又名"库库淖尔"，即蒙语"青色的海"。它位于青海省东北部的青海湖盆地，是中国最大的内陆湖，也是中国最大的咸水湖。

青海湖长105千米，宽63千米，周长360千米，面积达4583平方千米，比中国最大的淡水湖鄱阳湖大了近460平方千米。湖中有5个小岛，以海心山最大。鸟岛位于湖的西部，面积0.11平方千米，是斑头雁、鱼鸥、棕头鸥、鸬鹚等10多种候鸟繁殖生息场所，数量多达100000只以上，现已建立鸟岛自然保护区。湖中盛产青海湖裸鲤，滨湖草原为良好的天然牧场。

由于全球气候变化和人为原因，青海湖水位呈不断下降趋势，湖面萎缩，环湖地区草原退化、沙化日趋严重。目前，青海湖周边地区沙丘和风沙土地面积已达765平方千米，而且仍在以每年10.2平方千米的速度继续扩大。

八、中国第一大淡水湖

鄱阳湖位于江西省北部、长江南岸，是中国第一大淡水湖，也是中国第二大湖，仅次于青海湖。鄱阳湖古称彭蠡泽、彭泽或澎湖。湖盆由地壳陷落、不断淤积而成。形似葫芦，南北长110千米，东西宽50~70千米，北部狭窄处仅5~15千米。平水位时湖面3050平方千米，高水位时3583平方千米，低水位时仅500平方千米，以致"夏秋一水连天，冬春荒滩无边"，使数百万亩湖滩地不能大量耕种。

鄱阳湖的环境和气候条件均适合候鸟越冬，每年秋末冬初（10月），从俄罗斯西伯利亚、蒙古、日本、朝鲜以及中国东北、西北等地，飞来成千上万只候鸟，翌年春（4月）逐渐离去。如今，保护区内鸟类已达300多种，近百万只，其中珍禽50多种，是世界上最大的鸟类保护区。

鄱阳湖西北老爷庙是一片神奇的水域，看来它十分宁静，但时刻都暗藏杀机。船经此处，会突然之间狂风骤至，若不能及时靠岸，便在劫难逃，葬身水底。当地的渔民都叫它魔鬼三角区，也有人把它叫作中国"百慕大"。

九、最大的山城

重庆市区位于中梁山和铜锣山之间，嘉陵江和长江流经的河谷、台地、丘陵地带。因为城市依山而建，道路高低不平，建筑错落有致，因此叫山城。以重庆母城渝中半岛为例，它是典型的低丘、台地地貌，整个半岛就是一个凸起的山脊，朝天门沙嘴海拔168米，解放碑地区平均海拔249米，枇杷山海拔340米，鹅岭海拔约400米，而这些落差都是在9平方公里的渝中半岛上，这样可以想象城市的高楼大厦是怎样的起伏，道路是怎样的徊转，山城是多么的有特色了。

十、中国最大的海

中国最大的海是南海，位于南苏门答腊和加里曼丹之间，北及东北至广东、广西、福建和台湾及台湾海峡，东边至菲律宾群岛，西南至越南与马来半岛，通过巴士海峡、苏禄海和马六甲海峡连接太平洋和印度洋。

南海为世界第三大陆缘海，仅次于珊瑚海和阿拉伯海，面积约356万平方千米，平均水深1212米，最深处为中部的深海平原，深度达5567米左右。

南海属于热带海洋，适于珊瑚繁殖，形成珊瑚岛。南海诸岛的东沙群岛、西沙群岛、中沙群岛和南沙群岛均为珊瑚岛屿。水产主要为海龟、海参、金枪鱼、红鱼、鲨鱼、大龙虾、梭子鱼、墨鱼和鱿鱼等各种热带海产。南海海底石油与天然气蕴藏丰富，据初步估算海底石油蕴藏量达200亿吨。

十一、中国最大的自然保护区

阿尔金山国家级自然保护区是中国最大的自然保护区，位于新疆的东南隅，地处新疆、青海、西藏、甘肃四省交界处。保留了我国特有和珍稀得野生动植物。其中，动物有359种。12种为国家一类保护动物、17种为国家二类保护动物。另外，保护区内已发现高原植物267种，分属30科83属，新亚种17种。由于保护区独特的地理环境和丰富的自然资源，IUCN（世界自然与自然资源保护联盟）、WWF（世界野生生物基金会）联合考察后在报告序言中称，这里是"世界上少有的生物地理省之一，是不可多得的高原物种基因库"。

这里有世界上海拔最高的积沙滩沙漠、高原内陆不冻湖——阿其克湖、"高原桂林山水"新青峰、冰川密布的木孜塔格冰峰，此外还有千泪泉、阴阳湖、魔鬼谷等景点；在山中还发现了不少用藏文刻在石头上的密宗咒语。

由于地理位置偏远，道路条件欠佳，而且经常有野兽出没，前往该地区旅游一定要经过当地政府的同意并取得必要的协助。

十二、中国最大的冰川

新疆帕米尔高原乔戈里峰北坡的音苏盖提冰川，长约 40 千米，冰舌长约 4200 米，面积达 380 平方千米，冰储量不少于 116 立方千米，是中国最大的冰川，其融水注入叶尔羌河。

音苏盖提冰川属于在高原内部干旱半干旱气候条件下发育的大陆性冰川，冰川温度低，消融慢，进退幅度小，运动速度慢，它是由 4 条巨大的支冰川和 10 余条规模不等的冰流汇合而成的树枝状山谷冰川。冰川末端下伸至海拔 4000 米左右的谷地中，冰川消融区表碛（位于冰川表面的冰碛）密布，冰塔林十分发育，裂隙密集，又称为"裂隙冰川"。

青藏高原冰川素有"亚洲水塔"之称，但是，随着全球气温变暖的趋势，高原上的冰川消融剧烈，"亚洲水塔"面临缺水的危机。

十三、中国（世界）最大的黄土地貌

世界最大的黄土高原位于中国中部偏北，包括太行山以西、秦岭以北、乌鞘岭以东、长城以南的广大地区，面积约 40 万平方千米，海拔 1500 到 2000，横跨山西、陕西以及甘肃、青海、宁夏、河南等省部分地区，为世界最大的黄土堆积区。

高原覆盖着深厚的黄土层，厚度在 50~80 米之间，最厚达 150~180 米。黄土颗粒细，土质松软，含有丰富的矿物质养分，利于耕作。但由于缺乏植被保护，加以夏雨集中，且多暴雨，在长期流水侵蚀下地面被分割得支离破碎。

关于黄土的来源，以"风成说"较令人信服。这种说法认为，黄土来自北部和西北部的甘肃、宁夏和蒙古高原以至中亚等广大干旱沙漠区。这些地区的岩石，白天受热膨胀，夜晚冷却收缩，逐渐被风化成大小不等的石块、沙子和粘土。同时这些地区，每逢西北风盛行的冬春季节，狂风骤起、飞沙走石、尘土蔽日。粗大的石块残留在原地成为"戈壁"；较细的沙粒落在附近地区，聚成片片沙漠；细小的粉沙和粘土，纷纷向东南飞扬，当风力减弱或迁秦岭山地的阻拦便停积下来，经过几十万年的堆积就形成了浩瀚的黄土高原。

黄河中、上游流经黄土高原，高原黄土是黄河泥沙的主要来源地。尤其是黄河河口镇至潼关这一河段，黄河在穿越这一段黄土高原的过程中，众多支流汇入，把黄河

"染成"了黄色。据测定，这一河段进入黄河的泥沙占全河沙量的90%。因此，黄土高原的治理与黄河的治理息息相关。

十四、中国最大原始森林区

林芝位于西藏自治区东南部，内与昌都、那曲、拉萨、山南等地市相邻，外与印度、缅甸接壤，平均海拔3100米，总面积约11.7万平方千米。

林芝市自然条件得天独厚，气候宜人，水资源丰富，素有"西藏江南"之美誉。林芝地处雅鲁藏布江中下游，全区有高等植物2000多种，是世界生物多样性最典型的地区，堪称生物基因库；林地面积264万公顷，森林覆盖率46.1%，活立木储积量8.82亿立方米，是全国最大的原始森林区。

林芝江河、冰川、湖泊纵横密布，水利资源十分丰富，水能量蕴藏量高达8200万千瓦。著名药材资源有三七、虫草、红景天、贝母、党参等。食用菌资源有银耳、木耳、松茸、猴头、茯苓、灵芝等。

十五、最大的盆地

位于新疆南部的塔里木盆地，是我国最大的盆地。位于中国西北部的新疆，东西长1500千米，南北宽约600千米，面积达53万平方千米，海拔高度在800~1300米之间，地势西高东低，盆地的中部是著名的塔克拉玛干沙漠，边缘为山麓、戈壁和绿洲（冲积平原）。

塔里木盆地是中国最古老的内陆产棉区，光照条件好，热量丰富，能满足中、晚熟陆地棉和长绒棉的需要。昼夜温差大，有利于作物积累养分，又不利害虫孳生，是中国优质棉种植的高产稳产区。瓜果资源丰富，著名的有库尔勒香梨、库车白杏、阿图什无花果、叶城石榴、和田红葡萄等。木本油料的薄壳核桃种植也很普遍。和田的地毯编织和桑蚕都发达。

十六、最大的岛屿

台湾岛是中国最大的岛屿，面积3.576万平方千米。自古以来，台湾都是中国神圣领土不可分割的一部分。据可查的史料上，"台湾"这一名称的出现不过300多年。但是史书证明两岸人民对台湾宝岛早有称呼，历史上对台湾的称呼有近十个，其中，日本学者尾崎秀真也认为"岛夷"就是台湾最早的名称。

历史上，台湾曾被西班牙、荷兰、日本先后占领过。1949年后，由于众所周知的原因，台湾与祖国大陆处于分离的状态。50多年来，台湾的政治、经济、文化、社会等发生了巨大变化。台湾岛是中国的第一大岛，位于祖国东南沿海的大陆架上。台湾扼西太平洋航道的中心，是中国与太平洋地区各国海上联系的重要交通枢纽。

十七、最大的冲积岛

崇明岛是新长江三角洲发育过程中的产物，面积1060.5平方千米，是中国第三大岛，被誉为"长江门户、东海瀛洲"。同时，它是世界上最大的河口冲积岛，世界上最大的沙岛。崇明岛成陆已有1300多年历史。全岛地势平坦，土地肥沃，林木茂盛，物产富饶，是有名的鱼米之乡。

十八、最大的峡谷

西藏雅鲁藏布江下游的雅鲁藏布大峡谷是地球上最深的峡谷。北起米林县的大渡卡村（海拔2880米），南到墨脱县巴昔卡村（海拔115米），雅鲁藏布大峡谷长504.9千米，平均深度2268米，最深处达6009米，是世界第一大峡谷。整个峡谷地区由冰川、绝壁、陡坡、泥石流和巨浪滔天的大河交错在一起，环境十分恶劣。许多地区至今仍无人涉足，堪称"地球上最后的秘境"，是地质工作少有的空白区之一。

十九、最大的草原

呼伦贝尔草原总面积约10万平方千米，天然草场面积占80%，是世界著名的三大草原之一，也是我国最大的草原。位于内蒙古自治区东北部，由呼伦湖、贝尔湖而得名。这里地域辽阔，风光旖旎，水草丰美，3000多条纵横交错的河流，500多个星罗棋布的湖泊，组成了一幅绚丽的画卷，一直延伸至松涛激荡的大兴安岭。呼伦贝尔草原是中国目前保存最完好的草原，也是一方没有任何污染的绿色净土，该草原被《中国国家地理》"选美中国"活动评选为"中国最美的六大草原"第一名。

二十、最大的海峡

位于我国台湾省与福建省之间，有一条东北——西南走向的宽阔水道，是我国最大的海峡，台湾海峡。宽约 150 千米，最狭处为 135 千米。

二十一、中国的最北端

"北极村"原名漠河村，位于大兴安岭山脉北麓的七星山脚下，与俄罗斯阿穆尔州的依格娜思依诺村隔黑龙江相望，是漠河乡政府所在地。矗立在黑龙江畔的"北极村"白色大理石碑，就是中国最北疆土的标志。

1998 年，南方游客向这里的村民提议"漠河村为何不叫北极村"，村民立即反映给县里。为了进一步提高北极漠河的知名度和影响力，次年，漠河村改名北极村。

"白夜"和"北极光"两大天然奇景是北极村的特别之处。每年夏季，北极村的白天便越来越长，晚上也相应地越来越短，尤其是夏至前后半个月，每晚只有子夜时分一两个钟头，天色稍微昏暗一些，随后又是朝霞似锦，旭日高悬，黑夜一晃又变成了"白夜"。

在北极村上空的北面，也经常出现绚丽多彩的"极光"奇景。极光在北面天空开始出现时，是一个由小至大、颜色变幻不定的光环，色彩臻至最灿烂妍丽时，光环慢慢移向东边，由大变小，逐渐消失。每当此时，来观光的游人莫不翘首而望，欣赏夜空那璀璨的"焰火"。

二十二、中国的最南端

南沙群岛的曾母暗沙是我国的最南端。位于南沙群岛南端（北纬 3°58′，东经 112°17′），是中国领土的最南端（台湾当局认为是"中华民国领土最南端"，中国领土实际的最南端为立地暗沙，曾母暗沙西南 14 海里出）。最浅处水深 17.5 米，形如纺锤，礁丘脊部呈北北西走向，为水下珊瑚礁，面积2.12平方千米。

曾母暗沙目前由中华人民共和国实际控制，因为是暗沙，无法驻军，我国舰艇每2个月巡访一次。

二十三、中国的最西端

位于新疆维吾尔自治区乌兹别里山口的乌恰县是我国的最西端。具体地点大约在北纬39度15分、东经73度33分，在中、塔、吉三国边界交点西南方约25公里处。乌恰在汉代为招毒国地，汉末并于疏勒国。唐代属疏勒都督府。清乾隆二十三年（1758年）归喀什噶尔。1938年设县，改名乌洽。1954年划归克孜勒苏柯尔克孜自治州管辖。乌恰县现辖9个乡、2个镇，是柯尔克孜族的主要聚居地。

乌恰是新疆南疆通往中亚的交通要道，古丝绸之路必经之地，现在则是新疆与吉尔吉斯共和国通商的主要口岸。

二十四、中国的最东端

位于黑龙江和乌苏里江交汇处的黑瞎子岛是我国的最东端。《地理》课本上说，"中国领土最东端在黑龙江与乌苏里江交汇的中心航线上"，现在这个说法需要修正了。2008年10月14日，中俄两国在黑瞎子岛上举行"中俄界碑揭牌仪式"，半个黑瞎子岛领土回归中国，使我国的东极之地变成了黑瞎子岛中间中俄国界分界线。

黑瞎子岛由银龙岛、黑瞎子岛、明月岛等3个岛系90个岛屿和沙洲组成，是我国最东端的一块岛屿。1929年，被苏联占领后，黑瞎子岛便成了中国人的"禁地"。

2008年黑瞎子岛部分领土主权回归后，中俄两国都将在岛上驻军，这样一来，这颗黑龙江与乌苏里江上的明珠——黑瞎子岛，将呈现世界罕见的格局："一岛两国"。

二十五、中国领土最南的市

2007年11月，中国国务院批准海南省政府的提议，将现有的西沙群岛办事处升格，设立县级"三沙市"，下辖西沙、中沙、南沙诸群岛。未来的三沙市的海域范围将逾 200 万平方千米，接近全国陆地面积（960 万平方千米）的四分之一。这样，三沙市就取代三亚，成为中国最南的城市。

早在 1959 年，中央政府批准成立"西南中沙工作委员会、西南中沙办事处"；1969 年 3 月，该办事处改称为"广东省西、南、中沙群岛革命委员会"，1981 年 10 月恢复为"广东省西、南、中沙群岛办事处（县级）"。海南建省后，该办事处划归海南省管辖。2007 年 11 月西沙、中沙、南沙办事处改名为三沙市。现办事处被正式建制的三沙市取代。

2007 年 11 月之后，中国领土最南端的城市不再是三亚市，而是同属海南省的三沙市，下辖西沙、中沙、南沙诸群岛，涉及岛屿面积 13 平方公里，海域面积 200 多万平方公里，是中国面积最大、人口最少的城市。

二十六、中国陆海交接的最东端

成山头，又名"天尽头"，位于山东省荣成市成山镇，因地处成山山脉最东端而得名。成山头三面环海，一面接陆，与韩国隔海相望，仅距 94 海里，是中国陆海交接处的最东端，最早看见海上日出的地方，有"中国的好望角"之称。

这里群峰苍翠连绵，大海浩瀚，峭壁巍然，巨浪飞雪，气势恢宏，是理想的旅游避暑胜地，有海驴岛、始皇庙、秦代立石、拜日台、秦桥遗迹等著名景点。

据《史记》载：姜太公助周武王定天下之后。曾在此拜日神迎日出，修日祠；公元前 219 年、210 年秦始皇曾两次驾临，留下秦代立石、射鲛台、始皇庙及李斯手书"天尽头秦东门"等古迹；公元前 94 年，汉武帝刘彻东巡海上，拜成山日主祠，观日出，建成山观，且作赤雁歌。

成山头东 10 海里外的海面上，北洋水师爱国将领邓世昌殉于此内。

二十七、中国陆海交接的最南端

徐闻县位于广东省雷州半岛南端，属于湛江市管辖，是中国大陆离海南省最近的地方，这里有中国大陆最南端标志塔——滘尾角灯塔，与海南岛的天涯海角和台湾岛的鹅銮鼻并称中国陆地的"南三端"。

据记载，自汉武帝元鼎六年建制至南齐武帝永明年间的约 600 多年里，郡县之治设在境内西南的讨网村，"以其地迫海，涛声震荡，曰是安得其徐徐而闻乎"，于是就

有了徐闻地名。

2000年6月，广东省政府参事室、珠江文化研究会专家学者组成考察团，亲临徐闻考察调研论证，确定徐闻县是汉代海上"丝绸之路始发港"。

二十八、中国（世界）最长的跨海大桥

杭州湾跨海大桥北起浙江嘉兴海盐郑家埭，南至宁波慈溪水路湾，全长36千米，是目前世界上最长的跨海大桥，比连接巴林与沙特的法赫德国王大桥还长11千米，成为继美国的庞恰特雷恩湖桥后世界第二长的桥梁。

杭州湾跨海大桥建成通车将宁波至上海间陆路缩短了120千米，成为国道主干线——同三线跨越杭州湾的便捷通道。大桥按双向六车道高速公路设计，设计时速100千米/时，设计使用年限100年，总投资约140亿元。2003年11月14日开工，2007年6月26日全桥贯通，2008年5月1日正式通车。2008奥运火炬传递中穿越了杭州湾跨海大桥。

在由宁波网发起的"世界十大名桥评选"活动中，杭州湾跨海大桥、赵州桥、卢沟桥、南京长江大桥、澳大利亚悉尼海港大桥、杭州钱塘江大桥、美国金门大桥、伦敦塔桥、香港青马大桥、广济桥等从全世界30座知名大桥中脱颖而出，杭州湾跨海大桥以高票当选。

二十九、中国现存最早保存最好的石拱桥

赵州大石桥又叫安济桥，位于河北石家庄东南45千米处的赵县境内，是全国重点文物保护单位。修建于隋代开皇年间（公元581年左右），距今已有1400年历史，被誉为天下第一桥，由著名匠师李春主持建造。

安济桥是一座单孔弧形敞肩石拱桥，大桥通体使用花岗岩石，由28道独立石拱纵向并列砌筑而成，全长64.4米，宽9米，净跨37.02米，弧矢7.23米。在横跨两岸的大拱两端拱肩上有两个小拱，这样不仅精巧优美，便利交通，而且减少流水阻力。

安济桥是世界上现存最早、保存最好的石拱桥，1991年被美国土木工程学会命名为"国际土木工程历史古迹"，其建筑成就堪与巴黎埃菲尔铁塔、巴拿马运河、埃及金字塔齐名。

中国古来有许多关于赵州桥的传说，包括传说赵州桥上有张果老（八仙之一）倒

骑毛驴桥上走留下的驴蹄子印；柴王爷推车过桥轧下的车道沟印和膝盖跪下的膝盖印等。

三十、中国最高的木建筑

释迦木塔位于应县城内西北佛宫寺内，俗称应县木塔。建于辽清宁二年（公元1056年），金明昌六年（公元1195年）增修完毕，是我国现存最高、最古的一座木构塔式建筑。

木塔建造在四米高的台基上，塔高67.31米，底层直径30.27米，呈平面八角形。整个木塔共用红松木料3000立方，约2600多吨重，整体比例适当，建筑宏伟，艺术精巧，外形稳重庄严。

木塔自建成后，历代名人挂匾题联，为木塔增色不少。其中：明成祖朱棣于永乐四年（公元1406年）率军北伐，驻宿应州，登城玩赏时亲题"峻极神功"；明武宗朱厚照正德三年（公元1508年）督大军在阳和（山西阳高县）、应州一带击败入塞的鞑靼小王子，登木塔宴请有功将官时，题"天下奇观"。塔内现存明、清及民国匾、联54块。此外，与木塔齐名的是塔内发现了一批极为珍贵的辽代文物，尤其是辽刻彩印，填补了我国印刷史上的空白。

三十一、中国保存最完整的帝王陵寝

乾陵是中国唐代高宗皇帝李治（公元628年~公元683年）与中国历史上唯一的女皇帝武则天（公元624年~公元705年）的合葬之地，是全国乃至世界上唯一的一座夫妇皇帝合葬陵。

陵地距古都西安80千米，三峰耸立，风景秀丽，远望宛如一位女性仰卧大地，东西对峙之南峰似其乳，俗谓之奶头山。

乾陵陵园周围约40千米，园内建筑仿唐长安城格局营建，宫城、皇城、外廓城井然有序。陵园内现存有华表、翼马、鸵鸟、无字牌、述圣记碑、石狮、六十一蕃臣像等大型石雕刻120多件，整齐有序地排列于朱雀门至奶头山遥遥两华里之余的司马道两侧，气势宏伟，被誉为"盛唐石刻艺术的露天展览馆"。

唐乾陵在唐代18座帝王陵墓中是目前唯一未被盗掘过，且保存最完整、气势最雄伟的，举世罕见。20世纪60年代以来，先后发掘了永泰、章怀、懿德等五座陪葬墓，出土珍贵文物 4300 多年。1 万多幅绚丽多彩的墓室壁画，堪称唐代瑰丽的地下艺术画廊。

三十二、中国最浅的海

渤海是中国的内海，位于辽宁、河北、天津和山东之间，基本为陆地环抱，仅东部以渤海海峡与黄海相通。渤海面积 77000 平方千米，平均深度 18 米。周围有三个主要海湾：北面的辽东湾、西面的渤海湾、南面的莱州湾。由于辽河、滦河、海河、黄河等带来大量泥沙，海底平坦，饵料丰富，是中国大型海洋水产养殖基地。盛产对虾、黄鱼。沿岸盐田较多，以西岸的长芦盐场最著名。主要岛屿有庙岛群岛、长兴岛、西中岛、菊花岛等。

渤海海峡口宽 59 海里，有 30 多个岛屿，其中较大的有南长山岛、砣矶岛、钦岛和皇城岛等，总称庙岛群岛或庙岛列岛。其间构成 8 条宽狭不等的水道，扼渤海的咽喉，是京津地区的海上门户。

近年在渤海海底发现丰富的石油，已大规模开采。随着海洋资源的开发利用活动，渤海环境质量严重恶化。1998 年 12 月，国家环保总局在北京召开了渤海环境保护工作会议，讨论实施"碧海行动"计划。2001 年"渤海碧海行动计划"正式启动，6 年之后，情况非但没有改善，反而更加严重。据预测，到 2013 年，轻度及以上污染面积将达到渤海总面积的一半；到 2017 年，中度及以上污染面积将达到渤海总面积的一半；到 2022 年，严重污染面积将达到渤海总面积的一半；到 2028 年，整个渤海将沦为一滩臭水。渤海成为"死"海，为期不远。

三十三、中国海岸线最曲折的沿海省

福建省的大陆岸线从沙埕港到诏安铁炉岗的直线长度只有 535 千米，曲线长度却为 3051 千米，曲折率达 1：5.6。

如果我们将福建省的海岸带按其明显的区域分成闽东、闽中和闽南三段进行分析，会对其海岸的曲折程度有一个更清楚的了解。

闽东岸段北起福鼎虎头鼻，南至闽江口以北黄歧半岛南岸。此段岸线曲折，岸线曲折率高达 1：11.3，为全国罕见。这儿的海湾常常深入内地 30~35 千米，多有山丘作为屏障，湾中有湾，港中有港，湾内风浪小，少淤积，是天然良港。

闽中岸段北起黄歧半岛，南至晋江围头。这一段海岸地质断裂构造明显，岸线较曲折，曲折率 1：6.3，港湾较多，如湄州湾口小腹大，屏障良好，是一个天然良港。

闽南岸段北起晋江围头，南至诏安铁炉岗。本岸段仍受断裂构造控制，沿岸沙质海滩发育，岸线较平直，曲折率 1：3.9。

三十四、中国陆地最低点

人们都能猜到，中国陆地的最高点是珠穆朗玛峰，那么最低点是哪里呢？它就是新疆吐鲁番盆地腹心偏南的艾丁湖，这里既是中国陆地最低点，也是世界著名低地，素有"中国死海"之称。

艾丁湖形成于两亿多年前，是喜马拉雅山造山运动的产物。由于艾丁湖洼地最低点地理位置十分特殊，其精确的海拔高程如同世界最高峰珠穆朗玛峰海拔高程一样，多年来一直为社会所关注。

据历史记载，艾丁湖曾经是一个水波浩渺、约有 50000 平方千米的内陆海，由于湖区气候极端干旱，千百年来的蒸发，使湖面渐渐萎缩。今日艾丁湖，除西南部还残存很浅的湖水外，大部分是皱褶如波的干涸湖底，触目皆是银白晶莹的盐结晶体和盐壳。

三十五、中国最大的人造瀑布

桂林"九天银河"瀑布建于桂林市中心广场南侧的漓江大瀑布饭店。瀑布的巨大水流从饭店主体建筑 12 层楼顶奔泻而下，上部宽 72 米，下部宽 74 米，落水高度 45 米，沿大楼玻璃幕墙流泻到饭店二层 5.6 米高处水池再跌入地面。水膜厚 3.2 厘米，流量每小时 2560 立方米，气势磅礴。经上海大世界吉尼斯总部确认，"九天银河"瀑布为世界上最大的人造瀑布。

另外，在广西柳州蟠龙山，也建立了一个大型人工瀑布。瀑布东靠蟠龙山，西贴灯台山，北临柳江，依山傍水，位置得天独厚。瀑布出水面宽 215 米，落差约 13 米。

三十六、中国第一大河

长江是中国第一大河，也是亚洲第一大河，世界第三大河。2001 年，中科院遥感应用研究利用卫星遥感影像测量计算，精确测出长江长度为 6211.31 千米，年平均入海水量 9600 余亿立方米。

长江发源于唐古拉山脉，在唐古拉山脉主峰各拉丹冬西南侧。这里冰川广布，姜跟迪如冰川的冰雪融水就是长江的源头。从江源到入海口，可分为三大段：四川宜宾以下始称为长江；湖北宜昌以上为长江上游；宜昌至江西湖口为长江中游；从湖口至入海口（崇明岛）为下游。如果按照"河源唯远"的原则，其最长支流沱沱河应为长江的正源。

长江旅游资源丰富，长江及

长江

其支流孕育了多姿多彩的风景名胜。宜昌市三峡大坝、黄鹤楼公园、重庆巫山小三峡旅游区、青城山—都江堰、乐山市峨眉山景区等都是国家 5A 级旅游风景区。另外，长江可供开发的水能总量达 2 亿千瓦，是中国水能最富有的河流。长江干流通航里程达 2800 多千米，素有"黄金水道"之称。与黄河一样，长江同为中华民族的摇篮，哺育了一代又一代中华儿女。

三十七、中国最干的地方

克尔碱位于吐鲁番市的托克逊县西南，是我国降水最少的区域，年降水量仅为 0.8 毫米，而蒸发量高达 5826 毫米，被称为中国"干极"。但就是这个地方却有着其他地方没有的独特自然风景，还有神秘的克尔碱岩画。

岩画散布在克尔碱沟两岸，东岸岩画雕刻于零星散布的砂岩上，现存 100 多幅，主要内容为羊群和牧羊人；西岸岩画分为两处：其中一处有 21 幅，主要内容为人、鹿、狗、骆驼、羊和狩猎及放牧等场面，还出现了猛虎逐鹿于前，狩猎者射猎于后的图案；其二是克尔碱水系图。在水系图下游，还刻有大量猎人骑马狩猎和各种草原动物食草饮水以及奔跑的生动图案。据有关专家考证，这些岩画和水系图均属于公元前6~7世纪车师人的遗存。

怪石岭位于克尔碱岩画区的东面，其底部有一处很大的溶洞。上山的路崎岖难行，山顶的风蚀雅丹地貌令人叹为观止！

三十八、中国降雨量最多的地方

中国台湾北端基隆南侧的火烧寮，1906~1944年38年的平均年雨量最高达6557.8毫米，1912年曾出现过8409.0毫米的记录。一般认为，这是我国年雨量的最高纪录。

火烧寮之所以雨量特别多，主要原因就在于它位于中央山脉的北坡，冬半年面迎从东海上来的潮湿季风，气流稍一抬升便大雨倾盆。

中国大陆上年降雨量最多的地方是西藏自治区东南部、雅鲁藏布江下游河谷中的巴昔卡，1931~1960年30年平均降雨量高达4495毫米。

此外，年降雨量大的地方还有：台湾东兴，2646.7毫米；琼中，2340.9毫米；云南的金平，2267.3毫米。

三十九、中国最怪的斜坡

怪坡位于沈阳市沈北新区境内的帽山西麓，面对旷野，背依群山，西距102线国道1.32公里，南达沈阳30千米，有京哈高速公路从景区贯穿而达，交通便利。

怪坡是一条长80余米、宽约25米，呈西高东低走势的斜坡，发现于1990年4月。怪坡之怪在于，骑上自行车，上坡只要扶住车把，不用蹬车就飞快地向坡上滑行，而下坡需要用力蹬，不蹬不走。机动车也是如此。

四十、最高的山峰

珠穆朗玛峰，位于中国和尼泊尔交界的喜马拉雅山脉中端，珠峰南坡位子尼泊尔萨加玛塔专区，北坡位于中国西藏自治区定日县。海拔为8844.43米，是世界上最高的山峰。珠穆朗玛峰山体好似巨型的金字塔，终年积雪覆盖，有着长达26公里的冰川。

"你高耸在人心中，你屹立在蓝天下，你用爱的阳光抚育格桑花，你把美的月光洒满喜马拉雅。我多想弹起深情的弦子，向你倾诉着不老的情话。我爱你珠穆朗玛，心中的珠穆朗玛……"对于多数人来说，珠穆朗玛峰就是天上的女神，可望而不可即。但对于世代生活于此的藏族同胞来说，珠穆朗玛就是大地之母，它哺育了众多藏族儿女，见证了历史的兴衰。

珠穆朗玛峰是世界上海拔最高的山峰，位于喜马拉雅山脉中端，海拔达8844.43米，山体呈金字塔状、直插云霄，终年覆盖的积雪与天空浑然一体，珠峰是名副其实的"地球之巅"。正是这样绝对的高度优势，使得珠穆朗玛峰好似女神般站在天空中，俯视着芸芸众生。

众所周知，地球有南北两极，而珠穆朗玛峰则被誉为"世界第三极"，可见其有着独特的魅力。主峰终年积雪覆盖，冰川面积广阔。在万顷冰雪世界中，还有一个独特的景观——旗云。每当天气晴朗时，它们便会出现，轻轻地漂浮在山顶，远远看去形状如同随风飘扬的旗子，故而得名。旗云不仅形状似旗，更因为它可以为登山者推断山顶的风力大小起到指示作用，而被登山者称为"世界上最高的风向标"。珠峰南坡降水丰富，有着热带雨林、亚热带常绿林、温带森林、高山草甸等景观；北坡主要是高山草甸景观，在海拔4100米以下有众多的河谷森林，其间有孔雀、藏熊、雪豹等珍禽异兽。

在珠峰脚下有世界上海拔最高的寺庙——绒布寺。绒布寺是北坡攀登主峰的大本营，在此你可以眺望到珠穆朗玛峰、希夏邦马峰、卓奥友峰、马卡鲁峰等的俊美风光。在山脚远望珠峰，可以看到彩色的经幡一路蜿蜒，直达苍穹，看不到终点，却又好似七色的彩虹驾凌在众山之间，在这苍茫大地上形成一道亮丽的风景线。

珠穆朗玛峰作为藏民心中的"大地之母"，其高大巍峨的形象一直影响着当地乃至世界。在中国第四版人民币的10元纸钞背面，便是珠穆朗玛峰的图案；新西兰元5元钞的正面图案则是登顶珠峰的探险家艾德蒙·希拉蕊的肖像。虽然珠峰地势险峻，自然环境复杂严苛，但"无限风光在险峰"，珠峰仍吸引了众多登山探险者勇往直前。1953年，新西兰登山队员从南坡登顶；1960年，中国登山队从北坡登顶，创造了世界登山历史的奇迹；2008年，北京奥运会圣火也被中国健儿带到了珠峰，成为历届奥运会圣火传递中海拔最高的传递站。

四十一、最大的河口冲积岛

崇明岛，地处长江口，是世界上最大的河口冲积岛和世界最大的沙岛，被誉为"长江门户，东海瀛洲"。其面积达 1200.68 平方公里，东西长 76 公里，南北宽 13~18公里，外形好似卧蚕。崇明岛有着丰富的土地资源，是江南著名的鱼米之乡。

素有"长江门户，东海瀛洲"之称的崇明岛，有 1300 多年的历史。相传东晋末年，孙恩农民起义失败，起义军乘坐的竹筏漂浮到长江口，在江边搁浅。起义军弃筏上岸，留在岸边的竹筏拦住了江水带来的泥沙，逐渐形成一个沙嘴。这个沙嘴随着江水的涨落时隐时现，让人们觉得既"鬼鬼祟祟"又"明明显显"，故而将此岛取名"崇明"。经过时间的流转，沙嘴泥沙增多，形成小岛，气势宏伟，让人心生崇敬之意，又将其改名为"崇明岛"。

泥沙是崇明岛的血肉，正是因为大量的泥沙堆积，才使得崇明岛由一个小沙嘴形成一个面积达 1200.68 平方公里的沙质岛屿，也因此成为全世界最大的河口冲积岛。崇明岛位于长江入海口，是长江三角洲发育的产物，奔流的江水一路向东汇聚于此，带来了充沛的水资源、肥沃的土壤以及富饶的物产资源。其中东平国家森林公园、瀛洲公园、紫海鹭缘浪漫庄园、东滩湿地等地的景色更是远近闻名。

江水滔滔，芳草萋萋，深色的木制廊桥远远地看不到尽头，这就是位于崇明岛中北部的东平国家森林公园。公园内，高大的乔木参天蔽日，"蟹"式房屋临湖排列，高大的荷兰风车在鲜花翠柏中透露着欧式风情。

秋风静静地吹着岸边的芦苇，夕阳的余晖中，成群结队的候鸟展翅高飞，呈现"落霞与孤鹜齐飞，秋水共长天一色"的景象，这便是崇明湿地。每到秋季，都有大群的候鸟在此栖息过冬。除了这些清新诗意的景色外，崇明岛上的紫海鹭缘浪漫庄园，则是将浪漫进行到底。在庄园 200 多亩的土地上，遍地都是普罗旺斯薰衣草，阳光温柔地洒在紫色的花海中，一片温馨浪漫的气息。

崇明岛自唐朝开始便有人居住，悠久的历史带给了崇明岛浓郁的人文风情。你可以乘车从崇民岛去上海市区，经过上海长江大桥，透过车窗看世界上最大的隧桥，白色的桥身好似巨龙蜿蜒于海上。在感叹交通便捷的同时，你是否知道这短短 40 多分钟的车程，却让当地人等待了 1300 年？你也可以去上海市区走走。上海是一个充满传奇色彩的城市，自 1843 年开埠以来，它就以华丽的步伐迅速发展。当年妖娆风情的霞飞路，变为了今天奢华繁荣的淮海路；南京西路成了时尚品位的代名词；当年十里洋场的奢靡、百乐门前的歌舞升平，成为上海历史中出彩的点缀；豫园、古猗园、朱家角古镇完美地展示了东方园林的古韵。行走在古老的弄堂里，你是否也看到了那些穿着旗袍的女子的身影，在喧嚣中渐行渐远……

四十二、海拔最高的大河

　　雅鲁藏布江，世界上海拔最高的河流，源头位于中国西藏自治区，主要流经中国、孟加拉国、印度3国。雅鲁藏布江是中国最长的高原河流，在中国境外内的长度为2057公里，流域面积达24.6平方公里。特殊的地理位置造就了雅鲁藏布江壮美的自然风光，也孕育了多姿多彩的人文历史。

　　对于很多人来说，雅鲁藏布江是一朵冰山上的雪莲，遗世独立而又遥不可及。但对于世代生活在西藏的人而言，雅鲁藏布江却是一条滋养了青藏高原的"母亲河"。在几千年的岁月中，雅鲁藏布江繁荣了多少城邦、哺育了多少人民，是藏族人民心中的"天河"。

　　雅鲁藏布江是全世界海拔最高的河流，它发源于喜马拉雅山脉海拔5590米的杰马央宗冰川，以磅礴的气势冲出万顷冰川，沿途翻越高山、跨过峡谷，在世界屋脊上肆意奔流。藏民之所以称它为"天河"，因为它正是一条最接近天空的大河，将全世界的所有河流远远地抛在脚下。

　　雅鲁藏布江流域有着旖旎多姿的自然风光和独特的人文魅力。雅鲁藏布江共分为3段。从杰马央宗冰川到里孜是雅鲁藏布江的上游。这段河流像呼啸的骏马，从高高的冰川上奔流而下，故又称"马泉河"。当河流流经喜马拉雅山和冈底斯山之间的峡谷地带，可以看到河流好像一条锦带，以柴曲为线串联起无数个晶莹剔透的湖泊，铺设在白雪皑皑的山脚下。

　　江水带着雪山冷冽的气息，河岸上铺就了大片的高蒿草，在微风中轻轻摇曳，一望无际的紫花针茅点缀其中，天边的白云好似洁白的哈达萦绕山间。位于马泉河不远处的普兰县境内有着"西天瑶池"美誉的圣湖玛旁雍错，碧绿澄净的湖水，倒映着白云雪山，景色十分优美。圣湖的西南方是藏民心中的神山——冈仁波钦神山，每年都会有无数信众来此朝圣。札达县境内的古格王国遗址有着700多年的历史，抬头凝望残缺的壁画，可以感受到古国遥远的气息。

　　从里孜到米林县派乡是中游地段。此处的江水急切地冲出大山，形成长长的加查峡谷。加查峡谷最宽的部分只有40米，落差却达300多米。巨大的落差、狭窄的宽度，江水掀起层层巨浪，让人心惊胆战。日喀则是雅鲁藏布江中游的历史名城，有着悠久灿烂的佛教文化和民族风情。在城中，可感受到扎什伦布寺展佛节、跳佛节等浓郁的民族风情；可参观扎什伦布寺、桑耶寺等寺庙，聆听古刹钟声。

　　从派乡到墨脱县是河流的下游地段。这段河流九曲回肠，两岸的加拉白垒山和南迦巴瓦峰海拔均在 7000 米以上，造就了世界上最深最长的雅鲁藏布江大峡谷。雅鲁藏布江大峡谷以高壮、幽深、险峻、奇秀而闻名世界。峡谷最为奇特的景观便是由最先的东西走向突然转为南北走向，形成马蹄形，江水滔天，景色壮阔秀美。

四十三、含沙量最多的大河

黄河，世界上含沙量最大的大河，全长 5464 公里，主要流经黄土高原地区，外形呈"几"字形。充沛的水资源为黄河流域带来了肥沃的土壤，特殊的地势造就了丰富的自然景观。黄河流域还是中华民族的主要发源地，它哺育了上下五千年的华夏文明，是中国民族的"母亲河"。

"我站在高山之巅，望黄河滚滚，奔向东南。惊涛澎湃，掀起万丈狂澜；浊流宛转，结成九曲连环；从昆仑山下，奔向黄河之边；把中原大地，劈成南北两面。啊！黄河！你是中华民族的摇篮！五千年的古国文化，从你这发源……"著名的《黄河颂》，唱出了黄河的澎湃气势，歌颂了它对华夏文明的哺育。

黄河是世界上泥沙含量最多的河流。它发源于青藏高原的巴颜喀拉山脉北麓的约古宗列盆地，分为上、中、下 3 段；中游主要流经黄土高原地区，夹带了大量的泥沙，每逢汛期，一眼望去往往浊浪滔天。"黄河"之名，名副其实。虽然丰富的水资源带来了肥沃的土壤，但是泥沙的堆积导致河道经常堵塞，从古至今，黄河洪涝成灾很常见，让人对它爱恨交加。

作为中华民族的母亲河，黄河孕育了丰富多彩的华夏文明，也造就了旖旎迷人的自然风光。黄河发源于巴颜喀拉山北麓，从河源至内蒙古自治区托克县的河口镇是黄河的上游。这一段的黄河水清波平，由约古宗列盆地开始，涓涓细流向北一路穿行，到达黄河滩。经星宿海与扎曲和卡日曲汇合，水量开始逐渐增大。在黄河上游沿岸，分布着众多的水泊和峡谷景观。著名的星宿海是黄河滩上的一片草滩沼泽，上面星罗棋布地分布着众多水泊，景色十分优美。峡谷景观主要是在青海省和甘肃省的交界处，有最长的峡谷拉加峡、最窄的野狐侠、最陡的龙羊峡等，景色奇峻秀美。因为峡谷的巨大落差，所以此河段建有众多水电站，这些水电站为西北地区工农业的发展做出了巨大的贡献。

河口镇至河南省郑州市的桃花峪是黄河的中游流域。此河段有着黄河干流唯一的瀑布。黄河水流经壶口地区，由宽阔的水面突然变窄，从 17 米的高处飞泻而下，注入下方的石槽中，好似一把巨壶注水，故曰"壶口瀑布"。中游的黄河更是奔腾澎湃，诗人李白曾题诗赞誉"黄河西来决昆仑，咆哮万里触龙门"。桃花峪至入海口是黄河下游地区。由于泥沙堆积，河道变高，下游形成了世界上著名的"地上悬河"。

在黄河中、下游流域的中原大地是黄河文明的主要发祥地。八大古都繁荣的政治经济、丰富多彩的历史文化，为黄河流域增添了浓墨重彩的一笔。中原地区的河洛文化是黄河流域核心。在河洛文化中，有着炎黄五帝的传说和遗址、夏、商、周三代的国都；制定了家天下的政权体制和完善的礼乐制度；出现了较规范的文字；创造了四大发明中的造纸、活字印刷术。不仅手工业、农业、商业等在黄河流域飞速发展，而且儒家、道家、法家等众多学派也如雨后春笋般地绽放在中原大地上，开创了百家争鸣的黄金时代。西安、洛阳作为四大古都之一，更是当时的经济文化中心，唐诗、绘画、书法、雕塑在此达到顶峰，著名的敦煌石窟、莫高窟皆位于黄河流域。西安还是丝绸之路的起点，昔日古长安的繁华盛世至今让人津津乐道。

四十四、最高的火山湖

长白山天池，坐落在吉林省东南部，是世界上海拔最高的火山湖。天池是一座活火山的火山口，因喷发形成了盆状，经过日积月累，形成一处天然湖泊。其湖面海拔为 2194 米，湖面面积达 9.2 平方公里。天池有着丰富的自然景观，且神秘莫测，著名的"天池水怪"是世界之谜。

明明只是一个湖泊，却因为距离天空很近，长白山天池而被冠以"天池"之名。百万年来，这面"天空之镜"安然坐落于长白山之巅，如仙子般遗世独立。

长白山是一座海拔达 2750 米的活火山，自 16 世纪以来就已喷发了 3 次。天池则位于长白山山顶。天池的水面海拔为 2194 米，水深 204 米。一池湖水平静无波，清澈碧绿，将天空中的白云清晰地倒映在湖面上，它就是这样近距离地接近天空，让世界上所有的湖泊都要仰望它。

高高的海拔与远离人间的地理位置，使得长白山天池有着绝美的自然风光。长白山是关东第一山，曾有诗赞誉"千年积雪万年松，直上人间第一峰"。而天池则是长白山最著名的景观。它位于长白山主峰火山口，像一块翡翠镶嵌在四周的"长白山十六峰"中，加上长白山被终年的冰雪所环绕，袅袅云雾，使得天池若隐若现，远远望去好似蓬莱仙境般梦幻迷人。从天池上飞泻而下形成的长白飞瀑，是世界上落差最大的火山瀑布，与冠冕峰的锦江瀑布南北呼应，生动展现了"疑似龙池喷瑞雪，如同天际挂飞瀑"的壮观景象。远处是鸭绿江大峡谷和长白山大峡谷，险峻秀丽的山峰、嶙峋怪状的山石、无不震撼着游客的心灵。

天池原本除了水之外就只有岩石，但近年来天池中出现了冷水鱼——虹鳟鱼。虹鳟鱼生长比较缓慢，肉质十分鲜美。偌大的天池，只有虹鳟鱼生活于其中，似乎显得过于冷清。在 1962 年-1980 年就先后有人发现天池中出现"水怪"。相传"水怪"身体细长，好似凤尾鱼，但至今无人了解它具体是什么水生物、是否存在于天池中。

四十五、岛屿最多的湖泊

千岛湖，位于中国浙江省淳安县，是世界上岛屿最多的湖泊。湖区面积达 573 平方公里，共有岛屿 1078 个。它与加拿大的金斯顿千岛湖、湖北黄石阳新仙岛湖并称为"世界三大千岛湖"。特殊的地理位置使得千岛湖有着独特的自然风光，以及丰富的水生植物资源，是世界著名的旅游风景区。

从高空俯瞰，宽阔平静的湖面上星罗棋布地分布着众多岛屿。有的岛岛相连，外形好似山羊角；有的遗世独立，好似海中仙岛；有的岛屿上群山绵延，风光秀丽；有的岛屿怪石突起，好似大型爬行动物，造型众多，风光各异……这便是千岛湖。

千岛湖位于浙江省淳安县，是世界上岛屿最多的湖泊，有大小岛屿 1078 个。说到千岛湖，人们还会想起加拿大的千岛湖。加拿大千岛湖共有 1800 多个岛屿。但在加拿大，全年露水面积达 0.09 平方米以上并至少生长着一棵树的土地，就可以称为岛。如果按照这种方式来计算，中国的千岛湖则有 2000 多个岛屿，比其还要多 400 多个。

千岛湖有着俊秀迷人的自然风光——绵延的群山、茂密的森林、晶莹剔透的湖水，有"天下第一秀水"的美誉。千岛湖的美景由各式岛屿构成，众岛之间或疏或密，将湖面划分为宽窄不一、弯道众多的海上迷宫，形成千姿百态的群岛景观。

千岛湖岛屿中海拔最高的状元半岛，是登高览景的好地方。在此可以看到兰花潭、紫沙坡、万枝梅海等众多景观，其中有着"金龟背负一青松，雪压水沁她从容"的迎客松是千岛湖的一大亮点，霭云洞景区更是美不胜收。奇石岛收集了全国各地六大类、上千件石头珍品，其中包含中国"四大名石"。鱼乐桥是千岛湖的淡水鱼观赏基地，可以观赏到大白鲢鱼、重达百斤的青鱼等众多鱼类。幸运桥是国内跨度最大的水上浮桥，有着"走过幸运桥，祝君走好"的传说；状元桥则是一座刺激惊险的钢索桥，在当地有"状元桥上走一走，高中状元就是我"的说法。珍珠岛，岛如其名，在万顷碧波中，众岛好似一串珍珠点缀其间，风光旖旎迷人。

千岛湖还有着独特的历史文化气息。五龙岛的新石器时代文化遗址、小塘邬的西周至春秋文化遗址、密山岛的古代寺庙、水下古城等众多遗迹无不彰显着千岛湖地区悠久的历史。

锁岛上有我国第一座锁具博物馆，岛上挂满了约 16 万把各式各样的心形锁；真趣园中有着淳安独特的民间艺术睦剧和跳竹马。每年千岛湖还会举办众多的民俗活动。3月著名的采茶节在有着"百里茶香、万亩茶海"的里商乡举办；7月著名的九咆界山瀑节，可以看"瀑降表演"；9月的秀水节，有水上主题晚会、国际游艇展等 20 多个活动项目。

四十六、最艳丽的大地

张掖丹霞地貌，位于中国甘肃省河西走廊的张掖市，它形成于 600 万年前，海拔在 2000~3000 米之间，东西长约 40 公里，是我国发育最大最好、地貌造型最丰富的地区。这里有五彩斑斓的丘陵，气势磅礴，有"色如渥丹，灿若明霞"的美誉。

对于大多数人来说，对张掖丹霞地貌最初的认识，可能来源于曹丕的"丹霞夹明月，华星出彩云"。但如果你看过了张艺谋导演的电影《三枪拍案惊奇》，一定会对麻子面馆所在的那片美丽山谷印象深刻。不错，那就是著名的张掖丹霞地貌，这里既有着山川峻岭的陡峭，又有着油画般的五彩斑斓。

张掖丹霞地貌是世界上最艳丽的大地。为什么这么说呢？因为当你第一眼看到它，便会被眼前的美景所震撼。绵延不绝的彩色山峦，好像画家手中的调色板，艳丽夺目；色彩斑斓的山丘随着山势的起伏交织出不同的景色。赤色如火焰，金色似麦浪，白色像丝帛，目光所及皆是涌动交替的色彩。如果说毛里求斯的"七色土"是天上的彩虹，让人惊艳，那么张掖丹霞地貌就是七彩的锦缎铺满了天空，更让人感叹。

张掖丹霞地貌有着得天独厚的自然景观，它既有南国风景的优美，又有塞上江南的豪放，曾有诗人赞叹"不望祁连山顶雪，错将张掖当江南"。张掖丹霞地貌集雄伟、险峻、优美于一身，揽新疆五彩城的色彩斑斓于一体。说到张掖丹霞地貌的险峻雄伟，用"绝壁当千仞，危崖一线开"来形容最恰当不过，首屈一指的便是冰沟。走进冰沟，跃入眼帘的是一个好似骆驼状的奇峰。它驼峰凸显，驼首昂扬，精神抖擞地站立在沟沿上，迎来送往，故有"神驼迎客"之说。经过"神驼迎客"再往前走，便可看到一对"老人"远远凝望着远方，仿佛在翘首以盼远归的儿女。抬头可见高耸的山崖上屹立着一对巨大的石柱。石柱高耸入云，有着"欲与天公试比高"的气势，故而被当地人称为"大地之根"。说到张掖丹霞地貌的幽静，芦苇沟当之无愧。芦苇沟长约 3 公里，一步一景，狭长的沟谷中峭壁嶙峋，有"万佛峡"的美称；在沟口，"无底洞"深不见底，顺势而下，沿途幽洞众多，险象环生。丹霞地貌之美，在于自然。绵延起伏的群山错落有致，极富层次感。峭壁悬崖上的色彩，随着天气、时间的变化而变化，在蓝天白云的衬托下，形成一卷卷多彩的油画，让你无论在什么季节、什么时间，都可以欣赏到不同的景色。

张掖有着悠久的历史文化：它见证着中国古代丝绸之路的兴衰、河西走廊文化的发展、裕固族民族风情的美丽；这里有大佛寺、西来寺等众多古刹，还有黑水国遗址、汉墓群、古城墙等众多历史古迹。走在古城中，听着古刹钟声，凝望远处裕固族特有的帐篷、牛群，不知不觉会陷入对历史的沉思中……

四十七、中国最大的内陆淡水湖

博斯腾湖位于天山山脉焉耆盆地中央，海拔1048米。开都河、清水河、黄水沟、乌什塔拉河像一条条飞舞的银龙，穿越戈壁荒滩，流经田园绿洲，然后注入湖中。湖水面积980平方千米，湖滨沼泽面积400平方千米，是我国最大的内陆淡水湖。美丽的孔雀河就从这里发源，冲过著名的铁门关峡谷，滋润着库尔勒绿洲的肥田沃野。

博斯腾湖是一个绿色王国，放眼望去，密密麻麻的芦苇好似雨后春笋，万笋朝天般地从湖中伸出头来，一直铺向水天相连的远方，芦苇面积达400平方千米。一般人是不敢贸然进入苇湖的，因为漫无边际的苇湖，到处生长着四五米高的茂密芦苇，可以完全遮住人们的视线，一旦误入苇湖深处，便像走进"迷魂阵"，很快就会迷失方向，一时半刻是休想转得出来的。

博斯腾湖究竟每年可以出产多少芦苇，是很难说得清道得明的未知数。据说，每年入冬，湖上结冰后周围4个县市和数个农场派人来割，一直割到冬去春来，湖水解冻，也只能割下一部分。为了使来年芦苇更茂密地生长，大片芦苇只好一火焚之。芦苇是经济价值很高的野生植物资源，既可作建筑材料、造纸原料，又可制造黏胶纤维，与棉、毛、丝、麻混纺，织成柔韧漂亮的纺织品供应市场。然而，博斯腾湖的芦苇资源未能得到充分有效的开发利用，并一烧了之，这真是极大的浪费。

博斯腾湖万顷碧波，浩浩荡荡，千重浪花，银光闪耀。近处，一群一群的野鸭、鸳鸯、天鹅等水鸟追逐戏游，展翅飞翔；远处，白帆点点，渔歌互应，水天一色构成一幅奇妙的画卷。

博斯腾湖的渔产极为丰富，尤其盛产的大头鱼和尖嘴鱼，鲜美异常，闻名全疆，不仅肉嫩、脂多、味美，而且个体硕大，小则几千克，大则十几千克。还有青鱼、草鱼、鲢鱼、鳙鱼、鲤鱼、鲫鱼、鳊鱼、五道黑等鱼类。鱼群丰富多彩，是新疆重点渔业基地。在博斯腾湖，还生长着一种珍贵的毛皮兽——麝鼠。麝鼠毛色深灰或红褐，针毛油润发亮，绒毛丰厚柔软，既可保持体温，又能防水。用它制成的衣、皮帽、披肩等高级裘品，又轻又暖，美观大方，经久耐用，在皮货市场上被誉为"软黄金"。此外，它细嫩的肉质，鲜美可口，营养丰富，是一种特殊的野味。它的油脂可以配制肥皂、涂料、染料等。其脐部皮下一对香囊所分泌的麝香是制造高级香水和各种化妆品的上等原料。麝鼠繁殖力很强，一只雌鼠一年能生产3~4次，平均每胎6~9只，多的一胎产15~16只。博斯腾湖水草丰茂，水位稳定，是麝鼠生长的理想场所，成为"麝鼠之乡"。

四十八、中国最大的沙漠

这里是沙子的海洋，地面到处覆盖着厚厚的黄色沙子。大大小小的沙丘，此起彼伏，绵延不绝，低的数米至数十米，高的达数百米，浩茫一片，伸向远方，没入天际。地上和天上，看不到走兽飞禽，其他生命也很少，只在古河床和沙漠边缘生态条件有所改善的地方，才出现一些植物，显出一点儿绿意。平时一片寂静，大风起时则飞沙走石，天地咆哮，黑幕密布，充满恐怖的景象。这里便是新疆南部的塔克拉玛干大沙漠。

这个沙漠面积为 33 万平方千米（不包括戈壁），约占全国沙漠总面积的 47%，是我国最大的沙漠。其水分条件极恶劣，以流动沙丘为主，也是世界上仅次于撒哈拉沙漠的第二流动沙漠。流动沙漠给人类造成极大的危害。维吾尔语"塔克拉玛干"就是"进去出不来"的意思，古今中外不知有多少人为了探寻这个沙漠的秘密不幸葬身其中。

新疆南部三面高山环绕的地形、深居大陆腹地的地理位置、盆地内巨厚的古代堆积物、极端干旱的气候和巨大的风力作用，共同造就了这个大沙漠。沙漠内终年降水极少，年降水量只有 20 毫米左右，夏季炎热如焚，冬季又很寒冷。从周围高山上流下的一些河流，未经入沙漠内部很快就被流沙所吞没，变得无影无踪。只有少数河流能深入腹地，最大的塔里木河穿过西部和北部流注东部的游移湖——罗布泊和台特马湖。这个浩瀚无垠的大沙漠内部，过去认为它是生命的空白点，有的外国探险者这称之为"死亡之国"。

但是根据近些年我国科学考察队的报道，在局部古河床上还是有少数植物生长的，特别是在塔里木河的中下游沿岸，成带分布有古老的胡杨林。至于沙漠边缘，除西部一些地方有胡杨林之外，广泛分布着不怕沙埋的红柳和白刺等灌木丛，还有生命力顽强的骆驼刺。

塔克拉玛干大沙漠多大风。受西风带气流和蒙古高压的影响，西部主要吹西北风，东部主要吹东北风。在风力的推动下，沙丘向南移动，这对南部的绿洲和交通线造成极大的危害。沙丘南移的速度，据测定一年可达 5~10 米，因此年年都有大片农田、草场和公路等被流沙埋没。

古代时，塔克拉玛干沙漠的南北边缘为著名的中西交往的"丝绸之路"所经之处，至今这条"丝绸之路"的南道已深处沙漠内部，最近处离年元也有 10 千米之遥。今后如何治理沙漠，防止风沙危害，保护绿洲经济发展，是一项艰巨的任务。

四十九、中国最大的游移湖

新疆深居内陆，河流从山口流向平原后注入内陆湖或消失于沙漠之中。这些内陆湖许多是双连湖。在历史上，这些湖泊有时这个湖有水，有时另一个湖有水，这种现象称之为游移湖。我国最大的游移湖是罗布泊和台特马湖。罗布泊的变迁很早就引起人们极大的注意。早在 6 世纪初（公元 512~518 年）出版的郦道元的《水经注》一书中就已经对罗布泊（古称蒲昌海）有了详细的记述。从此以后，如 11 世纪中叶的《新唐书地志》、18 世纪的《西域图志》等均对罗布泊有过详细的记载，同时在地图上标明了其地理位置。

新中国成立后，针对塔里木河河道经常变化的特性，修筑了一条拦河大坝，使塔里木河与孔雀河分开，让孔雀河水注入罗布泊，塔里木河注入台特马湖。这样两湖泊的水就相对稳定了。在 20 世纪 50 年代末，罗布泊的面积曾达到 3006 平方千米，成为我国最大的游移湖；台特马湖也曾达到 88 平方千米。但到了 20 世纪 60 年代末 70 年代初，由到孔雀河和塔里木河两流域大面积垦荒截水，使入湖的水断流，因此这一双闻名的游移湖趋于干涸，现在它们只留下一片广漠的盐碱滩。

五十、中国最典型的冰蚀冰碛湖

喀纳斯湖是我国最典型的冰蚀冰碛湖。它那让人魂牵梦萦的胜境、那让人心灵震撼的奇景、那让人刻骨铭心的魅力、那让人回味无穷的风情、那让人激情难耐的雄伟……确实值得天下人一游。

高耸入云、海拔 4374 米的阿尔泰山主峰——中俄蒙边境的友谊峰，白雪皑皑，犹如一块光洁晶莹的白玉，耸立于群峰之巅。周围的条条冰川，似玉龙飞舞，其中最长的一条，就是长达十余千米的喀纳斯冰川，其融水流过 Y 形的阿克库勒湖，成为喀纳斯湖的主要补给水源。

"喀纳斯"是蒙古语"美丽富饶而神秘"的意思，从阿尔泰山脚下的布尔津县出发，沿着额尔齐斯河水量最大的支流布尔津河谷地，往西北直上 120 多千米就到了喀纳斯湖。喀纳斯湖位于山地森林带的中部，湖面海拔 1374 米，湖面长 25 千米，宽 1.6~2.9 千米，形如一长豆荚，面积 37.7 平方千米，湖深 188.5 米。其北面是高耸入云的友谊峰，湖的周围重峦叠嶂，山林犹如画屏。雪岭、青山与绿水浑然一体，湖光山色美不胜收。透过湖边茂密的森林望去，青山烟云缭绕，雪峰倒映碧波。密林深处时而传来马鹿低沉的鸣声。湖边尽是浓密的松、杉、桦、柳和高过人头的草丛，丛林中不时露出狍、鹿的褐黄色身影。成群的野鸭在湖面上嬉戏。大鱼时而跃出水面，激起一片涟漪。

喀纳斯湖处于布尔津河上游支流喀纳斯河中段，夏季湖口流量约 50 立方米/秒，湖面年际变化高差不到一尺，由于水量较为稳定，加之湖岸平缓，湖边的沼生植物生长茂密，因此整个湖区成为鱼类和水禽产卵繁殖的理想场所。七八月，可见到近岸的湖水中小鱼聚集如云，使湖水为之变色。更有趣的是随着阴晴晨昏，喀纳斯湖水色也有着规律性变化，从山头望去，晴天是深蓝绿色，阴天则是暗灰绿色，夏日晴朗炎热时湖水为微带蓝绿的乳白色，这是由于上游冰川强烈融化，带来大量乳白色粉状冰碛物质所致。有时还会诸色皆备，成为有名的"变色湖"。

喀纳斯湖的水温变化很大，7 月中旬正午湖面达 20℃ 以上，可下水游泳，而傍晚则迅速降温，冰冷刺骨。12 月湖面封冻，喀纳斯湖又像一面白水晶的镜子。湖冰要到来年 5 月才能融化。由于湖面强烈谷风的吹送，将上游和倒入湖中的树木吹向湖北岸，在这里形成一条百余米宽、两千米长的枯配木带，成为一大奇观。每年七八月，烟云缭绕，群山若隐若现，雨后清晨登上湖在哈拉开特山顶，可观赏到"峨眉绝景"——喀纳斯云海佛光。

喀纳斯湖是第二次大冰期的巨大复合山谷冰川刨蚀而成。当时喀纳斯湖口留下了宽约 1 千米，高 50~70 米的终碛垄，而后即迅速退缩，形成了现在喀纳斯湖的基础。现代冰川和古冰川地貌，发展和保存都相当完好。至今在湖东岸的高陡崖边还保存着几十米长、布满丁字形冰川擦痕的羊背石，成为历史的见证。有趣的是这羊背石上，还有古代岩石壁画，给喀纳斯湖增添了历史人文景观。那终碛垄便成了当地举行阿肯弹唱会和赛区马的好场所。

这里年降雨量 700~800 毫米。由于山体高差很大，垂直自然景观带非常明显，在湖边就可饱览阿尔泰山 7 个自然景观带的真貌，层次分明，各呈异彩。它们是黑钙土草甸草原带、山地灰黑土针阔林带、山地漂灰土针叶林带、亚高山草甸带、高山草甸带、冰沼土带和永久冰雪带。从山下到山顶，具备了从温带草原至极地苔原冰雪地带的多种自然景观，因此，也为多种类型动植物的生长创造了条件。

这一带这里是我国唯一的南西伯利亚区系动植物分布区，有各种植物近千种，兽类 30 多种，鸟类百余种，两栖类爬虫类 7 种，鱼类 8 种，昆虫 300 种以上，不同的植物群落层次分明，色彩各异。在 25 种木本植物中，以挺拔的西伯利亚落叶松、塔形的西伯利亚云杉、苍劲的西伯利亚红松、秀丽的西伯利亚冷杉等为主，构成了湖岸漫山遍野的原始阴暗针叶林带，是我国唯一的欧洲—西伯利亚泰加林系"飞地"。林中枯朽倒木层层叠叠，在朽木及地表枯枝落叶层上长满松萝的乔木树冠下的空间，使林内格外阴暗。在湖边林间空地则是另一番景色：这里赤芍、柳兰、红花遍地，金莲花、郁金香、水毛茛一片金黄，飞燕草、鸢尾、翠雀花、勿忘我如同蓝色地毯，高大的防风、野胡萝卜的伞形花朵，像是飘在蓝天的片片白云。它们随季节和生态环境的变化形成多姿多彩的花坛，与蓝天、白云、雪峰、碧水及墨绿的森林浑然一体，构成了异常瑰丽的图画。喀纳斯也是野生动物的乐园，是新疆鸟类最多的地区，在密布牧民的原始森林和遍地的天花草甸中栖息着众多受国家保护的珍禽异兽。湖中哲罗鲑（大红鱼）、红鳞鲑（小红鱼）、北极回鱼和江鳕等冷水鱼成群结队，游来游去。红鱼最大的可长达4米，重20余千克，它一口可吞下一只野鸭。

以喀纳斯湖为中心，现已建立了自然景观生态保护区，奇、特、绝、美的自然景观和浓郁、独特的人文景观，构成了保护区美妙神奇的特色。

五十一、中国最稳定的闭塞湖

赛里木湖又称三台海子，位于博乐市境内，坐落在准噶尔盆地和伊犁河谷交界处的塔尔钦斯凯山山间的断陷盆地中。湖泊东西长20千米，南北宽30千米，面积454平方千米，最深处86米，湖略呈卵圆形，湖面海拔2073米，蓄水量210亿立方米。湖水没有出口，是典型的闭塞湖，湖水微咸，据近50年的水位观测，水深水量很稳定，是我国水位最稳定的闭塞湖。

赛里木湖碧波涟涟，幽深缥缈，湖面黄鸭群集，水鸟啾鸣，天鹅掠水，鱼翔浅底，充满盎然生机，四周漫山遍野层层叠叠的松柏苍翠墨绿，湖滨碧草繁花，毡房星点，马嘶羊咩，风景如诗如画。辽金以来，此湖成为"丝绸之路"北道。《长春真人西游记》称："大池方圆二百里，雪峰环之，倒映池中，名之曰天池"。清朝洪亮吉《伊犁日记》誉此湖为"西来之异境，世外之灵壤"。古人曾在湖水岸松树头下次盖造了靖海寺，在湖东南隅小岛上修建了龙王庙，可惜这些寺庙如今都已不复存在。湖周有乌孙墓、岩画、石刻分布。

赛里木湖，神秘的湖，有关它的一个个古老的神话故事令人遐想，代代相传。据说在很久很久以前，这里并没有湖泊，而是一片水草丰茂、鲜花盛开的肥美草原。就在这肥美的草原上，有一位勤劳善良、美丽动人的牧羊姑娘，她的名字叫切坦。切坦姑娘和英俊强壮的牧马青年斯得克朝夕相处，互敬互助，在共同的劳动中建立起真挚、纯洁的爱情。有一天切坦姑娘赶着云朵般的羊群边歌边舞，在鸟语花香的大草原上放牧，不幸与外出游猎的草原魔王相遇。草原魔王虽然早已妻妾成群，可是他一眼看上了年轻美貌的少女切坦。于是下令左右卫士，把姑娘拖进宫去做妃子。忠于爱情和向往自由的切坦，不畏强暴，不为宫中的荣华福贵所动，誓死不从，趁人不备，策马而逃。如狼似虎的卫士紧紧追赶，咬住不放，眼看就要将她擒住。就在这时，切坦忽然发现一个望不见底的深潭，便纵身跳了进去。牧马青年斯得克闻讯赶到，举刀杀死卫士之后，悲怆地呼唤着切坦姑娘的名字，也一头扎进深潭。潭水顿时翻腾怒吼，黑浪滔天，一个漩涡就把草原魔王和魔王的宫殿吞没了。辽阔的草原从此变成一片汪洋。这时含恨而死的恋人，在波涛汹涌中化作两座形影不离的小岛，至今并肩站立在万顷绿波的湖面上……

神话虽然美，但终究是神话。赛里木湖到底是怎样形成的呢？这要远溯到人类社会还没有诞生的洪荒时代。

大约在7000万年以前，地球上曾发生一次惊天动地的大变化。雄伟壮丽、逶迤千里的喜马拉雅山，经过极其剧烈的地壳运动，从茫茫古海中拔地而起。它的主峰珠穆朗玛峰后来居上，成为世界第一峰。与此同时，地球上的许多大海为高山所代替。一些沼泽和平原，则陷落成盆地和湖泊。在这次地质学家称之为"喜马拉雅造山运动"的过程中，天山山区的地壳也发生了剧烈的褶皱、变质和断裂，有的地方急剧上升，有的地方遽然下降，终于形成天山山区现在的面貌。

赛里木湖就是在此期间陷落成高山湖泊的。过去有人认为赛里木湖"死"水一潭，其实不然，经科学工作者的调查研究和湖水化学成分分析，一再证明湖水对鱼类无毒，不仅湖中有不少水草和浮游生物是鱼类的天然饲料，而且夏季水温也适于冷水鱼类的繁殖。

五十二、中国最大的硅化木森林

在新疆东准噶尔盆地有最雄伟壮观的硅化木森林。截至目前，以奇台将军戈壁为中心，东至中蒙边界的卓毛湖和哈密南湖，西至乌鲁木齐、米泉一线，在这方圆数万平方千米的范围内，均已发现了大量的硅化木。硅化木分布最集中、最壮观的地段是奇台戈壁一带的帐篷沟、石树沟、清真寺沟、老鹰沟与恐龙购。在石树沟（东经89°58′~89°95′40″，北纬44°51′~44°52′40″）3.5平方千米的范围内，分布着1000多株古树。这些古树有的横堆在赭红色的山坡上，犹如待运的伐木；有的挺立于丘颠，像截伐过的大树桩，蜿蜒于地表的粗大根系，盘根错节。更有一株两人才能合抱的硅化树干，由于其比周围的围岩有更强的抗蚀性，抗住了流水的冲蚀，横跨在20米左右的一条冲沟上，形成了一座"天生独木桥"，蔚为史前自然奇观！石树沟的硅化木都是原地产出，未经外力搬运过的。在那里，漫山遍野都是树木，或倒或竖。那栩栩如生的黄褐色龟裂的树皮，粗壮的树根，斜生的树杈与现代伐木场的树木简直毫无二致，树皮上纤维、树干上的年轮清晰可辨，用手触摸却是冰凉坚硬。其中有一棵长26米，直径2.25米，5人才能合抱的木化石，堪称"石树之王"，最为壮观的场景是在方圆百余平方米的一个山丘顶部竟密集挺立着 104 棵巨大的化石树桩。由此可见准噶尔盆地在 1.4 亿前气候热湿，森林生长之茂盛。

那么硅化木又是怎样形成的呢？硅化木是一种树木化石，又称"石树"。它是在古代海湾或湖泊周围茂密生长的森林，由于地壳下沉，经泥沙及时埋藏隔绝空气，在上覆地层的重压下，在富含二氧化硅（或钙质或铁制的胶体溶液）的地下水和硅酸溶液的长期浸泡下，发生了复杂的地球化学变化或反应，树木中原先的含碳物质被二氧化碳（或钙质或铁质）所取代而成。经硅化（或钙化或铁化）后的树木就称硅化木（或钙化木或铁化木）；然而它的外形丝毫不曾改变，但却已变成了真正的石树，变得无比坚硬、沉重。以后地壳上升，上覆地层受流水等外力侵蚀、削蚀，可使地下的硅化木被剥露在地表。由于东准噶尔硅化木产地的晚侏罗系红色砂岩比较松软，故石树沟出露的许多硅化木作为坚硬的岩石屹立于山丘顶部，成为拒腐蚀的"英雄"。奇台古硅化木森林为研究一亿多年前准噶尔盆地古植被、古地理、古气候提供了最生动的实物证据，是大自然馈赠给新疆的一把考古金钥匙，我们应该百倍珍惜它。

东准噶尔的硅化木森林，无论就它的规模、数量、保存条件等各方面都胜过美、澳、意等曾以硅化木自豪的国家。对此，即可作为旅游景点进行开发，更要加强对硅化木资源的保护。

五十三、中国最热的地方

吐鲁番是我国气温最高的地方，历史上就有"火洲"之称。据观测，这里的最高气温达到过 49.6℃，地表温度也曾达到 89.2℃，当地民间有"沙窝里蒸熟鸡蛋""石头上烤熟面饼"的说法。

吐鲁番日最高气温高于 35℃ 的炎热日年均 100 天以上，高于 40℃ 的酷热日年均 35 ~ 40 天。

在东天山南麓、吐鲁番盆地北缘，有一座东西长 98 千米、南北宽 9 千米、平均高度 500 米左右的山脉，这便是吴承恩在《西游记》中描绘的火焰山。吐鲁番属典型的大陆性干旱荒漠气候。虽然年平均温度只有 14.5℃，然而超过 35℃ 的日数却在 100 天以上，即使 38℃ 以上的酷热天气也有 38 天之多。多年测得的绝对最高气温为 49.6℃（1975 年 7 月 13 日），而地表温度能达到 83.3℃，是名副其实的"中国热极"。

吐鲁番的夏天可是出了名的热，8 月基本上每天的气温都在 42℃ 以上，火焰山的地面温度可以达到 80℃ ~ 90℃，故有"沙窝里煮鸡蛋"之说。

五十四、中国最寒冷的地方

　　漠河县位于黑龙江省西北部，我国的最北端。居中俄界河黑龙江之滨，是全国纬度最高的县份。区域版图位于九大山系之一的大兴安岭山脉北坡，黑龙江上游南岸。地理坐标为东经 121°07′~124°20′，北纬 52°10′~53°33′。

　　漠河县境内地质条件复杂，花岗岩分布广泛，成为控制境内地貌和影响气候、土壤、植被明显垂直变化的主要因素。因此，境内自然景观既有区域性差异，也有垂直地带性差异。漠河县属寒温带大陆性气候，主要灾害性天气有大风、雨雪和霜冻境内河流（界河除外）均属额木尔河系，河流岸线总长 14831.4 千米。

　　漠河县的土壤、植被较为复杂，主要为森林土、草甸土、沼泽土三大类。其中：可为农业垦种有 17.55 万亩。全县水平地带性植被为寒带针叶林和针叶混交林。但随海拔高度不同呈明显的垂直分布。

　　漠河县在中国最北端毗邻俄罗斯西伯利亚地区，是全国气温最低的县，天气严寒而且常年温度较低。冬季气温一般在 -40℃ 以下，是全中国气温最低的县份。而全年主风向为西北风。漠河县 1 月平均温度 -30.9℃，冬天最低气温为 -52.3℃。7 月平均温度为 18.4℃，最高温可达 39.3℃。属于寒温带大陆性季风气候。由于大陆及海洋季风交替影响，气候变化多端，局部气候差异显著。冬季在极地大陆气团控制下，气候寒冷、干燥而漫长；夏季受副热带海洋气团的影响，降水集中，雨量充沛，气候湿热，日照时间长，适宜耐寒作物生长，但易发生洪涝和低温冷害；春、秋两季，因冬夏季风交替，气候多变。春季多大风，降水偏少，物燥干旱，易发生森林火灾；秋季降温急剧，常有早霜和冻害发生。

　　漠河县年平均气温在 -5.5℃。各月平均气温在 0℃ 以下的月份长达 7 个月之久。气温年较差为 49.3℃。平均无霜期为 86.2 天。年平均降水量为 460.8 毫米，全年降水量 70% 以上集中在 7 月。5~6 月为旱季，7~8 月为汛期。太阳辐射总量年平均为 96~107 千卡/平方厘米，日照时数为 2377~2625 小时。≥10℃ 的积温为 1436℃~2062℃。

　　漠河为多年连续冻土区，冻土最厚达 100 米以下，冻土融冻最浅的地方，最大融冻上界面仅 20 厘米左右。对本地的野生动植物的生存和生长，超过能耐受的低温极值，并成为限控因素。但对喜低温的耐寒的动植物，都是适宜的温度范围。

五十五、冰川王国

新疆是我国冰川数量最多、面积最大、冰储量最丰富的省区。新疆有冰川 1901 条，总面积 26516.83 平方千米，冰储量 28531.5 亿立方米，分别占全国的 43%、45% 和 53.8%。冰川数量以天山居多，达 9128 条；按面积和冰储量计，则以昆仑山为冠，分别为 12259.55 平方千米和 12857.07 亿立方米。喀喇昆仑山被称为"世界山岳冰川之王"，全世界中低纬度区 8 条长度超过 50 千米的山岳冰川中，有 6 条就分布于此，其南坡的蔷薇冰川面积 1180 平方千米，为世界山岳冰川之最。乔戈里峰北侧的音苏盖提冰川长 40 千米，是新疆境内最长的冰川。西南段的巴托拉冰川，从顶至踵，高差达 5350 米，又创造世界冰川垂直高差之最。被称为"昆仑三雄"的公格尔峰、公格尔九别峰和慕士塔格峰，是现代冰川的大本营，其中的慕士塔格峰（海拔 7546 米）被尊称为"冰山之父"；而东昆仑的木孜塔格峰（海拔 7723 米）也有"冰川之子"之称。

五十六、中国日照最长的地区

星星峡 5 月日照时数达 356.3 小时，平均每天有 11.5 小时日照。

星星峡并非峡谷，而是隘口。它是由河西走廊入东疆的必经之处，素有新疆东大门"第一咽喉重镇"之称。星星峡是雄踞于丝绸古道上的险关要隘，四面峰峦叠嶂，一条 S 形的山路蜿蜒其间，两旁危岩峭壁，大有"一夫当关，万夫莫开"之势。它不仅是新疆和甘肃的分界线，同时也是两种不同文化风格的分水岭。对于新疆人而言，星星峡就是一堵院墙，过了院墙就算是出疆了。

从嘉峪关门出城，城外就是古人所说的西域了。在内地人的眼中，西域永远是一片荒蛮之地。自古以来，从内地走出的汉人习惯了儒家文化文雅恭谦的氛围。他们走出陇西高原，进入河西走廊，当满目的荒凉进入视野，便会感怀各种去国离乡的愁绪。"羌笛何须怨杨柳，春风不度玉门关。""劝君更尽一杯酒、西出阳关无故人。"

就连西北人自己也能深深体会到这片土地的苍凉。西北民间流传着一首民谣："出了嘉峪关，两眼泪不干、向前看戈壁滩、向后看鬼门关。"

312 国道从繁华现代的都市千里迢迢跋涉而来，延伸到这里已是一片荒芜。空旷的天地间，一个只有二十多米长的小镇沿国道边排开，朗朗天际，无垠的旷野，星星峡孤零零地伫立在风中。

历史在这里留下了太多的记忆。有多少故事都发生在这天山的起点。唐时先知穆罕默德派遣使者来华传教，其中一人病逝于星星峡。哈密王曾为其在星星峡修墓。林公林则徐遭贬由此入疆。左公左宗棠怀揣当年林则徐绘制的新疆地图，率6万湖湘子弟，由此入疆并栽下了"引得春风度玉关"的左公柳。1937年3月，西路军左支队进入新疆的星星峡，在这里，西路军完成了历史使命。后人为纪念西路军入疆而在此竖纪念碑。1949年10月，王震率部，由此凯歌进新疆。

旌旗猎猎、西风漫卷，清悠的驼铃随风远逝。如今大部分长途车都是早早从敦煌出发下午就能到达哈密，或者是从哈密直接到敦煌。星星峡不过是车窗外一闪而过的边缘小镇，小得让你来不及回眸便消失在了戈壁的尽头。

五十七、中国的"雪极"

皑皑的白雪装点着冬日的北国，也给人们带来了无穷的乐趣。我国降雪日数最多的地方是松潘。它位于四川省阿坝藏族自治州境内，海拔在4000米左右，属于亚热带大陆性高原气候。年平均降雪日数达到162.9天，其中降雪日数最多的一年达到了182天，几乎是两天一下雪，降雪日数最少的一年也有125天。

位于吉林省延边朝鲜族自治州的安图天池是我国年降雪量最多、年积雪日数最长的地方。据记录，安图天池年平均降雪量达到了320毫米，年平均积雪日数达到257.3天，其中最多的一年达到了275天之多。

位于西藏日喀则市境内的聂拉木，则是我国积雪最深的地方，在1973年的3月8日，聂拉木积雪最大深度达1米。

五十八、海拔最高的咸水湖

纳木错，世界上海拔最高的咸水湖，位于中国西藏自治区中部，拉萨市当雄县和那曲市班戈县之间，湖面海拔4718米。"纳木错"在藏语中是"天湖"的意思，是朝圣者心目前中的圣地。湖岸上生长着众多的草本植物，是优良的天然牧场，湖中有着丰富的鱼类资源和矿产资源。

在旅行者的心中，纳木错是个风景秀丽的天堂。它的周边有着圣洁的雪山，清澈的湖水好似从天上流淌而下。在藏传佛教中，纳木错是胜乐金刚的道场，是朝圣者的圣地。在商人的心中，纳木错象征着财富，商贩外出做生意时，都要先去拜纳木错，以祈求生意兴隆。众多的传说和神秘的色彩，使得纳木错有着深厚的历史文化底蕴。

纳木错是世界上海拔最高的咸水湖，它位于平均海拔 4500 米的青藏高原，湖面海拔 4718 米，水深达 33 米，面积 1920 平方公里。纳木错是因喜马拉雅运动凹陷而成，是一个断陷构造湖。特殊的地理位置和丰富的动植物资源，为纳木错带来了优美的自然风光。

位于"世界屋脊"的纳木错，以它原始的自然风光向世人展示了它无与伦比的美丽。它的美丽不在于高壮，不在于斑斓，而是纯粹。当你站在纳木错湖边，头顶是湛蓝的天空，点缀着大簇的云朵；面前是由浅蓝到深蓝的湖水，倒映着四周的群山。湖中有裂腹鱼、条鳅等鱼类，还蕴藏着食盐、芒硝等资源。湖的西边是地势稍缓的丘陵，北面是一望无际的草原，遍地的绿色植被在薄雾中若隐若现，绿油油的青色不仅带来了生气，还为狗熊、野牦牛、狐狸等野生动物提供了良好的栖居环境。

蓝色的湖面上有 5 个半岛，相传是五方佛的化身。其中最有名的是扎西半岛。半岛上有奇形怪状的石峰以及幽深的岩洞，洞中布满了形状各异的钟乳石。在半岛上的开阔之处，是一片青草地，成群的牛羊在上面懒懒的散步，在夕阳的余晖中洒下斑驳的影子。

纳木错在藏传佛教中，相传是胜乐金刚的道场，是无数佛教徒心中的朝圣地。湖四周有着众多寺庙，沿岸的经幡在风中恣意舞动，岸上的玛尼堆有精美的石刻和彩绘。扎西寺、多恰寺晨钟暮鼓，袅袅的梵音远远地传来，时常可看到虔诚的佛教徒来此转湖。即使湖泊周围的地形复杂，也依然不能阻挡他们的脚步。他们轻轻地吟唱，安然地转着手里的经筒，渐渐远去……

五十九、最低的盆地

吐鲁番盆地，位于新疆天山东部的一个山间盆地，形状好似橄榄，在维吾尔语中它是"低地"的意思。吐鲁番盆地是一个典型的地堑盆地，大部分地方海拔在 500 米以下，有的地方甚至比海平面还低，是世界上最低的盆地，也是中国夏季气温最高的地方。优越的地理位置和特殊的气候，使得吐鲁番盆地有着充足的光热条件，是葡萄、哈密瓜的产地，是名副其实的"瓜果之乡"。

说起新疆，大多数人都会想到美味的葡萄、香甜的哈密瓜、动听的民谣、梳着长辫子的维吾尔族姑娘，这些瑰丽独特的人文风情，都在一个名叫"吐鲁番盆地"的地方演绎着……

吐鲁番盆地是世界上海拔最低的盆地，大部分地方的海拔在 500 米以下。盆地中的艾丁湖低于海平面 155 米，是中国大陆最低处，仅次于死海。在吐鲁番盆地的四周，

高大的山脉将盆地紧紧地围绕其中，在其北面是海拔达5445米的博格达山脉，而博格达山脉与艾丁湖形成了5600米的高度差，成为自然界的一大奇观，令人惊叹。

特殊的地理位置，赋予了吐鲁番丰富多彩的自然景观。俗话说"山不在高，有仙则灵"，盆地内最著名的景观火焰山，就因为《西游记》而声名远播。火焰山，如《西游记》中描述的一样，人迹罕至、寸草不生，而且一到夏季，烈日当空，地表温度甚至可以烤熟鸡蛋。而光秃秃的山体在烈日的暴晒下，更是翻滚着炙热的气息，就好似熊熊火焰，故取名"火焰山"。

吐鲁番不仅有"仙山"，更有"仙湖"。著名的艾丁湖，在维吾尔语中是"月光湖"的意思，因其形状酷似月亮，湖底遍布盐结晶体，晶莹剔透，好似点点月光洒落在湖面上，从而有了这样一个梦幻般的名字。

吐鲁番盆地自古就是西域重要的经济、文化、政治中心，也是古丝绸之路的必经地，有着众多历史古迹和多姿多彩的民族文化。高昌古城、柏孜克里克千佛洞、雅尔湖石窟等都是当地著名的历史遗迹，见证了历代王朝的兴衰。坎儿井和葡萄酒是当地人民智慧的结晶。在吐鲁番广阔的土地上，有上千条坎儿井。吐鲁番有悠久的酿酒历史，所出产的葡萄品质优良，其中白葡萄更是珍品，用这些优质葡萄所酿的葡萄酒，曾受到唐太宗李世民的夸赞。

吐鲁番的自然景色让人惊叹，悠久历史让人感慨，而它的民族文化更是让人惊艳。新疆舞带有浓郁的西域风格，细致的舞步、扭脖、拍掌以及新疆姑娘的长辫，都是舞蹈的亮点。新疆二胡欢快的节奏、清丽的音质、演奏者专注的神情，都让人不忍移动脚步。到新疆维吾尔自治区，随处可见梳着长辫子的姑娘和拉着二胡的民间艺人、休闲地哼着小调的当地人。

六十、中国最高的高原

青藏高原中国最大的高原，世界平均海拔最高的高原。大部在中国西南部，包括西藏自治区和青海省的全部、四川省西部、新疆维吾尔自治区南部，以及甘肃、云南的一部分。整个青藏高原还包括不丹、尼泊尔、印度、巴基斯坦、阿富汗、塔吉克斯坦、吉尔吉斯斯坦的部分，总面积250万平方千米。境内面积240万平方千米，平均海拔4000~5000米，有"世界屋脊"和"第三极"之称，是亚洲许多大河的发源地。

青藏高原周围大山环绕，南有喜马拉雅山，北有昆仑山和祁连山，西为喀喇昆仑山，东为横断山脉。高原内还有唐古拉山、冈底斯山、念青唐古拉山等。这些山脉海拔大多超过6000米，喜马拉雅山不少山峰超过8000米。高原内部被山脉分隔成许多盆地、宽谷。湖泊众多，青海湖、纳木错等都是内陆咸水湖。高原是亚洲许多大河的发源地。长江、黄河、澜沧江（下游称湄公河）、怒江（下游称萨尔温江）、森格藏布河（又称狮泉河，下游称印度河）、雅鲁藏布江（下游称布拉马普得拉河）以及塔里木河等都发源于此，水力资源丰富。

青藏高原实际上是由一系列高大山脉组成的高山大本营，地理学家称它为"山原"。高原上的山脉主要是东西走向和西北—东南走向的，自北而南有祁连山、昆仑山、唐古拉山、冈底斯山和喜马拉雅山。

青藏高原

这些大山海拔都在五六千米以上。所以说"高"是青藏高原地形上的一个最主要的特征。青藏高原在地形上的另一个重要特色就是湖泊众多。高原上有两组不同走向的山岭相互交错，把高原分割成许多盆地、宽谷和湖泊。这些湖泊主要靠周围高山冰雪融水补给，而且大部分都是自立门户，独成"一家"。著名的青海湖位于青海省境内，为断层陷落湖，面积为 4583 平方千米，高出海平面 3302 米，最大湖深达 32.8 米，是中国最大的咸水湖。其次是西藏自治区境内的纳木错，面积约 2000 平方千米，高出海平面 4650 米，是世界上最高的咸水湖。这些湖泊大多是内陆咸水湖，盛产食盐、硼砂、芒硝等矿物，有不少湖还盛产鱼类。在湖泊周围、山间盆地和向阳缓坡地带分布着大片翠绿的草地，所以这里是仅次于内蒙古、新疆的重要牧区。

青藏高原外围经常发生强级地震。这个高原在印度于 5000 万年前开始推挤欧亚大陆时隆起，喜马拉雅山脉就是在这个强大的推力之下形成。这条山脉在不稳定的结构地形推挤下，到现在仍在往上升。

青藏高原是地球上海拔最高、面积最大、年代最新并仍在隆升的一个高原。它夹持于塔里木地台、中朝地台、扬子地台和印度地台之间，呈纺锤状。内部有一系列不同演化历史和不同源地的陆块、褶皱带相间排列，反映了特提斯洋的复杂演化历史。统一高原的出现是新生代以来印度板块与欧亚大陆碰撞的结果。

六十一、中国最大的鸣沙山

沙鸣，是不可多得的大地神奇的演奏，是大自然美妙的天然乐章。"雷送余音声袅袅，风生细响语喁喁"，这是清代诗人苏履吉赞颂鸣沙的名篇，生动贴切。我国甘肃有个鸣沙山，已经是家喻户晓；宁夏中卫沙坡头也有个鸣沙山，也是不少人知道的。然而新疆的鸣沙山很多人并不知晓，但它却是最大的，也是最典型的。已知的新疆鸣沙山主要有两处。

一处在巴里坤县的口门子柳条河一带，十几座鸣沙山位于碧波千顷的大草原，长约5千米，方圆范围将近10平方千米，沙山相对高度35~115米，呈西北一东南走向，西坡缓，东坡陡。当人们走近这里的沙山时，能听到从山的内部发出的各种响声，似琴弦拨动，若牧笛劲奏，像鼓乐齐鸣，声调时高时低，时急时缓，悠扬激越，变化无穷，能唤起人们无限遐想。自古以来都传说这里是樊梨花西征遇难的古战场。这里的沙鸣就是当年女兵们的灵魂在山里的擂鼓助阵声、冲杀声和鼓掌声。另一处鸣沙山位于木垒县城以北100多千米的沙漠中，这里有五座金字塔形的赭红色的沙山，相对高约60米。当人们从沙山顶部向下滑动时，随着黄沙的滚动，沙山发出雄浑、低沉的声响，犹如轰炸机群掠过低空一般，经久不息。有趣的是，从沙山不同位置下滑，会有不同的响声，而且划痕稍现即逝，马上平复。

那么，鸣山沙山是怎么形成的呢？对此，中外学者都曾作过长期的考察和探索，众说纷纭。全面揭开其奥妙的是我国著名科学家竺可桢。1959年夏，在他考察了宁夏沙坡头后撰文明确指出："只要沙丘高大、坡陡，底下有泉涌出，以细沙为主，矿物成分大部分是石英，表面干燥，被太阳晒热，再经摩擦，便会发出响声来。"因为石英是具有压电性质的矿物，太阳能是"鸣沙"的热能来源。沙鸣是多种特定条件的配合下，由石英的压电能转变成弹性能，再由弹性能转变为音响能，这是不减幅的音响振动的复杂过程。

此外，新疆罗布泊的沙漠会"唱歌"。夜宿沙子头，总会听到沙子响动的声音。心境好时听来像渔歌抒情，心境不好时听来似怨似泣。如此看来，罗布泊的沙漠可称作"鸣沙海"了，这又是一大奇观。

六十二、中国最大的盆地

新疆的塔里木盆地是我国最大的盆地。"塔里木"在维吾尔语中的意思是"无缰之马"的意思，这个称呼和它的内部放纵不羁的我国最大内陆河——塔里木河有很大的关系。

塔里木盆地是一个居于半封闭至完全封闭之间的构造盆地，北、西、南三面被高山围绕（背面天山，海拔高度在4000米以上；西及南面帕米尔高原和昆仑山在5000~6000米以上），仅东部较开阔，与甘肃的河西走廊西部相通。

盆地轮廓近似棱形，东西长约1600千米，南北最宽处600千米，面积为53万平方千米。它比北疆的准噶尔盆地大1.4倍，比青海柴达木盆地大2.4倍，比四川盆地大2.6倍，比吐鲁番盆地大10.6倍，占新疆总面积的1/3。海拔为800～1300米，地势由西向东微斜。约在地质史上5亿年前的下古生代，塔里木只是汪洋大海中的一个陆地，之后历经复杂的地壳运动，周围的海底逐渐隆起成山，才形成如今这个模样。

这个深居亚欧大陆腹地、距海遥远的盆地十分干旱少雨。气候属于大陆性沙漠气候，冬寒夏热，年内和日内温度变化都很剧烈，1月平均气温为-10℃左右，7月一般为25℃左右。降水量由西向东减少，至盆地东部只有不足10毫米的年降水量，有的地方甚至终年滴雨不降，所以越往东越干旱。盆地内部分布着全国最大的沙漠——塔克拉玛干大沙漠，面积达33万平方千米。其外部环绕着宽阔的砾石戈壁，与周围的高山相连接，在地貌上形成一种明显的环状结构。

由于气候干旱，地面覆满沙砾，土壤多盐，盆地内植物稀少。但是，即使在高大沙丘绵亘的沙漠较深处，在少数河床上仍有植物断断续续的分布，并不像过去一些外国探险者所说的是一个完全无生命的"死亡之海"。

盆地内有许多内陆河，这些河流的水源主要是靠高山的冰雪融水补给的，所以一般只在暖季有水，其他时间断流，成为间歇河。它们多数在沙漠边缘就消失了，很少能深入沙漠内部。只有最大的塔里木河能流贯塔克拉玛干大沙漠的西部和北部，注入内陆湖罗布泊或台特马湖。塔里木河的中下游沿岸以及沙漠边缘某些地段由于有地下水的滋润，生长着独特的、成带状分布的胡杨林。

绿洲是盆地内最瑰丽和独特的景观，是沙漠中的明珠。沿盆地边缘，大沙漠和戈壁之间断断续续地分布着100多个大大小小不等的绿洲。有绿洲，才有喀什、莎车、和田、阿克苏和库车等中小城市。绿洲内经济发达，水渠交横，阡陌相连，村舍暖暖，绿树成荫，俨然一片江南风光，盛产小麦、玉米、水稻、棉花和瓜果等。这里还是我国重要的长绒棉和蚕丝产区。绿洲内农业依靠阳光使高山上的冰雪融化，提供给农田灌溉的水源，无旱涝之虞，所以这里更是我国重要的粮棉高产、稳产区。盆地外围的高山上，分布着广阔、肥美的草场，是我国西北地区重要的畜牧业基地。

六十三、中国最低的冰川

明永冰川藏语称"明永恰"，"明永"是冰川下一村寨的名字，"恰"是冰川融化的水之意。"明永"即火盆，因该村四周山峦起伏，气候温和而得名"明永"。

明永冰川又称奶诺戈汝冰川，位于云南迪庆香格里拉，是卡瓦格博峰下的一条长长的冰川，这是一条低纬度热带季风海洋性现代冰川，山顶冰雪终年不化。由于它所处的雪线低，气温高，消融快，靠降水而生存，因而它的运动速度也快。到冬天，它

的冰舌可以从海拔 5500 米往下延伸到海拔 2800 米处，如一条银鳞玉甲的游龙，从高高的雪峰一直延伸到山下，直扑澜沧江边，离澜沧江面仅 800 多米。

整个冰川南北延伸约 5 千米，东西宽约 3 千米，呈一个巨大的冰雪凹地，夏季晴天，冰雪融水汇集成湖，湖的直径约 50 米，湖水呈蓝黑色，深浅莫测，夜晚复又冻结，是横断山区少见的粒雪盆奇观。在明永冰川的南侧，为一条北东走向的山岭，有几个残留的山顶面，向北东倾斜，其海拔约为 5500 米。平顶山岭上覆盖冰雪形成一个冰帽，西坡冰雪流入明永冰川大粒雪盆南侧的冰雪走廊，北坡冰雪流入悬崖下形成了 5 个悬冰川和再生冰川。因此，明永河谷上源冰川类型多样。明永冰川本身，其冰面地貌形态亦千变万化，构成了滇西北独特的冰川奇观。

六十四、最大的宫殿建筑群

紫禁城，又称故宫，是中国明清两代的皇宫，是中国古代宫殿建筑的巨作，是世界上现存最大、最完整的古建筑群。它占地 72 万平方米，历时 14 年建造，坐落在北京的中轴线上，是世界五大宫殿之首。

红墙黄瓦，碧树成荫，一群穿着旗装、踩着花盆底鞋的女子缓缓走过，在长长的宫道上留下婀娜的身影，而远方金碧辉煌的大殿里，身着龙袍的皇帝正在接受群臣早朝……说到紫禁城，大多数人脑中都会浮现出这个画面。然而，这座曾经站在权力顶峰的恢宏巨兽，并不是一幅简单的画面、一句美好的诗、一台精彩的戏曲就能诠释的。它静静地盘踞在历史一角，尽管略显沧桑，身躯上象征尊贵、大气、肃穆的铠甲依然油光锃亮。

这便是紫禁城，一个曾经象征着权力和荣耀的地方，共有 24 位皇帝在此居住、处理政务。它历经明清两朝的兴衰走到今天，它既是历史的见证者，更是参与者。

穿过肃穆高大的午门，进入眼帘的是黄色的琉璃瓦顶、红色威严的宫殿、汉白玉的玉制阶梯……这座占地面积达 72 万平方米的宫殿群，是世界上最大、保存最完好的宫殿建筑群。它修建于 1406 年，历时 14 年建成。其整个占地面积接近 2 个梵蒂冈城国的大小。其中有大小院落 90 多座，房屋 980 座，房间共计 8707 间。所有宫殿建筑皆是木质结构，黄色的琉璃瓦顶，青白石底座，并装饰有金碧辉煌的图画，让人惊叹不已。建筑群分为前朝和内廷。前朝主要是皇帝举行朝会的地方，以太和殿、保和殿、中和殿三大殿为中心，东西各建有多个宫殿建筑。内廷是帝王和后妃的居所，主要以乾清宫、坤宁宫、交泰殿为中心，建有东西六宫、御花园等。

紫禁城作为明清帝王的居所，汇集了丰富多彩的建筑艺术和众多珍贵的历史文物。故宫以中轴线为中心，对称分布的宫殿群本身就是一道风景线。穿过午门，是宽敞的太和门广场，广场两侧设置有书画馆、陶瓷馆，展出了故宫中珍贵的书画、陶瓷藏品。走过汉白玉砌成的石桥，迎面是巍峨的三大殿。三大殿是故宫的主要建筑，坐落在中轴线上，3座大殿造型各异，屋顶以及内部装潢皆有不同，但每一座都彰显了尊贵。太和殿也称金銮殿，相传殿中皆是用金砖铺设。然而所谓的"金砖"是一种特殊材质的砖料，敲击时会发出类似金石的声音。在电视剧中常看到皇帝早朝、举行殿试。以及各大节庆典礼等，都是在三大殿举行。如今站在太和殿的石阶上，远眺太和门广场，仿佛依稀能看到百官觐见的场景。

东西六宫是各大宫廷剧的热门题材，这里有数不清道不尽的故事。高高的红墙、贵气的旗装、妙龄的少女，"一入宫门深似海"造就了多少传奇女子、多少心酸秘事，至今为人津津乐道。御花园是古代帝王和后妃的主要休闲娱乐场所，园内有星罗棋布的亭台楼阁，石子路纵横交错，随处可见古树老槐、翠松俊柏。象征四季的浮碧亭、万春亭、澄瑞亭、千秋亭造型独特，视野开阔。园中的石子路，皆用不同颜色的鹅卵石铺设，组成了900多幅寓意美好的图案。

紫禁城历经500年，见证了2个王朝的兴衰，厚重的宫门外是车水马龙的现代都市。历史的年轮雕刻在故宫的石砖上，当你走过长长的宫道，抚摸那些精雕细琢的建筑，凝望着夕阳余晖中的紫禁城，心中缓缓溢出的是如酒香般醇厚的历史滋味。

六十五、最长的人工建筑

长城，世界上最长的人工建筑，是中国古代为抵御北方游牧部落的进攻而修建的庞大的军事工程，绵延万里，因此也被称为"万里长城"。长城经北宋、天津、河北、内蒙古、甘肃等15省、市、自治区，在崇山峻岭中蜿蜒挺立，被誉为"中华民族的脊梁"。中国长城学会认定其长度大约6300公里（约合12600里），最早的长城为秦、赵、燕等朝代所建（战国时期）。

"不到长城非好汉。"伟大的长城穿行在群山之间，绵延万里，跌宕起伏，就好像一条无边长龙，飞过高山，越过草原，跨过沙漠，在崇山峻岭间蜿蜒前行。长城是中华民族的象征，没有亲身登临长城，就如同没有见证完整的中国古代文明。作为中国古代人民用自己的勤劳和汗水创造的世界七大奇迹之———长城，是中华民族的骄傲。

长城是全世界最长的人工建筑，它全长6300公里，甚至从遥远的外太空看地球，长城都清晰可见，据说它也是在太空中唯一一个可以通过肉眼看见的人工建筑。如果站在长城上，它更是见首不见尾，只有一个个的烽火台一直延伸到天边。

长城修建于春秋战国时期，勤劳的先民用最原始的工具劈开一砖一瓦累积而成。"孟姜女哭长城"的传说，从侧面印证了修建长城的艰辛。后又经过明代的几次大规模修复和改建，形成了我们现在看到的长城。

现代长城已经不具备军事功能，被开发成为旅游景区。八达岭长城是最早开发的旅游景点之一，并且因旅游而形成了八达岭小镇。八达岭长城地势险要、重峦叠嶂、视野开阔、风景优美，整个城墙都保存完好，城台、敌台、烽火台齐备。如果登临八达岭长城高处，可以亲身体会到歌曲中所赞美的"一头挑起大漠边关的冷月，一头连着华夏儿女的心房"的长城雄风。长城挺立向前，各个关口蜿蜒盘踞，古老的嘉峪关和山海关相互映照，形成了夹击之势，共同构成长城的险峻与绵长。山海关还留着"天下第一关"的匾额，笔迹苍劲有力。没有经过商业开发的野长城，也吸引着不少驴友攀登。

八达岭长城是历史变迁的活化石，它沉默地矗立在关口，见证发生在它脚下的历史事件：霍去病击退匈奴、李自成攻陷北京、慈禧西逃、京张铁路修建……关内是战壕、沟壑、壁垒和烽火台，映照着戍边战士的铮铮铁骨和一腔热情；关外是漫天飞雪，骑兵出击，不速之客的金戈铁马和鼓角争鸣，激发着各级将领的斗志。时光荏苒，当我们再次登临长城之上，会升腾起发自心底的自豪感，因为穿越了历史的风云、经历了朝代的更迭，长城依旧和我们一起拥抱生活的希望和美好。曾经洒满热血的土地上，如今已经是绿树成荫、鲜花遍地、青草爬满整个山坡。落叶缓慢地飘飞下来，如蝴蝶张开翅膀，激发我们多少过往的回忆，长城内外，一片欢笑。

六十六、最大的皇家园林

承德避暑山庄，位于距离北京市 180 公里处的承德市，是至今仍保留着的中国最大的皇家园林，历经了康熙、雍正、乾隆三朝的更迭，如一串明珠散落在崇山峻岭之间，历经几次劫难至今仍生机勃勃。避暑山庄是皇帝夏季处理政务的地方，反映了当时工匠的最高成就，是古代园林建筑的一部杰作。

300 多年前，随着一声皇帝诏令，在远离北京的承德群山中康熙皇帝开始了他指点江山的造园之旅。在日积月累的人工铺设中，逐渐形成了宫室、园林和寺庙群落三大景观，形成湖区、平原区和山区 3 个不同的景区，拥有 72 景，阁、轩、斋、亭、殿、堂、楼、馆、榭、寺等建筑 100 余处……这就是承德避暑山庄。它占地面积 564 万平方米，周长 10 公里，相当于 2 个颐和园或者 8 个北海公园的大小，是全世界面积最大的皇家园林。

承德避暑山庄凝结了历史的欢笑与泪水，让历史的脚步在这里兜兜转转。当时光褪去风云激荡的色彩，曾经沉默不语的艺术魅力和战争铁血逐渐浮出水面，向世人展露出其本来面目。这个从康熙年间就开始热闹的荒地，经历多次疏浚和整修，形成远近闻名的各种景观，周围的环境得以换上新颜。弹指一挥间竟然是 89 年的建设，凝聚了劳动人民的智慧、经历人间风云的承德避暑山庄，如今依旧是花红柳绿、莺歌燕舞、游人众多。

"虽为人造，宛如天开。"承德避暑山庄虽然是人工挖掘建造而成的，但是顺应天时与地利，借天行事，人工雕琢不过是大自然鬼斧神工的延续，整个园区浑然天成，与湖光水色融为一体。承德避暑山庄分区明确，景色丰富，建筑朴素，自然野趣。宫殿掩映在自然风光之中，相对于京城的红墙碧瓦，这里更显得朴素规整，充满着北方建筑手法，也包容着南方园林的风格。站在这里，犹如翻开了一本关于中国地理形态的"百科全书"，是中国古典园林的最高范例。

山庄的腰部环绕着星罗棋布的寺庙，至今还保留着普陀宗乘之庙、普宁寺、安远庙、溥仁寺、殊像寺、须弥福寿之庙、普乐寺等金碧辉煌的寺庙。

承德避暑山庄有着北方男人的雄健高大、气宇轩昂，它巨大的水域和宽广的山峦包容着各地的锦绣风光；它又饱含着江南女子的婉转剔透，波澜不惊，处处风景都给人惊喜惬意。

如陈运和的诗《承德避暑山庄》中所写："盛夏，一个大清朝廷全搬到承德；严冬，一座帝王江山又运回京宅，搬河的搬河，运岳的运岳，皇宫与避暑，圣旨与奏折，一齐挪动窝。"在这个宽广的皇家园林里面，不仅有着侍女和警卫悄然无声的脚印，还曾经埋藏着皇帝们实现的和未曾实现的梦想。

在这个巨大的园林里面，你尽可以慢步轻声，追寻帝王的脚步，一步一步地去丈量这望不见边缘的湖光山色，去感受皇室的威严和景观的俊美。

六十七、最长的大桥

青岛海湾大桥，位于中国山东省青岛市，跨越胶州湾和青兰高速公路，全长 41.58 公里，是世界上建成的最长的跨海大桥。大桥于 2011 年 6 月通车，工程投资将近 100 亿元，连接青岛、黄岛和红岛三地，对改善道路交通起到了积极作用。青岛海湾大桥视线开阔，可以看到海上日出的盛景，同时还可以吹吹海风，看着车窗外移动的海景浮想联翩。

世界上的跨海大桥很多，但中国因漫长的海岸线与多海湾的地理因素，导致大量长度卓绝的跨海大桥都在中国。比如杭州湾大桥、东海大桥、港珠澳大桥等。其中，建成于 2011 年的青岛海湾大桥以其 41.58 公里的长度，当之无愧地成为中国最长的跨海大桥，同时也是世界上最长的跨海大桥。

青岛海湾大桥优雅而洗练，就好像一个美丽的精灵横跨在辽阔的大海上。它身量修长秀美，同时气势恢宏，双边钢箱梁加横向连接箱的结构让桥身构造稳定，外形也十分简洁。

青岛海湾大桥连通了青岛、黄岛和红岛三地，以前需要长途绕行，如今通过海湾大桥可以缩短距离30公里，节约20分钟的行程。海湾大桥的车道设计很合理，桥面上很少发生长时间堵车。因为有了海湾大桥的连接，青岛、黄岛和红岛的距离大大缩短，三地的联系也更加地紧密。

青岛海湾大桥是青岛市的地标性建筑，历时4年的艰苦修建，多次挑战技术瓶颈，最后终于修筑成功。青岛海湾大桥超越了杭州湾跨海大桥和美国切萨皮克跨海大桥，成为世界上最长的跨海大桥。这是我们国家自己设计和施工的大桥，2011年6月30日前通车，同年上榜吉尼斯世界纪录，成为当之无愧的世界之最。美国《福布斯》杂志也对这座大桥有极高的评价，该大桥荣获"全球最棒桥梁"荣誉称号。

青岛海湾大桥的视线开阔，即使在快速行车的时候也能看见美丽的风景：咸咸的海风吹过脸庞，让人心旷神怡；洁白的海鸟飞过天空，让人浮想联翩。站在桥头看海上日出，目光所及之处一片金黄，与湛蓝的海水彼此交融，构筑出一幅美丽的海面风光图。

六十八、最大的陵墓

秦始皇陵，被称为世界第八大奇迹。最初的发现源于村民打井取水的一个偶然。最初冒出来一个人头，后来经过考古发掘，找到了深埋下2000多年的军事阵容。现在已经发掘出来的有3个坑，总面积超过2万平方米，出土陶俑8000余个，各种兵器等文物数万件。

秦始皇，一个至今在中国大地上如雷贯耳的名字，他给我们留下了历史的瑰宝。如果不是因为打井取水，村民永远都不会知道在他们世世代代生活的小村庄地下，还埋藏着一个如此惊人的秘密。超过2万平方米的考古发掘现场，栩栩如生的兵俑人物造型，活灵活现的兵器阵列，将我们带回了那个秦始皇一统天下的时代。

这个被称为"世界最大的地下军事博物馆"的巨型陵墓，已经考证的面积超过2万平方米，而未知的区域神秘莫测，更像是在等待我们去揭开它的面纱。尽管如此，秦始皇陵也成为世界上已知的面积最大的陵墓。也许泰姬陵比它浪漫唯美，金字塔比它高大古老，但谁也没有秦始皇陵这般气势雄伟。即使始皇帝已经作古2000多年，但那君临天下的气势依然不减当年。

目前已经发掘出来的殉葬坑有3个，呈品字形排列方式。兵马俑等实物尽量保持发掘时的原样，即使有损毁，经过修复后也被放入坑道中原来的位置。

一号坑是出土文物最多、面积也最大的殉葬坑，外观呈标准的矩形结构，东西为230米，南北为62米，深约5米，面积约15000平方米，出土文物超过6000件。这些陶俑都按照真人尺寸制作，姿态各异，目光如炬，身材普遍剽悍高大，更接近粗犷的北方人种，而不似南方人那样婉约细腻。

二号坑为曲尺状，面积约6000平方米，布阵复杂，出土的兵种更加多样，骑兵众多并按照方阵排列，充分体现了秦代多兵种联合作战的特点。三号坑呈"凹"形，面积约520平方米，里面有青铜兵车，看起来更像是指挥中心。数量庞大的兵马俑，造型逼真，形态各异，或凝望远方，或低头颔首，或双手握拳，或双腿微分，处处彰显军人的伟岸身姿。

穿越历史的风云，这些凝聚着劳动人民智慧的兵马俑，被掩埋在尘土之中。在漫长的黑暗年代，它们在地下沉默不语，坚守着自己的职责。时光悄然溜走，这些陶俑被掩埋在地下的时候，曾经色彩绚烂，但是在揭开尘土的时候被氧化了，这些美丽的色彩瞬间变了色，失去了当初的美丽。由于没有能够很好地解决这个问题，现在经过了考证的地下陵墓，至今无法让我们见到其真面目。

秦始皇在位期间，统一了中国，统一了度量衡和文字，还修订了法律并严格执行。他花重金修建车道，这是现代公路的雏形。但是因为他的严厉，也有了暴君的名声。最初的"蜀山兀，阿房出"，大火已经将这一切都归于平静，而现在保存完好的秦始皇陵却在无声地述说着这段历史。当我们在陵墓中轻声慢步，凝望着这些凝聚着劳动人民汗水和智慧的鸿篇巨制时，不禁感叹流连……

六十九、最大的天坑

小寨天坑，位于中国重庆市的奉节县，深666.2米，坑口直径622米，坑底直径522米，是世界上最大的天坑，同时也是揭示长江三峡成因的"活化石"。其特殊的喀斯特地貌，形成了众多优美的景观。

"天坑、地缝，今后可能会像'长城'那样有名。"这是英国探险队队长理查德对小寨天坑的预言。

小寨天坑坐落在距离奉节县城91公里处的小寨村，天坑四周是绵延不绝的山峰，因山间地势凹陷形成一个巨大的漏斗，这种喀斯特漏斗景观在地理学上被称为"岩溶地貌"。在2001年前，"天坑"这个名词仅仅特指小寨天坑。但在2005年后，"天坑"这个术语在国际喀斯特学术界获得了认可，从此通行于国际。目前世界上共发现了约78个天坑，其中最大天坑就是小寨天坑。

小寨天坑坑口地面标准高度为1331米，深度为666.2米，坑口直径622米，坑底直径 522 米，比世界上最神秘的伯利兹蓝洞大一倍，其景色更是相当瑰丽迷人。在小寨天坑的坑壁上，有众多小通道可直达坑底。从山顶往下看，就好像一块绿油油的大草地中突然出现了一个巨大黑洞，深不可测，让人不禁想要探寻坑底的秘密。

沿着坑壁往下，在 300 米深处有一级台地，地势平缓，建有两间房屋，但是年代比较久远了。据当地村民介绍，曾有人隐居于此。天坑四周环境优美，空气清新，又有清澈的河水缓缓流淌，的确是个适合避世隐居的好地方。再往下走 100 米，又是一处台地，此处是个小陡坡，坡上长满了草丛野花，两边的坑壁上还有几股小泉，缓缓流下，风景十分雅致。在坑底，抬头仰望，天空好似就只有一点点大，偶尔可以看到山雀一闪而过，颇有"坐井观天"的味道。在离天坑不远处，有著名的天井峡地缝。地缝全长 14 公里，缝壁狭窄幽深，两侧是陡峭的石壁，形成了"一线天"的景观。

自小寨天坑被发现，就一直备受关注。1994 年，英国探险队成功地穿越地缝，探寻了天坑。之后各国探险队来此寻找更多天坑的秘密，天坑也由此成了探险家眼中的"宠儿"。而科学家们则在天坑中发现了众多稀有动植物，以及古生物化石。在天坑附近的巫山龙骨坡发现的"巫山猿人"化石，更是震惊全球。

世界上有众多的天坑：危地马拉天坑、号称游泳天堂的墨西哥伊克·基尔天坑、永不沉没的美国阿拉巴马州天坑、伯利兹城的"蓝洞"天坑，都是世界著名的天坑旅游地，都有着自己独特的风景。但是它们与小寨天坑相比，不论是大小、地势、风景，仍稍逊一筹。小寨天坑以其独特的地理魅力和神秘的风景，赢得了"世界喀斯特峡谷奇中之稀"的美誉。

七十、泉眼最多的城市

济南，位于山东省中西部，南泰依山，北跨黄河，是山东省政治、经济、文化的中心。济南城内泉水众多，有久负盛名的趵突泉、黑虎泉、五龙潭、珍珠泉四大泉。四大泉群、"七十二名泉"、733 个天然泉，是天然的岩溶泉水博物馆，也是世界上泉眼最多的城市。在泉涌密集处呈现着"家家泉水，户户垂柳"的旖旎风光，被人们称为"泉城"。

济南，一座有着悠久历史的古老城市，它因泉水众多而闻名天下，被誉为"泉城"。它的山、泉、湖、河、城浑然一体，让这座山水园林城市更显灵韵，既有老舍笔下冬天的"温晴"，又有"四面荷花三面柳，一城山色半城湖"的美景，更有"大明湖畔夏雨荷"的凄美爱情，是一个让人着迷的地方。

济南的泉之多，可将其称为泉水的博物馆。这里泉水纵横分布，错落有致，既有久负盛名的趵突泉、黑虎泉、珍珠泉、五龙潭四大泉群，又有散落郊区各处的七十二泉。而据考证，迄今为止济南有名字、有资料记载、能查到的泉水共有 733 处！在一座城市中，能有 700 多处泉水，这在世界上是绝无仅有的，被称为"泉城"当之无愧。

济南泉水有着悠久的历史，《春秋》里就记述了公元前 694 年，鲁桓公与齐襄公在泺水相会，泺水之源便是今天的趵突泉。北魏地理学家郦道元也在《水经注》中描述：泺水出历（城）县故城西南，泉源上奋，水涌若轮。而早在金代的《名泉碑》上，就列举了济南 72 名泉，自此便有"七十二泉"之说。更有无数文人骚客为它们写下脍炙人口的佳作，赋予了济南泉水独特的墨香。

位居济南"七十二名泉"之首的趵突泉，被誉为"天下第一泉"，是最早见于古代文献的济南名泉，其历史可以追溯到商代，长达 3543 年。趵突泉池长 30 米，宽 20 米，泉水分 3 股从地底的石灰岩洞中涌出，其最大涌量可达每日 24 万立方米，出露标高可达 26.49 米，十分壮观。趵突泉的水温恒定在 18℃左右，每到严冬水面上就水汽袅袅，像笼罩了一层薄薄的烟雾。凭栏俯瞰，一边是波光粼粼的幽深泉池，一边是雕梁画栋的彩绘楼阁，在冬日的晴空下构成一幅奇妙的人间仙境，被当地人称为"云蒸雾润"。

在趵突泉附近，还散布着金线泉、漱玉泉、洗钵泉、皇华泉、杜康泉、白龙泉等 30 多个名泉，它们如绿色的玉带般串联在一起，构成了享誉天下的趵突泉泉群，在经年不歇的喷涌中诉说着这座城市的历史与风韵。

在济南，老街是这个城市的筋骨，泉水便是它的灵魂了。灵动的泉水穿过整个城市的大街小巷，滋润着济南的每一个人、每一寸土地，在千年不歇的流淌中，传唱着最悠久古老的文明……

七十一、中国最长的内陆河

塔里木河位于中国新疆维吾尔自治区塔里木盆地北部，干流沿着盆地北部边缘由西向东蜿蜒于北纬 41°，到东经 87° 以东折向东南，穿过塔克拉玛干大沙漠东部，最后注入台特马湖。它是中国第一大内陆河，全长 2179 千米，仅次于俄罗斯的伏尔加河（3690 千米），阿姆河（2540 千米）和乌拉尔河（2428 千米），锡尔河（2212 千米）为世界第 5 大内陆河。塔里木河自西向东绕塔克拉玛干大沙漠贯穿塔里木盆地，是保障塔里木盆地绿洲经济、自然生态和各族人民生活的生命线，被誉为"生命之河""母亲之河"。

在中国的河流中，塔里木河的长度仅次于长江、黄河、黑龙江，居全国第四位，流域面积 19.80 万平方千米，比珠江水系中的西江还长。

塔里木河干流全长 1321 千米，自身不产流，历史上塔里木河流域的九大水系均有水汇入塔里木河干流。由于人类活动与气候变化等影响，20世纪40年代以前，车尔臣河、克里雅河、迪那河相继与干流失去地表水联系，40年代以后喀什噶尔河、孔雀河、渭干河也逐渐脱离干流。原则上说，在南疆源自天山和昆仑山流入塔里木盆地的所有河流都可归为塔里木河水系，构成塔里木河流域。塔里木河流域是一个封闭的内陆水循环和水平衡的相对独立的水文区域。目前与塔里木河干流有地表水联系的只有和田河、叶尔羌河和阿克苏河三条源流，孔雀河通过扬水站从博斯腾湖抽水经库塔干渠向塔里木河下游灌区输水。

内陆河的支流都不长，有些河还是间歇河。河流里仅有的一些水都是盆地周围的高山上来的。天山和昆仑山山势很高，山上冰川和永久积雪面积都很大，如天山约9500平方千米，昆仑山区（不包括慕士塔格—公格尔山区）的面积达1万平方千米。每当积雪消融，水流奔腾入河，供给这些山脚下的河流。

塔里木河上游源流有三条河：叶尔羌河、和田河、阿克苏河，三个支流在阿凡提县境内汇合后始称塔里木河。

七十二、中国最长的地下河

坎井是新疆吐鲁番的人们采掘地下水的一种井。这种井分明渠、暗渠、直井，其中以挖掘暗渠工程最为艰巨。坎儿井短的几千米，长的几十千米。如今吐鲁番有由一千多条坎儿井组成的地下长河，总长度超过3000千米，被称为中国最长的地下"河"。

坎儿井，维吾尔语叫"坎儿"。关于坎儿井的起源，流传着三种说法，其中之一是中原传入说。据《史记·河渠书》记载，西汉时，有一位名叫庄熊罴的人上书汉武帝刘彻，建议开凿龙首渠，引洛河水灌溉大荔平原。他说，如果渠修成了，就可以把100多万亩的盐碱地改造成良田。汉武帝采纳了这个建议，下令征调1万多民工修渠。由于傍山的渠岸经常崩塌，渠水无法通过，庄熊罴便带人先在山上测出渠道要经过的路线，沿着这条线凿出一眼眼直井，再把各井从地下挖通，使之成为一条和山两面三侧的地面渠道相连的地下渠道，渠水就从这地下渠道流过山去，到达大荔平原。这种井下相通引水的输水技术，后来随着丝绸之路的开通和内地人民大量迁徙到西域从事屯垦，渐渐传入新疆。

七十三、世界最长的运河

京杭大运河，是世界上里程最长、工程最大、最古老的运河之一，与长城并称为中国古代的两项伟大工程。大运河肇始于春秋时期，形成于隋代，发展于唐宋，最终在元代成为沟通海河、黄河、淮河、长江、钱塘江五大水系、纵贯南北的水上交通要道。在两千多年的历史进程中，大运河为中国经济发展、国家统一、社会进步和文化繁荣做出了重要贡献，至今仍在发挥着巨大作用。

京杭大运河全长1794千米，是世界上最长的一条人工运河，是苏伊士运河的16倍，京杭大运河水产品是巴拿马运河的33倍。京杭大运河纵贯南北，是中国重要的一条南北水上干线，背负了南北大量物资的运输交换，也有助于中国的政治、经济和文化的发展。由于年久失修，目前，京杭运河的通航里程为1442千米，其北起北京，南至杭州，经过北京、天津、河北、山东、江苏、浙江六省市，沟通了海河、黄河、淮河、长江、钱塘江五大水系。不仅便利全年通航里程为877千米，主要分布在黄河以南的山东、江苏和浙江三省。

七十四、中国最大的瀑布

黄果树瀑布，位于中国贵州省安顺市镇宁布依族苗族自治县，是珠江水系打邦河的支流白水河九级瀑布群中规模最大的一级瀑布，因当地一种常见的植物"黄果树"而得名。瀑布高度为77.8米，其中主瀑高67米；瀑布宽101米，其中主瀑顶宽83.3米。黄果树瀑布属喀斯特地貌中的侵蚀裂典型瀑布。黄果树瀑布不止一个瀑布的存在，以它为核心，在它的上游和下游20千米的河段上，共形成了雄、奇、险、秀风格各异的瀑布18个。1999年，被大世界吉尼斯总部评为世界上最大的瀑布群，列入吉尼斯世界纪录。

黄果树大瀑布是黄果树瀑布群中最为壮观的瀑布，是世界上唯一可以从上、下、前、后、左、右六个方位观赏的瀑布，也是世界上有水帘洞自然贯通且能从洞内外听、观、摸的瀑布。明代伟大的旅行家徐霞客考察大瀑布时赞叹道："捣珠崩玉，飞沫反涌，如烟雾腾空，势甚雄伟；所谓'珠帘钩不卷，匹练挂遥峰'，俱不足以拟其壮也，高峻数倍者有之，而从无此阔而大者。"

七十五、中国最深的湖泊

长白山天池是中国最深的湖泊，古名有"闼门""图们泊""温凉泊"和"龙潭"等，"图们"系满语，意"万"，是三江万水之源的意思。为1702年火山喷发后的火口积水而成，高踞于长白山主峰白头山（海拔 2691 米，为东北最高峰的山）之巅。湖面海拔 2155 米，面积 9.2 平方千米，平均水深 204 米，为中朝两国界湖。地理坐标为北纬 42°00′，东经 128°03′。湖周峭壁百丈，环湖群峰环抱。

湖区属温带湿润气候，年均气温 -7.4℃，冬季长达 10 个月之久，积雪日数 258 天。湖区植被呈明显的垂直地带分布，在海拔 2000 米以下，主要是岳桦林；2000～2500 米为高山苔原，主要植被有石花、杜香、马兰、牛皮杜鹃等；2500 米以上植物稀疏矮小，呈斑状分布的低级苔藓群落，或地表岩石裸露，有浮石、黑濯石、粗面岩、集块岩、凝灰岩，以及火山、火山角砾等。这里气候多变，常有蒸气弥漫，瞬间风雨雾霭，宛若缥缈仙境。晴朗时，峰影云朵倒映碧池之中，色彩缤纷，景色诱人。曾盛传湖中有怪兽，轰动一时，至今仍为一谜。周围有小天池镜湖、长白温泉带等诸多胜景。

第五章　中国名胜

中华大地，历史悠久；中国人民创造了辉煌的历史，灿烂的文化世代传承。每一处山脉，每一处胜景，都留下无数名人事迹，让后来者瞻仰崇敬。旅游热，是现代人回顾历史的特殊方式。

一、中国世界文化遗产

（一）北京故宫

北京故宫又称紫禁城，历代宫殿都"像天立宫"以表示君权"受命于天"。由于君为天子，天子的宫殿如同天帝居住的"紫宫"禁地，故名紫禁城。故宫是世界上最大的皇帝寝宫，这里历经了24个皇帝，距今已经有580多年的历史了。位于北京市中心，前通天安门，后倚景山，东近王府井街市，西临中南海。是明清两代的皇宫，也是世界上最大的宫殿，占地72万平方米，长960米，宽750米，建筑面积15万平方米，有房屋9999间半，始建于公元1406年，1420年建成，是明朝皇帝朱棣始建，历经明清两个朝代24个皇帝。故宫有太和殿、中和殿、保和殿、乾清宫、交泰殿、坤宁宫、储秀宫、养心殿、御花园等著名宫殿，1961年，经国务院批准，故宫被定为全国第一批重点文物保护单位。1987年，故宫被联合国教科文组织列入"世界文化遗产"名录。

（二）周口店"北京人"遗址

周口店"北京人"遗址位于北京市西南48千米房山区周口店村的龙骨山，周口店附近的山地多为石灰岩，在水力作用下，形成许多大小不等的天然洞穴。山上有东西长约140米的天然洞穴，俗称"猿人洞"。1929年，中国古生物学家裴文中在周口店龙骨山发现了原始人类的牙齿、骨骼和完整的一块头盖骨，被认定为北京猿人。此次在

洞中首次发现的古代人类遗存后被称"周口店第一地点"。东西长约140米，中部最宽处约20米。迄今为止，考古学家们已经发掘出代表40多个尸体的头盖骨、下颌骨、牙齿等化石和丰富的石器、骨器、角器与用火遗迹。有8个古人类文化遗志和哺乳动物化石地点。根据出土物可以证明，北京猿人在大约距今70~20万年的时期内居住于周口店地区，过着以采集为主、狩猎为辅的生活。其早期为距今70~40万年，中期为距今40~30万年，晚期为距今30~20万年。北京人是属于从古猿进化到智人的中间环节的原始人类，这一发现在生物学、历史学和人类发展史研究上有着极其重要的价值。

（三）泰山

泰山是五岳之一，古名"岱宗"，又称岱岳、东岳、泰岳等。地处山东省中部，津浦铁路的东侧，因位于我国东部，故称东岳。泰山山势雄伟，景色秀美，居五岳之首，故古时被称为"五岳之长""五岳独宗""五岳独尊"。面积达426平方千米，主峰玉皇顶海拔1532.7米，泰山兼具古、丽、幽、妙，摩崖碑碣数不胜数，庙宇观堂满山遍布，山势壮丽，自然景观巍峨、雄奇、沉浑、俊秀。全山有古建筑群20多处，历史文化遗迹2000多处，历代文人雅士吟咏题刻和碑记无数。泰山四大奇观泰山日出、云海玉盘、晚霞夕照、黄河金带，气势雄伟，拔地而起，有"天下第一山"之美誉。

（四）八达岭长城

位于延庆区境内军都山关沟古道北口，距市中心70余千米，建于明代，史称天下九塞之一，长城依山而建，城墙外部是由巨大的城砖砌筑而成。因南通京城，北达延庆，东去永宁、四海，西往宣化、大同，四通八达，故名八达岭。长城的高低宽窄各不同，由巨型花岗岩条石和大型城砖砌成，平均高6~7米，宽4~5米，关城总面积约5000平方米，长城的垛墙上有可供瞭望和射击的垛口，山脊的高低、城墙的转交或者是险要处都筑有堡垒式的城台，这些都是古代为了防御敌人而建。长城由关隘、城墙、城台、烽燧四部分组成，沿山脊建筑，随山势曲折起伏，气势磅礴，宛如一条奔腾飞舞于群山峻岭之中的巨龙。八达岭长城现早已失去了战争防御的作用，但却是世界上古老的伟大建筑之一，已被列入《世界遗产名录》。

（五）秦始皇陵及兵马俑

秦始皇陵及兵马俑全名秦始皇陵及兵马俑从葬坑，位于陕西省西安市以东35千米的临潼区境内，是在1974年发现的，随后在这里建了一个规模宏大的博物馆，于1979年国庆节开放。一号坑是当地农民打井时发现，后经钻探又发现了二、三号坑，其中一号坑面积最大，达 14260 平方米，三个坑内发现 6000 个真人大小的陶俑，陶马约 6000 件，木制战车 130 多乘，发掘出的陶俑或者是陶马都如同真人一般，栩栩如生。1980 年发掘出土的一组两乘大型的彩绘铜车马—高车和安车，是迄今中国发现的体形最大、装饰最华丽，结构和系驾最逼真、最完整的古代铜车马，被誉为"青铜之冠"。秦始皇陵是中国历史上第一个多民族的中央集权国家的皇帝秦始皇于公元前 246 年至公元前 208 年营建的，也是中国历史上第一个皇帝陵园。其巨大的规模、丰富的陪葬物居历代帝王陵之首，是最大的皇帝陵。兵马俑的发现被誉为"世界第八大奇迹"，"二十世纪考古史上的伟大发现之一"。

（六）莫高窟

俗称"千佛洞"，被誉为 20 世纪最有价值的文化发现、"东方卢浮宫"，坐落在河西走廊西端的敦煌，以精美的壁画和塑像闻名于世。它始建于十六国的前秦时期，历经十六国、北朝、隋、唐、五代、西夏、元等历代的兴建，形成巨大的规模，现有洞窟 735 个，壁画 4.5 万平方米、泥质彩塑 2415 尊，是世界上现存规模最大、内容最丰富的佛教艺术地。近代又发现了藏经洞，内有 5 万多件古代文物，并由此衍生专门研究藏经洞典籍和敦煌艺术的学科——敦煌学。但是在近代莫高窟受到骗取、盗窃，文物呈现大量流失状态，其宝藏遭到严重破坏。1961 年，莫高窟被公布为第一批全国重点文物保护单位之一。并且在 1987 年，莫高窟被列为世界文化遗产，是中国四大石窟之一。

（七）承德避暑山庄及周围庙宇

避暑山庄及周围寺庙即是清朝皇帝的夏宫，同时又称热河行宫或者是承德离宫。位于中国河北省承德市。始建于康熙四十二年（1703 年），是由皇帝宫室、皇家园林、寺庙群所组成。避暑山庄占地 564 万平方米，环绕山庄蜿蜒起伏的宫墙长达万米，是中国现存最大的皇家园林。康熙五十年（1711 年）康熙皇帝在山庄内午门上题"避暑山庄"因而得名。避暑山庄内分为宫殿区和苑景区两大部分，宫、苑完美融合。建筑布局大体可分为宫殿区与苑景区两大部分，苑景区又可分成湖区、平原区和山区三部分。内有康熙乾隆钦定的 72 景。拥有殿、堂、楼、馆、亭、榭等建筑 100 余处。周围寺庙由博仁寺、博善寺、普乐寺、安远庙、普宁寺、普佑寺、广缘寺、须弥福寿之庙、罗汉堂等 12 座金碧辉煌、雄伟壮观的喇嘛寺庙群组成，每处寺庙都像一座座丰碑，记载着清朝统一和团结的历史。避暑山庄及周围寺庙成为国家级重点文物保护单位、全国十大名胜、全国首批二十四座历史文化名城和四十四处风景名胜保护区之一。

（八）曲阜孔庙孔府孔林

孔庙、孔府和孔林在山东曲阜市，是中国唯一规模最大的集祭祀孔子嫡系后裔的府邸和孔子及其子孙墓地于一起的建筑群，孔子（公元前551～前419年）是中国儒家学说的创始人。他在死后的第二年，他的住宅被改成孔庙，每年祭祀。汉代以后历代皇帝都提倡尊孔读经，对孔子也不断追谥加封，同时扩大他的祠庙，孔庙的规模也越修越大。成为整个东方文化的基石。曲阜的孔府、孔庙、孔林，统称"三孔"。

孔府：是孔子世袭"衍圣公"的世代嫡裔子孙居住的地方，孔府占地240多亩，有厅、堂、楼、轩等各式建筑463间，分为中、东、西三路。东路为家庙，西路为学院，中路为主体建筑。前区是官衙，后区是内宅及花园，大堂是衍圣公的公堂，内有八宝暖阁、虎皮大圈椅、红漆公案、公案上有公府大印、令旗令箭、惊堂木、文房四宝等。其中最为著名是"商周十器"，亦称"十供"，原为宫廷所藏青铜礼器，清高宗于乾隆三十六年（1771年）墒赐孔府。

孔庙：孔庙是由孔子的三间房舍改建而成，庙内共有九进院落，以南北为中轴，分左、中、右三路，纵长630米，横宽140米，有殿、堂、坛、阁460多间，54座门坊，13座历代帝王为孔子竖立的"御碑亭"。大成殿是孔庙的正殿，也是孔庙的核心。殿高24.8米，长45.69米，宽24.85米，坐落在2.1米高的殿基上，为全庙最高建筑，也是中国三大古殿之一。

孔林：孔林又被称为至圣林，是我国最大的人造园林，位于曲阜城北，占地3000亩，周围砖砌林墙长达14里，是孔子及其家族的专用墓地，孔子卒于鲁哀公十六年（公元前479年）四月乙丑，葬鲁城北泗上。由于其后代从冢而葬，形成今天的孔林。内有坟冢十余万座。墓葬之多，保存之完好，举世罕见。是目前世界上延时最久，面积最大的氏族墓地。

（九）武当山古建筑群

湖北的武当山古建筑群1994年12月被列入《世界遗产名录》。武当山又名太和山，位于湖北省丹江口市。东连襄阳市，是全国重点风景名胜区之一，也是我国著名的道教名山。

武当山景区为312平方千米，有"七十二峰、三十六岩、二十四涧、十一洞、三潭、九泉、十池、九井、十石"等自然胜景。峰奇涧险，洞谷幽深。主峰天柱峰海拔1612米，其余各峰均倾向天柱，一峰挺拔，众峰稽首，形恭参拜，山势奇特，蔚为奇观。故又名"参上山"，历来为道家修身养性之所。山上现存的大量古建筑多为明代所建，明永乐十一年（公元1413年），成祖朱棣派侍郎郭瑾等，役使30多万军民工匠，在武当山大兴土木，用了将近十年时间，建成了净乐宫、迎恩宫、玉虚宫、紫霄宫、南岩宫、玉龙宫、遇真宫、太和宫、复真观、元和观等 33 处大建筑群。此外，还建了 39 座桥梁，12 座台，铺砌了全山的石磴道，整个武当山成为一座"真武道场"。共有 8 宫、2 观、36 座庵堂、72 岩庙，以及桥梁、蹬道、亭台等点缀性建筑，总面积达 160 万平方米。武当山又是武当拳术的发源地，刚柔兼蓄，独具风格的武当拳是我国重要的武术流派，与嵩山少林拳齐名。武当功夫是我国武术史上的重要遗产。在古代，武当山以"亘古无双胜境，天下第一仙山"的显赫地位，成为千百年来人们顶礼膜拜的"神峰宝地"。在当代，武当山被称誉为古建筑群与自然环境的巧妙结合，达到了"仙山琼阁"的意境，成为我国著名的游览胜地和宗教活动场所。

（十）拉萨布达拉宫—大昭寺—罗布林卡

布达拉宫和大昭寺，坐落在拉萨河谷中心海拔 3700 米的红色山峰之上，是集行政、宗教、政治事务于一体的综合性建筑。它由白宫和红宫及其附属建筑组成。布达拉宫自公元 7 世纪起就成为达赖喇嘛的冬宫，是西藏佛教和历代行政统治的中心。建造于公元 18 世纪罗布林卡，是达赖喇嘛的夏宫，也是西藏艺术的杰作。布达拉宫位于西藏自治区拉萨市中心红山上，海拔 3700 余米，楼高 13 层 115.703 米，建筑面积约 13.8 万平方米，占地面积约 36 万平方米，布达拉是梵语（古印度语）的音译，意为"佛的胜地"。布达拉宫最早建于公元 7 世纪，布达拉宫的主体建筑包括白宫、红宫以及周边与之相搭配的各种建筑。布达拉宫规模庞大，气势宏伟，依山势而建，主建筑共 13 层，高 117 米。它是著名的藏式宫堡式建筑，也是藏族古代建筑和中国古代建筑艺术的杰出代表，享有"世界屋脊上的明珠"的美誉。

大昭寺：位于拉萨市区的东南部，始建于唐贞观二十一年（公元 601 年）。先后被称为"惹刹""逻些"等，9 世纪改称"大昭寺"，意为"存放经书的大殿"，清代（公元 1644~1911 年）又称其为"伊克昭庙"。它是西藏地区最古老的一座仿唐式汉藏结合木结构建筑。17 世纪时五世达赖喇嘛对大昭寺进行了大规模的扩建和修葺，最终形成了占地面积约 2.51 万平方米的庞大建筑群。大昭寺的主要建筑为经堂大殿。大殿高 4 层，建筑构件为汉式风格，柱头和屋檐的装饰则为典型的藏式风格。大殿的一层供奉有唐代（公元 618~904 年）文成公主带入西藏的释迦牟尼金像。二层供奉松赞干布、文成公主和赤尊公主的塑像。三层为一天井，是一层殿堂的屋顶和天窗。四层正中为 4 座金顶。佛殿内外和四周的回廊满绘壁画，面积约达 2600 余平方米，题材包括佛教、历史人物和故事。此外，寺内还保存了大量珍贵文物，寺前矗立的"唐蕃会盟碑"，更是汉藏两族人民友好交往的历史见证。

罗布林卡：罗布林卡位于布达拉宫西侧约 2 千米的拉萨河畔。"罗布林卡"在藏语中意为"宝贝园林"。它始建于公元 18 世纪中叶，是历世达赖喇嘛处理政务和进行宗教活动的夏宫。罗布林卡由格桑颇章、金色颇章、达旦明久颇章等几组宫殿建筑组成，每组建筑又分为宫区、宫前区和林区三个主要部分。占地面积约为 360 万平方米。园内有植物 100 余种，不仅有拉萨地区常见花木，而且有取自喜马拉雅山南北麓的奇花异草，还有从内地移植或从国外引进的名贵花卉，堪称高原植物园。

（十一）庐山

庐山以雄、奇、险、秀闻名于世，素有"匡庐奇秀甲天下"之美誉。地处江西省北部的鄱阳湖盆地，九江市濂溪区境内，为三山五岳中三山之一。庐山山体一致呈椭圆形，是典型的地垒式长段块山约 25 千米，宽约 10 千米，绵延的 90 余座山峰，最高峰为大汉阳峰，海拔 1474 米。群峰间散布有许多壑谷、岩洞、瀑布、溪涧，犹如九叠屏风，屏蔽江西的北大门。是我国著名的旅游风景区和避暑的疗养胜地，在 1996 年被列入"世界自然与文化遗产名录"。古往今来，无数文人墨客都慕名登临庐山，自司马迁将庐山载入《史记》后，历代诗人墨客相继慕名而来，陶渊明、李白、白居易、苏轼、王安石、陆游、徐志摩、郭沫若等 1500 余位诗人相继登山，为其留下 4000 余首诗词歌赋。苏轼所写的"横看成岭侧成峰，远近高低各不同。不识庐山真面目，只缘身在此山中"形象描绘了庐山的景色，成为千百年来脍炙人口的名篇。

（十二）丽江古城

丽江古城位于中国西南部云南省的丽江市金沙江上游，又名"大研镇"，与四川阆中、山西平遥、安徽歙县并称为"保存最为完好的四大古城"，历史悠久，风光秀丽，自然环境雄美，是古代羌人后裔、纳西族的故乡。它是中国历史文化名城中唯一没有城墙的古城，它结合了纳西族、白族、藏族、汉族等各族的建筑艺术精华。

丽江古城的纳西名称叫"巩本知"，"巩本"为仓廪，"知"即集市，丽江古城曾是仓廪集散之地。始建于宋末元初（公元 13 世纪后期）。古城地处云贵高原，海拔2400 余米，全城面积达 3.8 平方公里，从自古就是远近闻名的集市和重镇。保存着大面积的明清时期的民宅，均是以土木结构瓦屋面楼房，大部分为主房、厢房与壁围城的三合院，古城以四方街为中心，以主要干道为脉络，整个城市皆是城依水存，水随街转，小巷临水，跨水筑楼，使这里别有一番水乡风情。官院巷里有一座明代建筑的木氏土司府，附近建有忠义石牌坊、万卷楼、玉音楼、议事厅等。

（十三）平遥古城

平遥旧称"古陶"，位于中国北部山西省的中部，是中国历史文化名城之一。始建于西周宣王时期（公元前 827 年~公元前 782 年），明代洪武三年（公元 1370 年）扩建，距今已有 2700 多年的历史。还较完好地保留着明、清（公元 1368~1911 年）时期县城的基本风貌，可以被称为中国汉民族地区现存最为完整的古城。与四川阆中、云南丽江、安徽歙县并称为"保存最为完好的四大古城"，也是目前我国唯一以整座古城申报世界文化遗产获得成功的古县城。平遥城墙总周长 6163 米，墙高约 12 米，把面积约 2.25 平方公里的平遥县城隔为两个风格迥异的世界。城墙以内街道、铺面、市楼保留明清形制，城墙以外称新城。平遥城墙现存有 6 座城门瓮、4 座角楼和 72 座敌楼。其中南门城墙段于 2004 年倒塌，除此以外的其余大部分都至今安好，是中国现存规模较大、历史较早、保存较完整的古城墙之一，也是世界遗产平遥古城的核心组成部分。

（十四）苏州古典园林

苏州是中国著名的历史文化名城之一，素来以山水秀丽，园林典雅而闻名天下，有"江南园林甲天下，苏州园林甲江南"的美称。园林始建于公元前 6 世纪，明代建园之风尤盛，清末时城内外有园林 170 多处。为苏州赢得了"园林之城"的称号。现存名园十余处，著名的有沧浪亭、狮子林、拙政园、留园、网狮园、怡园等。苏州园林占地面积小，采用变幻无穷、不拘一格的艺术手法，以中国山水花鸟的情趣，寓唐诗宋词的意境，在有限的空间内点缀假山、树木，安排亭台楼阁、池塘小桥，使苏州园林以景取胜，给人以小中见大的艺术效果。拙政园享有"江南名园精华"的盛誉。宋、元、明、清历代园林各具自然的、历史的、文化的、艺术的特色。

（十五）颐和园

颐和园，位于山水清幽、景色秀丽的北京市西北近郊海淀区，距北京城区 15 千米，原名清漪园，是西山园林"三山五园"之一，始建于公元 1750 年，1860 年的第二次鸦片战争中，清漪园被英法联军烧毁，1888 年，清政府挪用海军军费等款项重修，并于两年后改名颐和园，作为慈禧太后晚年的颐养之地。占地约 290 公顷。

颐和园是我国现存规模最大，保存最完整的皇家园林，为中国四大名园（另三座为承德的避暑山庄，苏州的拙政园，苏州的留园）之一，被誉为皇家园林博物馆。主要由万寿山和昆明湖两部分组成，其中水面占四分之三（约 220 公顷）。园内建筑以佛香阁为中心，园中有景点建筑物百余座、大小院落 20 余处，3555 古建筑，面积 70000 多平方米，共有亭、台、楼、阁、廊、榭等不同形式的建筑 3000 多间。古树名木 1600 余株。其中佛香阁、长廊、石舫、苏州街、十七孔桥、谐趣园、大戏台等都已成为家喻户晓的代表性建筑。

（十六）天坛

天坛是北京"天、地、日、月"诸坛之首，初名天地坛，嘉靖十三年（1534 年）改为天坛。是我国和世界上现存最大的古代祭祀性建筑群，始建于明永乐十八年，是一座典型坛庙，是明清两代皇帝祭天祈谷的场所。天坛是圜丘、祈谷两坛的总称，占地 273 公顷，面积占整个东城区的 1/4。天坛建筑布局呈"回"字形，有垣墙两重，形成内外坛，坛墙南方北圆，象征"天圆地方"。有斋宫、圜丘、祈年殿、长廊、万寿亭、回音壁、三音石、七星石和古柏等名胜古迹。

（十七）大足石刻

大足石刻是重庆市大足区境内主要表现为摩崖造像的石窟艺术的总称。大足区是重庆市所辖郊县，始建于唐乾元元年（758 年），以"大丰大足"而得名，是驰名中外的"石刻之乡""五金之乡"，全县有 40 多处石刻，造像达 5 万多个。其中最著名、规模最大的有两处，一处叫宝顶山，一处叫北山。其中以北山摩崖造像、宝顶山摩崖造像最有代表性，大足石刻以其规模宏大、雕刻精美、题材多样、内涵丰富和保存完整而著称于世。它集中国佛教、道教、儒家"三教"造像艺术的精华，成为中国石窟艺术中一颗璀璨的明珠。

（十八）青城山—都江堰

青城山又称"丈人山"，是中国道教的发源地之一，属于道教名山，其中建福宫始建于唐代，位于成都平原西部的岷江上的都江堰，是战国时期秦国蜀郡太守李冰及其子率众修建的一座大型水利工程，是全世界至今为止，年代最久、唯一留存、以无坝引水为特征的宏大水利工程。

其中都江堰渠道工程就位于青城山麓的岷江干流上，距成都 55 千米，创于古蜀国开明王朝。都江堰位于四川成都平原西部的岷江上，建于公元 3 世纪。都江堰景区内分布着众多的名胜古迹。安澜索桥横跨内外二江，全长 261 米，是中国古代著名的五座古桥之一。二王庙和伏龙观是为纪念李冰父子而建的祠宇，背山面水，古木森森，庙貌巍峨，文物众多。松茂古道是著名的"茶马古道"，李冰建都江堰时所开，是汉唐以后内地去西北少数民族地区的主要通道，也是古"丝绸之路"支线。清幽的古道之上，还分布着玉垒关、斗犀台、城隍庙、禹王宫等众多古迹及一些当地的传统民居。千年古堰孕育了举世无双的水文化，形成了集山、水、城、林、堰、桥为一体的绝妙风光。

（十九）皖南古村落

皖南古村落是指安徽省长江以南山区地域范围内，以西递和宏村为代表的古村落。是具有共同地域文化背景的历史传统村落，有强烈的徽州文化特色。皖南山区历史悠久，文化底蕴深厚，保存了大量形态相近、特色鲜明的传统建筑及其村落，西递、宏村就坐落在皖南山区的黟县，唐朝大诗人李白曾赞美道："黟县小桃源，烟霞百里间。地多灵草木，人尚古衣冠。"道出了皖南乡村的独特意境，风景幽美，古老文化酝酿出淳厚从容的民风人情。西递、宏村这两个传统的古村落在很大程度上仍然保持着那些在上个世纪已经消失或改变了的乡村的面貌。其街道的风格，古建筑和装饰物，以及供水系统的完备民居都是非常独特的文化遗存。

（二十）龙门石窟

龙门石窟是中国四大石窟之一，位于洛阳市城南 13 公里，这里香山和龙门山两山对峙，伊河水从中穿流而过，远望如一座天然的门阙，所以古称"伊阙"。龙门石窟始开凿于北魏孝文帝迁都洛阳（公元 494 年）前后，后来，历经东西魏、北齐、北周，到隋唐至宋等朝代又连续大规模营造达 400 余年之久。其中南北长达 1 千米，共有 97000 余尊佛像，最大的佛像高达 17.14 米，最小的仅有 2 厘米。称为微雕。龙门石窟是历代皇室贵族发愿造像最集中的地方，它是皇家意志和行为的体现。是书法艺术史上的宝藏。著名的书法精品龙门二十品，是后代碑拓鉴赏家从龙门石窟众多的石刻造像题记中精选出来的书法极品，龙门石窟也是佛教文化的艺术表现，但它也折射出当时的政治、经济以及文化时尚。石窟中保留着大量的宗教、美术、建筑、书法、音乐、服饰、医药等方面的实物资料，因此，它是一座大型石刻艺术博物馆。

（二十一）明清皇家陵寝

中国的三处明清皇家陵寝——明显陵（湖北钟祥市）、清东陵（河北遵化市）、清西陵（河北易县）列入世界遗产名录。明显陵位于湖北省钟祥市城东 7.5 千米的纯德山，是明世宗嘉靖皇帝的父亲恭睿皇帝和母亲章圣皇太后的合葬墓，始建于明正德十四年（1519），园陵墓面积 1.83 平方千米，是我国中南地区唯一的一座明代帝王陵墓，是我国明代帝陵中最大的单体陵墓。其"一陵两冢"的陵寝结构，为历代帝王陵墓中绝无仅有。

明显陵的建筑格局，从整体看，宛如一个巨大的"宝瓶"，分内外围城，外围城高 6 米，宽 1.8 米，长 3500 余米，红墙黄瓦，随山势的起伏而变化，显得极为雄伟壮观。

太祖朱元璋死后埋葬在南京钟山脚下，称孝陵；景帝朱祁钰，因英宗复辟遇害，初以王礼葬北京西郊金山，成化年间恢复帝号，又将王坟稍扩其制，改为帝陵，被称为景泰帝陵。其余的 13 位皇帝均葬于北京昌平区境的天寿山一带，通称明十三陵。

清东陵：清东陵位于河北省遵化市西北三十公里处的马兰峪，界于京津、唐山、承德之中。西距北京 150 千米，南距唐山 100 千米，北距承德 100 千米。陵园大小建筑 580 座。清东陵是葬有顺治、康熙、乾隆、咸丰和同治五个清朝皇帝，再加上孝庄、慈禧和香妃等 161 人的大陵园。清东陵是我国最后一代王朝——清王朝帝王的主要陵寝之一，清东陵的建筑布局，除昭西陵、惠陵单成体系外，其他各陵均以顺治孝陵为主，（内葬顺治和两名皇后）孝陵前起龙门口内的金形山，北止昌瑞山主峰下的明楼宝顶，全长 11 华里，以一条宽三丈六尺的砖石神道贯穿上石牌坊、大碑楼、石人石兽、龙凤门、七孔桥、五孔桥、神道碑亭等一系列附属建筑物，清东陵堪称是清朝遗留的中国文化瑰宝。

清西陵：清西陵位于河北省易县城西 15 千米的永宁山下，在北京西南方 120 千米，是清代帝王陵寝之一，与河北省遵化市东陵东西相对而称西陵。这里埋葬着雍正、嘉庆、道光、光绪四位皇帝及他们的后妃、王爷、公主、阿哥等七十六人。共有陵寝十四座，还在配属建筑行宫、永福寺，这里环境幽雅，规模宏大，风景秀丽，体系完整，是一处典型的清代古建筑群。清西陵东起梁各庄、西到紫荆关，南抵大雁桥，北接奇峰岭，占地约一百平方千米，内有帝陵四座——雍正的泰陵、嘉庆的昌陵、道光的慕陵、光绪的崇陵，后陵三座，以及妃嫔、公主、亲王的园寝七座，而以泰宁山主峰下的泰陵为中心，其他陵园则分布东、西两侧。西陵的南端入口建有石牌坊，其后依次有大红门、圣德神功碑楼、七孔桥、石像生、龙凤门、神道碑楼，然后是西陵的主陵——泰陵的隆恩门、隆恩殿、方城明楼、宝顶等一系列附属建筑物。

（二十二）云冈石窟

云冈石窟是我国最大的石窟之一，位于山西省大同市以西 16 千米处的武周山南麓，依山而凿，东西绵延约一千米，内容丰富。现存主要洞窟有 45 个，大小窟龛共 252 个，造像 5.1 万余尊，代表了公元 5 至 6 世纪时中国杰出的佛教石窟艺术。其中的昙曜五窟，布局设计严谨统一，是中国佛教艺术第一个巅峰时期的经典杰作。云冈石窟创建于公元 450 年，魏孝文帝令沙门统昙曜（音坛耀）开凿 5 个

云冈石窟

大石窟（第 16~20 窟），后人称为昙曜五窟。最大的是第 6 窟（魏孝文帝时开凿），由地面到窟顶高达 20 公尺，中央直立一个宽约 60 米的大塔柱，上连窟顶，整个塔柱和洞壁嵌满了大小佛龛和多种装饰，找不出一块没有雕刻的空隙。云冈石窟大部分是魏孝文帝迁都洛阳以前的作品。佛像的形状一般是厚唇、高鼻、长目、宽肩，有雄伟的气概，体貌表现了少数民族的特征。一千五百年来，云冈石窟由于受到风化、水蚀和地震的影响，毁损较为严重，再加上新中国成立前遭到的人为破坏，据不完全统计，被盗往海外的佛头、佛像竟达一千四百多个，斧凿遗痕，至今犹在。

（二十三）澳门历史城区

澳门历史城区是一片以澳门旧城区为核心的历史街区，其间以相邻的广场和街道连接而成，包括妈阁庙前地、亚婆井前地、岗顶前地、议事亭前地、大堂前地、板樟堂前地、耶稣会纪念广场、白鸽巢前地等多个广场空间，以及妈阁庙、港务局大楼、郑家大屋、圣老楞佐教堂、圣若瑟修院及圣堂、岗顶剧院、何东图书馆、圣奥斯定教堂、民政总署大楼、三街会馆（关帝庙）、仁慈堂大楼、大堂（主教座堂）、卢家大屋、玫瑰堂、大三巴牌坊、哪吒庙、旧城墙遗址、大炮台、圣安多尼教堂、东方基金会会址、基督教坟场、东望洋炮台（含东望洋灯塔及圣母雪地殿圣堂）等 20 多处历史建筑。澳门历史城区于 2005 年根据文化遗产遴选标准被列入《世界文化遗产目录》。

二、中国世界自然遗产

（一）黄山

黄山在秦代时称"黟山"，相传公孙轩辕黄帝率手下大臣容成子、浮丘公来此炼丹，并最终得道升天，唐天宝六年（公元 747 年），到了唐玄宗敕改"黟山"为"黄山"。位于安徽省南部黄山市，主峰莲花峰，海拔 1864 米。黄山 82 峰以天都峰、莲花峰、光明顶三大主峰为中心向三周铺展，其中玉屏楼被称为"观松绝胜处"峰顶还有著名的玉屏卧佛，黄山可以说无峰不石，无石不松，无松不奇，并以奇松、怪石、云海、温泉四绝著称于世。其中二湖，三瀑，十六泉，二十四溪相映争辉。黄山是一处全天候、四季可看的理想景观。四季景色各异，晨昏晴雨，瞬息万变，黄山日出、晚霞、云彩、佛光和雾凇等景观各得其趣自然景观。

（二）黄龙

黄龙风景区位于四川省阿坝藏族羌族自治州松潘县境内，由黄龙本部和牟尼沟两部分组成。主景区黄龙沟位于岷山主峰雪宝顶下，以彩池、雪山、峡谷、森林四绝著称于世，黄龙包括黄龙沟、丹云和雪栏山峰丛区、红心岩峰丛区以及雪宝鼎、雪山梁等，面积600平方千米，1982年10月，由中华人民共和国国务院审定黄龙为国家重点风景名胜区。1992年12月，黄龙正式被联合国教科文组织作为自然遗产列入《世界遗产名录》。主要景点有迎宾池、飞瀑流辉、洗身洞、盆景池、金沙铺地、争艳池、睡美人、黄龙洞、五彩池、黄龙古寺等旅游景点，黄龙雄奇的山岳景观、险峻的峡谷地貌、绚丽的草原风光、浩瀚的森林海洋、独特的民族风情、丰富的动植物资源。

（三）武陵源

武陵源风景名胜区位于湖南省西北部。由张家界、索溪峪、天子山、杨家界四大部分组成，总面积369平方千米，观景点560多个。武陵源属于世界上罕见的砂岩峰林地貌，整个景区，绿树翠蔓，兽鸟成群，沟壑纵横，岩峰高耸，有"大自然迷宫""天下第一奇山"之美誉。武陵源是原始生态体系的砂岩、峰林、峡谷地貌，构成了溪水潺潺、奇峰耸立、怪石峥嵘的独特自然景观。

（四）武夷山

武夷山风景区位于福建西北部的南平地区，主要景区方圆70平方千米，平均海拔350米，属典型的丹霞地貌，素有"碧水丹山""奇秀甲东南"之美誉，景区划分为西部生物多样性、中部九曲溪生态、东部自然与文化景观以及城村闽越王城遗址等4个保护区。武夷山拥有独特、宝贵的自然遗产。如拥有最大的中亚热带原生态森林、珍稀特有野生动物约有5110种、世界著名的模式标本产地等文化遗产。重要的景观有天游峰、九曲溪、大红袍、宋街、武夷碑林、桃源洞等，武夷山水帘洞、武夷山桃源洞、武夷宫、武夷大峡谷等多处景观，东笋、南茶、西鱼、北米等都被称为"武夷山四宝"。

（五）三清山

三清山位于江西省上饶市玉山、德兴两县交界处，北望黄山，南倚武夷，三清山集黄山之秀丽、峨眉之壮观、庐山之灵气、华山之险峻于一身，东险西奇，北秀南绝。素有"三清天下秀"之美誉。景区总面积220平方千米，三清山是道教圣地，是历代道家修炼场所，古人赞它为"高凌云汉江南第一仙峰，清绝尘嚣天下无双福地"。三清山景点众多，景观布局"东险、西奇、南绝、北秀"。三清山有九大景区、十大绝景，有南清园景区、万寿园景区、西海岸景区、三洞口景区、石鼓岭景区、玉京峰景区、西华台景区、南清园、万寿园、西海岸司春女神、巨蟒出山、猴王献宝、玉女开怀等著名景点。

（六）五台山

五台山位于山西省的东北部，属太行山系的北端，五台山跨忻州地区的五台县、繁峙县、代县、原平市、定襄县，约五百余里。中心地区是台怀镇，五台山距五台县城90千米，忻州市160千米，山西省会太原市240千米。是我国佛教四大名山之一，1992年林业部批准为"国家森林公园"。由于五台山北部切割深峻，五峰耸立，峰顶平坦如台，故称"五台"。东台望海峰、西台挂月峰、南台锦绣峰、北台叶斗峰、中台翠岩峰。五峰之外称台外，五峰之内称台内，台内以台怀镇为中心。五台周长约250千米，总面积约2837平方千米。五台之中以北台最高，北台顶海拔3061.1米，有华北屋脊之称。因山中天气寒冷、台顶终年有冰、盛夏天气凉爽、又被称为清凉山，确实是夏天避暑的胜地。除五台以外还有五台山建的最早的寺院、五台山最高的塔、五台山最高的文殊菩萨像、五台山最高的观世音菩萨像、五台山最长的石台阶路等五台之最，寺庙有南禅寺、佛光寺、显通寺、广济寺、岩山寺、菩萨顶、栖贤寺等古刹。

（七）九寨沟

寨沟位于四川省阿坝藏族羌族自治州九寨沟县境内，以有九个藏族村寨而得名。海拔在两千米以上，遍布原始森林，沟内分布108个湖泊。有五花海、五彩池、树正瀑布、诺日朗瀑布，风景绝佳，有"童话世界"之誉，九寨沟现已规划的六个景区是：宝镜岩景区、树正景区、日则景区、剑岩景区、长海景区、扎如景区，景区面积约62平方千米，现游览区面积约50平方千米。主要有树正景区、日则沟景区、则查洼沟景区构成，主要景点有盆景滩、树正群海、树正瀑布、双龙海、火花海、卧龙海有镜海、熊猫海、芳草海、天鹅海扎如景区，有魔鬼岩、扎如寺、宝镜岩、盆景滩、芦苇海、五彩池、珍珠滩、镜海、犀牛海、诺日朗瀑布、火花海和长海等景点。成为全国唯一拥有"世界自然遗产"和"世界生物圈保护区"两项桂冠的圣地。

（八）峨眉山

峨眉山是中国佛教四大名山之一，是举世闻名的普贤菩萨道场。位于四川盆地西南缘。由山峰相对如蛾眉，而得名。包括大峨眉、二峨眉、三峨眉、四峨眉。峨眉山主峰万佛顶海拔 3079.3 米，峨眉山形势巍峨雄壮，草木植被郁郁葱葱，故有"雄秀"美称。在山顶可欣赏日出、云海、佛光、圣灯四大绝景。峨眉山上共有佛寺数十处，寺内珍藏着许多精美的佛教瑰宝。峨眉山的昔日十景圣积晚钟、萝峰晴云、灵岩叠翠、双桥清音、白水秋风、洪椿小雨、大坪霁雪、九老仙府、象池月夜、金顶祥光，今朝十景金顶金佛、幽谷灵猴、万佛朝宗、小平情缘、清音平湖、第一山亭、摩崖石刻、秀甲瀑布、迎宾石滩、名山起点，主要的看点是四面十方、峨眉金顶、万年寺、清音阁、一线天、洪椿坪、洗象池、报国寺、伏虎寺、神水阁等多处景点。峨眉山山势雄伟，隘谷深幽，飞瀑如帘，云海翻涌，林木葱茏，有"峨眉天下秀"之称。

（九）泰山

泰山又称岱山、岱宗、岱岳、东岳、泰岳等。名称之多，实为全国名山之冠。泰山立于华北大平原边上的齐鲁古国，同衡山、恒山、华山、嵩山合称五岳，因地处东部，故称"东岳"。泰山古称岱山、岱宗，春秋时改称泰山。面积达 426 平方千米，主峰玉皇顶海拔 1532.7 米，气势雄伟，拔地而起，有"天下第一山"之美誉，1987 年被联合国教科文组织列入世界自然文化遗产名录。

主要旅游景点有遥参亭、正阳门、唐槐院、东御座、秦泰山刻石、铜亭、岱庙坊、汉柏、天贶殿、大众桥、五贤祠、三阳观、冯玉祥墓、普照寺、虎山公园、王母池、三叠瀑布、醉心石、对松山、中天门、子登临处、望人松、斗母宫、望仙楼等景观。

泰山又被称为五岳之长、五岳独宗、五岳独尊。古人司马迁曾说："人固有一死，或重于泰山，或轻于鸿毛。"可见，在司马迁的心目中，泰山是一个庄重、威严、雄伟可亲的象征。后来，人们使用"泰山""鸿毛"这两种轻重反差极大的物体来比喻轻重悬殊的两种事情，《现代汉语规范词典》也有记载"有眼不识泰山"，词条释云：形容见识浅陋，认不出有身份、有地位和本领大的人。古人把泰山当作最高的山，常用来比喻敬仰的人或极为重大的事。并举例为：有眼不识泰山，责任重于泰山。还有杜甫的"会当凌绝顶，一览众山小"，都在不断加深我们对泰山的向往。登临泰山，犹如攀登长城一样，成为许多中国人的梦想。

（十）庐山国家公园

庐山为国家重点风景名胜区，坐落于江西省北部，位于长江中游南岸，面积 302

平方千米，众多的奇峰、怪石、瀑布、岩洞形成了奇特瑰丽的山岳景观。有植物 3000 余种、鸟类 170 多种、12 个景区、37 个景点、230 个景物景观，还有中国古代四大书院之首的白鹿洞书院，庐山还是中国古代的宗教中心。主要的文化遗产有千年学府、宗教文化、山水文化，庐山风光大山、大江、大湖浑然一体，险峻与柔丽相并济，素有"匡庐奇秀甲天下"的美誉，以奇、秀、险、雄闻名于世。

（十一）三江并流

三江并流是指金沙江、澜沧江和怒江这三条发源于青藏高原的大江在云南省境内自北向南并行奔流 170 多千米，穿越担当力卡山、高黎贡山、怒山和云岭等崇山峻岭之间，形成世界上罕见的"江水并流，而不交汇"的奇特自然地理景观。它地处东亚、南亚和青藏高原三大地理区域的交汇处，是世界上罕见的高山地貌及其演化的代表地区，也是世界上生物物种最丰富的地区之一。三江并流地区被誉为世界生物基因库，这一地区现在栖息着珍稀濒危动物滇金丝猴、羚羊、雪豹、孟加拉虎、黑颈鹤等 77 种国家级保护动物和秃杉、桫椤、红豆杉等 34 种国家级保护植物。还有高等植物 210 余种，1200 余属，6000 种以上，仅占有中国 0.4% 的面积而容纳了中国 20% 的高等植物。这里生存着哺乳动物 173 种，鸟类 417 种，爬行类 59 种，两栖类 36 种，淡水鱼 76 种，凤蝶类昆虫 31 种，而这些动物总数均达到中国总数的 25% 以上。这在中国乃至全世界都是唯一的。

（十二）中国南方喀斯特

由云南石林的剑状、柱状和塔状喀斯特、贵州荔波的森林喀斯特、重庆武隆的以天生桥、地缝、天洞为代表的立体喀斯特共同组成的中国南方喀斯特，云南石林以雄、奇、险、秀、幽、奥等而著称，被称为世界喀斯特的精华，贵州荔波是布依族、水族、苗族和瑶族等少数民族聚集处，曾入选中国最美十大森林。重庆武隆峡谷立体喀斯特世界独有景区以天龙桥、青龙桥、黑龙桥三座气势磅礴的石拱桥称奇于世，属亚洲最大的天生桥群。中国喀斯特有面积大、地貌多样、典型、生物生态丰富等特点。

（十三）国家 5A 级风景区名录

自 2007 年 5 月国家旅游局执行国家 5A 级旅游景区标准以来，全国首批有 66 个旅游景区获 5A 殊荣（后有新景点获批）：
北京：故宫博物院、天坛公园、颐和园、八达岭长城。
天津：天津古文化街旅游区（津门故里）、天津盘山风景名胜区。

河北：秦皇岛市山海关景区、保定市安新白洋淀景区、承德避暑山庄及周围寺庙景区。

山西：大同市云冈石窟景区、忻州市五台山风景名胜区。

辽宁：沈阳市植物园、大连老虎滩海洋公园、海洋极地馆。

吉林：长春市伪满皇宫博物院、长白山景区。

黑龙江：哈尔滨市太阳岛公园。

上海：上海东方明珠广播电视塔、上海野生动物园。

江苏：南京市钟山风景名胜区——中山陵园风景区、中央电视台无锡影视基地三国水浒景区、无锡灵山景区、苏州市拙政园、苏州市周庄古镇景区。

浙江：杭州市西湖风景名胜区、温州市雁荡山风景名胜区、舟山市普陀山风景名胜区。

安徽：黄山市黄山风景区、池州市九华山风景区。

福建：厦门市鼓浪屿风景名胜区、南平市武夷山风景名胜区。

江西：九江市庐山风景旅游区、吉安市井冈山风景旅游区。

山东：烟台市蓬莱阁旅游区、济宁市曲阜明故城（三孔）旅游区、泰安市泰山景区。

河南：登封市嵩山少林景区、洛阳市龙门石窟景区、焦作市云台山风景名胜区。

湖南：衡阳市南岳衡山旅游区、张家界武陵源旅游区。

湖北：武汉市黄鹤楼公园、宜昌市三峡大坝旅游区。

广东：广州市长隆旅游度假区、深圳华侨城旅游度假区。

广西：桂林市漓江景区、桂林市乐满地度假世界。

海南：三亚市南山文化旅游区、三亚市南山大小洞天旅游区。

重庆：重庆大足石刻景区、重庆巫山小三峡——小小三峡。

四川：成都市青城山——都江堰旅游景区、乐山市峨眉山景区、阿坝藏族羌族自治州九寨沟旅游景区。

贵州：安顺市黄果树大瀑布景区、安顺市龙宫景区。

云南：昆明市石林风景区、丽江市玉龙雪山景区。

陕西：西安市秦始皇兵马俑博物馆、西安市华清池景区、延安市黄帝陵景区。

甘肃：嘉峪关市嘉峪关文物景区、平凉市崆峒山风景名胜区。

宁夏：石嘴山市沙湖旅游景区、中卫市沙坡头旅游景区。

新疆：乌鲁木齐市天山天池风景名胜区、吐鲁番市葡萄沟风景区、阿勒泰地区喀纳斯景区。

三、中国名山

（一）泰山

泰山位于山东省泰安市，又名岱山，又被称岱宗、岱岳、东岳、泰岳等。名称之多，实为全国名山之冠。五岳之首，主峰海拔1545米，台阶6600级。泰山突兀的立于华北大平原边上的齐鲁古国，同衡山、恒山、华山、嵩山合称五岳，因地处东部，故称东岳。同时泰山也是佛、道两教兴盛之地，是历代帝王朝拜之山。历代帝王所到之处，建庙塑像，刻石题字，留下了众多文物古迹。

（二）华山

华山是我国著名的五岳之一，西岳华山位于距西安市一百余千米的华阴市城南，海拔2154.9米，华山不仅雄伟奇险，而且山势峻峭，壁立千仞，群峰挺秀，以险峻称雄于世，自古以来就有"华山天下险""奇险天下第一山"的说法，华山有五峰，朝阳（东峰）、落雁（南峰）、莲花（西峰）、五云（北峰）、玉女（中峰）。因东南西三面是悬崖峭壁，只有柱峰顶向北倾斜打开了登华山的道路，所以有"自古华山一条路"的说法。

（三）衡山

衡山又名南岳，位于湖南省衡阳市南岳区，海拔1300.2米，主峰祝融峰，海拔1512米，由于气候条件相对其他四岳来说为好，处处是茂林修竹，终年翠绿，奇花异草，四时飘香，自然景色十分秀丽，因而又有"南岳独秀"的美称。清人魏源《衡岳吟》中说："恒山如行，岱山如坐，华山如立，嵩山如卧，唯有南岳独如飞。"这是对衡山的赞美。主要景点有南岳庙、黄庭观、九仙观、祝融殿等。南岳衡山在五岳中是最美的，在五岳中处在最南边，所以一年四季景色都非常秀丽，因此人们常说"南岳独秀"。

（四）恒山

恒山位于山西省浑源县境内，主峰天峰岭，海拔2017米，被誉为"塞外第一山"。

主庙北岳庙，供奉北岳大帝（恒山神）。恒山，亦名"太恒山"，又名"元岳、紫岳、大茂山"，汉时因避汉文帝刘恒讳，一度改称为"常山"。古代北岳恒山为今河北大茂山，自清顺治以后转移到山西。恒山自始至终是著名的道教圣地和旅游胜地。现为首批国家级重点风景名胜之一，含异景纷呈、各具奇观的十五个分区，风景旅游资源丰富，自然风光，人文景观，英才传说，名人掌故，风土民俗，艺术戏曲等等无不成景，天趣盎然。景观特色独具魅力。

（五）嵩山

嵩山位于河南省西部，地处河南省登封市西北面，是五岳的中岳。总面积450平方千米，由太室山和少室山组成，最高峰（峻极峰）1491.7米。东西绵延约60余千米。古名为外方、嵩高、崇高。五代后称中岳嵩山，与泰山、华山、恒山、衡山共称五岳。历史上根据山峰坐落方位，形状外貌和名人遗迹等，分成太阳、少阳、明月、玉柱、万岁、凤凰、白鹿等72峰。嵩山顶又名峻极峰，是嵩山的最高峰，古有"峻极于天"之说。嵩山被誉为我国历史发展的博物馆，儒、释、道三教汇集，拥有众多的历史遗迹。

（六）黄山

黄山古代秦时称黟山，相传公孙轩辕黄帝率手下大臣容成子、浮丘公来此炼丹，并最终得道升天，唐天宝六年（公元747年），依此传说，唐玄宗赦改黟山为黄山。位于安徽省黄山市，是中国著名风景区之一，世界游览胜地，主峰莲花峰，海拔1864米，处于亚热带季风气候区内，素以奇伟俏丽、秀灵多姿著称于世，黄山气候宜人，是得天独厚的避暑胜地，是国家级风景名胜区和疗养避暑胜地。春、夏、秋、冬四季景色各异。黄山还兼有"天然动物园和天下植物园"的美称，奇松、怪石、云海、温泉，黄山四绝著称于世。

（七）庐山

庐山位于江西省九江市，紧临鄱阳湖和长江，"一山飞峙大江边，跃上葱茏四百旋"，庐山海拔1474米，山体面积280平方千米，以雄、奇、险、秀闻名。庐山山体呈椭圆形，绵延的90余座山峰，犹如九叠屏风，屏蔽江西的北大门。庐山以雄、奇、险、秀闻名于世，素有"匡庐奇秀甲天下"之美誉。庐山最高峰为大汉阳峰、五老峰、香炉峰等，山间经常云雾弥漫，所以人们常说"不识庐山真面目"。

（八）五台山

五台山位于山西省忻州市五台县境内，五台山寺庙始建于汉明帝，是我国佛教四大名山之一，平均海拔 1000 米以上，最高点北台叶门峰海拔 3058 米，被称为"华北屋脊"。五台山方圆约 300 千米，因五峰如五根擎天大柱，拔地崛起，巍然矗立，峰顶平坦如台，故名五台。是驰名中外的佛教圣地，是文殊菩萨的道场，而五台山又以其建寺历史之悠久和规模之宏大，而居佛教四大名山之首。

（九）峨眉山

峨眉山与山西五台山、浙江普陀山、安徽九华山并称为中国佛教四大名山。位于四川盆地西南缘。有山峰相对如峨眉，故名。包括大峨眉、二峨眉、三峨眉、四峨眉。主峰万佛顶海拔 3079.3 米。全山形势巍峨雄壮，草木植被浓郁葱茏，故有"雄秀"美称。在金顶上可欣赏"日出""云海""佛光"和"圣灯"四大绝景。峨眉山平畴突起，巍峨、秀丽、古老、神奇。它以优美的自然风光、悠久的佛教文化、丰富的动植物资源、独特的地质地貌而著称于世。被人们称

峨眉山

之为"仙山佛国""植物王国""动物乐园""地质博物馆"等，素有"峨眉天下秀"之美誉。

（十）普陀山

普陀山是中国佛教四大名山之一，是观世音菩萨教化众生的道场。在浙江省舟山岛东侧，属于舟山市普陀区。小岛形似苍龙卧海，面积近 13 平方千米，与舟山群岛的沈家门隔海相望，素有"海天佛国""南海圣境"之称，普陀山四面环海，风光旖旎，幽幻独特，被誉为"第一人间清净地"。山石林木、寺塔崖刻、梵音涛声，皆充满佛国神秘色彩。岛上树木丰茂，古樟遍野，鸟语花香，素有"海岛植物园"之称。普陀山以其神奇、神圣、神秘，成为驰誉中外的旅游胜地。

（十一）武当山

武当山位于湖北省丹江口，武当山，又名太和山、仙室山，古有"太岳""玄岳""大岳"之称。属大巴山东段。高峰林立，主峰天柱峰海拔 1612 米，方圆 400 千米。是道教名山，又是武当派拳术发源地。武当山是联合国公布的世界文化遗产地，是中国国家重点风景名胜区，药用植物有 400 多种、武当山有七十二峰、三十六岩、二十四涧、十一洞、三潭、九泉等景区，使自然美与人文美高度和谐的统一，因此被誉为"亘古无双胜境，天下第一仙山"。

（十二）青城山

青城山，素有"洞天福地""人间仙境""青城天下幽"之誉，位于四川省都江堰市西南，古称丈人山，方圆 100 余千米，高峰海拔 1800 多米，全山林木青翠，四季常青，故名青城山。青城山分青城前山和青城后山。前山景色优美，文物古迹众多，后山自然景物神秘绮丽、原始华美如世外桃源。是我国道教发源地之一，属道教名山。自古就有"青城天下幽"的美誉。与剑门之险、峨眉之秀、夔门之雄齐名。青城山背靠千里岷江，俯瞰成都平原，景区面积 200 平方千米。古人记述中，青城山有"三十六峰""八大洞""七十二小洞""一百八景"之说。

（十三）龙虎山

龙虎山，位于江西省鹰潭市西南 20 千米的龙虎山风景名胜区境内，为中国道教发祥地，道教正一派"祖庭"。龙虎山原名云锦山，乃独秀江南的秀水灵山。是国家级重点风景名胜区。整个区 200 平方千米，素有"神仙所都""人间福地"之誉。龙虎山源远流长的道教文化，独具特色的碧水丹山和历史悠久、出土文物丰富的古崖墓群已构成了龙虎山自然景观和人文景观的"三绝"。

（十四）齐云山

位于安徽省休宁县城西约 15 千米处，古称白岳，与黄山南北相望，风景绮丽，素有"黄山白岳甲江南"之誉，因最高峰廊崖"一石插天，与云并齐"而得名，乾隆帝称之为"天下无双胜境，江南第一名山"。它是由齐云、白岳、岐山、万寿等 9 座山峰组成。齐云山又是道家的"桃源洞天"，为著名道教名山之一。齐云山是一处以摩崖石刻、道教文化和丹霞地貌为特色的山岳景区。

（十五）武夷山

武夷山市位于福建省西北部、闽赣两省交界处，江西省东部，位于福建与江西的交界处。总面积 999.75 平方千米，全区划分为西部生物多样性、中部九曲溪生态、东部自然与文化景观以及城村闽越王城遗址等 4 个保护区。属典型的丹霞地貌，素有"碧水丹山""奇秀甲东南"之美誉，是首批国家级重点风景名胜区之一，是全球生物多样性保护的关键地区，是尚存的珍稀、濒危物种栖息地，武夷山已知植物 3728 种，动物 5110 种，野生动植物标本近 1000 种，武夷山具有独特、稀有的自然景观，属罕见的自然美地带，是人类与自然环境和谐统一的代表。

（十六）崆峒山

道教名山胜地。位于甘肃省平凉市西三千米处。相传古时广成子曾在此山中室内隐居修炼，黄帝曾至此问道于广成子。秦、汉时期，山上始有庙宇建筑；魏、晋、南北朝期间，山中道教兴盛，宫观遍布，唐宋之际，山中大多道教宫观庙宇毁于兵火，元代开始重新修建。崆峒山东瞰西安，西接兰州，南邻宝鸡，北抵银川，是古丝绸之路西出关中之要塞。景区面积 84 平方千米，主峰海拔 2123 米，崆峒山属六盘山支脉，是天然的动植物王国，有各类植物 1000 多种，动物 300 余种，森林覆盖率达 90% 以上。集奇险灵秀的自然景观和古朴精湛的人文景观于一身，具有极高的观赏、文化和科考价值。自古就有"西来第一山""西镇奇观""崆峒山色天下秀"之美誉。

（十七）阿里山

阿里山位于台湾嘉义县阿里山乡，阿里山实际上并不是一座山的名称，只是特定范围的统计，正确的说法是阿里山区，地理上属于阿里山山脉的一部分，东邻玉山山脉，北接雪山山脉，总计面积高达 1400 公顷。地跨南投县、嘉义县二县，是大武峦山、尖山、祝山、塔山等十八座山的总称，主峰塔山海拔两千六百多公尺，东面靠近台湾最高峰玉山。阿里山自然景观极为丰富，日出、云海、晚霞、神木与铁道（阿里山森林铁路）并列为阿里山五奇，而阿里云海更是台湾八景之一。

（十八）千山

千山故名千山，又名积翠山、千华山、千顶山、千朵莲花山，千山无峰不奇，无石不峭，无庙不古，无处不幽。位于辽宁省鞍山市东南 17 千米处，总面积约 44 平方千米，素有"东北名珠"之称，"万壑松涛百丈澜，千峰翠影一湖莲"。千山由近千座状似莲花的奇峰组成，南临渤海，北接长白，群峰拔地，以峰秀、石峭、谷幽、庙古、佛高、松奇、花盛而著称，具有景点密集、步移景异、玲珑剔透的特色。千山为长白山支脉，主峰高 708.3 米，总面积约 72 平方千米。山峰总数为 999 座，一直是吸引众多游人的人间胜境。

（十九）雁荡山

雁荡山坐落于浙江省温州乐清境内，中国十大名山之一。因山顶有湖，芦苇丛生，秋雁宿之故而山以鸟名。雁荡山根植于东海，山水形胜，以峰、瀑、洞、嶂见长，素有海上名山、寰中绝胜之誉，史称东南第一山。地理位置不同可分为北雁荡山、中雁荡山、南雁荡山、西雁荡山（泽雅）、东雁荡山（洞头半屏山），我们通常所说的雁荡山风景区主要是指乐清市境内的北雁荡山。由于其山处在古火山频繁活动的地带，山体呈现出独具特色的峰、柱、墩、洞、壁等奇岩怪石，总面积 450 平方千米，500 多个景点分布在 8 个景区，以奇峰怪石、古洞石室、飞瀑流泉称胜。其中，灵峰、灵岩、大龙湫三个景区被称为"雁荡三绝"。特别是灵峰夜景，灵岩飞渡堪称中国一绝。

（二十）天柱山

天柱山又名潜山，皖山，古称霍山、衡山，位于安徽省安庆市潜山县境内，是一座集悠久历史和壮丽风光于一身的名山。天柱山自古即为中华历史文化名山，公元前，106 年，汉武帝刘彻登临天柱山封号"南岳"。道家将其列为第 14 洞天、57 福地；三祖寺是佛教禅宗的发祥地之一，其主峰海拔 1489.8 米，高耸挺立，如巨柱擎天，因而称为"天柱峰"，山也就此得名。唐代诗人白居易的诗句"天柱一峰擎日月，洞门千仞锁云雷"是对天柱山雄奇景象的精彩描叙。天柱山有 42 座山峰，山上遍布苍松、翠竹、怪石、奇洞、飞瀑、深潭。《天柱山志》称其"峰无不奇，石无不怪，洞无不杳，泉无不吼"，可见其自然景色之奇崛。

（二十一）井冈山

位于中国江西省西南部，地处湖南省江西省边界的罗霄山脉中段，属江西省井冈山市，井冈山最高峰海拔 2120 米，风景秀丽，林木繁茂，有高山幽壑，飞瀑深涧，岩洞云海之景，是著名的旅游胜地。古有"郴衡湘赣之交，千里罗霄之腹"之称。井冈山与中国现代共产主义革命有密切的联系。1927 年 10 月，毛泽东、朱德、陈毅、彭德怀、滕代远等中国共产党人率领中国工农红军，在这里创建了第一个农村革命根据地，开辟了一条以农村包围城市最后夺取城市的中国共产主义革命道路，因此井冈山有"革命摇篮"之称。

（二十二）五指山

五指山是海南第一高山，不仅是海南岛的象征，也是我国名山之一。"不到五指山，不算到海南"。五指山市位于海南岛中南部，峰峦起伏成锯齿状，形似五指，故因此得名。周围群山环抱，森林茂密，是有名的"翡翠山城"。属热带山区气候，冬暖夏凉。五指山市境内矿产资源丰富，森林中木本植物 1400 多种，高级珍贵木材 150 多种，药用植物 1000 多种，还有名贵的五指山野生水满茶，五指山兰花 100 多种，有"一山、一林、一情、一城、一路"之说。五指山林区是一个蕴藏着无数百年不朽良树的绿色宝库。

（二十三）九宫山

九宫山在湖北通山县城东南，其山南邻赣，海拔 1656.7 米，因后晋安王兄弟 9 人造 9 座宫殿，故名。南宋又在此建 9 座辉煌壮丽的宫观，李自成陵墓亦建于此，为道教圣地。九宫山峰峦叠翠、古木参天、飞瀑温泉、古洞怪石、云海碧湖，集五岳之灵气，被誉为"九天仙山"，是著名避暑胜地。九宫山历史悠久，人文景观星罗棋布。为全国五大道场之一。

（二十四）神农架

神农架位于湖北省西部边陲，总面积约 3253 平方千米，山峰多在海拔 1500 米以上，最高峰神农顶海拔 3105.4 米，为"华中第一峰"。林地占 85% 以上。神农架是 1970 年经国务院批准建制，直属湖北省管辖，是我国唯一以"林区"命名的行政区。

神农架是长江和汉水的分水岭，境内有香溪河、沿渡河、南河和堵河 4 个水系。由于该地区位于中纬度北亚热带季风区，气温偏凉而且多雨，神农架是长江和汉水的分水岭，境内有香溪河、沿渡河、南河和堵河 4 水系。由于该地区位于中纬度北亚热带季风区，气温偏凉而且多雨，独特的地理环境和立体小气候，使神农架成为我国南北植物种类的过渡区域和众多动物繁衍生息的交叉地带。

神农架拥有各类植物 3700 多种，其中有 40 种受到国家重点保护，有各类动物 1050 多种，神农架宜人的气候条件，丰富的生物多样性，茫茫的林海，完好的原始生态系统，独特的内陆高山文化，共同构成了绚丽多彩的山水画卷。也使神农架享有了绿色明珠、天然动植物园、生物避难所、物种基因库、自然博物馆、清凉王国等众多

美誉。

（二十五）天目山

天目山地处浙江省西北部临安区境内，距杭州 84 千米，主峰仙人顶海拔高达 1506 米。在古名为"浮玉山"，"天目"之名始于汉，有东西两峰遥相对峙。东峰大仙顶海拔也有 1480 米，顶上都有一池，经年不枯，所以因此得名。素有"大树华盖闻九州"之称，天目山为江南宗教名山。东汉道教大宗张道陵曾在此修道，史上称三十四洞天。元狮子正宗禅寺祖师高峰、中峰尊为"江南活佛"。

（二十六）丹霞山

丹霞山位于韶关市东北 54 千米处，距仁化县城 9 千米，是广东的四大名山之一，丹霞山海拔 408 米，面积 292 平方千米。是广东省面积最大、景色最美的、以丹霞地貌景观为主的风景区和自然遗产地。与鼎湖山、罗浮山、西樵山合称为广东四大名山。是国家级重点风景名胜区，国家地质地貌自然保护区，被誉为"中国红石公园"。山崖在远处看来似染红霞，近看则色彩斑斓，有许多的悬崖峭壁，像刀削斧，直指蓝天，其中有很多的奇岩美洞，隐藏于山中，景色奇丽。难怪有人曾这样形容："桂林山水甲天下，不及广东一丹霞"。

四、中国古代名塔

（一）云南大理崇圣寺三塔

云南大理崇圣寺三塔俗称：崇圣寺三塔、崇圣三塔、大理三塔、三塔，三塔是南诏国和大理国时期建筑的一组颇具规模的佛教寺庙，位于原崇圣寺正前方，呈三足鼎立之势。崇圣寺三塔是大理"文献名邦"的象征，是云南古代历史文化的象征，也是中国南方最古老最雄伟的建筑之一。

三塔的主塔名叫"千寻塔"，底宽 9.9 米，现存高度 69.13 米，16 层，为方形密檐式空心砖塔，是中国现存最高塔之一，主要的景点三塔位于大理古城（中和镇）西北 2 千米的苍山应乐峰下，原有的崇圣寺即金庸小说《天龙八部》中所云"天龙寺"，现寺宇已毁，仅存三塔。主塔又名"千寻塔"，始建于唐代，为密檐式方形空心砖塔，16

级，高 69.13 米，其塔基前有"永镇山川"四个大字，笔力雄浑苍劲，气势磅礴，为明代沐世阶所书。南、北二小塔建于宋代，为密檐式的八角形空心砖塔，10 级，均高 43 米。每层出檐，角往上翘，不用梁柱斗拱等，以轮廓取得艺术效果。塔通体抹石灰。三塔布局成鼎足之势，高耸蓝天，成为大理白族文化的象征，是我国南方最壮丽的塔群。1978 年维修时出土 618 件珍贵文物，有佛、菩萨、天王、力士等造像及经卷、塔模、金刚杵、曼陀罗、铜镜、铭文、题记等。

（二）陕西西安大雁塔

西安大雁塔又名大慈恩寺塔，现坐落于西安市慈恩寺内，建于唐代，用于安置由玄奘从印度带回经籍的佛塔，大雁塔塔通高 64.5 米，塔基座高 4.2 米，东西 45.9 米，南北 48.8 米。塔体为方形锥体，造型简洁，气势雄伟，唐代诗人岑参曾在诗中赞道："塔势如涌出，孤高耸天宫。登临出世界，磴道盘虚空。突兀压神州，峥嵘如鬼工。四角碍白日，七层摩苍穹。"大雁塔的恢宏气势塔内尽收佛学经典，是古代皇家主持建造的寺院，是全国著名的古代建筑，也是我国佛教建筑艺术中不可多得的杰作。

（三）宁夏青铜峡 108 塔古塔群

宁夏青铜峡 108 塔古塔群位于银川市南 60 千米的青铜峡水库西岸崖壁下，修建于元代，全部都用砖砌成，并抹以白灰。塔群坐西面东，依山临水，为实心喇嘛砖塔。最高一座 3.5 米，其余均高 2.5 米。民间传言，一百零八塔是穆桂英的"点将台""天门阵"，其实它是佛教的纪念塔。佛教认为人有 108 种烦恼，为了去掉人生众多的烦恼，善男信女要戴 108 颗贯珠，念 108 遍经。据说，来这里游览的人们，只要拜了塔，就可以消除烦恼，带来吉祥和好运。

（四）山西应县木塔

山西应县木塔全称应县佛宫寺释迦塔，俗称：应县木塔、应州塔、释迦木塔、应县释迦塔。位于山西省朔州市应县城内西北佛宫寺内，建于辽清宁二年（公元 1056 年），金明昌六年（公元 1195 年）增修完毕。塔高 67.31 米，底层直径 30.27 米，呈平面八角形。塔建在 4 米高的两层石砌台基上，塔身底层南北各开一门，一层为释迦牟尼，高 11 米，面目端庄，神态怡然，顶部有精美华丽的藻井，内槽墙壁上画有六幅如来佛像，门洞两侧壁上也绘有金刚、天王、弟子等，壁画色泽鲜艳，人物栩栩如生。二层坛座方形，上塑一佛二菩萨和二胁侍。三层坛座八角形，上塑四方佛。四层塑佛和阿傩、迦叶、文殊、普贤像。五层塑毗卢舍那如来佛和人大菩萨。各佛像雕塑精细，各具情态，有较高的艺术价值。是我国现存最高最古的一座木构塔式建筑，也是唯一一座木结构楼阁式塔，为全国重点文物保护单位。

（五）山东历城四门塔

四门塔建于隋代，全以青石砌成，塔总高 15.4 米。每边面宽 7.4 米，高度略同面宽，四面短墙上各开一门，每个门的中央都各塑一石质雕像。由于空间比较狭小，所以四门各不能相通，塔内中心有大石柱，柱四面各有石佛像，塔檐用五层石条叠涩砌成，轮廓内凹。四门塔对轮廓和比例的推敲及繁简对比很重视，艺术价值较高，被誉为"中华第一古塔"。

（六）浙江杭州六和塔

六和塔位于杭州西湖之南，钱塘江畔的月轮山上。北宋开宝三年（公元 970 年），吴越国国王为了镇住钱塘江的潮水，便提议建造了六和塔，取佛教"六和敬"之义，六和塔是中国砖木建筑的佼佼者，六和塔塔身九层，高五十余丈，跨陆俯川，撑空突起。塔顶层装置明灯，这样可以为夜航船只指南。六和塔为杭州著名风景之一，游人到此，既可欣赏古塔雄姿，又能领略钱江风光，不怪古人云："孤塔凌霄汉，天风面面来。江光秋练净，最色晓屏开。"

（七）北京妙应寺白塔

妙应寺白塔位于阜成门内大街路北的妙应寺内。故俗称"白塔寺"，始建于至元九年（1272 年），原是元大都圣寿万安寺中的佛塔。是元朝皇室在大都兴建的重要工程之一。1368 年全部殿堂被雷火焚毁，仅白塔幸免。明宣德八年修复，改称妙应寺。妙应寺白塔用砖砌成，外抹白灰，总高约 51 米。塔的外观由塔基、塔身、相轮、伞盖、宝瓶等组成。塔基平面呈正方四边再外凸的形状，由上下两层须弥座相叠而成，塔基上有一圈硕大的莲瓣衬托着向下略收的塔身，再上为十三重相轮，称"十三天"，象征佛教十三重天界。塔顶以伞盖和宝瓶作结束，伞盖四周缀以流苏与风铎。妙应寺白塔是我国重点保护文物。

（八）北京真觉寺金刚宝座塔

真觉寺金刚宝座塔位于北京海淀区西直门外白石桥以东的长河北岸。因其形式是在一个高台上建有五座小型石塔，俗称五塔寺塔。始建于明永乐年间，清时因避雍正帝胤禛之讳，改名大正觉寺。寺庙于 20 世纪初被毁。塔建于明代成化九年（1473），按照印度佛陀迦耶的纪念塔形式而建。整座塔被分为塔座和五塔两部分。塔下部为长方形砖砌拱圈结构塔座，即金刚宝座。南北长 18.6 米，东西宽 15.73 米，高 7.7 米，总高 17 米，这种高台上建有五塔的佛塔，被称为金刚宝座式塔。金刚宝座式塔其造型上属于印度形式，但在结构上，却明显地表现了中国建筑里面特有的传统风格，因此成为中国建筑和外来文化互相结合的创造性杰作。

（九）北京昌平区居庸关过街塔

北京昌平区居庸关过街塔建于元至正二年至五年（1342 至 1345），元朝末代皇帝惠宗（即顺帝）命人建造。该塔现存一基座，台上原有三座喇嘛塔，元末明初被毁。现存云台全用白色大理石砌成，云台是座用大理石砌成的长方形台子。上顶 25.2 米，进深 12.9 米，下基宽 26.8 米，进深 17.57 米，台高 9.5 米。台基正中有一个门洞贯通南北，可以用来通行车马。云台从立面上看，外轮廓是被做成半圆形，圈面和圈顶都有精美的石头浮雕。南北两边券面各雕了六个护卫神，意为专门擒拿各种魑魅魍魉。券顶刻生身舍利，正顶是五曼荼罗，斜顶为十方佛，在这中间布满了千佛。圈壁刻法身舍利，两壁的四个角刻护法四天王。这些高浮雕，形态雄劲生动，是元代雕刻的优秀作品。

（十）安徽潜山县天柱山三祖寺内的觉寂塔

觉寂塔，坐落潜山县北凤凰山巅三祖寺内，亦称"三祖塔"，唐天宝五载（746年）构建，几度兴废，明嘉靖四十三年（1564 年）重修。1980 年安徽省文物局拨款再次维修，为安徽省重点文物保护单位。塔为楼阁式建筑，5 层 8 方，主体达 30 米，瓴盖筒瓦，飞檐翘角，斗拱相承，跳撑平座。北有 71 级台阶，直达塔顶，每层有四门相对，两虚两实，虚实相间，游人登塔，常为虚实所迷，方向莫辨。每方设龛，供奉 4 至 8 尊佛像，大小不等，相列有序。游人登塔，远眺天柱群峰，秀出云表；鸟瞰梅城市容，屋瓦接堞；俯视潜河，轻舟来往；遥望白云崖瀑布，银河飞悬。远近风光，尽收眼底。

（十一）小雁塔

小雁塔全称西安荐福寺小雁塔，俗称荐福寺小雁塔、小雁塔，位于西安市南门外友谊西路东段南侧的荐福寺内，是一座典型的密檐式佛塔，与大雁塔东西相向，因规模小于大雁塔，故称小雁塔，小雁塔建于唐景龙年间（707—709 年），荐福寺的原址在唐长安城的开化访，创建于公元684 年，原名献福寺，建于唐睿宗文明元年，是唐高宗生日，宗室皇族为他"献福"而建造的。唐代高僧义净曾居此译经。她曾是唐太宗的女儿香橙公主的住宅，睿宗文，明元年（公元 684 年）立为大献福寺，武则天天授元年（公元 690 年）改称大荐福寺。小雁塔是唐代古都长安保留至今的两处重要标志之一，"雁塔晨

小雁塔

钟"也是清代关中八景之一。小雁塔虽不及大雁塔规模宏大，但这里环境清幽，风景优美，在古城中别有一番韵味。

（十二）河南登封市嵩岳寺塔

河南登封市嵩岳寺塔简称"嵩岳寺塔"，初名为闲居寺，位于郑州登封市城西北 5 千米处嵩山南麓峻极峰下嵩岳寺内，初建于北魏正光四年（公元 523 年），塔顶重修于唐，是中国现存最古老的密檐式砖塔。嵩岳寺塔塔高 37.6 米，底层直径 10.16 米，内径 5 米余，壁体厚 2.5 米，由基台、塔身、15 层叠涩砖檐和宝刹组成。全塔刚劲雄伟，轻快秀丽，建筑工艺极为精巧。该塔虽高大挺拔，但却是用砖和黄泥粘砌而成，塔砖小而且薄，历经千余年风霜雨露侵蚀而依然坚固不坏，至今保存完好，是中国和世界古代建筑史上的一件珍品。

五、中国四大古名亭

（一）兰亭

位于绍兴古城西南约 13 千米处的兰渚山下，为浙江省重点文物保护单位。历史上有记载东晋永和九年，王羲之邀集当时名士谢安、孙绰、许询、支遁等四十二人在此修禊，这就是历史上有名的"永和修禊"。兰亭由此出名。兰亭非常雅致，主要的景观建筑有鹅池碑、兰亭碑、曲水流觞、流觞亭、御碑亭、右军祠、书法博物馆等。

（二）醉翁亭

醉翁亭的位置是坐落在安徽省滁州市西南的琅琊山麓，是安徽省著名古迹之一，宋代大散文家欧阳修的传世之作《醉翁亭记》写的就是此亭，建筑布局紧凑别致，特别具有江南园林特色。虽然总面积不到 1000 平方米，但却有九处互不雷同的景致。醉翁亭、宝宋斋、冯公祠、古梅亭、影香亭、意在亭、怡亭、古梅台、览余台，风格各异，称为"醉翁九景"，醉翁亭中有宋代大文豪苏轼手书的《醉翁亭记》碑刻称为"欧文苏字"。

（三）陶然亭

陶然亭是以北京城南隅的燕京名胜陶然亭为中心规划设计修建的一座城市园林。它位于西城区的南部，建园于 1952 年，是中国四大名亭之一，公园占地面积达 59 万平方米，清朝康熙三十四年（1695），当时任窑厂监督的工部郎中江藻在慈悲庵园内建此亭，并取唐代诗人白居易"更待菊黄家酿熟，共君一醉一陶然"之诗意，为亭题额曰"陶然"，为清代名亭、我国四大名亭之一，因此公园名称也由此而来。

（四）爱晚亭

爱晚亭位于岳麓山下的清风峡中，三面都有山环绕。始建于清乾隆五十七年（1792 年），原名红叶亭，根据唐代诗人杜牧《山行》的诗句"远上寒山石径斜，白云生处有人家。停车坐爱枫林晚，霜叶红于二月花"，改名为爱晚亭。

六、中国著名瀑布

（一）黄果树瀑布

黄果树瀑布位于贵州省安顺市镇宁布依族苗族自治县境内的白水河上。是以当地的一种常见的植物"黄果树"而得名。并享有"中华第一瀑"之盛誉。景区内以黄果树大瀑布为中心，分布着雄、奇、险、秀等风格各异的大小 18 个瀑布，形成一个庞大的瀑布"家族"，白水河流经当地河床时，从悬崖绝壁上直泻而下，形成九级瀑布，共长 105.4 米。黄果树为其中最大一级。瀑布宽 30 公尺（夏季可达 40 公尺），落差 66 公尺，流量达每秒 2000 多立方公尺。黄果树瀑布半腰上有一个长达 134 米的瀑布水帘溶洞，是由 6 个洞窗、5 个洞厅、3 个股洞泉、6 个通道组成，主要景点有：倒挂仙人掌、藤帘、古榕悬根、袖珍花园、水晶宫、鼓风口等著名景点，黄果树瀑布以水势浩大著称，是世界著名大瀑布之一。

（二）壶口瀑布

黄河壶口瀑布位于宜川县东 48 千米处，是黄河上唯一的大瀑布。壶口两岸高山对峙，黄河穿行于秦晋大峡谷之中。"黄河之水天上来，奔流到海不复回"，唐代著名诗人李白脍炙人口的佳句，勾画出了此大河奔流的壮观景象。瀑布落差 9 米，瀑布宽达 50 米，深约 50 米，最大瀑布面 3 万平方米。中国古籍《书禹贡》中曰"盖河漩涡，如一壶然"。两大著名罕见奇景"旱地行船"和"水里冒烟"。壶口瀑布是中国仅次于贵州省黄果树瀑布的第二大瀑布。

（三）庐山瀑布

古人云："泰岱青松，华岳摩岭，黄山云海，匡庐瀑布，并称山川绝胜"。庐山素享"匡庐奇秀甲天下"之誉，位于江西省庐山市庐山秀峰景区，悬于双剑、文殊二峰之间，由于瀑水被二崖紧束喷洒，如骥尾摇凤，所以又名"马尾水"。庐山瀑布群的主要瀑布有：三叠泉瀑布、开先瀑布、石门涧瀑布、黄龙潭、乌龙潭瀑布、王家坡双瀑和玉帘泉瀑布等。因李白《望庐山瀑布》"日照香炉生紫烟，遥看瀑布挂前川"的名句为人熟知。

（四）流沙瀑布

流沙瀑布是水流最细腻的瀑布，德夯顺溪边小路右行 4 里许，至流纱瀑布，瀑布高 216 米，大部分时候，瀑布从绝壁之上腾空而下，极高的落差，流水到了下面就散落成流沙状。凭似有似无的轻柔，以缥缈的气质萦绕于观者之心。以流沙瀑布为中心有号称"美丽大峡谷"的苗寨德夯、芙蓉镇王村、古镇凤凰等人文景观。

（五）九寨沟瀑布

九寨沟瀑布是最洁净的瀑布群，在九寨沟南距成都市约 400 余千米。九寨沟瀑布群主要由诺日朗瀑布、树正瀑布和珍珠滩瀑布组成，此外还有若树正群海间的梯瀑群等小瀑布。其中最宽阔的瀑布叫诺日朗，高约 30 米，宽达百米。

（六）镜泊湖瀑布

镜泊湖瀑布纬度最高的火山瀑布，它位于黑龙江省宁安市西南，又称"吊水楼瀑布"。第四纪玄武岩流在吊水楼附近形成了天然堰塞堤，拦截了牡丹江出口，提高水位而形成了 90 多平方千米的镜泊湖。从断层峭壁上飞泻而下，在丰水期时形成宽 40 米、落差 20 多米的大瀑布，它是中国最大的火山瀑布。

（七）银练坠瀑布

银练坠瀑布在天星桥景区内，离黄果树瀑布只有 7 千米，离螺丝滩瀑布仅 2 千米，由许多小瀑布组成，总高 40 余米。周围有天星桥风景区，区内有天星洞、水上石林等景点。银练坠滩瀑布是景区内形态最美的瀑布，水围圆石而下，犹如条条的银练坠入深潭，绚丽无比。

（八）德天瀑布

德天瀑布位于广西壮族自治区西南山区，靠近中越边境的崇左市大新县境内，是亚洲第一、世界第四的跨国瀑布。德天瀑布跨中越两国，中国称其为德天瀑布，越方瀑布叫板约瀑布。它起源于广西靖西市归春河，终年有水，流入越南又流回广西，经过大新县德天村处遇断崖跌落而成瀑布，德天瀑布雄奇瑰丽，碧水长流。瀑布四季景色不同，春天凌草泛青，山花吐艳，瀑布四周被镶起五彩缤纷的花边；秋天梯田铺金，冬天琼珠闪闪，夏天激流如龙，似万马奔腾而来。

（九）马岭河瀑布

马岭河瀑布是中国最大瀑布群，马岭河发源于乌蒙山脉，流入黔、桂交界的南盘江，长达 100 多千米。它的地貌结构与一般峡谷不同，是一条地缝。沿着石阶下坡，走在这条深 200~400 米的地缝底部，尖峭的峰峦赫然屏列，瀑布异彩纷呈气势磅礴，幽深的神秘气氛弥漫在山谷间。"72 瀑聚一峡"，从 100 米到 300 米，一个瀑布连一个瀑布，每个瀑布都有新奇，仅天星画廊景区的 1.7 千米内就有瀑布 20 余条。瀑布奇观构成了马岭河大峡谷特有的瀑布文化。

七、中国六大名泉

（一）中冷泉

中冷泉也叫中濡泉、南冷泉，原在扬子江心，是万里长江中独一无二的泉眼。唐代名士刘伯刍品尝了全国各地沏茶的水质后，将水分为七等，中冷泉为第一等，因此被誉为"天下第一泉"。中冷泉原位于长江中心的一个小岛上，取泉水很不容易，后来由于长江迁移，江滩扩大，该泉与陆地连接起来。南宋名将文天祥畅饮后，赋诗："扬子江心第一泉，南金来北铸文渊，男儿斩却楼兰诗，闲品茶经拜祠仙。"

（二）惠山泉

惠山泉相传经中国唐代陆羽亲品其味，故名陆子泉，经乾隆御封为"天下第二泉"，位于江苏省无锡市西郊惠山山麓锡惠公园内第一峰的白石坞下。泉旁边的大石山上镌刻着元代赵子昂书写的"天下第二泉"五个大字。该泉也相传为唐大历年间无锡令敬澄开凿。因西域僧人惠照曾在此居住，故山名惠山，泉名为惠泉，又称"陆子泉"。惠山泉分上中下三池，泉水以池为最佳。

（三）观音泉

观音泉，位于苏州虎丘山观音殿后，井口一丈余见方，四旁石壁，泉水终年不断，清澈甘洌，陆羽与唐代诗人卢全评它为"天下第三泉"。此泉园门横楣上刻有："第三泉"三字，第三泉又名"陆羽井"，据《苏州府志》记载，陆羽曾在虎丘寓居，发现虎丘泉水清洌沽莹，甘美可口，便在虎丘山上挖一口泉井，故得名。

（四）虎跑泉

虎跑泉，位于浙江杭州市西南大慈山白鹤峰下慧禅寺（俗称虎跑寺）侧院内，距市区约5千米。泉西有宋代僧人道济和尚（济公）的院遗址。后山有弘一法师塔。相传唐元和十四年（公元819年）高僧寰中居于此地，苦于无水，有"二虎跑地作穴"，遂成一泉，泉水叮吟，日夜奔流，故名"虎跑泉"。"龙井茶叶虎跑水"号称杭州"双绝"。苏轼诗句"道人不惜阶前水，借与匏尊自在尝"指的也是此泉。

（五）趵突泉

趵突泉位于济南市中心区，面积158亩，东临泉城广场，北望大明湖，是以泉为主的特色园林。趵突泉一名瀑流，又名槛泉，宋代始称趵突泉。该泉是古泺水发源地，泉水自地下岩溶洞的裂缝中喷出，三股并发，浪花四溅，十分壮观。古往今来有不少文人名士为山泉著文、写诗、题联，道元在《水经注》中说："泉源上奋，水涌若轮"；宋代曾巩有"润泽春茶味更真"句；"观澜""趵突泉""第一泉"等

趵突泉

石碑立于泉西南角。趵突泉位居济南七十二名泉之首，被誉为"天下第一泉"，也是最早见于古代文献的济南名泉。趵突泉是泉城济南的象征与标志，与千佛山、大明湖并称为济南三大名胜。

（六）招隐泉

招隐泉又名"天下第六泉"，位于江西庐山风景区内三峡桥东。泉出露处依山筑有一石质小阁。"招隐"两字的来历相传有两个：一是陆羽曾隐居浙江苕溪——人称"苕隐"，由此演变而来；二是由当时的大官吏李季卿慕名召见隐居在此的陆羽而来，因"召"与"招"同音，故后人将此泉称作"招隐泉"。后经唐代陆羽品尝，定该泉为天下第六泉。泉水清澈，其味甘甜，终年叮吟不竭。泉井上有一石头和木房，以保护泉水清洁。

八、中国四大著名温泉

（一）南京汤山温泉

汤山，古名"温泉"，因温泉而得名，已经有1500多年历史。温泉的水呈微黄色，

无臭味，透明度好。汤山温泉常年水温在 60~65℃，含 30 多种矿物质和微量元素，汤山温泉曾于南朝萧梁时期封为御用温泉。1918 年，孙中山先生在《建国方略》中赞誉为"美善之地"。汤山温泉的泉眼附近，有着许多结晶较好的天然矿物。其中有白、浅黄、灰白等色的菱形体方解石，还有浅黄、浅绿、淡紫的立方体或八面体萤石。这两种矿物都是温泉水带到地面的沉淀物，称"泉华"，是大自然生命的凝结。

（二）鞍山汤岗子温泉

汤岗子温泉被誉为"亚洲著名温泉"和"亚洲第一泥"，汤岗子温泉泉水温度高 72℃、清澈透明，无色无味，含有人体所需多种微量元素，有滋肤、活络、健体、祛病之疗效，常饮可健脾开胃，浴后可令人心旷神怡。末代皇帝洗浴过的"龙宫"，至今保存完好，室内有"扬帆远航""鸳鸯戏水"和日本民间故事的彩壁画，栩栩如生，现已向游人开放。汤岗子温泉风光秀丽，人文景观众多，犹如世外桃源。鞍山汤岗子温泉以其悠久的历史、独特的温泉文化、独特的二大地热资源和传统精湛的中医技术在国内外享有很高的声誉。

（三）北京小汤山温泉

北京小汤山温泉在安定门外东北 30 千米的昌平区小汤山镇。小汤山以南，一眼是沸泉，一眼是温泉，相距仅 3 米多。沸泉温度达 53.3℃，早在 600 多年前的元代，小汤山就开始被人们利用，历代修建了许多设施。清圣祖康熙帝赋诗赞美汤山温泉："温泉之水沸且清，仙源遥自丹妙生。沐日浴月洗灵液，微波细浪流踪峥。"清乾隆年间，池北修建了御用"汤泉行宫"，宫边山崖刻有乾隆手书"九华兮秀"四字。小汤山温泉因与故宫、天安门同在京城中轴线上，故有"龙脉温泉"的美称。

（四）南溪温泉

中国三大著名温泉之一，它坐落在宁海县城西北天明山幽谷中，距宁波市区 76 千米。南溪温泉被著名的天台山和四明山环抱，终年青山碧水，草木葱茏，溪水潺潺。据测定，南溪温泉这一带地热水不但蕴藏量大，水温适中，且水质清澈透明，品位甚高，含有多种微量元素。人们浴后有肌肤滋润、心境舒展之感。对各种皮肤病、关节炎以及神经、消化、心血管等方面疾病有明显疗效。这里夏季比杭州、宁波低 3~5℃，是华东地区少有的旅游、避暑、疗养、度假、休闲胜地。

九、中国著名的溶洞

（一）鸡冠洞

鸡冠洞风景区位于河南洛阳栾川县城西 3 千米的小双堂沟内，属伏牛山系，海拔 1021 米，鸡冠洞属天然石灰岩溶洞，地质学称其为"喀斯特岩溶地貌"。它形成于早、中更新纪，诸多景观早在六、七亿年前就已定形。洞内深幽、奇险，鸡冠洞洞深 5600 米，上下分五层，落差 138 米。目前已开发洞长 1800 米，观赏面积 23000 平方米，共分八大景区，依次命名为玉柱潭、溢彩殿、叠帏宫、洞天河、聚仙宫、瑶池宫、藏秀阁、石林坊。鸡冠洞共有大小景点 218 个，尤其以"众仙迎客""金龟渡仙翁""贵妃出浴""玉兔望月""海豚戏珠""鲤鱼戏水""八仙拜寿""银龟指路""河马窥视"等 88 个景观被誉为"中华第一柱""亚洲第一盾"。

（二）龙泉洞

龙泉洞位于宣州区水东镇，又称窑头洞，系灰岩溶洞，洞壁有南宋开庆元年（1259 年）徐士鸿题诗曰："层层怪石几千年，曲折幽通趣自然。应有神龙腾云变，一逢春到满人间"。洞内有七个大厅，最大的达千余平方米，小的也有 200~300 平方米。洞壁有南宋至清乾隆年间古人的题诗 20 多处。龙泉洞约形成于 300 万年前，洞内面积 12000 多平方米，空间 8 万多立方米，天然景观 200 多处，洞内温度常年保持在 18℃左右，清新适人。龙泉洞约形成于 300 万年前，为石灰岩溶洞。洞内规模宽敞，气势磅礴，曲折幽深，怪石离奇，犹如匠心独具的一件艺术杰作。

（三）九天洞

九天洞为亚洲第一大洞，坐落在张家界市区以西、武陵源以北的桑植县西南 17 千米的利福塔乡水洞村境内，洞因天生有九个天窗与外界相通而得名。洞分上、中、下三层，最下层低于地表面 400 多米。洞内 36 支洞交错相连，内有 30 余座大厅、10 余座洞中山、6 方千丘田、5 座自生桥、3 段阴河、3 个天然湖、12 瀑布、3 井等景。洞口南侧 2.5 公里处，有集自然风光和浓郁民族风情于一体的峰峦溪天然森林公园与之相依相衬；洞口东南向 2 千米处，澧水像条银色飘带，蜿蜒流过。九天洞距市区 70 千米。九天洞百余处景点、景观堆珍叠玉，藏奇纳秀，神秘莫测，幽深无堰，享有"世界奇穴之冠""亚洲第一大洞"诸桂冠。

（四）织金洞

织金洞原名"打鸡洞""乾宏洞""织金天宫"，位于贵州织金县城东北面23千米织金洞公园正门官寨乡东街口。织金洞已开发的洞厅47个，洞厅最宽处173米，一般高50~60米，最高达150米。洞内地形复杂，有迎宾厅、万寿宫等10个景点、40多种岩溶形态，有"岩溶博物馆"之称。织金洞地处乌江源流之一的六冲河南岸，属于高位旱溶洞。洞中遍布石笋、石柱、石芽、钟旗等四十多种堆积物，形成千姿百态的岩溶景观。洞道纵横交错，石峰四布，流水、间歇水塘、地下湖错置其间。被誉为"岩溶瑰宝""溶洞奇观"。被人们称为"溶洞之王"。

（五）九龙洞

九龙洞位于阜新市西南大约40多千米的卧凤沟乡他拉房村，在他拉房村南面有一个山洞，相传六龙山上有六条黄龙，相邀锦江中的三条青龙来洞中相聚，九龙来到洞中，见这蓬莱仙境般的洞府，顿时私欲大发，都想将洞府据为己有，相争不休。待到鸡鸣天亮时，谁也无法返回原来的居所了，只得盘踞在洞内深处的巨型彩柱上，再也不能脱身。山下有条小溪，因九龙争洞相闹，人们不得安宁，就骂龙不止，遂有"九龙盘柱""骂龙溪"之名。"九龙洞"由此得名。九龙洞宽阔恢宏，宽有70多米，最宽处达100米，高30~70米不等。洞分上下两层，由7个大厅、12个景区组成。有"水帘洞天""龙口含珠""雄狮托塔""龙洞夕照""雷峰一瞥""南国白象""长空依剑"等景物景观，均奇丽异常。

（六）白龙洞

白龙洞坐落在龙江之滨的北山上。它分为上下两洞，上大下小。小洞口有草书"白龙洞"题额，大洞口洞道平坦，钟乳景致。其中有石龙一条，拔地而起，鳞甲宛然，活灵活现，白龙洞因此得名。洞口于山体北麓，标高155米，高出南溪河10米，洞高20米、宽12米，最高、最宽处均为23米，长499.5米，面积1828平方米，是南溪山最高最大的洞穴。大约在10万年前开始发育，几万年前才形成较完整的地下河。现在，用人工把这3组洞穴打通，6个岩洞连为一体，从白龙洞石槽进入，到锅底洞的"金山银山"折回，转入穿云岩的"对虾挂壁"、元岩的"观音像"，东转，经龙脊洞的"高山深谷"出口，共25个景点，洞程总长523米，形成一个曲折、回转、起伏、跌宕、深邃、虚幻的洞府天地。白龙洞因"四绝"而闻名国内，"白龙马、古河床、古生物化石、石钟音乐"无不令人拍手叫绝。洞中的"天下第一柱"高达29米，国内称雄。音乐厅中的"石钟音乐"传颂着前所未闻的石头会唱歌的神奇，这里的石钟乳可以敲出多种音乐。中国地质科学院岩溶洞穴研究所前所长朱学稳教授曾用"景赛黄龙洞，奇胜芦笛岩"的评价来赞誉白龙洞。

（七）石花洞

石花洞又叫"潜真洞"，位于北京房山区南车营村，距北京城区五十千米，距房山十五千米，因洞体深奥神秘故称"潜真洞"，又因洞内生有绚丽多姿奇妙异常的各种各样石花又叫石花洞。公元1446年，明朝正统十一年四月，圆广和尚云游时发现，命名"潜真洞"，并在洞口对面的石崖上镌刻"地藏十王"像。明景泰七年（1456年），圆广和尚又命石匠雕刻十王教主"地藏王菩萨"佛像，安座第一洞室，则又称为"十佛洞"（石佛洞）。因洞内石花集锦，千姿百态，玲珑剔透，在石花洞开发期间被北京市政府定名为"北京石花洞"。洞内洞体分为上下七层，一至六层为溶洞景观，七层为地下暗河。洞内共有18个景区，120余处景观，分为16个厅堂，十大奇观，并有五个迄今为止的中国溶洞景观之最。洞中大量的月奶石为国内首次发现，石旗、石盾、石幔是中国洞穴沉积物的典型代表。石花洞中常年恒温13℃，四季如春，2005年9月18日，获得"中国最佳溶洞奇观"称号。

（八）灵岩洞

分为灵岩洞群、石城古树群、石林奇观三个小区，灵岩洞群由卿云、莲华、涵虚、凌虚、萃灵、琼芝等36个溶洞组成。《方舆胜览》有记。洞体大者雄浑奇伟，小者玲珑秀丽。洞内泉流澄清皎洁，水石相映成趣，石笋、石花、石柱、石幔琳琅满目，千姿百态。有蓬莱仙阁、金阙瑶池、云谷游龙、天池荷香、龙门泻玉等景观数百处。更为称绝的是洞群间保留有"岳飞游此""吴徽朱熹"等游人题墨2000余处，最引人注目的是17棵群生一处的古玉兰，树龄已逾千年，堪称中华之最；石林奇景蔚为壮观，岳飞曾在此刻下遒劲有力的"观山"二字。

（九）本溪水洞

本溪水洞风景名胜区位于辽宁省本溪市，由水洞、温泉寺、汤沟、关门山、铁刹山、庙后山六个景区组成，沿太子河呈带状分布，总面积44.72平方千米。风景名胜区以本溪永洞为主体，融山、水、洞、泉、湖、古人类文化遗址于一体。本溪水洞是数百万年前形成的大型石灰岩充水溶洞，洞内深邃宽阔，现开发地下暗河长三千米，水流终年不竭，清澈见底，洞顶和岩壁钟乳石发育较好，千姿百态，本溪水洞洞口坐南面北，上端刻有"本溪水洞"四个大字。进洞口是一座高、宽各20多米，气势磅礴，可容纳千人的"迎客厅"。大厅向右，有旱洞长300米，洞穴高低错落，洞中有洞，曲折迷离；古井、龙潭、百步池等诸多的景观，被誉为"北国一宝""天下奇观""亚洲一流""世界罕见"。

（十）灵栖洞

灵栖洞位于浙江建德市西南35千米，它由灵泉、清风、霭云三洞和灵栖石林组成。洞景面积达2万余平方米，三洞各具特色：灵泉洞以水见长，清风洞以风取胜，霭云洞以云雾称奇，灵栖石林以惟妙惟肖拟人状物的造型石景而引人入胜。灵栖石林面积有1万平方米，高低参差，疏密有致，景组分明。置身其中，沿蜿蜒山路，可欣赏到"凤求凰""十二生肖"等十八组惟妙惟肖的造型石景，颇为引人入胜。自80年以来，成为《封神榜》《梁山伯与祝英台》《西游记》等众多影视片的外景拍摄基地，被誉为"地下艺术宫殿"。

（十一）芙蓉洞

芙蓉洞位于武隆区江口镇4千米处的芙蓉江畔。发现于1993年5月。武隆芙蓉洞拥有庞大的洞体，丰富的洞穴沉积物，芙蓉洞是一个大型石灰岩洞穴，形成于第四纪更新世（大约120多万年前），发育在古老的寒武系白云质灰岩中。洞内深部稳定气温为16.1℃。芙蓉洞主洞长2700米，游览道1860米，底宽12~15米以上，最宽69.5米；洞高一般8~25米，最高48.3米；洞底总面积3.7万平方米，其中辉煌大厅面积在1000平方米以上。其中"辉煌大厅"面积1.1万平方米，最为壮观。整个芙蓉洞的最大静态和旅客容量为约18.5万人。光洁如玉的棕榈状石笋，粲然如繁星的卷曲石和石花等，其数量之多、形态之美、质地之洁、分布之广，为国内罕见。被中国洞穴协会会长朱学稳教授称为"一座斑斓辉煌的地下艺术宫殿和内容丰富的洞穴科学博物馆"，世界洞穴协会主席安迪先生评价为"世界最好的游览洞穴之一"，是中国地下最美丽的地方。

（十二）泊山洞

泊山洞位于无为西南蜀山镇境内的下泊山，距县城38千米，地处无为、庐江、巢湖交界处，据《徐霞客游记》记载，泊山因在白湖之畔，常有来往船只在此停靠，故称下泊山。洞分上中下3层，总面积4000平方米，洞深500多米，有18个景区、86个景点。洞中钟乳石光怪陆离，形状各异。石花、石枝洁白美丽，石柱、石旗晶莹剔透，堪称绝妙。泊山洞富有独具的三大特色："古""奇""美"被誉为"江淮独秀"。泊山洞是形成于亿万千万年前的古老的石灰岩溶洞，鬼斧神工，奇景秀色，被人们誉为"江淮独秀"。

（十三）灵谷洞

灵谷天府完全是地质溶变自然天成，它由灵谷文苑、灵谷舞台、百川汇海、水晶宫、仙阁宝殿、千佛山和龙宫凤府七个大厅组成，特色绝景三十余处。全洞面积8200多平方米，游和1200米，还有天桥两座。它与善卷洞、张公洞、玉女潭并蒂相连，构成一个素称"海内奇观"的天然风景游览区。内部呈180度不规则半圆形，最高处9米，最低处负6米。以"洞中有山，绚丽多姿"见长。有"灵谷天府"之美称。

（十四）仙人洞

仙人洞位于伏家营镇大营村龙泉庄后，老尖山壮家岭山腰，现江川区机械厂内，距江川区城约5千米。据立于乾隆三十六年（1771年）辛卯岁夹钟月的石碑碑文所载，清乾隆年间，有一僧通鉴在此住持，率众弟子四方筹资，兴建庙宇，于乾隆三十二年（1767年）完成，号："云深寺"，香火不断，在当地颇有影响。通鉴和尚俗姓黄，系大庄乡三皇寺人氏，被人们称为"黄和尚"，现供奉其塑像。据碑文载，仙人洞洞名之由来，盖因一异人在洞外留下巨大足迹，月余犹存，故"仙人洞"。仙人洞洞口沿12级台阶而下，洞内为一大厅，形状近似圆形，直径约13米，高6米有余，顶部有一天洞。正对洞口有一神龛，上面供奉释迦牟尼像，神龛背面有一内洞，洞内有"神龟石""象牙石""石灵芝""醉仙翁""飞天仙女"等奇异景，仙人洞自古以来就是方圆数十里内闻名的观赏景点，不但每年举行庙会，香客不断，而且景致清幽，游人不绝。

（十五）沂源溶洞群

沂源溶洞群位于沂源县城西北12千米处的鲁山之阳，以九天洞为中心周围1.5千米范围内有天然洞穴40余个，称为沂源溶洞群。沂源溶洞群属奥陶纪石灰岩溶洞，距今5亿多年，是长江以北最为集中的天然溶洞，被专家称为"北方最大的溶洞群"。沂源九天洞发育于距今4.4~5亿年的古生代奥陶纪石灰岩岩层中。九天洞于1992年开发建设，后于1995年、1997年两次后续开发，全长518米，高5~18米，游程1200米，洞温常年在15℃左右。因洞有九个大的洞厅，故叫"九天洞"。千人洞洞口高13米，宽 20 米，洞厅呈 S 形长 105 米，宽 26 米，高 15 米，因洞厅宽阔高大可容千余人而得名。

（十六）京东溶洞

京东溶洞，东大溶洞坐落于北京市平谷区黑豆村东侧，西距北京城区 90 千米，因其为京东地区首次发现，故名京东大溶洞。京东大溶洞发育于中元古，系高于庄组白云岩地层，距今大约十五亿年，由此号称"天下第一古洞"。京东大溶洞一期开发 2 万余平方米，洞内全长 2500 余米，其中有 100 米的水路，共分八大景区：众仙聚会、道德善缘、水帘洞等景观。

（十七）辽南第一溶洞

辽南第一溶洞位于大连普兰店区瓦窝镇赵口村，是迄今辽南地区所发现的一处规模最大的天然洞穴。该溶洞群分布于寒武系张夏组灰色中厚层灰岩中，受横造裂隙控制，形成时限约为 0.7~1.3 亿年。溶洞南北长 2 千米，东西宽 0.4 公里，分布面积 0.8 平方千米。经初步勘测，探明主溶洞 5 个，支溶洞 10 个，总长度 600 余米。终年恒温 12℃。主溶洞 5 个，支溶洞 10 个，总长度 600 余米。该溶洞纵横交错，似一座巨大的迷宫。

（十八）云山洞

云山洞位于辽宁省建昌县石佛乡，云山禅寺于唐朝修建，历经北宋、元代、明时重整，该寺金碧辉煌，香客不断，烟火旺盛，云遮雾绕。云山洞熔岩奇观令人称奇，被当地人称为"云蒙山水帘洞"。云山洞中洞洞奇异，各有千秋。其中佛爷洞最大，最具特色。佛爷洞高约 6 米，宽约 9 米，内耸立一石，酷似佛像。除此之外还有天桥洞、滚龙洞、牛心洞、滚龙洞、天桥洞、烟囱洞、天河洞、水帘洞、梯子岭、黑水泉等十余处，有像一条龙腾跃的"滚龙洞"，有由钟乳石垂成的如心肝肺状的"牛心洞"，有峭壁上似架一座桥梁的"天桥洞"，有如一朵莲花盛开的"莲花洞"，有水清见底、无数鱼游乐的"水帘洞"。云山洞内钟乳石多姿多态，风格各异。

（十九）望天洞

望天洞位于桓仁满族自治县境内，望天洞已发现长度 5000 余延长米，洞内景观迷人，奇、特、险俱全，有石林、城墙、雪莲、冰川、喷泉、瀑布、暗河等。中科院专家称望天洞内 6000 平方米大厅和上、中、下三层的万米迷宫为世界之最。望天洞，世界罕见。望天洞位于雅河乡弯弯川村东 70 余米高的山顶上。该洞发育于 20 万年前，洞总长 7000 余米，洞内最大的厅 6000 余平方米，可容纳万人。全洞 4 大景区共 100 余景点。洞内的迷宫更为奇特，被称为"北国第一洞，迷宫举世无双"。

（二十）黄龙洞

黄龙洞是张家界武陵源风景名胜中著名的溶洞景点。黄龙洞已探明的洞底总面积有 10 万平方米，全长 7.5 千米，垂直高度 140 米，内分两层旱洞和两层水洞。洞内拥有 1 库、2 河、3 潭、4 瀑、13 大厅、98 廊。洞内有迷宫、响水河、天仙水、天柱街、龙宫等六大景区，整个大洞犹如一株古木错节盘根，散发开来，洞中有洞，楼上有楼，各种洞穴奇观琳琅满目、美不胜收。其规模之大、钟乳石之多、形状之奇，在国内外溶洞中是极为罕见的，被中外溶洞专家誉为世界溶洞的"全能冠军"。"世界溶洞奇观""世界溶洞全能冠军""中国最美旅游溶洞"等荣誉而名震全球。

（二十一）黄仙洞

黄仙洞，俗称黄金洞，是国家级大洪山风景名胜区的核心景点。位于大洪山脉南麓，坐落在钟祥市境内，距郢中镇 66 千米。《大洪山志》卷五·形胜篇载曰："洞之山为黄仙山，相传黄石公憩此"，故名。洞长 2200 米，最宽处达 100 米，最狭处不足 2 米，洞中有洞，洞洞有山，洞洞有谷，气势雄伟，景象万千，游人进洞如入迷宫一般。洞内钟乳石色彩斑斓、千姿百态；形象景观更是令人目不暇接。蔚为奇观的是"喀斯特地貌"，又称"海子地形"，当地人叫"千丘畈"，面积达 1800 平方米，海子地形中，微型景观不计其数黄仙洞以大、奇、美著称，自春秋战国以来，不少墨客画士常来这里观赏抒怀，探幽访古。清代文人刘树声诗云："古木时栖鸟，幽岩静落泉，红尘飞不到，安能晤黄仙。"黄仙洞景区，古往今来，佛道僧士云集，骚人墨客荟萃，留下了众多的摩崖壁画，碑碣石刻，有着极为丰富的人文景观和自然景观，同时也具备了较高的地质科学考察价值，实为世间难得佳境。

（二十二）空山洞

空山洞位于京山城南 9 千米处，是一个半环形的溶洞，进口和出口由一条公路相连。这个溶洞历史悠久，早在清光绪八年的《京山县志》中就有记载，它开发于 1984 年，1986 年对外开放。溶洞全长 1584 米，最高处 48 米，最宽处 26 米。在京山县城南侧风景明秀的湖光山色之间。空山洞主洞长 910 米，洞府深邃。洞内石开七窍，鬼斧

神工八千奇，石花、石笋、石柱、石幔形成了千姿百态的自然景观。"石蕴玉而山辉，水怀珠而川媚"，被誉为华中第一溶洞。

（二十三）三游洞

三游洞位于宜昌西北 7 千米，是西陵山北峰峭壁上的巨大山洞。它背靠长江三峡的西陵峡口，面临下牢溪，是湖北省著名名胜古迹和重点文物保护单位之一。相传唐元和十四年（819 年），白居易、白行简、元稹三人会于彝陵（今湖北宜昌），同游洞中，各赋诗一首，并由白居易作《三游洞序》，写在洞壁上，三游洞即由此而得名，这是人们称之为"前三游"。到了宋代，著名文学家苏洵、苏轼（东坡）、苏辙父子三人，也来游洞，各题诗一首于洞壁之上，人们称之为"后三游"。三游洞地势险峻，冬暖夏凉，洞室开阔，呈不规则长方形，深约 30 米，宽约 23 米，高约 9 米，三游洞远景是古代地下水沿岩层岩面不断溶蚀，并经塌陷而形成的石灰岩溶洞。三游洞景色奇丽，曾被古人喻为"幻境"。历代途经夷陵（宜昌）的人，大都到此一游，并以楷、隶、行、草各种字体和诗歌、散文、壁画、题记等形式写景抒怀，镌刻于石壁之上。至今洞内外尚存有宋代欧阳修题记、明代重刻之《三游洞序》等各种壁刻和碑文 40 余件，留下了宝贵的文化史料。

（二十四）燕子洞

燕子洞自然风景区位于石泉县城南 50 千米处的熨斗古镇，地处镇西的富水河畔，是一个集险、奇、幽、大为一体的天然石洞。燕子洞是一个多洞相贯的溶洞群，由于千百万年急流的冲刷和溶蚀，洞中峭崖嵯峨，钟乳垂悬，千姿百态，洞外则青山绿水，林木葱茏。洞内结构复杂，层层相通，大洞套小洞。有形似石舫者，游人必须上"船"下"船"，有空旷者如阡陌纵横，一派田园之景，有光泽反射者，如金山银山，还有石狮、石虎、石伞、石罗汉等趣味盎然的天然之作。燕子洞周边的熨斗古镇有灵雀山寨，还有保存完好的明清古街及百年老戏楼。

（二十五）蟠龙洞

世界三大宝石花洞之一，蟠龙洞风景名胜区位于云浮城区狮子山中，属典型的喀斯特溶洞，主要是地下水在大理岩的石缝中流动，经漫长年代不断侵蚀扩大而成，因其洞体迂回曲折，形若蛟龙，所以取名"蟠龙洞"。洞内游程 528 米，洞分三层，上层"天堂"通天洞，下层龙泉地下河，中层九龙长廊，层层相连，曲折迷人。有。类人似物有"神龟朝圣""龙母浴池""天书神笔""玉璧雄关"等 58 景，惟妙惟肖，栩栩如生。

（二十六）火岩溶洞群

　　火岩溶洞群位于龙山县火岩乡，有近百个溶洞。惹迷洞：有 18 厅，宏伟壮观，景区面积 80 平方千米，最高海拔 1054 米。景区内溶洞密布、阴河纵横。景区以喀斯特地下景观、河谷自然景观与喀斯特地表漏斗景观为主。沿碧竹簇拥的皮渡河两岸布有大小溶洞 212 个，石柱、石笋、石峰、石林、石花千姿百态，栩栩如生。景观紧凑迷人；风洞：终年大风刮出，洞内平坦舒展；鲢鱼洞：需乘木筏而进，曲折迷离，蝙蝠成群；飞虎洞：阴河十余条，洞长莫测，阴河中游动美丽盲鱼，鳍横状如鸟的翅翼，头部和尾部雪白得像牛乳，躯干透明得能看见粉红色的内脏。惹迷洞还发现了三十万到四十万年前犀牛的化石。火岩溶洞群不仅洞景奇丽壮观，而且洞中还隐藏着种种珍奇动物，如娃娃鱼、盲虾、盲蝌蚪和盲鱼类等。

（二十七）中国十大洞天

王屋山洞——称小有清虚之天（山西垣曲县；河南济源市两地的王屋山）

委羽山洞——称大有空明之天（浙江黄岩县的委羽山）

西城山洞——称太玄总真天（青海的西倾山）

西玄山洞——称三无极真之天（陕西华山）

赤城山洞——称上清玉平之天（浙江天台县赤城山）

青城山洞——称宝仙九室这天（四川青城山）

罗浮山洞——称朱明辉真之天（广东罗浮山）

林屋山洞——称无神幽冥之天（江苏苏州洞庭山）

句曲山洞——称金坛华阳之天（江苏茅山）

括苍山洞——称成德隐玄之天（浙江括苍山）

（二十八）中国十大水帘洞

1. 雁荡山上的水帘洞

2. 福建武夷山的水帘洞

3. 广州白云山的水帘洞

4. 河南云台山水帘洞

5. 贵阳花溪景区天河潭的水帘洞

6. 四川宜宾的水帘洞

7. 湖南衡山紫盖峰下的 "水晶帘挂玉云头"
8. 江西龙虎山水帘洞
9. 甘肃天水武山水帘洞
10. 江苏连云港市水帘洞

十、中国国家自然保护区

（一）国家级自然保护区

国家级自然保护区是指在国内外领域有一定特殊影响意义及学术价值，经过国务院的审核批准而成立的自然保护区。如：北京百花山国家级自然保护区、吉林伊通火山群国家级自然保护区等。

（二）自然生态系统类自然保护区

自然生态系统类自然保护区是指有一定代表意义的由生物群落与非生物环境共同组成的生态系统保护区。如：广西山口红树林生态国家级自然保护区、山东滨州贝壳堤岛与湿地国家级自然保护区等。

（三）野生生物类自然保护区

野生生物类自然保护区是指以野生生物及其自然生境为主要的自然保护区。如：内蒙古乌拉特梭梭林—蒙古野驴国家级自然保护区、湖南张家界大鲵国家级自然保护区等。

（四）自然遗迹类自然保护区

自然遗迹类自然保护区是指有一定历史价值或考古意义的地质遗迹或古生物遗迹等国家自然保护区。如：山东山旺古生物化石国家级自然保护区、北京周口店猿人遗址等。

十一、中国旅游胜地"四大最"

（一）四大书院

湖南岳麓书院、江西白鹿洞书院、河南嵩阳书院、河南商丘应天书院。

（二）四大名泉

山东济南趵突泉、江苏镇江中冷泉、浙江杭州虎跑泉、江苏无锡惠山泉。

（三）四大瀑布

贵州黄果树瀑布、浙江省雁荡山大龙湫瀑布、山西壶口瀑布、黑龙江吊水楼瀑布（又称镜泊湖瀑布）。

（四）四大名楼

岳阳楼（岳阳）、黄鹤楼（武汉）、滕王阁（南昌）、鹳雀楼（山西）（一说为山东烟台蓬莱阁）。

（五）四大天池

新疆天山天池、吉林白头山天池、青海孟达天池、浙江天目山天池。

（六）四大石林

云南石林、浙江淳安石林、福建大湖石林、四川兴文石林。

（七）四大鸣吵山

宁夏中卫沙坡头、甘肃敦煌鸣沙山、内蒙古包头响沙湾、新疆巴里坤鸣沙山。

（八）四大无字碑

山东泰山玉皇顶玉皇庙门前秦代无字碑、陕西乾陵唐代武则天无字碑、苏州玄妙观宋代方孝孺无字碑、北京明十三陵的十二座无字碑群。

（九）四大鸟岛

青海省海皮西岛、广东省东沙岛、辽宁省大连百鸟岛、山东省车由岛。

（十）四大名亭

北京陶然亭、安徽醉翁亭、湖南爱晚亭、浙江湖心亭。

（十一）四大醉石

安徽黄山李太白醉石、湖北黄冈苏东坡醉石、江西九江陶渊明醉石、福建福州戚继光醉石。

（十二）四大避暑胜地

河北北戴河、江西庐山、河南鸡公山、浙江莫干山。

（十三）四大宫殿

北京故宫太和殿、山东曲阜孔庙大成殿、山东泰山天贶殿、山西大同华严寺大雄宝殿。

（十四）四大名园

北京颐和园、承德避暑山庄、苏州拙政园、苏州留园。

（十五）四大古城墙

南京明城墙、陕西西安城墙、湖北荆州古城墙、山西平遥古城。

（十六）四大碑林

陕西西安碑林、北京孔庙碑林、四川西昌地震碑林、山东曲阜碑林。

（十七）四大铁塔

广州光孝铁塔、湖北当阳玉泉寺铁塔、山东济宁崇觉寺铁塔、山东聊城铁塔。

（十八）四大名塔

河南登封崇岳塔、杭州六和塔、西安大雁塔、山西应县佛宫塔。

（十九）四大古塔

河南登封崇岳塔（砖质）、山西应县佛宫塔（木质）、山东济南四门塔（石质）、河南开封铁塔（琉璃陶质）。

（二十）四大回音壁

北京天坛回音壁、四川潼南石磴琴声、山西永济莺莺塔、河南郏县蛤蟆塔。

（二十一）四大无梁殿

北京天坛斋宫、南京灵谷寺、苏州玄妙观、山西永济万固寺。

（二十二）四大淡水湖

鄱阳湖、洞庭湖、太湖、洪泽湖。

（二十三）四大沙漠

塔克拉玛干沙漠、古尔班通古特沙漠、巴丹吉林沙漠、腾格里沙漠。

（二十四）四大铜建筑

北京颐和园宝云阁、云南昆明金殿、湖北武当山金殿、山西五台山铜殿。

（二十五）新世纪四大工程

西气东送、西电东输、南水北调、青藏铁路。

（二十六）四大古石桥

河北赵州桥、福建泉州洛阳桥、江苏苏州宝带桥、北京卢沟桥。

（二十七）四大名观

陕西周至楼台观、江苏苏州玄妙观、北京白云观、山西芮城永乐宫。

（二十八）四大石窟

甘肃敦煌莫高窟、甘肃天水麦积山石窟、河南洛阳石窟、山西大同云冈石窟。

（二十九）四大古观象台

河南洛阳阳灵台、河南登封观星台、河南商丘火星台、北京古观象台。

（三十）四大岛屿

台湾岛、海南岛、崇明岛、舟山岛。

（三十一）四大双塔

辽宁北镇市双塔、宁夏银川拜寺口双塔、泉州开元寺双塔、四川达县真佛山双塔。

（三十二）四大斜塔

苏州虎丘塔、南京定林寺塔、辽宁绥中绥中塔、上海护珠塔。

（三十三）四大金刚宝座塔

呼和浩特五塔寺五塔、北京正觉寺五塔、北京碧云寺五塔、四川彭州市彭山五塔。

（三十四）四大道教名山

江西龙虎山和三清山、四川青城山、湖北武当山。

（三十五）四大高原

青藏高原、黄土高原、内蒙古高原、云贵高原。

（三十六）四大领海

渤海、黄海、东海、南海。

（三十七）四极之地

黑龙江抚远市黑龙江与乌苏里江汇合处（东）、南海南沙群岛曾母暗沙（南）、新疆乌恰县帕米尔高原中苏边界（西）、漠河黑龙江主航道中心线（北）。

（三十八）四大名镇

湖北汉口镇、江西景德镇、广东佛山镇、河南朱仙镇。

（三十九）四大雨都

重庆、四川雅安、台湾基隆、海南儋州市。

（四十）四大风城

新疆达坂城、四川江源溪城、台湾新竹市、云南大理下关镇。

（四十一）四大佛教名山

山西五台山、安徽九华山、浙江普陀山、四川峨眉山。

十二、人民币上的风景名胜

（一）北京北海公园

第一套人民币第 5 版 100 元背面风景。

（二）延安城东南的宝塔山

第二套人民币 2 元背面风景。

（三）江西省西南部的井冈山龙源口石桥

第二套人民币 3 元背面风景。

（四）北京关沟古道北口八达岭长城

第四套人民币 1 元背面风景。

（五）海南天涯海角南天一柱

第四套人民币 2 元背面风景。

（六）重庆巫山和湖北巴东两县境内的巫峡

第四套人民币 5 元背面风景。

（七）世界最高峰珠穆朗玛峰

第四套人民币 10 元背面风景。

（八）黄河壶口瀑布

第四套人民币 50 元背面风景。

（九）江西省西南部井冈山

第四套人民币 100 元背面风景

（十）西湖三岛上的三潭印月

第五套人民币 1 元背面风景

（十一）泰山观日峰

第五套人民币 5 元背面风景

（十二）瞿塘峡西门的夔门

第五套人民币 10 元背面风景

（十三）桂林山水

第五套人民币 20 元背面风景

（十四）西藏布达拉宫

第五套人民币 50 元背面风景

十三、中国古都

（一）北京

中国金王朝的中都、元王朝的大都、明清王朝的京师。

（二）西安

西安（长安），公元前11世纪到公元10世纪中叶，先后有西周、秦、西汉、前赵、前秦、后秦、西魏、北周、隋、唐共10个朝代在西安建都。

（三）洛阳

洛阳，中国东周王朝、东汉王朝、西晋王朝、北魏王朝、后唐王朝的都城。鉴于其正统强大的王朝少于北京、西安，故排第三。

（四）南京

南京，曾有东周、东汉、魏、西晋、北魏、隋、唐、后梁、后唐等9个朝代在这里建都，因此有"九朝故都"的称谓。南京是汉族三次复兴的大本营，东晋王朝以南京为都保存了汉族的文化、明王朝以南京为基地推翻了蒙古人的统治、中华民国以南京为都殊死抗战救亡图存。不过南京除明王朝作了短暂都城外统治的都是半壁江山。

（五）开封

开封，中国后梁王朝、后晋王朝、后汉王朝、后周王朝、北宋王朝都城。

（六）杭州

杭州，中国吴越王朝、南宋王朝都城。

（七）安阳

安阳，中国商王朝都城。

（八）成都

成都，中国蜀汉国、成汉国、前蜀国、后蜀国都城。

（九）广州

广州，中国南越国、南汉国都城。鉴于南越考古发掘后，南越国在世界上具有重要地位，尤其对东南亚国家产生了深远影响，故列入。

（十）银川

银川，古代西夏王朝的都城。

十四、中国十大影城

（一）无锡影视基地

无锡影视基地是中国首创的大规模影视拍摄及旅游基地。始建于1987年，共占地约100公顷以上，太湖水域3000亩，景区由唐城、三国城、水浒城组合而成，有唐代、汉代、宋代等风格各异的建筑。是我国首家以影视文化与旅游相结合的主题园，也是国家首批5A级旅游景区，被誉为"东方好莱坞"。《三国演义》《水浒传》《大明宫词》《笑傲江湖》《射雕英雄传》等几千部海内外影视剧曾在这里拍摄。

（二）横店影视基地

横店影视城被誉为"江南第一镇"，位于中国浙江中部东阳市境内，与中国小商品城义乌市相距36千米。距省会城市杭州160千米，处于江、浙、沪、闽、赣四小时交通旅游经济圈内。自 1996 年以来，横店集团累计投入 30 亿资金兴建横店影视城，现已建成广州街、香港街、明清宫苑、秦王宫、清明上河图、梦幻谷、屏岩洞府、大智禅寺、明清民居博览城等 13 个跨越几千年历史时空，汇聚南北地域特色的影视拍摄基地和两座超大型的现代化摄影棚。已成为目前亚洲规模最大的影视拍摄基地。

（三）上海车墩影视基地

上海车墩影视基地是上海的著名影视拍摄基地。位于上海市郊松江区车墩镇，沪杭高速和市区新修高速主干道的汇集地。又名上海影视乐园，规划占地 3000 亩，这个明显带有 20 世纪 30 年代上海滩风情的乐园，似乎与繁华现代的新上海处于两个时空。这里主要以老上海建筑为主。重现 30 年代的老上海、老租界，曾在此拍摄大量影视剧作品，如《闯关东》《色戒》《功夫》《华英雄》等等。

（四）河北涿州影视基地

涿州影视基地，始建于 1990 年 8 月，位于北京南 60 千米的河北省涿州市，占地面积约 2197.3 亩。分为外景区、内景区、传统民居景区以及工作生活区等。内景区主要为摄影棚，棚内可建景，有化妆室、候播大厅、监控机房。棚外有大型道具制作车间。1997 年在铜雀台下建起了仿清代的景点乾清宫、养心殿、东暖阁、西暖阁、军机处等。外景区主要拍摄大型历史剧，建造了大规模景区，主要景点有：长安城楼、汴梁城楼、洛阳城楼、御花园以及王府院、唐代城池、集贸市场、许昌城楼、徐州城楼、荆州城楼等。集亭、台、楼、阁、廊、桥、院、阙于一体，建筑面积 13248 平方米，高 26 米，是世界建筑风格的一大独特景点。大型历史剧《唐明皇》《三国演义》《水浒传》《武则天》《西楚霸王》等影视剧在此拍摄。

（五）同里影视基地

同里，旧称"富土"，唐初，因其名太奢华，改为"铜里"，宋代，拆字为"同里"，并沿用至今。同里小镇，水田肥沃，物丰富庶，人杰地灵，享有"东方小威尼斯"之誉。同里的特点在于明清建筑多，水乡小桥多，名人志士多。镇内有明清两代园宅 38 处，寺观祠宇 47 座，有士绅豪富住宅和名人故居数百处之多。古镇原有"前八景""后八景""续四景"等二十多处自然景观，同里被称为"天然的摄影棚"，地处江苏，同里的名气来自《戏说乾隆》这部戏，整个同里古镇就是一个天然摄影棚，完整的明清建筑，幽静的青石板街，摄影基地便是古镇本身，在这里诞生的电影数不胜数，先后有《红楼梦》《风月》等 160 余部影视片在此拍摄。

（六）镇北堡西部影视城

镇北堡西部影视被当地人称为镇北堡，过去只是一个边防戍塞，从明弘治到万历年间即明孝宗皇帝至神宗皇帝时期，明朝政府一边加强在西北修筑长城，一边在黄河到贺兰山之间的狭长地带修筑关隘，从地形险要的中卫胜金关南路开始，自南向北形成了坚固的军事防御体系，抵御了蒙古骑兵的侵扰，当年北路中的"镇北"指的就是今天的镇北堡。镇北堡西部影城原址为明清时代的边防城堡。1961年，被张贤亮发现，并在80年代初期将它介绍给了影视界。镇北堡西部影城是集观光、娱乐、休闲于一体的4A级旅游景点，它保留了在此拍摄过的电影电视的场景。这里有充满智慧光芒的电影资料陈列馆、古代家具陈列室、艺术摄影展示厅、另有放映厅、餐厅茶座、陶艺坊、旅游纪念品商店、古装摄影、骑射等多项娱乐设施。迄今为止，这里已拍摄了获得国际国内大奖的《牧马人》《红高粱》《黄河谣》《黄河绝恋》《老人与狗》以及著名影视片《大话西游》《新龙门客栈》《独行侍卫》《大敦煌》《火舞黄沙》《乔家大院》《老柿子树》等近百部影视剧。

（七）焦作黄河文化影视城

焦作影视城位于中国优秀旅游城市之一的河南省西北部的焦作市，是中原地区唯一著名的影视基地，为焦作市十大景点之首。占地面积约2.5平方千米，建筑面积约40万平方米，是以春秋战国、秦汉、三国时期文化为背景的仿古建筑群，在中国众多的影视城中以依山而建、气势磅礴、造型古朴为特色，形成了别具一格的园林特色。自建成以来，迄今为止已接待了《东周列国》《貂蝉》《屈原》《洛神》《汉武帝刘秀》《曹操与蔡文姬》《鲁班大师》《秦始皇》《争霸传奇》《卧薪尝胆》《马鸣风萧萧》《大秦帝国》等国内外近百部影视剧。

（八）北普陀影视基地

位于北京南郊的南宫村，距天安门16千米，面积30余万平方米，是集影视拍摄、影视进修、会议接待和旅游休闲为一体的多功能大型影视文化城。北普陀所在地为古时元、明、清三代帝王行宫。北普陀内明、清古镇三条街，茶楼酒肆、客座戏院、牢狱县衙应有尽有，农家村落、小桥石碾一应俱全。以明清建筑风格为主调的第三大影视城。已拍摄了《大宅门》《决战紫禁之巅》等众多影视剧。

（九）象山影视基地

象山位于浙江，是位于我国海岸线中部的一个半岛，三面环海，海岸线长达 800 多千米，岛屿 608 个，是浙江省海洋旅游资源最为集中的地区之一。象山影视城坐落在象山县新桥镇大塘港生态旅游区，总投资超亿元。项目设计理念以灵岩山为大背景，小灵岩山为衬景，以大型电视剧《神雕侠侣》拍摄场景为主线，增加旅游游览、娱乐功能，布置五大庭院、襄阳城楼、大街小巷、酒楼茶肆、客栈店铺、校场擂台、活死人墓、村舍作坊及别具一格的榕树等约 130 个仿古建筑单体。《碧血剑》《少年杨家将》《封神榜》《薛仁贵传奇》《大明王朝》《水浒人物谱》等影视大片在此拍摄。

（十）中山影视基地

中山影视基地位于广东中山，占地面积约 300 亩，内有中国景区、日本景区、英国景区、美国景区和展览馆区，共含 63 个参观景点。中山城又是一个具有南国特色的新兴影视拍摄基地，城内四大景区荟萃了中西方建筑艺术精华，展示独有的建筑特色。中央电视台先后在这里拍摄了《孙中山》《日出东方》《走向辉煌》三部大型的电视剧集。

十五、中国十大特色古镇

（一）亚洲最美的湿地蒙古族发源地——内蒙古额尔古纳·室韦

蓝天、绿草、白桦林、神秘的玛瑙草原，时缓时急的河水养育着亚洲最美的湿地，也养育着这里勤劳的人民。肥沃的河滩上走出了伟大的蒙古民族，温暖的木刻楞房子，现在是华俄后裔的繁衍之地。黄皮肤男人的智慧和蓝眼睛女人的热情造就了室韦，中国多民族和谐共存的范例。

（二）中国村镇中第一个世界文化遗产——安徽·西递宏村

它的选址规划、建设发展，历经八百年，浓缩了中国传统农业文明的持续发展的成就。神奇的人工水系独出机杼，开仿生学先河；民居、祠堂、牌坊保存完好，秉承宗祠文化；楹联、牌匾彰显徽商儒雅；石雕、漏窗寄托农家情怀。西递宏村，是明清民居的博物馆，更是今天人与自然结合的典范。

（三）举世闻名的世界地质公园——福建·泰宁

藏于深山的汉唐古镇，武夷山下的两宋名城，千姿百态的丹霞地貌，与浩瀚湖水完美结合，成就了举世闻名的世界地质公园。一门四进士、隔河两状元，地处东南，有孔子故里遗风，傩舞粗犷、桥灯清丽，泰宁有小桥流水的灵秀，而没有深宅大院的沉重。

（四）清水穿城过，人家尽枕河的——浙江·乌镇

京杭运河边上的古镇，虽然不是三吴都会，仍旧自古繁华。清水穿城过，人家尽枕河，临窗取水，傍桥而视，杭白菊、蓝印花、三白酒，传统物产影响华南生活几百年。明建学社，清立书院，成就几代鸿儒。正所谓江南多才子，乌镇属最多。

（五）世界建筑史上罕见的古堡小城——山西·张壁

这是世界建筑史上罕见的袖珍小城，0.1平方千米的面积，古堡地道，宫殿庙宇各种建筑一应俱全，军事宗教、民俗历史多种文化融为一体，可进可退。方寸小城规划高超，鱼形巷龙形口、孔雀琉璃，处处可见心思奇巧。张壁，古庙神佛意，明堡暗道奇。

（六）湘水、漓江两大水系汇合处的——广西·兴安

连接湘水漓江的咽喉要害，两次改写中国历史的神奇土地。一条灵渠成就了中国统一大业，更显示出先人们开山引河的智慧。这里古树参天，古巷幽深，水街水清，灵渠有灵。兴安，两大水系钟灵毓秀的地方。

（七）鱼米之乡文化重地——浙江·南浔

太湖边上的鱼米之乡，古镇中的文化重地。方圆十里，五座园林，处处庭院幽深；一镇之地，以丝绸闻名，曾经富可敌国；嘉业藏书楼，深藏文化底蕴；丝竹袅袅，演绎诗画水乡；人文荟萃，巨贾云集，江南好，最忆是南浔。

（八）醇正水乡旧时江南——江苏·同里

五湖环境于外，一镇包含于中，河水把它分割成七座街区，三十座古桥把它连缀成小城。家家临水、户户通船，醇正水乡，旧时江南。退思园玲珑雅致，三桥二堂遗风犹在，曾经的富土（同里旧称"富土"），流传至今的清秀典雅，如今的同里仍保持着从前的富庶雍容。

（九）南国的陶都——广东·石湾

五千年的制陶历史，五百年窑火不熄，小小公仔陶，陶醉天下人。全世界百分之四十的陶瓷产品都来自这里，全国七分之一的工艺美术大师集中在这里，一把泥土经过了他们的手，就走进了千家万户。石湾，南国的陶都。

（十）全国最大的乡村图书馆所在地——云南·和顺

六百年历史孕育了极边古镇，三大板块文化交汇成丝路明珠。乡村虽小，却有全国最大的乡村图书馆；人不多，还有大半居留世界各地。一代哲人故里，翡翠大王家乡。小桥流水有江南风情，火山温泉是亚热风光。更有月台深巷洗衣亭，粉墙黛瓦，稻浪白鸥，一派和谐顺畅。和顺，一座滇南小镇，占尽了天时地利人和。

十六、以烈士命名的地名

（一）尚志市

黑龙江尚志市（原名珠河县），以东北抗日联军主要领导人之一赵尚志的名字命名。

（二）靖宇县

吉林靖宇县（原名蒙江县），以东北抗日联军军长兼政治委员杨靖宇的名字命名。

（三）黄骅市

河北省黄骅市（原名新海县），以冀鲁边区副司令员黄骅的名字命名。

（四）正红乡

江苏省滨海县正红乡，以顾正红的名字命名。

（五）左权县

山西左权县（原名辽县），以八路军参谋长左权的名字命名。

（六）志丹县

陕西志丹县（原名赤安县），以陕甘革命根据地和中国工农红军第 26 军的创建人之一刘志丹的名字命名。

（七）子长县

陕西子长县（原名安定县），以西北革命委员会主席谢子长的名字命名。

（八）欧阳海乡

一个是英雄的出生地，湖南桂阳县欧阳海乡，另一个是英雄的献身地，湖南省莱阳县欧阳海乡。

（九）子洲县

陕西子洲县（原系绥德、子长、横山、米脂、清洞县的部分），以陕西省委书记兼组织部长李子洲的名字命名。

（十）祥谦乡

福建闽侯县祥谦乡，以林祥谦的名字命名。

（十一）根思乡

江苏泰兴市根思乡，以杨根思的名字命名。

十七、中国四大历史古镇

（一）景德镇

　　景德镇由于制瓷历史悠久，是一座拥有 1600 多年历史的古镇。坐落在黄山、怀玉山余脉与鄱阳湖平原过渡地带，春秋时，景德镇是一个没被开发的山区，山高林密，人烟稀少，当时为楚所辖。秦统一六国后，分天下为 36 郡，景德镇属九江郡番县。汉改隶豫章郡鄱阳县。三国时属吴地。东晋时开始设镇，名为"新平镇"。唐武德四年，将镇设为县，称"新平县"。唐开元四年，更改为"新昌县"，县治设于距镇 10 千米的旧城，镇为县辖，因镇在县南（一说在昌江之南），故改名"昌南镇"，亦名"陶阳镇"。唐天宝元年，改"新昌县"为"浮梁县"，镇仍为县辖。宋景德年间，宋真宗赵恒命昌南进御瓷，底书"景德年制"四字，因瓷器精美，天下咸称景德镇瓷器，于是昌南之名淹没，景德镇之名一直沿用至今。明清时，景德镇瓷业发达，贸易昌盛，与湖北汉口、河南朱仙、广东佛山并称为中国四大名镇。景德镇素有"瓷都"之称。景德镇瓷器造型优美、品种繁多、装饰丰富、风格独特，以"白如玉，明如镜，薄如纸，声如磬"的独特风格蜚声海内外。

（二）佛山镇

　　佛山是一座古老的城市，位于广东省中南部。佛山是古代陶塑、木雕、铸造、建筑艺术于一体的殿堂，自古就有"广纱中心""南国陶都""岭南药材发祥地"的美誉，东汉时期，出现了先进的耕作技术，成为"鱼米之乡"。唐宋时期，佛山成为工商业城镇，至明清时期更成为中国四大名镇和中国"四大聚"。近年发展迅速。以被评为国家历史文化名城、国家卫生城市和"双拥"模范城称号。

（三）汉口镇

　　汉口得名于地处汉江之口，位于湖北省武汉市，长江最大的支流——汉水，发源于陕西省，16 世纪明成化年间汉水改道后，即汉水入长江口。而汉口的繁盛，与汉正街分不开。汉正街乃是古汉口之正街。是汉口沿河大道以北，并与之平等的一条街道。此处原是沿河的墟市，在很早以前，陕西省的商人就乘船顺流而下，尤其是沿汉江（又称汉水襄河）一带地域逐渐成为汉口商业的中心地带；经过明、清的发展，形成玉带门、杨家河、武圣庙、石码头、永宁巷等若干个东西向的"正街"。是汉口历史上最早的中心街道，清初，汉水沿江码头形成以北岸为主的"八码头临一带河"的态势，"四海九州之物不踵而走，特形异物，来自远方者，旁隘露积"。将货物贩运于汉正街中转。清康熙年间（1662~1722 年）此地因设立汉口巡检司而成为汉口镇的正街，又称"官街"，沿街店铺林立，八方商贾云集。古代有"九省通衢"之称，后铁路运输发展，水陆并运，现已发展迅速成为相当规模的大城市，被称为"东方芝加哥"。

（四）朱仙镇

朱仙镇位于开封市城西南。相传战国为朱亥故里，亥居仙人庄，故名朱仙镇。朱亥本是一位屠夫，因勇武过人，被信陵君聘为食客，以后曾在退秦、救赵、存魏的战役中立下了汗马功劳，朱仙镇的全盛时期是明末清初。镇内街道纵横、百货云集。贾鲁河将全镇分为东镇和西镇。明清两代东镇是重要市街。乾隆以后，因黄河决溢，镇中屡遭水患，东镇地势较低，商贾多由东镇移至西镇。朱仙镇木版年画起源于唐，兴于宋，鼎盛于明清，历史悠久，源远流长，是我国四大木版年画之一。

十八、魅力城市

（一）城市雅称

1. 青岛——青岛城
2. 烟台——港城
3. 曲阜——圣城
4. 济宁——任城
5. 潍坊——风筝城
6. 聊城——凤凰城
7. 拉萨——日光城
8. 南京——石头城或金陵

9. 常州——龙城

10. 徐州——彭城

11. 扬州——芜城

12. 苏州——水城

13. 太原——龙城

14. 大同——平城

15. 上海——申城，淞沪

16. 成都——蓉城，锦城

17. 蚌埠——珠城

18. 安庆——宜城

19. 福州——榕城

20. 泉州——鲤城

21. 厦门——鹭城

22. 漳州——芗城

23. 莆田——荔城

24. 石狮——服装城

25. 广州——花城，羊城

26. 深圳——鹏城

27. 佛山——禅城

28. 潮州——凤城

29. 惠州——鹅城

30. 哈尔滨——冰城

31. 长春——车城

32. 吉林——江城

33. 大庆——油城

34. 大连——滨城

35. 秦皇岛——港城

36. 鞍山——钢城

37. 齐齐哈尔——鹤城

38. 武汉——江城

39. 十堰—车城

40. 重庆——山城

41. 西昌——月城

42. 泸州——酒城

43. 内江——甜城

44. 长沙——星城，潭城

45. 曲靖——麒麟城

46. 常德——柳城

47. 衡阳——雁城

48. 郑州——绿城

49. 洛阳——绿城

50. 许昌——烟城

51. 南阳——宛

52. 开封——汴梁

53. 平顶山——鹰城

54. 南宁——南宁

55. 柳州——龙城

56. 西安——古城，唐城，汉城

57. 昆明——昆明

58. 呼和浩特市——青城

59. 南昌——洪城，英雄城

60. 包头——鹿城，草原钢城

（二）中国最美十大城市

1. 杭州——湖光山色美

2. 南京——古都历史美

3. 西安——古都文明美

4. 成都——市井景色美

5. 重庆——山城错落美

6. 苏州——生态园林美

7. 南宁——壮族风情美

8. 昆明——春色浪漫美

9. 三亚——滨海风景美

10 青岛——蓝色宁静美

（三）中国各城市标志性建筑

1. 北京——天安门

2. 乌鲁木齐——国际大巴扎

3. 兰州——中山桥

4. 广州——中信广场

5. 南昌——滕王阁

6. 上海——东方明珠

7. 贵阳——甲秀楼

8. 拉萨——布达拉宫

9. 台北——101 大楼

10. 海口——世纪大桥

11. 武汉——黄鹤楼

12. 天津——电视塔

13. 哈尔滨——索菲亚教堂

14. 合肥——假日酒店及大东门寿春路桥

15. 杭州——雷峰塔

16. 成都——廊桥

17. 济南——泉城广场

18. 南宁——国际会展中心

19. 昆明——东寺塔

20. 西宁——东关清真大寺

21. 长沙——岳麓书院

22. 西安——钟楼

23. 重庆——解放碑

24. 银川——鼓楼

25. 南京——玄武门

26. 沈阳——沈阳故宫

27. 长春——南湖四亭

28. 郑州——二·七纪念塔

（四）谜语猜出中国城市名

1. 船出长江口——上海

2. 倾盆大雨——天水

3. 带枪的人——武汉

4. 双喜临门——重庆

5. 红山——赤峰

6. 永不动乱——长治

7. 隆冬穿背心——邯郸

8. 八月飘香香满园——桂林

9. 春城无处不飞花——锦州

10. 萤火虫，亮晶晶——昆明

11. 大雪变水——通化

12. 水底闹市——海城

13. 烽火哨——烟台

14. 刚开垦的庄稼地——新田

15. 大家都笑你——齐齐哈尔

16. 飞流直下三千尺——陇河

17. 基本一样——大同

18. 持久和平——长安

19. 结束战争——和平

20. 刚开垦的庄稼地——新田

21. 千里戈壁——长沙

22. 一路平安——旅顺

23. 风平浪静——宁波

24. 日近黄昏——洛阳

25. 夸夸其谈——海口

26. 金银铜铁——无锡

27. 银河渡口——天津

28. 久雨初晴——贵阳

29. 两个胖子——合肥

30. 努力炼钢——大冶

31. 拆信——开封

32. 东西北三面堵塞——南通

33. 掩耳盗铃——蒙自

34. 逆水行舟——上杭

35. 泰山之南——岳阳

36. 春笋——新竹

37. 终年积雪——长白

38. 见脸不见发——包头

39. 一江春水向东流——通海

40. 鸡蛋心——内黄

41. 水陆要塞——山海关

42. 两条河——双江
43. 初次见面——新会
44. 捷报传来——闻喜
45. 长生不老——延寿
46. 虚度年华——无为
47. 停火——息烽
48. 豁然开朗——湖北的大悟
49. 全面整顿——大理
50. 中秋月——高明

（五）中国民间文化之乡

中国杜康文化之乡——河南汝阳
中国太极拳发源地——河南温县
中国木兰之乡——河南虞城
中国抬阁之乡——河南安阳
中国地坑窑院文化之乡——河南陕县
中国大禹文化之乡——河南登封
中国夏禹文化之乡——河南禹州
中国羲皇文化之乡——河南新密
中国车舆文化之乡——河南平舆
中国三国文化之乡——河南许昌
中国陶瓷文化之乡——河南禹州
中国蜡梅文化之乡——河南鄢陵
中国女娲神话之乡——河南济源章丘区邵原镇
中国木版年画之乡——河南开封市中国盘古文化之乡——河南桐柏
中国重阳文化之乡——河南上蔡
中国梁祝之乡——河南汝南县
中国盘古圣地——河南泌阳
中国国神文化之乡——河南卫辉
中国三皇故都文化之乡——河南周口
中国嫘祖文化之乡——河南西平
中国冶铁铸剑文化之乡——河南西平
中国烟草文化之乡——河南襄城

（六）中国名产之乡

牡丹之乡——山东菏泽市红豆之乡——山东潍县

水仙之乡——福建漳州

葵乡——广东新会县

烤烟之乡——福建永定区毛竹之乡——广西永福县

玫瑰之乡——山东平阳县

红松之乡——黑小兴安岭

桂花之乡——湖北咸宁县

苎麻之乡——湖北阳新县

乌桕之乡——浙江兰溪市枣乡——山东省乐陵

橘子之乡——浙江黄岩县

银耳之乡——福建古田县

葡萄之乡——新疆吐鲁番

大葱之乡——山东章丘市

苹果之乡——山东烟台市

黄花之乡——山西恒山

哈密瓜之乡——新疆鄯善县

桔之乡——江西南丰县

红枣之乡——山西稷山县

金橘之乡——福建龙溪县

梨乡——山东莱阳市

木耳之乡——湖北房县

银耳之乡——四川通江县

荔枝之乡——广东增城市白果之乡——广西兴安县

榨菜之乡——四川涪陵县

沙田柚之乡——广西容县

酒乡——浙江绍兴市李子之乡——浙江桐乡

乌枣之乡——山东茌平

黄酒之乡——浙江绍兴

枸杞之乡——宁夏中宁

当归之乡——甘肃岷县

人参之乡——吉林抚松

柿子之乡——陕西富平

山歌之乡——福建莆田市杂技之乡——河北吴桥县

箫笛之乡——贵州玉屏县

歌舞之乡——新疆库车县

雕刻之乡——台湾苗栗县

宣纸之乡——安徽泾县

花爆之乡——湖南浏阳市陶器之乡——江苏宜兴县

柞蚕之乡——辽宁丹东市

熊猫之乡——四川卧龙山

花边之乡——江苏常熟县

孔雀之乡——云南端阳县

丝绸之乡——浙江杭嘉湖

（七）中国部分地区三宝

福建三宝——大桂圆、文昌鱼、巧夺天工寿山雕

江西三宝——余江麻、南丰橘、景德镇瓷器天下少

河南三宝——南阳牛、杜康酒、许昌盛产好烟草

河北三宝——冀南棉、深州桃、沽源蘑菇质量高

山东三宝——烟台苹果、莱阳梨、贝雕工艺数青岛

山西三宝——繁峙铁、大同煤、杏花汾酒自古好

安徽三宝——芜湖蟹、徽城墨、泾县宣纸文房宝

贵州三宝——大方漆、茅台酒、玉屏名产笛和萧

东北三宝——紫貂皮、鹿茸角、吉林人参天下晓

北京三宝——景泰蓝、象牙雕、玉器玲珑精又巧

天津三宝——嫩鸭梨、小笼包、乡下栗子重糖炒

广东三宝——功夫茶、波罗蜜、润肠开胃大香蕉

广西三宝——沙田柚、浔江鱼、合浦珍珠列前茅

云南三宝——普洱茶、大理石、云南白药药中宝

江苏三宝——镇江醋、苏州藕、南京板鸭顶呱呱

浙江三宝——杭州锦、龙井茶、金华火腿中外销

新疆三宝——哈密瓜、和田玉、吐鲁番葡萄甜如蜜内蒙三宝——蒙古马、包头钢、草原盛产好皮张

十九、古代雄关

（一）大散关

大散关亦称散关山口，是中国陕西省的关隘。位于陕西省宝鸡市陈仓区南大散岭上，北连渭河支流，南通嘉陵江上源。散关当山川之会，扼西南、西北交通要道枢纽，亦称崤谷。今川陕公路、宝成铁路由此通过。大散关亦称散关，关中四关之一，为周朝散国之关隘，故名散关。这里山势险峻，层峦叠嶂，大有"一夫当关，万夫莫开"之势。因其扼南北交通咽喉，自古为"川陕咽喉"，兵家必争之地。楚汉相争时韩信"明修栈道，暗渡陈仓"就是从这里经过；三国时曹操西征张鲁亦经由此地。

（二）函谷关

函谷关位于河南省灵宝市北 15 千米处的王垛村，距三门峡市约 75 千米，地处"长安古道"，紧靠黄河岸边。它是中国历史上建置最早的雄关要塞之一，这里曾经是我国古代思想家、哲学家老子著述五千言《道德经》的地方。千百年来，众多海内外道家、道教人士都到这里朝圣祭祖。因关在谷中，深险如函，故称函谷关。这里曾是战马嘶鸣的古战场，素有"一夫当关，万夫莫开"之称。函谷关不仅是一处军事重地，而且是古代中原腹地与西北地区文化、经济交流的要点。围绕着这座重关名城流传着"紫气东来""老子过关""鸡鸣狗盗""公孙白马""唐玄宗改元"等历史故事和传说。

函谷关古文化旅游区属于国家 4A 级旅游景区，辖区面积 16.5 平方千米，主要景点有太初宫、道圣宫、道家养生园、藏经楼、瞻紫楼、鸡鸣台、碑林、蜡像馆、博物馆、关楼、函关古道等 20 余处。

（三）雁门关

雁门关又名西陉关，古称勾注山。这里群峰挺拔、地势险要。相传每年春来，南雁北飞，口衔芦叶，飞到雁门盘旋半晌，直到叶落方可过关。故有"雁门山者，雁飞出其间"的说法（出自《山海经》）。雁门关位于中国山西省忻州市代县县城以北约 20 千米处的雁门山中，是长城上的重要关隘，与宁武关、偏关合称为"外三关"。

2001 年，雁门关被中华人民共和国国务院公布为第五批全国重点文物保护单位之一。

（四）娘子关

娘子关是长城的著名关隘，有万里长城第九关之称，为历代兵家必争之地。位于太行山脉西侧河北省井陉县西口，山西省平定县东北的绵山山麓。娘子关原

雁门关

名"苇泽关"，因唐平阳公主曾率兵驻守于此，平阳公主的部队当时人称"娘子军"，故得今名。

娘子关以山明水秀的宜人景色闻名遐迩，"娘子关瀑布"悬流百尺，顺悬崖峭壁而下，形成了一幅绚丽的"水帘瀑布"，如喷珠散玉直泻谷底。瀑布旁又有水帘洞、趵突泉等景点，景色极为优美。这里家家流水，处处涌泉，组成一幅"小桥，流水，人家"的天然画卷。古往今来，不知有多少文人墨客纷至沓来，留下了许多脍炙人口的诗篇。有联曰："雄关百二谁为最，要路三千此并名。"

（五）镇南关

镇南关是中国南疆重要关口，始建于两千多年前的西汉，初名"雍鸡关"，后改名"界首关""大南关"。今名友谊关，位于今广西壮族自治区凭祥市西南 15 千米处，踞大青山、金鸡山（古称锦鸡陵）隘口。与西北的平而关、水口关合称"南天三关"。关城附近山峦重叠，谷深林茂，地势险要，为中国通往越南的交通要口之一，古有"南疆要塞"之称。清光绪十一年（1885 年），法国侵略军 2000 余人自越南谅山进犯镇南关，爱国将领冯子材率军民在关内 4 千米处的关前隘英勇抗击，大败法军，史称镇南关大捷。光绪三十三年（1907 年）孙中山、黄兴等发动推翻清朝的"镇南关起义"。1938 年至 1944 年间，胡志明曾在广西进行革命活动，多次经由凭祥一带进出越南。1954 年北越独立后，胡志明曾多次经"镇南关"到广西访问、度假、过生日。因此，如今友谊关是中越两国边境线上最重要的隘口。

（六）嘉峪关

嘉峪关，位于甘肃嘉峪关市向西 5 千米处，是明长城西端的第一重关，也是古代

"丝绸之路"的交通要冲。是明代万里长城西端起点，始建于明洪武五年（公元 1372 年），先后经过 168 年时间的修建，成为万里长城沿线最为壮观的关城。也成为古代保存程度最为完好的一座古代军事城堡，是明朝及其后期各代，长城沿线的重要军事要塞，素有"中外钜防""河西第一隘口"之称。嘉峪关关城 1961 年被国务院公布为第一批全国文物重点保护单位。1965 年以关名建市。

（七）平型关

平型关是内长城的一个关口，位于山西省大同市灵丘县白崖台乡，新中国成立前属繁峙县管辖，新中国成立后划分为灵丘的一部分，成了灵丘同繁峙的分界线。明朝正德六年（公元 1511 年）修筑内长城时经过平型岭，并在关岭上修建关楼。平型关城虎居于平型岭南麓（现在叫繁峙县横涧乡平型关村），呈正方形，周围九百余丈，南北东各置一门，门额镌刻"平型岭"三个大字（门额现收藏在平型关村某村民家中），真谓峻岭雄关。

（八）居庸关

居庸关，是京北长城沿线上的著名古关城，在北京市昌平区境内。关城所在的峡谷，属太行余脉军都山地，地形极为险要。与紫荆关、倒马关、固关并称明朝京西四大名关。其中居庸关、紫荆关、倒马关又称内三关。居庸关得名，始自秦代，相传秦始皇修筑长城时，将因犯、士卒和强征来的民夫徙居于此，取"徙居庸徙"之意。汉代沿称居庸关，三国时代名西关，北齐时改纳款关，唐代有居庸关、蓟门关、军都关等名称。居庸关形势险要，自古为兵家必争之地。它有南北两个关口，南名"南口"，北称"居庸关"。现存的关城是明太祖朱元璋派遣大将军徐达督建的，为北京西北的门户。居庸关两旁，山势雄奇，中间有长达 18 千米的溪谷，俗称"关沟"。这里清流萦绕，翠峰重叠，花木郁茂，山鸟争鸣，风景绮丽，有"居庸叠翠"之称，被列为"燕京八景"之一。现已被列为国家级文物保护单位。

（九）昭关

昭关位于安徽省含山县城以北 7.5 千米处，东与和县善厚镇接壤，西与仙踪镇毗邻，南与环峰镇以昭关口为界，北与全椒县二郎口镇隔滁河相望。境内旅游资源很有特色，一是以古昭关为主的人文景观风景区，春秋时伍子胥为报楚王杀父兄之仇，所达的昭关名扬天下，现关口屹立雄伟壮观的伍相祠；二是以昭关温泉为主体的自然景观风景区，昭关温泉，全县独有，日溢出水量 2100 吨，溢出水温 43℃，含有多种有益人体健康的矿物质，可兴建供人们娱乐休闲的度假村。

（十）瓦桥关

瓦桥关，在河北平原中部，因地属古瓦桥，以地为名。约唐末置此关以防契丹。当时在此关的东北面又连置益津关和淤口关，合称"三关"。由于"三关"一带地势低洼，到处是河湖盐碱地面，居民稀少，易为敌人所乘，在此设险，利于防守。唐代末年，东北部的契丹已日渐强大起来。契丹屡屡南犯，所以"三关"一带时有战争。到了五代，契丹激烈向外扩张，三关更是战火不断，因此这里成为古代作战的军事要地。古瓦桥关所在的现今雄县，仍是大清河畔的水埠，并有公路通往保定、天津、沧州等地，仍是今日冀中平原的水陆交通要地。

（十一）天水关

天水关，位于甘肃天水市西南 45 千米处。是三国古战场之一，又名"收姜维"。这是一个历史典故，描述了诸葛亮受刘备托孤重任，决心出兵伐魏，先攻取了安定、安南两城，擒住魏国驸马夏侯楙，又假冒夏侯之名向天水求救，另外又命赵云乘虚攻取天水。守将马遵信以为真，部下姜维却识破此计，反而打败了赵云。诸葛亮爱姜维之才，探知姜事母甚孝，故意先攻姜母所居之冀城，以骗姜维前去救急，并暗遣魏延假扮姜维攻打天水。马遵中计，果然疑心姜维，等姜回兵，闭门不纳。姜维进退无路，只得归降了诸葛亮。

（十二）阳关

阳关，中国古代陆路对外交通咽喉之地，是丝绸之路南路必经的关隘。位于甘肃省敦煌市西南的古董滩附近。西汉置关，因在玉门关之南，故得名阳关。和玉门关同为当时对西域交通的门户。宋代以后，因与西方和陆路交通逐渐衰落，关遂废圮。古董滩因地面曾暴露大量汉代文物，如铜箭头、古币、石磨、陶盅等而得名。《西关遗址考》谓古董滩是汉代以后阳关。但据清《甘肃新通志》及《敦煌县志》认为红山口即阳关。

（十三）玉门关

玉门关，俗称小方盘城，位于敦煌市西北 90 千米处。相传西汉时西域和田的美玉，经此关口进入中原，因此而得名。曾是汉代时期重要的军事关隘和丝路交通要道。

王之涣作的《凉州词》说道："黄河远上白云间，一片孤城万仞山。羌笛何须怨杨柳，春风不度玉门关。"诗中那悲壮苍凉的情绪，引发我们对这座古老关塞的向往。今天前往玉门关景区，可以欣赏到一望无际的戈壁风光，以及虚无缥缈的海市蜃楼，形态逼真的天然睡佛以及戈壁中的沙生植物。这些景物与蓝天、大漠、绿草构成了一幅辽阔壮美的神奇画面。

（十四）紫荆关

长城的关口之一。位于中国河北省易县城西40千米的紫荆岭上。为河北平原进入太行山的要道之一。有"一夫当关，万夫莫前"之险。东汉时名为五阮关，又称蒲阴陉，列为太行八陉之第七陉。宋时名金陂关，后因山多紫荆树而改名。位于居庸关、倒马关之间，与二关号称内三关。原关门之门券上有"紫塞荆城"四字石刻，现"紫塞荆城"四字石刻仍在。

（十五）天门关

天门关，又称鬼门关。在广西壮族自治区玉林市东部与北流市交界处的天门山上。石壁上"天门关"三个大字十分醒目。天门山与龙狗岭两座山脉相对而立，山峰高耸，至天门关处紧收狭小，成一要隘，是古今交通要道。现今新修的玉（林）北（流）柏油公路从这里通过，是沟通梧州、广州、香港、深圳、北海、合浦的重要峡口。

（十六）萧关

萧关，为古代西北边地著名关隘。秦汉帝王出巡，汉唐文人出塞，都与萧关有缘。汉代的萧关原本位于今宁夏固原东南。北宋时，政府为了防御西夏，又在汉代萧关故址以北200里，重筑萧关，位置是今宁夏同心县南。萧关是关中的北大门，出关达宁夏、内蒙古及兰州、河西等地；入关经环江、马莲河、泾河直抵关中。自战国、秦汉以来，萧关故道一直是关中与北方的军事、经济、文化交往的主要通道。

（十七）南津关

南津关位于西陵峡东口，是西陵峡的终点，"三峡至此穷"，和瞿塘峡的入口夔门一样，是三峡尾端的天然门户。长江出南津关，便摆脱了高峡深谷的束缚，开始进入辽阔的长江中下游平原。南津关北岸的下牢溪，又名下牢津，传说因刘备曾据守于此津之南而得名。

（十八）山海关

山海关古称榆关，又称渝关、临榆关等。商属孤竹，汉属辽西郡，隋开皇三年（583 年）筑关，名临渝关。唐设临渝关守提。明初建关设卫时，因其倚山面海，故名山海关。该关地势险峻，地理位置重要，北依燕山，南临渤海，是华北通向东北的咽喉要道。京山、沈山铁路在此联结，古来即有"两京锁钥"之称，为兵家必争之地。著名战争如明吴三桂引清兵入关与李自成农民起义军之战，1922、1924 年直奉两系两次石河之战，1933 年日军攻占山海关并由此侵略华北及 1945 年山海关阻击战等，均在这里发生。

二十、中国最美

（一）云南梅里雪山

梅里雪山的主峰卡瓦格博峰在藏语中意为"雪山之神"，是藏传佛教的朝觐圣地，位居藏区的八大神山之首。每年的秋末冬初，西藏、青海、四川、甘肃的大批香客千里迢迢赶来朝拜，匍匐登山的场面令人叹为观止。

梅里雪山属横断山脉，位于云南迪庆藏族自治州德钦县和西藏的察隅县交界处，距昆明 849 千米。梅里雪山属于怒山山脉中段，处于世界闻名的金沙江、澜沧江、怒江"三江并流"地区，它逶迤北来，连绵十三峰，座座晶莹，峰峰壮丽。

在这一地区有强烈的上升气流与南下的大陆冷空气相遇，变化成浓雾和大雪，并由此形成世界上罕见的低纬度、高海拔、季风海洋性现代冰川。雨季时，冰川向山下延伸，冰舌直探海拔 2600 米的森林地带；旱季时，冰川消融强烈，又回缩至海拔 4000 米以上的山腰。由于降水量大、温度高，使得梅里冰川的运动速度远远超过一般海洋性冰川。剧烈的冰川运动，更加剧了对山体的切割，造就了令所有登山家闻之色变的悬冰川、暗冰缝、冰崩和雪崩。

由于垂直气候明显，梅里雪山气候变幻无常，雪雨阴晴全在瞬息之间。梅里雪山既有高原的壮丽，又有江南的秀美。蓝天之下，洁白雄壮的雪山和湛蓝柔美的湖泊，莽莽苍苍的林海和广袤无垠的草原，无论在感觉上和色彩上，都给人带来强烈的冲击。

这里植被茂密，物种丰富。在植被区划上，属于青藏高原高寒植被类型，在有限的区域内，呈现出多个由热带向北寒带过渡的植物分布带谱。海拔 2000 米到 4000 米左右，主要是由各种云杉林构成的森林，森林的旁边，有着绵延的高原草甸。夏季的草甸上，无数叫不出名的野花和满山的杜鹃、格桑花争奇斗艳，竞相怒放，犹如一块被打翻了的调色板，在由森林、草原构成的巨大绿色地毯上，留下大片的姹紫嫣红。

梅里雪山北与西藏阿冬格尼山、南与碧罗雪山相连接，海拔6000米以上的山峰有13座，称为"太子十三峰"。十三峰中最高的卡瓦格博峰，为云南第一高峰。海拔为6740米，它是藏传佛教的朝觐圣地，传说为宁玛派分支伽居巴的保护神，位居藏区八大神山之首，故在当地有"巴何洛登地"的尊号。它是康巴藏民顶礼膜拜的"神山"。20世纪30年代探游过世界不少名山大川的美国学者洛克博称卡瓦格博峰是"世界上最美之山"。每年秋末冬初，西藏、四川、青海、甘肃的一批批香客，千里迢迢赶来朝拜这座心灵中的自然丰碑。他们围着神山绕匝礼拜，少则7天，多则半月，这在当地被称为"转经"。若逢藏历羊年，转经者更是增至百十倍，匍匐登山的场面，令人叹为观止。

卡瓦格博峰下，冰斗、冰川连绵。其中"明永恰"和"斯恰"如两条银鳞玉甲的长龙，从海拔5500米往下绵延至2700米的森林地带，离澜沧江面仅800多米，这是世界上稀有的低纬度、高海拔、季风海洋性的现代冰川。

卡瓦格博峰南侧，有瀑布自千米悬崖倾泻而下，称"雨崩神瀑"。每年夏季冰雪消融，一股股水流沿崖壁飞泻，像千万匹白练飘然而下，飘飘洒洒，十分壮观。若逢阳光返照，云雾蒸腾，便有彩虹出现，美如天上仙境。

卡瓦格博峰迄今为止仍然是无人登顶的处女峰。早在1902年，英国派出一支登山探险队首次向神女峰发起冲击，结果以失败告终。后来，美国、日本、中日联合等4支登山队，接连4次大规模向神山冲击，均未成功。1991年1月，17名中日登山健儿在卡瓦格博峰下不幸遇难。消息传来，震惊世界，被列为当年中国十大体育新闻之一。

太子十三峰犹如一位位倚天而立的斗士，孤傲中透出冷峻。它们以强悍有力的臂膀，不分昼夜坚实地捍卫着它们曾赐予魂魄的每一个生命体。

（二）台湾阿里山

高山青、涧水蓝，阿里山的姑娘美如水呀，阿里山的少年壮如山……正是这首广为传唱的台湾高山族民歌让许多人熟知了阿里山这个名字。山区内群峰耸峙，其中犹以神木、樱花、云海、日出四大胜景远近驰名，再加上森林铁路，号称"阿里山五奇"。

位于祖国宝岛台湾的阿里山，并非仅指一座山，而是由地跨南投、嘉义二县的大武峦山、尖山、祝山、塔山等18座大山组成。

阿里山为台湾三大林场之一，在蓊郁俊美的大片森林中，以阿里山神木最负盛名。神木耸立在阿里山主峰的神木车站东侧，树高52米左右，树围约23米，需十几人才能合抱。阿里山云海为台湾八景之一。登上山顶平台，放眼远眺，白云从山谷涌起，迎风飘荡，瞬息万变，时而如汪洋一片，淹没千山万岭；时而如大地铺絮，足下一片白茫茫；时而如山谷堆雪，林海中若隐若现。观日出的地点则以祝山为最佳。祝山山巅建有观日楼，凌晨登临楼台，初见东方微露一抹红晕，淡若无有，却又似弥漫天空。而为世界所称奇的阿里山森林铁路大都穿山越岭、沿着山壁或架空而筑，为世界现今仅存的三大高山铁路之一。沿途有 82 条隧道，最长的达 1300 米。铁路全长 72 千米，却由海拔 30 米上升到 2450 米，搭乘森林火车，沿途可见高大挺拔的桉树、椰子树、槟榔树等热带古木，四季常绿的樟、楠、槠、榉等亚热带阔叶树，茂密的红桧、扁柏和姬松等温带针叶树，乃至以冷杉为主的寒带林景观。

在阿里山林区，还有姐妹潭、孔雀溪、慈云寺、树灵塔、受镇宫及高山博物馆、高山植物园等名胜。去阿里山，寻觅造物之美，回归自然纯真，阿里山纷呈的美景正吸引着越来越多的人去探访。

（三）新疆将军戈壁

将军戈壁是一个充满神话色彩的地方，一直披着神秘的面纱。这里开阔的沙地上生长着红柳、梭梭和芨芨草，红黑色的石滩在阳光照射下，暑气蒸腾，经常会出现虚无缥缈的海市蜃楼幻影。

将军戈壁的得名，相传与唐朝的一位战将有关。据传唐初一位大将率 500 余名士兵与西突厥决战于这一戈壁地带，战场上刀光剑影，哀声动地，血肉横飞，西突厥人溃散了，但唐军也迷失了方向，陷入无水的绝境，最终全军在此壮烈捐躯。后人在此处修了一座庙以示纪念，取名为"将军庙"，这一带的戈壁荒滩也因此被称之为将军戈壁。而今将军庙已经倒塌，然而它却作为一个地名而被流传下来，成为通往中蒙边界的必经之路。将军戈壁是一个充满了神奇魅力的地方，它独特的地理环境孕育了奇丽的自然景观：火烧山如烈焰腾空，红柳林如红毡铺地，梭梭林苍翠如玉，海市蜃楼虚无缥缈，一派令人叹为观止的沙漠奇景。

亿万年前，由于地壳的运动，这里形成了一些沙岩结构的山体，这些较为松软的岩石在自然力的长期剥蚀下，形成了千奇百怪的造型和大大小小的洞穴，属于典型的雅丹地貌，被称之为魔鬼城，与亚洲最大的硅化木群、轰动全国的恐龙沟以及被称为化石之库的石钱滩一起，并称为将军戈壁"四大奇迹"。

横亘在将军戈壁北部的卡拉麦里山，是北塔山系的一条低矮山脉，它自西向东横跨吉木萨尔、奇台、木垒三县，绵延 900 千米。在它的北面就是阿勒泰地区。严格地说，卡拉麦里山过于低矮，并不能算作山，应该算是丘陵地貌。这里地势起伏多变，形成大大小小数不清的小山包，高者也不过数十米。

卡拉麦里山植被茂盛，有大片大片的梭梭和红柳混交林覆盖其上，有的林子高达六七米，密密匝匝，遮天蔽日，十分壮观。春夏秋季，这里水草繁茂，山花遍野，呈现一派美丽的草原风光。所以这里自古就是野生动物的乐园，栖息着数以百计的有蹄类动物和珍禽，尤其是成群结队的蒙新野驴，更是卡拉麦里山的独特景观。

将军戈壁的风景，堪称戈壁滩中的另类。狰狞的魔鬼城体现出了生命的严苛，而苍翠的绿色植被与众多的动物却能够让人体会到勃勃的生机。将军虽已不在，将军戈壁的奇景却与将军美名一道，千古流传。

（四）新疆火焰山

刘禹锡的《陋室铭》中有句名言："山不在高，有仙则名"，这话对于火焰山来说真是非常适用。虽然火焰山高度不起眼，却凭借《西游记》中孙悟空三借芭蕉扇的故事而闻名遐迩，充满了古老的神话色彩。

火焰山脉位于吐鲁番盆地的北缘，古丝绸之路北道，山势呈东西走向。古书称火焰山为"赤石山"，维吾尔语称"克孜勒塔格"，意为"红山"。它由红色砂岩构成，东起鄯善县兰干流沙河，西止吐鲁番桃儿沟，长 100 千米，最宽处达 10 千米。火焰山海拔 500 米左右，素来以高热而闻名。这里童山秃岭，寸草不生。每当盛夏，红日当空，地气蒸腾，烟云缭绕，赤褐色的山体在烈日照射下，砂岩熠熠闪光，形如飞腾的火龙，十分壮观。火焰山之名便是由此而来。

吐鲁番盆地的气温之高众所周知，而火焰山则称得上是中国最热的地方。火焰山夏季最高气温高达 47.8℃，地表最高温度高达 70℃以上，沙窝里可烤熟鸡蛋。不过昼夜温差也很大，当地有民谚道："早穿棉袄午穿纱，守着火炉吃西瓜。"由于地壳运动断裂与河水切割，山腹中留下许多沟谷，主要有桃儿沟、木头沟、吐峪沟、连木沁沟、苏伯沟等。而这些沟谷中却绿荫蔽日，风景秀丽，流水潺潺，瓜果飘香。

火焰山是天山东部博格达山坡前山带短小的褶皱，形成于喜马拉雅造山运动期间。火焰山的基本地貌格局形成于距今约 1.41 亿年前，经历了漫长的地质岁月，跨越了侏罗纪、白垩纪和第三纪几个地质年代。在火焰山的南麓，还有著名的高昌古城的遗址，维吾尔语称护城，即"王城"之意，因为此城为高昌回鹘王国的都城，故名。它位于火焰山南麓的木头沟河三角洲，是古丝绸之路的必经之地和重要门户。高昌古城历史悠久，始建于公元前 1 世纪汉代，因其"地势高敞，人广昌盛"而得名。汉唐以来，高昌是连接中原、中亚、欧洲的枢纽。

火焰山有其独特的地貌与自然条件，而孙悟空三借芭蕉扇的传说故事也给这座奇山增添了浓郁的神话色彩。

（五）罗布泊

它曾经是一条面积广大而水草丰茂的内陆大河，"广袤三百里，其水亭居，冬夏不增减"，在它的周边曾经形成了辉煌灿烂的古代文明，为世人所瞩目。然而现在，曾经的巨河却已经干涸殆尽，只留下它的遗迹供后人凭吊。

罗布泊地处甘肃，青海省与新疆维吾尔自治区交界处，其大部分面积处于美丽富饶的新疆，天山山脉的东南部。罗布泊北依库鲁塔格山脉（天山余脉），南临阿尔金山北麓与昆仑山山脉东北角，东接敦煌，西连塔克拉玛干沙漠。

罗布泊曾经是中国第二大内陆河，因地处塔里木盆地东部的古"丝绸之路"要冲而著称于世。古罗布泊诞生于第三纪末、第四纪初，距今已有200万年，面积约2万平方千米以上，在新构造运动影响下，湖盆地自南向北倾斜抬升，分割成几块洼地。现在罗布泊已经完全干涸，但在历史上，它曾经是塔里木盆地的积水中心，古代发源于天山、昆仑山和阿尔金山的河流，源源注入罗布洼地形成湖泊。

罗布泊历史上曾有过许多其他的名称，如坳泽、盐泽、涸海等。元代以后，罗布泊称罗布淖尔。汉代，罗布泊广袤丰盈，水草丛生，水源丰沛，使人猜测它"潜行地下，南也积石为中国河也"，被误认为是黄河的上源。这种观点，由先秦至清末，流传了2000多年。历史上，罗布泊最大面积为5350平方千米，塔里木河、孔雀河、车尔臣河和米兰河等水源都注入其中。2000多年来，不断有中外探险家来罗布泊考察，发表了不少有关罗布泊的报道。罗布泊人是新疆最古老的民族，他们"不种五谷，不牧牲畜，唯以小舟捕鱼为食。"其方言也是新疆三大方言之一，其民俗、民歌、故事都具有独特的艺术价值。

然而由于气候变迁等多方面的原因，到4世纪，罗布泊已开始日渐枯竭。清代末叶，罗布泊水涨时，仅有"东西长八九十里，南北宽二三里或一二里不等"，成了一个小小的湖泊，不复昔日之盛况。1921年，塔里木河改道东流，经注罗布泊，至20世纪50年代，湖的面积又达到了2000多平方千米。但到了20世纪60年代，塔里木河下游断流，罗布泊开始渐渐干涸，没有其他新的河源注入，到1972年底完全干涸，从此中国历史上的第二大内陆河彻底从人们的视线中消失。

千百年前的罗布泊，湖光山色，碧水蓝天，成了沙漠古文明发展的摇篮。诸多的河流注入洼地，大小湖泊一脉相连，好似颗颗珍珠洒落在罗布泊洼地上。然而到了如今，昔日的美景已荡然无存，罗布泊已经成为干旱的不毛之地，其中的变迁令人唏嘘不已，也足以引起人们对保护今天的环境的重视。

（六）新疆乌尔禾魔鬼城

魔鬼城是由大自然的鬼斧神工所形成的特殊地质景观，在春夏秋冬不同季节，都会呈现不同的景象，给人以无限遐想。一些著名电影，如《卧虎藏龙》《英雄》等也在地处进行了选景拍摄，使得乌尔禾魔鬼城更加闻名遐迩。

乌尔禾魔鬼城位于新疆准噶尔盆地边缘的乌尔禾镇北侧，距离克拉玛依石油城约

100 千米，南靠艾里克湖，217 国道就由此经过。这里的自然风蚀城堡绵延数十千米，俨然是一座气象宏伟的古城堡建筑群。"城"中遍地黄沙，寸草不生，夹杂着各种奇形怪状的嶙峋怪石，有的呈褐红，有的显青黛，有的为橙黄，有的现灰绿，色彩艳丽，在周围的黄沙之间显得分外醒目。

魔鬼城中的怪石都呈现出各种古怪的姿态，有的像破旧的城墙，有的像古老的庙宇，有的像擎天的塔楼，有的像巨大的蘑菇，还有的像飞禽走兽。

狂风是这里的常客，一旦风起，便风沙弥漫，天昏地暗。狂风在犬牙交错的岩石空隙中肆意穿越，发出震撼人心的怪叫声，如千车疾驰、万马嘶鸣，似狗吠狼嚎，令身临其境之人毛骨悚然。这里的人们谈"城"色变，称该处为魔鬼城。

乌尔禾魔鬼城是间歇洪流冲刷和强劲风力吹蚀共同作用形成的，所以也有乌尔禾风城之称，属于典型的雅丹地貌。雅丹是地理学名词，是维吾尔语"险峻的土丘"意。

雅丹专指干燥地区的一种特殊地貌。一开始在沙漠里有一座基岩构成的平台形高地，高地内有节理或裂隙发育，暴雨的冲刷使得节理或裂隙加宽扩大。一旦有了可乘之机，风的吹蚀就开始起作用了，由于大风不断剥蚀，形成风蚀沟谷和风蚀石柱或石墩。

旅游者到了这样一个地方，就像到了一个颓废了的古城：纵横交错的风蚀沟谷是街道，石柱和石墩是沿街而建的楼群，地面形成似条条龙脊、座座城堡的景状。人们在柴达木盆地、准噶尔盆地内部所见到的类似乌尔禾魔鬼城一股的"城池"，都属于这种情形，其弘大规模都令人惊叹不已。

（七）西藏阿里

选择中国最不适宜人类居住的地区，世界上的最高地区——阿里一定会榜上有名，但它却又总能吸引那些探奇搜险的人们。如果说青藏高原是世界屋脊，那么阿里地区就是"世界屋脊之屋脊"。

阿里地区东起唐古拉山脉以西的杂美山，与那曲市相连；西及西南抵喜马拉雅山西段，与印度、尼泊尔及克什米尔地区毗邻；南连冈底斯山中段，临日喀则市仲巴县、萨嘎县；北倚昆仑山脉南麓，与新疆维吾尔自治区相邻。

阿里是喜马拉雅山脉、冈底斯山脉、喀喇昆仑山脉汇聚的地方，群山竞高，湖泊星罗棋布，水力资源丰富，全地区有大小河流 80 多条，湖泊 60 多个，境内总流程 9500 千米，流域面积近 6 万平方千米。

阿里地区地形独特，湖泊众多，人烟稀少，具有独特的风光。这里耸立着众多美丽绝伦的雪山，险峻多姿，气势磅礴；这里有着星罗棋布的高原湖泊和天空般辽阔的草原，生存着各种高原珍奇动物和名贵的植物。被佛教信徒视为"世界中心"的神山岗仁波其和圣湖玛旁雍错都位于阿里地区，此外还有古格王国遗址、托林寺、班公湖

自然风景区、鸟岛、科加寺、独特的地貌札达土林、东嘎皮映洞窟壁画、古象雄文化以及具有 500 年历史的普兰国际市场等著名景点。

这里有 4 条著名的河流，即狮泉河、孔雀河、象泉河和马泉河，分别是印度河、恒河、萨特累季河和雅鲁藏布江的源头。

古格王国是在 10 世纪前后，由吐蕃王朝末代赞普朗达玛的重孙吉德尼玛衮在王朝崩溃后，率领亲随逃往阿里建立起来的。遗址位于阿里札达县札布让区象泉河畔的一座土山上，整个建筑分上、中、下 3 层，依次为王宫、寺庙和民居。在其红庙、白庙及轮回庙的雕刻造像及壁画中不乏精品。

在阿里札达县境内，还可以看到象泉河两岸有众多土林环绕，密密绵绵，巧夺天工、蜿蜒曲折数十里。土林是经流水侵蚀而形成的特殊地貌，这些土林有的形似勇士驻守山头，有的形似万马奔腾，有的形似虔诚教徒静坐修行……姿态万千，神采各异，在高原迷幻光影的衬托下，宛若神话世界。

神山岗仁波其是西藏众多的神山之中地位最尊贵的一座，旁边还有圣湖玛旁雍错相伴。每年来此朝拜转山的信徒络绎不绝，据说转山 108 圈即可成佛。

阿里地区地处高寒之地，气候条件恶劣，交通极为不便。但那"世界屋脊之屋脊"的诱惑力却让人们无法抗拒，吸引着勇敢的人们来征服它。

（八）潭柘寺

北京西郊，门头沟潭柘寺，始建于公元 307 年，西晋永嘉元年，理论上应是北京地区最早建成的庙宇。

潭柘寺初名"嘉福寺"，大清康熙皇帝御赐"岫云寺"一名。但民间一度俗称其潭柘寺，千余年不曾改变。潭柘寺周边山林中生长着很多柘树，跟前还有个深不见底的九龙潭，有人说这就是潭柘寺寺名的来历。其实据老辈人讲，潭柘寺是华严祖师用一张毯子换来的，所以它小名叫"毯遮寺"，叫白了就成了潭柘寺。

相传唐朝武周年间，佛教华严宗高僧华严和尚于古幽州，也就是今天的首都北京修行。大师每日向民众宣讲《华严经》，听者不计其数。时年驻守幽州的大都督张仁愿也是个佛教迷，于是，他想帮华严大师买块地，建一座寺院。经过勘察筛选，最后定在了门头沟潭柘山。张大人觉得，收购西晋嘉福寺故地，重新盖房种树就行了。然而华严大师皱皱眉，觉得地界太小。

两人围着嘉福寺转一圈，轮到张都督皱眉头了："我说华严大师，这地皮都是有主儿的，您看寺西，姜地主的；寺东，刘地主的，本官不好擅自规划呀。"华严大师就跟张都督商量想，叫那二位爷过来协商一下。地主们来了就哭穷，但看在张大人面子上又不敢一口回绝，对此，大师看得一清二楚，于是决定打破僵局。

只见华严大师取出自己平日用的旧毯子，指指说：二位不必焦虑，为僧只需毯子大小一块地罢了，不知可否解囊相助？可以可以，俩地主点头如鸡啄米，心想这人情还送得起。那好，咱就照着毯子的边界划地。大师一扬手，毯子飞了出去，越长越大，将太阳都遮住了，也不肯落下来。好吗，地主都吓哭了，求大师千万别让神毯再长个了。华严大师微翘嘴角，轻声道："落"——好大好大一片山头归了"嘉福寺"。此后，大师带着弟子们在这里建房、种田，他也被奉为潭柘寺的"开山祖师"。

潭柘寺院墙内的土地大约有 2.5 公顷，整间寺院依山势而建，一间间殿堂高低错落，极具气势。清代，潭柘寺达到了发展巅峰期，全院一条中轴线两侧，建有房屋 999 间半。人们都说，当初明成祖修建紫禁城，就是参观潭柘寺之后才出的图纸，只不过长宽高都加大了。如今，潭柘寺还有 943 间房呢，总体呈现了显著的明清古风貌，是京郊最大的一处寺庙古建筑群。潭柘寺不是孤立的，它周边还有一百好几十公顷隽秀山林，秋天里漫山的彩叶，春夏季花儿香追着您跑……

（九）北京景山

北京景山公园，全园占地 33 万方平米，其中古建筑面积 5000 平方米。园子心景观——景山，地面以上高度大约 45.7 米，山尖端坐着四平八稳的万春亭。若是由万春亭往下往南俯瞰，紫禁城全院八千多间殿宇尽收眼底。

单与中国古代园林景观相比，景山不算一流有名的。首先它不大，自然就盛不进太多的内容。您看除了那座突起的"小山"，外带山间几座亭子，山下若干间大殿，似乎也没别的了。然而，景山对于北京城意义重大。因为它是明清北京城的正中圆心。如将北京二环路以内老建筑都比做星星，那么景山就是唯一的月亮。与此同时，景山公园也是我国历史上建成时间最长，保存最完整的皇家园林之一。

早在大辽朝时期，"北京城"大规模城市建设开始了。作为四座陪都之一，也要像模像样地修园林建宫殿。辽太宗耶律德光在位之际，今北海那位置上拟造瑶屿行宫一座，需开渠引水。地面没有现成的湖，一切全靠人工开凿。有一天，他的行宫修成了，掏出那些渣土堆在东边也未挪动，无心插柳柳成荫，北海琼华岛在西，景山在东，两个就这样有了雏形。

历史又翻页，金朝到北京来开发"金中都"。时年，辽朝旧宫苑还没彻底溃败，于是金将"瑶屿行宫"修缮一下，这回多余土方又塞给"景山"了。后来元世祖忽必烈问鼎中原，兴建元大都，此时"景山"终于受到了重视，给圈进皇家游览区里头了。山上山下栽花种草，也给那大堆土取了个名字叫"青山"。

大明永乐年间，明成祖朱棣主持迁都北京城，打算千秋万代扎下去了。可下了狠功夫，造城建园绝不搞样子工程。找风水先生给勘察一下，说紫禁城这位置再往北，就到了玄武大帝的辖区。在神仙家门口动土，如果没有镇物镇着，指不定哪阵风就给皇上他们家刮倒了。太危险了，能不能破解一下呢？大师眯眼一伸手指头：那不正巧有个山头嘛，就它了，往后就是北京城的"镇山"。

北京城的"镇山"，地位陡然变显赫了。所以嘛，这就开始筑造亭台楼阁，朝着御花园方向发展。大明二百多年里，景山已然鹤栖鹿鸣，百果飘香—最后，它眼巴巴看着崇祯皇帝驾鹤西去了。公元 1644 年，大明崇祯十七年三月十九，闯王李自成气势汹汹地冲进了紫禁城。崇祯皇帝朱由检自觉愧对乡亲父老，遂以发遮面，将自己吊上了景山东麓一株老槐树。

（十）圆明园

圆明园又称"圆明三园"，是圆明园及其附园长春园、万春园的统称，是清代行宫式御园，共占地 350 公顷（5200 余亩），其中水面面积约占 140 公顷（2100 亩），共有园林风景百余处，建筑面积超过 16 万平方米，是清朝帝王在 150 余年间创建和经营的一座大型皇家宫苑。

圆明园，坐落在北京西郊海淀区，与颐和园相毗邻，是由圆明园、长春园、绮春园三园组成，是清代著名的皇家园林之一，圆明三园面积共计五千二百余亩，一百五十余景，主要景致包括大宫门、勤政亲贤殿、碧桐书院，上下天光、蓬莱瑶台、平湖秋月，曲院风荷、狮子林、海晏堂，大水法、观水法、万花阵（又名黄花阵）等，每一处景致都有其深刻的意义和独特的个性。

圆明园继承了中国三千多年的优秀造园传统，既有皇家宫廷建筑的雍容华贵，又融合了江南水乡园林的婀娜多姿，同时还吸取了欧洲的园林建筑形式，把多种不同风格的园林建筑巧妙地融为一体，在整体布局上非常完美，真可谓"虽由人做，宛自天开"。圆明园不仅以园林景观著称，也是一座收藏丰富的皇家博物馆。法国大作家雨果曾说："即使把我国所有圣母院的全部宝物加在一起，也不能同这个规模宏大而富丽堂皇的东方博物馆媲美。"

圆明园，曾以其宏大的地域规模、杰出的营造技艺、精美的建筑景群、丰富的文化收藏和博大精深的民族文化享誉全世界，被誉为"一切造园艺术的典范"和"万园之园"。而今我们所看见的圆明园遗址公园和曾经辉煌的圆明园会有很大的距离，因此我们不得不了解一下圆明园的缘由和它所经历的血泪史！

准确来说，圆明园始建于清朝康熙四十六年（1709 年），当年，清朝康熙帝把该园赐给四子胤（后来的雍正帝），并亲自赐名"圆明园"，经雍正、乾隆、嘉庆、道光、咸丰五位皇帝 150 多年的经营，把它营造成一座规模宏伟，景色秀丽的传奇离宫。

而这种完美与伟大的存在时间还没有太久，就遭受了巨大的伤害，这一世界名园在 1860 年 10 月惨遭英法联军野蛮的劫掠焚毁，之后又经历了无数次饿毁灭和劫掠，一代名园最终沦为一片废墟，曾经奇迹和神话般的圆明园再也不复存在，只剩断垣残壁。

时间飞逝，1979 年，圆明园遗址被列为北京市重点文物保护单位，1988 年建成了圆明园遗址公园，被公布为国家级文物保护单位，同年，遗址公园试开放。如今的圆明园遗址公园，以遗址为主题，已初步形成福海、长春园和绮春园三大景区，既有重大的政治历史价值，又是一处难得的旅游胜地。

（十一）黄花城水长城

京北怀柔区城关镇往西北，行程约29公里，遗存古长城遗址一处，它就是黄花城水长城。夏日里漫天黄花，压低了城头，压低了村舍，是黄花城一宗独特景观。

不到长城非好汉，这句话长牙的小孩都会说。可是中国境内有好多长城，单单北京市辖区内就不够数的，慕田峪长城，居庸关长城，箭扣长城鹰飞倒仰，神堂峪有段"野长城"，密云还有个前方无路的"错长城"……八达岭长城名气最大，爬的人也多，那节假日一到，台阶上全看后脑勺。其实爬哪个长城都是好汉，何苦都往一处拥呢。怀柔黄花城长城，又名金汤长城，古取固若金汤之意。黄花城这段长城建筑年代较早，还是北齐遗留物呢，但隋、唐以后曾进行过多次修缮。大明嘉靖年间，黄花城原长城宽度有所增加，并添置敌台等战斗设施。

"黄花城"旧名黄花镇，曾经是个熙熙攘攘的居民区。因位于早年的交通要道之上，元以后往来客商一度不绝。片儿区风光不错，四面环山，水资源丰沛，林木覆盖率相当高。"九分山水一分田"，可看作对黄花城一带自然状况的经典概括。若往大了说，黄花城乃中原门户；谦虚一点，称它"京师北门"也可。

黄花城长城有三绝：连山戏水，地处绝境，还有大明朝的栗子园。黄花城长城是"水做的"，绝无仅有的第一绝。今人登长城，总是几分自豪，几分赞叹，百感交集。实际上，古人修长城目的很单纯，就为强化自身防御力量。万里长城万里长，大抵都在山中游走，因为登高能望远。或许不忍错过黄花城漂亮的湖水，当初他们竟然绕过山路，在水边修了一段长城。临水自照，顺手摸摸长城的城砖，此等待遇别处您可享受不到。

那个"二绝"是永乐皇帝想出来的，他希望可以在黄花城这片山中找到一个高地，爬上去就能望见西边的"十三陵"。结果还真被他找到了，然后修了极其惊险"十八蹬"，守家卫国的功能全有了。老百姓给编了个顺口溜："十八蹬，高入天，鹰飞倒仰猴难攀；山高到底有多少，一个轱辘滚三天。"猴子上不去，山顶扔个轱辘三天后才落地……您说这山高不高。而大明朝倾力维护黄花城，主要目的是保卫他们家的皇陵不受打扰。黄花城板栗园，还是大明朝的兵开垦出来的。当年战事不烦，守城将士们放哨之余就种地。黄花城"三绝"的古栗园，如今园中那些老栗子树，棵棵现龙形，头顶大伞遮阴"半亩"。此外，可游览的还有六关、六堡、十七台、三十三敌楼；龙尾洞、情人峰，三珠连潭……

（十二）房山石花洞

北京房山区南车营村，有个天然大溶洞，俗名石花洞，又叫潜真洞。房山石花洞与桂林芦笛岩、福建玉华洞、杭州瑶琳洞并驾齐驱，合称中国四大岩溶洞穴。现已开拓出二十个大景区，一百五十多处著名景观。

很久很久以前，南车营一带可穷了，山都是石头山，种啥啥不活。山脚下住着几十户人家，过着饥一顿饱一顿的日子。太难熬了，有天乡亲们聚齐了开会，琢磨新出路。靠山吃不上山，咱还死守什么劲呐。于是有人提议，搬出去得了，重新找个地肥水美之处安家。可是老人们都站出来反对，因为他们在这里活了大半辈子，舍不得走。这时人群中突然有人小声念叨："钱库、钱库，大房山麓"。顿时，人们恍然大悟，民间不是一度传说，京西南大房山是个藏宝窟嘛，山中埋着好多好多奇珍异宝。

死马当活马医，不如我们集体淘宝去吧。这倒是一呼百应，东山到西山，都给刨开了。可是说心里话，歌谣谁都听过，之前那些年里都没人挖出宝贝，凭什么叫您给撞上啊？一个个空手而归，再碰头都灰心丧气了。正在这时，一个声音由远及近：找——找到了，找到银库了——

人们循声回过头去，原来是村里一位老大哥，赶巧他回来最晚。您找着什么了，大家伙呼呼啦啦围拢过去。钱，钱，这不是银子钱儿嘛？叮铃咣当！摊出来，整整十枚银元宝，在火光照射下明晃晃的耀眼。"啊，您是跟哪儿找到的？！""快，快跟我来，那个地方正落着'银子雨'呢！"不顾天色漆黑，人们连夜赶了过去……可能是老天爷发现丢钱了，赶紧采取了应急措施。所以村民们到那儿的时候，只发现了有一个窄窄的洞口，看起来深不见底的。哪还有元宝，哗哗！明明是流水声。

故事就是故事，太当真了容易误事。不过人们还是不愿忘掉那个能掉出元宝的洞口，时常到跟前走走看看。到了新中国，国家组织相关工作人员去考察，还真发现"藏宝洞"了。您看那满眼的笋、竹、花、枝、葡萄、瀑布、梯田、大海龟……大自然里有什么，"石花洞"就仿造什么，不是刀琢出的石但胜似石雕。

目前，石花洞洞体，分上下七层，层层景观有不同。有滴水，有流水，有暗河。那钟乳石的颜色太鲜艳了，真像金刚大鹦鹉的羽毛。

（十三）沈阳故宫

沈阳故宫就是满清政权入住北京城之前那座皇宫，原名盛京宫阙，后改称奉天行宫。老皇宫如今身处喧地，正在沈阳市旧城中心位置，占地六万平方米，有房三百余间。

沈阳故宫始建于公元1625，后金天命十年，至1637清崇德元年落成。当时大明朝还并肩存在，若换成明朝的纪年方法，沈阳故宫的建设周期则是：明天启五年到明崇祯九年。这组皇家建筑群是汉、满、蒙建筑艺术的完美结合体。除规模上逊色于北京故宫，设计思想及艺术造诣毫不逊色。

综观中国历史上存在过的旧政权，清朝有着多个闪光点——它是个大一统的大王朝；它创下了历代封建王朝人口最高值，总数过四亿；它开拓出 1300 多万平方公里的领土……

大清国有过"康乾盛世"一百五十多年，总体来说，那年月粮食年年增产，老百姓日子好过。顺治爷是满清入关后第一位帝王，一位苦情皇帝，亲情苦，爱情也苦。您看他六岁登基，被多尔衮皇叔管得严严实实。好容易亲政了，又落得英年早逝。所以后世表彰他，大多也落在一个"情"字上头，大书特书其与董鄂妃那段怎么也说不清的恋情。

清圣祖康熙皇帝，文经武纬大有作为，在位六十一载，期间大力发展农业，稳定边疆，使得社会经济逐步恢复发展，为盛世大清埋下了伏笔。您看清初全国耕地面积数据：1661，顺治十八年，526 万顷；1722，康熙六十一年，激增到 851 万顷，直线上升。同时玉米、地瓜、土豆等高产作物，陆续从外国引进。

雍正皇帝 1722 年即位，到 1725 年，大清雍三年，全国耕地面积又多出好几十万公顷，达到 890 万顷。乾隆爷有点侥幸，因为康雍两朝攒下家底不薄了。既然到处一派繁荣景象，那就必须发展文化，这符合两个文明发展规律。您看乾隆一朝做了多少大事：官修《四库全书》《古今图书集成》；官修大型农书《钦定授时通考》；大举兴建皇家园林；徽班进京，为京剧抛砖引玉……种种安逸端倪让今人忍不住嫉妒。

然而盛象背后，也有很多无奈。乾隆朝晚期，国家已然有点入不敷出了。凑合过到了大清最末，期间除了一个闻名海内外的慈禧太后，实在无可细说之事。公元 1644 年之后，清政权移师北京，其后沈阳故宫降低为"陪都宫殿"。但有资料显示，康熙到道光，五位清朝皇帝，曾经十一次东巡祭祖，每回都住这里。

（十四）沈阳张氏帅府

沈阳"张氏帅府"始建于公元 1914 年，总占地近 44 亩，主要划分东、中、西三组院落，建筑形式有着明显的清代王府印记。大帅张作霖，以及少帅张学良，分别是这座老宅的两代主人。

奉系大军阀张作霖，绰号"东北王"，生于公元 1875，清光绪元年。1928 年，张大帅乘专列返回东北，途径沈阳皇姑屯出事了。阴险的日本鬼子背后捅一刀，在火车铁轨上埋了颗炸弹。四十出头的张大帅，就这样走了。而日本人之所以下此狠手，只因他们霸占东北的目的没达到。

《中华民国陆海军大元帅张公行状》："公讳作霖，字雨亭，奉天海城人，远祖居山东，族甚蕃，清道光初徙居海城。祖发业农，称素封。"人一旦出了名，不怕找不到老祖先，因为攀亲的会自动找上门来。关于张大帅的祖籍，有说山东省，也有说河北省的。可是禁不住人家自己认为是河北，山东则退成张家远祖居住地了。

相传张家有位老太爷叫张永贵，随着闯关东大潮到了东北，勤劳肯干，慢慢就发家致富了。到张作霖爷爷那辈，家里也堪称富甲一方。张大帅叔父辈兄弟四人，有天各自分家过日子了，其后他爸张有财带着自己那份家产搬到辽宁海城，不知怎的迷上赌博了，家底败的精光不说，还被追债的给弄死了。

就算老爸没正事儿，好歹家里貌似有根顶梁柱，张作霖的母亲不得不带着三个儿子，一个闺女回娘家。姥姥家也不是地主，一下子添了五双筷子，愁的什么似的。

那年寄宿姥姥家檐下，张大帅已有十三岁了，这时还没念过一天书呢。可是这小孩有灵性，时常跑到私塾外头偷听先生讲课。一来二去，老师杨景镇发现了这个特别的学生。听说家里没钱上不起学，杨先生不仅免费收下了张作霖，还送笔送纸，尽力给予帮助。

其实安心学习的时日并未持续多久。由于清政府软弱腐败，东北地区已然成了帝国主义的"大绵羊"，谁都敢来划地皮。这时张作霖正年轻，于是他出去自谋生路，学过木匠，当过兽医，1900年开始"组团"维护乡里治安。鉴于管理有方，张氏保安队一日日壮大起来，后被国民党收编了。张作霖还是有良心的，他当上民国陆军师长，生活安定下来后，立刻将他的恩师杨先生请到沈阳家中，让他陪着少帅张学良读书。

（十五）哈尔滨索菲亚教堂

索菲亚教堂是远东地区最大的东正教堂，它以恢宏的气势矗立于哈尔滨，曾经是哈尔滨的标志性建筑，也是目前中国保存最完美的典型拜占庭式建筑。

索菲亚教堂是远东地区最大的东正教堂，始建于国土1907年3月，是沙俄东西伯利亚第四步兵师修建的随军教堂，1912年的时候改建成砖木结构，1923年9月27日，索菲亚教堂进行了第二次重建，由俄罗斯建筑师克亚西科夫设计，历时9年落成。

建成的索菲亚教堂深受拜占庭式建筑风格的影响，富丽堂皇、宏伟壮观、而主穹顶、钟楼又有俄罗斯传统的"帐篷顶""洋葱头"的造型。索菲亚教堂的建筑平面呈希腊十字布置，建筑面积721平方米，墙体全部采用清水红砖，整个教堂分四层、通高53.35米。其中的教堂壁画"最后的晚餐"、教堂吊灯、索菲亚教堂外景、耶稣受难像等、都是无与伦比的设计和建筑。

到哈尔滨解放以后，苏联政府将教堂产权移交给哈尔滨市政府。然而在"文化大革命"的那个年代，这座满载历史见证的文化遗产却遭到了破坏，教堂主体伤痕累累，7座乐钟全部遗失，6处十字架全部被拉倒，教堂面目全非。

直到1986年，索菲亚教堂被哈尔滨市政府列为市级一类保护建筑，1996年11月，经国务院批准，列为第四批国家级重点文物保护单位。1997 年 6 月 2 日，哈尔滨市政府对教堂进行保护性修复，并对周边环境进行了整治，到 1997 年 9 月 2 日的时候，饱经沧桑的索菲亚教堂终于恢复了历史原貌，成为哈尔滨一道靓丽的风景线。

一个崭新的索菲亚教堂重新出现了，而且有了新的名字，为哈尔滨市建筑艺术馆，馆内展出的是哈尔滨各个历史时期，不同建筑风格的照片，文字介绍以及建筑模型展览，这里已成为一座展示，弘扬建筑艺术及历史文化的基地。

还有，索菲亚教堂周围的文化休闲广场，总面积为 6000 多平方米，整个广场凝聚着音乐的优美旋律与建筑的智慧之光，广场上还有陶吧、影吧和旱冰场等娱乐场所，啤酒广场、冷饮广场则有着"东方小巴黎"的风采，每到夜晚，欧式庭院灯放出淡淡柔光，宛若一笼轻纱，每年都吸引数百万中外游客来此观光旅游。

（十六）吉林松花湖

吉林省吉林市东南，距市中心 24 公里之外，是美丽的松花湖。松花湖总长二百公里，水面最宽处达十公里，水体最深处大约是七十五米。湖区面积五百平方公里，沿湖还有五虎岛、金龟岛、丰满水库、松花湖林区，阿什哈达摩崖碑等著名景观。

公元 1937 年，国家修小丰满水库，建大坝截水，于是松花湖形成了。恰好周边有森林，湖光山色得来全不费工夫。如今，每到北国冰雪季，湖边就会出现挂满白霜的树。对，就是雾凇、五虎岛、号称松花湖的天然山水盆景，您看全岛最高点出水六十多米。远望五虎岛，它有个金边，实际那是一圈黄沙，不过看上去很美。据说早年间，五虎岛不是那么安逸的，因为它曾经被长白山天池的水怪给霸占了，水怪不仅抢老百姓的栖息地，还强占了松花江水神的松花公主。后来，公主妈妈和水怪爸爸生了一个女儿，取名白鲢公主。

光阴荏苒，转眼间白鲢公主已长成了亭亭玉立的大姑娘。爸爸妈妈总是吵闹，待在这个家可这没劲。于是有天，趁着大人们没注意，白鲢偷偷溜出了家门。原来外面的世界这样好，白鲢公主忘了时间忘了忧愁，尽情嬉戏松花水。可她到底是仙不是人，是条鱼也不是普通姑娘。天呐，赶上渔民捕鱼，一网就给她捞了上来。

"白鲢"出水，捕鱼那小青年也呆住了。"大牛"我活了二十多年，没见过这么大一条鱼。管它呢，今天不干了，回家好好吃一顿。哪知刚刚调转船头，突然听到有说话声："放了我吧！放了我吧！"船上就我自己，不是闹鬼了吧？小青年惊出一身冷汗。壮胆往脚底下看看，只见捞上来那条"大鱼"哭了。算了，即使是幻觉，我也不要它了，放生总比杀生好。主意已定，大牛毅然抱起"大鱼"投回江水。"大鱼"迅速游走了，中间好像回过几次头。

大牛就住在不远处的小村子里，从小是孤儿，长大就在松花江打鱼维持生计。大牛憨厚老实，乡亲们都喜欢他，最近正想方设法为他张罗婚事。不过大牛实在太穷了，总也没有姑娘肯嫁过来。不过，自从放走那条大白鲢，那几天似乎挺走运，每天都打到满满一船的鱼。又过几天，大牛一网下去，再拎上来。啊，大白鲢回来了！摇身一变成了白鲢公主……

想跟凡人好，没门儿！水怪老爸气的快疯了，很快带着虾兵蟹将追上了白鲢和大牛。"妈妈就跟着我爸受一辈子苦，我坚决不能重蹈覆辙了"，这样想着，白鲢抉择果断，摘下头顶的金簪子投向背后。一个挡不住，再一个，她那个水怪爸爸终于被挡在了山后。后话说，白鲢公主总共投出去五条金簪子，所以化成的山就是五股山。人们看着这山头，总觉着好像五虎比肩而卧，又给取别名曰五虎山。后来，丰满水电站大坝揽水，五虎山才被松花湖水淹没，成了现在的五虎岛。

（十七）集安高句丽王城

"高句丽王城"，古代高句丽王国都城遗址，今为吉林省集安市知名古文化遗迹。此城半入山地半踏平原，区内涵盖国内城、丸都山城、十四座王陵，以及二十六座贵族墓葬等历史印记。

中国历史上，曾出现过两个高丽政权。其中之一，立国于公元前 37 年，主要活跃于西汉时期，辽宁，吉林一带；另一个"高丽"立国于公元 918 年，主要活动区位于今朝鲜半岛附近。为更好地理清原委，学界通常以统治者姓氏区别两个高丽政权，因而前者又称为"高氏高丽"，后者则称为"王氏高丽"。

经过西汉到唐朝的漫长历程，"高氏高丽"日益强盛起来，差不多成了东北霸主。最初还能保持与中央政权的上下级关系。怎奈翅膀硬了，早晚要单飞。您看隋唐之朝鲜半岛与中原交通，都要从"高氏"地面经过。好家伙，来一个拦一个。这可惹唐朝廷不乐意了，随后派兵声讨。公元 668 年，"高氏高丽"终于和唐朝握手言和，俩好归一好了。该地方政权持续经营七百多年，史料中不见其踪影了。

公元 935 年，是"王氏高丽"的一个历史转折点，因为那年他们打败了新罗，实力进一步看涨。第二年，"王氏"又吞并了百济国，使得朝鲜半岛中南部大部地区收归名下。至公元 1392 年，"王氏"显得有些颓废，大臣李成桂异军突起，一举给朝廷改了姓。1393 年，李成桂拟出朝鲜、宁等国，奏请明太祖，希望自己能名正言顺起来。好吧，赶明李成桂就是"朝鲜王"了。此后"王氏高丽"更名为朝鲜，学界常称"李氏朝鲜"或简称李朝。

"高氏高丽"政权最早在中国境内的鸭绿江边起家，日后鸭绿江东南地区、图们江流域全成了"高家天下"。"高氏"确立政权，先于辽宁桓仁县定都，后迁往今吉林集安，公元 427 再迁至平壤。南北朝时期是"高氏高丽"发展巅峰阶段，那时他们地皮东沿都划到日本海了。"王氏高丽"大抵活动范围圈在朝鲜大同江沿岸。

（十八）黑龙江五大连池

五大连池也作"五大莲池"，是黑龙江省黑河市一处著名景区，它是远古火山活动留给人类的宝贵遗产。头池、二池、三池、四池和五池，自南向北相衔接如珠链，故得名。周边还有药泉、黑龙山、白龙洞、龙门石寨、加温泊等景点可供游赏。

五大连池的池子，学名堰塞湖，其实就是：某地突然遭遇剧烈地质运动，导致水体淤积而形成的湖水。五大连池的水美，山美，鱼也肥。相传很久以前，有不少鱼虾都在此地成了精儿。相传有鲤鱼精、鲫鱼精，还有什么蛤蜊精。但奇怪的是，五大连池的精灵都不坏，它们不会作践老百姓，只是每天在水里岸上游戏，唱歌跳舞看月亮……

早年有莫姓兄弟俩，哥哥莫海和弟弟莫江，就住在在五大连池边上一个小村庄里。哥俩勤劳能干，开朗乐观。莫江嗓子特好，只要他唱歌，村民全爱听，连林子里的鸟都盘旋不离。有天傍晚，兄弟俩聊天。说到每天上山打来那么多猎物，全叫贪官给盘剥走了，不由暗自伤怀。莫江眼珠子一转，安慰哥哥说："哥别难过，咱俩到'连池'边上走走吧，老人不都说，精灵们会在夜里出来活动嘛，真想看看它们到底啥样"。

俩人一商量，那就走吧，总比坐着发愁要好。正逢十五月圆夜，星星好像刚洗过脸那般，晶莹可爱。没风没浪的，树叶都不摇晃一下。大小伙子健步如飞，一会就到了。咦，什么声音？莫江推推莫海："哥，您听见歌声没有？"好像是听到了，兄弟俩侧耳细听："明月当头满天星，池水清清荷花红，姐妹三人来赏月……"是姑娘的歌声。待二人轻手轻脚踏着林间草地，果真看到了池边一幅奇景，三个大美人围坐一张八仙桌，边饮边唱。陆续还有小精灵爬上岸来，加入欢乐的队伍当中。

是精灵，一定是精灵，不能惊动她们。哥俩心里默念着，但莫江很快忘我了。从小听见乐声就着迷，现在天籁之音凭空传来，怎能少了他一个。哪知莫江一开口唱，水边立刻鸦雀无声了，再找不见任何精灵的身影。咳，回家去吧。可是自从那天起，莫江仿佛着迷了一样，三个漂亮姑娘在他眼前挥之不去。

窈窕淑女，君子好逑。一天趁着大好月色，莫江独自一人又到了连池边，心想也许有幸能见到精灵。缘分可遇不可求，果然听到了那熟悉的歌声。抓紧机会，莫江以歌传情，感动了三位姑娘……

（十九）万里长城

中国万里长城是世界上修建时间最长、工程量最大的冷兵器战争时代的国家军事性防御工程，是中华民族的象征和骄傲。雄伟的万里长城是中国古代人民创造的世界奇迹之一，也是人类文明史上的一座丰碑。

长城西起嘉峪关，东到鸭绿江，途经甘肃、宁夏、陕西、山西、内蒙古、河北、北京、天津、辽宁9个省、市、自治区，随着不同的地形、山势和地貌而筑，大都建在山岭最高处，全长6700千米（13400华里）以上，号称万里长城。

长城是由烽火台和列城等单体建筑发展起来的。初建的是彼此相望的烽火台，或是连续不断的防御城堡，而后用城墙把它们联系起来，便成了长城。其中从鸭绿江到山海关段，由于工程比较简单，毁坏较为严重。山海关到嘉峪关段，工程较为坚固，保存也较完整。最早修筑长城的是楚国，大约在公元前7世纪。其后各代帝国都曾经大规模修筑或增筑长城。明代是长城修筑史上最后一个朝代，其修筑规模之宏大，防御组织之完备，所用建筑材料之坚固，都远远超越了以前的各个朝代。

明代万里长城西端的险要关隘嘉峪关，雄峙于祁连雪峰与嘉峪黑山之间的岩岗上，地势险峻，气势雄伟，以巍峨壮观著称于世。嘉峪关关城始建于明洪武五年（1372），是长城沿线保存最完整的一座雄关。地处古"丝绸之路"必经之地，东西交通的咽喉要道。关城由内城、瓮城、罗城、外城、城壕组成，城上还建有箭楼、敌楼、角楼、阁楼、闸门楼10余座。出关西行百余米，有一碑刻，上书"天下雄关"，和东隔万里之遥的"天下第一关"山海关遥相呼应，互争雄姿。

三关口明长城位于银川市西40余千米的贺兰山南部。此关口是宁夏与内蒙古阿拉善左旗的交界地，银川至巴彦浩特公路穿关而过，在关口处可看到残断长城遗址。三关即从东向西，设头道卡、二道卡和三道卡，后人称之为三道关。这里山脉蜿蜒曲折，地形雄奇险峻。原两山夹峙的山坳中，建有关隘。三关口长城是明嘉靖十年（1531）宁夏佥事齐之鸾耗巨资修筑的。此关两山相夹，山谷狭窄，一水中分，山陡壁峭，仰望山峰巍峨，下视谷底险峻，地形十分险要，颇有"一夫当关，万夫莫开"之势。

恒山沿山西省代县北部逶迤而下，内长城蜿蜒于山巅。此处是太行山的一个横断山脉，古称句注山，也称为雁门山。自从在雁门山上建关后，更有"一夫当关，万夫莫开"的气势。关前后左右群山绵延，切断了塞北高原通向山西及华北平原的一条重要通道。雁门关自唐代建关以来，一直都是重要的军事关口。相传每年春来，南雁北飞，口衔芦叶，飞到雁门盘旋半响，直到叶落才能够过关。因此有"雁门山者，雁飞出其间"的说法。"三关冲要无双地，九塞尊崇第一关。"整个雁门关关城的建筑，虎踞龙盘，雄伟壮观。明清以后，关城虽屡有重建。但随着多民族统一国家疆域的逐步形成，内长城作为"内边"的作用已经失去，所属的雁门雄关也随之荒废。

八达岭长城是目前保存较为完好的长城城段之一，位于北京延庆区西南，距市区约75千米，因"出居庸关，北往延庆州，西往宣镇，路从此分"而得名。八达岭地处要冲，具备很高的军事价值，历代帝王也非常注重这里的防御，自明初开始，不断在此处修建长城。此处长城的修建，多用条石和城砖砌筑，非常坚固，沿城还设有多个不同用处的墙台。作为居庸关的外围关口和防卫前哨，八达岭长城的关城有东西两扇门，东门题额"居庸外镇"，西门题额"北门锁钥"。沿城每隔三五百米筑有方形城台，高出墙顶。四周砌有城垛，按不同功能分墙台、敌台、战台等多种结构。

黄崖关长城位于天津蓟州区境内，东起半拉缸山，西迄王冒顶山，北齐时开始建造，到了明代又大修了一遍。长城全线总长 3025 米，全部建造在陡峭的山脊上。东面是悬崖峭壁，西侧因地制宜修筑了砖墙、石墙以及险山墙、劈山墙等多种形式的城墙。因为这里地势极为险要，所以黄崖关关城采取了丁字形和曲尺形街巷的布局方式，这样即使关门被打破，敌人进入关口也会在里面四处乱撞，而熟悉地形的守关士兵就能以关城内部的建筑为保障，二次作战。

山海关历来作为万里长城的终点而闻名于世。山海关古称榆关，又称为渝关、临闾关，在河北秦皇岛市以东 10 多千米处。山海关的城池建筑于明代，筑城人是明朝开国名将徐达，整个城池与长城相连，城池就是关口。城高 14 米，厚 7 米。全城有 4 座主要城门，还建有多种古代防御建筑，气势宏伟、结构严谨、层次分明，是一座防御体系比较完整的城关。登上山海关城楼北望，万山重叠，万里长城如一条昂首的巨龙跃上群峰，蜿蜒起舞，景色异常壮观。往南看，乃是波澜壮阔的渤海，长城从山海关直逼海中。如果把万里长城比作一条翻山越岭的巨龙，那这些伸入海里的建筑就恰似龙首在吞波吐浪，因此人们把它称为"老龙头"。山海关箭楼上的横额巨匾——"天下第一关"，笔法苍劲有力，庄重洒脱。

长城修筑距今已有 2000 多年，虽已失去防御上的作用，但仍巍然屹立，显示中华民族悠久的历史，反映中国古代建筑工程技术的伟大成就，表现中国古代各族劳动人民的坚强毅力与聪明才智，体现中国自古以来形成的积极防御的战略思想。

（二十）天坛

天坛是中国现存规模最大的坛庙建筑群，它是封建政权和神权相结合的产物，它独特、优美的建筑风格，在世界上是绝无仅有的，是中华民族留给世界建筑史上的一大奇迹。

天坛是明清两代帝王祭天祈谷、夏至祈雨、冬至祭雪的圣地，是中国现存最大的一处坛庙建筑，始建于明永乐十八年（1420），原名"天地坛"。因嘉靖九年（1530）立四郊分祀制度，于嘉靖十三年（1534）改称天坛，后又经清乾隆、光绪帝重修改建后，才形成天坛现在的格局。天坛占地 27 平方千米，比北京故宫还大 2 倍多。二重垣墙，形成内外坛，垣墙南方北圆，象征天圆地方。圜丘坛在南，祈谷坛在北，二坛同在一条南北轴线上，中间有墙相隔。圜丘坛内主要建筑有皇穹宇等，祈谷坛内主要建筑有祈年殿、皇乾殿、祈年门等。

圜丘坛是皇帝祭天活动的场所，又叫"祭天坛""拜天坛"，"祭台"。始建于明嘉靖九年（1530），清乾隆十四年（1749）扩建。坛的外面有两道土遗墙，第一重为方形，第二重为圆形，象征"天圆地方"。

中国古代认为 9 为数之极，是最尊贵的象征，因此圜丘坛建筑与 9 关系极为密切。圜丘坛的中心是一块圆形大理石（称作天心石）。从中心面向外，3 层台面每层都铺有 9 环扇面形状的石板，上层第 1 环为 9 块，第 2 环为 18 块，第 3 环为 27 块，到第 9 环为 81 块；中层从第 10 环的 90 块到第 18 环的 162 块；下层从第 19 环的 171 块到第 27 环的 243 块。3 层总计是 378 个 9，共 3402 块，象征九重天。圜丘坛四周长 160.2 丈，总高度 5 米，分上中下三层，下层直径 70 米，中层 50 米，下层直径 30 米，3

天坛

个数相加等于 150 米（合 45 丈），刚好合了"九五之尊"的说法。四面石栏上雕刻花纹的石板数也有规定的数目，第一层每面栏板 45 块，四面共 180 块，由 20 个 9 组成；第二层每面栏板 27 块，四面共 108 块，由 12 个 9 组成；第三层每面栏板 18 块，四面共 72 块，由 8 个 9 组成。3 层台面的栏板总数为 360 块，正合历法中一"周天"的 360°。

圜丘坛北面就是皇穹宇。皇穹宇是供奉皇天上帝和皇帝祖先牌位的地方。它的门楼、墙顶、殿瓦、殿顶，在明朝全用绿色琉璃瓦，清乾隆十七年（1752）重修时，将门楼、殿瓦、墙顶全都换成蓝琉璃瓦，围墙的墙身则用蓝色玻璃砖嵌砌。皇穹宇周围的围墙呈圆形，表示天象。墙面整齐光滑，弧度规则，是天坛中著名的"回音壁"。

从皇穹宇出来，沿丹陛桥向北直通祈年殿。祈年殿是一座有鎏金宝顶，3 层重檐的圆形大殿，采取上屋下坛的构造形式，是昔日北京城最高的建筑之一。整座祈年殿高 38 米，直径 30 余米，三层殿顶均覆以深蓝色的琉璃瓦，呈放射状，逐渐收缩向上，这种奇特的造型给人一种拔地而起，高耸入云的感觉。祈年殿是全木结构建筑，28 根大柱支撑着整个殿顶的重量，中间 4 根支柱称通天柱，又名"龙井柱"。三层殿脊以鎏金斗拱作支撑、卯榫交叉，独具匠心。殿内梁枋大木和天花，均采用龙凤合玺彩画，装饰精美。

祈年殿的前身是"大祀殿"，是合祀天地神的地方。乾隆时大修后改为祈年殿，专祀"皇天上帝"，因此大殿按敬天祈神的规格而建。殿为圆形，象征天圆。瓦用蓝色，象征蓝天。殿正中有 4 根高大的通天柱，象征一年有春、夏、秋、冬四季。中层有金柱 12 根，象征一年的 12 个月。外层的 12 根檐柱，象征一天的 12 个时辰。中、外层相加 24 根，象征一年的 24 个节令。3 层相加共 28 根，象征周天二十八星宿。再加上顶部 8 根童子柱，为 36 根柱，象征 36 天罡。大殿宝顶中心的雷公柱，象征着皇帝的"一统天下"。

天坛，是中国明清时代最神圣的地方，因为它象征着皇天。天坛以其恢宏并且具有高度艺术成就的建筑，一直以来激动着前来游览的人们的心灵。

（二十一）布达拉宫

布达拉，是梵语中观音地"普陀洛迦"的音译，意思是"佛教圣地普陀山"。作为昔日历世达赖喇嘛的"冬宫"和西藏地方政教合一政权的中心，布达拉宫是西藏地区现存最大、最完整的宫堡式建筑群，也是地球上海拔最高的大型古代宫殿。

关于布达拉宫的记载，最早可追溯到公元 6 世纪，当时雅砻部落第 27 代赞普拉托托日年赞称："居拉萨红山之顶"。公元 7 世纪初，吐蕃第 32 代赞普松赞干布迁都拉萨后，"筑王宫于红山顶居之"。不久，又大兴土木，建一座更大的城堡，"高达三十围墙，既高且阔，每边一里余"。城内红宫九百间，合顶上之王宫，共 1000 间。但不幸的是，这座美丽的宫殿并没有能够完整地保存下来。据藏文史书《如意宝座》所述，在公元 8 世纪赤松德赞时期，布达拉宫曾遭雷电击毁。又据《卫藏通志》载："后因藏王微松作乱，官兵拆毁布达拉宫，仅剩观音佛堂一所。"也就是说，这座先人奇迹般建造起来的建筑群，先是遭雷击失火，继而毁于兵燹。早期建筑的遗迹，仅剩下"曲杰竹普"（法王洞）、"帕巴拉康"（超凡佛殿）两处了。松赞干布、文成公主和赤尊公主等人物的塑像，亦是当年幸免于难的余存。

一直到公元 17 世纪中叶，五世达赖阿旺罗桑嘉措才开始对久已失修的布达拉宫进行重建。

五世达赖喇嘛罗桑嘉措，生于 1617 年。1624 年他建立了黄教的噶丹颇章政权，1645 年开始重新大规模修缮布达拉宫的白宫部分。

1652 年，五世达赖应邀觐见顺治皇帝，被册封为"西天大善自在佛所领天下释教普通瓦赤喇怛喇达赖喇嘛"，授予满、汉、蒙、藏 4 种文字的金册、金印。自此以后，"达赖喇嘛"这一封号和达赖在西藏政治、宗教上的地位才正式确定下来。白宫竣工后，五世达赖喇嘛便从哲蚌寺的噶丹颇章宫移居至白宫顶上的森琼尼威宫。五世达赖晚年专心著作，1682 年圆寂于布达拉宫。

1690 年 2 月，摄政第巴桑结嘉措在五世达赖喇嘛圆寂后的第 8 年，着手建造五世达赖灵塔，并扩建红宫和朗杰扎仓等重大建筑。经过 3 年浩浩荡荡的施工，于 1693 年（藏历水鸡年）完工，当年藏历 4 月 20 日举行了隆重的红宫落成典礼，并在宫下立一无字石碑，以志纪念，此碑至今完好无损。宫殿内部和一些附属建筑物则到 1696 年才全部建成。此后，历辈达赖均予以维修和少量增建。到十三世达赖喇嘛土登嘉措时，又掀起了一次扩建高潮。十三世达赖喇嘛圆寂之后，1936 年在红宫之西建造了格列顿觉（吉祥如意）殿，安放十三世达赖灵塔。至此，布达拉宫才基本具有现在的完整规模。

布达拉宫按照红山的自然地形由南麓梯次修到山顶，海拔为 3763.5 米，主楼高 115.7 米，其中红宫外显 13 层，宫内实具 9 层之高，东西白宫最高处达 7 层。布达拉宫东西长 360 多米，南北宽 270 米，总建筑面积 13 万平方米，建筑群占地 36 万平方米。

整个宫殿建筑为土石木结构，是由多层的矩形平面毗连而成，层次错落，弯弯曲曲，平面组合十分复杂，其建筑结构充分体现了邸宅与碉堡相结合的藏族建筑传统风格。宫殿的外部颜色是明亮的白、黄、红三色，与佛教传统密切相关。白色象征恬静、和平；黄色象征圆满、齐备；红色象征威严、力量。

布达拉宫不仅是藏式建筑工艺的典范，同时还是藏族艺术精品和珍贵文物的宝库。走进布达拉宫，幽深的廊道，错落有致的殿堂，金光四溢的灵塔，数不尽的珍宝、佛像，看不完的壁画、唐卡……仿佛走进了西藏的千年历史长河。体验藏族建筑的独特意境，欣赏璀璨绚美的艺术珍品，谛听慈爱的祝祷与唱颂，感悟精神世界里的纯洁与宁静，这一刻西藏千年的历史，似乎全部浓缩在这里。

（二十二）武当山古建筑

武当山古建筑群中的宫阙庙宇集中体现了中国元、明、清三代世俗和宗教建筑的建筑水平和艺术成就。古建筑群坐落在沟壑纵横、风景如画的湖北省武当山麓，在明代期间逐渐形成规模，其中的道教建筑可以追溯到公元 7 世纪，这些建筑代表了近千年的中国艺术和建筑的最高水平。

武当山又名太和山，面积约 40 万平方米。它兼有五岳之雄、奇、险、秀、幽，有 72 峰、36 岩、24 涧、11 洞、3 潭、3 泉、10 石、5 台等自然胜景。主峰天柱峰立地顶天，海拔 1612 米，素有"一柱擎天"之誉。相传道教所尊奉的玄武神，即真武大帝，曾在此修炼 42 年而得道飞升，故后世易名武当山，意谓"非真武不足当之"。武当山是中国第一大道教名山，有"天下第一仙山"之说。

道家崇尚自然，追求清静无为、遁世隐修的生活。为了长生不老、得道成仙，达到隐者修行的最高境界，道士们采药炼丹，而那些灵花仙草也只有深山老林才容易采到。所有这些，都让道家与山结下了不解之缘。自古以来，风景优美、物产丰富的武当山就是道家理想的修行宝地。

武当山大规模的道观建筑始于唐代。自唐朝初期李渊登基称帝开始，李渊为提高他的威望，就宣扬他是道教始祖老子李聃的后裔，在全国范围大兴土木建造道观，大力弘扬道教显灵功德。

唐贞观年间（627~629）遇大旱，唐太宗李世民派遣均州吏姚简赴武当山祈雨，此后又命令姚简在武当山建五龙祠，这可看成是武当山道教的开山道观。以后宋、元各代都有增建和扩建，道观规模日益扩大。到元代末，大部分毁于战火。

武当山道教发展达到鼎盛，主要是因为明成祖朱棣对道教的重视，他是历代营建武当山道观最得力的一个皇帝。

明成祖朱棣，是明太祖朱元璋第四个儿子，建文元年（1399）发动"靖难之役"，以武力从他侄子手中夺取了帝位，自立为永乐皇帝。藩王起兵无异于造反，政治舆论对他十分不利，所以从起兵之始，他就在军师姚广孝的帮助下，制造了一系列真武"显彰圣灵，始终佑助"的神话，给自己蒙上了一层天意神授的色彩。

永乐皇帝在圣旨里说得很明白："至我朝、真武阐扬灵化，荫佑国家，福庇生民，十分显应。我自奉天靖难之初，神明显扬，威灵感应之多，言说不尽。"为答谢真武佑护之德，朱棣在北京城建起了真武庙，又在紫禁城的御花园中建造钦安殿，专门奉祀真武，甚至在他坐朝的奉天殿两壁斗拱间也画了真武像。对真武得道之地武当山，朱棣更是恭敬有加，封武当真武神为"北极镇天真武元天上帝"，封武当山为"大岳太和山"。

永乐十年（1412）朱棣遣隆平侯张信、驸马都尉沐听、礼部尚书金纯、工部右侍郎郭王进等率30余万军民工匠，用12年工夫，在元代旧址上，建成9宫9观等33处宏伟的道教庙宇。各处设计布局，均按明朝永乐皇帝的意旨，根据《真武经》中真武修真的神话故事，采取皇宫建筑款式统一设计建造。其规模的大小、间距疏密的布局，做到时隐时现，若明若暗，先抑后扬，迂回曲折，前呼后应，玄妙超然，充分显示出神权的神奇和皇权的崇高威武，从而创造出自然美与人文美相结合的高度协调景观。正如明代的洪翼圣所描绘说："五里一庵、十里一宫，丹墙翠瓦望玲珑。"其工程之大，耗费之巨，不亚于北京紫禁城的修建，明朝人称之为"成旷世之极盛，万古之奇观也"。

整个武当建筑群荟萃了中国古代优秀建筑范式，体现出道教的玄妙、皇宫的宏伟、环境的原始、民风的淳朴等多种特色，形成了丰富多彩的建筑风格，被认为是中国古代劳动人民在建筑史上的一个伟大的创举，是古代规划，设计、建筑的典范。

（二十三）湖北神农架

举世闻名的神农架，是中国东部最大的原始森林和国家级自然保护区，也是一个充满神秘色彩的区域。相传神农氏（炎帝）曾在这里尝遍百草，为民除病，由于山高路险，他不得不搭架攀山采药，人们因而称这里为神农架。

神农架位于湖北省西部，处于大巴山东部，为湖北省西部长江和汉江的分水岭。区内群峰林立，脊岭高耸，屈岭盘结。距今250万年前的第四纪，中国中部陆地处于冰川活跃期，而神农架鲜受波及，成了当时动植物的避难所，使众多生物得以生存繁衍至今，故有"中国冰川时期诺亚方舟"之称。

神农架地处中国东西、南北植被过渡地带，植物种类复杂，现存有 1000 余种树种，其中包括距今 1000 万年~8000 万年以前第三纪的珍贵孑遗树种，还有众多的珍稀动物，被誉为"华中林海"和"天然动植物园"。在神农架西南部大小神农顶建立了以金丝猴、毛冠鹿、珙桐、双盾木为主要保护对象的自然保护区。

神农架内生长着一种稀有树种，名叫珙桐，属珙桐科落叶乔木，是第三纪古热带植物的孑遗树种，为中国特有单属科、单种属珍稀植物，分布于陕西东南部、湖北西部和西南部、湖南西北部等地。在神农架林区生长于中南部海拔约 1600 米的沟谷阔叶林中，种群数量不多。珙桐同时也是举世闻名的观赏树种，从第三纪古热带植物区遗留至今，是名副其实的活化石。

（二十四）云南西双版纳

美丽的西双版纳给人的印象犹如一幅幅优美的画卷；茂密的原始森林中，野象悠然漫步，孔雀和白鹇鸟在林中飞翔；修饰的美轮美奂的田园上，凤尾竹姿影婆娑、槟榔树亭亭玉立……

美丽富饶的西双版纳傣族自治州像一颗绿色明珠，镶嵌在云南省南端。西双版纳的热带雨林是中国面积最大的一片热带雨林，奇妙的热带雨林风光造就了纯朴奇特的民族风情，在这片以绿孔雀、芭蕉与象脚鼓著称的雨林里，北国的寒冷与戈壁的干燥不过是遥远的童话。

西双版纳的东南部与老挝接壤，西南部与缅甸交界，是世界北回归线上少有的，也是中国唯一保存完好的一片原始热带森林区域。茂密的橡胶林、香蕉林具有相当独特的亚热带风光，在中国其他地区难得一见，而且动植物资源非常丰富，素有"植物王国""动物王国""药材王国"三大王国的美称。

西双版纳北面有云贵高原作屏障，挡住了寒流，南面受印度洋西南季风的影响，气候湿润，因此冬春无寒潮大风，夏季无台风暴雨。这种得天独厚的自然环境，使这里蕴藏着丰富的森林资源和繁多的植物种类。而西双版纳封闭的地形，一方面保留了许多古老的动物种和在新环境下产生的新物种；另一方面青藏高原的动物也南下到达西双版纳，使之成为许多珍稀动物种的起源与发展中心，这便是西双版纳"动物王国"的缘由。

景洪原始森林公园位于景洪市以东、澜沧江以北，距州府所在地 8000 米处，是全州离景洪城最近的一块原始森林。在这片原始森林里，有一条水质明净的莱阳河，河谷两岸生长着莽莽苍苍的原始热带雨林。中国科学院西双版纳热带植物园，坐落在勐腊县勐仑镇的葫芦岛上。这里保留有大片原始森林，已引种栽培热带植物 4000 多种，各种植物分类集中，组成错落有致的 10 多个植物专业区。

西双版纳之所以如此地吸引游人频频来访，另一个重要的原因在于它将民族文化、民族风情、热带雨林、观赏植物、野生动物等自然和人文景观完美地融为一体，形成了独具特色的地域景观。这里居住着傣、汉、哈尼、瑶等 13 个民族，各有自己浓郁而鲜明的民族风情。

傣族是西双版纳最主要的民族之一。傣族先民为古代百越族中的一支，远在一世纪，汉文史籍已有关于傣族的记载。在傣语中"傣"意为"热爱和平，勤劳、勇敢的民族"，有水傣、旱傣和花腰傣之分。傣族饮食以大米为主，喜欢饮酒和吃酸辣食品，好吃鱼虾等水产，还有嚼槟榔的习惯。分上下两层的干栏式建筑是傣族民居的主要形式。泼水节为傣历新年，大约在农历清明后 10 日。传说，古代农时由一位叫捧麻点达拉乍的天神来掌管。他身为天神却为所欲为，弄得人间冷暖失调，雨旱混淆。他的 7 个女儿决定为民除害。一天，她们把父亲灌得酩酊大醉，然后悄悄拔下他的一根头发，做成了心弦弓，切断他的脖子，不料头颅一挨地就会燃起邪火。7 个姑娘把头轮流抱在怀里，直到腐烂。轮换时，她们总要用清水泼在自己身上，冲去满身的污秽恶臭。于是傣家人欢度新年时，都要举行泼水活动，以消灾除难，预祝在新的一年里风调雨顺、五谷丰登。

神奇的西双版纳，正以其自然与人文的完美结合，吸引着来自世界各地的游客。置身于莽莽苍苍的热带雨林之中，观赏珍稀动植物，体会独特的民俗风情，足以令人陶然忘忧，全身心地沉醉于绿色明珠的魅力之中。

（二十五）四川四姑娘山

四姑娘山以雄峻挺拔闻名，山体陡峭，直指蓝天，冰雪覆盖，银光照人。山麓森林茂密，绿草如茵，清澈的溪流潺潺不绝，宛如一派秀美的南欧风光。

四姑娘山，坐落在四川省阿坝藏族羌族自治州小金县境内。1995 年，这里建立了自然保护区，1996 年被批准为国家级自然保护区，主要保护对象为野生动物和高山生态系统。

四姑娘山因四座连绵的山峰而得名，山峰终年积雪，云缠雾绕，如同头披白纱、姿容俊俏的少女。

保护区属典型的高山峡谷地貌，区内生态条件复杂多样，生物群落类型多样。列为国家重点保护的珍稀濒危植物有独叶草、星叶草等 10 余种。有国家一级保护动物扭角羚、金丝猴、云豹等近 10 种。

保护区内风景原始、古朴、幽静、神秘。这里有陡峭险峻的山峰、苍翠茂密的森林、绿草如茵的草甸、蜿蜒曲折的溪流、含烟凝碧的高山湖泊、时而出没的珍禽异兽，还有晶莹璀璨的现代冰川从山顶一直延伸到海拔 4000 米的高山草甸。

保护区的建立，不仅对保护中国西部地区的生物多样性和景观多样性、研究中国特有珍稀动植物种群的进化分类与繁殖等方面有着重要的意义，同时也让这里的翠柏青松、飞瀑流泉、茫茫林海里穿梭延伸的古代驿路得以在世人面前呈现，日益为登山运动和高山旅游爱好者青睐和关注。

（二十六）贵州梵净山

梵净山的山名具有浓厚的佛教色彩，它是从"梵天净土"演化而来。古人云："天下名山僧占多"，大自然造就了梵净山的奇异风光，而佛教徒则传扬了梵净山的灵山秀水。

梵净山位于贵州江口县、印江土家族自治县、松桃苗族自治县交界处。因其形似饭甑，以其与梵净音近，至明代已为佛教圣地，故改名梵净山。梵净山主峰为凤凰山，海拔 2572 米，也是武陵山脉的最高峰。

梵净山山体为穹隆状变质岩和火山岩地层。山高坡陡，峭壁耸立，重峦叠嶂，沟谷深切，溪壑纵横，悬瀑飞泻，林海茫茫。山间多云雨，湿度大，日照少，岚气弥漫。作为一处佛教圣地，山间留有不少名胜古迹，有老金顶、金顶、九龙池、白云寺、护国寺、坝海寺、梵净古迹、九皇洞、天仙桥和古茶殿遗址。九皇洞、金顶和蘑菇岩一带可见"佛光"奇景，多出现于晨光暮色中。

1986 年，梵净山被辟为国家重点自然保护区，主要保护对象为黔金丝猴、珙桐等珍稀生物及森林生态系统。现已被联合国教科文组织列入"国际人与生物圈保护区网"。黔金丝猴是贵州省独有的国家一级保护动物，总数只有几百只，仅仅分布于梵净山。黔金丝猴的体形近似于金丝猴，脸部呈灰白或浅蓝，头顶前部毛基金黄色，至后部逐渐变为灰白，毛尖黑色。耳缘白色，背部灰褐色。黔金丝猴栖息在梵净山海拔1700 米以上的山地阔叶林中，主要在树上活动，结群生活，有季节性分群与合群现象，主要以多种植物的叶、芽、花、果以及树皮为食。

梵净山的原始森林中，至今保留着 200 万年~7000 万年前的第三纪、第四纪古老的植物和动物种类，是世界上罕见的生物资源基因库。梵净山森林覆盖率高达 80%以上，尤以中亚热带的常绿阔叶林最为典型。梵净山的各类珍稀植物中，以珙桐的分布最集中，另外还有属于国家一级保护植物的梵净山冷杉、钟萼木以及国家二级保护植物鹅掌楸等珍稀植物分布。由于在山头和山脊分布有大量的落叶和常绿叶混交林，因此随着季节的变化，梵净山的色彩也会不断变化。随着冬季的来临，山脊和山头的森林由上至下逐渐发红、枯黄、落叶，只见一抹深绿沿着河谷向山下退缩，当地人称这种景象为"青龙下山"；而随着春天的来到，这抹绿色又从下面逐渐向上扩展延伸，两边配上姹紫嫣红、五彩缤纷绽放的花朵，景观更为绮丽壮观，人们称之为"青龙上山"。这是茂密的植被为梵净山制造的别具特色的活动景观。

（二十七）内蒙古呼伦贝尔草原

夏天的呼伦贝尔草原天高云低，芳草连天，成群的牛羊尽享草原最丰美的时节，一幅田园牧歌式的画卷展示出草原不可抗拒的魅力。阳光之下，呼伦贝尔就是整个天地。

呼伦贝尔草原因呼伦湖、贝尔湖得名。其地势东高西低，海拔650米~700米，总面积约9.3万平方千米，地域辽阔，风光旖旎。草原上，水草丰茂，河流纵横，大小湖泊，星罗棋布。在2000多年的时间里，呼伦贝尔草原以其丰饶的自然资源孕育了中国北方诸多游牧民族，因此被誉为"中国北方游牧民族成长的摇篮"。

穿行在呼伦贝尔，定会为那"千里草原铺翡翠"的景象而惊叹。这里有中国目前保存最完好的草原，生长着碱草、针茅、苜蓿、冰草等120多种营养丰富的牧草，植物品种多达1300余种，形成了不同特色的植被群落景观。每逢盛夏，草原上鸟语花香、空气清新，星星点点的蒙古包上升起缕缕炊烟，微风吹来，牧草飘动，处处"风吹草低见牛羊"。呼伦贝尔草原地势平坦，河流曲折，特别适合放牧，著名的三河马和三河牛都是在这里培育成的。

素有"中国第一曲水"之称的莫尔格勒河，宛如一条玉带，蜿蜒在呼伦贝尔草原上，河水两旁草浪滚滚，鲜花盛开，牛羊成群，骏马奔腾。

呼伦湖，又叫呼伦池或达赉湖，是呼伦贝尔草原的标志之一。它是中国第五大湖，也是内蒙古第一大湖，呈不规则斜长方形，湖长93千米，最大宽度为41千米，湖水面积约2600平方千米，平均深度达5米左右，最深处可达8米，湖区面积为7680平方千米。

呼伦湖中有30余种鱼类和极其丰富的水生动植物，湖区沼泽湿地连绵，水域宽广，有较好的鸟类栖息环境，是一个巨大的天然鸟类博物馆，也是世界上少有的鸟类资源宝库之一。呼伦湖地区有鹤、鸥、天鹅、雁、鸭、燕、鹭等241种鸟类，占全国鸟类总数的1/5，其中有不少属于珍稀禽类。

经过一亿多年的地质变迁，在地壳运动、气候变化等自然因素的影响下，呼伦湖水时多时少。现在，呼伦湖的外流机会很少，呈微咸水状态，适合淡水鱼类生长。

呼伦贝尔草原是中国北方游猎民族和游牧民族的发祥地之一，也是多民族的聚居区，蒙古、达斡尔、鄂温克、鄂伦春、汉、满、回、朝鲜、俄罗斯等民族在这里和睦聚居，至今，这些民族仍继承和保留着各自的文化和生活习俗。

（二十八）黑龙江扎龙自然保护区

在中国的东北，有一处专为保护鹤类等珍稀水禽而建立的自然保护区。这里苇草肥美，鱼虾丰盛，环境幽静，风光绮丽，珍禽遍布，野鹤翱翔，堪称鸟类繁衍的天堂。这就是素有"鹤的故乡"之称的扎龙自然保护区。

扎龙自然保护区位于黑龙江省齐齐哈尔市东南26千米处，面积2100平方千米。这里芦苇沼泽广袤辽远，湖泊星罗棋布，非常适合水禽的生存繁衍。保护区内有鱼类46种，昆虫类277种，鸟类260种，兽类21种。其中鹤的种类多，数量大，为世人瞩目，丹顶鹤、白枕鹤、白头鹤、闺秀鹤、白鹤和灰鹤均为国家重点保护的一、二级动物。全世界的鹤类共有15种，分布在中国的有9种，而扎龙地区就有6种，"鹤的故乡"之美名，名不虚传。

扎龙自然保护区主要是保护湿地及国家级保护动物丹顶鹤等野生动物，它横跨2区4县，其湿地是乌裕尔河下游失去河道、河水漫溢而成的一大片永久性弱碱性淡水沼泽区，由许多小型浅水湖泊和广阔的草甸、草原组成。

1992年中国加入了《关于特别是作为水禽栖息地的国际重要湿地公约》，扎龙自然保护区被列入国际重要湿地名录。湿地是指不分天然或人工，长久或暂时的沼泽地、泥炭地或水域地带，带有或静止或流动，或为淡水、半咸水或咸水水体者，包括低潮时水深不超过6米的水域。此外，湿地可以包括邻接湿地的河湖沿岸、沿海区域以及湿地范围内的岛屿或低潮时水深超过6米的水域。所有季节性或常年积水地段，包括沼泽、泥炭地、湿草甸、湖泊、河流及泛洪平原、河口三角洲、滩涂、珊瑚礁、红树林、水库、池塘、水稻田以及低潮时水深浅于6米的海岸带等，均属于湿地范畴。湿地是重要的国土资源和自然资源，同森林、耕地、海洋一样具有多种功能。

湿地与人类的生存、繁衍、发展息息相关，是自然界最富生物多样性的生态景观和人类最重要的生存环境之一，它不仅为人类的生产、生活提供多种资源，而且具有巨大的环境功能和效益，在抵御洪水，调节径流、蓄洪防旱、控制污染、调节气候、控制土壤侵蚀、促淤造陆、美化环境等方面有其他系统不可替代的作用，被誉为"地球之肾"，受到全世界范围的广泛关注。

在全世界范围内，珍贵的丹顶鹤仅有1000多只，而扎龙保护区内就有700多只。丹顶鹤是国家一级保护动物，仅分布在黑龙江齐齐哈尔等地。它个头很大，体长在1.2米以上，羽毛主要为白色，喉、颊和颈部为暗褐色，头顶皮肤裸露，状若红冠，故得名"丹顶鹤"。丹顶鹤栖息于沼泽地或沿海浅滩地带，涉游于近水的浅滩，用长嘴啄取鱼、虫、虾、蟹等为食，有时候也吃嫩草、谷物等。在中国，丹顶鹤被赋予了更为美好的含义，人们称之为仙鹤，把它们看成是吉祥长寿的象征。

扎龙自然保护区中开辟有"扎龙湖观鸟旅游区"，面积15.5平方千米，是游人接触保护区内珍禽的主要窗口。该旅游区包括：榆树岗，观鸟者可以在接待处听情况介绍，看有关扎龙自然保护区和鹤的录像电影，登望鹤楼远眺鹤类等水禽赖以栖息繁殖的湿地景观，及参观展览厅和鹤类驯养繁殖场；龙泡子（扎龙南湖）、大泡子（扎龙北湖）、西沟子（系自然河道）和扎龙养鱼池，观鸟者可以在明水水面观察到众多的雁鸭类、秧鸡类、鸥类等游禽及在近水草甸栖息的小涉禽；九间房、大场子，这里为芦草沼泽景观，观鸟者可以观赏到鹭类的群巢区和鹤、鹳等涉禽及沼泽猛禽；土木克西岗，游人在这里可看到大量农田居民区鸟类。扎龙苗圃及其毗邻草甸草原，游人在这里可观察到林栖鸟类和草原旷野鸟类及大鸨、蓑羽鹤等。

扎龙自然保护区风光优美，景色秀丽，堪称是北国的江南。每当暮春仲夏，芦苇青青，在清澈的水面上，漂浮着水浮莲、芰角等水生植物，四周草地翠绿，野花飘香；金秋季节，登上望鹤楼，极目远眺，鹤和各类水禽，集群嬉游，翱翔盘旋，令人心旷神怡。游人徜徉在这北方的水乡泽国之中，欣赏野生珍禽自由地遨游，一种真正回归大自然的感觉便会油然而生。

（二十九）四川卧龙自然保护区

卧龙奇趣，在于自然率真，不事雕琢。置身于卧龙自然保护区之中，使人仿佛来到了一个别样的世界，尽情享受那份原始的野性。

卧龙自然保护区位于四川省汶川县境内，包括卧龙、耿达两个乡，是以保护高山生态系统及大熊猫、金丝猴、珙桐等多种珍稀物种为主的综合性国家级自然保护区。温暖湿润的自然环境为众多生物的栖息和繁衍提供了良好的条件，许多濒临绝种的动植物在此生活，其中被列为国家重点保护的物种有：大熊猫、金丝猴、牛羚、白唇鹿、绿尾虹雉、珙桐、水青、连香、红豆杉等。

卧龙自然保护区始建于 1963 年，是中国最早建立的保护区之一，1980 年被批准加入联合国教科文组织"人与生物圈保护区网"，同年中国与世界野生生物基金会在此合作建立了中国保护大熊猫研究中心。

保护区奇妙的自然景观、变化多样的森林植被、幽深宁静的环境以及形形色色的稀有动植物汇集成一种难以抗拒的诱人魅力，吸引着四面八方的来客到此游览。

保护区内最为著名的动物无疑是大熊猫。大熊猫是中国特产的珍稀动物，因其体型较大，外形似熊，头较圆像猫，因而得名。又因其毛色黑白相间，主要栖息于竹林中，俗称花熊和竹熊。大熊猫是一个孑遗物种。距今几十万年前是大熊猫的极盛时期，它曾广泛分布于中国东部，后来同期的动物相继灭绝，大熊猫却孑遗至今，并保持了原有的古老特征，因而有"活化石"之称，对于研究生物进化、古地理、古气候等具有很高的学术价值。而其憨态可掬的形象也使它受到了世人的喜爱，被称为中国国宝。

白唇鹿也是保护区内知名的珍稀动物之一，它是中国特产的珍稀动物，仅产于青藏高原、甘肃祁连山和四川西部等海拔 3500 米~5000 米的高原山地上，已被列为国家一级保护动物。这种鹿的下唇和吻端两边呈纯白色，因而得名白唇鹿。白唇鹿体型很大，身上有厚厚的长毛，以树叶、草等为食，不畏寒冷和风雪，脚蹄宽大，善于翻山越岭，是一种耐受力很强的鹿。目前白唇鹿已濒临绝种。

金丝猴是中国独有的珍稀野生动物，川金丝猴是其中重要的种类，生活在中国四川省西部山地云杉、冷杉、槭、桦、箭竹、杜鹃等丛生的针阔混交原始林里。金丝猴身被长毛，浓而厚的金灰色或金黄色背毛，长度可达 20 多厘米。金丝猴脸庞呈蓝色，面型纯朴和蔼，还生了一对朝天翘的鼻孔，所以又得了个"仰鼻猴"的名字。金丝猴过着群居生活，有十几只一群，也有几百只一群的。

卧龙奇趣，在于自然率真，不事雕琢。置身于卧龙自然保护区内，使人仿佛来到了一个别样的世界，让人可以尽情享受那份原始躁动的野性。

（三十）河北坝上草原

秋天是坝上最美的时候。草原、湖泊、山川、峡谷，处处都呈现着五彩的景观。在这个季节，无论是策马奔驰还是静静地站在草原上，都能感受草原的美丽宽广。

"坝上"是一地理名词，特指由草原陡然升高而形成的地带，又因气候和植被的原因形成的草甸式草原。现泛指张家口以北 100 千米处到承德以北 100 千米处，统称为坝上地区。就旅游地域而言，主要又分为丰宁坝上、围场坝上、张北坝上和沽源坝上。

坝上在华北平原和内蒙古高原交接的地方陡然升高，成阶梯状，故名"坝上"。平均海拔高度 1500 米~2100 米，在北纬 41°~42°，年平均气温约 1.4℃~5℃。它西起张家口市的张北县、尚义县，中挟沽源县、丰宁县，东至承德市围场县。

坝上的风景最为美丽：夏季，这里天蓝欲滴，碧草如翠，云花清秀，野芳琼香；金秋时节，万山红遍，野果飘香；冬季，白雪皑皑，玉树琼花，这里就如一首首优美的诗，一幅幅优美的画。

坝上草原总面积约 350 平方千米，是内蒙古草原的一部分；平均海拔 1486 米，最高海拔约 2400 米；是滦河、潮河的发源地。置身于草清云淡、繁花遍野的茫茫碧野中，似有"天穹压落、云欲擦肩"之感。旅游季节平均气温为 17.4℃，是理想的绿色健康旅游休闲胜地。

坝上天高气爽，芳草如茵，群羊如云，骏马奔腾，坝缘山峰如簇，碧水潺潺；接坝区域森林茂密，山珍遍野，野味无穷；上坝后，即可给您怡人的消暑之感。凉风拂面掠过，顷刻间钻进您的衣襟。环顾四野，在茂密的绿草甸子上，点缀着繁星般的野花。大片大片的白桦林，浓妆玉肌，层层叠叠的枝叶间，漏下斑斑点点的日影。美丽的闪电河如玉带环绕，静静地流过您的身边。牛群、马群、羊群群栖觅食，放牧人粗犷的歌声和清脆的长鞭声，融合着悦耳动听的鸟声，更给朴实的草原增添了无限的生机。

坝上草原夏季无暑，清新宜人。斑斓的野花，始于坝缘，有的灿若金星，有的纤若红簪，四季花色各异，早晚浓淡分明。

夜幕之时，明月篝火，是诉说情话的好去处；你可以到篝火旁同南来北往的游客尽情地攀谈、跳舞、唱歌；还可以独自坐在草原上，享受独处的妙趣。清晨起床，你可以踏着软软的天然草毡，聆听百鸟清脆的歌声；也可去看看草原的日出。一轮红日冉冉升起，绿叶上晶莹透明的露珠，立刻变成了闪烁的珍珠；各种植物转眼一片嫩绿；马群、牛群、羊群也在广阔的草原上开始蠕动，真是一片"天苍苍、野茫茫，风吹草低见牛羊"的草原胜景。

（三十一）云南香格里拉

太阳最早照耀的地方，是东方的建塘，人间最殊胜的地方，是奶子河畔的香格里拉……自从英国作家詹姆斯·希尔顿的小说《消失的地平线》问世以来，作品中所描绘的香格里拉便引起了无数人的向往，人们怀着极大的热情与向往，追寻着这片圣洁纯净的世外桃源。

"太阳最早照耀的地方，是东方的建塘，人间最殊胜的地方，是奶子河畔的香格里拉。"自从英国作家詹姆斯·希尔顿的小说《消失的地平线》问世以来，作品中所描绘的香格里拉便引起了无数人的向往，人们怀着极大的热情，追寻着这圣洁纯净的世外桃源。据考证，香格里拉实际上就是指云南的迪庆藏族自治州。

迪庆位于云南省西北部，藏语意为"吉祥如意的地方"，被认定是詹姆斯·希尔顿在小说《消失的地平线》中所提到的永恒、和平、宁静的土地——香格里拉。迪庆地处青藏高原东南边缘，拥有独特的融雪山、峡谷、草原、高山湖泊、原始森林和民族风情为一体的景观，为多功能的旅游风景名胜区。

香格里拉是因希尔顿的小说而闻名的。第一次世界大战期间，一位英国飞行员在飞机发生事故后于川滇交界的地区跳伞，发现自己竟无意中闯入了一个仙境般的世界：雪山巍巍、芳草萋萋、树木葱茏、湖水明澈，完全是一个世外桃源，与欧洲炮火连天的滚滚硝烟形成了强烈的反差。尽管语言不通，但这位飞行员却在这里得到了当地山民的热情款待和帮助，最后顺利地返回了英国。后来这个飞行员写了一篇回忆录，深情地叙述了他在这片神奇土地上的见闻，他把远离战火的净土誉为"香格里拉"。1933年，希尔顿据此写下了《消失的地平线》一书，用他优美的文笔向世人描述了一个东方的美丽田园。

1997年9月，云南省政府根据众多专家、学者的研究成果，向世界宣布：世人寻觅了半个多世纪的香格里拉就在云南迪庆。2001年12月17日，国务院正式批准迪庆藏族自治州中甸县更名为香格里拉市。从此，美丽的香格里拉有了自己的归属。

迪庆处于国家三江并流风景名胜区的中心地带，包括香格里拉、维西、德钦3个县。在雪山环绕之间，分布有许多大大小小的草甸和坝子，它们是迪庆各族人民生息繁衍的地方，土地肥沃，牛马成群。在这片宁静的土地上，有静谧的湖水、神圣的寺院、淳朴的康巴人，一切都如人们梦想中的伊甸园——香格里拉。

迪庆藏族的赛马节号称康巴英雄会，骏马长嘶，人声鼎沸，康巴各地藏族好手荟萃，热闹非凡，不仅是藏族、也是迪庆各族人民的盛大节日。

香格里拉的宗教融合也是浑然天成。在这片土地上，曾经活跃着藏传佛教的四大派别、伊斯兰教、基督教、中原佛教、青教等多种宗教和文化，它们各行其道、和睦共处。每到黄昏，松赞干布寺的诵经声和茨中天主教堂的祷告声一道，响彻天宇。当你听到这天籁一般的声音时，你会感觉到，你的灵魂已与美丽圣洁的香格里拉融合在一起，成为她的一部分了。

（三十二）湖南武陵源

武陵源是"天然去雕饰"的人间仙境，也是资源丰富的绿色植物宝库和野生动物乐园。这里拥有成片的原始次生林，珙桐、银杏、水杉、龙虾花等奇花异卉漫山遍野，还有猕猴、灵猫、角雉、锦鸡等珍禽异兽出没其间，美在神秘，美在天然。

武陵山位于湖南省西北部及湖北省、贵州省两省边境，为东北—西南走向，是沅江和澧水干流的分水岭。山中气候属亚热带向暖温带过渡类型，夏凉冬冷，雨量适中。武陵源风景区就位于这片莽莽山林中。这里山峰陡峭怪奇，森林茂密，溪流清冷冰澈。此外，还有丰富的矿产资源和许多珍稀的动植物品种，富庶与纯美构成了山中的桃源胜景。

武陵源是由张家界、天子山、索溪峪、杨家界四大各具特色的风景区组成，方圆369平方千米，气候湿润，温凉宜人。这里集"山峻、峰奇、水秀、峡幽、洞美"于一体，几千座岩峰千姿百态，耸立在沟壑深幽之中；数百条溪流蜿蜒曲折，穿行于石林峡谷之间，堪称"天然去雕饰"的人间仙境。

石英砂岩峰林奇观是武陵源最为独特的胜景之一，堪称造物主的伟大杰作，它以多、美，野而著称于世。武陵源共有峰林3100多座，数量之多在全世界绝无仅有。群山环抱之中，石峰耸立，高低参差，怪异嶙峋，美不胜收。

武陵源素有"水八百"之称，山中之水以"久旱不断流，久雨水碧绿"为特色。这里溪、泉、湖、瀑、潭齐全，纷呈异彩。金鞭溪衔连索溪峪，把沿途自然风景错落有致地巧妙连接起来，构成一幅美妙的山水画卷，给人以动静相宜的美感。鸳鸯瀑布从高达百余米的悬岩飞泻直下，远远聆听如雷声轰隆，回荡峰壁；近观瀑形，似夭矫银龙，形、声、色俱佳，给人以豪壮美感。

武陵源的峡谷溶洞中，无不见大自然的巧思妙手。金鞭溪、十里画廊、黑槽沟等峡谷均是幽深奇秀、隐天蔽日之地。幽峡蜿蜒伸展，两旁树木葱茏，杂花香草，"人游山峡里，宛在图画中"，令人顿生幽思遐想。景观奇美齐全的黄龙洞，是中国的超级长洞，规模庞大，最宽处200米，最高处51.25米，总面积为5.2万平方米，被誉为"洞穴学研究宝库"。

武陵源地形复杂，气候温和，雨量丰富，经过长期的侵蚀风化，石英砂岩构成巨大的奇峰异石，坡陡沟深，加之森林茂密，给动物的生活、繁衍创造了良好的环境条件。尽力保持原始自然风貌的武陵源成了动植物的避难所，在现代文明发展中深受威胁的物种，许多都在这里找到了自己生存的一席之地。武陵源森林覆盖率达 88%，高等植物有 3000 余种，繁复的植物品类给这里增添了一种幽谷深邃的原始味道。

（三十三）四川九寨沟

置身九寨沟，如梦如幻。不论你仰望、俯视，还是左顾、右盼，迎接你的可谓无处不是美景。以至许多观光者感叹：人在沟里走，如同画中行。张艺谋的电影《英雄》也许没有让人们记住故事的情节，却让九寨沟那绚丽的景色成为人们脑海中的绝世画卷。

翠海、叠瀑、彩林、雪峰、藏情……九寨之美，名动天下，那富于原始野性的独特之美，仿佛不应该属于凡间。千百年来，人们毫不吝惜地把一切的赞美之词都送给了神奇的九寨。即便如此，似乎也无法真正传神地表达出九寨的韵味。

九寨沟位于四川西北部的阿坝藏族羌族自治州境内，因周围有 9 个藏族村寨而得名。九寨沟地处岷山山脉，海拔 2000 米~4300 米，是长江水系嘉陵江源头的一条支沟，由日则沟、树正沟和则查娃沟 3 条沟组成。九寨风光，美丽多姿，以高山湖泊群和瀑布群为主要特点，集翠海、瀑布、彩林、雪峰及藏情为一体，因其独有的原始自然风光，变幻无穷的四季景观，丰富的动植物资源而被誉为"人间仙境""童话世界"。1992 年 12 月 14 日，九寨沟被联合国教科文组织批准列入世界自然遗产名录。

九寨沟原始秀丽的风光主要分布在呈"丫"字形的 3 条主沟中，总面积 720 平方千米，景区内有 108 个翠海（高山湖泊），17 个瀑布群，并有多处大面积钙华滩流。著名的景点有剑悬泉、芳草海、天鹅湖、剑竹海、熊猫海、高瀑布、五花海、珍珠滩瀑布、镜海、诺日朗瀑布、犀牛海、树正瀑布、树正群海、卧龙海、火花海、芦苇海、留景滩、长海、五彩池、上下季节海等。

九寨沟是中国著名的自然保护区之一。森林有 200 平方千米，在 2000 米~4000 米的高山上垂直密布。主要品种有红松、云杉、冷杉、赤桦等。在这里的原始森林中，栖息着珍贵的大熊猫、白唇鹿、苏门羚、扭角羚、毛冠鹿、金猫等动物。海子中野鸭成群，天鹅、鸳鸯也常来嬉戏。

今天的九寨沟，虽然是一个人头攒动的著名旅游景区，但却仍然顽强地保持着自己独有的原始风貌，体现出野性与自然的魅力。九寨沟有五绝：翠海、叠瀑、彩林、雪峰、藏情，每一绝都充满了独特的魅力，令来到此处的游人流连忘返。

水是九寨沟的精灵，也是九寨沟美景的精髓所在。每当风平浪静之时，湖面平如明镜，但见碧空如洗，白云朵朵，远山苍翠，树木葱郁，无限景致尽在湖中倒映，真幻难分。

五彩缤纷的海子则是由阳光、水藻和湖底沉积物的共同作用形成的大自然的杰作，也是九寨沟风光之中令人无限神往的景观。只见在清澈的海子之中，鹅黄、黛绿、赤褐、绛红、翠碧等不同的色彩相继呈现，相互浸染，斑驳陆离，仿佛一匹艳丽的五色锦缎。随着视角的移动，色彩也在不断地变化，一步一态，变幻无穷。清风过处，湖面也泛起阵阵波澜，五彩之色随之而波动，璀璨明艳，恍如燃烧的海洋。

九寨沟内闻名遐迩的海子，由 400 多个形态、水色各异的高山湖泊连缀组成。由于地势平坦，彩池中的水大都深不盈寸。来自高山的雪水和涌出地表的岩溶水，随着流速变缓、地势起伏和枯枝乱石的阻隔，水中富含的碳酸钙开始凝聚，发育出固体的钙华埂，使流水潴留成层叠相连的大片彩池群。碳酸钙沉积过程中，又与各种有机物、无机物结成不同质地的钙华体，加上光线照射的种种变化，就形成湖水同源而色泽不一的绮丽景观。

九寨沟是水的世界，也是瀑布的王国。九寨瀑布堪称大自然的传奇杰作，这里几乎所有的瀑布全都从密林里狂奔出来，奔流不息，气魄雄浑，景象极为壮观。这里有宽度居全国之冠的诺日朗瀑布，它从高高的翠岩上飞泻而下，仿佛一幅巨大的银色绸缎，气势雄浑，景色壮丽。有的瀑布从山岩上腾越呼啸，几经跌宕，形成叠瀑，似群龙竞跃，声闻数里，激溅起无数小水珠，犹如万斛珍珠。在朝阳照射下，瀑布上常常出现奇丽的彩虹，使人赏心悦目，流连忘返。

彩林被誉为九寨沟五绝之一，覆盖了景区一半以上的面积。彩林内生长着 2000 多种植物，争奇斗艳；林中遍布奇花异草，或色彩绚丽，或浓绿阴森，千姿百态，神秘莫测；林地上积满厚厚的苔藓，散落着鸟兽的翎毛，充满着原始气息的森林风貌，使人产生一种浩渺幽远的世外天地之感。2000 平方千米莽莽苍苍的原始森林，随着季节的变化，呈现出种种奇丽风貌。

九寨沟 3 条沟谷，层峦叠嶂，山势挺拔，眺望远方，皑皑雪峰，尽收眼底。艳阳之下，雪峰反射出耀眼的银光，使人目眩。登上尕尔纳山，极目远眺，山峦透迤起伏，谷壑幽深迷离，天空云海茫茫，千变万化，云端中峰峦时隐时现，沉浮升降，似乎在天宇中游弋。

包括九寨沟在内的嘉陵江、岷江上游地区，古称氐羌之地，有历史记载的人类活动早至殷商。九寨沟长期以来即为藏族聚居地，神秘凝重、地域特色鲜明的藏族文化与奇异的山水风光融为一体，相得益彰。九寨沟是由于沟内的 9 个寨子而得名的。这 9 个寨子又称为"何药九寨"，虽然居住的都是藏族人，但这里藏胞的语言、服饰和习俗，与四邻的藏胞都有着较为明显的差异，构成了独特的九寨藏情。

据考证，九寨居民的祖先原来生活在甘肃省的玛曲，属于阿尼玛卿山脚下的一个强悍的部落，唐代随松赞干布东征松州时留在了白水江畔。在《唐书吐蕃传》中记载了这段历史，唐初吐蕃东征时，松赞干布以勇悍善战的河曲部为先锋，一举占领松州，后部分人马被留在了弓杠岭下，他们便在此定居，将原河曲的俄洛女神山的传说及部落出生传说均带到了九寨沟内。九寨沟的色嫫山名便是源于河曲。

九寨沟的藏族同胞有着值得子孙后代骄傲的爱国主义历史。1841 年 8 月，英军力犯闽浙沿海，道光帝下令调遣兵勇，收复失地。奉调赴战的川军，有一支是来自金川、松州羊峒 58 寨的藏族同胞。他们于 1842 年抵达江浙前线，先期到达预定地点，不料受到英军伏击。藏兵们不惧生死，舍身杀敌，付出了重大牺牲。他们身上表现出的大无畏气概，令英军心惊胆寒。

对于习惯了都市之中尘嚣生活的人而言，来到九寨沟这样的纯净而原始的地方，实在有如登仙境的错觉。那粼粼的波光、五彩的池水、苍茫的林海、神奇的生物、飞泻的瀑流、皑皑的雪峰，构成了一幅瑰丽如梦的奇景。神奇的九寨沟，用它不事雕饰的绝世风姿，吸引着世人的瞩目。诗情画意的九寨，是造物主赐予人类最美丽的乐土，是人们回归自然的精神家园。

（三十四）四川稻城

云南省于 1997 年宣布香格里拉在云南迪庆。然而，在四川省境内，还有一个地方，也被许多人定是传说中的香格里拉，那就是著名的稻城亚丁。不管它是否真的是香格里拉，它那丝毫不逊色于迪庆的迷人风光的确令人无法忘怀。

稻城，古名"稻坝"，藏语意为山谷沟口开阔之地。稻城东南与凉山州木里县接壤，西界乡城县与云南省香格里拉市毗邻，北连甘孜州理塘县。稻城高原是由横断山系的贡嘎雪山和海子山组成。两大山脉坐落南北，约占全县面积的 1/3。这里地势北高南低，西高东低，群山起伏，重峦叠嶂，逶迤莽苍。

稻城地区丘状、冰蚀岩盆和断陷盆地遍布于高原上，是中国最大的古冰体遗迹，即"稻城古冰帽"。海子山草原辽阔，冰蚀地形十分发育，冰蚀岩盆随处可见，共有 1145 个海子，规模与数量在中国都堪称独一无二，是研究第四纪冰川地貌的重要基地。

海子山怪石林立，大小海子星罗棋布，自然景色绚丽磅礴，是喜马拉雅山造山运动留给人类的古冰体遗迹。海子山海拔 3600 米~5020 米，方圆 3287 平方千米。站在海子山，极目远眺，天地无止无境，撼人心魄。海子山又是个天然的石雕公园，山内的天然石雕随处可见，千姿百态而又形神兼备，令人叹为观止。海子山还曾是恐龙生息繁衍的地方。1982 年，科学家们在海子山中部发现恐龙牙齿化石和桉树化石，说明几千万年前，恐龙曾生存在这个地方。

稻城南部耸立着巍峨的高山——俄初山。它海拔 5140 米，藏语中意为"闪光的山"。俄初山高峻而巍峨，挺拔却不失俊俏，像一位美貌仙子端坐云霄。俄初山山形平缓、森林广袤，山上风云变幻莫测。秋季，俄初山层林尽染，万山红遍，正如它美丽的名字，在阳光下闪闪发光，在俄初山顶远眺贡嘎日松贡布雪峰，景色十分壮观。俄初山东南是驰名藏区的佛教圣地——亚丁自然保护区。亚丁藏语意为"向阳之地"，景区核心为在世界佛教二十四圣地中排名第 11 位的三怙主雪山，"属众生供奉朝神积德之圣地"。

在近千年的宗教文化影响下，稻城的大寺院建筑遍及全县，体现出浓郁的宗教色彩。纷呈各异的民俗风情，节日、婚丧嫁娶、喜庆仪式、服饰、音乐歌舞等无不受到宗教文化影响，散发出让人难以抗拒的魅力，使雪域之外的人们也纷纷走进这片圣地，领略它那古朴独特的文化气息。

（三十五）四川黄龙

黄龙，山如其名，褐黄色的山体犹如一条金龙，盘卧在松潘的崇山峻岭之中。地质学家称为钙华地貌的自然景观，在这里体现得淋漓尽致。

"金沙铺地，千层碧水走黄龙。"黄龙风景区的巨型地表钙华坡谷，如一条金色巨龙，蜿蜒于原始林海和石山冰峰之间，构成奇、峻、雄、野的环境特色，享有"世界奇观""人间瑶池"之誉，被称为"中国一绝"。这里的钙华景观不仅规模宏大，结构奇巧，色彩丰艳，环境原始，而且类型繁多齐全。钙华边石坝彩池、钙华滩、钙华扇、钙华湖、钙华塌陷湖、钙华塌陷坑、钙华瀑布、钙华洞穴、钙华泉、钙华台、钙华盆景等一应俱全，是一座罕见的天然钙华博物馆。

黄龙连绵分布的钙华段长达 3600 米，最长的钙华滩长 1300 米，最宽的为 170 米，彩池数多达 3400 余个，边石坝最高达 7.2 米，扎尕钙华瀑布高达 93.2 米。这些都属中国之最，世界无双。黄龙还是中国最东部的现代冰川保存区。这里发育着雪宝顶、雪栏山和门洞峰 3 条现代冰川，类型全面，分布集中。主要冰蚀遗迹有角峰、刃脊、冰蚀堰塞湖等。主要冰碛地貌有终碛、中碛、侧碛、底碛等。

除钙华之外，黄龙的其他景致也是美丽动人，充满神秀。黄龙飞瀑位于入山后不远处，但见千层碧水冲破密林，顺坡而下，突然从高约 10 米、宽约 60 余米的岩坎上飞泻而来。几经起伏跌宕之后，形成了数十道梯形瀑布，景象壮观之极。有的如珍珠断线，自半空之中滚落而下，银光闪烁；有的如水帘高挂，雾气升腾，云蒸霞蔚；有的如丝匹流泻，舒卷飘逸，熠熠生辉；有的如珠帘闪动，影影绰绰，姿态万千，令人神往。纵观全景，飞瀑处处，涛声隆隆，声闻数里，气势磅礴，在阳光下远远望去，犹如彩霞从天而降，分外辉煌夺目。

黄龙洞位于黄龙古寺山门左侧 10 米处，又称归真洞或佛爷洞。传说黄龙洞是黄龙真人修炼的洞府，在此处"真人""佛爷"合二为一，道教佛教融为一体，是探求宗教奥秘的罕见珍品。黄龙洞室是一处地下溶洞，洞内幽静深邃，只听见弹琴般的滴水声和地下河低沉喑哑的流动声，彼此唱和，和谐生动，仿佛一曲传自远古的音乐。溶洞之内，钟乳石比比皆是，千姿百态，给人以神秘而圣洁的感觉。洞内寒气逼人，即便盛夏也会有刺骨的寒意。

黄龙景区内还有中国最东部的冰川遗存，以岷山主峰雪宝鼎地区最为典型。此区山高范围广，峰丛林立，仅海拔 5000 米以上的高峰就达 7 座，其中发育着雪宝鼎（海拔 5588 米）、雪栏山（海拔 5440 米）和门洞峰（海拔 5058 米）3 条现代冰川，使此区域成为中国最东部的现代冰川保存区。主要冰蚀遗迹有角峰、刃脊、冰蚀堰塞湖等。现代冰川和古冰川遗迹及其与钙华之间的关系等，均具有重要的科研价值。

黄龙美景浑然天成，巧夺天工，瑰丽如梦，壮美如画，是大自然赠予人类的最慷慨的礼物。站在这片如一条金色巨龙一般蜿蜒延伸的神奇土地，任谁也不能不感叹造化的伟力。

（三十六）长江三峡

瞿塘峡雄峻，两岸山峰苍翠突兀，江心水流湍急；巫峡清秀，云雨中神女十二峰楚楚动人；西陵峡奇险，舟船行于险滩恶浪之间。

长江源远流长，奔流不息，养育着世世代代的中华儿女。长江水量丰富，终年不冻，是中国内陆最为重要的水路航道。长江沿岸，气候湿润，土地肥沃，造就了经济的繁荣发展。长江流域生物多样性极其丰富，生存着大量的珍稀物种。长江蕴含着极其丰富的水力资源，宏伟的三峡工程，将是全世界最大的水力发电站。长江，来自远古，奔向未来，一刻不停地造福着炎黄子孙。

长江之上，美景无数。这其中，最为壮丽的无疑是长江三峡，那是长江上最为壮美奇丽的山水画廊。它西起重庆市奉节县的白帝城，东到湖北省宜昌市南津关，全长 192 千米，即通常所说的"大三峡"。除此之外还有大宁河的"小三峡"和马渡河的"小小三峡"。这九峡组成一派造化天成的瑰丽风景，两岸风光秀美，加之深厚的人文历史遗迹，成为一朵中华地理上的奇葩。

大三峡由瞿塘峡、巫峡和西陵峡组成。瞿塘峡为三峡之首，长 8000 米，两壁对耸狭窄，最窄处不到百米，最宽处不过 150 米。瞿塘峡虽短，但峡内风光秀丽，山势险奇壮丽。沿江而下有粉壁墙、孟良梯、凤凰饮泉、倒吊和尚、犀牛望月等奇景。

巫峡西起巫山县的大宁河口，东到湖北省的官渡口，全长约 40 千米。峡中两岸青山连绵起伏，群峰壁立如屏，江流曲折，幽深秀丽，宛如一条天然画廊。峡两岸为巫山十二峰，其中以神女峰最为俏丽有名，令世人神往不已，人们往往把她看作巫山的象征。

西陵峡西起秭归县香溪口，东止宜昌市南津关，全长约 76 千米，是长江三峡中最长的峡谷，以险峻闻名于世，两岸有"生长明妃"的昭君故里香溪，屈原故里秭归和以风光绮丽著称、又盛产野人故事的神农架。峡中险峰夹江壁立，峻岭悬崖横空，奇石嶙峋，银瀑飞泻，古木森然，水势湍急，浪涛汹涌，景象万千。

西陵峡东止之地湖北宜昌，乃是古代巴人的发源之地。其时长江险恶、三峡崎岖，人民生活颇多危险不便。但在如此艰难的生存环境之下，巴人仍然保持了乐观向上的生活态度，这从他们所流传下来的巴人舞可见一斑。巴人舞的曲调活泼明快，充满了欢乐的气氛，体现了古代巴人战天斗地的积极态度与乐观豁达的精神。

三峡大坝建成后，坝前水位抬高 110 米，但瞿塘峡和巫峡江段，水位仅抬高 38 米~46 米。除屈原祠、张飞庙和一些石刻需要上迁外，其他景点雄姿仍在，有些景观更会因为水位的上涨而呈现出崭新的面貌。同时，水位的上涨和交通的改善，还会为三峡增添如小三峡、神农架、溶洞群、神农溪、格子河石林等千姿百态的仙境画廊。

大宁河小三峡南起巫山县，北至大昌古城，包含龙门峡、铁棺峡和滴翠峡，全长约 60 千米。龙门峡长约 3000 米，峡口两岸青山相对，峰峦耸峙，形若铁门，龙门之名便来于此。峡内山峰高耸入云，悬崖上翠竹垂萝。河西绝壁上有一方方的石孔，延伸约 300 余千米直到黑水河，共计 6888 个，为古栈道的遗迹。

铁棺峡两岸怪石嶙峋，形态各异，在河东岸离水面四五米高的绝壁石缝中有一具黑色的悬棺，俗称"铁棺材"，铁棺峡一名即由此而来。此棺乃是古代巴人的悬棺，并非铁铸，不过颜色近似而已。

小三峡中最长的滴翠峡长约 20 千米，峡中遍布钟乳石，苍翠欲滴，故名滴翠峡。峡中有大宁河十二景之一的"赤壁摩天"，通体呈赤黄色的山壁陡立河岸，气势宏伟。还有直立江心的"关门岩"，远看好似铁索横江，阻拦住船行去处，但到了岩前却见大门开启一缝，刚好可以通过。通过之后再回首，大门却已经合上了，令人心惊不已。

（三十七）台湾太鲁阁大峡谷

台湾的东海岸壁立万仞，凭海临风，太鲁阁大峡谷在这里纳太平洋之云气，融阿里山之晶莹，成就了一条惊世骇俗的宝岛画廊。

"太鲁幽峡"是台湾著名的旅游胜地，位于台湾东部花莲县西北，连绵 20 千米，是太鲁阁公园的一部分。两岸悬崖万仞，奇峰插天；山岭陡峭，怪石嵯峨；谷中溪曲水急，林泉幽邃，具有长江三峡雄奇景观连绵不断的气势，被誉为宝岛的三峡，为宝岛八景之冠。

太鲁阁是从泰雅语"鲁阁"来的，"鲁阁"是桶的意思。这里地势险要，曾多次作为战场，随处可见石头碉堡，易守难攻。它好似铁桶江山一样，故称"鲁阁"，通常叫太鲁阁。

入峡的第一景叫"太鲁长春"，集山崖、寺庙、溪流、瀑布于一身，景观迷人。寺庙长春祠，是为纪念在修建中横公路中殉职的 141 位工作人员而建的，黄瓦红柱，十分醒目，坐落于立雾公路对岸的崖壁下，祠旁有瀑布直泻溪谷，在祠上可观赏立雾溪周围的旖旎风光。

自长春祠复进深谷，沿着溪流绕过一座座巨崖，忽然一座壁立万仞的大断崖出现在眼前，人们称它"屏风岩"。危崖两岸皆垂直石壁，无路可通，唯有凿岩取道。为了取光，人们凿通隧道一侧的崖壁，开窗取光，沿途窗口不断，工程之浩大、艰难，实属罕见。

燕子口，还有一个燕子洞，因燕子在石洞里筑巢而得名，到了春天，有"百燕鸣春"的动人景观。

进入迎宾峡，为中横公路中最险峻的地段——锥鹿隧道。这里是驰名世界的全大理石断崖，高达 1660 米，下临深渊，名曰"锥鹿大断崖"，工程人员沿溪在崖缝中凿出凹槽，将公路嵌镶在岩石峭壁上，险峻无比。这是人类战胜自然的智慧和力量的印记。

太鲁阁峡谷中最壮观的是"虎口一线天"。这里断崖紧接着残壁。人在峡中，只见三面崖壁，仰首只见谷天一线。由于峡谷断裂线毫无规则，险崖犬牙交错，左转右旋，因此，钻进岩腹的隧洞一个接着一个，如九曲回肠，人们称之为"九曲洞"，是中横的一大奇观。

天祥，为太鲁阁峡谷最美的观光胜地，也是花莲的重要风景区，原为泰雅族山胞居住地。中横公路开拓后，为纪念文天祥，建有文天祥塑像及公园，并改名为天祥。这里有梅园、福园，有气宇轩昂的祥德寺、七级古塔、红色吊桥等景观。

（三十八）怒江大峡谷

怒江两岸山岭海拔均在 3000 米以上，因落差大，水急浪高，十分壮观。两岸多危崖，又有"水无不怒石，山有俗飞峰"之称，每年平均以 1.6 倍于黄河的水量像骏马般奔腾向南，撞击出一条山高、谷深、奇峰峻岭的东方大峡谷。

摊开中国地形图，其中西南部有一条犹如垂直线的大河特别显眼，这就是怒江。它发源于青藏高原唐古拉山南麓，流向由西向东至横断山之后，折转向南，经云南省西部怒江傈僳族自治州，进入缅甸，汇入印度洋。在横断山向南部分，它把大地切割成一个深深的夹缝，这就是怒江峡谷。

怒江大峡谷，人们誉之为"世界第三大峡谷"。实际上，怒江大峡谷与世界第一大峡谷——雅鲁藏布江大峡谷和世界第二大峡谷——美国西南部的科罗拉多大峡谷相比，上下难分，别具奇采。一奇：大。峡谷全长 316 千米。两侧有高黎贡山和碧罗雪山两大山脉，向谷底延伸出高深的千山万壑，沿江多为悬岩绝壁，悬河飞瀑。峡谷上宽下窄，上部山脊之间平均宽 20 千米左右，下部河床平均宽 100 米左右。深度由上部垂直向下平均 2500 米左右。二奇：直。怒江大峡谷尽管千回百转，但除首、尾两头稍偏西外，大部分地段基本跟地理坐标的经线平行，在东经 98°50′ 左右回转。地势北高南低，两侧山脊海拔北部为 5218 米和 4114 米，南部 2000 多米，谷底海拔由近 2000 米下降至

600 余米。怒江因此而形成一泻千里之势，宛如一条玉带，缠绕两山，汹涌澎湃，奔流直下。

怒江峡谷生活着傈僳、怒、独龙、白、汉、普米、纳西、藏、彝、傣、景颇等 10 多个民族，民族风情醇厚浓郁、多姿多彩、耐人寻味。

世界奇峡，令人注目，很早就有一些学者、专家、探险家在此探索。过去的怒江峡谷地区交通闭塞，如今交通四通八达，它那茂密幽深的森林，独特的民族风情，富饶的宝藏以及怪石奇峰、珍禽异草，吸引着越来越多的探险家和中外游客。

（三十九）牡丹江镜泊湖

镜泊湖位于黑龙江省牡丹江市东南，它远古时期历经数次火山爆发后，熔岩阻塞形成高山堰塞湖，是一种世间罕见的地质类型。整个湖区又分为北湖、中湖、南湖和上湖，西南向东北呈 S 型排列，总流域面积超过 90 平方公里，拥有吊水楼瀑布、大小孤山、大岩石白石"碴子"、珍珠门等出色风景。

镜泊湖是唐代的"忽汗海"，明清之际也叫它"毕尔腾湖"，意思都一样，就是"湖水像镜面那样"。何以得来这一湖"镜水"，人们都说因为有个道士的镜子落到了湖底。很久很久以前，古渤海郡国国王要选王后了，他想得到一位天底下最美的女子做妻子。可是世界这么大，"美后"身在何处，国王也不知道。正在这时，有个江湖道士出现了，他说自己有一面"宝镜"，此镜可以帮国王选后。如果天下最美的女子出现了，她的容貌就会留在镜面上，抹都抹不掉。

太好了！国王即刻命道士出发，绕世界寻找大美人。道士尽心尽力，翻山越岭，用他的"宝镜"照了无数姑娘，可是都没能入了"宝镜"的眼。道士都心灰意冷了，心想交不了差我也不能回去。索性来到镜泊湖，本想今后就隐居湖畔山林间了。天呐，美人，红衣美人！真是得来全不费工夫，只见湖水中泛着一叶轻舟，舟上那梳妆女子，妩媚异常。举镜一照，镜子乐了，死盯住大美人不放。

"姑娘——姑娘——借一步说话"，道士远远招呼。红衣美人不识来人，于是泊舟上岸。原来这姑娘就是远近闻名的"红罗女"，她心灵手巧，昼夜不停地坐在镜泊湖湖岸织锦。天鹅喜欢红罗女，送来洁白的鹅毛，大雁喜欢她，送来最好的绒毛。然后，"红罗女"用鹅毛和雁绒织成衣裙，再用人参花将衣裳染成鲜红。近看红罗女不仅容颜出色，而且在红色羽衣的衬托下，简直惊为天人。

事情太突然，道士有点语无伦次："姑——姑娘，您想不想，进宫做皇后啊？"红衣美人微笑："可以，那你告诉我，世上什么是最宝贵的东西？"道士看了天又看湖，未等开口呢，身旁狂风骤起，他那面"宝镜"一下子被打落在湖底。这时，风又突然停止，镜泊湖水面也变得平滑如镜。道士自知天不帮忙，便匆匆离去了。

此事迅速传开，红罗女家门槛都被踏破了，全是提亲的。而姑娘的问题只有一个：

"什么是世上最宝贵的东西？"有天，渤海郡国王也来了，他的答案是权利最宝贵。红罗女看看国王说："如果您不思耕种，令天下百姓没饭吃，权利又有何用呢？"国王无趣……

（四十）漠河胭脂沟

黑龙江大兴安岭北部边陲小镇漠河镇，位居全中国的最北端，因而得美名曰"金鸡冠上的绿宝石"。民间也称漠河城为"不夜城"，最长白昼可达十九小时以上。您可以在这座小城欣赏到神奇的北极光，还有不落日的"白夜"。

漠河东临黑龙江水，西接大兴安岭林区，西南有群山，山下江河交错，形成了"山环水抱漠河城"的无边胜景。北纬五十三度半的高纬度，使得漠河自然光源极大丰富。"北极光"到来时，会呈现一个又一个绚烂的光环，它们的颜色不固定，真让人觉着下面神仙将会出现。

中国第三大河黑龙江，河的源头就在漠河以西，八十公里开外的洛古河村。漠河有大森林，有雪海，有中俄大界河。这个小镇子的夏季短极了，十天半月就过去。这个短暂的夏天里，日间最高温度可达38℃，而入夜会骤降到10℃左右。有相关气象数据显示，自1957年往后近半个世纪，漠河共计有四十天出现了北极光。其中，1989年收获最大，全年看到了八次。当年二月的一个晚上，竟然三次出现极光。坚持最长久的一束极光，历时四十五分钟才落下去。

漠河有个北极村，号称"神州北极"。每年都有一批又一批的游人驻扎过来，就为一睹"北极光"和"极昼"的风采，然而并不是每个人都能如愿的。

漠河县金沟林场胭脂沟，又名"老沟""老金沟"，是清朝末年发现的淘金圣地。胭脂沟全长14公里，实际上是额木尔河的一条支流，因水中盛产黄金而出了名。开采至今已有百余年历史，依然有金子可挖呢。

相传大清光绪初年，当地有老乡的马死掉了。由于日子久了也有感情，逐琢磨着掘土葬马。好家伙，挖着宝了，土里泛着金光儿，下河捞一把，河沙也闪金光。谁知，沙俄大鼻子立马闻讯赶来。他们又考察又鉴定，发现胭脂沟，"藏金纳银"是真的。很快，偷偷摸摸地找来了，再后来发展到明抢。1883到1884两年，采金尤其猖獗。

（四十一）上海玉佛寺

上海玉佛寺位于上海的安远路，建于1918年，是一座仿宋殿宇建筑，布局严谨，结构和谐，气势宏伟。不仅是沪上名刹，也是闻名海内外的佛教寺院。玉佛寺作为上海旅游的十大景点之一，它虽然地处繁华的市区，却又在闹中取静，被喻为"闹市中的一片净土"。

一般佛教寺院是先建造寺院而后雕佛像，但玉佛寺却大为不同，是先有玉佛而后建寺，这其中有段故事。

据说，在清光绪年间，普陀山上有一位德高望重的高僧——慧根法师，有一天他对众僧说："我想外出朝拜佛教名山，弘扬佛法，关爱众生。"于是慧根法师挑了一个吉日，踏上朝拜之路。一路风尘仆仆，经历千辛万苦，他到过五台山，峨眉山，又从西藏颇费周折到达缅甸。有这么一天，慧根走在街上，见到商店、地摊等处有许多洁白的玉石，不少艺术品十分精良，慧根为之惊叹不已，"若把洁白无瑕的玉石雕刻成玉佛，那该多好啊！"慧根突然萌发了此愿。但是一打听，把他吓了一大跳，单单雕刻一尊玉佛就要上千两白银，慧根一位僧人，哪来的这么多钱啊？这下为难了法师。

不过，天下无难事，只怕有心人。慧根法师为雕刻玉佛，四处奔走募化，筹集银两，但是数个月下来银两还是远远不够。正当他愁眉苦脸无奈之际，慧根幸遇富商华侨陈君普，陈得知慧根在做一件功德无量的善事，他毫不犹豫地捐资白银 2 万银两，让慧根感激的两眼满是泪花。

资金筹足后，慧根法师还得要求国王恩准开山取玉，因为以前缅甸从未有过国外人在此开山取玉的先例。国王听了慧根的请愿，惊讶地问："你是中国的和尚，为何千里迢迢来我国请玉佛？"慧根说，"这叫缘，是佛缘，它能连接两国人的心啊！"这段话深深地打动了国王，国王当即破例恩准慧根开山取玉。

光绪八年，慧根法师满怀兴奋的心情，奉护玉佛回国。途经上海时，准备乘船回到普陀山。不料遇到难题，当时他乘江天号轮船，无法把又大又重的玉佛带上船，急得慧根团团转，玉佛看来难以启程。这时，清政府洋务大臣盛宣怀的父亲和叔父便恳求说："这是我们上海人有佛缘了，大师啊，玉佛就留在上海供奉吧。让上海人瞻仰佛的法相，沐浴佛的发露吧！"慧根听后，觉得有道理，于是高兴地留下了一尊坐佛，一尊卧佛。

玉佛留下后，在当时还没有寺院供奉，玉佛又风风雨雨经历了三地的中转，最后第四次由盛宣怀亲属献出安远路 11 亩基地建寺，玉佛总算有了供奉地，这就是如今的玉佛寺院。